Der Landkreis Regen

Heimat im Bayerischen Wald

Der Landkreis Regen

Heimat im Bayerischen Wald

Herausgegeben
vom Kreistag des Landkreises Regen
Landrat Helmut Feuchtinger

Redaktion und Zusammenstellung: Dr. Reinhard Haller, Zwiesel
Schutzumschlag: Regenpartie bei Teisnach (Foto: Willi Dirmaier, Regen)
Gesamtherstellung: Verlag Morsak oHG, Buch- und Offsetdruckerei, 8352 Grafenau

ISBN 3-87553-194-9

INHALT

Zum Geleit 7

Natur und Landschaft

INGEBORG SEYFERT
Die Grenzen des Landkreises Regen 9

FRITZ PFAFFL
Die erdgeschichtliche Entwicklung 20

HARRO RASTER / ULI WINKLER
Die Landschaft 28

DR. PAUL KESTEL
Klima und Vegetation 38

MAXIMILIAN WALDHERR
Der Wald 67

IMKE HODL-ROHN
Die Tierwelt 80

IMKE HODL-ROHN
Naturschutz 85

ERHARDT ENGELSTÄDTER
Der Naturpark Bayerischer Wald 90

WERNER POHL / INGEBORG SEYFERT
Alte Pfade und moderne Verkehrswege . . . 96

Geschichte

INGEBORG SEYFERT
Geschichte des Altlandkreises Regen . . . 107

WERNER POHL
Geschichte des Altlandkreises Viechtach . 114

INGEBORG SEYFERT
Einführung in die Geschichte der Gemeinden 122

INGEBORG SEYFERT
Geschichtliche Daten der Gemeinden des Altlandkreises Regen 127

WERNER POHL / INGEBORG SEYFERT
Geschichtliche Daten des Altlandkreises Viechtach 155

ADALBERT PONGRATZ
Streiflichter aus der Zeit des Um- und Aufbruches 178

WERNER POHL
Wappenkunde 181

Wirtschaft

INGEBORG SEYFERT
Zur Glasgeschichte im Landkreis Regen bis zum Jahr 1945 190

ALFONS HANNES
Das Glasgewerbe heute 220

FRIEDRICH HOLL
Ein glastechnologischer Querschnitt . . . 250

KURT FIEDERLING
Die Landwirtschaft 260

SIEGFRIED WEIKL
Fremdenverkehr im Landkreis Regen . . . 273

Kultur

DR. REINHARD HALLER
Ethnographische Beschreibung der Landgerichte Viechtach und Regen aus den Jahren 1858 bis 1860 277

DR. RAIMUND SCHUSTER
Zur volkstümlichen Hinterglasmalerei im Landkreis Regen 311

DR. MICHAEL KOLLMER
Die Mundart des Landkreises Regen . . . 319

WERNER POHL
Boden- und Flurdenkmäler 332

ERWIN STECKBAUER
Museen im Landkreis Regen 339

DR. ISFRIED GRIEBEL
Der Landkreis Regen als Kunst- und Kulturlandschaft 348

Bildung und Erholung

HARRO RASTER
Die beruflichen und die weiterführenden Schulen im Landkreis Regen 360

OTTO KALTENBERGER
Staatliches Schulamt im Landkreis Regen . 368

OTTO KALTENBERGER
Volks- und Sonderschulen im Landkreis Regen 370

MAX STADLER
Sport und Sportvereine 378

Kreisräte im Jahr 1982 390

Bildnachweis 392

Dankadresse 392

ZUM GELEIT

Mit seinen rund 74500 Einwohnern zählt der Landkreis Regen zu den kleineren Landkreisen, die aus der bayerischen Gebietsreform des Jahres 1972 hervorgegangen sind. Er wurde aus den beiden früheren Landkreisen Regen und Viechtach gebildet; 3 Städte, 3 Märkte und 18 Gemeinden stellen seine kommunale Grundstruktur dar.

Landkreise bzw. „Bezirke", wie sie früher in Bayern hießen, gibt es als kommunale Gebietskörperschaften noch gar nicht so lange. Sie entstanden erst durch das Gesetz über die Gerichtsverfassung vom 10. 11. 1861, mit dem Rechtspflege und Verwaltung im rechtsrheinischen Bayern getrennt wurden. Für die Verwaltung sind dabei „Bezirksämter" errichtet worden, u. a. auch in Regen und Viechtach, nachdem bis dahin in beiden Orten Landgerichte als Behörden für Rechtspflege und Verwaltung zugleich bestanden hatten.

Noch zu Beginn des Mittelalters galt der Bayerische Wald, damals silva nortica (Nordwald) genannt, als finsteres, undurchdringliches Waldgebirge, über das Nachrichten nur von Jägern und von Kaufleuten, deren Handelsweg von Böhmen nach Bayern durch diesen Wald führte, in die Orte an der Donau drangen. Durch die Klöster Niederaltaich, Metten und Oberaltaich sowie durch die Grafen von Bogen erst ist das Gebiet systematisch erschlossen und besiedelt worden, das heute der Landkreis Regen umfaßt. Mit dem 11. Jahrhundert etwa beginnt die Geschichte der Kultivierung in diesem Teil des Bayerischen Waldes, der nach Böhmen hin abgegrenzt wird durch Arber, Falkenstein und Rachel, zur Donauebene von den Höhenzügen des Vorwaldes.

Auf dem Urgesteinsboden von Granit und Gneis herrscht auch heute noch der Wald vor, der etwa 60% der Fläche unseres Landkreises bedeckt. Dieser Wald, einst größtes Hindernis für die Besiedlung, stellt in unserer Zeit ein wertvolles Gut dar, das nicht nur als Rohstoff für Gewerbe und Industrie dient, sondern unserer Landschaft im Zusammenklang mit Bergen und Tälern ihr unverwechselbares Gepräge gibt.

Die wirtschaftliche Entwicklung unseres Landkreises war am Anfang wesentlich von der vorgefundenen Situation bestimmt. Zur Gewinnung von landwirtschaftlicher Nutzfläche und von Siedlungsraum mußte der Wald gerodet werden, der gleichzeitig das Baumaterial für die Errichtung von Gebäuden lieferte. Land- und Fortswirtschaft bildeten also zunächst die Existenzgrundlage der ersten Siedler und ihrer unmittelbaren Nachkommen. Allmählich entstanden und entwickelten sich auch Handwerksbetriebe, die die Versorgung mit Gütern des täglichen Bedarfs übernahmen. Handel und Gewerbe blühten im besonderen Maße auf, nachdem ab dem 14. Jahrhundert die Glasproduktion hier heimisch geworden war, die aufgrund der vorhandenen Rohstoffe günstige Standortbedingungen vorgefunden hatte.

Der Wille zu harter Arbeit und unverdrossener Mut kennzeichneten die Siedler, die hierher gekommen waren, um dem Wald Lebensraum abzuringen. Gleiches galt und gilt für ihre Nachkommen, deren Lebensbedingungen sich zwar entscheidend besserten, für die es aber heute noch selbstverständlich ist, kräftig zuzupacken.

Mit zunehmender Erschließung ist der Landkreis Regen im Laufe der Zeit auch von außen her mehr und mehr zugänglich geworden. Durch Schiene und Straße an das überregionale Verkehrsnetz angeschlossen, beherbergt unser Landkreis heute eine ganze Anzahl verschiedener Industriebetriebe, von denen die Glasindustrie nach wie vor einen bedeutenden Platz einnimmt. Außerdem bieten Handwerk, Handel und Gewerbe und als neuester Wirtschaftszweig der Fremdenverkehr für viele Familien Lebens- und Existenzgrundlage.

Manches gilt es freilich auch in unserem Landkreis noch zu verbessern. Über all diesen Problemen sollten wir aber nicht vergessen, unsere herrliche Landschaft zu erhalten, in der zu leben nicht nur uns, sondern auch noch unseren Nachkommen vergönnt sein soll.

Möge dieses Landkreisbuch allen Freunden des Landkreises Regen und darüberhinaus des Bayerischen Waldes nicht nur Wissenswertes vermitteln, sondern auch etwas von der Seele dieser Landschaft und ihrer Menschen erkennen lassen.

REGEN, IM NOVEMBER 1982

HELMUT FEUCHTINGER, LANDRAT

INGEBORG SEYFERT

DIE GRENZEN DES LANDKREISES REGEN

Der Landkreis Regen mit 989,63 Quadratkilometern Fläche hat etwa 176,4 Kilometer Grenzen. Rund 140 Kilometer sind es zu den Nachbarlandkreisen Freyung-Grafenau, Deggendorf, Straubing-Bogen und Cham. Insgesamt 36,4 Kilometer der Landkreisgrenze im Nordosten vom Zwercheck (1322 m ü. NN) durch das Eisensteiner Tal (709 m ü. NN) über die Lacka (1337 m ü. NN) bis zum Rachel (1453 m ü. NN) sind zugleich Landesgrenze zur Tschechoslowakei.

Die Landesgrenze hat sich erst im Lauf der Jahrhunderte nach der Besiedlung herausgebildet. Zunächst reichte der Wald von den höchsten Bergrükken des Gebirges im Norden bis fast zur Donau im Süden. Er war unbesiedelt und galt als „silva liminaris", als „Grenzwald". Als sich der Hl. Gunther kurz nach dem Jahr 1000 vom Lallinger Winkel aus nach Norden einen Weg suchte und dann im Raum Rinchnach die Rodungs- und Siedlungstätigkeit begann, da schrumpfte die Waldestiefe bereits. Die älteste Grenzmarkierung im Nordwesten des Landkreises steht in der Urkunde des Jahres 1029 über die Gebiets-Schenkung an das Kloster Rinchnach. Es ist der Große Arbersee, dessen damaliger Fischreichtum für die ersten Siedler wichtig war, nicht der Arbergipfel. Noch in diesem 11. Jahrhundert ließ der zeitgenössische böhmische Chronist Dekan Cosmas die Grenze zwischen Bayern und Böhmen auf den Gebirgsrücken verlaufen. Er gebrauchte den Ausdruck „media silva", „Waldesmitte". Die Gebirgskämme sind zumeist auch Wasserscheiden. In späteren Jahrhunderten findet man deshalb auch häufig in Verbindung mit der Landesgrenze die Formulierung: „Wie Wasser rinnt und Kugel walzt."

Eine erste amtliche Grenzbegehung wurde im Jahre 1569 im Bereich von Eisenstein vorgenommen. Ein Beamter der Regierung von Straubing war eigens dazu angereist. Im September 1569 marschierten 82 Personen aus den Siedlungen rund um den Arber auf den Berg hinauf. Zwei Pferdchen führten Proviant, ein drittes trug „ein Säm Bier". Der Ausflug sollte demonstrieren, daß der Arber, damals noch „Hadwig", „Ätwa" oder „Ärbo" genannt, in Bayern liegt. Von Mitte des 16. Jahrhunderts an reißen dann die Grenzbegehungen und Grenzbeschreibungen nicht mehr ab. Eine „strittige Grenze", auch „Grenzirrung" genannt, gab es vor allem im Bereich von Eisenstein, zwischen Zwercheck und Lackaberg.

Der Grenzabschnitt zwischen Lackaberg und Rachel wurde erstmals im Jahre 1609 begangen und geklagt: „... kunden der großen pergigen Wildnuss, auch an etlich Orten der Steinfels und des Genäss halber zu Ross nit besucht werden". Noch im Jahre 1637 wurde nach einem Grenzbegang vermerkt, daß in jenen entlegenen Urwalddistrikten kein Einheimischer auf etliche Schritte genau den Grenzverlauf anzugeben wisse. Deshalb hatte man auf dieser Strecke auch darauf verzichtet, die Grenze zu markieren, zu „pletzen", wobei in Bäume „Bairisch Wappel eingestembt" oder „Kreuz eingehaut" wurden. Nur neben der Straße von Zwiesel nach Hartmanitz, am Sandel oben, wurde ein allererster March-Stein mit der Jahreszahl 1637 gesetzt. Er ist heute nicht mehr vorhanden. Dort führte der uralte Saumweg mit einem Brückchen über den Marchbach, den Grenzbach, der noch früher „Glaitsbach" hieß, weil hier das herzogliche Geleit endete, ebenso das Geleit der Vögte von Niederalteich mit ihren Reisigen für die Salztransporte des Klosters nach Böhmen. Von etwas oberhalb der Sandl-Brücke ist der Marchbach auf drei Kilometer Länge eine „naße Grenze". An die einstigen Grenz-Ungenauigkeiten in den Hochlagen erinnern noch Flurnamen wie „Strittiger Filz", bei welchem der Grenzverlauf unklar war, und „Zwieselter Filz", welcher eindeutig in das bayerische Gericht Zwiesel gehörte. Die einzigen Menschen, die damals in jene ortsfernen Waldungen kamen, waren die amtlichen Jäger. Sie legten dort oben Hirschsulzen an, daher die Flurnamen „Vordere Sulz" und „Hintere Sulz". Sie taten dies,

„Der Hauptmann vorm Waldt", Sigmund von Seyboltstorff zu Ritterswoehrt, mit Amtssitz zu Furth im Wald, zeichnete „ein böhmisch-bayerisches Grenzvisier" für seinen Landesherren in München. Der handgezeichnete Plan beginnt bei Furth und endet nach gut vier Metern Länge mit dem hier gezeigten Grenzabschnitt zwischen Osser und Arber. Breit ist der Plan knapp einen halben Meter und er zeigt die älteste, im Jahr 1514 gemalte Darstellung des Berges Arber.

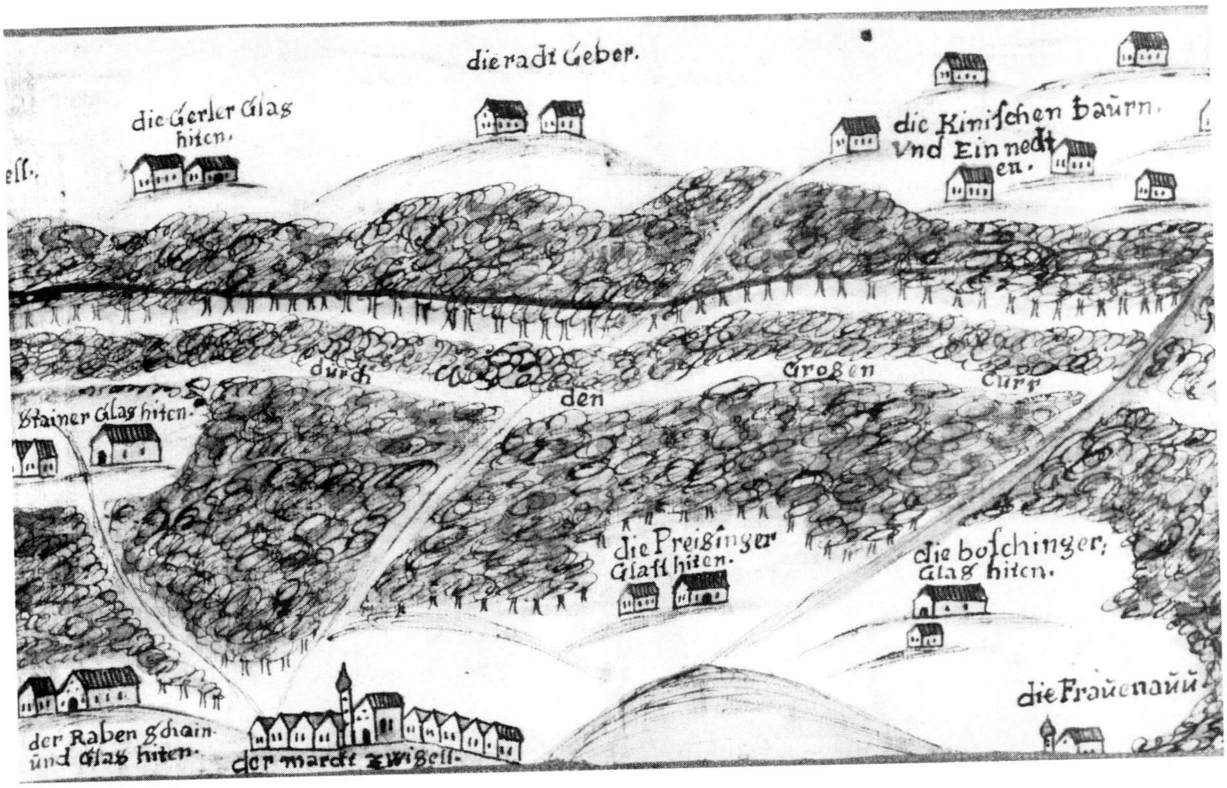

Zu Beginn des Spanischen Erbfolgekrieges im Jahre 1702 machte man sich in Bayern Gedanken, wie man die Grenze zum Habsburgischen Böhmen gegen feindliche Einfälle schützen könne. Der Kötztinger Bürger und Bildhauer Johann Joachim Khaltenbacher wurde zum Schanzmeister bestellt. Er besichtigte den Grenzverlauf von Furth im Wald bis zum Dreiländereck am Lusen und zeichnete einen Plan, der nur 21 Zentimeter breit ist und gut sieben Meter lang. Dieser Ausschnitt zeigt die Grenze hinter Zwiesel. Sie wird markiert durch den dicken, dunklen Strich. Das helle Band davor ist beschriftet mit den Worten: „Das ist der Verhau durch den großen kurfürstlichen Wald". Hier wollte man einen „Verhau" anlegen, das heißt, Bäume fällen, die so kreuz und quer übereinanderfallen sollten, daß kein Durchkommen mehr war. Aber nur neben der Straße von Zwieslerwaldhaus hat man dann einen solchen Verhau angelegt. Khaltenbacher hat in den Plan die größeren Orte und die Glashütten diesseits und jenseits der Grenze eingezeichnet.

„um in Possession zu bleiben", und sie hatten auch meist mit „schiessen und fangen allerlei Wildprets" keine Schwierigkeiten durch die Nachbarn in Böhmen.

Im Jahre 1702 wurde in Erwartung kriegerischer Auseinandersetzungen ein Plan gezeichnet, der die Sicherung der Grenze nach Böhmen vorsah, zumeist Verhaue aus kreuz und quer übereinander gefällten Bäumen. Die bayerische Heeresleitung war der Meinung, daß diese Verhaue „wegen der unbeschreiblichen Wildnuß" zwischen Eisenstein und Rachel nur an den beiden Steigen nach Böhmen nötig seien, im Bereich von (heute) Zwieslerwaldhaus und am Weg über das Sandl. Und dann kamen die „Kaiserlichen" Anno 1703 auf bequemeren Wegen von Passau und Deggendorf in das Waldland.

Nach diesem für Bayern verlorenen Krieg ließ der Kaiser von Österreich die Grenze zwischen Bayern und Böhmen in den Jahren 1706 bis 1708 neu mit Grenzsteinen „vermarchen". Dadurch fielen die Gebiete, die teils seit 1627 (Filze und Sulzen), teils noch länger (Eisenstein) „strittig" waren, an Böhmen. Im Bereich des Landkreises Regen verlief die Landesgrenze nun nicht mehr vom Zwercheck über Seewand-Spitzberg-Panzer-Pamfer-Fallbaum zur Lakka, umschloß nicht mehr das Eisensteiner Tal im

Diese „Mappa über den sogenannten Rachel" ist ein Dokument über die Landesgrenze im Bereich des Berges Rachel. Die obere Linie zeigt den Grenzverlauf bis zum Jahre 1708. Nach dem Spanischen Erbfolgekrieg, der zu Gunsten Österreichs ausging, wurde im Jahr 1708 die untere Grenzlinie über den Gipfel des Großen Rachel gezogen. Nach Beendigung des Österreichischen Erbfolgekrieges 1742 sollte diese Grenzziehung überprüft werden. Das dauerte bis zum Jahr 1764. Dann erst wurde vertraglich geregelt, daß die Grenzziehung die Fläche zwischen den Grenzen bis 1708 und ab 1708 halbieren sollte. Im Rachelgebiet ergab dies 964½ Tagwerk für Bayern und 964½ Tagwerk für Böhmen. Diese neue Grenze markiert die gepunktete Linie in der Mitte der Fläche. Diese Grenze ist auch heute die Landesgrenze. Die Vermessungsarbeit und die Planfertigung haben der „Chur-Bayer. Hofcammer-Rat, Ingenieur-Hauptmann und Wasserbaumeister Castulus Riedl" und der „Königl. Böhmische Landmesser Anton Knittel" gemeinsam im Juli des Jahres 1764 durchgeführt.

Norden, sondern führte vom Zwercheck zum Großen Arber-Seebach bis Schwarzer Regen – über den Kühberg bis zum Großen Steinbach – Großer Falkenstein-Lacka, war damit auf die Südseite des Eisensteiner Tales gerückt und ein wenig darüber. Im Bereich des Rachel war die Grenze bis dahin nordöstlich des Weitfäller Filz (früher: Weite Felder) verlaufen. Nach 1708 zog sie sich vom Regen-Filzl (Schachten-Filz) zum Gipfel des Kleinen Rachel und über den Großen Rachel zum heutigen Stein Nr. 25, auch damals schon und seit langem die „alte" Grenze in Richtung zum Lusen. Ein halbes Jahrhundert waren diese beiden Gebiete dann sozusagen „Niemandsland". Graf Nothaft von Wernberg, Herr der Hofmark (seit 1688) Eisenstein nutzte die fünf Jahrzehnte zur intensiven Besiedlung. Standen um 1700 nur 20 Häuser im Eisensteiner Tal, so waren es Mitte des 18. Jahrhunderts mehr als 100. Die Glashüttenherren von Rabenstein, Oberzwieselau und Frauenau, denen Teile ihrer Hüttenwaldungen nach Böhmen gemarcht waren, zahlten eine Gilt an die böhmische Verwaltung und durften ihre Waldteile weiterhin nutzen. Wahrscheinlich ist der Flurname „Verlorner Schachten" eine Erinnerung an jene Zeit.
Der Friedensschluß zu Baden im Jahre 1714 hatte zwar die Rückgabe der strittigen Gebiete an Bayern festgelegt. Doch zogen sich die Verhandlungen bis weit über den Österreichischen Erfolgekrieg (1742/1744) hinaus. Erst am 24. Juni 1764 wurde zwischen Kaiserin Maria Theresia und Kurfürst Max III. Joseph in Prag ein Vertrag ausgehandelt und besiegelt, in welchem die strittigen Gebiete ganz exakt halbiert wurden. Seit 1765 markierten „dauerhafte und wetterfeste Markstein", auf der einen Seite das böhmische, auf der anderen Seite das kurbayerische Wappen, den Grenzverlauf zwischen Bayern und Böhmen. Nun war die Grenze eine Linie geworden, deren Freihaltung von Buschwerk und gestürzten Bäumen in der folgenden Zeit manchen Schriftwechsel verursachte. In den Jahren 1771/2 wurden die numerierten Hauptgrenzsteine noch durch „Laufer, Schurf und bezeichnete Lagersteine gänzlich berichtiget". Geändert hat sich seither an der Landesgrenze im Bereich des Landkreises Regen nichts. Nach der Loslösung Böhmens von Österreich und der Gründung der Tschechoslowakei nach dem ersten Weltkrieg wurde der Grenzverlauf anerkannt. Die heute gültigen Grenzsteine wurden nach dem zweiten Weltkrieg gesetzt. Sie sind weiß gekalkt, und dazwischen stehen in Sichtweite zueinander hohe, weiß-blaue Plastikstangen auf den 36,4 Kilometern Landesgrenze vom Zwercheck bis zum Stein Nr. 25 am Nordhang des Rachel.
Die OSTGRENZE zum Landkreis FREYUNG-GRAFENAU (in früheren Jahrhunderten: Gericht Bärnstein) beginnt unterm Rachel beim Grenzstein Nr. 25, geht über die Rachelwiese und wird gleich unterhalb im Flanitz-Gespreng eine „nasse" Grenze bis nach Flanitzhütte (auf dem linken Bachufer gelegen und also nach FREYUNG-GRAFENAU gehörig), folgt dann dem Mark-Bachl nach Westen bis zur Quelle am Hang des Wagensonnriegels (959 m ü. NN), biegt ab nach Süden zum Eschenberg (1042 m ü. NN), wird am Mark-Brunnen wieder eine „nasse" Grenze, folgt dem Schindelau-Bach bis östlich von Kirchdorf, dann dem Röhrnach-Bach bis Röhrnach-Mühle, von dort dem Röhrnachmühl-Bach, der am Steinriegel mit dem Hungermühl-Bach zusammenfließt und gut einen Kilometer weiter südlich, am Eben-Holz, mit dem Gern-Bach zusammentrifft. Die Grenze folgt dem Gern-Bach gen Westen bachaufwärts bis zur Einmündung des Bernecker-Baches, folgt auch diesem nach Westen bis zum Ursprung unterhalb von Berneck. Knapp einen Kilometer ist die Grenze dann „trocken" und auf dem letzten Kilometer mit dem Dalken-Bach erneut „naß". In der Mulde zwischen Hangenleithner-Hügel (810 m ü. NN) und Lied-Holz (787 m ü. NN) befindet sich die Grenze zwischen den Landkreisen Freyung-Grafenau (früher Bärnstein) und Deggendorf (früher Hengersberg) am Dalken-Bach (730 m ü. NN). Mit Ausnahme einiger weniger Kilometer wird die rund 32 Kilometer lange Grenze zum Landkreis Freyung-Grafenau nur von Bächen gebildet.
Auch diese Grenze war nicht von Anfang an klar festgelegt. Noch Mitte des 16. Jahrhunderts gab es hier Grenzdifferenzen. Deshalb trafen sich im Jahr 1550 der Herr von Degenberg, Besitzer der Herrschaften Zwiesel und Weißenstein, und der herzog-

liche Pfleger von Bärnstein am Flanitz-Brückl, um ihren Streit wegen des Holzschlags an der Flanitz und an der Röhrnach zu schlichten.

Die SÜDGRENZE zum Landkreis DEGGENDORF reicht vom Fuß (730 m ü. NN) des Hangenleithner-Hügels (810 m ü. NN) bis fast zum Rauhen Kulm (1050 m ü. NN). Sie ist rund 40 Kilometer lang und fast ausschließlich eine „trockene" Grenze, wenn sie auch erst einmal zwei Kilometer dem Kohlstatt-Bach folgt. Dieser hieß früher Holler-Bach und wird bereits im Jahr 1566 als Grenze zwischen den damaligen Gerichten Regen und Hengersberg erwähnt. Danach zieht sie sich über die Höhen der sogenannten Vorberge durch den Leopoldswald (Kandlesau 886 m ü. NN), folgt zwei Kilometer dem Rusel-Bach, geht an der „Hölzernen Hand" vorbei zum Breitnau-Riegel (1114 m ü. NN), zum Einödriegel (1120 m ü. NN) und über den Wachtstein (874 m ü. NN). (Ab hier ist es die Grenze des Altlandkreises Viechtach zum Landkreis Deggendorf.) Vom Wachtstein führt die Grenze hinunter zum Gotteszeller Bahnhof (552 m ü. NN), folgt nochmals in kleinen Teilstrecken etwa zwei Kilometer kleinen Bachläufen, steigt fast bis zum Gipfel des Vogelsang (1022 m ü. NN) und geht hinüber an den Nordhang des Burgsteins (832 m ü. NN). Hier ist zwischen Gipfel und Kalteck die Grenze zwischen den Landkreisen Deggendorf und Straubing-Bogen. Von den rund 40 Grenzkilometern zum Landkreis Deggendorf sind nur rund sechs Kilometer eine „nasse" Grenze.

Auch in diesem Abschnitt gab es in der Vergangenheit Grenz-Auseinandersetzungen. Im Jahre 1481 beschwerte sich der Degenberger auf Burg Weißenstein, weil die Bauern aus dem Gericht Deggendorf auf seinem Grund und Boden, genannt die „Praidtnau", Holz geschlagen hatten. Ein Jahrhundert später, im Jahr 1585, ließ der Nachkomme des beschwerdeführenden Degenbergers die Breitenau mit acht Anwesen besiedeln und wies ihnen zum Holzeinschlag den strittigen Wald zu. Damit war die Grenze festgelegt.

Zwischen Einödriegel (1120 m ü. NN) und Wachtstein (874 m ü. NN) zweigte bis zum Jahr 1972 die Grenze zwischen den Altlandkreisen Regen und Viechtach direkt nach Norden ab und schlängelte sich, mal nach Ost, mal nach West ausbuchtend, in Richtung Norden zwischen Burggrafenried und Muschenried (die zuerst genannten Orte liegen im Altlandkreis Regen), Pometsau und Triefenried, March und Lobertsried, Sallitz und Sohl, Schöneck und Katzenbach, Ober-Steinhaus und Pfefferhaus, Sternhammer und Bärnerau, Mais und Unterried zum Enzian (1285 m ü. NN), dessen Nordhang ins Lamer Tal abfällt. Diese im Jahr 1972 aufgehobene Grenze zwischen den Kreisen Viechtach und Regen hatte sich bereits im 13. Jahrhundert in groben Zügen gebildet und war etwa seit dem Jahr 1500 Grenze zwischen den Gerichten Viechtach und Re-

Grenzstein Nr. 10 auf dem Lacka-Berg, 1337 m über NN. Der Stein wurde im Jahr 1708 gesetzt und später „modernisiert".

gen. Sie trennte aber zunächst keine geschlossenen Landkreise, sondern eine Vielfalt größerer und kleinerer Verwaltungseinheiten, wie in den Ausführungen zur allgemeinen Geschichte der Altlandkreise Viechtach und Regen und zur Geschichte der Gemeinden mitgeteilt wird.

Die SÜDWESTLICHE Grenze zum Landkreis STRAUBING-BOGEN erstreckt sich über rund 20 Kilometer vom Nordhang des Burgsteins (832 m ü. NN) bis in die Nähe von Moosbach. Auch diese Teilstrecke der Landkreis-Grenze ist weitgehend eine „trockene" Grenze. Sie führt zunächst über den Riedberg (999 m ü. NN), den Rauhen Kulm (1050 m ü. NN), den Klausenstein (1048 m ü. NN), den Hirschenstein (1095 m ü. NN), westlich an der Wüstung Oedwies (1035 m ü. NN) vorbei zum Nord-Osthang des Predigtstuhls (1024 m ü. NN) und nach Mark-Buchen, dann etwas unterhalb des Gipfels am Osthang des Pröller (1048 m ü. NN) entlang zum Hanichelriegel (978 m ü. NN), westlich an Boxberg, Zell und Neumühle (bei Bartlberg) vorbei. „Naß" ist nur das letzte Teilstück von etwa zweieinhalb Kilometern, der Sandbach von Neumühle bis zur Straße von Moosbach nach Liebmannsberg (Altlandkreis Kötzting). Diese 20 Kilometer Grenzabschnitt betreffen wieder zwei Altlandkreise, die im Zuge der Landkreis-Reform im Jahr 1972 mit Nachbarkreisen zusammengelegt wurden: der Altlandkreis Viechtach wurde Teil des Groß-Landkreises Regen und verlor seinen Namen, der Altlandkreis Bogen ist heute Teil des Groß-Landkreises Straubing-Bogen.

Die NORDGRENZE zum Nachbarlandkreis CHAM ergibt mit 48 Kilometern die längste Teilstrecke. Der Grenzverlauf weist auch die meisten Aus- und Einbuchtungen auf. Von der Rummer-Mühle folgt die Grenze zunächst nach Norden dem Sandbach bis zum Perlbach, führt dann nach Nord-Ost zum Schnabelbach, wieder nach Süden über Voggenzell bis vor Altwies, erneut nach Nord-Ost bis Lehen am Schwarzen Regenfluß, diesen flußaufwärts bis kurz vor das Höllenstein-Kraftwerk. Im rechten Winkel geht die Grenze hier über den Fluß, dann nach Nord-Ost den Westhang des Buchbergs entlang, macht kurz nach der Höhe 585 m ü. NN wieder einen rechten Winkel, zieht zwischen Kastl-Mühle und Fischerhof (Lkr. Cham) nach Nebenweg, macht hier erneut einen rechten Winkel nach Nord-Ost zur Wurzer-Spitze (818 m ü. NN). Kurz unterhalb und nördlich des Gipfels gibt es wieder einen rechten Winkel und einen Grenzverlauf nach Nord mit Ausbuchtung nach Westen bis zum Kaitersbach etwa bei der Weidenhof-Mühle. Von hier bis Auhof ist der Kaitersbach die Grenze, die alte Grenze zum ehemaligen Landkreis Kötzting. Von Auhof zieht die Grenze dann direkt zum Großen Riedelstein (1132 m ü. NN) hinauf, auf den Kleinen Riedelstein (1042 m ü. NN) hinüber und weiter bis unter den Ecker Sattel (844 m ü. NN), über den Mühlriegel (1080 m ü. NN), den Ödriegel (1156 m ü. NN), das Schwarzeck (1238 m ü. NN) zum Enzian (1285 m ü. NN). Hier kam die alte Landkreisgrenze zwischen Regen und Viechtach von Süden herauf. Die Grenze zieht dann weiter über den Kleinen Arbergipfel (1384 m ü. NN) zum Großen Arber (1456 m ü. NN), biegt auf dem Nordhang und unterhalb des Gipfels erneut im rechten Win-

Grenzstein vom Jahr 1765, die böhmische Seite mit dem böhmischen Löwen.

kel nach Norden ab und führt in mehr oder minder gerader Linie zum Zwercheck (1333 m ü. NN) an die Landesgrenze zur Tschechoslowakei. Damit ist die gesamte Grenze des Groß-Landkreises Regen beschrieben.
Auf der langen Teilstrecke zum Landkreis Cham ist etwa ein Viertel eine „nasse" Grenze. Dieser Abschnitt weist auch mehrere Besonderheiten auf. Zum einen wurde hier der größte Teil der Gemeinde Wettzell mit den Orten Kaitersbach, Leckern, Buchberg, Ried und Sackenried mit Wirkung vom 1. Mai 1978 nach Kötzting umgemeindet. Dadurch hat sich die Landkreisgrenze geändert. Sie folgt nun von Lehen bis Höllenstein eine Strecke dem Schwarzen Regenfluß.
Die alte Landkreisgrenze überquerte bei Lehen den Regenfluß und verlief nordöstlich zum Schinderriegel (593 m ü. NN), dann mit einer Ausbuchtung nach Ost um den Klobighof (Alt-Landkreis Kötzting) herum zur Stock-Mühle am Kaitersbach, der früher auf einer gut doppelt so langen Strecke Landkreisgrenze war wie heute. Zum anderen bildete der Thalersdorfer Bach zwischen Rappendorf und Thalersdorf früher die Landkreisgrenze, die sich dann nach Norden hochzog bis kurz unterhalb des Ecker Sattels. Heute biegt die Grenze schon in Höhe von Auhof im rechten Winkel nach Nord-Ost ab zum Großen Riedelstein hinauf. Der größte Teil der Gemeinde Niederndorf mit Gutendorf, Riedl und Sindorf wurde mit Wirkung vom 1. Mai 1978 dem Groß-Landkreis Regen zugeteilt. Nur Matzelsdorf blieb bei Kötzting.
Zum dritten war dieser Grenzabschnitt früher „nur" eine Grenze zwischen zwei Landkreisen im Regierungsbezirk Niederbayern. Anläßlich der Landkreis-Reform im Jahre 1972 wurde der Alt-Landkreis Kötzting (unter Verlust seines Landkreis-Namens) dem Landkreis Cham und damit dem Regierungsbezirk Oberpfalz zugeteilt. Seither sind die gut 48 Kilometer Landkreisgrenze von Moosbach nahe der Bundesstraße 85 bis zum Zwercheck zugleich die Grenze zwischen den Regierungsbezirken Niederbayern und Oberpfalz.
Die Landkreisgrenze mit insgesamt 176,4 Kilometern setzt sich zusammen aus 36,4 Kilometern Landesgrenze zur Tschechoslowakei, rund 32 Kilometern zum Landkreis Freyung-Grafenau, rund 40 Kilometern zum Landkreis Deggendorf, rund 20 Kilometern zum Landkreis Straubing-Bogen und rund 48 Kilometern zum Landkreis Cham, letzteres Teilstück zugleich Grenze zum Regierungsbezirk Oberpfalz.

Die bayerische Seite des Grenzsteines vom Jahr 1765 mit den bayerischen Wecken.

Der Pfahl im Bayerischen Wald: Ein geologisches „Wunder"

Der Silberberg bei Bodenmais mit den Halden des Barbarastollens und der inzwischen abgebrochenen Rösthütte.

Reich gefältelter Gneisfelsen am Großen Arber, der in der Eiszeit durch die Abtragung des Verwitterungsschuttes freigestellt wurde; er ist ein Zeugnis der gewaltigen tektonischen Vorgänge im Waldgebirge vor Jahrmillionen.

FRITZ PFAFFL

DIE ERDGESCHICHTLICHE ENTWICKLUNG

Der Bayerische Wald ist Teil einer geologischen Einheit, die nach dem Fluß Moldau (Moldava) im Kerngebiet und der Donau (Danubia) als Südwest-Begrenzung als Moldanubikum bezeichnet wird. Das Moldanubikum ist das älteste kristalline Grundgebirge in Mitteleuropa. Man nimmt an, daß die Geburtsstunde des Bayerischen Waldes vor etwa einer Milliarde Jahren während der Assyntischen Ära war. In einer riesigen Geosynklinale (Erdmulde) im Gebiet des heutigen Moldanubikums, sowie nach Südwesten und Südosten weit hinausgreifend, lagerten sich in einer Mächtigkeit bis zu 12 km Sedimente ab, die aus Grauwacken, Sanden, Tonen, Mergeln und Kalken mit Resten niederer Organismen bestanden. Diese Erdmulde wurde durch das große Gewicht seiner Füllung abgesenkt, dann von Magmaströmungen des heißen Erdinnern erfaßt und wieder herausgepreßt. Dabei wurden die Sedimente durch Hitze und Druck zu Paragneisen umgewandelt und gefaltet. Diese Vorgänge werden als assyntische Gebirgsbildung, die Erdepoche, in der dies geschah, als Präkambrium bezeichnet. Zwischen den präkambrischen Ablagerungen hatten sich auch mit Ton gemengte schwefelige Stoffansammlungen befunden, die durch die Gebirgsbildungsvorgänge zu Schwefel- und Magnetkies umgewandelt wurden. Auf diese Erze im Gebiet zwischen Drachselsried, Bodenmais und Lindberg ging in früherer Zeit lebhafter Bergbau um. Aus den tonigen Ablagerungen mit den Resten primitiver Kalkalgen entstanden hauptsächlich graphithaltige Gneise. Abbau von Graphit bei Langdorf und Innenried brachte keinen wirtschaftlichen Erfolg.

Vor ca. 600–400 Millionen Jahren, vom Kambrium bis zum Silur (Kaledonische Ära) war unser Gebiet schon als Gebirge herausgehoben. Es unterlag bereits wieder der Verwitterung und langsamer Abtragung. In der darauffolgenden Devon- und Permzeit vor ca. 400–220 Millionen Jahren, während der Variszischen Ära, wurde das Moldanubikum erneut abgesenkt. Durch eine zwangsläufige Erhöhung von Temperatur und Druck erfuhr das Gestein eine abermalige Umwandlung. Das Ergebnis war eine Aufspaltung der einst gleichförmigen Gneise in viele verschiedenartige Gneisarten und Gesteine mit granitischer Struktur.

Zu Beginn des Karbons (Steinkohlenzeit) vor ca. 240 Millionen Jahren haben im Gebiet des heutigen Bayerischen Waldes starke tektonische Kräfte gewirkt, die das erkaltete Gneis-Gebirge in Schollen zerbrochen haben. Neben vielen kleineren Störungszonen wurde auch die 140 km lange von Südost nach Nordwest verlaufende Pfahl-Zone aufgerissen. Ihre Anlage erfolgte vermutlich schon im Devon. Mit Sicherheit bildete sie schon während der variszischen Gesteinsaufschmelzung Gebiete mit erhöhter Durchwärmung. In der Folgezeit kam es in diesen Zonen schrittweise zu wiederholten Gleitbewegungen, die ein System von Scher- und Fiederspalten aufrissen, die fortwährend von heißwässrigen Kieselsäurelösungen durchtränkt wurden. In der Erdepoche des Oberperm vor ca. 220 Millionen Jahren erfolgte die Hauptfüllung mit Quarz. Die wiederholten Bewegungen in der Pfahlzone, aber auch in manchen Nebenpfählen, walzten die Begleitgesteine, Gneise und Granite, zu Pfahlschiefern aus. Gleichzeitig wurde das Gebirge auch großflächig von Granit und Diorit unterflossen, die als Massiv-, Stock- und Ganggranite erscheinen. Durch die Verwitterung des einst darüberliegenden Gneisdaches während späterer Epochen sind sie heute als sanfte Hügel in der Landschaft sichtbar. In Steinbrüchen bei Rinchnach, Schlag und Ruhmannsfelden wird Granit abgebaut.

War der Bayerische Wald im ausklingenden Paläozoikum (Erdaltzeit) bereits Abtragungsgebiet, so wechselten während des Mesozoikum (Erdmittelalter) in den Erdepochen Trias, Jura und Kreide vor ca. 220–70 Millionen Jahren wiederholt Hebungen

und Abtragungen. Teilweise kam es im Oberen Jura (Malm) und der Kreide sogar zur Überflutung unseres Gebiets durch das Meer und zur Ablagerung von Kalken, die aber später wieder bis auf geringe Reste am heutigen Donaurand wieder abgetragen wurden.
Im Oligozän, am Anfang des Tertiärs (Erdneuzeit) vor ca. 60 Millionen Jahren wurde der Bayerische Wald als Folge der Auffaltung der Alpen horstartig emporgehoben. Die heutige Donauebene sank später ab und an der Randzone blieb der Natternberg als Abgleitscholle hängen. Seit dem Jungtertiär bildeten sich durch subtropische Klimaeinflüsse Rumpfflächen (Landoberflächen) mit Gelb- und Rotlehmen und einer weitgehenden Zersatzbildung. Auf den Graniten entstand eine mächtige Zersatzdecke.
Nicht nur die Alpen, auch der Bayerische Wald wurde von den Ereignissen des Pleistozän (Eiszeit) betroffen. Davon zeugen heute noch eindrucksvoll Großer- und Kleiner Arbersee mit ihren Moränenwällen; Karseen deren Entstehung durch die Wirkung kleiner Gletscher heute nicht mehr bezweifelt wird. Acht Eiszeiten mit dazwischenliegenden Wärmezeiten schufen die jetzigen Oberflächenformen mit Tälern, Flußläufen und Berggipfeln. In den Gebieten, die nicht ständig von Eis und Schnee bedeckt waren, vollbrachten die Erosionskräfte Frost, Wind und fließendes Wasser ihr Werk. Die weißen Quarzfelsen des Pfahls kamen ans Licht, Fließerden und Blockmeere entstanden. Als vor ca. 10 000 Jahren die Eiszeit zu Ende ging, kehrten Pflanzen- und Tierwelt wieder zurück und es bildeten sich erste Lebensräume (Moore, Auen und Filze).

Die Gesteine

Die Gesteine im Mittleren Bayerischen Wald setzen sich hauptsächlich aus den Mineralien Feldspat, Quarz und Glimmer zusammen. Feldspat ist gelblich bis grünlich gefärbt und bricht plattig mit schillernder Oberfläche. Eng damit verwachsen ist Quarz, meist glasighell bis grautrüb mit körniger oder lagenartiger Struktur. An Glimmerarten kommen hellgelber Muskovit-Glimmer und schwarzbrauner Biotit-Glimmer in dünnen stark glänzenden Plättchen vor.
Bei den einzelnen Gesteinsarten sind diese Hauptbestandteile verschieden angeordnet. Beim Gneis sind die Mineralien lagenweise geschichtet, das Gestein erscheint in hellen Quarz-Feldspat-Lagen mit dazwischengeschalteten dunklen Biotit-Glimmer-Bändern. Die Berge des Arber-Kaitersberg-Zuges sowie Falkenstein und Hennenkobel bestehen aus solchen Gneisen, die in der modernen Gesteinskunde nach dem Stoffbestand in Granit-Cordierit-Sillimanit-Gneis, Quarz-Biotit-Plagioklas-Gneis oder Biotit-Pyroxen-Amphibolit usw. gegliedert werden. Das Hauptverbreitungsgebiet dieser in Europa seltenen Gesteine liegt zwischen Pfahl und Weißem Regen. Feinkörnige bis grobkörnig ausgebildete, gelblich bis bläulichgrau gefärbte Granite kommen im Landkreisgebiet ausgedehnter bei Arnbruck und Teisnach und in vielen kleinen, meist Nord-Süd gerichteten Zügen zwischen Rinchnach und Bayerisch-Eisenstein vor. Die Pfahlzone wird in einer maximalen Breite von 5 km über Moosbach, Prackenbach und Kirchberg von Granit begleitet, der durch die wiederholten tektonischen Bewegungen in der Pfahlzone zu Flasergranit mit deutlich gerichtetem Korngefüge verändert wurde. Der Pfahl wird beidseitig bis zu 1 km von Pfahlschiefern begleitet. Dieses Gestein entstand in Bewegungsbahnen durch tektonische Zerreibung des ursprünglichen Gneises oder Granits und Rekristallisierung zu granit- und gneisähnlichen Gesteinen, die stellenweise sehr feinschiefrig sein können. Das Gebiet des Vorwaldes, im Landkreisgebiet als Zone zwischen Pröller, Achslach und Bischofsmais ausgewiesen, wird von Perlgneis eingenommen. Er ist den Gneisen nördlich des Pfahls sehr ähnlich und kann daher mit dem bloßen Auge kaum von diesem unterschieden werden. Die Perlgneise sind von hellgrauer Farbe, kleinkörnig und haben ein straffes oder auch flaseriges Gefüge. Als Ergebnis einer Umkristallisierung von Gesteinen unter bevorzugtem Wachstum bestimmter Mineralien wurden ellipsodisch geformte Feldspäte mit der Längsachse parallel der Gesteinsschichtung geregelt.
In den Gneisen treten in begrenztem Umfang auch

Harte und verwitterungsbeständige Cordieritgneise bilden im Schwarzen Regen unterhalb der Paulisäge bei Zwiesel ein Blockmeer mit interessanten Strudellöchern.

Mischgesteine (Migmatite) auf. Als „Körnelgneise" (gneisähnlich) finden wir sie an der Südseite des Silberberges bei Bodenmais und an Straßenböschungen in Rabenstein. Als „Kristallgranit" (granitähnlich) ist ein solch migmatisches Gestein bei Außenried und am Weg von Buchenau zum Latschensee aufgeschlossen. Bei Regenhütte und Zwieselberg sind zwei größere zusammenhängende Vorkommen des Mischgesteins „Diatektischer Cordieritgneis" zu sehen. In diesem sehr seltenen Gestein ist das sonst übliche lagige Großgefüge der Gneise ausgelöscht. Das Gestein ist ohne Klüfte, sehr hart und verwitterungsbeständig; es bildet als einmaliges Naturdenkmal am Schwarzen Regen bei Paulisäge (unterhalb Zwiesel) ein reizvolles Blockmeer und im Fluß selbst viele Blöcke mit Strudellöchern.

Die Böden

Dem Alter nach unterscheiden wir folgende Bodentypen:
Fossiler Boden aus dem Tertiär (Gelberde, Roterde, Rotlehm), *Löß* aus den Eiszeiten, *Rohboden* (Kristallinrohboden, Kristallinrohboden im Wechsel mit schwachentwickelter Braunerde), *Braunerden* (Braunerde, Lockerbraunerde, Gley-Braunerde, Hanggley-Braunerde), *Podsol, Pseudogley, Gley,* (Gley, Naßgley, Anmoorgley, Hanggley), *Moorboden* (Torf, Niedermoor, Hochmoor).

Jede geologische Erdepoche hatte eine Landoberfläche mit spezieller Bodenbildung. Die früheren Bodenbildungen wurden durch spätere Ablagerungen und – oder Umlagerungen verschüttet. Sie werden deshalb als fossile Böden bezeichnet. Im Tertiär hatte unser Gebiet in Verebungen Landoberflächen. Wegen des subtropischen Klimas bildete sich auf dem Gesteinszersatz zuerst Gelberde und dann Roterde. Beide Erdarten sind somit klimatische Bodenbildungen. Die Roterde, wenn frisch und feucht aufgeschlossen, zeigt einen typisch englischroten Farbton. Sie ist von jüngerer Braunerde überdeckt. An steilen Hängen oder Taleinschnitten wurde sie während der Eiszeit weitgehend abgetragen oder zumindest stark gestört. Vorkommen gibt

es noch in Rabenstein, auf der Ferdinandshöhe in Zwiesel, bei Frauenau, am Darber bei Lindberg, bei Arnbruck und Viechtach. Roterde fand früher Verwendung als Ockerfarbe für Haus und Stall.
Abgetrocknete Frostböden wurden während der Eiszeit weggeweht und im Windschatten mancher Täler als Löß abgelagert. Er ist zwischenzeitlich zu braunem Lößlehm verwittert. Mancherorts wurde er früher zum Ziegelbrennen verwendet.

Nacheiszeitliche Bodentypen:

Bei den Rohböden ist keine deutlich ausgebildete Humusauflage entwickelt. Man findet sie überall dort, wo junge Landoberflächen fortwährend infolge ihrer Geländeneigung vom jeweils neu gebildeten Lockermaterial befreit werden. Kristallinrohboden liegt auf den Gipfeln unserer Bayerwaldberge und zwar direkt auf nacktem Fels und an Steilhängen. Stellenweise ist er schon zu Braunerde umgewandelt, sodaß in größeren Gesteinsnischen Kristallinrohboden im Wechsel mit schwach entwikkelter Braunerde vorkommt.
Die häufigsten Böden bei uns sind die Braunerden. Sie liegen auf Hangschutt aus Gneis und Granit bis in Höhen von 800–900 Meter. In Talnähe nimmt der Steinanteil ab; der Boden wird lehmiger und sandiger. Diese Böden werden bevorzugt landwirtschaftlich genutzt. Wenn die Braunerde ein lockeres Bodengefüge und einen intensiv ockerfarbenen B-Horizont aufweist, spricht man von Lockerbraunerde mit hohem Schluffanteil. Besonders häufig treffen wir sie an den Bergflanken an. Im Grenzbereich der Hänge zu den Tälern kommt Gley-Braunerde mit Merkmalen der Braunerde und im Untergrund mit denen des Gleys vor. Wo der Bodenuntergrund durch stetes Hangwasser beeinflußt wird, entsteht Hanggley-Braunerde, besonders an südwestlich geneigten Hängen unter Fichten-Buchen-Wald. Podsol, ein grauer und stark gebleichter Boden, ist aus grobsteinigem Frostschutt hervorgegangen und ist stets mit schwach lehmigem, schluffigem Sand vermischt. Die Humusauflage ist dünn. Hauptverbreitungsgebiete des Podsols sind die ebenen Hochlagen. In den Tallagen trifft man einen fahlgrauen und stark rostbraun gefleckten Boden an, den man Pseudogley nennt. Ursachen für die Farbe sind ein unzureichendes Absickern des Regenwassers in den Untergrund und Rostfleckenbildung durch gelöste Eisenoxide.
Die lehmigen Sande der Täler nennt man Gley. Wo das Grundwasser bis an die Oberfläche drückt, bildet sich Naßgley, das sind unsere Sumpfwiesen. An Quellenaustritten entsteht mooriger bis torfiger Anmoorgley. Wiesen, die unterhalb Quellen an Hängen liegen, sind meist sehr fruchtbar. Der Bodentyp unter ihnen ist Hanggley. Im Landkreisgebiet sind Moore mit einer mächtigen Torfauflage und einer sehr interessanten Pflanzenwelt weitverbreitet.

Mineralogie

Der Landkreis Regen hat Anteil an verschiedenartigen mineralischen Bodenschätzen, wie Sulfiderzen, Graphit, Quarz und Feldspat. Im Steinbruch am Teufelstisch und im Straßenaufschluß Hochbruck bei Bischofsmais wurden interessante Mineralklüfte gefunden, die genetisch mit den wiederholten Bewegungen in der Pfahlzone in Zusammenhang stehen und eine alpinotype Mineralführung aufweisen. Außer dem Pfahlquarz-Abbau bei Arnetsried und Viechtach sind alle genannten Lagerstätten heute nicht oder nicht mehr von wirtschaftlicher Bedeutung, sondern lediglich von wissenschaftlichem Interesse.

Schwefel- und Magnetkiesvorkommen

Die Bodenmaiser Erzzone erstreckt sich 28 km von Drachselsried bis Lindberg in einzelnen länglichen Erzkörpern, auf die an mehreren Stellen reger Bergbau umging, z. B. Grube St. Maria Barbara bei Unterried (1714–1907), Grube Roter Koth bei Theresienthal (1580–1897) und als bedeutendste und größte die Gruben am Silberberg. Die früheste urkundliche Erwähnung des Bodenmaiser Bergbaus stammt von 1313. Vermutlich aber war ein Bergbau auf Eisen im „Eisernen Hut" und im Tal des Rothbaches bei Maisried schon im 8. Jahrhundert im Gange. Die Silbergewinnung aus dem beibrechen-

Der Reiseschriftsteller Bernhard Grueber stellte Mitte des vorigen Jahrhunderts in einem liebevollen Stahlstich die damaligen Bodenmaiser Bergwerksanlagen mit dem Silberberg dar.

den Bleiglanz mit 0,34–0,68% Silbergehalt war nicht immer für den Bergbau ausschlaggebend. Die Neuzeit brachte die Vitriol- und Alaungewinnung und die Herstellung von Polierrot (Pctée) für die Spiegelschleifwerke. Die moderne synthetische Herstellung des Polierrots durch die chemische Industrie verursachte 1962 die Einstellung des Bodenmaiser Bergbaues.
Der Stoffbestand der Lagerstätte ist einfach: Magnetkies bildet neben Schwefelkies die Haupterzmasse. In weiter abnehmender Menge folgen: Zinkblende, Kupferkies, Bleiglanz und Magnetit. Die Erze stellen ein unregelmäßig grobkörniges Gemenge dar. Es handelt sich um ein „polymetallisches" Erz, das durchschnittlich aus 40% Eisen, 2,5% Zink, 0,2% Kupfer und 0,06% Blei und außerdem 25% Schwefel besteht.

Die Mineralien der Gneise des Silberberges:

Cordierit, Quarz, Sillimanit (Faserkiesel), Feldspäte: Orthoklas und Andesin, Granatarten: Almandin/Spessartin/Pyralspit, Glimmer: Biotit und Muskovit, Magnetkies, Magnetit, Hercynit, Skapolith, Anthophyllit, Andalusit, Serizit, Pleonast, Ilmenit, Rutil, Schwefelkies, Graphit, Kupferkies, Zinkblende, Hämo-Ilmenit, Apatit, Monazit, Amakinit, Diaspor und Hämatit. Als radioaktive Substanzen enthält 1 Tonne Gestein 100–150 g Uran und 1500–2500 g Thorium.

Erzmineralien und Oxide des Silberberges:

Magnetkies, Schwefelkies, Silber, Gold, Platin, Kobaltkies, Cubanit, Zinkblende, Kreittonit, Bleiglanz, Silberwismuthglanz, Kupfer, Malachit, Azurit, Cuprit, Kupferkies, Kupferglanz, Valleriit, Wismuth, Molybdänglanz, Arsenkies, Magneteisenstein, Vivianit (Blaueisenerde), Högbomit, Ilmo-Magnetit, Ilmo-Hämatit.

Begleitmineralien und Neubildungen im Silberberg:

Monazit, Hypersthen, Kalkspat, Harmotom, Stilbit, Chabasit, Heulandit, Xenotim , Brauneisenstein und Gips.

Graphitvorkommen

Am Schönecker Riegel bei Langdorf und in den Kotwiesen südlich von Innenried bei Zwiesel wurde früher Graphit gegraben. Eine wirtschaftliche Bedeutung für unseren Landkreis hat dieser Bergbau nie erreicht. Mathias FLURL, der erste Geologe und Mineraloge Bayerns, schreibt 1792 in seiner Topographie: „Ein anderes nicht minder merkwürdiges Fossil läßt sich eine Stunde von Bodenmais zwischen Schöneck und Langendorf antreffen. Es ist dieses der sogenannte Graphit, welcher hier im Jahre 1764 zu Tage gefördert und zur Verfestigung der Schmelztiegel in der kurfürstlichen Münzstatt zu München versucht wurde. Es liegt nicht tiefer als 2½ bis 3 Lachter und steht dann nur etliche Zolle stark an. Häufig findet man es in ziemlich großen Schuppen auf Quarz aufliegend und angewachsen". Heute noch zeugen nördlich von Langdorf längst vom Walde überwachsene Vertiefungen aus jener Zeit der Graphitgräberei.
In den Kotwiesen wurde in den Jahren 1918–1920 von der damaligen Firma „Graphitwerk Zwiesel GmbH", ein 12–14 Meter tiefer Schacht abgeteuft und in Nordwest-Richtung ein 80 Meter langer Stollen vorgetrieben. Das Fördergut wurde an die Wacker-Chemie nach Burghausen geliefert. Die Graphitflöze waren nur wenige Zentimeter mächtig.

Pegmatitische Quarz-Feldspat-Vorkommen

Im Zusammenhang mit mächtigen Granitintrusionen im Untersten Oberkarbon (vor ca. 240 Millionen Jahren) kam es im Dach dieser Granite zu starken Konzentrationen magmatischer Restschmelzen und damit zur Bildung von Pegmatitgängen (griech. pegma = das grob Gefügte) mit reichlich Quarz und Feldspat und einer Reihe wissenschaftlich hochinteressanter Begleitmineralien. Der sehr reine Quarz dieser Lagerstätten diente den hiesigen Glashütten im 18. und 19. Jahrhundert als vorzüglicher Rohstoff. Der beibrechende Feldspat wurde zeitweise der Oberpfälzer Porzellanindustrie zugeführt. Gelegentlich diente das minderwertigere Gemenge als Straßenschotter.
Das Pegmatitgebiet mit ca. 50 Vorkommen wird von einem von der Orten Arnbruck – Lam – Frauenau gebildeten Dreieck begrenzt. Die Pegmatite und ihre Mineralien wurden seit FLURL (1792) von vielen in- und ausländischen Mineralogen untersucht; sie sind dadurch weltbekannt. Sogar drei bis dahin unbekannte chemische Verbindungen (Primärphosphate) wurden entdeckt:
1834 beschrieb J. N. FUCHS vom Quarzbruch am Hennenkobel bei Rabenstein das Mineral Triphylin (Name wegen der drei Kationen Lithium-Eisen-Mangan. 1841 fand der sächsische Mineraloge August BREITHAUPT im alten Zwieseler Quarzbruch an der Birkhöhe das Mineral Zwieselit. 1950 benannte Marie Louise LINDBERG vom Geological Survey in Washington nach dem Fundort ein neues Mineral als Hühnerkobelit.

Geschichte des Bergbaues am Hennenkobel

Auf der „Kiesebene", an der Stelle des heutigen „Alten Quarzbruches", unterhalb der Kiesebene gelegen, ragte früher ein Quarzfelsen aus dem Waldboden und gab den Anlaß zum Quarzbrechen für die alten Rabensteiner Glashütten. Die eigentliche Quarzlagerstätte in ihrer ganzen Ausdehnung entdeckte 1756 der Mannheimer Laborant und Kupferstecher Johann Georg WISSGER. Anfangs wurde Quarz im Tagebau gewonnen, nach 1831 wurde auch unter Tage gearbeitet. Vom „Wißger-Stollen" aus baute man den Quarz im Querbau ab, wobei man Quarzpfeiler stehen ließ. Zur Untersuchung, ob der Quarz in die Tiefe anhält, trieb man 1842 einen 214 Meter langen Unterbaustollen vom Kiesbach aus vor; man erschloß damit aber nur Granit. Die Quarzlagerstätte war im Jahre 1877 schon weitgehend erschöpft, als mit der Eröffnung der Eisenbahn von Deggendorf nach Eisenstein der Abbau gänzlich eingestellt wurde. Von jetzt an kamen billigere und noch reinere Quarzsande aus den Lausitzer- und Rheinischen Braunkohlengebieten in den hiesigen Glashütten zur Verarbeitung. 1899 und 1924 wurde abermals der Versuch unternommen, Feldspat zu gewinnen. Er schlug aber wegen der zu starken Verunreinigungen mit Mangan- und Eisenoxiden fehl.

Auch der Hennenkobel-Pegmatit wurde wegen seines Reichtums an seltenen Phosphatmineralien international bekannt. Folgende Mineralien kommen vor: Quarz, Rosenquarz, Rauchquarz, Kalifeldspat, Albit, Muskovit, Biotit, Beryll, Turmalin, Serizit, Koalinit, Columbit, Uraninit, Limonit, Pyrolusit; Phosphate: Triphylin, Apatit, Hühnerkobelit, Rockbridgeit, Dufrenit, Vivianit, Phosphosiderit, Strengit, Beraunit, Sicklerit-Ferrisicklerit, Heterosit, Purpurit, Kakoxen, Xanthoxen, Huréaulith, Eosphorit, Alluaudit, Meta-Autunit, Laueit, Strunzit, Fairfieldit, Midridatit, Montgomeryit, Phosphoferit (?), Ludlamit (?), Frondelit (?); Schwefelkies, Magnetkies, Arsenkies, Kupferkies und Zinkblende.

Die Pegmatite bei Arnbruck, Böbrach, Bodenmais und Frauenau werden alljährlich wegen der großen schwarzen Turmaline, rotbraunen Granat- und rosaroten Andalusitkristalle von vielen Mineraliensammlern aufgesucht. Ohne wirtschaftliche Bedeutung sind bisher Gehalte an Uranverbindungen in den Pegmatiten geblieben, so am Hennenkobel und bei Frathau. Schon bei der Uranprospektion in den fünfziger Jahren war dies den Geologen aufgefallen.

Mineralklüfte

Seit 1972 wurden im Steinbruch am Südwestabhang des Teufelstisches bei Bischofsmais und beim Straßenbau der Bundesstraße 11 bei Hochbruck im Granit und Gneis Mineralklüfte gefunden, die für den Bayerischen Wald einen völlig neuen Lagerstättentyp darstellen, nämlich Zerrklüfte mit einer hydrothermalen Mineralisation, die im genetischen Zusammenhang mit der Pfahlbildung stehen. Die am Teufelstisch aufgefundene Mineral-Vergesellschaftung besteht aus prächtigen Kristallen von Rauchquarz, Bergkristall, tintenblauen Flußspatoktaedern, Adular, Periklin, Albit, Apatit, Stilbit, Anatas, Calcit, Sphen, Sagenit, Rutil, Bleiglanz, Pyrit und Markasit. Mineralogische Kostbarkeiten stellen drei dort gefundene Würfelquarze dar. Am Straßenaufschluß bei Hochbruck konnten die drei Mineralien Klinochlor, Aktinolith und Prehnit gefunden werden. Sie waren bisher im Mittleren Bayerischen Wald unbekannt.

Schrifttum:

BEDERKE, E.: Das Alter des Moldanubischen Grundgebirges. – Geol. Rundschau, **45,** S. 167–175, Stuttgart 1956.

BREITHAUPT, A.: Vollständiges Handbuch der Mineralogie. – Dresden/Leipzig 1841.

FISCHER, G.: Exkursionsführer zur Nachexkursion Kristallin des Bayerischen Waldes und der Oberpfalz. — 58 Seiten, München 1966.

FLURL, M.: Beschreibung der Gebirge von Baiern und der oberen Pfalz. – München (Joseph Lentner), 1792.

FUCHS, J. N. v.: Über den Triphyllin, ein neues Mineral. — Erdmanns Journal für pract. Chemie, **3,** 1834.

GÜMBEL, C. W.: Geognostische Beschreibung des Königreiches Bayern, II. Abt.: Das ostbayerische Grenzgebirge. – Gotha (Justus Perthes), 1868.

HOFMANN, R.: Die Tektonik des Bayerischen Pfahls. – Geologische Rundschau, **52,** S. 332–346, Stuttgart 1962.

LINDBERG, M. L.: Arrojadite, Hühnerkobelite and Graftonite. – American Mineralogist, **35,** S. 59–76, 1950.

MADEL, J., PROPACH, G. & REICH, H.: Erläuterungen zur Geologischen Karte von Bayern 1:25000 Blatt Nr. 6945 Zwiesel. – Bayer. Geolog. Landesamt München 1968.

PFAFFL, F.: Das Pegmatitgebiet von Arnbruck im Bayerischen Wald. – Der Aufschluß (Sonderheft **21,** Bayerischer Wald), S. 140–149, Heidelberg 1971.

PFAFFL, F.: Faserkiesel aus dem Bayerischen Wald (Beitrag zur Morphologie des ostbayerischen Moldanubikums). –Geol. Bl. NO-Bayern, **23,** Heft 2/3, S. 123–128, Erlangen 1973.

PFAFFL, F. & NIGGEMANN, M.: Rechts- und Links-Quarze aus einer Granitkluft bei Bischofsmais im Bayerischen Wald. – Der Aufschluß, **27,** S. 161–162, Heidelberg 1976.

PFAFFL, F.: Die geologische Entwicklungsgeschichte des Bayerischen Waldes. — Der Bayerwald, **68,** S. 219-221, Zwiesel 1976.

PFAFFL, F., PUHM, H. & PUHM, G.: Über Mineralisationen in den Gneisen bei Hochbruck und Schönberg im Bayerischen Wald. — Der Aufschluß, **27,** S. 347-351, Heidelberg 1976.

PFAFFL, F.: Die Gesteine und die Böden des Bayerischen Waldes. – Der Bayerwald, **69,** S. 89–98, Zwiesel 1977.

PFAFFL, F.: Die Mineralien des Bayerischen Waldes. – 3. Aufl., Verlag Morsak, Grafenau 1981.

PFAFFL, F.: Die Mineralien des Silberberges bei Bodenmais. – Der Bayerwald, **70,** S. 98–105, Zwiesel 1978.

PFAFFL, F.: Übersicht der Beryllvorkommen im Moldanubikum Ostbayerns und Oberösterreichs. – Der Karinthin, **78,** S. 11–15, Universität Salzburg 1978.

PRIEHÄUSSER, G.: Eiszeitliche Toteisbildungen im Bayerischen Wald. – Zeitschr. f. Gletscherkunde, **26,** Heft 1, Berlin 1938.

PRIEHÄUSSER, G.: Zur Landschaftskunde des Bayerischen Waldes. – Der Aufschluß, Sonderheft 21 (Bayer. Wald), S. 175–201, Heidelberg 1971.

SUESS, E.: Bau und Bild der Böhmischen Masse. – Wien und Leipzig (Verl. Tempsky & Freytag) 1903.

STEINER, L.: Kalifeldspatisierung in den Palitgesteinen des Pfahlgebietes. — Geologica Bavarica, **60,** S. 163–169, München 1969.

STILLE, H.: Das mitteleuropäische variszische Grundgebirge im Bilde des gesamteuropäischen. – Beih. Geol. Jahrb. **2,** Hannover 1951.

STRUNZ, H.: Mineralien und Lagerstätten des Bayerischen Waldes. – Der Aufschluß (Sonderheft **21**), S. 8–91, Heidelberg 1971.

TROLL, G. u. Mitarbeiter: Führer zu geologisch-petrographischen Exkursionen im Bayerischen Wald. Teil I: Aufschlüsse im Mittel- und Ostteil. — Geologica Bavarica, **58,** (Bayer. Geologisches Landesamt), München 1967.

HARRO RASTER / ULI WINKLER

DIE LANDSCHAFT

Der Landkreis Regen liegt im Mittelteil des Bayerischen Waldes. Die naturgeographischen Verhältnisse seiner aus Granit und Gneis aufgebauten Mittelgebirgslandschaft sind vielfältig. Sie sind vor allem durch lange und sehr bewegte erdgeschichtliche Entwicklungen verursacht, die bis zum Beginn des Erdaltertums zurückreichen. Im Gesamtbild der Landschaft fällt die Einfachheit und Monotonie ebenso auf wie die Vielfalt und Unregelmäßigkeit. Flach gewölbte, bewaldete Kuppen und langgestreckte, sich hintereinander hinziehende Bergrükken bestimmen den Mittelgebirgscharakter der Landschaft. Die ruhige, sanfte Linienführung der Bergketten wird durch die höchsten Erhebungen des Waldgebirges im Arber und Rachel kaum gestört. In den tiefer gelegenen, windungsreichen Flußtälern wechselt freundliche Weite mit romantischer Enge. In den Hochlagen verstärken in Schluchten herabstürzende Bäche das gebirgige Aussehen des Waldes. In jahrhundertelanger mühevoller Arbeit haben die Waldbewohner aus der bergigen Urwaldlandschaft die heutige Kulturlandschaft geschaffen. Das Besondere dieser harmonischen, bald lieblich, bald herb anmutenden Natur- und Kulturlandschaft liegt in ihrer Ausdruckskraft, die unter dem Einfluß der Atmosphäre zu allen Jahreszeiten wechselt. Wie kaum in einer anderen deutschen Landschaft kann der Naturfreund hier breites naturkundliches Wissen sammeln und im stimmungsvollen Erleben einer urtümlichen und teilweise noch unberührten Landschaft wahre Erholung finden. Nicht minder als die Natur kann er die wirtschaftlichen und kulturellen Leistungen der „Waldler" bewundern. Mit Zähigkeit und Fleiß haben sie in dem abgelegenen, wilden Grenzwald ihre Existenz aufgebaut und den Wald durch Jahrhunderte sinnvoll so genützt, daß hier die größten und gesündesten Wälder Mitteleuropas erhalten geblieben sind. Der Wald spielt heute als Wirtschafts- und als Erholungswald eine bedeutende Rolle.

Die Bildung des neuen Landkreises Regen

Den Landkreis Regen bilden nach der Verordnung zur Neugliederung Bayerns in Landkreise und kreisfreie Städte vom 27. 12. 1971 die ehemaligen Landkreise Regen und Viechtach. Um niederbayerisch und selbständig zu bleiben, kam aus dem Altlandkreis Kötzting, der zum oberpfälzischen Landkreis Cham geschlagen wurde, die Gemeinde Lohberg in den neuen Landkreis Regen. Die gewachsenen Bindungen Lohbergs an Lam und Kötzting erwiesen sich jedoch bald stärker als die neuen Beziehungen. Als die Regierung von Niederbayern das 700 Jahre alte Gemeindegebiet von Lohberg in der Absicht teilen wollte, den Großen Arber, die Mooshütte und den Kleinen Arbersee bei Niederbayern zu belassen, wandten sich die Lohberger an den Bayerischen Verwaltungsgerichtshof. Dieser verfügte am 8. 12. 1977 die Eingliederung der Gemeinde Lohberg in ihrem uralten, den gesamten Lamer Winkel umfassenden Gebietsbestand in den Landkreis Cham mit Wirkung vom 1. 5. 1978.

Der „Vordere Wald"

Die Südgrenze des Landkreises Regen gegenüber den Landkreisen Straubing–Bogen und Deggendorf bildet der gebirgige „Vordere Wald", der sich aus dem hügeligen Vorwald gewaltig heraushebt und die 1000-Meter-Höhenmarke an mehreren Stellen überschreitet. Zu den Tausendern des Vorderen Waldes zählen von Südosten nach Nordwesten schauend der Breitenauerriegel (1114 m), der Einödriegel (1120 m), der Geißkopf (1097 m), der Vogelsang (1022 m), der Rauhe Kulm (1056 m), der Predigtstuhl (1024 m) und der Pröller (1048 m). Nirgendwo sonst wieder erreicht der Vordere Wald solche Höhen. Nach Osten wie nach Westen zu fällt dieser Gebirgszug ab. Die Ursache der Höhenabnahme wird in einer Absenkung des Urgebirges in der „Variszischen Ära" vermutet.

Blick vom Großen Falkenstein über das südwestliche Landkreisgebiet zum „Vorderen Wald". Die sich hintereinander hinziehenden Bergrücken zeigen deutlich das herzynische Streichen. Die Mittelgebirgslandschaft bestimmt der Wald, der in Höhenlagen über 700 m fast geschlossen ist.

Der gebirgige „Arber-Kaitersberg-Rücken", dessen bewaldete Kuppen und Kämme Höhen zwischen 1100 bis 1300 m erreichen.

Blick von Neunußberg über die Pfahl-Landschaft zum Pröller. Im weiten Tal des Schwarzen Regen bestimmt die Kulturfläche das Landschaftsbild.

Blick über Viechtach zum Großen Pfahl.

Der Arber-Kaitersberg-Rücken

Für den Inneren Bayerischen Wald ist das herzynische Streichen der Gebirgskämme in Nordwest-Südost-Richtung typisch. Denn parallel zum Vorderen Bayerischen Wald wölben sich als nordöstlicher Abschluß des Landkreises Regen die mächtigen kristallinen Höhenrücken des „Inneren Bayerischen Waldes" auf. Am höchsten erhebt sich das Waldgebirge hier im Großen Arber (1456 m), der mit seinem abgerundeten Gipfel aus blanken Gneisfelsen und seinen weiten Latschenhängen im Sommer wie im Winter der Anziehungspunkt für Naturfreunde, Wanderer und Wintersportler ist. An der Westflanke des Großen Arbers verläuft die uralte Grenze des Landkreises nunmehr als Regierungsbezirksgrenze von Niederbayern und Oberpfalz weiter über die Bergzüge des Kleinen Arbers (1284 m), Enzians (1285 m), Schwarzecks (1238 m), Ödriegels (1156 m) und Mühlriegels (1080 m) – Berge, über die ein Höhenwanderweg führt, der herrliche Aussichten in das Zellertal und in den landschaftlich ebenso reizvollen Lamer Winkel gewährt. Beim Ecker Sattel knickt diese Grenze nach Südwesten, zieht dann zum Fuß des Kaitersbergs herab und folgt schließlich dem Kaitersbach abwärts.

Der Grenzkamm

Östlich des Einschnittes des obersten Regentales begrenzen den Landkreis mächtige Bergrücken: Der Falkenstein (1312 m), das Scheuereck (1193 m), der Kiesruck (1265 m), der Hahnenbogen (1257 m) und der Hochschachten (1153 m). Der Rachel jenseits der Nordostgrenze erreicht mit 1453 m beinahe die Höhe des Großen Arbers.
Nordöstlich hinter den genannten Bergen verläuft vom Lakkaberg (1337 m) in südöstlicher Richtung die uralte bayerisch-böhmische Landesgrenze, heute zugleich die Staatsgrenze der Bundesrepublik Deutschland und der Tschechoslowakei. Während dieser Teil der Grenze im wesentlichen unbestritten war, blieb die Grenze zwischen dem Zwercheck und dem Lakkaberg zwei Jahrhunderte zwischen Bayern und Böhmen umstritten, bis 1764 durch Teilung der Hofmark Eisenstein in einen bayerischen und einen böhmischen Teil die heutige Staatsgrenze entstand.
Im Südosten grenzt an den Landkreis Regen der ehemalige Landkreis Grafenau, der nunmehr mit dem Landkreis Freyung zum Landkreis Freyung-Grafenau zusammengelegt ist.

Die Pfahlsenke

Zwischen den beiden Gebirgszügen, dem Donau- und dem Grenzgebirge, erstreckt sich von Südosten nach Nordwesten die Regen- oder Pfahlsenke, ein 500–700 m hohes hügeliges Feld- und Waldland, durch das der Regen fließt und das der Pfahl in gerader Richtung von Kirchdorf bis Moosbach durchzieht. An mehreren Stellen des Pfahls ist der weiße Quarz durch Verwitterung freigelegt. Bei Weißenstein, Viechtach und Moosbach sind imposant aufragende Quarzmauern zu bestaunen. Georg Priehäußer, der um den Bayerischen Wald überaus verdiente Naturforscher, nannte diese reizvolle Landschaft den „Inneren Bayerischen Wald".

Die Entstehung der Landschaftsformen

Die Großformen der Landschaft waren schon vor 600000 Jahren entwickelt, als die Eiszeit begann. Das feinere Landschaftsrelief, das sich uns heute zeigt, wurde in der Eiszeit von Eis, Schmelzwasser, Frost und Wind herausgearbeitet.
Die Eiszeit hatte auf die Gestaltung unserer Landschaftsoberfläche eine so starke Wirkung, weil in dieser ca. 600000 Jahre währenden Epoche der Erdneuzeit acht Kaltzeiten mit acht Warmzeiten wechselten. In den Warmzeiten setzten auf der Erdoberfläche immer wieder die Verwitterung und Bodenbildung ein. In den Kaltzeiten aber wurden die Verwitterungsprodukte aus den Höhenlagen und den Hängen durch gewaltige Regenfälle, Eis, Frost, Schmelzwasser und Wind, oder in jenen Kaltzeiten, in denen es zu keiner Firneisbildung kam, durch Frost und Wind allein abgetragen und am Fuß von Hängen und in den Tälern wieder abgelagert. Die Spuren der Kaltzeiten der Eiszeit – die älteste ist die Günzeiszeit, gefolgt von Mindel-, Riß- und

Würmeiszeit – finden wir an ungestörten Aufschüttungsstellen in den Schichtfolgen der zweibis fünf und mehr Meter starken eiszeitlichen Ablagerungen erhalten. So sind im Raum um Zwiesel an den Abhängen zum Regental über der Zersatzdecke zwei starke eiszeitliche Schotterablagerungen aus der Günz- und Mindeleiszeit festzustellen, worauf eine Lößlehmschicht aus der Früh-Rißzeit liegt. Weiter nach oben folgt eine starke Firneisgrundschuttschicht aus der Haupt-Rißzeit, über die sich wieder zwei deutlich unterscheidbare Lößlehmschichten aus der End-Riß- und Früh-Würmeiszeit befinden. Über dem Lößlehm kommt wieder Firneisgrundschutt aus der Haupt-Würmzeit, auf der in Höhen über 700 m noch Schotterablagerungen der End-Würmzeit liegen können. Die Stärke der einzelnen Schichten schwankt zwischen 20 und 90 cm. Zwischen den eiszeitlichen Schotterablagerungen befindet sich häufig eine 10–20 cm starke weiße, viel Quarz enthaltende Sandschicht. Die feinsandigen Lößdecken des Zwieseler Raumes entstammen dem Lößstaub, den Eiswinde aus der Frosterde der höheren Lagen in den Kaltzeiten abwehten und ins Tal trugen, – eine gewaltige Leistung von Frost und Wind. Verwitterung und Abtragung haben auf Bergeshöhen und auf stark geneigten Hängen den Fels freigelegt und dadurch den Formenreichtum unserer Landschaft wesentlich mitgeschaffen.

Die Entstehung der Bergseen

Zu den besonderen Schönheiten des Arbergebietes gehören die Bergseen, der Große und der Kleine Arbersee. Sie sind die eindrucksvollsten Schöpfungen der Eiszeit und zeigen die enormen Wirkungen von Eis und Wasser, Frost und Wind an der Landschaftsoberfläche. Die mächtige tertiäre Zersatzdecke des Arberrückens wurde schon in der Günz- und Mindeleiszeit vom Firneis abgetragen. In den Kaltzeiten ohne Firneisdecke tat die physikalische Verwitterung durch Spaltenfrost und Insolationssprengung (Änderungen des Gesteinsvolumens durch Sonneneinstrahlung und Frost) ihr Werk. Der Zersatz wanderte zum Teil als Fließerde ab, zum Teil wurde er abgeweht. Was an lockerem Material zurückblieb, wurde bei der nächsten Firneisbedeckung aufgearbeitet und ins Tal geschafft. In der letzten Kaltzeit, mit Firn- und Eisbedeckung bis in Höhenlagen von ca. 800 m herab, erfuhr das Werk seine Vollendung. Zum letzten Mal arbeitete das schuttreiche Eis zerstörend an den Felswänden und bildete die schon vorgeformten Kare weiter aus. Als mit zunehmend wärmerem Klima der Gletscher sich aufwärts hinter den Endmoränenwall zurückzog und abschmolz, entstanden im ausgekolkten Gletscherbett unterhalb der Karwände die Seen.

Eiszeitliche Spuren im Arbergebiet

Priehäußer, der die Wirkungen der Eiszeit auf unsere Landschaft sehr eingehend erforscht hat, hat noch viele Spuren der Vergletscherung des Arbergebietes aufgedeckt. Eingehend hat er das ausgedehnte Moränengebiet mit Schuttstufen im Südosten des Arbers bis zum Regental hinab erforscht. Diese Schuttstufen entstanden immer, wenn das Rückschmelzen des Eises im Wechsel von der Kalt- und Warmzeit zum Stillstand kam. In den steilen, engen Tälern, vor allem in den Tälern der Seebäche, die aus den Arberseen entspringen, können wir Schutterrassen sehen, die dem Bach ein stufenartiges, wechselvolles Gefälle geben.
Von der Vergletscherung im Arbermassiv zeugen ferner noch Gruben- und Kesselfelder in den östlichen Abhängen des Arbers. Eisblöcke, die in den Moränen zurückgeblieben waren, hinterließen nach ihrem Abschmelzen Vertiefungen im Gelände, die von der Wissenschaft „Toteislöcher" genannt werden. Die Grubenfelder, eigenartige Schotterhügelbildungen, im Volksmund als „Grüam" (Gruben) bezeichnet, sind nach Ansicht von Priehäußer die „Reste von Gletscherabschmelzstellen mit Spuren starker Schmelzwasserwirkung". Solche Gruben gibt es in der Rannenau zwischen Ludwigsthal und Spiegelhütte sowie in der Kühau zwischen Kleinem Regen und Flanitzbach.

Das Regental

Der nordsüdliche Verlauf des Großen Regens ab Bayerisch Eisenstein und der gleichgerichtete Verlauf der Großen Deffernik ab Ferdinandstal quer über das Generalstreichen des Gebirges von Südost nach Nordwest sind vermutlich tektonisch durch alte Bruchspalten bestimmt. Nachdem die beiden Flüsse die vom Arber bis zum Lakkaberg herabfließenden Bäche aufgenommen haben, vereinigen sie sich nördlich von Ludwigsthal und schaffen hier eine Talweitung, die der dort anstehende Granitgneis erleichterte. Am Fällenrechen verengt sich das Flußbett im harten Cordieritgneis. Brausend und tosend stürzt der Regen heraus in die Zwieseler Talweitung. Gewaltige Wassermassen, die sich in den Übergangszeiten von einer Kaltzeit mit Firneisbedeckung in die Warmzeit wiederholt durch das enge Tal zwängten, haben zu einer Eintiefung des Flußbettes geführt. Der Zusammenfluß vom Großen und Kleinen Regen hat der Stadt Zwiesel, die sich auf dem zur Flußgabelung hin geneigten Hügel entwickelte, ihren Namen gegeben. Der Lauf des Schwarzen Regen, der zwischen Regen und Zwiesel nach Südwesten gerichtet ist, wurde durch die Pfahlmauer in die nordwestlich ausgerichtete Pfahlsenke umgeleitet. Daß diese Senke bereits im Tertiär ein Fluß durchzog, beweisen bei Viechtach Flußkiese und Sande in mehr als 50 m Höhe über dem heutigen Regental, die noch Roterdeverwitterung aus der tertiären Übergangszeit vom Obermiozän zum Pliozän tragen.
Infolge der bis zur Gegenwart noch nicht ganz zum Stillstand gekommenen Hebung des kristallinen Untergrundes mußte sich der Regen durch hartes Gestein hindurcharbeiten. Eindrucksvoll deutlich zeigt das die wildromantische Talschlucht zwischen Teisnach und Viechtach, durch die eine Trasse der privaten Regentalbahn führt, sowie die nach der wannenförmigen Viechtacher Talweitung beginnende „Hölle", in der durch ein Kraftwerk der Fluß zum „Höllensteinsee" gestaut wird. Bei fortschreitender Tieferlegung des Regenbettes schufen die nördlichen Zuflüsse Rothbach und Asbach mit kräftigem Gefälle zu ihrer Mündung schluchtartige Täler. Die südlichen Zuflüsse des Schwarzen Regen – Rinchnacher und Schloßauer Ohe, Teisnach, Aitnach, Riedbach und Prackenbach – legten auf ihrem zumeist aus Granit bestehenden Untergrund, von dem die Steinbrüche zwischen Patersdorf und Ruhmannsfelden zeugen, ihre Muldentäler an, in denen sich Verwitterungsschutt aus den gneisgeschichteten Nordhängen des Vorderen Bayerischen Waldes sowie von den die Bacheinzugsbereiche seitlich abschließenden Zwischenriedeln schon im ausklingenden Tertiär sammelte. In ihrem unteren Lauf wurden diese Bäche durch die querliegenden Pfahlschiefer und die harte Pfahlmauer selbst rückgestaut. Den Durchstoß durch die Pfahlbarriere zeigen der Riedbach und die Aitnach durch tiefe Taleinkerbungen und starkes Gefälle kurz vor ihrer Einmündung in den Regen an.

Der landschaftsbestimmende Wald

Das Landschaftsbild des Landkreises ist wesentlich vom Wald geprägt, der 60% des Gebietes bedeckt. Er entstand in den Warmzeiten, die sich nach der letzten Eiszeit in der Zeit von etwa 6500 bis 800 v. Chr. einstellten. Aus Pollenanalysen weiß man, daß der Hauptbestandteil der Pionierpflanzen Kiefern, Birken und Fichten waren. Der Wald in seiner heutigen Zusammensetzung aus Fichten, Buchen, Tannen und Föhren entwickelte sich erst seit etwa 800 v. Chr. in dem wieder kühler und feuchter gewordenen Klima. Auffallend stark ist seit den letzten 100 Jahren der Rückgang der Tanne, deren Anteil Mitte des vorigen Jahrhunderts in Mittellagen noch ca. 30% betrug und heute nur mehr etwa 3% ausmacht. Gegenwärtig ist vom Tannensterben die Rede, als dessen Ursachen klimatische, biologische und umweltbedingte Faktoren angeführt werden.
Der Innere Bayerische Wald war lange unbesiedelt. Die Römer mieden den Wald, den sie Silva Hercynica oder Silva Gabreta nannten. Auch im frühen Mittelalter war der „wilde Nordwald" noch unbesiedelt. Erst vor gut 1000 Jahren drangen Menschen immer tiefer in den Urwald vor und begannen mit ihrer Land- und Waldwirtschaft der Landschaft den Stempel aufzudrücken. Die ältesten Siedlungen verdanken ihre Entstehung dem Handel, der die Erschließung des Waldgebirges auf günstigen We-

gen in Gang gebracht hatte. So entstanden Englmar, Kollnburg und Viechtach am Handelsweg von Straubing–Bogen–Eschlkam ins Innere von Böhmen. Entlang der Straße von Deggendorf nach Hartmanitz und Schüttenhofen, den bedeutenden Handelsplätzen in Böhmen, entwickelten sich die Orte Bischofsmais, Regen und Zwiesel. Eine sehr frühe Bergbausiedlung vermutet man in Bodenmais. Die systematische Erschließung und Besiedlung des Landkreisgebietes betrieben die Klöster Metten und Niederalteich mit der Propstei Rinchnach. In zwei durch die Ungarneinfälle unterbrochenen Rodungsperioden von etwa 730–910 und von 990 bis 1200 schufen sie die meisten Rodungssiedlungen des Landkreisgebietes.

Der Einfluß der Besiedlung auf das Landschaftsbild

Mit Roden und vor allem mit Riedern veränderten die Siedler die Urwaldlandschaft. Undenkbar ist, daß schon bei der Besiedlung die heute vorhandenen Ackerfluren geschaffen worden wären. Damals erforderte es Mühe genug, die notwendigen Äcker und Wiesen durch Ausstockern der Waldbäume in unmittelbarer Umgebung der Siedlung herzurichten. Die Rodungsflächen wurden erst nach und nach von Generation zu Generation erweitert. Von Beginn ihrer Siedlungstätigkeit an bis in das 19. Jahrhundert hinein übten die Waldbauern das Riedern oder Reuten (Reuthen, Reiten, Reithen) aus, womit immer die gleiche uralte bäuerliche Waldwirtschaft auf einer abgeholzten, aber nicht ausgestockerten Waldfläche gemeint ist, über die der Landrichter von Viechtach im Jahre 1803 folgendes an die Generallandesdirektion berichtete: „Die zweckmäßigste Kultur und Benutzung ihrer (der Bauern) gebirgigen und steinigen Lagen sind die sogenannten Reuthstätten, worauf sie 2 Jahre Getreide bauen, dann den Heranwuchs des Birkenholzes pflegen, die unter dem Schatten und der Feuchtigkeit (der Birken) gedeihende Hüterei teils eingrasen, teils abweiden, das von den Birken fallende Laub zur Streu benützen und endlich nach 16 bis 20 Jahren die herangewachsenen Birken zu Werk- und Brennholz fällen und den abgeräumten Ort wieder mit Getreide bebauen wie vor."

Mit dem Riedern rückten die Bauern dem Urwald stark zu Leibe; sie drängten ihn zurück. Um die Siedlungen kamen die sogenannten „Lauber- oder Birkenberge" auf. Wie sehr die Waldbauern mit dem Riedern den Wald nutzten, zeigen die vielen Riedorte und die zahlreichen Flurnamen an, die auf das Riedern oder Reuten hinweisen. 65 Orte des Landkreises Regen enden auf -ried, das damit die häufigste Endung der Ortsnamen ist. Zwar wurde bis heute nicht untersucht, inwieweit das Riedern sich positiv auf die ökologischen Verhältnisse des Waldes ausgewirkt hat, mit Sicherheit aber war es eine sinnvolle ökonomische Maßnahme.

Glashüttensiedlungen

Das Grenzgebirge des Zwieseler Winkels an der bayerisch-böhmischen Grenze eignete sich für eine bäuerliche Siedlung nicht. Die bergigen und steinigen Böden und die ungünstigen klimatischen Verhältnisse in den rauhen Höhenlagen setzten der landwirtschaftlichen Nutzung des Waldbodens natürliche Grenzen. Hier siedelten nachweislich ab dem 15. Jahrhundert Glashüttenmeister, die sehr günstige Verhältnisse vorhanden. Die in der Literatur über Glashütten- und Waldwirtschaft immer wieder geäußerte Meinung, die Hüttenmeister wären „dem Holz nachgewandert", d. h. nach dem Verbrauch des Holzes um ihren Standort herum wäre die Hütte einfach tiefer in den Wald hinein gesetzt worden, und die Behauptung, die Hüttenmeister wären mit dem Holzreichtum verschwenderisch umgegangen, ist durch keine ernst zu nehmende historische Untersuchung nachgewiesen. Tatsache ist, daß alle großen Hüttengüter in Rabenstein, Oberzwieselau, Oberfrauenau, im Lamer Winkel und in Eisenstein in ihrer drei bis über fünf Jahrhunderte währenden Geschichte im Durchschnitt nicht mehr als fünf bis sechs Hüttenplätze benützt haben. Viele Hüttenplätze waren Wechselplätze, an denen die Hütte 30 bis 50 und mehr Jahre ununterbrochen in Betrieb war, ehe sie nach vielleicht ebenso langer Unterbrechung wieder an den alten Platz oder in das alte Hüttenrevier zurückkehrte.
Utzschneider hielt auf seiner Informationsreise durch den Bayerischen Wald im Jahr 1788 den

Glashüttenmeistern schlechte Waldwirtschaft vor, weil sie die Wälder nur „ausleuchten" (= auslichten, plentern) und keine „ordentlichen Schläge" machen. Der unerfahrene Forstsachverständige der Hofkammer hatte kein Verständnis für das hergebrachte Plentern. Die Bayerische Forstverwaltung führte die „ordentlichen Schläge" auch durch, freilich mit dem Ergebnis, daß sie viel Mühe aufwenden mußte, die aus der unnatürlichen Waldnutzung durch Kahlhieb entstandenen Monokulturen wieder auf eine gesunde Mischwaldbasis umzustellen. Klotz rühmt dagegen die „Glashüttenbestände" im Zwieslerwaldhaus, die ein sehr gesundes ungleichaltriges und gemischtes Waldgefüge aufweisen.

Die größten Holzmengen benötigten die Glashütten bis in das erste Drittel des 19. Jahrhunderts hinein zur Herstellung der zum Glasmachen unentbehrlichen Pottasche, nämlich die etwa vier- bis fünffache Menge des Holzbedarfes für die Hüttenöfen. Den Aschenbrand übten die Aschenbrenner der Hüttenmeister in den eigenen und den besonders zum Aschenbrennen gepachteten oder auch vererbrechteten Aschenwäldern aus. Die Aschenbrenner der Hüttenmeister verrichteten ihr hartes Handwerk auch in den entlegensten und finstersten Wäldern, sie räumten das Urwalddickicht aus, sie verbrannten die liegenden, vermodernden Urwaldriesen, die umgestürzten, gipfeldürren und faulen Bäume und sie schafften die oft sehr starken Wind- und Schneebrüche beiseite. Mit dem Aschenbrand kam Licht und Luft in den Urwald, wurde dem jungen Holz Platz zum Nachwachsen geschaffen. Der Wald wurde gehegt und gepflegt, aus dem Urwald wurde der Kulturwald.

DR. PAUL KESTEL

KLIMA UND VEGETATION

Jedes Lebewesen, also auch jede Pflanze, lebt eingebettet in eine typische Umwelt, muß sich aber auch zeitlebens damit auseinandersetzen. Für die Pflanzen sind das Klima, außerdem Struktur, Mineralgehalt und Wasserhaushalt des Bodens von entscheidender Bedeutung. Diese „abiotischen" Umweltfaktoren, auf die die Pflanze selbst kaum Einfluß nehmen kann, werden noch ergänzt durch die „biotischen" Faktoren, das sind die Wechselbeziehungen der einzelnen Pflanze zur belebten Umwelt. So bestimmen die Konkurrenz um Licht, Wasser und Mineralstoffe, sowie die Tiere des Raumes den Artenbestand in gleichem Maße wie die übrigen Umweltfaktoren. „Ökologie" ist der für solche Zusammenhänge zuständige Fachbereich der Biologie. Unbestreitbar ist der Mensch mit seiner Technik zu einer mächtigen Umweltkraft geworden, deren Wirkung nicht immer positiv ist.
Ehe auf die Besonderheiten der Pflanzenwelt des Landkreisgebietes näher eingegangen wird, sollen zunächst die Klimaverhältnisse beschrieben werden. Der Boden ist an anderer Stelle ausführlich behandelt; zum Wasserhaushalt werden einige grundsätzliche Aussagen zu machen sein.

Das Klima

Das Landkreisgebiet ist sowohl in der Höhe als auch in der Kleinräumigkeit des Reliefs reich gegliedert. Das wirkt sich in den klimatischen Verhältnissen sehr deutlich aus. Von Viechtach (470 m) über Regen und Zwiesel nach Bayerisch Eisenstein (790 m) und ganz besonders in den Hochlagen kommt der Frühling immer später. Zweieinhalb Monate Zeitunterschied sind für die Blüte des Buschwindröschens (Anemone nemorosa) die Regel, d. h. von Anfang März im Raume Viechtach bis Ende Mai in über 1000 m Höhe. In den Gipfelregionen begrenzen Fröste von September bis Juni und Schneebedeckung von Anfang November bis Ende Mai die Vegetationsperiode in manchen Jahren auf ganze drei Monate.
So ist das Klima insgesamt als rauh und kalt zu bezeichnen (Reizklima). Die langen kalten Winter, die durch häufige eisige Winde aus dem Osten noch an Schärfe gewinnen, bewirken immerhin bis in die mittleren Berglagen schneesichere Wintersportmöglichkeiten evtl. bis in den April hinein. Und das alles in einem zauberhaften Winterwald! – Auch der Sommer ist kühl. Selbst nach heißen Tagen wird die Abendluft angenehm frisch. Vor allem aber die warmen Herbsttage können erhebliche Temperaturunterschiede gegenüber den Abend- und Nachtstunden aufbauen. Das ganze Landkreisgebiet ist praktisch föhnfrei.
Die relative Kleinräumigkeit des Reliefs verursacht in den kalten Jahreszeiten in den engeren Tälern häufig die Temperaturumkehr (= Inversion): Normalerweise ist die Luft umso kälter, je höher man sich befindet, nach einer groben Faustregel 1 Grad Celsius pro hundert Meter. Wenn in einer längeren Kälteperiode keine großräumigen Windsysteme stören, fließt die Kaltluft während der Nacht aus den Höhen in die Täler ab und sammelt sich dort an. Das hat dann u. U. eine starke Nebelbildung zur Folge, so daß die Sonne auch während des Tages nicht in die „geschützten" Tallagen eindringen kann. Während es oben in den Bergen bei herrlichem Sonnenschein sehr warm ist, ist es im Nebelsee unten im Tal naßkalt und frostig. – In der Inversionszone am Hang ist es am wärmsten; hier verschwindet im Frühjahr auch der Schnee zuerst.

Niederschläge

Niederschläge fallen zu allen Jahreszeiten. Eine graphische Auswertung der Aufzeichnungen der monatlichen Niederschlagssummen, wie sie in Tab. 1 für Zwieslerwaldhaus (700 m NN) wiedergegeben sind, läßt sehr klar erkennen, daß die Sommermo-

Niederschlagsmeßstation Zwieslerwaldhaus

Jahres- und Monatssummen der Niederschläge

Jahr	Summe	Jan	Feb	Mär	Apr	Mai	Jun	Jul	Aug	Sep	Okt	Nov	Dez
1950	976,2	92,0	132,5	20,9	79,5	58,6	52,2	94,6	44,2	140,7	64,0	161,4	37,6
1951	892,7	95,3	62,2	116,6	13,2	101,1	97,2	82,0	86,7	51,1	-,-	119,5	67,8
1952	1296,6	122,6	109,5	133,5	24,1	81,0	113,6	28,4	86,8	162,6	130,7	187,7	116,1
1953	693,1	48,9	97,9	24,0	46,8	89,1	107,7	147,4	58,1	15,1	16,5	9,6	32,0
1954	1261,7	129,5	30,6	52,3	95,9	80,9	64,6	271,8	106,9	132,4	101,8	38,9	156,1
1955	1356,3	132,8	123,9	57,7	117,2	125,6	176,9	196,6	66,2	86,7	44,8	35,7	192,2
1956	1327,4	111,4	23,6	155,6	96,6	76,0	139,4	158,3	191,8	47,5	110,6	124,4	92,2
1957	1352,7	88,6	168,2	109,5	45,8	73,2	173,5	215,6	126,6	193,9	7,4	57,3	113,1
1958	1499,5	132,3	236,2	59,8	109,0	87,4	181,6	136,8	111,1	156,6	151,6	24,7	112,4
1959	961,9	110,7	24,5	24,1	90,0	104,5	206,4	124,1	82,7	4,2	28,2	29,0	133,2
1960	1069,6	97,2	68,1	62,0	56,2	74,3	118,9	125,2	134,4	47,4	143,1	77,9	64,9
1961	1324,9	77,4	161,0	112,2	123,0	119,0	122,3	95,3	157,7	61,7	88,1	41,7	165,5
1962	1202,2	149,5	146,9	166,0	78,1	160,1	27,7	95,7	80,7	95,4	6,7	41,2	154,2
1963	981,6	43,9	20,6	67,9	19,9	93,8	192,3	80,0	121,3	109,7	56,6	166,6	9,0
1964	1188,6	27,0	74,7	55,1	88,1	119,5	139,6	28,1	150,9	79,2	150,7	195,0	80,7
1965	1819,7	141,5	139,9	129,9	143,1	233,7	198,5	175,0	87,5	118,5	4,6	145,6	301,9
1966	1584,7	68,4	118,9	146,2	107,1	91,7	222,2	178,3	175,4	63,6	56,4	57,3	299,2
1967	1330,6	122,6	115,5	139,7	63,7	105,8	90,7	67,0	88,8	143,4	49,7	38,2	305,5
1968	1065,1	167,5	39,1	102,3	46,4	60,1	152,4	64,5	142,8	111,9	88,5	33,3	56,3
1969	1133,9	68,4	56,6	56,5	165,3	53,8	196,1	105,8	167,6	53,2	6,9	153,2	40,5
1970	1471,7	31,2	274,0	142,6	125,6	145,0	77,5	87,3	103,7	43,8	229,8	106,9	94,3
1971	911,2	53,9	70,7	45,6	56,6	90,6	149,6	26,1	106,2	60,1	11,0	165,1	75,7
1972	784,7	11,0	7,4	61,6	114,1	158,5	78,9	108,4	27,5	61,4	54,2	94,1	7,6
1973	1108,3	58,7	137,9	48,7	83,0	67,8	97,8	128,7	32,3	37,8	112,5	159,2	143,9
1974	1527,3	113,3	94,2	30,6	32,5	126,5	129,3	202,3	57,2	72,5	205,0	120,4	343,5
1975	936,5	97,7	18,6	70,1	80,0	42,9	132,5	126,7	169,8	47,2	32,4	81,6	37,0
1976	1019,6	345,7	18,3	32,1	10,6	98,2	29,4	150,3	57,1	67,3	37,7	80,9	92,0
1977	1339,1	94,3	121,1	63,4	124,2	28,9	126,1	168,8	122,4	56,8	54,3	257,2	121,6
1978	1277,4	81,6	45,1	132,1	15,5	132,5	118,0	177,1	151,6	127,6	68,5	21,4	206,4
Durchschnitt aus 1951 - 75	1203,3	92,5	94,8	86,8	80,9	102,5	135,5	122,3	108,8	82,3	75,5	92,3	127,9
Standard-abweichung	± 269	48	69	45	40	41	50	62	45	48	65	58	96

Tabelle 1: Jahres- und Monatssummen der Niederschläge in Zwieslerwaldhaus. Durch Unterstreichung hervorgehoben sind Maxima und Minima. (Veröffentlichung mit freundl. Genehmigung des Wetteramtes München)

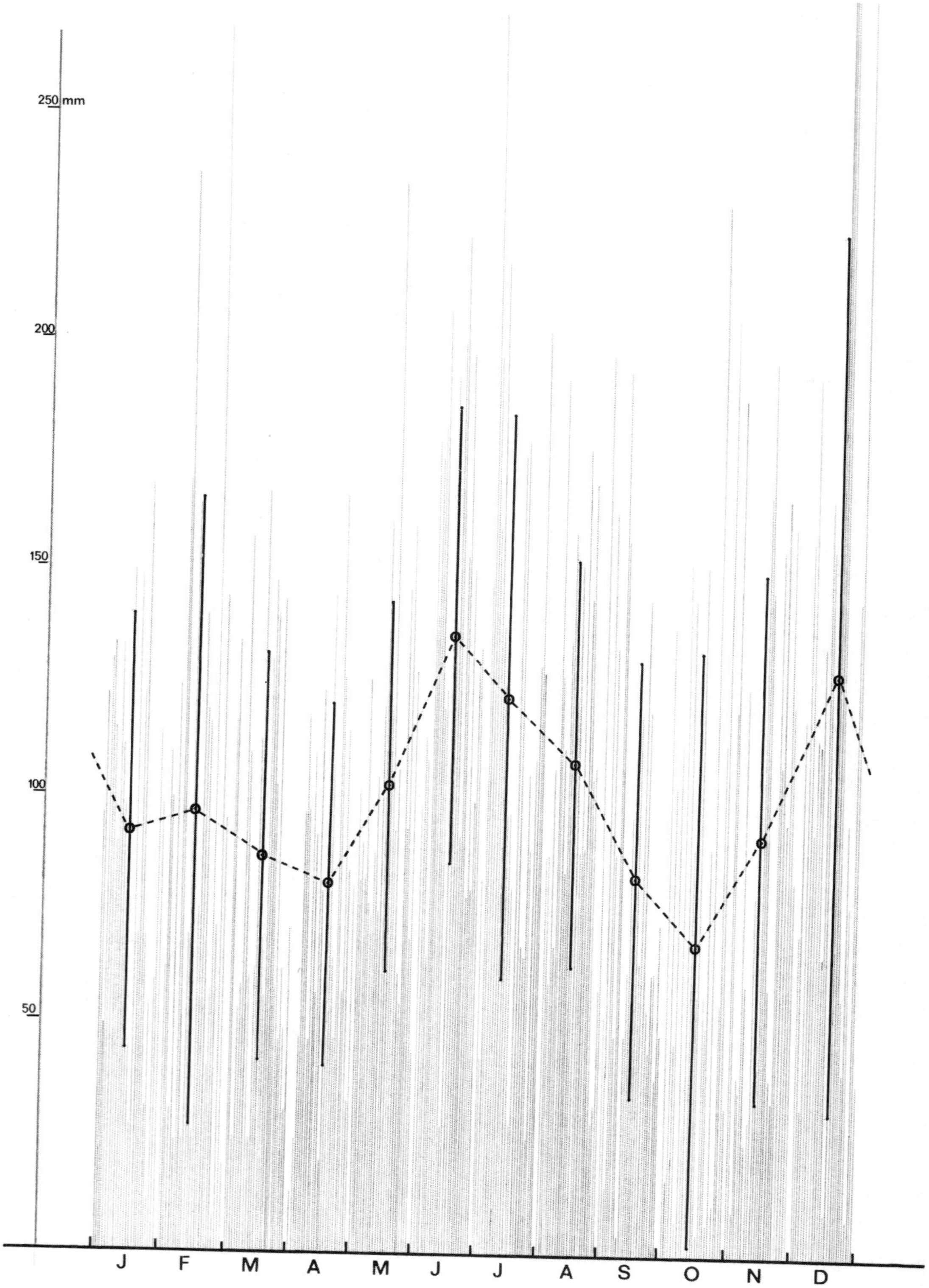

Abb. 1: Niederschlagsdiagramm für die Meßstation Zwieslerwaldhaus. Für jeden Monat sind die Werte von 1951 bis 1975 graphisch dargestellt. Die Kreise stellen den Durchschnittswert dar, die kräftigen senkrechten Linien die jeweilige Standardabweichung: Eine Abweichung vom Mittelwert um diesen Betrag ist „normal".

Der Große Arbersee vom Mittagsplatzl oberhalb der Seewand aus gesehen. In Bildmitte Bayerisch – und das ehemalige Böhmisch Eisenstein. Die Staatsgrenze zwischen Bayern und der CSSR entstand 1764, als der seit 1569 bestehende Grenzstreit zwischen Bayern und Böhmen um die Eisensteiner Wälder durch Teilung der Hofmark Eisenstein in einen bayerischen und einen böhmischen Teil beigelegt wurde.

Der Grenzkamm vom Falkenstein zum Rachel. Besonders im Spätherbst scheint auf den Bergen überm Nebelmeer die Sonne recht warm. Im Tal ist es trübe und kalt (Inversion).

Bild folgende Seiten:
Am Almschachten: Blick über den Wald

Schönau, ein typisches Landschaftsbild mit Wald, Feld und Wiese im Tal des Schwarzen Regen.

Nebel im Hochmoor. In den Hochlagen fallen bis zu 50% der Niederschläge als Nebel.

Eine Quelle wird für die Wasserversorgung gefaßt. Über dem festen, unverwitterten Gestein sammeln sich mehrere Wasseradern. Die Grabenwände lassen die Struktur der Bodenschichten erkennen. Schwarzer Anmoorgley zeigt die Stelle des ehemaligen Quellaustritts.

Buchen-Tannen-Fichten-Mischwald. Den Waldrand säumen Rotbuchen. Nadelbäume mit spitzen Gipfeln sind Fichten, die Tannen sind am flacheren Gipfel zu erkennen. Der Holzlagerplatz im Vordergrund wird allmählich von Weiden, Eschen, Espen und Birken erobert. Der Grasbewuchs besteht zu einem ansehnlichen Teil aus Sauergräsern.

Wenn auch Spätfröste (11. bis 13. Mai 1978) die Frühjahrstriebe abgetötet haben, kann die Buche doch noch einmal austreiben. Der Baum hat wieder einmal überlebt!

Anzeigerpflanze für den Kalkmangel ist der Besenginster.

Fichtenwald der Hochlagen. Wegen der Kürze der Vegetationsperiode ist der jährliche Holzzuwachs gering.

Winter im Hochlagen-Fichtenwald. Eis, Reif und Schnee können sich in manchen Wintern als geschlossene Haube über die Bäume legen.

Niederschläge

Durchschnitt aus 25 Jahren (1951 bis 1975), Maximum- und Minimumwerte (mit Jahreszahl)

Bayerisch Eisenstein 794 m NN, seit 1968:71o m

	Jahr	Jan	Feb	Mär	Apr	Mai	Jun	Jul	Aug	Sep	Okt	Nov	Dez
Dschn.	1212,o	84,6	8o,1	86,8	87,7	12o,8	139,9	141,3	11o,6	87,5	8o,o	87,8	112,6
Max.	1683 (74)	155 (68)	276 (7o)	156 (52)	182 (69)	259 (65)	274 (66)	34o (54)	194 (64)	166 (52)	214 (74)	174 (52)	372 (74)
Min.	67o (53)	11 (72)	5 (72)	25 (53)	21 (51)	46 (69)	47 (62)	29 (71)	23 (73)	8 (57)	. (51)	12 (53)	9 (63)

Bischofsmais 684 m NN

	Jahr	Jan	Feb	Mär	Apr	Mai	Jun	Jul	Aug	Sep	Okt	Nov	Dez
Dschn.	11o6,4	85,6	88,8	77,4	78,1	91,4	119,3	1o7,9	1o1,o	74,9	72,1	83,4	119,5
Max.	16o4 (66)	151 (68)	366 (7o)	167 (52)	164 (69)	179 (65)	213 (66)	226 (54)	172 (56)	177 (57)	222 (7o)	259 (52)	36o (66)
Min.	639 (53)	12 (72)	9 (72)	7 (53)	14 (63)	26 (57)	35 (62)	24 (69)	19 (72)	1 (59)	. (51)	6 (53)	8 (72)

Bodenmais 668 m NN, seit 1965: 627 m

	Jahr	Jan	Feb	Mär	Apr	Mai	Jun	Jul	Aug	Sep	Okt	Nov	Dez
Dschn.	12o7,9	9o,3	91,o	83,8	81,6	1o9,4	142,1	133,4	1o9,6	8o,9	85,9	75,1	11o,3
Max.	1665 (74)	197 (68)	279 (7o)	179 (52)	146 (66)	188 (64)	255 (58)	3o9 (57)	197 (59)	182 (57)	248 (7o)	173 (52)	331 (74)
Min.	768 (53)	13 (72)	1o (72)	29 (59)	14 (51)	61 (56)	39 (62)	21 (71)	44 (72)	6 (59)	. (51)	11 (53)	8 (72)

Großer Falkenstein 13o7 m NN

	Jahr	Jan	Feb	Mär	Apr	Mai	Jun	Jul	Aug	Sep	Okt	Nov	Dez
Dschn.	13o7,2	1o5,4	113,2	97,8	87,4	113,8	153,5	137,4	125,6	86,1	8o,o	91,6	137,8
Max.	1793 (74)	227 (68)	343 (7o)	199 (7o)	137 (61)	229 (65)	215 (69)	28o (54)	2o1 (56)	2o5 (57)	234 (74)	218 (52)	35o (74)
Min.	833 (53)	15 (72)	12 (72)	28 (59)	29 (52)	59 (57)	33 (62)	28 (64)	37 (72)	24 (53)	1 (51)	1o (53)	6 (63)

Oedwies 1o29 m NN (Kälberbuckl - westliche Landkreisgrenze)

	Jahr	Jan	Feb	Mär	Apr	Mai	Jun	Jul	Aug	Sep	Okt	Nov	Dez
Dschn.	1346,7	1o6,6	88,7	89,4	97,9	119,2	157,8	152,6	125,5	1o6,4	92,7	91,1	118,2
Max.	2o85 (66)	263 (67)	224 (58)	176 (52)	168 (61)	286 (7o)	396 (66)	415 (66)	226 (75)	246 (57)	278 (74)	249 (52)	299 (74)
Min.	8o1 (53)	18 (72)	19 (59)	12 (53)	15 (74)	34 (68)	4o (62)	31 (52)	26 (72)	. (59)	. (51)	7 (53)	1o (63)

Regen 522 m NN

	Jahr	Jan	Feb	Mär	Apr	Mai	Jun	Jul	Aug	Sep	Okt	Nov	Dez
Dschn.	921,8	63,1	64,2	58,6	64,5	85,5	115,3	102,1	98,0	66,7	60,5	61,9	81,1
Max.	1275 (74)	121 (68)	270 (70)	117 (62)	112 (55)	156 (65)	197 (66)	205 (54)	181 (56)	148 (52)	167 (74)	139 (52)	254 (74)
Min.	609 (53)	10 (72)	8 (59)	8 (53)	12 (51)	41 (57)	28 (62)	26 (69)	14 (73)	2 (59)	. (51)	9 (53)	4 (72)

Teisnach 480 m NN, seit 1964 451 m NN

	Jahr	Jan	Feb	Mär	Apr	Mai	Jun	Jul	Aug	Sep	Okt	Nov	Dez
Dschn.	865,3	55,6	57,4	54,4	58,1	86,8	109,9	106,0	90,7	59,4	57,7	54,8	72,4
Max.	1299 (74)	116 (68)	150 (70)	112 (52)	112 (66)	122 (74)	168 (66)	253 (54)	150 (64)	129 (52)	193 (74)	112 (52)	205 (74)
Min.	581 (53)	5 (72)	12 (59)	11 (53)	9 (51)	36 (57)	29 (62)	18 (71)	8 (73)	4 (59)	. (51)	10 (53)	6 (71)

Viechtach 432 m NN, seit 1964 470 m NN

	Jahr	Jan	Feb	Mär	Apr	Mai	Jun	Jul	Aug	Sep	Okt	Nov	Dez
Dschn.	833,4	50,2	55,4	51,9	57,4	77,6	108,6	105,3	87,4	63,4	56,8	48,9	64,9
Max.	1127 (74)	79 (62)	155 (70)	108 (52)	113 (66)	150 (71)	199 (65)	252 (54)	132 (58)	138 (52)	147 (74)	101 (52)	167 (74)
Min.	566 (53)	12 (72)	13 (63)	8 (53)	12 (63)	31 (57)	26 (62)	9 (71)	23 (73)	2 (59)	. (51)	10 (53)	5 (72)

Zwiesel 570 bis 615 mm NN (mehrmals wechselnder Standort)

	Jahr	Jan	Feb	Mär	Apr	Mai	Jun	Jul	Aug	Sep	Okt	Nov	Dez
Dschn.	1005,8	75,8	73,9	67,5	65,9	87,4	123,3	103,9	101,6	74,2	68,3	67,2	96,5
Max.	1301 (74)	174 (68)	209 (70)	169 (52)	107 (61)	168 (65)	228 (66)	228 (54)	191 (56)	178 (57)	198 (70)	164 (52)	283 (74)
Min.	649 (72)	10 (72)	6 (72)	15 (53)	13 (63)	40 (57)	31 (62)	26 (69)	25 (73)	2 (59)	. (51)	9 (53)	6 (72)

Zwieslerwaldhaus 700 m NN

	Jahr	Jan	Feb	Mär	Apr	Mai	Jun	Jul	Aug	Sep	Okt	Nov	Dez
Dschn.	1203,0	92,0	96,8	86,8	80,8	102,5	135,5	122,2	108,8	82,3	68,0	91,4	127,8
Max.	1819 (65)	168 (68)	274 (70)	166 (62)	165 (69	234 (65)	222 (66)	271 (54)	192 (56)	194 (57)	230 (70)	195 (64)	344 (74)
Min.	693 (53)	11 (72)	7 (72)	24 (53)	13 (51)	43 (75)	28 (62)	26 (71)	28 (72)	4 (59)	. (51)	10 (53)	8 (72)

Großer Arber 1325 m NN (Mittelwerte aus dem Zeitraum 1931 - 1960 !)

	Jahr	Jan	Feb	Mär	Apr	Mai	Jun	Jul	Aug	Sep	Okt	Nov	Dez
Dschn.	1949	179	169	125	127	160	197	244	183	138	146	125	156

Tabelle 2: Niederschlagswerte (Durchschnitt, Maximum und Minimum aus 25 Jahren). Die zugrundeliegenden Zahlen stammen aus dem Deutschen Meteorologischen Jahrbuch. Die Veröffentlichung erfolgt mit freundlicher Genehmigung des Wetteramtes München.

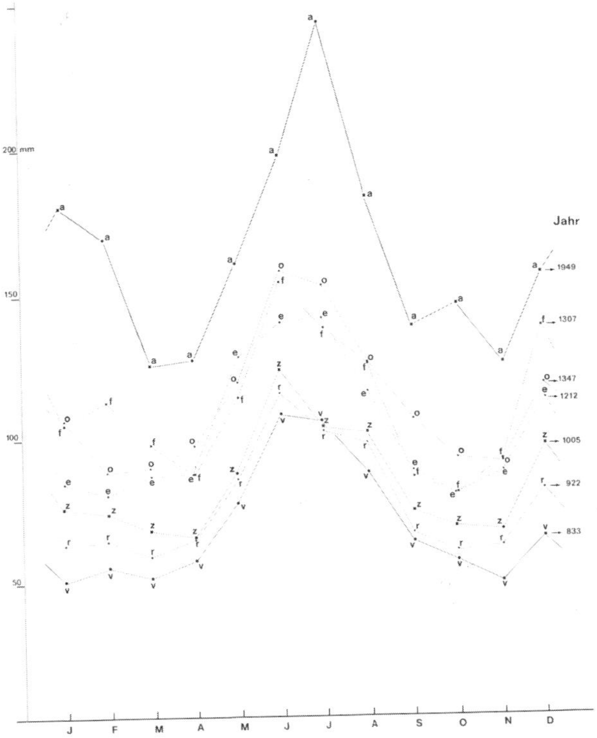

Abb. 2: Monatsmittel der Niederschlagswerte von den Niederschlagsmeßstationen Großer Arber (a; 1325 m), Großer Falkenstein (f; 1307 m) Ödwies (o; 1029 m), Bayerisch Eisenstein (e; 794 bzw. 710 m), Zwiesel (z; 600 m), Regen (r; 522 m), und Viechtach (v; 432 bzw. 470 m). Die Durchschnittswerte gelten für den Zeitraum von 1951 bis 1975, für den Großen Arber von 1931 bis 1960.

nate die regenreichsten des Jahres sind; ein zweites Maximum liegt im Winter. Die Niederschlagsmenge ist auch mit der Höhe gestaffelt und nimmt von unten nach oben zu (Steigungsregen). So sind die Höhenzüge von Zonen umgeben, in denen die Mengen von ca. 850 mm Jahressumme im Tal des Schwarzen Regen (Viechtach, Teisnach) gleichmäßig mit der Höhenlage bis auf über 1900 mm auf dem Großen Arber zunimmt. Linien mit gleicher Niederschlagsmenge decken sich allerdings nicht mit den Höhenlinien, weil auf der Ostseite der Berge geringere Niederschläge fallen. So hat z. B. Bodenmais am Westhang des Großen Arber einen Jahresdurchschnitt von ca. 1200 mm, das etwa höhengleiche Bischofsmais östlich des Geißkopfs nur ca. 1100 mm Jahresniederschlag (Tab. 2). Auffällig ist, daß die Niederschlagskurve des 1312 m hohen Großen Falkenstein (Abb. 2) sich fast mit der aus der 300 m tiefer liegenden Niederschlagsmeßstation von Ödwies (1029 m, Kälberbuckl an der westlichen Landkreisgrenze) deckt. Die Ursache ist darin zu sehen, daß der Falkenstein im Windschatten des 13 km WNW vorgelagerten Großen Arber liegt und die meisten Niederschläge die Winde aus Südwest bis Nordwest bringen. Neben den rauhen Temperaturverhältnissen hat die Pflanzenwelt also auch mit relativ hohen Niederschlägen fertigzuwerden. Wald und Wiese sind die adäquaten Pflanzengesellschaften; das gilt auch für die wirtschaftliche Nutzung.

Die Niederschläge fallen vorwiegend in kräftigen Regen- und Schneeschauern, ausgedehnte Landregen sind selten. So erklärt sich auch, daß der Große Falkenstein etwa die gleiche Zahl von Sonnenscheintagen hat wie die Stadt Passau. – Über 900 m nimmt der Anteil der Nebelniederschläge an der Gesamtniederschlagsmenge beachtlich zu. Nach A. Baumgartner soll der Nebel auf dem Großen Falkenstein die gleiche Wassermenge liefern wie der Regen selbst.

Die Böden

(vgl. hierzu den Abschnitt „Böden" im Kapitel Geologie und Mineralogie des Buches)

Die Böden des Landkreises sind durchwegs sehr junge Verwitterungsprodukte von Granit und Gneis. Für den Botaniker ist die mineralische Zusammensetzung des Bodens von besonderem Interesse. O. SENDTNER gibt in seinem Buch „Die Vegetationsverhältnisse des Bayerischen Waldes nach den Grundsätzen der Pflanzengeographie" (München 1860) folgende „Analyse von Gneissboden" aus dem Raum Zwiesel wieder:

(Tabelle XIX.) **Analyse von Gneissboden.**

	Rubrik 1. Boden vom mittleren Stande der Fichte u. Tanne.		Rubrik 2. Boden vom guten Stande der Birke.		Rubrik 3. Boden vom schlechten Stande der Birke.	
100 Gewichtstheile des lufttrocknen Bodens enthalten:						
Hygroskopisches Wasser . . .	3,7000	23,6000	2,4000	16,5000	2,5014	16,2750
Stickstoffhaltige organ. Substanz .	19,9000		14,1000		13,7736	
Mineral. Substanzen	76,4000		83,5000		83,7250	
Die Mineralsubstanzen bestanden aus:						
A. in Salzsäure löslichen						
Kali	—		1,4525		—	
Natron	—		0,1472		—	
Kalk	0,0062		0,1120		—	
Magnesia	0,3000		0,4720		0,9015	
Thonerde . . .	5,4000		0,0500		5,0905	
Manganoxydul . .	0,0070	13,4232	0,0090	24,7407	0,0062	18,3167
Eisenoxyd . . .	7,7000		7,0000		9,8280	
Chlor	0,0020		0,0010		0,0050	
Schwefelsäure . .	0,0050		0,0070		0,0060	
Phosphorsäure . .	0,0030		9,4900		2,4795	
B. in Salzsäure unlöslichen						
Kali	1,9840		3,6312		2,6575	
Natron	0,1100		0,3000		0,2300	
Kalk	0,2827		0,6785		0,0120	
Magnesia	0,0090	62,9768	0,3744	58,7593	0,5960	65,4083
Thonerde	7,8244		9,5669		4,3155	
Eisenoxyd . . .	0,0214		0,0200		0,0090	
Kieselsäure . . .	52,7453		44,1933		57,5883	
Summa		100,000		100,000		100,000

Hervorzuheben ist der hohe Anteil an „Thonerde" (Aluminiumoxid) mit ca. 9,5–14%, Eisenoxid mit ca. 7–10% und Kieselsäure (Quarz) mit ca. 44–57,5%. Entscheidend für die Zusammensetzung der Flora ist die Tatsache, daß Kalk nirgends den 1-%-Anteil erreicht.

Wasserhaushalt

Zur Speicherung von Wasser – das ist auch für die Trinkwasserversorgung wichtig – steht nur der Zersatz des Grundgesteins, d. h. die auf dem anstehenden Fels aufliegende Verwitterungsdecke an den Hängen und die Ablagerungen in den Tälern zur Verfügung. Im Gestein des Untergrundes fehlen sowohl geeignete Kluftsysteme als auch Porenraum im Gestein selbst. Die vielen Quellaustritte der Hangflächen täuschen Wasserreichtum vor. Diese Quellen wechseln in ihrer Schüttung außerordentlich stark und reagieren in der Wasserführung empfindlich auf Niederschlag, Bodengefrornis und Schneeschmelze. Viele Rinnsale, die im Frühjahr kräftig fließen, versiegen im Sommer oder Spätherbst.

Das Schüttungsdiagramm einer Quelle am Westhang des Großen Falkenstein (Abb. 3) zeigt den Rückgang der Quellschüttung von ca. 3 Litern pro Sekunde in den ersten Apriltagen 1978 auf ca. 1,7 l/s bis zum 15. Mai. – Deutlich demonstriert das Diagramm auch einen lebhaften Austausch von Wasser mit der Bodenunterlage: Bei hohem Wasserdargebot durch Niederschläge (Schneeschmelze, starker Regen) ist die Wasserführung des Baches 250 m unterhalb der Quelle (40 m Höhenunterschied) deutlich stärker als an der Quelle selbst (1./2. April, 13. Mai). Meist aber gibt der Bach Wasser an den Untergrund ab. Am 24. 4. 78 waren dies beispielsweise 0,15 l/s, was einer Tagesmenge von 13 Kubikmetern entspricht.

Vorteilhaft ist der Umstand, daß unter der mächtigen Schneedecke der Hochlagen der Boden auch im tiefsten Winter nicht gefriert, so daß ein hoher Anteil des Schmelzwassers seinen Weg durch die vielen winzigen Hohlräume des Zersatzes nehmen kann und nicht an der Oberfläche abfließt. Diese Schneemassen stellen selbst einen wichtigen Speicher für Wasser dar. Zur Wasserversorgung des östlichen Landkreisgebietes wird daher die Trinkwassertalsperre in Frauenau gebaut, die vor allem das von Hirschbach und Kleinem Regen herangeführte Schmelzwasser stauen soll. Sie wird ein Fassungsvermögen von 20 Millionen Kubikmetern haben und ein Dargebot von 500–1500 Litern pro Sekunde ermöglichen. Das westliche Landkreisgebiet ergänzt schon jetzt seinen Wasserbedarf über die Fernwasserleitung aus dem Bereich der Donau. Diese Maßnahmen stellen einen Beitrag zur Stabilisierung der ökologischen Verhältnisse dar, wenn sie eine Ausleitung von Trinkwasser aus dem Wald durch Quellfassungen einschränken.

Das Wasser ist weich und schmeckt gut. Im Gegensatz zum kalkhaltigen, harten Donauwasser machen sich gelegentlich der hohe Eisen- und Säuregehalt unangenehm bemerkbar, wenn Eisen oder Beton angegriffen wird. – Problematischer ist jedoch, daß die Selbstreinigungskraft gegenüber

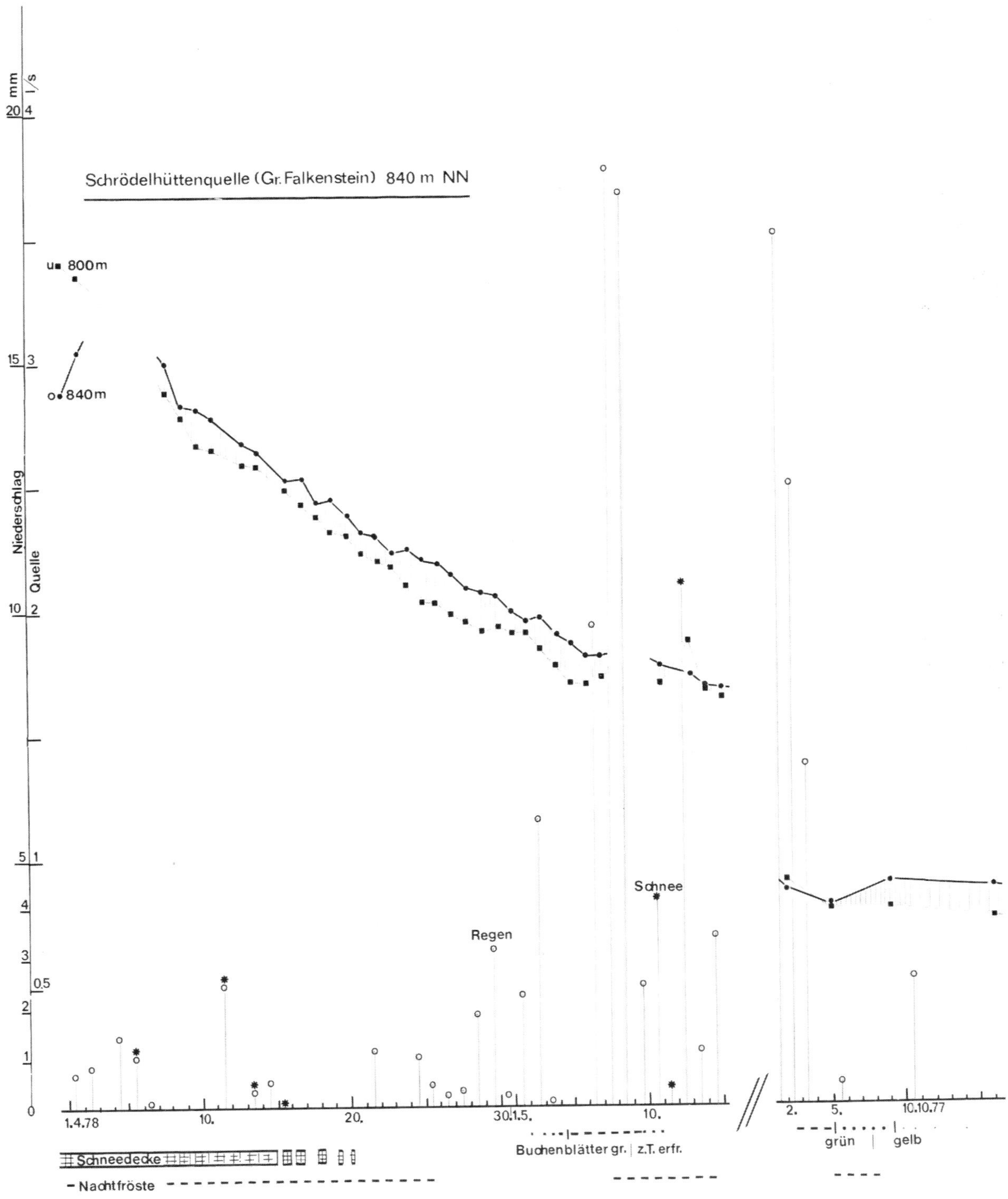

Abb. 3: Schüttungsdiagramm einer Quelle im Falkensteingebiet für die Zeit vom 1. 4. 78 bis 15. 5. 78 bzw. vom 2. bis 16. 10. 77. Erläuterung im Text.

Verunreinigung und Abwässern wegen des Mangels an Kalziumionen sehr gering ist. Kalziumionen besitzen die Fähigkeit, viele organische Substanzen auszuflocken, sie fördern das Wachstum der sie abbauenden Mikroorganismen und neutralisieren außerdem einen möglichen Säureüberschuß.
Nur etwa 50% der Niederschläge finden ihren Weg über Fließgewässer in die Donau und ins Meer. Der Rest verdunstet als wichtiger Beitrag zur Luftfeuchtigkeit. Durch ihre grünen Blätter steuern die grünen Pflanzen einen bedeutenden Anteil zur Verdunstung bei (Transpiration). Dabei stehen Tanne und Fichte den Laubbäumen wie Rotbuche oder Bergahorn und Eiche nicht viel nach. Nur die Kiefer geht mit dem Wasser sparsamer um. – Die Verdunstungsrate wechselt mit den Jahreszeiten. Sie ist im Sommer am stärksten, aber auch im Winter verschwindet Schnee als Wasserdampf in die oft extrem trockene Luft und die immergrünen Nadelbäume transpirieren noch ca. 10–15% ihrer Sommerverdunstung. Laubbäume stellen ihren Wasserverbrauch mit dem Ende der Vegetationsperiode ganz ein. Das Schüttungsdiagramm vom 2.–10. Oktober 1977 zeigt deutlich das Ansteigen der Quellschüttung mit dem Ende der Vegetationsperiode.
Weniger als die Hälfte der Niederschläge, die in unserem Raum fallen, sind verdunstetes Meerwasser; der größere Teil ist verdunstetes Bodenwasser aus dem Festland.
Wegen des geringen Speichervermögens im Untergrund schwankt auch die Wasserführung des Regens und seiner Zuflüsse stark mit den Niederschlägen und den Schneeverhältnissen. Sie ist in Regenstauf nördlich von Regensburg weit ausgeglichener als in Zwiesel.

Die Pflanzenwelt

Mit den Klimaverhältnissen im Tertiär, in den Eiszeiten und in der Nacheiszeit haben sich der Boden, die hydrologischen Verhältnisse und damit auch das Pflanzenkleid ständig gewandelt. Nachdem die tertiäre Bodendecke fast völlig verschwunden ist, ist auch über die Vegetation dieser und früherer Erdepochen in unserem Raum nichts bekannt. Während der letzten Eiszeit waren Tundra und Strauchtundra angesiedelt, soweit nicht Eis und Schnee eine ganzjährige Decke bildeten. Dabei sollte man sich vor Augen halten, daß die jährliche Durchschnittstemperatur nur ca. 3–5 Grad C tiefer lag als heute! – Seit dem Abklingen der letzten Eiszeit läßt sich die Entwicklungsgeschichte des Waldes dadurch nachvollziehen, daß der Blütenstaub vor allem der Windblütler z. B. im Torf von Hochmooren konserviert wurde und heute für Pollenanalysen zur Verfügung steht. Aus der Schichtenfolge der Pollenablagerungen weiß man, daß die Zusammensetzung des Waldes, wie sie heute im Bayerischen Wald als „urtümlich" bezeichnet würde, erst 4000 Jahre alt, also erdgeschichtlich verhältnismäßig jung ist.

Der Wald

Pflanzen, die wie die Bäume Jahrzehnte und Jahrhunderte an ihrem Standort leben, haben die beste Behauptungsfähigkeit im Lebensraum und sind in ihrem Vorkommen in erster Linie von den abiotischen Umweltfaktoren, d. h. vor allem vom Klima bestimmt. Ursprünglich bedeckte – wie in der gesamten gemäßigten Zone der Erde – ein geschlossener Waldmantel das Landkreisgebiet, in dem nur Flußläufe, Hochmoore und die wenigen kahlen Berggipfel natürliche Lichtungen darstellten. Mit den durch das Relief bedingten Klimaverhältnissen wechselte lediglich die Zusammensetzung des Waldes. Der Mensch hat dieses Bild nicht nur dadurch verändert, daß er Rodungsflächen für die landwirtschaftliche Nutzung und für Wege und Siedlungen schuf, sondern auch dadurch, daß er in die Zusammensetzung der Arten eingriff. Um die Wende vom 18. zum 19. Jahrhundert wurde es modern, statt des hergebrachten Plenterbetriebes ganze Kahlschläge anzulegen, die dann mit Monokulturen bestückt wurden. Während im Plenterwald durch das Nebeneinander aller Altersstufen und aller natürlich vorkommenden Baumarten ein recht gesundes und ursprüngliches Waldbild gewahrt blieb, bergen die mit nur einer Holzart bepflanzten Bestände nicht nur Gefahren, sie brachten auf die Dauer auch nicht den erwarteten wirtschaftlichen Erfolg.

Die vorherrschenden Waldbaumarten sind Fichte, Buche, Kiefer, Tanne und Eiche. Nur an wenigen Stellen sind Versuche mit standortfremden Gehölzen unternommen worden, auch die Anpflanzung der Pappel an nassen Standorten ist kaum erwähnenswert.

Die häufigste Baumart ist die Fichte (Picea excelsa), auch „Rottanne" genannt. Sie ist schnellwüchsig, sehr anspruchslos und widerstandsfähig gegen Kälte und Nässe. Ihre Nadeln sind sehr spitz, ihr Wuchs ist immer pyramidenförmig, der Gipfel spitz. Ihre Wurzeln verlaufen flach und dringen kaum tiefer in den Boden ein. Dadurch kann sie sich nicht fest verankern und ist windwurfgefährdet. Sie trägt weder durch die Wurzeln noch durch die abgefallenen Nadeln viel zur Bodenbildung bei; in den Monokulturen lassen die Nadeln den Boden sauer werden und schädigen dadurch sogar die Bodenflora und -fauna. Ihre Stämme sind als Nutzholz sehr geschätzt.

Die zweithäufigste Nadelholzart ist die Kiefer (Pinus sylvestris). An ihren Zweigen sitzen immer zwei lange, spitze Nadeln in einem Kurztrieb beisammen. Sie wächst anfangs pyramidenförmig wie die Fichte, trägt aber im ausgewachsenen Zustand eine ausgesprochene Krone auf einem kahlen Stamm. Sie ist ähnlich anspruchslos wie die Fichte, ist im Landkreisgebiet aber nur in den tieferen und trockeneren Standorten stärker verbreitet. Im Gegensatz zur Fichte besitzt sie eine mächtige Pfahlwurzel und kann sich mit ihr fest im Boden verankern. Sie hilft sogar die Klüfte im verwitternden Gestein sprengen. Während ihr der Wind kaum etwas anhaben kann, ist sie schneebruchgefährdet. – Eine Abart der Kiefer ist die Latsche; sie ist auch an das Ertragen von schweren Schneelasten angepaßt.

Die Tanne (Weißtanne, Abies alba) ist als letzter Waldbaum nach der Eiszeit wieder in den Bayerischen Wald eingewandert. Sie stellt höhere Ansprüche an den Boden, der vor allem gut durchlüftet sein soll, an die Luftfeuchtigkeit und die Lufttemperatur des Sommers. Ihre Nadeln sind flach, haben an der Unterseite zwei typische, parallel laufende, feine weiße Streifen und sitzen wie flach gekämmt an den Zweigen. In der Jugend baut die Tanne eine sehr symmetrische Pyramide auf, was zusammen mit der langen Haltbarkeit und dem ange-

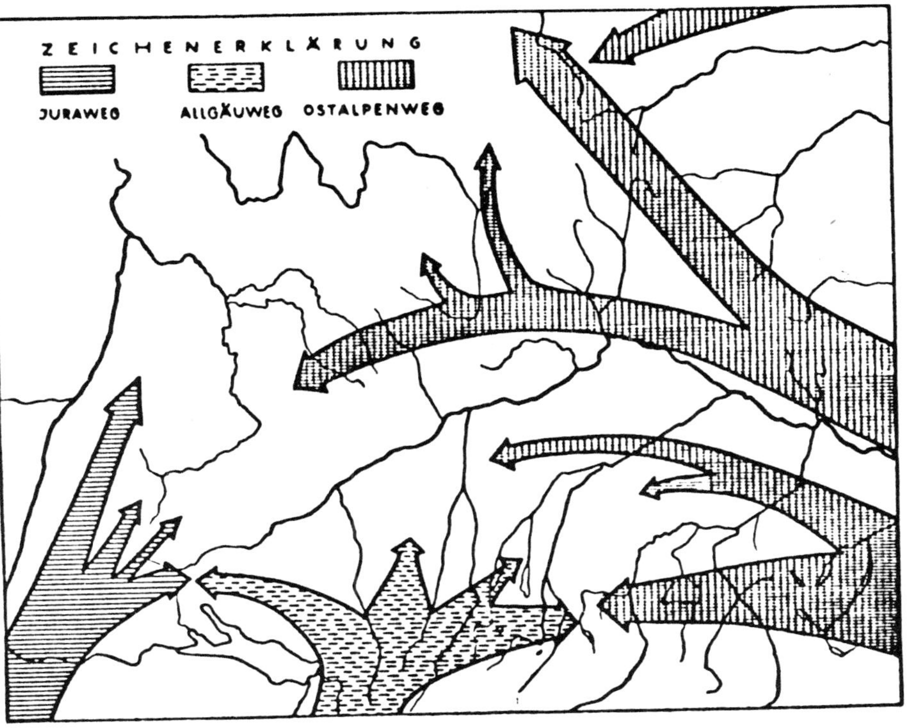

Abb. 4: Einwanderung der Weißtanne nach Süddeutschland nach der letzten Eiszeit. (Aus Langer, H. 1963 im Forstwiss. Centralblatt 82, Parey-Verlag)

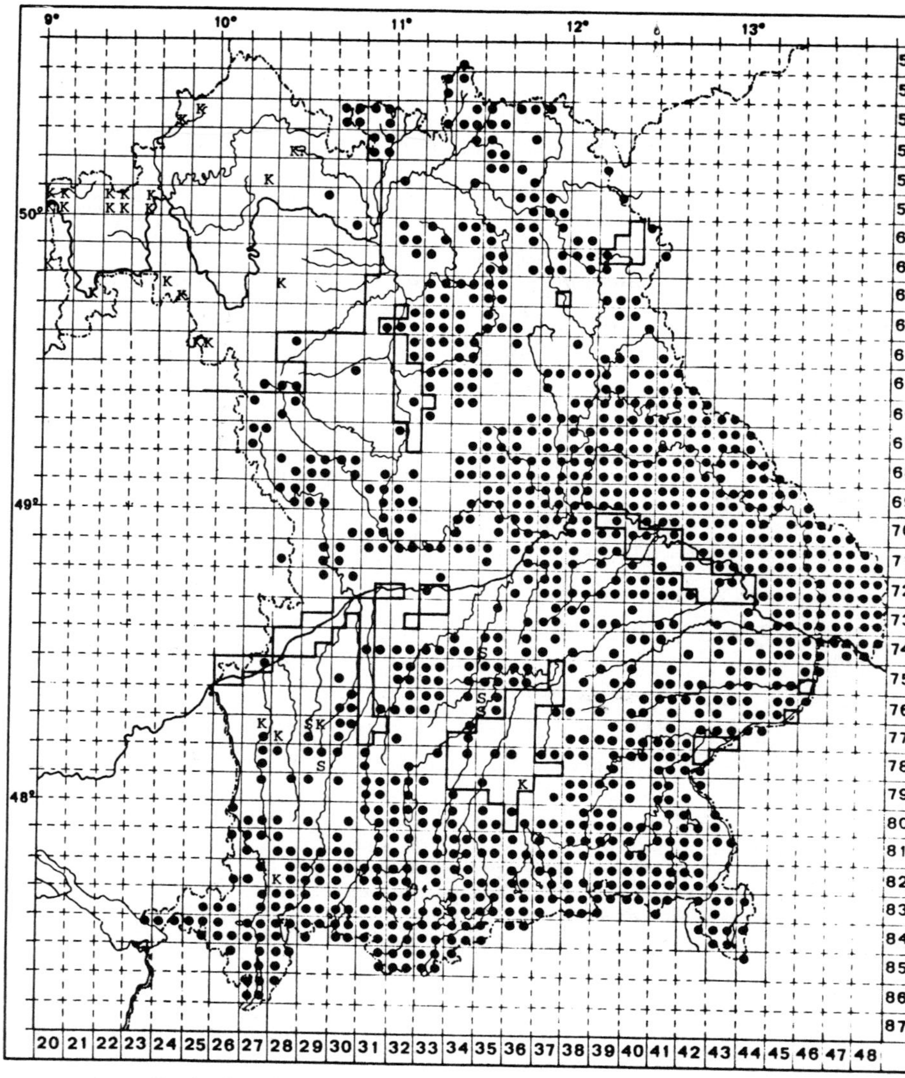

Karte 9: *Abies alba* Mill. (Stand: 1.2.1976)

• Nachweis ab 1945

S Synanthrop im allgem.

⊓ angenommene Tannenausschlußgebiete

Abb. 5: Verbreitungskarte der Weißtanne in Bayern (Aus Mitteilungen der Arbeitsgemeinschaft zur floristischen Kartierung Bayerns, Nr. 6, 1976).

Mischwald-Begleiter der tieferen Lagen: Der Waldmeister

Typischer Begleiter des Mischwaldes in höheren Lagen: Die Soldanelle.

Eine 250-jährige Tanne.

Entscheidend für die Hochmoorbildung ist das Auftreten von Torfmoos (Sphagnum). Zwischen den Moospflanzen der seltene, gelbe Sumpfhaubenpilz.

1

Typische Hochmoorpflanzen:
Blüten der Moosbeere (1)
Fieberklee (2)
Rosmarinheide (3)

2

3

Roter Alpenlattich. Die Blüte dauert nur wenige Tage.

Überall im Landkreis ist die Weiße Pestwurz der erste Frühlingsbote.

Nur über 800 m hat der Eisenhutblättrige Hahnenfuß sein Vorkommen (unten links).

Tannenbärlapp – eine sehr seltene Sporenpflanze.

Vielspaltiger Traubenfarn (Botrychium multifidum). Dieser kleine Farn hat im Landkreis Regen das einzige z. Zt. in Mitteleuropa bekannte Vorkommen (unten rechts).

Begehrte Sammelobjekte: Steinpilz und Maronenröhrling.

Pilzhyphen durchdringen totes Holz, verdauen es und bereiten die im Holz enthaltenen Mineralstoffe für den Boden auf.

Mykorrhiza: Pilzfäden weben weiße Kappen über den Feinwurzeln alter Bäume und dringen auch tief in deren Gewebe ein. Nur mit dieser Mykorrhiza halten sich viele alte Bäume am Leben.

Ein hübscher Pilz ist der Alpenstachelbart.

Nur Kenner entdecken auf Anhieb (Bildecke links unten) die Bärwurz.

nehmen Duft der Nadeln ihre Bevorzugung als Weihnachtsbaum erklärt. Der ausgewachsene Baum hat einen sehr flachen Gipfel, der an ein Storchennest erinnert. Neben den flachen Seitenwurzeln besitzt sie noch eine kräftige Pfahlwurzel. Tannen können über 400 Jahre alt werden.
Ein selten gewordener Nadelbaum ist die Eibe (Taxus baccata). Ihre flachen dunkelgrünen Nadeln und ihr unregelmäßiger Wuchs lassen sie leicht erkennen. Bemerkenswert ist, daß es männliche Pflanzen, die nur Blütenstaub erzeugen, und weibliche Eiben gibt, die die Samen produzieren. Die reifen Samen sind von einem leuchtend roten Becher umgeben und werden gerne von Vögeln gefressen. Allerdings wandert der Same unverdaut durch den Vogeldarm, hat aber dabei erst die Fähigkeit erhalten, sofort zu keimen. Das Holz der Eibe ist sehr hart und von alters her hochgeschätzt. Dennoch haben sich im Landkreisgebiet einige sehr stattliche Exemplare erhalten.
Die Buche (Rotbuche, Fagus sylvatica) ist ein Laubbaum, der auf saurem bis zum kräftig kalkhaltigen Boden und in mäßig trockenem bis zum mäßig feuchten Klima sein Fortkommen findet. Sie ist der beherrschende Waldbaum Mitteleuropas. Sie liebt ebenfalls gut durchlüftete Böden, ist aber auch selbst durch die Arbeit ihres kräftigen Wurzelwerkes am Gesteinsuntergrund und dadurch, daß die abgefallenen Laubblätter leicht verrotten und einen guten Humus ergeben, ein ausgezeichneter Bodenbildner. Vor dem Verrotten bilden ihre abgefallenen Blätter noch eine wärmende Bodendecke. Im lockeren Boden unter der Buche versickern Regen und Schneewasser am besten; so beeinflußt die Buche auch den Wasserhaushalt des Bodens sehr günstig. – Ihre Samen, die Bucheckern, sind Nahrung für viele Waldtiere. – Das Austreiben der Knospen setzt eine Tagesmitteltemperatur von 10 Grad C voraus. In der Inversionszone werden diese Temperaturen bisweilen erreicht, noch ehe der Winter recht vorbei ist. Wenn die jungen Blätter in sogenannten Advektivfrösten erfrieren, kann die Buche ein zweites Mal austreiben. Nur diese Fähigkeit erklärt es, daß die Buche im verhältnismäßig rauhen Klima des Bayerischen Waldes und in höheren Lagen nicht zum Aussterben verurteilt ist.
Die Eiche hat seit der postglazialen Wärmezeit ständig an Bestand verloren, sie kommt nur in einigen tiefer liegenden Teilen des Landkreisgebietes noch häufiger vor.

Die Waldgesellschaften der verschiedenen Lagen

Es ist ein Gesetz des Lebens, daß anspruchslose Arten zurückgedrängt werden, sobald im gleichen Lebensraum auch anspruchsvollere Arten geeignete Lebensbedingungen finden. Daraus ist zu erklären, daß Lebensgemeinschaften („Biozönosen") umso artenreicher sind, je günstiger die Umweltverhältnisse sind; gleichzeitig wird der Konkurrenzkampf härter. Das gilt auch im Wald.
In den Hochlagen über 1200 m ist von Natur aus der reine Bergfichtenwald kennzeichnend, in dem vereinzelt noch die Vogelbeere (Eberesche, Sorbus aucuparia) vorkommt. Nur die Fichte erträgt neben der mannshohen Schneebedeckung des Bodens auch noch die tonnenschwere Last von Schnee und Reif auf Zweigen und Ästen. Im Gegensatz zu den vom Menschen geschaffenen Fichtenmonokulturen wirkt der Bergfichtenwald wegen seines schütteren Farn- und Grasbewuchses am Boden, wegen der bisweilen bizarren Baumformen und vor allem wegen des hainartig lichten Baumbestandes alles andere als eintönig. Wegen der kurzen Vegetationsperiode ist der jährliche Holzzuwachs gering. Das Alter der Bäume ist hier besonders schwierig einzuschätzen, mancher Baum ist über 300 Jahre alt.
An den Hängen ist ein abwechslungsreicher Mischwald aus Buche, Tanne und Fichte zu Hause, der im Landkreisgebiet noch in einigen Naturschutzgebieten zu finden ist (z. B. Mittelsteighütte bei Zwieslerwaldhaus). Je nach dem Bodenbewuchs an Frühjahrsblühern, die vor dem Austreiben der Buche ergrünen, blühen und evtl. fruchten müssen, wird der Fichten-Tannen-Buchen-Mischwald („Fagetum-Abietum") weiter aufgegliedert. So gibt die Bergsoldanelle (Soldanella montana) dem Mischwald an der Grenze zum Bergfichtenwald, der Waldmeister (Galium odoratum = Asperula odorata) in den Lagen um 800 m als bestimmender Begleiter den Namen. Stattliche Exemplare von Bergahorn (Acer pseudoplatanus), Bergulme (Ul-

mus scabra) und Eibe sind mit vertreten. Werden künstlich geschaffene Freiflächen in dieser Region sich selbst überlassen, so treten nach Fingerhut und Weidenröschen für die Wiederbesiedlung durch den Wald die Birke, Aspe und Salweide als Pionierbäume auf (Birkenberge!).
Um 600 m und tiefer ist es am schwierigsten, den ursprünglichen Bestand zu rekonstruieren. Eichen-Buchen-Wald und Föhren-Eichen-Birkenwald sind wahrscheinlich in enger Verzahnung in den Buchen-Tannen-Fichten-Mischwald übergegangen. Die wärmeliebende Eiche vertritt in den tieferliegenden Flächen die Buche. Der ausgesprochene Eichen-Buchen-Wald liefert einen guten Boden; er hat den Ackerfluren um Rinchnach, Kirchberg und Viechtach weichen müssen.

Die Hochmoore

In allen Hochlagen finden sich Hochmoore, wohl die urtümlichsten und unberührtesten Biotope. Diese Lebensräume mit ihren Lebensgemeinschaften sind auch heute noch ohne Zutun des Menschen im Entstehen – oder auch im Vergehen. Freilich sind einige dieser gegen Störung besonders anfälligen Landschaftselemente durch den Eingriff des Menschen für immer verschwunden. In den Hochlagen bilden sich entlang der Quellbäche auf stark vernäßter, schwer durchlässiger Bodenoberfläche kleinräumige Quellmoore. Größere Hochmoorkomplexe finden sich über 1000 m in flachen Sätteln, an nicht zu steilen Stellen am Hangfuß können auch Hangmoore entstehen, z. B. Rotfilz bei Ludwigsthal und „Nasse Wiesen" bei Innenried.
Bestimmende Pflanzen der Hochmoore sind die Torfmoosarten (Sphagnum). Sobald stauende Nässe auftritt, ist ihr Wachstum begünstigt. Sie nehmen aus dem Regenwasser den letzten Anteil an Mineralstoffen weg, die mit Spuren von Staub dorthin getragen wurden und geben dafür Wasserstoffionen ins Wasser ab. Diese Wasserstoffionen bewirken den hohen Säuregrad des Moorwassers (pH-Wert = ca. 4), der für viele Pflanzen unverträglich ist. So treibt das Torfmoos eine rigorose Auslese unter den Arten, deren Samen im Hochmoor zu keimen versuchen. Die dunkle Farbe des Moorwassers wird von den reichlich vorhandenen Humusstoffen verursacht. Soweit diese im Untergrund abgelagert werden, können sie nicht zersetzt werden. Auch abgestorbene Pflanzenreste werden von diesem Moorwasser konserviert; daher wölbt sich der Boden allmählich auf, was zur Bezeichnung „Hoch"-moor geführt hat. Die Pflanzenreste werden zu Torf, der im Latschenseegebiet östlich von Buchenau, in den „Nassen Wiesen" bei Innenried, in der „Toten Au" bei Dösingerried und anderen Hochmoorflächen bereits mehrere Meter Mächtigkeit erreicht.
Für die Waldbäume bedeuten Hochmoore immer schwierige Lebensbedingungen. 30- bis 50jährige Fichten werden in den Randzonen, wo sie gerade noch existieren können, nur 2 bis 3 Meter hoch. Latsche, Grünerle und Birke, vor allem die Moorbirke, verkraften diese Lebensverhältnisse schon eher. Das Hochmoor bei Dösingerried ist außerdem bekannt durch das Vorkommen der Spirke, einer hochwüchsigen Spielart der Latsche.
Bezeichnend ist die begleitende Kraut- und Strauchflora der Hochmoore, das sind vor allem die Sauergräser wie eine Reihe von Seggenarten (Carex), das Wollgras (Eriophorum), Rasen-Haarsimse (Trichophorum caespitosum) und Heidekrautgewächse wie die hübsche Rosmarinheide (Andromeda), Moosbeere (Oxycoccus) und die Vacciniumarten Preiselbeere, Heidelbeere und Rauschbeere. Eine besondere Anpassung haben sich Sonnentau (Drosera) und Fettkraut (Pinguicula) verschafft: Sie besorgen sich Mineralstoffe und organisch gebundenen Stickstoff, indem sie auf klebrigen Blatthaaren Insekten festhalten, sie verdauen und die Verdauungsprodukte in die Blätter aufsaugen („fleischfressende Pflanzen"). An weiteren interessanten Pflanzen sind zu nennen: das Sumpfveilchen (Viola palustris), der Fieberklee (Menyanthes trifoliata), der den Enziangewächsen verwandt ist, der Siebenstern (Trientalis), das krause Greiskraut (Senecio rivularis), Läusekraut (Pedicularis) usw.

Die Kraut- und Strauchschicht

Der ursprünglich geschlossene Waldbestand und die Klimabedingungen erklären es, daß die bodennahe Vegetation artenarm ist, sie darf aber dennoch als äußerst interessant bezeichnet werden. Die Artendichte nimmt von den Höhen in die breiten Tallagen deutlich zu. Es darf nicht verkannt werden, daß der Mensch durch die Schaffung von Rodungsflächen dafür gesorgt hat, daß sich neue Arten ansiedeln konnten. Vor allem auf extensiv genutzten Weideflächen konnte es zu einer Bereicherung der Flora kommen. Leider schiebt sich gerade in solche Flächen die Besiedlung vor oder man beschließt, sie mit Fichtenmonokulturen aufzuforsten. Düngen und Trockenlegung von Wiesen, Einsatz von Unkraut- und Schädlingsbekämpfungsmitteln, Flußbegradigungen und Ausbau von Verkehrswegen stellen weitere Eingriffe in das Ökosystem dar, die auch zu einer Veränderung der Artenzusammensetzung führen müssen. Eine Bestandsaufnahme ist zum dringenden Bedürfnis geworden. Eine erste sehr umfangreiche Aufstellung der im Bayerischen Wald vorkommenden Pflanzen stammt von O. SENDTNER und ist 1860 erschienen. Er beschreibt das Vorkommen von 1121 Blüten- und Farnpflanzen im Gebiet des gesamten Bayerischen Waldes. Seit dieser Zeit erschienen nur einige kurze Notizen über die Vegetation im Bayerischen Wald. Erst in den letzten Jahren wird von zwei verschiedenen Institutionen an einer Bestandsaufnahme gearbeitet:

Im Auftrag des Bayerischen Landesamtes für Umweltschutz erstellt der Lehrstuhl für Landschaftsökologie an der Technischen Universität München in Freising eine Biotopkartierung, die schützenswerte Biotope oder auch solche genau begrenzten Lebensräume von Tieren und Pflanzen umfaßt, deren Entwicklung im Zusammenhang mit Eingriffen in die Landschaft beobachtet werden soll. – Immer mehr Behörden (Straßenbauämter, Wasserwirtschaftsämter u. a.) greifen auf die Ergebnisse der Forschungen zurück und versuchen, sie in ihren Planungen zu berücksichtigen. Der kleiner werdende Bestand an ursprünglichen und typischen Lebensgemeinschaften drängt zu Schutzmaßnahmen.

Eine andere Aufgabe hat sich eine Arbeitsgruppe an der Universität Regensburg gestellt, die im Rahmen der Kartierung der Flora Mitteleuropas tätig ist. Das Ergebnis sind einerseits Angaben über die Artenzusammensetzung und Artenvielfalt eines Gebietes, andererseits Verbreitungskarten einer bestimmten Pflanzenart. Die einfachste Form einer solchen Karte zeigt Abb. 6, aus der zu entnehmen ist, daß im Landkreis Regen durchschnittlich 250 verschiedene Arten auf den Quadranten der topographischen Karte 1:25 000 kommen. Wenn im Südwestquadranten des Blattes Zwiesel (Nr. 6945, Bayer. Landesvermessungsamt München) immer-

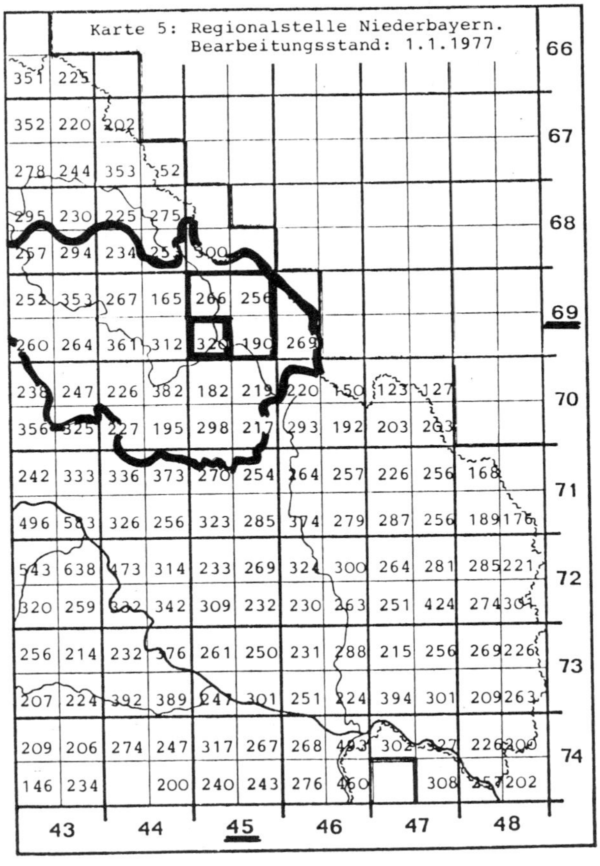

Abb. 6: Artenbestandskarte von Niederbayern. Durch Umrandung hervorgehoben sind das Landkreisgebiet, Blatt Zwiesel (Nr. 4569 der Topograph. Karte 1 : 25 000) und darin noch einmal der Südwestquadrant. (Aus Mitt. der Arbeitsgemeinsch. zur floristischen Kartierung Bayerns).

hin 310 Arten eingetragen sind, so ist dies u. a. auch noch aus der floristischen Bereicherung um Siedlungsgebiete zu erklären, wo z. B. eine „Ruderalflora" auf Schutthalden, an Wegrändern und Bahndämmen usw. für eine Vermehrung der Pflanzenformen sorgen kann. – Zum Vergleich sei erwähnt, daß im Naabbecken in der Oberpfalz durchschnittlich ca. 450 Arten auf den Quadranten kommen und ein Maximum von 880 Arten erreicht wird. – Als Beispiel für eine Verbreitungskarte sei die der Weißtanne gezeigt; dieser Baum ist im ganzen Landkreisgebiet in mehr oder weniger hoher Bestandsdichte anzutreffen. (Abb. 5. S. 56).
Eine Besonderheit der Flora des Bayerischen Waldes ist das Auftreten von Pflanzen, die ihr Hauptverbreitungsgebiet in den östlich und südöstlich anschließenden Gebieten, daneben erst wieder in den Zentralalpen haben und im übrigen Deutschland kaum oder nicht mehr zu finden sind. SENDTNER erklärt dieses Phänomen: „ . . . Die Ursachen dieser Erscheinungen sind zunächst die Entfernungen der Pflanzenindividuen von ihrem Schöpfungscentrum, weiter der Einfluß des Klimas, der Einfluß des Bodens . . . ". – Heute führt man die Begrenzung und Überschneidung von Verbreitungsgebieten im Bereich des Bayerischen Waldes auf die allmähliche Wiederbesiedlung unserer Landschaft durch die Pflanzenwelt nach dem Ende der letzten Eiszeit zurück. Abb. 4 veranschaulicht die Rückkehr der Tanne vor ca. 4000 Jahren; im Bayerischen Wald wanderte sie aus dem Südosten ein. — Daß Klima und Boden — und vor allem der Kalkmangel im Boden — den Bestand mitbestimmen, ist unbestritten.

Anzeigerpflanzen

Viele Pflanzen und Tiere sind auf ganz bestimmte oft eng begrenzte Lebensräume und Lebensbedingungen spezialisiert. Man nennt dies „Anpassung". Sehr enge Anpassung kann für ein Lebewesen die Gefahr des Aussterbens bedeuten, wenn der geeignete Lebensraum zerstört wird. Andererseits läßt sich aus dem Auftreten von streng angepaßten Formen ablesen, daß bestimmte Lebensbedingungen erfüllt sind; derartige Pflanzen heißen „Anzeigerpflanzen".
Bekannt ist die Brennessel (Urtica dioica) als Anzeiger für ein hohes Angebot an chemisch gebundenem Stickstoff im Boden. Im nährsalzarmen natürlichen Boden unserer Landschaft stammt lokaler Stickstoffreichtum fast zweifelsfrei von tierischen und menschlichen Abfällen (vor allem Harnstoff). Brennesselstandorte geben daher Hinweise auf eine mögliche frühere Siedlungsstelle in sonst geschlossenen Wald- oder Wiesenflächen.
Die meisten Pflanzen des Hochmoors sind natürlich Anzeiger für saure Böden, die Rasen-Haarsimse weist auf ein Altern des Hochmoors hin. Im Bereich des Pfahls ist gelegentlich eine typische „Pfahlheide" ausgebildet.
Viele Pflanzen des Landkreisgebietes sind verständlicherweise Indikatoren für Kalkmangel im Boden, so z. B. der Besenginster (Sarothamnus scoparius) oder die Bergsoldanelle (Soldanella montana). Bemerkenswert ist, daß die Schwesterart der Bergsoldanelle, die Alpensoldanelle (S. alpina) eine ausgesprochen kalkliebende Pflanze ist und bei uns nicht gedeihen könnte. Die Bergsoldanelle stellt andererseits auch hohe Anforderungen an die Bodenfeuchtigkeit; ihr Zurückgehen würde ein Austrocknen des Bodens anzeigen. Sogar Insekten, die auf kalkmeidende Pflanzen spezialisiert sind, können durch ihre Anwesenheit den Kalkmangel im Boden manifestieren. Selbstverständlich können auch räuberisch lebende Käfer „acetophil" sein. So kommt in den Mooren des Landkreises der Schwimmkäfer Hydroporus longicornis vor, der an das extrem saure Wasser der Moore (pH ca. = 4) angepaßt ist.
Ein Anzeiger eigener Art sind die Flechten. Wo sie nicht mehr gedeihen, ist die Luft durch giftige Gase verunreinigt (z. B. Stickoxide und Schwefeldioxid, die in Autoabgasen und im Kohleabbrand enthalten sind). Noch herrscht im Landkreisgebiet kein Flechtenmangel. –

Kräuter und Sträucher

An einigen Bachläufen blüht u. U. Ende Dezember, meist im frühen März der Seidelbast (Daphne mezereum). Weitere Frühlingsblüher sind die Weiße Pestwurz (Petasites), der Sauerklee (Oxalis), die Bergsoldanelle und das Lungenkraut (Pulmonaria). Buschwindröschen und Primeln bilden bisweilen ganze Blütenteppiche am Waldrand. Danach erscheinen sehr rasch – denn der Frühling ist nur kurz – die Frühsommerblüher und bald die Sommerblumen. Auf die Hochlagen beschränkt (über 900 m) ist der weißblühende eisenhutblättrige Hahnenfuß (Ranunculus aconitifolius), dessen Blätter an die des ebenfalls heimischen Eisenhut (Aconitum napellus) erinnern. An Bachrändern blüht die Akeleiblättrige Wiesenraute (Thalictrium aquilegifolium), an feuchten Weg- und Straßenrändern der dunkle Alpenlattich (Cicerbita alpina) mit bis zu 1 m hohen Blütenstengeln. Nur ganz kurz ist die Blüte des Roten Alpenlattichs (Homogyne alpina), dessen Blätter gerne mit denen der Soldanelle verwechselt werden. Ein stattlicher Strauch wird eine weitere Composite, die Österreichische Gemswurz (Doronicum austriacum), die ihr Hauptverbreitungsgebiet im Bayerischen und im Böhmerwald sowie in den Sudeten hat. In den Buchenmischwäldern sind Waldmeister, Schattenblümchen (Maianthemum), die Weiße Zahnwurz (Dentaria enneaphyllos) und die Zwiebeltragende Zahnwurz (D. bulbifera) und in Quellfluren das Große Springkraut (Impatiens noli me tangere) und das Hexenkraut (Circaea intermedia) zu Hause. Erstaunt ist man über das Vorkommen des Ungarischen Enzians (Gentiana pannonica) und einer ganzen Reihe von Orchideenarten. Um den Großen Falkenstein findet man das Moschuskraut (Adoxa), am gleichen wie an vielen ähnlichen Standorten den Quirlblättrigen Salomonssiegel (Polygonatum verticillatum) sowie den Echten Salomonssiegel (P. odoratum). Ein Gartenflüchter ist die in nassen Gräben viel verbreitete Gauklerblume (Mimulus guttatus) mit hübschen gelben Blüten. – In den stärker landwirtschaftlich genutzten Flächen, die ja gleichzeitig wärmer sind, treten viele Wiesenblumen auf, die in höheren Lagen vermißt werden. Pechnelke (Viscaria) und Blauer Natternkopf (Echium) und viele andere kommen nicht höher als 700 m.

Vielfältig wie die Zahl der Sauergräser ist die der Süßgräser. Einen zarten Teppich bildet im Fichtenwald der Hochlagen die Drahtschmiele (Deschampsia flexuosa), er wird unterbrochen vom hochwüchsigen Bergreitgras (Calamogrostis). In offeneren Flächen beherrscht der Bürstling (Nardus stricta) das Bild. Allerdings scheint diese Grasart früher noch weiter verbreitet gewesen zu sein und mußte offenbar aufgrund der Pflegemaßnahmen durch den Menschen den anspruchsvolleren Süßgräsern weichen.

Ein reiches Betätigungsfeld findet auch, wer sich mit den blütenlosen Pflanzen beschäftigen will, mit den Farnen, Schachtelhalmen und Bärlappen, vor allem aber mit den Flechten und Moosen.

Die Pilze

Bemerkenswert ist die Vielfalt der Pilze, die mit ihrem weißen Fadengeflecht (= Myzel) als Schmarotzer lebendes Holz, als Saprophyten totes Holz durchziehen und sich so mit Nährstoffen versorgen. Besonders kostbar sind jene vielen Pilze, die ihr Myzel einerseits im Boden verbreiten, wo sie Wasser und Mineralstoffe besorgen, andererseits in das Wurzelgewebe alter Bäume eindringen und von dort Assimilate im Austausch gegen Wasser und Nährsalze beziehen. Diese Symbiose ist als Mykorrhiza bekannt. Viele, vor allem alte Bäume, sind regelrecht auf die Mykorrhiza angewiesen. So spielen Pilze insgesamt eine wichtige Rolle im Naturhaushalt und der Schaden, den einige Arten anrichten, wird vom Gesamtnutzen weit überwogen. Eine sehr seltene Form ist der Alpenstachelbart (Hiericium corraloides). Camarops tubulina ist in Deutschland nur von zwei Standorten bekannt (Mittelsteighütte bei Zwieslerwaldhaus und Grunewald in Berlin). In den Hochmooren gibt es den kleinen Sumpfhaubenpilz mit leuchtend hellgelbem Fruchtkörper.

Die Bärwurz

Zum Schluß sei noch ein Pflänzchen genannt, dessen Standorte von Kennern absolut geheim gehalten werden und dessen Wurzelextrakt das Aroma eines typischen Bayerwaldschnapses ausmacht, der allerdings früher als vielseitiges Medikament verwendet wurde, die Bärwurz. Diese Pflanze ist in Wirklichkeit nicht die Bärwurz (Meum athamanticum), sondern die nahe verwandte Mutterwurz (Ligusticum mutellina). Der oben erwähnte SENDTNER führt nur Meum auf und nennt sie Bärwurz, offenbar ist also auch er bereits diesem Irrtum unterlegen. Es wird aber nicht mehr möglich sein, den richtigen Namen einzubürgern; wer würde schon Mutterwurz statt Bärwurz trinken!

Bärwurzpflanze *(Zeichnung Lilly Wachnitz)*

MAXIMILIAN WALDHERR

DER WALD

Kaum eine andere deutsche Landschaft konnte seine Ursprünglichkeit in ähnlich hohem Maße bewahren, wie der Bayerische Wald. Das Gebiet des Landkreises Regen beinhaltet mit die schönsten Teile dieses großen Waldgebietes. Nur noch selten ist den Einheimischen ein ähnlich enger Kontakt zur ursprünglichen Natur gewährleistet, wie den Bewohnern dieses Landstrichs, die ihre Heimat schlicht „den Wald" nennen. Zahlreiche Naturwaldreservate und Naturschutzgebiete legen Zeugnis ab von der beeindruckenden Größe der ursprünglichen Waldnatur. Vielgestaltig und abwechslungsreich zeigt sich auch der vom Menschen seit Jahrhunderten bewirtschaftete Wald. Beim Durchfahren des Gebietes und noch mehr beim Durchwandern wird der Reiz der Kulturlandschaft deutlich, ob es sich nun um die geschlossenen Staatsforsten vorwiegend im Norden des Landkreises oder um die Gebiete der bäuerlichen Kulturlandschaft handelt, in denen sich Wald- und Wiesenlandschaften anmutig verbinden.

Grundlagen des Wachstums

Die geologische Ausgangslage und die Waldbodenentwicklung gewährleisten ein optimales Waldwachstum nahezu in allen Teilen des Landkreises. Das Grundgebirge – Urgestein – bedingt allerdings überall eine Kalkarmut der Waldstandorte. Dies hat zur Folge, daß die Pflanzenwelt artenärmer ist als in ähnlichen Lagen anderer Mittelgebirge. Die im Tertiär tiefgründig verwitterten Urgesteinsböden wurden in der Eiszeit teilweise verfrachtet und grundlegend umgeformt; der abschmelzende Firnschnee und das Schmelzwasser transportierten Schutt und Feinmaterial hangabwärts. Es entstanden Moränen und Blockfelder. Auf den Verebnungen der Bergrücken verfestigten langdauernde Firnlagen die lehmigen Bodenschutte. Einschwemmungen von Feinmaterial begünstigten das Entstehen von Staunässeböden in den ausgedehnten Talmulden. Mit dem Ende der Eiszeit setzte die Bildung der Waldböden ein. Die vergleichsweise kurze Zeit der Bodenentwicklung gewährleistet optimale Versorgung mit mineralischen Nährstoffen aus dem frisch umgelagerten Material und war andererseits ausreichend um das nötige Humuskapital aufzubauen. Mit der Bodengenese eroberte vor 10000 Jahren der Wald das kahle Gebirge und verbesserte mit seiner intensiven Durchwurzelung und seinen organischen Abfällen die Ausgangslage für das eigene Wachstum. Auf den weiten Hängen herrschen heute sandiggrusige Braunerdelehmböden vor. Beträchtliche Flächen nehmen die mineralischen Naßböden mit Gleydynamik in den Talauen ein. Wo das Grundwasser zu hoch stand, wuchsen Hochmoore auf.

Vom tiefsten Punkt des Landkreises im Tal des Schwarzen Regen, mit 386 m über NN, zum höchsten Punkt, dem Arbergipfel, mit 1456 m, erstreckt sich der Wald nahezu über 1100 Höhenmeter. Diese Höhendifferenz beinhaltet völlig unterschiedliche klimatische Verhältnisse, die in den verschiedenen Waldgesellschaften deutlich werden. Die Spanne reicht von der üppigen unterholzreichen Weichlaubbaumaue am Regen bis hinauf zu den weitständigen und einförmigen Fichtenhochlagenwaldungen der Bergkämme. Ob am Gipfel des Großen Arber die Waldgrenze erreicht ist, ist unter den Fachleuten umstritten.

Ein für das Waldwachstum entscheidender Klimafaktor ist die Wärme. Eiche, Buche und Tanne erreichen in den höheren Lagen des Landkreisgebietes die Wärmegrenze ihrer natürlichen Verbreitung. Bedeutend ist fernerhin die sogenannte „Temperaturinversion"; durch den Kälteabfluß sind die Hänge zwischen 700 und 900 m klimatisch begünstigt. Das Waldkleid zeigt diese „warme Hangzone" sehr deutlich; hier zeichnet sich die Buche durch eine ungewöhnliche Vitalität aus. Ihr hoher Anteil in diesen Lagen wird besonders in der Zeit des Laubausbruchs im Mai oder während der Herbstverfärbung sichtbar.

Mit den für das Waldwachstum wichtigen Niederschlägen ist das Gebiet des Landkreises reichlich gesegnet. Eine bedeutende Rolle spielen in den höheren Lagen die Nebelniederschläge, die vom Wald der Hochlagen aus den Wolken ausgekämmt werden. In jüngerer Zeit gelangen damit auch von fernher transportierte gelöste Schadstoffe (Industrieemmissionen) in den Bayerischen Wald.
Der Schneereichtum des Gebietes ist bekannt; in den höheren Lagen haben die ungeheueren Schneelasten die Baumformen geprägt.

Der Wald in der Landschaft

Die Waldfläche des Kreisgebietes beträgt 61628 ha, das sind 63% der Landkreisfläche. Diese Zahlen weisen den Landkreis Regen als einen der waldreichsten Gebiete Deutschlands aus. Bayern hat im Durchschnitt 34% Waldanteil, die Bundesrepublik Deutschland 29%. Die Waldfläche pro Kopf der Bevölkerung liegt im Landkreis mit 0,86 ha weit über dem bayerischen Landesdurchschnitt (0,23% ha) bzw. dem Bundesdurchschnitt (0,12 ha).
Innerhalb des Landkreises zeigt sich eine Zonierung der Waldanteile; dem seinerzeitigen Vordringen der Rodung gemäß nimmt der Waldanteil von Süden nach Norden zu. Die Höhen des Grenzkammes zeigen ein geschlossenes Waldgebiet. In der Regensenke sinkt der Waldanteil örtlich bis auf 40%. Ganz im Süden bedingen größere Waldkomplexe des Vorwaldkammes wiederum Waldanteile zwischen 60% und 70%.
Trotz vieler Rodungen (Bebauung, Skiabfahrten, Trinkwassertalsperre) hat in den letzten Jahren in allen Bereichen des Landkreises, vor allem aber im Hügelland der Regensenke die Waldfläche zugenommen. Landwirtschaftliche Grenzertragsböden wurden aufgeforstet und tragen heute frohwüchsige Fichtenkulturen. Mehrfach wurde beklagt, das vertraute offene Landschaftsbild sei durch diese Aufforstungen bedroht. In der Tat bedarf die Aufforstung der Lenkung, gerade wegen der hohen Bedeutung der Freiflächen für die Erholung. Öffnungen in den geschlossenen Waldungen des Grenzkammes, etwa waldfreie Fluß- und Bachtäler, Wiesenflächen und vor allem die ehemaligen Hutweiden auf den Bergen, die sogenannten Schachten, müssen vom Wald freigehalten werden. Zusammen mit den Waldlichtungen bieten sie dem Wanderer Ausblicke, von denen aus die Größe der Landschaft und die Weite des Wäldermeeres erst erlebbar werden.
Das reichhaltige buntgemischte Landschaftsbild aus Wald, Wiesen und Feldflächen hat durch die zusätzlichen Aufforstungen den reizvollen Charakter der bäuerlichen Kulturlandschaft nicht verloren. Etwas bedenklich ist wohl die Tatsache, daß häufig gerade bachnahe und flußnahe Feuchtwiesen aufgeforstet wurden. Den rodenden Vorfahren war vor Jahrhunderten wohl bekannt, daß man diese Täler freihalten müsse, um den Abzug der Kaltluft zu ermöglichen. Werden durch Aufforstung Waldbarrieren in den Tälern geschaffen, so muß sich das Kleinklima auf den oben anliegenden Flächen verschlechtern.

Waldbesitz

Mehr als zwei Drittel der Waldfläche, 68%, sind in privater Hand. Der Staatswald (einschließlich Bundeswald) nimmt 31% der Waldfläche ein. Wald im Besitz von Körperschaften (Gemeindewald, Kirchenwald) spielt mit einem Anteil von 1% eine untergeordnete Rolle.
Die bedeutendsten zusammenhängenden Flächen des Privatwaldes liegen im Hügelland, das sich in einem breiten Gürtel von Arnbruck über Bodenmais, Zwiesel bis Frauenau erstreckt. Großprivatwald mit eigener Forstverwaltung hat hier seinen regionalen Schwerpunkt. Im Süden des Landkreises herrscht der kleinbäuerliche Wald mit Besitzgrößen um 2 ha vor. In den Gebieten um Arnbruck, Böbrach, Drachselsried, Regen und Wettzell gibt es bäuerlichen Waldbesitz mit Betriebsgrößen von 10 bis über 50 ha. Erst ab dieser Größe kann der Wald zu einer regelmäßigen Einkommensquelle werden. Hier ist er auch viel stärker ins Interesse des bäuerlichen Besitzes gerückt, als im parzellierten kleinbäuerlichen Betrieb, in dem häufig nur dann genutzt wird, wenn größere Anschaffungen anstehen.
Die Nachteile der Kleinflächigkeit und Besitzzer-

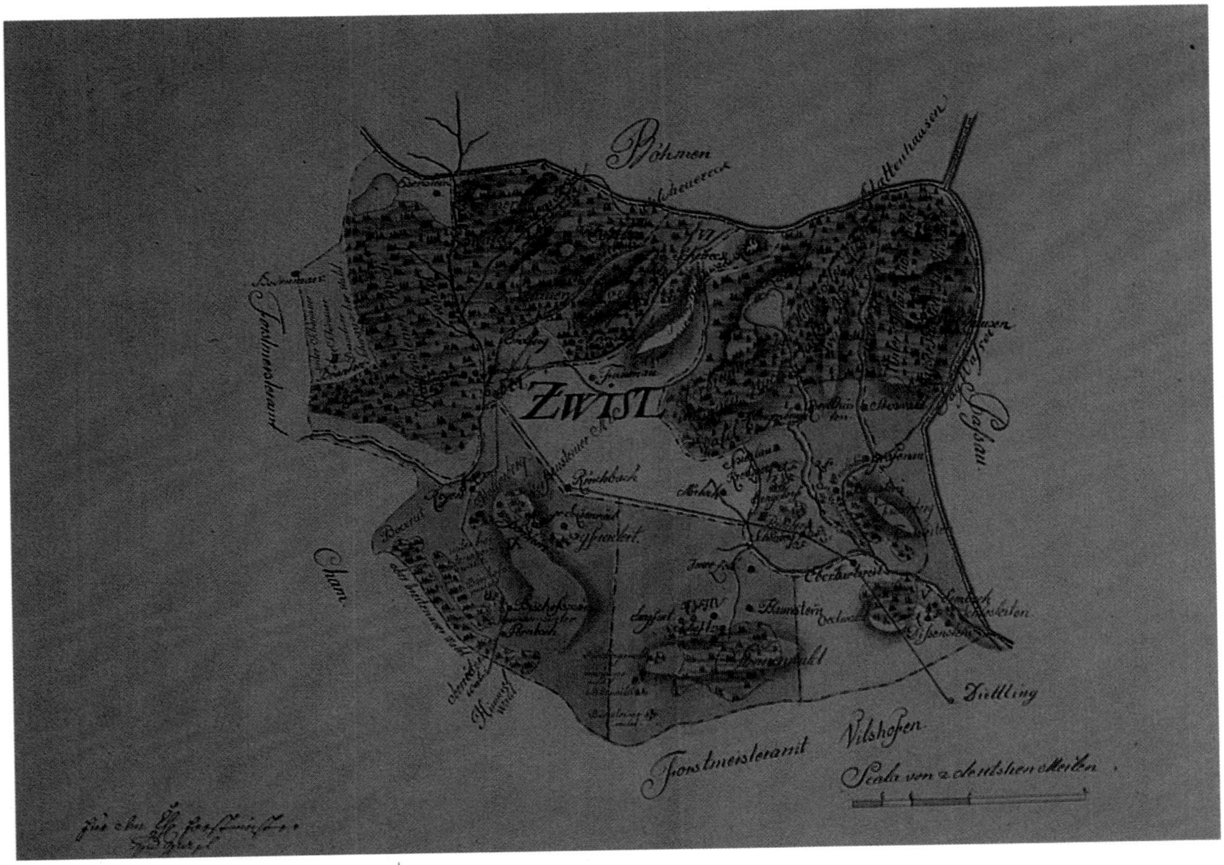

Die erste Karte des Forstmeisteramtes Zwiesel, das im Jahre 1789 eingerichtet wurde, zeigt die Fläche, die vom Forstmeister in Zwiesel betreut wurde. Sie reichte von Bodenmais bis nach Diessenstein, bis zum Sagwasser, der Grenze zum Fürstentum Passau, und von der Grenze nach Böhmen bis über den Sonnwald, bis auf die Höhen des Vorwaldes.
Diese „Situationskarte des Forstmeisteramtes Zwisl für den Ch(urfürstlichen) Forstmeister" wurde im Jahr 1795 gefertigt.

Hart war die Arbeit beim winterlichen Holzziehen. Die schweren Schlitten mußten oft weit zu den Holzlagerplätzen gezogen und dann hochgeladen zu Tal gebracht werden.

Solche Riesenstämme im Bayerischen Wald sind nur noch selten zu finden.

splitterung sind durch Zusammenschlüsse der Waldbesitzer teilweise vermindert. Im Planungsgebiet bestehen zwei Forstbetriebsgemeinschaften: Regen mit etwa 14000 ha Waldfläche und Viechtach mit etwa 11400 ha Waldfläche. Durch die Zusammenschlüsse konnten der Wirtschaftswegebau, die Wiederaufforstungstätigkeit und die Vermarktung des Holzes besser organisiert und auch für den Kleinwaldbesitzer finanziell vorteilhaft gestaltet werden.

Den Hauptkomplex des Staatswaldes bildet das große zusammenhängende Waldgebiet zwischen Schwarzeck, Arber, Falkenstein und Rachel.

Der Wald des Landkreises wird im wesentlichen von vier staatlichen Forstämtern betreut und verwaltet: den Forstämtern Regen und Viechtach mit Schwerpunkten in der Privatwaldbetreuung und den Forstämtern Bodenmais und Zwiesel mit Schwerpunkten in der Bewirtschaftung des Staatswaldes.

Aufbau und Zusammensetzung des Waldes

Unter Fachleuten aber auch unter Laien ist der Bayerische Wald berühmt wegen seiner urtümlichen Mischbestände aus Fichte, Tanne und Buche. Diese drei Baumarten bestimmten auf weiten Teilen des Landkreisgebietes die natürliche Waldgesellschaft. Heute prägen solche Bestände zwar nicht mehr das Landschaftsbild, aber sie sind im Staatswald und auch im Bauernwald noch in vergleichsweise reichem Maße vorhanden. Vorwiegend in den Höhenlagen zwischen 700 und 1150 m ist dieser „Bergmischwald" beheimatet, dessen Glieder sich nach Lichtbedürfnis und Schattenerträgnis, nach unterschiedlichen Nahrungsansprüchen, nach Raumbedarf und Durchwurzelung hervorragend ergänzen. Die Mannigfaltigkeit der Erscheinungsformen und der stufige Aufbau der Bestände gewährleisten eine Vielzahl von Lebensmöglichkeiten und damit den Reichtum der tierischen Lebewelt. Als Mischbaumarten gesellen sich gelegentlich Bergahorn, Bergulme und Esche zu dem „Baumartendreiklang" Fichte, Tanne und Buche, an warmen Rücken auch der Spitzahorn und die Sommerlinde. Auf Naßböden und in spätfrostreichen Mulden fällt die Buche, bei stauendem Wasser auch die Tanne aus. Zur Fichte treten dann die Moorbirke und die Aspe, wo die Bodenverhältnisse es erlauben auch die Schwarzerle.

In den Tälern und in den tieferen Lagen des Landkreises unter 700 m Meereshöhe zeigt der von Fichte und Tanne bestimmte Bergwald seine Hügellandform: Kiefer und Sandbirke mischen sich ein, nicht selten findet man auch Boten aus wärmeren Wäldern der Flußtäler: Die Stieleiche ist in Waldrändern, Gebüschgruppen und Feldgehölzen eingesprengt.

In den Lagen über 1150 m Meereshöhe werden die Hänge flacher und gehen in weite Plateaus über. Tanne und Buche können die strengen Klimaverhältnisse und die langdauernden schneereichen Winter dort nicht mehr ertragen. Hier ist der Bergfichtenwald verbreitet, eine eindrucksvolle natürliche Reinbestandsform der Fichte. In seiner Novelle „Der Hochwald" hat Adalbert Stifter dieser ernsten und stillen Erscheinungsform unseres Waldes ein bleibendes literarisches Denkmal gesetzt.

Die forstliche Bewirtschaftung hat die natürlichen Waldgesellschaften verändert. Die Vielfalt des Naturwaldes mußte seit Jahrhunderten zugunsten der Befriedigung der Bedürfnisse des Menschen eingeschränkt werden. Aus der geschlossenen Naturlandschaft entwickelte sich eine Kulturlandschaft, die an landschaftlichen Reizen nicht ärmer wurde, sondern eher gewann. Heute ist es die Aufgabe aller im Wald tätigen Menschen, besonders aber der Forstleute, dafür zu sorgen, daß die Vielfalt der Waldnatur nicht weiter eingeschränkt wird und daß der Wald bei weiterer intensiver Nutzung seine Stabilität als naturnahes Ökosystem behält.

Die Laubholzanteile sind gegenüber der ursprünglichen Verbreitung beträchtlich zurückgegangen. In den Wäldern des Landkreises finden sich nur noch 12% von Laubbäumen bestockte Flächen. In weiten Bereichen geben Nadelwälder der Landschaft das Gepräge.

Den Hauptteil der Laubbaumfläche (knapp 10% der Gesamtfläche) nimmt die Buche ein. Sie hat ihren Schwerpunkt in den warmen Hanglagen des Grenzkammes und in den Bergwäldern des vorderen Bayerischen Waldes entlang der südlichen Landkreisgrenze.

Nennenswerte Beteiligung kommt auch den Weichlaubbäumen zu. Roterle, Birke, Weide und Aspe nehmen nahezu 3% der Gesamtfläche ein. Sie sind als wertvolle Mischung in den Fichtenbeständen erwünscht; vor allem findet man sie als Begleiter der Bäche und Flüsse, wo sie die Ufer gegen Ausschwemmung bei Hochwasser schützen und die Täler als Baumkulissen beleben und bereichern.

Am stärksten ist die Landschaft ohne Zweifel von der Baumart Fichte geprägt. In ihrer vielfältigen und schönen Form bleibt sie der Charakterbaum des Bayerischen Waldes. Mehr als 75% der Waldfläche werden von ihr eingenommen. In den tieferen Lagen zeigt sie eine breite Krone mit hängenden Ästen, in den Hochlagen ist ihre Gestalt schmal, dem Eis und den schweren Schneelasten angepaßt. Die Fichte kann in günstigen Lagen des Grenzgebirges mächtige Dimensionen erreichen: Höhen von 45 m und Einzelbäume von 30 cbm Holzinhalt sind in den Naturschutzgebieten noch anzutreffen.

Rückläufige Tendenz zeigt die Tanne, die einen Flächenanteil von knapp 5% der Gesamtwaldfläche aufweist. In zufriedenstellendem Maße ist sie noch in den älteren Beständen des Staatswaldes, des Großprivatwaldes, aber auch in manchen kleinen Bauernwaldungen vertreten. Das Tannensterben, eine Umweltkrankheit, mindert gegenwärtig ihren Anteil von Jahr zu Jahr. Einst war sie der mächtigste Baum des Bayerischen Waldes mit Höhen über 50 m und Holzmassen von 50 cbm pro Stamm. Die „große Tanne" im Forstamt Zwiesel war mit einer Höhe von 52 m wohl der mächtigste Baum in Bayern. Er fiel im Jahr 1981 dem Tannensterben zum Opfer.

Der Anteil der Kiefer beträgt im Landkreis etwa 8% der Gesamtfläche. Meist ist sie in Fichtenbestände der tieferen und trockeneren Lagen eingemischt. Einen zwar wechselnden aber nennenswerten Kiefernanteil findet man an den steilen, flachgründigen Hängen zum Höllensteinsee, an den Süd- und Westhängen des Regentals und in besonders anmutigen Landschaftsbildern an den Felsen des Pfahls.

In den letzten Jahrzehnten hat sich der Anteil der Fichte erhöht. Sicherlich ist aus ökologischen und landschaftlichen Gründen erwünscht, den Anteil des Laubholzes, vor allem das Areal der Buche nicht mehr weiter einzuschränken. Vielleicht zwingt die Anfälligkeit der Nadelbäume gegen Umweltschäden dazu, den Laubbäumen in den nächsten Jahrzehnten wieder mehr Beachtung zu schenken.

Eine Beschreibung des Waldes im Landkreis darf an den Kostbarkeiten, den zahlreichen Urwaldresten, nicht vorbeigehen, die sich vor allem in den großen Staatswaldungen noch erhalten haben. Es sind dies nicht nur Objekte des Naturerlebens, sondern einmalige wissenschaftliche Studienobjekte, die alljährlich von zahlreichen Fachleuten aufgesucht und bewundert werden. Aus ihrer Beobachtung wurden wichtige Erkenntnisse über das Leben und Sterben im Wald gewonnen und Hinweise für möglichst naturnahe Waldbehandlung abgeleitet. Für den Waldbesucher sind die mächtigen uralten Baumriesen besonders eindrucksvoll; sie bestimmen das Gepräge dieser herrlichen Bestände. Ebenso fällt der hohe Anteil an abgestorbenen Bäumen auf, die als Baumleichen Jahrzehnte lang stehen bleiben und für seltene Tiere und Pflanzen eine wichtige Lebensstätte bieten. Hier kann man erahnen, wie unser Wald aussah, ehe ihn der Mensch seinen Zwecken unterwarf.

Die Entwicklung der forstlichen Bewirtschaftung

Die Ausnutzung der aus den Urwaldresten noch vorstellbaren gewaltigen Holzvorräte hatte von Beginn der Rodung bis in das 15. Jahrhundert wohl nur geringen Umfang. Die Häusler und Kleinbauern waren zwar auf den Wald als Hilfe bei der Deckung der bäuerlichen Bedürfnisse angewiesen; der lokale Brenn- und Bauholzbedarf konnte bei der geringen Bevölkerungsdichte wohl keine spürbaren Auswirkungen auf den Waldzustand haben. Wegen fehlender Transportmöglichkeiten war eben nur die Verwendung des Holzes an Ort und Stelle oder in der näheren Umgebung möglich. Allerdings wird schon in einer Urkunde aus dem Jahr 1491 die Holztrift auf dem Regen als „uralt" bezeichnet.

Waldeigentum und Nutzungsrechte waren sicherlich ein Anreiz für die Siedlungstätigkeit und damit für die Erschließung des Gebietes. Im geschlossenen inneren Teil des Waldes gelang es dem Landesherrn erst mit Ansiedlung der Glashütten, den Reichtum an Holz nutzbringend zu machen; diesen Glashütten wurde in der Regel die Holznutzung auf 2000 bis 3000 ha Wald durch Erbrechtsbrief zugestanden, das Eigentum von Grund und Boden blieb beim Landesherrn. Rohstoff (Pottasche) und Energiebedarf (Brennholz) der Hütten wurden vom Wald gedeckt. Offensichtlich führte diese frühe Industrie zu beträchtlichen Eingriffen in die Waldsubstanz; erstmals regte sich die Sorge um den Bestand des Waldes. Der Entwurf einer Aschenbrandverordnung der Bayerischen Forstkommission vom Jahre 1754 läßt die Befürchtung erkennen, daß die Holzvorräte durch das Aschenbrennen zu stark in Anspruch genommen würden. Dem Verbot der Ausfuhr von Pottasche folgte die Auflage, Holz für neue Aschensiedereien aus Böhmen einzuführen; gegen Ende des 18. Jahrhunderts mußte man schließlich das Aschenbrennen aus Angst vor der Holznot einstellen. Waren die Hüttenmeister der Gründerzeit der Glashütten mehr Pioniere und Bauern gewesen, die ihren Wald sorglich hüteten, so stieß mit dem Aufblühen dieser Industrie die Rohstoff- und Energieversorgung in dem waldreichen Land an eine erste Grenze. Ein Wandel in der Zusammensetzung der Baumarten und eine Vorratsabsenkung (Ausplünderung) waren örtlich zu beklagen.

Um die Wende zwischen dem 18. und 19. Jahrhundert kamen Bestrebungen in Gang, im kurfürstlichen Hochwald (im Nordteil des Landkreises) eine Eigentumsbereinigung vorzunehmen. Die große Finanznot, in die Bayern durch die Napoleonischen Kriege geriet, und die geringen Erträge aus den zum Teil ausgeplünderten Waldungen ließen bei der kurfürstlichen Regierung den Entschluß reifen, Waldungen zu verkaufen, bzw. Rechtsbelastungen durch Hingabe von Teilen des Waldes abzulösen. Damit entstand im wesentlichen das heutige Verteilungsbild des staatlichen und privaten Waldbesitzes. Ein größerer Waldkomplex nördlich von Buchenau wurde erst in diesem Jahrhundert vom Staat angekauft.

Während der bäuerliche Waldbesitz bis in die Mitte unseres Jahrhunderts vorwiegend der Holzversorgung der Höfe diente, setzte mit dem zunehmenden Ausbau der Triftgewässer in den Staatswaldungen bereits mit Beginn des 19. Jahrhunderts eine planmäßige, dem Gesetz der Nachhaltigkeit verpflichtete Waldbewirtschaftung ein. Um die Mitte des 19. Jahrhunderts war der Regen soweit ausgebaut, daß neben dem Scheitholz auch Blochholz bis Regensburg getriftet werden konnte. Mit dem Eisenbahnbau 1877 begann eine neue Zeit des Holzabsatzes und eine Verkürzung der Triftstrecken bis Zwiesel. Dennoch wurde die Privattrift von Blochholz bis nach Cham bis zum Ende des 1. Weltkrieges, die Scheitholztrift bis 1963 betrieben. Die Zulieferung des Holzes zu den Triftbächen erfolgte durch die gleichzeitig mit dem Triftsystem angelegten Schlittenziehbahnen. Nach dem 2. Weltkrieg setzte eine neue Phase der Bringungserschließung ein: der Waldstraßenbau. In den vergangenen 30 Jahren unseres Jahrhunderts gelang es, im Staatswald und Großprivatwald ausreichend autofahrbare Straßen zu bauen, eine nicht zu unterschätzende technische und finanzielle Leistung. Im Kleinprivatwald und Gemeindewald besteht noch ein erheblicher Nachholbedarf.

Seit dem Beginn der planmäßigen Bewirtschaftung im 19. Jahrhundert stand die Holzproduktion im Mittelpunkt der forstlichen Zielsetzungen im Staats- und Großprivatwald. Man wollte einen stabilen gemischten Wald, der gutes verschiedenartiges Holz auf Dauer und in möglichst großer Menge lieferte. Andere Funktionen des Waldes wurden diesem Ziel untergeordnet. Allerdings spielten Nebennutzungen eine bedeutende Rolle, vor allem die Waldweide; auch die Waldstreugewinnung gab es. Diese „geregelte Forstwirtschaft" hat die Struktur des Waldes entscheidend gewandelt. Ziel war nun nicht mehr der überkommene kleinstrukturierte Wald mit örtlich wechselnden Vorräten, sondern der auf größerer Fläche gleichaltrige Bestand. Man sah darin Vorteile des besseren Wachstums und der leichteren Bewirtschaftung. Die seinerzeitigen Erkenntnisse einer jungen Forstwirtschaft wurden von den Forstleuten mit Energie in die Praxis umgesetzt. Leider war damals noch nicht absehbar, daß

mit dem besseren Wachstum eine Minderung der Stabilität des Waldes zwangsläufig verbunden war. Auch der bäuerliche Privatwald folgte dem Beispiel des Staates und der großen Waldbesitzer und wandelte den altersgemischten Plenterwald in schlagweise Hochwälder um. Die ursprünglichen Wälder mit stufigem Aufbau sind nur noch in geringem Umfang im Landkreis zu finden. Eine Besonderheit der Bauernwälder muß noch erwähnt werden: landwirtschaftliche Zwischenkulturen führten zu den sogenannten „Birkenbergen", die heute noch erkennbar sind.
In der ersten Hälfte des 20. Jahrhunderts haben die Wirren der Zeit dem Wald Leistungen wie nie zuvor abgefordert. Die forcierten Nutzungen der zwei Weltkriege, der Inflationszeit und der Nachkriegszeit haben ihre Spuren hinterlassen; dazu kamen noch zwei große Windwurfkatastrophen in den Jahren 1927 und 1929. Das Waldgefüge und die Vorräte waren in dieser Zeit einem starken von den Forstleuten beklagten Niedergang unterworfen. Seit 1950 setzte eine Erholung ein; für den Staatswald läßt sich diese im Ansteigen der Holzvorräte belegen.
Bleibt der Blick nur auf den Veränderungen der Waldstruktur infolge der Bewirtschaftung haften, wird man dem Gesamtbild des Waldes im Landkreis nicht gerecht. Das große Waldgebiet beherbergt viele ursprüngliche Waldbestände. Dies ist zum einen der mißtrauischen Vorsicht der Waldbauern zu verdanken, zum anderen den Forstleuten, die es trotz der intensiven Eingriffe immer wieder verstanden haben, die Substanz des Waldes der Nachwelt zu bewahren.

Die landeskulturelle Bedeutung des Waldes im Landkreis

Seit Beginn der Rodungstätigkeit stand die Nutzfunktion, die Bedeutung des Waldes als Rohstoffreserve und Holzlieferant, im Mittelpunkt des Interesses der Bevölkerung. Die moderne Forstpolitik stellt die anderen Funktionen des Waldes, die Schutzfunktionen, die Erholungsfunktionen und die Bedeutung des Waldes für das Landschaftsbild gleichrangig neben die Nutzfunktion. Von dieser Zielsetzung muß die heutige Waldbewirtschaftung ausgehen.

Der Privatwaldbesitzer, vor allem der Bauer, muß wohl den Wald in erster Linie als Objekt sehen, das dem bäuerlichen Hof Einkünfte bringt, das in der Zeit der landwirtschaftlichen Arbeitspause Beschäftigungsmöglichkeiten bietet und das ein langfristig erneuerbares aber rasch realisierbares Vermögensobjekt darstellt. Nutzfunktion und Vermögensfunktion spielen hier nach wie vor wohl die erste Rolle. Um so mehr ist der Wald der öffentlichen Hand, der Staatswald, verpflichtet, die außerwirtschaftliche Bedeutung des Waldes zu betonen und ihr gerecht zu werden.

Die Waldfunktionen im einzelnen:

Der Wald als Rohstofflieferant

Holz ist ein Rohstoff der stets erneuerbar ist, der die Umwelt nicht belastet und zu dessen Gewinnung nur geringe Energiemengen aufgewendet werden müssen. Holz ist ein Rohstoff der Zukunft!
In einer Zeit der weltweiten Rohstoffverknappung nimmt die Bedeutung des Waldes als Rohstoffquelle wieder zu. Moderne Wirtschaftswissenschaftler haben die Forstwirtschaft deshalb als „Wachstumsbranche" bezeichnet. Während noch im Jahr 1950 der Holzverbrauch Deutschlands nahezu vollständig aus eigenen Wäldern gedeckt werden konnte, muß heute mehr als die Hälfte des Holzes aus dem Ausland bezogen werden. Im waldreichen Gebiet des Landkreises kann der Bedarf der heimischen Holzindustrie vollständig aus dem hiesigen Bereich gedeckt werden; der Brennholzbedarf der Bevölkerung übersteigt bereits derzeit das mögliche Angebot.
Die Wälder des Landkreises erbringen ein Gesamtholzaufkommen von etwa 200 000 fm pro Jahr. Dies entspricht einem Geldwert in der Größenordnung von etwa 30 Millionen DM. Die jährliche Holznutzung beläuft sich im Staatswald auf knapp 5 fm pro ha, im Kleinprivatwald auf etwas mehr als 2 fm pro ha. Die zum Verkauf angebotene Holzmenge setzt sich aus 70% Stammholz und 30% Schwachholz zusammen. Eine begehrte Rarität stellt das Stammwerkholz dar, ein aus astfreien Fichten und Tannen gewonnenes hochwertiges

Holz, das als Resonanzholz im Musikinstrumentenbau weiterverarbeitet wird.
Das vergleichsweise niedrige Holzaufkommen des Privatwaldes ist durch die Besitzzersplitterung und die örtlich unzureichende Erschließung des Waldes durch Straßen bedingt; es mag jedoch auch sein, daß Teile der Nutzung im Kleinprivatwald statistisch nicht erfaßt wurden, da sie als Brennholz in den Eigenverbrauch gingen.
Durch die Wahl standorstgerechter Baumarten, das Abwenden von Waldschäden, das Weiterführen einer umweltgerechten Walderschließung im Privatwald und die fachtechnische Beratung der Waldbesitzer läßt sich das Holzaufkommen im Landkreis langfristig sicherlich noch steigern. Dies ist eine Aufgabe, die erst in der Zukunft ihre Früchte tragen wird. Bauern und Forstleute sind aufgerufen, durch wertfördernde Waldpflegeeingriffe und den natürlichen Vorgängen angepaßte Walderneuerung den Kindern und Enkeln ähnlich hochwertiges Holz zu sichern, wie es heute zu ernten ist.

Der Wald als Arbeitsstätte

Die Anzahl der im Wald beschäftigten Personen ist im Vergleich zu anderen Berufszweigen gering; dennoch kommt der Waldarbeit im Kreisgebiet arbeitspolitisch eine Bedeutung zu. Im Staatswald und Großprivatwald arbeiten etwa 200 hauptberufliche Waldarbeiter (Forstwirte). In den bäuerlichen Waldungen führen in der Regel die Waldbesitzer zusammen mit ihren Familienangehörigen die Pflegearbeiten durch. Nebenerwerbslandwirte oder Holzrückeunternehmer bringen mit ihren Schleppern das Holz aus den Wäldern an die Straße.
Die Beschäftigung im Wald bedeutet vor allem für die Kleinlandwirte sehr viel. Nicht wenige sind durch solchen Zu- und Nebenerwerb erst in der Lage, ihre bescheidene Landwirtschaft weiterzuführen und damit die reizvolle Landschaft auch außerhalb der Siedlungsbereiche offen zu halten.

Schutzfunktionen des Waldes

Eine bittere Erkenntnis unserer Industriegesellschaft ist es, daß unser Wohlstand zum Teil zu Lasten der Qualität unserer Umwelt entwickelt worden ist. Die Sicherung der natürlichen Lebensgrundlagen ist heute eine vorrangige Aufgabe der Landeskultur. In unserem Gebiet, das im Vergleich zu anderen Landstrichen noch als „heile Welt" angesehen werden mag, kommt dem Wald eine besondere Schutzbedeutung zu.
Etwa 16000 ha, das ist ein knappes Viertel der Waldfläche des Landkreises, haben als Wasserschutzwald besondere Aufgaben. Der Wald soll hier die Reinhaltung des Grundwassers und der Oberflächengewässer sichern, die Stetigkeit der Wasserspende gewährleisten und das zu rasche Abfließen der Starkregen verhindern. Dauernde Erhaltung der Waldbestockung, gemischte und damit stabile Waldbestände, Laubbaumanteile, Beteiligung von Tiefwurzlern, stetige und behutsame Waldpflegeeingriffe werden in der Waldbewirtschaftung diesen Anforderungen gerecht.
Bodenschutzwälder müssen auf stark exponierten Geländebereichen den Humus- und Feinerdeanteil sichern. Hier kommt es darauf an, durch langfristige Verjüngungsverfahren die ständige Bodendekkung zu erhalten. Auf rund 4000 ha, das sind etwa 6% der Waldfläche des Landkreises, ist diese Schutzfunktion von Bedeutung.

Erholungsfunktion des Waldes

Die Wälder des Landkreises liegen im Naturpark Bayerischer Wald, also in einem Gebiet, das von seiner Naturausstattung her besonders für die Erholung geeignet ist. Hierbei hat der Wald eine soziale und gesundheitliche Aufgabe zu erfüllen.
Stille und Schönheit der Landschaft, die saubere kühle Luft, das Gefühl der Weite und Unbegrenztheit, die Nähe einer noch intakten Natur, der ganze herrliche grüne Dom des Waldes vermitteln dem Menschen unserer technisierten Zeit den ersehnten Kontrast zu seiner Umwelt. Der Waldbesitzer vermag mit seiner Bewirtschaftung die Erholungswirksamkeit des Waldes erheblich zu beeinflussen: naturnahe Waldaufbauformen mit möglichst ursprünglicher Baumartenmischung werden den Anforderungen am ehesten gerecht. Aber nicht nur der Waldbesitzer, auch die Waldbesucher sind ge-

fordert; die Erholungsfunktion des Waldes ist nicht so zu verstehen, als dürfe der letzte stille Winkel dem Tourismus geöffnet werden. Dies muß auch für die sympathischen Waldwanderer gelten, die Stille und Abseitigkeit suchen. Je mehr von ihnen unterwegs sind, um so stärker leidet die Unberührtheit der letzten Refugien. Manche unserer Waldtiere, etwa das scheue Auerwild, sind davon so beeinträchtigt, daß sie am Rande der Ausrottung stehen. Fremdenverkehrsvereine, Waldverein, Wander- und Bergsteigervereine sind aufgerufen, persönliche Wünsche und Gruppeninteressen zurückzustellen, wenn es um die Erhaltung letzter Ruhezonen in unseren Wäldern geht!

Ausblick

Die Geschichte des Waldes im Landkreis beginnt mit dem Ende der letzten Eiszeit. Jahrtausende folgte der Wald seinen eigenen Gesetzen, bis der Mensch kam und sich mit ihm auseinandersetzte. Das Ergebnis dieses Kampfes der Siedler mit dem Wald ist unsere Kulturlandschaft, die seit Jahrhunderten im Gleichgewicht steht. Der seinerzeit feindliche Wald wurde dem Menschen zum Freund, er bietet Arbeit und Lebensgrundlage. Heute ist er darüber hinaus der Helfer in der Not unserer belasteten Umwelt und die Zuflucht derer, die ihr Menschentum in einer vom Machbaren bestimmten Welt zu verlieren drohen und deshalb den Kontakt mit der Natur suchen.

Wie lange wird der Wald noch unser Helfer sein können? Rätselhafte Krankheiten suchen die Bäume heim, Tannen sterben, Fichten kränkeln, bisher unbedeutende Schädlinge werden zur Plage. In den Staulagen unseres Mittelgebirges regnet es besonders reichlich; ferne Industrieabgase werden mit den Regenwolken zu unseren abgelegenen Bergen verfrachtet und hier konzentriert vom Wald ausgefiltert. Die Belastbarkeit mit Schadstoffen hat auch in stabilen Waldökosystemen eine Grenze. Sind wir die Menschengeneration, die verschuldet, daß der Wald seinen Glanz verliert? Die Sorge um die Zukunft des Waldes beginnt Dimensionen anzunehmen, die weit über die wirtschaftlichen und sozialen Interessen hinausgehen. Ist der Wald krank, kann der Mensch nicht mehr gesund leben, stirbt der Wald, wird auch der Mensch in diesem Gebiet zugrunde gehen. Forstleute und Bauern fühlen sich von alters her als Hüter des Waldes; wenn es heute um seine Zukunft geht, sind sie überfordert. Die Sorge um den Wald muß von der gesamten Gesellschaft getragen werden. Helfen wir alle mit, daß unser herrlicher Wald erhalten bleibt.

Der Wald im Landkreis Regen
–Zahlenspiegel –

Waldfläche

	Gesamtfläche ha	Waldfläche ha	Bewaldung in %	Waldfläche je Einwohner ha
Landkreis Regen	98 082	61 628	63	0,86
Region Donau-Wald	569 044	207 047	36	0,36
Land Bayern	7 054 900	2 468 213	35	0,23
Bundesrepublik Deutschland	24 858 710	7 183 000	29	0,12

Waldeigentümer

	Fläche in ha	Anteil an der Gesamtwaldfläche %
Staatswald (einschl. Bundeswald)	19 185	31
Gemeinde-, Stiftungs- u. Körperschaftswald	623	1
Privatwald	41 820	68

Baumartenverteilung (Prozentanteile)

	Buche	Weichlaubholz	Sa. Laubholz	Fichte, Tanne	Kiefer, Lärche	Sa. Nadelholz
Staatswald (einschl. Bundeswald)	21	1	22	77	1	78
Körperschaftswald	2	3	5	88	7	95
Privatwald	4	4	8	80	12	92
Sa. Landkreis	9	3	12	80	8	88

Waldfunktionen (Anteil an der Forstbetriebsfläche)

	Staatswald %	Körpersch.-Wald %	Privatwald %	Sa. %
Wasserschutzwald	54	2	13	25
Bodenschutzwald	9	4	5	6
Straßenschutzwald	2	2	2	2
Erholungswald	7	16	4	5
Naturschutzgebiete (einschl. Nationalparkanteil)	7	2	–	2

Organisation der Bayer. Staatsforstverwaltung im Landkreis

Forstamt	Staatswald (einschl. Bundeswald) ha	Körperschaftswald ha	Privatwald ha	Gesamtwaldfläche ha
Bodenmais	6 883	–	–	6 883
Deggendorf	573	–	–	573
Mitterfels	554	–	–	554
Nationalparkverwaltung Grafenau	298	–	–	298
Regen	696	303	21 329	22 328
Viechtach	493	320	20 491	21 304
Zwiesel	9 688	–	–	9 688
Sa. Landkreis	19 185	623	41 820	61 628

IMKE HODL-ROHN

DIE TIERWELT

Das bayerisch-böhmische Grenzgebirge ist ein bedeutendes Rückzugsgebiet bedrohter Tierarten. Trotz vielhundertjähriger Nutzung dieses Waldgebietes, außerordentlichen Schneehöhen und kurzen Vegetationsperioden bergen die Wälder, Moore und Gewässer eine interessante Gemeinschaft an seltenen Tieren und Pflanzen.

Viele Tierarten, besonders die großen Beutegreifer wie Luchs, Wolf und Bär, wurden bereits im letzten Jahrhundert durch direkte menschliche Verfolgung ausgerottet. Im Jahre 1971 wurde seit über 130 Jahren bei Eisenstein wieder ein Luchs gesichtet. Inzwischen halten sich mehrere Exemplare dieser eindrucksvollen Großkatze im bayerisch-böhmischen Grenzgebiet auf, bevorzugt am Falkenstein.

Der Artenschwund vor allem in den letzten Jahren und Jahrzehnten ist in erster Linie auf die Vernichtung der Lebensräume (Biotope) bestimmter Tierarten zurückzuführen. Die zunehmende Beunruhigung durch Erholungssuchende wirkt sich zusätzlich dezimierend auf den Bestand seltener Arten aus, was zur weiteren Verarmung der Fauna führt. Besonders wertvolle Einstands-, Balz- und Brutgebiete sollten deshalb aus Wanderwegenetzen und Bebauungsplänen ausgeschieden werden.

Artenvielfalt, jedoch geringe Individuenzahl kennzeichnen den faunistischen Lebensraum um Arber, Falkenstein und Rachel. Die Beobachtung einzelner Tiere im geschlossenen Wald ist deshalb sehr erschwert.

Charakteristische Bewohner des Bergwaldes und der Hochmoore sind drei Arten von Waldhühnern wie Auerwild, Haselwild und Birkwild, deren Bestand trotz z. Z. ganzjähriger Schonung rapide abnimmt.

In dicht bewaldeten Gebieten von Natur aus nicht häufig sind die Greifvögel. Neben regelmäßigen Beobachtungen von Habicht, Mäusebussard, Sperber, Turmfalke und Wespenbussard liegen Einzelbeobachtungen von Schreiadler und Wanderfalken vor, deren Brutplätze auf tschechischer Seite vermutet werden.

In den Felspartien des Regentals brüten noch Uhus – unsere größte Eulenart – deren autochthoner Bestand aber immer mehr durch Ei- und Jungvögelräuber bedroht ist. In den Bergwaldrelikten lebt unauffällig der kleinste Vertreter unserer seltenen Eulen, der Sperlingskauz. Wie er ist auch der Rauhfußkauz ein typischer, wenn auch seltener Bewohner der Nadelwaldzone. Der Habichtskauz soll erst in den letzten Jahrzehnten aus dem Bayerischen Wald verschwunden sein. Es wird versucht, diese Eulenart wieder einzubürgern. Wiederholt wurde in strengen Wintern die Schnee-Eule als Durchzügler aus Skandinavien beobachtet.

Alpenringdrossel, Alpentannenhäher, Alpenbirkenzeisig, Dreizehenspecht sind sonst nur in den Alpen oder den Nadelwäldern der Taiga anzutreffen. Sie sind kennzeichnend für boreo-alpine Gesellschaften. Als weitere ornithologische Raritäten gelten Schwarzstorch und Zwergschnäpper. Schwarzspecht, Buntspecht, Grün-, Grau- und der seltene Weißrückenspecht brüten in Waldbeständen mit vielen Baumleichen, ebenso die von Schwarzspechthöhlen abhängigen Hohltauben.

Durch die Ausbürgerung von Kolkraben im angrenzenden Nationalpark können seit einigen Jahren im Arbergebiet die Flugspiele dieser stattlichen Rabenvögel bewundert werden, während deren kleinere Verwandten, die Dohlen, mit ihrem typischen Krächzen um Burg Weißenstein streichen.

Einen eigenen Lebensraum bilden die vielen klaren, sauerstoffreichen, jedoch nährstoffarmen Bergbäche, die alle dem Schwarzen Regen zufließen. Der Oberlauf des Regens sowie dessen Nebenflüsse gehören der Forellenregion an; ab Teisnach wird der Regen der Brachsen-Hechtregion zugeordnet. Regelmäßig vertreten sind hier Wasseramsel, Flußuferläufer und Gebirgsstelze, seltener der Eisvogel. Die Perlmuschelbestände haben unter den Bachregulierungen und -verschmutzungen sehr gelitten. Allzuhäufig kann man leere Muschelschalen finden, die auf einen bedrohlichen Rückgang dieser Weichtiere durch Schwarzfischerei hinweisen.

Ebenfalls im Bestand sehr zurückgegangen ist der Huchen oder Donaulachs, eine unserer größten Salmoniden. Durch intensive Hege der Laichplätze des Huchen im Regen versucht man, diese Fischart zu retten. Auch Bachforelle und Äsche sind bedroht.

Bis vor wenigen Jahren hielten sich im Gewässersystem des Regen noch die meisten Fischotter Süddeutschlands. Diese ebenfalls unmittelbar vom Aussterben bedrohten Marder führen ein derartig verborgenes Leben, daß meist nur die Fährten im Schnee auf ihre Existenz hinweisen. Der Otter führt weite Wanderungen auch über Land durch und ernährt sich vielseitig von Fischen, Fröschen, Krebsen (sofern noch vorhanden) und besonders am Regen von der Bisam.

Europas bedeutendstes Winterquartier für Fledermäuse befindet sich in den alten Stollen des Silbergs bei Bodenmais. Acht verschiedene Fledermausarten konnten dort festgestellt werden. Leider ist auch hier ein starker Rückgang der Populationen zu verzeichnen.

Von den Reptilien sind Bergeidechse, Blindschleiche, Ringelnatter und die farblich häufig variierende Kreuzotter im Landkreisgebiet heimisch. Die Amphibien sind durch Grasfrosch, Moorfrosch, Erdkröte, Gelbbauchunke, Bergmolch und Feuersalamander vertreten. Eine Vielzahl an Kleinsäugern und Insekten deuten ebenfalls auf eine artenreiche Fauna des Bayerischen Waldes hin. Dieses Waldgebiet stellt ein Refugium für viele Tierarten dar, die vor allem durch Biotopschwund aus großen Teilen Mitteleuropas verdrängt wurden. Eine Zufluchtstätte auf Zeit?

Fischotter im Bayerischen Wald

Uhuhorst in Felsennische

Wiedereingebürgert: der Luchs

IMKE HODL-ROHN

NATURSCHUTZ

Der Landkreis Regen hat besonders viele und kostbare Naturschönheiten aufzuweisen. Es handelt sich hierbei keineswegs mehr um eine von Menschen noch nicht veränderte Urlandschaft. Die waldreiche Mittelgebirgslandschaft des Bayerischen Waldes prägte seine Menschen, deren Wirtschafts- und Siedlungsweise ebenso, wie diese Erscheinungsformen eine Kulturlandschaft von besonderem Reiz schufen.

Nur kleine Reste an Urlandschaften sind von menschlichen Eingriffen verschont geblieben. Besonders um diese ökologisch wertvollen Gebiete bemüht sich der Naturschutz, der in der Erschließung dieser labilen Naturgefüge durch den Fremdenverkehr eine zunehmende Gefahr sieht: Ohne die Notwendigkeit des Fremdenverkehrs im industriell schwach strukturierten Bayerischen Wald anzuzweifeln, müssen Erhaltung der Landschaft einerseits, Fremdenverkehr und andere wirtschaftliche Nutzung andererseits sorgfältig gegeneinander abgewogen werden. Das größte Kapital des Bayerischen Waldes ist in seiner eigenartigen Naturschönheit zu finden. Es gilt daher, dieses Gut langfristig zu erhalten und nicht durch kurzsichtiges Gewinnstreben zu zerstören. Eine verbaute, zersiedelte und zerstückelte Landschaft kann nicht für seine Ursprünglichkeit und Stille werben, da sie dann keinen besonderen Naturgenuß und Erholungswert mehr darstellt. Es wäre sträflich und selbstzerstörerisch, die Erschließung des Alpenraumes zum Vorbild zu nehmen. In Besinnung auf die Eigenständigkeit von Kultur und Natur im Bayerischen Wald sollte man gerade im Interesse des Fremdenverkehrs diesem nicht alles opfern.

Wegen ihrer Schutzwürdigkeit und -bedürftigkeit stehen im Landkreis Regen eine ganze Reihe von Flächen und Naturdenkmälern unter Schutz. Ein Großteil der 15 Naturschutzgebiete wurde bereits vor dem zweiten Weltkrieg geschaffen. Die Gesamtfläche beträgt 1068,190 ha, das sind 1,03% der Gebietsfläche.

Naturschutzgebiete im Landkreis Regen:
(Stand 01. 01. 1975)

Moosbacher Pfahl
Planungsregion 12: Region Donau-Wald

Bezeichnung der Verordnung: Verordnung der Region von Niederbayern und der Oberpfalz vom 6. 3. 1939 Nr. 110 g C 6/31, betr. das „Naturschutzgebiet Moosbacher Pfahl" in der Gemarkung Moosbach, Landkreis Viechtach, veröffentlicht im Bayer. Regierungsanzeiger v. 14. 3. 1939 Ausg. 73

Größe in ha: 12,126
Zeitdauer des Schutzes: unbefristet
Vorherrschende Bedeutung: Geo

Kennzeichnung: Teil des Pfahls einer 120 km langen nordwest-südöstlich streichenden Quarzgangfüllung, die während der Eiszeit aus tertiärem Verwitterungsschutt herausmodelliert wurde. Einzelne ausgewitterte Quarzriffe. Bestockt mit Föhren und Birken.
Lage in der TK 25: Blatt 6842

Großer Pfahl und Pfahlriegel St. Antoniuspfahl
Landschaftsteile a–c
Region 12: Region Donau-Wald

Landschaftsteile: a) nordwestlicher Teil des Großen Pfahl; b) südöstlicher Teil des Großen Pfahl; c) Pfahlriegel
Bezeichnung der Verordnung: Verordnung der Regierung von Niederbayern und der Oberpfalz vom 6. 3. 1939 Nr. 110 g C 6/32, betr. das „Naturschutzgebiet Großer Pfahl und Pfahlriegel St. Antoniuspfahl" in den Gemarkungen Viechtach und Schlatzendorf, Landkreis Viechtach, veröffentlicht im Bayer. Regierungsanzeiger v. 21. 3. 1939 Ausg. 80

Größe in ha: 24,186
Zeitdauer des Schutzes: unbefristet
Vorherrschende Bedeutung: Geo

Kennzeichnung: Zwei Teilgebiete des Pfahls, einer 120 km langen nordwest-südöstlich streichenden

Quarzgangfüllung, in der Eiszeit aus tertiärem Verwitterungsschutt herausmodelliert. Auf dem Kamm mächtige ausgewitterte Quarzwände und Quarzriffe. Bewuchs größtenteils Nadelhölzer. Höchste Erhebung 583 m über dem Meeresspiegel.
Lage in der TK 25: Blatt 6943

Hofpfahl
Region 12: Region Donau-Wald

Bezeichnung der Verordnung: Verordnung der Regierung von Niederbayern und der Oberpfalz vom 6. 3. 1939 Nr. 110 g C 6/33, betr. das „Naturschutzgebiet Hof-Pfahl" in der Gemarkung Allersdorf, Landkreis Viechtach, veröffentlicht im Bayer. Regierungsanzeiger v. 22. 3. 1939 Ausg. 80
Größe in ha: 15,978
Zeitdauer des Schutzes: unbefristet
Vorherrschende Bedeutung: Geo
Kennzeichnung: Teil des Pfahls, einer 120 km langen nordwest-südöstlich verlaufenden Quarzgangfüllung, in der Eiszeit aus tertiärem Verwitterungsschutt herausmodelliert. Auf dem Kamm riffartig ausgewitterte Quarzfelsen. Bewuchs größtenteils Nadelhölzer. Höchste Erhebung 510 m über dem Meeresspiegel.
Lage in der TK 25: Blatt 6943

Mittelsteighütte am Zwieseler Waldhaus
Region 12: Region Donau-Wald

Bezeichnung der Verordnung: Verordnung des Regierungspräsidenten von Niederbayern und der Oberpfalz – als höhere Naturschutzbehörde – vom 28. 3. 1939 Nr. 110 g C 48/2, über das „Naturschutzgebiet Mittelsteighütte am Zwieseler Waldhaus" Forstamt Zwiesel-West, Landkreis Regen, veröffentlicht im Bayer. Regierungsanzeiger v. 14. 4. 1939 Ausg. 104
Größe in ha: 37,8
Zeitdauer des Schutzes: unbefristet
Vorherrschende Bedeutung: Veg
Kennzeichnung: Am Westhang des Falkensteins (Bayerischer Wald) in 700–800 m Höhe erhaltener alter Fichten-, Rotbuchen- und Weißtannenbestand. Tannen bis 500 Jahre alt, bis 52 m hoch und bis 5,70 m im Umfang.
Lage in der TK 25: Blatt 6845, 6945

Riesloch
Region 12: Region Donau-Wald

Bezeichnung der Verordnung: Verordnung des Regierungspräsidenten von Niederbayern und der Oberpfalz – als höhere Naturschutzbehörde – vom 28. 3. 1939 Nr. 110 g C 46/2 über das „Naturschutzgebiet Riesloch" im Forstamt Bodenmais, Landkreis Regen, veröffentlicht im Bayer. Regierungsanzeiger v. 14. 4. 1939 Ausg. 104
Größe in ha: 32,9
Zeitdauer des Schutzes: unbefristet
Vorherrschende Bedeutung: Geo, Veg
Kennzeichnung: 1,6 km langer Abschnitt des V-förmig eingeschnittenen, nach Süden geöffneten Riesbachtales (780–970 m ü. NN) im Bereich des Cordieritgneises. Im Bachbett große Felsbrocken, an den Steilhängen Buchen-Fichten-Tannen-Wald mit Bergahorn. Vorkommen der Großblättrigen Weide und der Blauen Heckenkirsche. Schönste und größte Wasserfälle des Bayerischen Waldes.
Lage in der TK 25: Blatt 6944

Großer Arbersee und Arberseewand
Region 12: Region Donau-Wald

Bezeichnung der Verordnung: Verordnung des Regierungspräsidenten in Regensburg vom 15. 8. 1939 Nr. 110 g C 44/5, über das „Naturschutzgebiet Großer Arbersee und Arberseewand" in den Bayer. Staatsforstämtern Bodenmais und Rabenstein sowie im fürstlich hohenzollernschen Forstamt Bayer. Eisenstein, Landkreis Regen, veröffentlicht im Bayer. Regierungsanzeiger v. 22. 8. 1939 Ausg. 234
Größe in ha: ca. 157
Zeitdauer des Schutzes: unbefristet
Erste Unterschutzstellung: 1914
Vorherrschende Bedeutung: Geo, Veg
Allgemeine Bedeutung: Erh, wa
Kennzeichnung: Eiszeitlicher Restsee im Bayerischen Wald, etwa 15 m tief, 935 m ü. NN, mit den westlich angrenzenden Steilhängen (Seewand).

Am Westufer ausgedehnter Schwingrasen (Filz). Auf der über 300 m hohen Arberseewand aus Gneis dichte Fichten-, Buchen- und Tannenbestände (über 200 Jahre alt). Um 1900 Versuch, den See zu entfilzen, heute Filz im Wachstum begriffen. Starker Besucherverkehr.
Lage in der TK: Blatt 6844, 6944

Kleiner Falkenstein
Planungsregion 12: Region Donau-Wald
Bezeichnung der Verordnung: Verordnung des Regierungspräsidenten – als höhere Naturschutzbehörde – in Regensburg vom 31. 10. 1939 Nr. 110 g C 70/3 über das „Naturschutzgebiet Kleiner Falkenstein" im Forstamt Zweisel-West, Kreis Regen, veröffentlicht im Bayer. Regierungsanzeiger v. 11. 11. 1939 Ausg. 315

Größe in ha: ca. 17
Zeitdauer des Schutzes: unbefristet
Vorherrschende Bedeutung: Geo, Veg

Kennzeichnung: Zwei Teilgebiete am Nordwesthang des Kleinen Falkensteins im Bayerischen Wald. Höhenlage etwa 900 m ü. NN. Stark von Felsgruppen des Cordieritgneises durchsetzter Hang mit Wasserfällen und urtümlichem Fichtenbestand mit wenigen eingesprengten Weißtannen und Rotbuchen.
Lage in der TK 25: Blatt 6945

Johannisruh
Planungsregion: Region Donau-Wald

Bezeichnung der Verordnung: Verordnung des Regierungspräsidenten in Regensburg vom 9. 11. 1939 Nr. 110 g C 70/4 über das „Naturschutzgebiet Johannisruh" im Forstamt Zwiesel-West, Kreis Regen, veröffentlicht im Bayer. Regierungsanzeiger v. 15. 11. 1939 Ausg. 319

Größe in ha: 2,8
Zeitdauer des Schutzes: unbefristet
Vorherrschende Bedeutung: Geo, Veg

Kennzeichnung: Westhang des Hochberges (941 m ü. NN) im Bayerischen Wald. Am Hang (etwa 830 m ü. NN) zahlreiche Gneisklippen und Felsgruppen. Alter Bestand aus Fichte, Weißtanne und Rotbuche.
Lage in der TK 25: Blatt 6845

Pfahl bei der Ruine Weißenstein
Planungsregion: Region Donau-Wald

Bezeichnung der Verordnung: Verordnung des Regierungspräsidenten in Regensburg – als höhere Naturschutzbehörde – vom 18. 4. 1940 Nr. 110 g C 8/16, über das „Naturschutzgebiet Pfahl" bei der Ruine Weißenstein in der Gemarkung Eggenried, Landkreis Regen, veröffentlicht im Bayer. Regierungsanzeiger v. 23. 4. 1940 Nr. 348

Größe in ha: 6
Zeitdauer des Schutzes: unbefristet
Vorherrschende Bedeutung: Geo

Kennzeichnung: Zwei Teilgebiete des Pfahls, einer 120 km langen nordwest-südöstlich streichenden Quarzgangfüllung in der Eiszeit aus tertiärem Verwitterungsschutt herausmodelliert. Riffartig ausgewitterte Quarzfelsen. Im nordwestlichen Teilgebiet höchste Erhebung der Pfahls (753 m) mit der Burgruine Weißenstein.
Lage in der TK 25: Blatt 7044

Höllbachgespreng
Planungsregion 12: Region Donau-Wald

Bezeichnung der Verordnung: Verordnung des Regierungspräsidenten in Regensburg – als höhere Naturschutzbehörde – vom 17. 1. 1941 Nr. 110 g C 43/9, über das „Naturschutzgebiet Höllbachgespreng" im Forstamtsbezirk Zwiesel-Ost, Landkreis Regen, veröffentlicht im Bayer. Regierungsanzeiger v. 28. 1. 1941 Ausg. 26/27/28

Größe in ha: 51,3
Zeitdauer des Schutzes: unbefristet
Vorherrschende Bedeutung: Geo, Veg

Kennzeichnung: An der Ostflanke des Großen Falkensteins (Bayerischer Wald) teilweise senkrecht abstürzendes Felsmassiv. Höhenlage zwischen 990 und 1200 m ü. NN. Felswand aus Schiefergneisen. Im tiefeingeschnittenen Tal stürzt der Höllbach über große Gneistrümmer und bildet an der Nordgrenze des Schutzgebiets einen Wasserfall. Urwaldartige Rotbuchen-Tannen- und Buchen-Ahorn-Fichten-Wälder.

Hans-Watzlik-Wald
Region 12: Region Donau-Wald

Bezeichnung der Verordnung: Naturschutzgebiet „Hans-Watzlik-Wald" im Landkreis Regen; Bekanntmachung des Bayer. Staatsministerium des Innern als Oberste Naturschutzbehörde vom 4. 8. 1950 Nr. I A 4 b – 3678 s 113, veröffentlicht im Bayer. Staatsanzeiger v. 12. 8. 1950 Nr. 32
Größe in ha: 11,6
Zeitdauer des Schutzes: unbefristet
Vorherrschende Bedeutung: Veg
Kennzeichnung: Südhang des Hochberges im Bayerischen Wald, Höhenlage etwa 700 m ü. NN, mit Bestand von hohen, alten Weißtannen. Benannt nach dem Bayerwald-Dichter Hans Watzlik.
Lage in der TK 25: Blatt 6845, 6945

Ruckawieshäng und Langschachten
Region 12: Region Donau-Wald

Bezeichnung der Verordnung: Anordnung über das Naturschutzgebiet „Ruckowitzhäng* und Langschachten" im ausmärkischen Forstbezirk Zwieseler Waldhaus, Landkreis Regen, vom 11. 1. 1954 des Bayer. Staatsministerium des Innern, veröffentlicht im Bayer. Gesetz- und Verordnungsblatt v. 26. 1. 1954 Nr. 2
Größe in ha: ca. 22
Zeitdauer des Schutzes: unbefristet
Vorherrschende Bedeutung: Veg
Kennzeichnung: Ehemalige Bergweide (sogenannte Schachten) am Nordhang des Falkensteins im Bayerischen Wald, Höhenlage etwa 1000 m ü. NN. Bestand alter Buchen und Weißtannen an der oberen Grenze ihres Vorkommens. Am Ostrand eine größere Anzahl sehr alter Bergahorne.
Lage in der TK 25: Blatt 6845

*) Fehlbezeichnung in der VO; richtig: Ruck- oder Ruckawies („Wiese, die den Hangrücken entlangläuft")

Kleiner Arbersee
Region 12: Region Donau-Wald
Bezeichnung der Verordnung: Landesverordnung über das Naturschutzgebiet „Kleiner Arbersee" in der Gemarkung Lohberg im Landkreis Kötzting vom 10. 11. 1959 des Bayer. Staatsministerium des Innern, veröffentlicht im Bayer. Gesetz- und Verordnungsblatt v. 28. 11. 1959 Nr. 21
Größe in ha: 309
Zeitdauer des Schutzes: 20 Jahre
Vorherrschende Bedeutung: Geo, Veg
Kennzeichnung: Im Bayerischen Wald gelegener kleiner See und Teile der bewaldeten Umgebung. Ein eiszeitlicher Restsee (Fläche 2,5 ha, Tiefe ca. 6 m) mit ausgedehnten Schwingrasen. An den steilen, z. T. felsigen Hängen vornehmlich Fichten- und Weißtannenbestände. Zahlreiche montane und alpine Pflanzenarten. Untergrund Gneis.
Lage in der TK 25: Blatt 6844

Filze und Hochschachten im Landkreis Regen
Region 12: Region Donau-Wald

Bezeichnung der Verordnung: Verordnung über das Naturschutzgebiet „Filze und Hochschachten im Landkreis Regen" vom 9. 12. 1970 des Bayer. Staatsministerium des Innern, veröffentlicht im Bayer. Gesetz- und Verordnungsblatt v. 29. 12. 1970 Nr. 29 S. 675
Ergänzungen/Änderungen:
Bayer. Gesetz- und Verordnungsblatt v. 26. 2. 1971 Nr. 4 S. 74
Größe in ha: 355
Zeitdauer des Schutzes: unbefristet
Vorherrschende Bedeutung: Veg, Lag
Kennzeichnung: Das Gebiet umfaßt die Hochmoore Schluttergasse, Zwiselter Filz und die Hochschachten (ehemalige Bergweiden) Kohlschachten, Großer Hochschachten, Vorderer Sulzschachten. Die unbewaldeten Flächen, teils Moore, teils ehemalige Hochweiden, bestimmen das Landschaftsbild und beherbergen interessante Pflanzenbestände.
Lage in der TK 25: Blatt 6946

Rotfilz
Planungsregion 12: Region Donau-Wald

Bezeichnung der Verordnung: Verordnung über das Naturschutzgebiet „Rotfilz" vom 17. 5. 1973 des Bayer. Staatsministeriums für Landesentwicklung und Umweltfragen, veröffentlicht im Bayer. Gesetz- und Verordnungsblatt Nr. 13/1973 S. 339

Größe in ha: 13,5
Zeitdauer des Schutzes: unbefristet
Vorherrschende Bedeutung: Fau, Veg

Kennzeichnung: In der Talweitung des Großen Regen nacheiszeitlich entstandenes typisches, fast unberührtes Hochmoor der Unteren Bergwaldstufe (etwa 680 m ü. NN), lückig bestockt von (bis zu 15 m hohen) Spirken, die zur Moormitte hin in Latschenform übergehen, mit Unterwuchs von Moos-, Moor-, Heidel-, Preißelbeere und Moorwachtelweizen. Seltene Eiszeitrelikte sind neben der Zwergbirke (im südöstlichen Teil) drei Schmetterlingsarten.
Lage in der TK 25: Blatt 6945

ERHARDT ENGELSTÄDTER

DER NATURPARK BAYERISCHER WALD

Herbert Offner, Forstmann und engagierter Förderer der Naturparke in der Bundesrepublik, schrieb über den Bayerischen Wald folgenden Vers:

„Wo man vor Bäumen kaum den Wald mehr sieht,
wo zwar kein Edelweiß, doch stets die Bärwurz blüht,
wo Felsen ragen, Seen dunkel blicken,
wo Hirsch und Auerhahn das Jägerherz erquicken,
wo Glas und Holz die höchsten Güter sind,
dort steht der Bayerwald, des Herrgotts liebstes Kind."

Wenn einer der besten Kenner der deutschen Naturparke ein solches Urteil über den Bayerischen Wald abgibt, dann war die Gründung eines Naturparkes eine ganz natürliche Folge. Keine Landschaft in der Bundesrepublik verdient das Prädikat „Vorzugslandschaft" mit mehr Berechtigung als der Bayerische Wald: endlose Wälder, wohin das Auge reicht, naturnah und ursprünglich; relativ geringe Besiedelung: 100 Menschen pro qkm; keine Industriekonzentration; Mittelgebirgscharakter mit ausgesprochenem Reizklima, ausgedehnte Ruhezonen, eine intakte Umwelt: reine Luft, sauberes Wasser, artenreiche Pflanzen- und Tierwelt. Kurzum, eine Landschaft von einmaliger Naturnähe und Schönheit!

Die Entstehung des Naturparks Bayerischer Wald ist der Initiative und Tatkraft von Oberregierungsforstrat Konrad Klotz zu verdanken. Nach zweijährigem Bemühen gelang es endlich mit Unterstützung seiner Mitstreiter Dr. Gottlieb Bernreiter, zu dieser Zeit Bürgermeister der Stadt Zwiesel und Oskar Langer, geschäftsführender Vorsitzender des Bayerischen Waldvereins, am 18. 5. 1967 den Verein Naturpark Bayerischer Wald e.V. als Trägerorganisation aus der Taufe zu heben. Dem Verein gehören zur Zeit 149 natürliche Personen und 83 juristische Personen (Städte, Gemeinden, Vereine, sonstige Institutionen) als Mitglieder an.

1967 bis 1978 beschränkte sich das Naturparkgebiet auf den Altlandkreis Regen mit einer Fläche von 57.328 ha. Im Jahr 1978 wuchs der Naturpark über die Grenzen des Landkreises Regen hinaus, und es traten hinzu Teile der Landkreise Deggendorf und Straubing-Bogen, so daß nunmehr die Gesamtfläche auf 203.000 ha angewachsen ist.

Aufgabe und Zielsetzung: Wenn man von den satzungsgemäßen Aufgaben ausgeht und die im Bayerischen Naturschutzgesetz (Art. 11) enthaltene Definition berücksichtigt, so kristallisieren sich drei wesentliche Elemente heraus:

1.) Schutz der Natur – Erhaltung und Pflege der Landschaft
2.) Sinnvolle Erschließung der Landschaft für den erholungssuchenden Menschen
3.) Information

Schutzfunktion: Der Bayerische Wald wurde spät und zögernd besiedelt und hat heute eine Bevölkerungsdichte von ca. 100 Einwohner pro qkm; eine Zahl, die beträchtlich unter dem Landesdurchschnitt liegt. Der Wald als ursprüngliche Vegetationsform ist heute noch dominierend und bedeckt mehr als die Hälfte der Landoberfläche. Eindrucksvolle Urwaldreste zeugen von der autochthonen Bestockung: z. B. die Naturschutzgebiete Höllbachgspreng, Mittelsteighütte, Hans-Watzlik-Wald, Arberseewand etc. Da erst vor etwa 130 Jahren mit einer intensiven und planmäßigen forstlichen Nutzung begonnen wurde, blieb die naturnahe Verfassung der Wälder bis in die heutige Zeit erhalten. Der Mittelgebirgscharakter mit seinem rauhen Klima läßt nur eine beschränkte landwirtschaftliche Nutzung zu. Industrieansiedlungen sind nicht sehr zahlreich vorzufinden. So ist die Landschaft als Umwelt trotz menschlicher Einwirkung wenig gestört und in ihren biologischen Wirkungskräften gesund und leistungsfähig. Dieser intakte Naturhaushalt, der sich in der Landschaft widerspiegelt,

ist für die Bewohner des Landkreises Regen ein unermeßlicher Reichtum.
Es ist eine vorrangige Aufgabe des Vereins Naturpark Bayerischer Wald, den Schatz einer solchen Landschaft zu erhalten und zu pflegen: angewandter Naturschutz im wahrsten Sinne des Wortes! Folgerichtig schreibt der Gesetzgeber vor, daß die sogenannte „Ruhezone" in einem Naturpark unter Landschaftsschutz zu stellen ist (Art. 11 des Bayerischen Naturschutzgesetzes in Verbindung mit Art. 10).
Der geschlossene Waldgürtel entlang des Grenzkammes unterliegt dem Schutz der am 27. 11. 1967 erlassenen Bezirksverordnung. Aus der Präambel dieser Verordnung geht hervor, daß „in Erfüllung des Art. 141 der Bayer. Verfassung, bisher unberührte und besonders reizvolle Landschaftsteile in ihrer Geschlossenheit und landschaftlichen Eigenart zu erhalten sind."
Der Verein Naturpark Bayerischer Wald ist auf dem Gebiet der Natur- und Landschaftspflege mit folgenden Maßnahmen tätig geworden:
1.) Anreicherung der Landschaft mit Laubhölzern
2.) Mulchen von Brachflächen
3.) Pflege der Schachten
4.) Schutz der Biotope
Erschließungsfunktion: Sie steht in unmittelbarem Zusammenhang mit der ersten vorher beschriebenen Aufgabe. Unsere Industriegesellschaft in ihrer Raumnot bedarf zur seelischen und körperlichen Gesunderhaltung zwingend der Erholung in der freien Natur. Die Landschaft unseres Landkreises bietet hierfür optimale Voraussetzungen: im Sommer ist die Haupttätigkeit unserer Gäste Gehen und Wandern in der freien Landschaft. Gut markierte Wanderwege und bequem trassierte Waldwege bieten sich in reichem Maße an. Die Weitläufigkeit der Wälder macht das „Fürsichalleinsein" zum Genuß. Nach Herzenslust kann der Erholungssuchende in reiner Luft und in wohltuender Stille die Natur entdecken. Behagliche Schutzhäuser, Gasthöfe, aber auch moderne Hotels laden zur Einkehr ein. Der Naturfreund kann die artenreiche Tier- und Pflanzenwelt beobachten und studieren. Fischer und Jäger finden Jagdgründe von seltenem Reiz. Auch die sportliche Variante der Sommererholung ist vorzufinden. Der Gast kann in den meisten Orten moderne, geheizte Freibäder besuchen. Auch Hallen-Schwimmbäder in reicher Auswahl sind vorhanden. Dem Reitsport bieten sich ideale Möglichkeiten, ebenso dem Zelten und Camping.
Für die *Erholung im Winter* ist der Bayerische Wald mit seinem Schneereichtum besonders geeignet. Die gefürchteten Föhneinwirkungen treten hier kaum auf, so daß die Landschaft als äußerst schneesicher gilt. Schipioniere aus Norwegen brachten bereits 1860 den „Weißen Sport" in den Bayerischen Wald und regten die heimische Bevölkerung zur Nachahmung an. Heute sind ca. 80 Liftanlagen der verschiedensten Art über das ganze Gebiet verteilt. Gerade der Anfänger und der durchschnittliche Läufer finden hier gute Möglichkeiten. Bei dem eingetretenen Boom des Schiwanderns kommen die Vorzüge unserer Landschaft im Landkreis Regen besonders zur Geltung. Eine alte winterliche Betätigung der „Waldler" ist das Eisstockschießen, das Sport mit Geselligkeit in gediegener Weise verbindet.
Winterliche Schlittenfahrten durch den verschneiten Wald gehören mit zu den schönsten Erlebnissen. Der Fußwanderer kann auf zahlreichen, geräumten Waldwegen ausgedehnte Spaziergänge unternehmen. Sportliche Veranstaltungen vom lokalen Schirennen bis zum Weltcup-Rennen werden durchgeführt.
Es leuchtet ein, daß bei einer solchen breiten Palette der Erholungsmöglichkeiten in der Landschaft eine gewisse Ordnung und Lenkung Platz greifen muß. Diese Ordnungsfunktion wird regional verwirklicht durch die Ausscheidung einer Erschließungs- und einer Ruhezone. In der Erschließungszone liegt der Schwerpunkt der Maßnahmen und Einrichtungen des Naturparks. Der Ruhezone mit dem Status eines Landschaftsschutzgebietes gelten vorwiegend die Maßnahmen des Naturschutzes und der Landschaftspflege.
Sicher will der Interessierte wissen, in welcher Weise der Verein Naturpark Bayerischer Wald seit seiner Gründung tätig geworden ist. Er will wissen, welche Maßnahmen getroffen wurden und welche Einrichtungen entstanden sind. Nachfolgend eine kurze Bilanz:

- Ausbau, Koordinierung und Beschilderung von 1200 km Wanderwegen
- Anlage des 24 km langen Flußwanderweges am Regen
- über 100 km Schiwanderloipen (Förderung und teilweise Planung)
- 9 große repräsentative Orientierungstafeln in Städten und größeren Gemeinden
- Parkplätze mit einem Ausmaß von 50000 qm
- 45 Schutzhütten
- 900 Ruhebänke
- 3 Wildgehege
- 12 Kinderspielplätze
- 3 Waldlehrpfade
- 3 Waldsportpfade
- 4 Kneippanlagen
- Anreicherung der Landschaft mit 17000 Stück Laubhölzern.

Alle diese Maßnahmen müssen in die Landschaft eingebracht werden und belasten sie außer der letztgenannten Maßnahme unmittelbar. Ferner tritt eine weitere mittelbare Belastung ein durch die ständig zunehmende Zahl der erholungssuchenden Menschen.
Wenn der Verein Naturpark Bayerischer Wald seine satzungsgemäße Verpflichtung ernst nimmt, so ist er ständig zur gewissenhaften Prüfung veranlaßt, welcher Grad der Belastbarkeit unserer umgebenden Natur noch zugemutet werden kann, ohne daß sich nicht mehr gutzumachende Schäden einstellen. Es wäre auch ökonomisch töricht, wenn wir die Zerstörung des Gutes zuließen, dem wir den Aufschwung des Fremdenverkehrs verdanken. Anwalt und Treuhänder der Landschaft zu sein ist für den Verein Naturpark Bayerischer Wald keine leichte Aufgabe. Die Interessengegensätze stoßen oft hart aufeinander. Doch unsere Gesellschaft ist inzwischen für Probleme der Umwelt und der Natur hellhörig geworden. Wenn der Wald infolge Luftverunreinigungen in seinem Bestand gefährdet ist, wenn nicht wenige Tier- und Pflanzenarten vom Aussterben bedroht sind, dann stehen wir am Anfang einer gefährlichen Krisis.
Wie können wir eine solche negative Entwicklung meistern? Sicher nicht allein durch Gesetze und Verordnungen, sondern durch ein aktives Umweltbewußtsein eines jeden Einzelnen. *Das Wissen um die Zusammenhänge in der Natur muß zu einer besseren Einsicht führen.* Auf Grund dessen ergibt sich für den Verein Naturpark Bayerischer Wald eine weitere wichtige Zukunftsaufgabe: *Information in vielfältiger Form.* Nur so besteht eine Chance, Natur und Umwelt intakt zu halten, wenn jeder Einzelne sich verantwortlich fühlt und mithilft.
Die nur kurz dargestellten Aufgaben und Zielsetzungen des Vereins Naturpark Bayerischer Wald lassen erkennen, daß es nicht nur Aufgaben der Gegenwart sind, sondern eine ständige Fürsorge für Natur und Umwelt für alle Zeiten Platz greifen muß.
Der Landkreis Regen kann für sich das Primat in Anspruch nehmen, den ersten und bisher einzigen Naturpark in Niederbayern geschaffen zu haben. Persönlichkeiten des öffentlichen Lebens sowie viele Bewohner des Landkreises haben wirksame Hilfe geleistet. Dafür sei auch an dieser Stelle gedankt.

„Zwieselter Filz" östlich von Buchenau

Die Oberbreitenau

WERNER POHL / INGEBORG SEYFERT

ALTE PFADE UND MODERNE VERKEHRSWEGE

DIE ERSTEN SAUMPFADE UND STRASSEN IM ALTLANDKREIS VIECHTACH

I. Vermutlich vorgeschichtliche Zeit. Der Baier- oder Boierweg wurde vermutlich bereits in der Steinzeit von Jägern und Fischern begangen. Eine Pfeilspitze und Steinbeile wurden nahe der Rugenmühle bei Pirka gefunden. Dieser jedenfalls sehr alte Weg verband die Donau-Niederung mit Böhmen. Er verlief von Bogen über St. Englmar, Viechtach, Wettzell und Furth im Wald nach Böhmen. In Kollnburg und jenseits des Schwarzen Regen in Stein findet man noch Reste von alten Burgställen, umfriedeten, zum Teil sogar befestigten Rastplätzen, ebenso bei Altnußberg.

II. Der Viechtacher Chronist Dr. J. Markstaller teilt in seiner „Chronik von Viechtach" (um 1900) mit; „Eine altdeutsche Hochstraße hinter dem Pfahl ist von Roding bis Regen nachweisbar und vielleicht in der Straße Moosbach, Prackenbach, Linden, Metten, Regen erhalten". Ein anderer Chronist, Paul Maurer, ergänzt diese Angaben dahin, daß im Jahr 1835 „eine Post-Straße von Cham über Viechtach und Regen nach Passau mit den treffenden Post-Stationen angeordnet wurde".

III. In Prackenbach muß man demnach wohl eine Gabelung der Straße nach Westen annehmen. Neben der oben erwähnten über Miltach nach Cham gab es noch die ebenfalls uralte Verbindung über Moosbach, Konzell, Stallwang nach Straubing.

IV. Angenommen werden muß auch eine uralte Wegeverbindung von Deggendorf nach Nord bis ins Lamer Tal, über Gotteszell – Ruhmannsfelden – (Burgstall) – Patersdorf – Geiersthal (Pfarrei seit 1225) – Altnußberg (Burgstall) – Drachselsried – Exenbach (Burgstall) – Arnbruck.

V. In Arnbruck war eine Wegekreuzung sicher schon in weit zurückliegenden Zeiten, schon vor den ersten Siedlern. Hier verlief die West-Ost-Verbindung von Kötzting nach Bodenmais und weiter nach Osten und kreuzte sich mit der von Süden heraufkommenden Trasse, die weiter ins Lamer Tal führte.
Außer den hier beschriebenen alten Pfaden mag es noch manche Wege-Verbindung von Süd nach Nord, vom Donautal übers Gebirge gegeben haben. Denn die Bäche und Berge, die in der ältesten Grenzbeschreibung für eine Schenkung an das Kloster Metten im Jahre 882 namentlich aufgeführt sind, konnte man nur auf Wegen erreichen.

Im Osten des Altlandkreises Viechtach mag einer von Metten am Vogelsang vorbei über Eckersberg nach (Ober-) Auerkiel (Urcho) geführt haben, ein anderer über Egg und Hochstraß zum Hirschenstein und über (heute) Oedwies, Einweging, Frankenried, Fernsdorf nach Altnußberg (Tuninesberg).

Cham
Furth i. W.
Rittsteig
Eck
Kötzting
Miltach
Wettzell
Arnbruck
Roding
Moosbach
Drachselsried
Prackenbach
Stein
Viechtach
Asbach
Mais
Schwarzer Regen
Altnußberg
Rothbach
Kollnburg
Fernsdorf
Teisnach
Auerkiel
Baierweg
Frankenried
Böhmersried
Einweging
Patersdorf
Sankt Englmar
Teisnach
Eckersberg
Ruhmannsfelden
Metten
Ödwies
1095
Hirschenstein
Gotteszell
1022
Vogelsang
Hochstraß
Bischofsmais
Hermannsried
Egg
Greising
Ruselabsatz
Zwieslerbruck
Freiberg
Metten
Deggendorf
Stallwang
Straubing

DIE ERSTEN SAUMFPADE UND STRASSEN IM ALTLANDKREIS REGEN

1. 6. Jahrhundert. Der Baier- oder Boierweg wurde bereits in der Merowingerzeit begangen. An diesem uralten Saumpfad zwischen Bayern und Böhmen sind bei Hochdorf/Diepoldsmais, in Zwiesel und am Scheuereckbach oberhalb von Spiegelhütte Burgställe, umfriedete Rastplätze bekannt.

2. 1009/1011. Der Hl. Gunther hat mit der Anlage dieses Saumweges die Besiedelung des Altlandkreises Regen eingeleitet. Der Pfad stieg aus dem Lallinger Winkel bei Rohrstetten den Hang der Vorberge hoch und mündete bei Zwiesel in „die Straße, die nach Baiern führt". In der Schenkungsurkunde vom Jahr 1029 bildet dieser Weg, „den unser Mönch Gunther kürzlich angelegt hat", die Ostgrenze des Schenkungsgebietes.

3. Im Jahr 1569 wurde erstmals der Weg von Zwiesel über (heute) Zwieslerwaldhaus nach Böhmen beschrieben. 1688 wurde der alte Boierweg über das Sandl zugunsten dieses neues Weges durch das Eisensteiner Tal aufgelassen.

4. 1595 ließ Herzog Maximilian für die landesherrlichen Salztransporte von Vilshofen nach Rittsteig und weiter nach Klattau einen Saumweg teils herrichten, teils neu anlegen.

5. Um das Jahr 1765 wurde der Weg von Deggendorf über Greising, Hermannsried, Bischofsmais, Fahrnbach nach Regen zur Fahrstraße ausgebaut. Dieser Weg war die erste Nord-Süd-Verbindung, die mit Fuhrwerken befahren werden konnte.

6. Für das Jahr 1766 wurde die bisher älteste Erwähnung einer Fahrstraße von Regen nach Viechtach, nach Westen, gefunden. Wenig später, 1769, wird die Straße nach Osten von Rinchnach bis Ruderting–Passau als Kommerzialstraße erwähnt. Bald nach Gründung des Klosters Rinchnach mag eine durchgehende Ost-West-Verbindung von Passau nach Cham entstanden sein. Teilabschnitte dürften schon in vorgeschichtlicher Zeit bestanden haben.

7. Kurz nach dem Jahr 1800 wurde mit dem Bau der Ruselbergstraße begonnen. 1817 wurde sie für den Verkehr freigegeben. Dieser Straßenbau von Zwieslerbruck bei Deggendorf über die Rusel, Hochbruck, Schloß Au-Reinhartsmais nach Regen war der gewaltigste Straßenbau der Vergangenheit in den Bayerischen Wald.

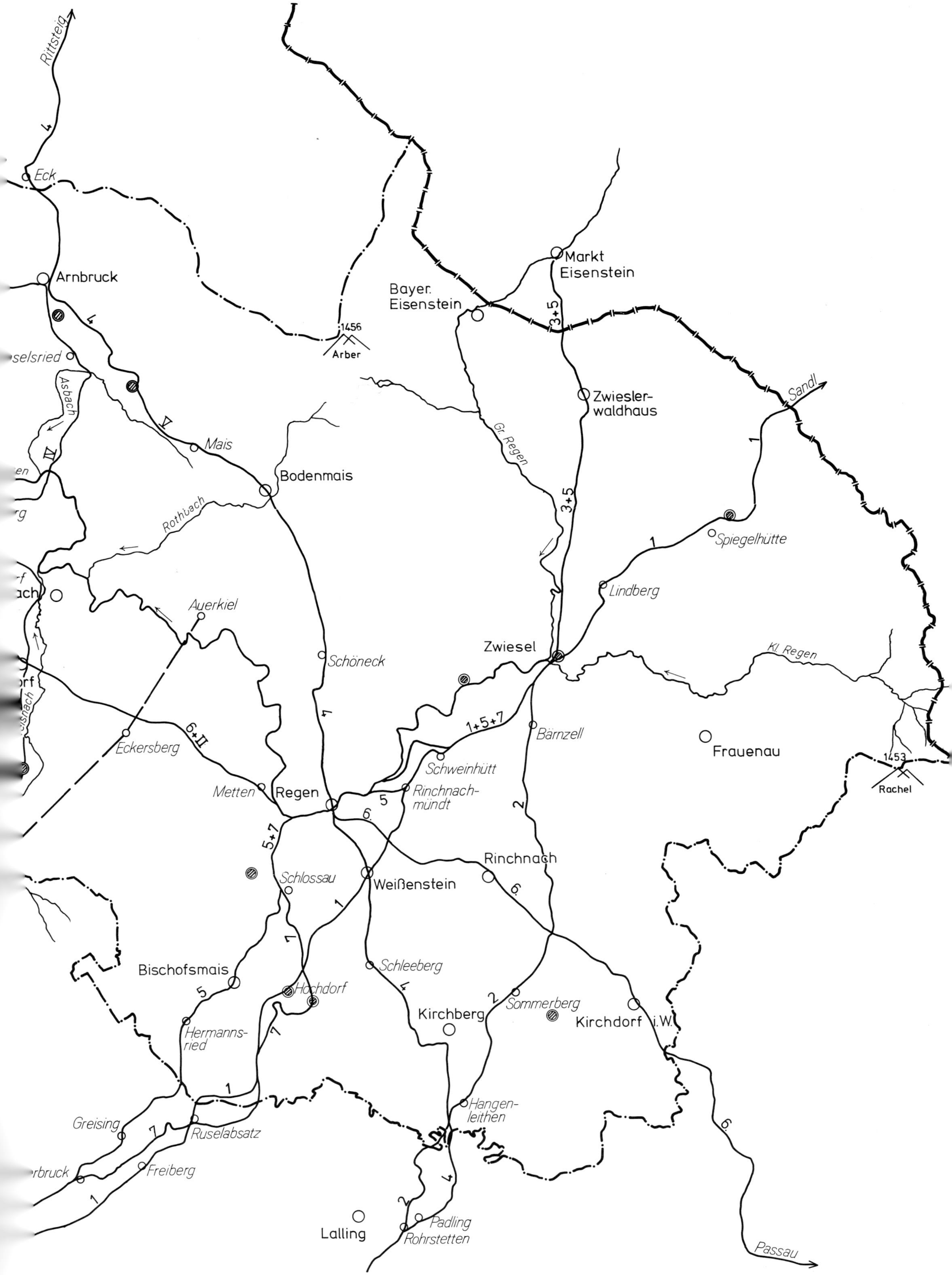

Rittsteig
Eck
Arnbruck
Bayer. Eisenstein
Markt Eisenstein
1456
Arber
3+5
Zwiesler-waldhaus
Sandl
Mais
Bodenmais
Gr. Regen
Rothbach
Asbach
Spiegelhütte
Lindberg
Auerkiel
Schöneck
Zwiesel
Kl. Regen
Eckersberg
6+II
1+5+7
Bärnzell
Frauenau
Schweinhütt
1453
Rachel
Metten
Regen
Rinchnach-mündt
5+7
Rinchnach
Schlossau
Weißenstein
Bischofsmais
Schleeberg
Hochdorf
Hermanns-ried
Kirchberg
Sommerberg
Kirchdorf i.W.
Greising
Ruselabsatz
Hangen-leithen
Freiberg
Lalling
Padling
Rohrstetten
Passau

DAS STRASSENNETZ IM GROSS-LANDKREIS REGEN

1. Bundes-Straßen vor Umstufung der B 11 (Rusel–Regen 31. 12. 1978)

B 85	47,4 km
B 11	38,4 km
	85,8 km

2. Bundes-Straßen nach Umstufung der B 11 (Grafling–Patersdorf 1. 1. 1979)

B 85	48,5 km	Davon sind 5,2 km Ortsdurchfahrten
B 11	33,4 km	76,7 km freie Strecken
	81,9 km	Farbahn-Breiten 6,50 m bis 8,50 m

B 11 Gotteszell–Patersdorf (alte St 2136) 7,4 km
St 2135 Rusel–Regen (alte B 11) 11,2 km

3. Staats-Straßen (Stand 1. 1. 1979)

2132	42,6 km	Frauenau – Zwiesel – Bodenmais – Arnbruck – Niederndorf
2134	23,8 km	Schönbrunn – Kirchberg – B 85 (Weißensteiner Au) und B 85 (Probst-Berg) – Rinchnach – B 11 (Dreieck)
2135	17,1 km	Rusel – Regen – Langdorf
2136	23,3 km	Arbersee – Bodenmais – Teisnach – Patersdorf
2137	10,1 km	Regenhütte – Arbersee – Brennes
2139	18,2 km	Hochstraß – Viechtach – Nebenweg
2154	7,0 km	Bayerisch Eisenstein – Brennes
2326	16,5 km	Viechtach – Arnbruck – Ecker Sattel und B 85 (Rubendorf) – Neumühle
2636	11,0 km	Teisnach – Drachselsried
	169,6 km	

Davon sind 16,5 km Ortsdurchfahrten
153,1 km freie Strecken
Fahrbahnbreiten 5,0 m bis 8,50 m

4. Kreis-Straßen (Stand 1. 1. 1980)

REG 1 mit REG 15
REG 17 mit REG 22
21 Kreis-Straßen mit 145,880 km Länge

Als REG 16 war die Straße von Lohberg nach Sommerau im Lamer Tal numeriert, seit 1. Mai 1978 im Landkreis Cham, Regierungsbezirk Oberpfalz gelegen.

Bau, Verwaltung und Unterhaltung wird in Auftragsverwaltung vom Straßenbauamt Deggendorf gegen Zahlung von Verwaltungskosten durchgeführt.

Straßenlänge insgesamt	145,9 km
Davon sind	13,6 km Ortsdurchfahrten
	132,3 km freie Straßen
Fahrbahnbreiten	44,3 km unter 5,0 m
	99,6 km 5,0 m bis 6,0 m
	2,0 km über 6,0 m

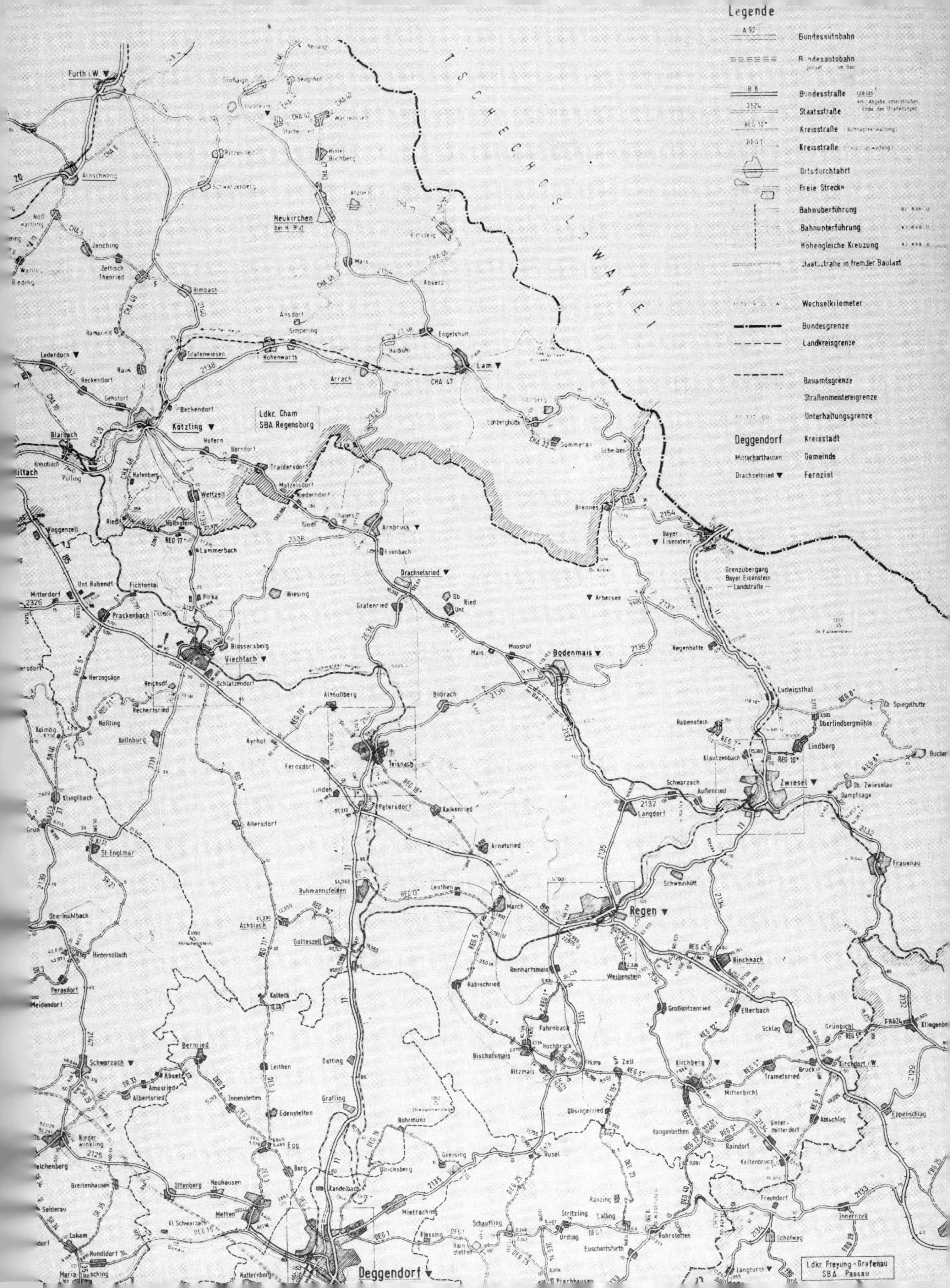

Legende
Bundesautobahn
Bundesautobahn geplant im Bau
Bundesstraße
Staatsstraße
Kreisstraße
Ortsdurchfahrt
Freie Strecke
Bahnüberführung
Bahnunterführung
Höhengleiche Kreuzung
Staatsstraße in fremder Baulast
Wechselkilometer
Bundesgrenze
Landkreisgrenze
Bauamtsgrenze
Straßenmeistereigrenze
Unterhaltungsgrenze
Deggendorf Kreisstadt
Mitterharthausen Gemeinde
Drachselsried Fernziel
TSCHECHOSLOWAKEI
Ldkr. Cham
SBA Regensburg
Ldkr. Freyung-Grafenau
SBA Passau
Grenzübergang
Bayer. Eisenstein
— Landstraße —
Furth i.W.
Arnschwang
Neukirchen
bei Hl. Blut
Rimbach
Lam
Arrach
Hohenwarth
Kötzting
Traidersdorf
Wettzell
Arnbruck
Drachselsried
Bodenmais
Bayer. Eisenstein
Viechtach
Prackenbach
Teisnach
Patersdorf
Ruhmannsfelden
Achslach
Gotteszell
St. Englmar
Kollnburg
Zwiesel
Ludwigsthal
Lindberg
Frauenau
Regen
Rinchnach
Langdorf
Bischofsmais
Kirchberg
Kirchdorf i.W.
Schwarzach
Bernried
Metten
Deggendorf
Innernzell
Schöfweg
Eppenschlag

Die Bundes-, Staats- und Kreis-Straßen werden von den beiden Straßen-Meistereien Zwiesel und Viechtach (derzeitiger Sitz noch Kötzting, neue Straßenmeisterei im Bau) betreut.

	Zwiesel	Viechtach	
Bundes-Straßen	42,7 km	34,1 km	
Staats-Straßen	102,0 km	114,5 km	(+ 46,9 km im Landkreis Straubing–Bogen)
Kreis-Straßen	83,2 km	62,7 km	
	227,9 km	211,3 km	

5. Gemeindeverbindungs- und Orts-Straßen
Im Groß-Landkreis Regen gibt es davon insgesamt 973,491 km.

6. Wirtschaftswege
Wirtschaftswege sind mit der Gesamt-Kilometer-Länge statistisch nicht erfaßt.

Quellen: Straßenbauamt Deggendorf und Landratsamt Regen

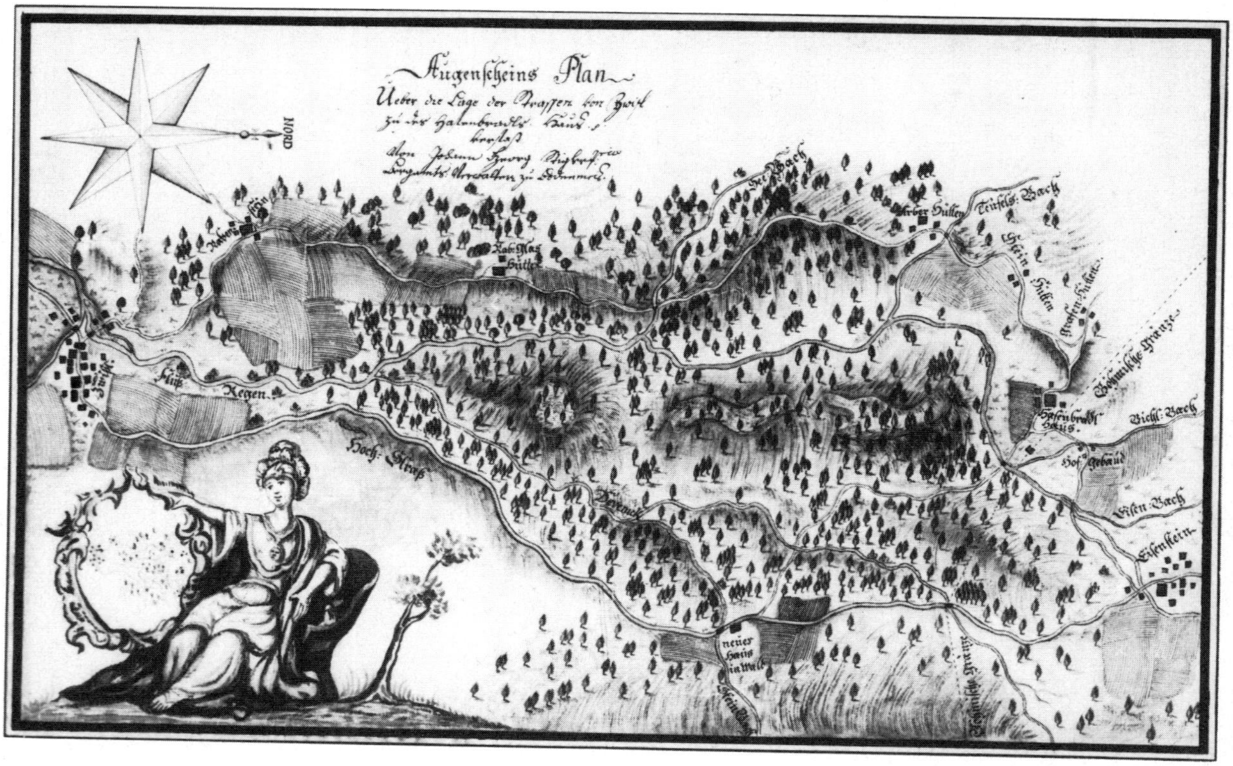

Dieser „Augenscheins-Plan über die Lage der Straßen von Zwisl zu des Hafenbrädls Haus und Herrschaft" zeichnete im Jahr 1770 Johann Georg Stigler, Bergamtsverwalter zu Bodenmais. Die obere Straße führte von Zwiesel über Rabenstein und die Rabensteiner Glashütte (Regenhütte) zur Arber-Hütte und weiter über die Stein-Hütte zu des Hafenbrädl Haus, heute das Fürstlich Hohenzoller'sche Forsthaus in Bayerisch Häusl droben. Die Lage der Graf-Hütte ist genial verzeichnet. Ganz rechts am Bildrand die Häuser von (Markt) Eisenstein. Die untere Straße wird als Hochstraße bezeichnet. Einer Hoch-Straße kam als Fernverbindung besondere Bedeutung zu und sie sollte sorgfältig in gutem Zustand unterhalten werden. Diese Straße führte über „das neue Haus im Wald", heute Zwieslerwaldhaus.
Einen besonderen Reiz bekommt der Plan durch die Dame links unten im Bild. In dem barock-verschnörkelten Bilderrahmen, den sie hält, ist der Plan noch einmal mit nur wenigen Strichen angedeutet.

Der Ausschnitt aus dem „Situationsplan über sämtliche Straßen der Chaussée-Inspektion Deggendorf" zeigt das Straßennetz im Alt-Landkreis Regen im Jahr 1811. Die V bei „Obernaschberg" kennzeichnet eine Stunden-Säule, die heute am Eingang der Raiffeisenbank in Rinchnach steht.

BAHNLINIEN IM GROSS-LANDKREIS REGEN

Die Bahnlinien im Landkreis Regen sind alle eingleisig.

A. Im Jahr 1877 wurde die *Hauptbahnlinie* von Deggendorf nach Ludwigsthal (16. September) und Bayerisch Eisenstein (15. November) in Betrieb genommen. Die Bahnlinie führte bis zum Kriegsende im Jahr 1945 weiter nach Pilsen. Streckenlänge von Deggendorf bis Bayer. Eisenstein: 61,1 km.

B. Am 1. September 1890 fuhr erstmals ein Zug auf der *Nebenbahnlinie* von Zwiesel nach Frauenau und weiter nach Grafenau im Landkreis Freyung–Grafenau. Streckenlänge von Zwiesel bis Grafenau: 31,5 km. Streckenlänge im Landkreis Regen bis ca. 3 km hinter Frauenau: 12 km. (Die Streckenverlängerung von Grafenau nach Freyung zur dort endenden Bundesbahnlinie von und nach Passau wurde geplant, aber nicht verwirklicht).

C. Am 3. September 1928 fuhr der erste Zug der *Nebenbahn* Zwiesel–Bodenmais, Streckenlänge von Zwiesel bis Bodenmais: 14,5 km. (Die baureifen Planungen einer Weiterführung durch das Zellertal bis an die Bundesbahnlinie Straubing–Kötzting wurden bis heute nicht verwirklicht).

D. Die *nichtstaatliche* Regentalbahn AG eröffnete den Bahnbetrieb am 10. November 1890 von Gotteszell nach Viechtach.
Streckenlänge von Gotteszell bis Viechtach: 24,8 km.
Am 3. März 1928 wurde die Verlängerung von Viechtach nach Blaibach im Landkreis Cham (Altlandkreis Kötzting) in Betrieb genommen.
Streckenlänge von Viechtach bis Blaibach: 14,6 km.
Streckenlänge im Landkreis Regen bis Lehen: 5,5 km.
Gesamtstrecke von Gotteszell bis Lehen: 33,9 km (Blaibach 39,4 km).
Nicht eingezeichnet ist die private Waldbahn der Gutsverwaltung Oberzwieselau für Holztransporte. Sie bestand von 1929 bis 1960. Die Hauptlinie führte vom Bundesbahn-Bahnhof Oberzwieselau zum Zentralholzlagerplatz Hirschbach. Drei Nebengeleise führten nach Pochermühle, Ziegelstadel und Buchenau.

Reichsrat Georg Benedikt II. von Poschinger (1845–1900) zeigt dieses Pastellbild von B. Heidrich. Seiner Initiative als Gründer (1872) und erster Vorstand des „Eisenbahncomité Zwiesel" verdanken wir den Bau der Bahnlinie Plattling–Bayerisch Eisenstein. Paul Friedl berichtet darüber im „Heimatbuch der Waldstadt Zwiesel" auf Seite 169/70: „Am 13. Februar 1873 hielt man eine große Generalversammlung im Odeon in München, um das Projekt in öffentlicher Diskussion zu erörtern. Über 33 000 Personen wurden in dieser Versammlung gezählt und dank dem Eintreten und der offenen Sprache von Georg Benedikt von Poschinger erhielt bei der Abstimmung die Linie über Zwiesel alleine 25 559 Stimmen." Die restlichen Stimmen wurden für die Linie Straubing–Cham abgegeben. Friedl berichtet weiter: „Aus Zwiesel waren 36 Bürger nach München gereist, um für ihr Projekt eine Stimme geben zu dürfen. Sie hatten die lautesten Stimmen, schrieb eine Münchner Zeitung, und waren kreuzfidele Leute, die Sympathie verdienten. Der Markt Zwiesel empfing Georg Benedikt von Poschinger wie einen Monarchen mit Musik und Fackelzug und großartiger Beleuchtung der Häuser." Am 15. November 1877 wurde die Strecke Plattling–Bayerisch Eisenstein zum erstenmal durchgehend befahren.

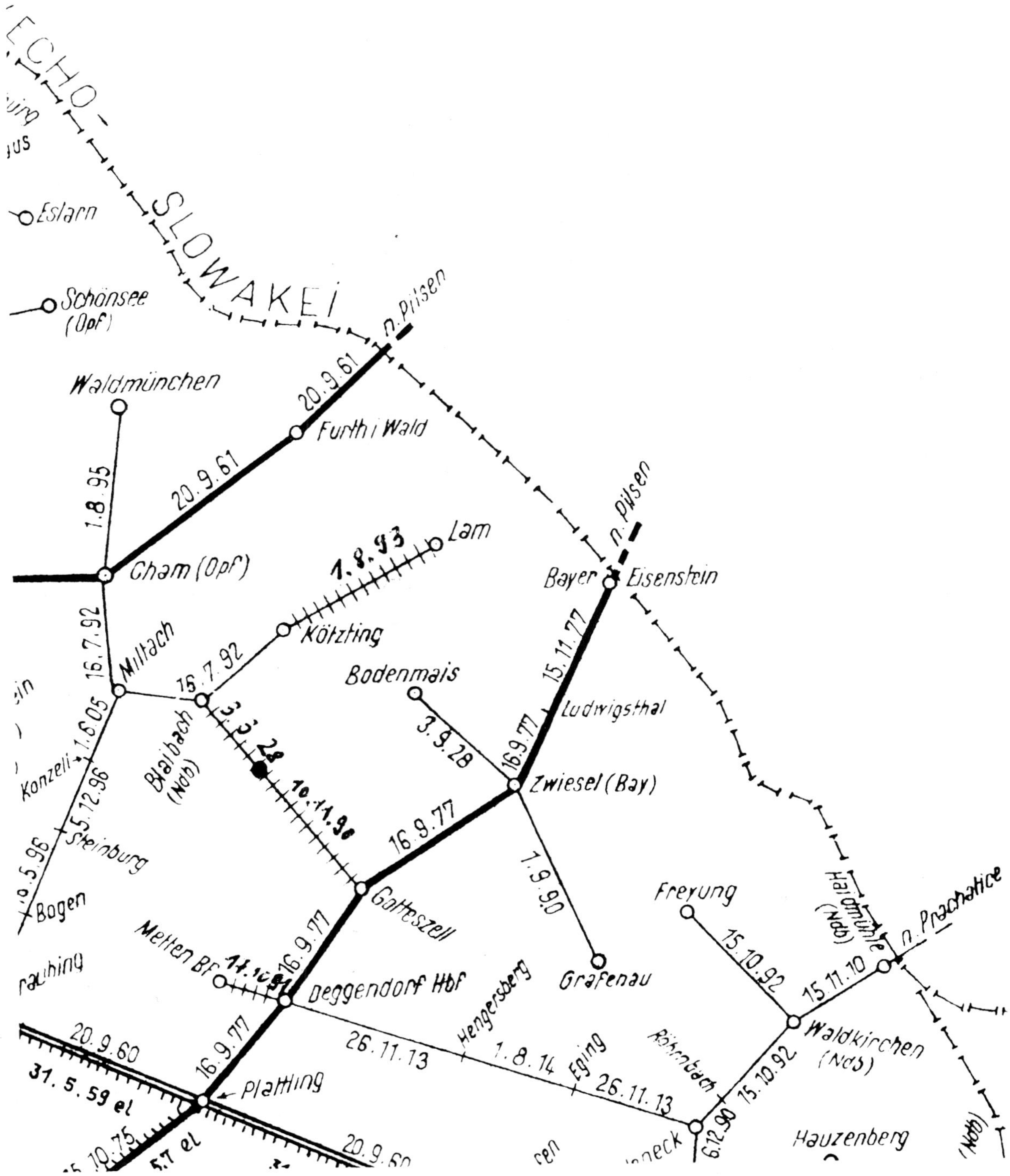

Ausschnitt aus einem schematischen Streckenplan. Auf einen Blick sind die Eröffnungsdaten der Bahnstrecken zu entnehmen.

Mit frdl. Genehmigung des Fachbuchverlages und Autors Siegfried Bufe, München, aus: Die Eisenbahn in Niederbayern, München, 1978

Die Ohe-Brücke der Strecke Plattling–Bayerisch Eisenstein bei Regen. Diese Reproduktion zeigt eine Zeichnung aus dem Jahr 1879. Damals war die Brücke gerade fertig geworden. Mit 49 Metern Gesamthöhe soll sie noch heute die höchste Eisenbahnbrücke in Bayern sein. Die Gesamtlänge der Brücke beträgt 308 Meter. Damals war dieser Brückenbau eine Sensation, eine hervorragende technische Leistung.

Eine Postkarte aus der Zeit um 1900 zeigt den großen Grenzbahnhof Eisenstein.

Auf dem Bahnhofsvorplatz in Bayerisch Eisenstein ist die Grenze kurz vor dem Grenzstein mit einem Maschendrahtzaun geschlossen.

INGEBORG SEYFERT

GESCHICHTE DES ALTLANDKREISES REGEN

Das Gebiet des Altlandkreises Regen war bis zum Jahr 1000 unbesiedelt, war Teil des unwirtlichen, siedlungsfeindlichen „Nordwaldes". Unbesiedelter Wald war nach damaligem Recht „Königsgut". Erst kurz nach dem Jahr 1000 begann das Donau-Kloster Niederaltaich unter der Leitung seines Abtes Godehard mit der Rodungstätigkeit. Ganz unbekannt war der Landstrich nicht. Jäger und Fischer mögen ihn begangen haben. Von Deggendorf aus gab es über die Rusel in nord-nord-östlicher Richtung einen Pfad, der über die Grenzberge führte. Am Scheuereckbach oberhalb der Ortschaft Spiegelhütte fand man bei Straßenarbeiten im Jahr 1938 eine Lanzenspitze aus dem 6. Jahrhundert, im Bereich der Flur Lindberg im Jahr 1907 beim Ackern eine Flügellanzenspitze aus dem 8. Jahrhundert. Diese Einzelfunde sind von besonderer Bedeutung, weil sie die Existenz dieses Weges über das Gebirge bereits zu Zeiten der Merowinger beweisen.

Im Jahre 1009 suchte dann der Mönch Gunther aus dem Kloster Niederaltaich vom Lallinger Winkel herauf einen neuen, einen kürzeren Weg von Niederaltaich-Hengersberg nach Böhmen. Gunther, ein ehemaliger Reichsgraf aus Thüringen, mit Kaisern und Königen verwandt und verschwägert, hatte im Jahr 1011 das Tal der Rinchnach und der Rinchnacher Ohe erreicht und erbaute dort ein kleines Klösterchen für die ersten Mönche. Im Jahr 1029 wurde von Kaiser Konrad II. an das Kloster Niederaltaich als Schenkung ein Gebiet im „wilden Nordwald" bestätigt, dessen Grenzen mit Fluß- und Bergnamen beschrieben sind. Die Ostgrenze bildete „der Weg, den unser Mönch Gunther kürzlich angelegt hat". Im Jahr 1040 erreichte Gunther, inzwischen 85 Jahre alt, daß Rinchnach als Propstei dem Kloster Niederaltaich inkorporiert wurde. Nun erst begann eine rege Rodungs- und Siedlungstätigkeit, wenig später auch im Gebiet des heutigen Kirchberg-Kirchdorf, das zunächst im Freiraum zwischen dem von Niederaltaich besiedelten Lallinger Winkel und der Schenkung vom Jahr 1029 lag.

Als Vogt, als militanter Beschützer des Klosters Niederaltaich und dessen Warentransporte von der Donau in den böhmischen Kessel, wurde im Jahr 1060 das Grafengeschlecht der Bogener bestellt. Die Grafen von Bogen erbauten die Burg Weißenstein, sie legten rundum für ihre Ministerialen die großen Einzelhöfe und manch andere Siedlung an, deren Ortsname die Endsilbe „-ried" trägt. Zunächst war diese Rodungstätigkeit der Grafen von Bogen sicher freundschaftliche Hilfe. Nach dem Jahr 1200 wurde daraus Konkurrenz, ja Feindschaft. Nach dem Aussterben der Grafen von Bogen im Jahr 1242 fielen alle ihre Besitzungen an das Haus Wittelsbach, an den Stiefbruder des letzten Grafen von Bogen, an Herzog Otto II. den Erlauchten. Schon 1228 war die Vogtei den Wittelsbachern übertragen worden. Doch überließen sie die Ausübung der Vogtei weiterhin den Bogenern.

Nach Antritt des Bogener Erbes durch Herzog Otto legte Abt Hermann von Niederaltaich ein Steuerverzeichnis an, unterteilt in den Bereich, der zu Rinchnach gehörte und den anderen Bereich, der zur Pfarrei Kirchberg (St. Gotthardsberg) gehörte. Die Besiedlung des Raumes Kirchberg-Kirchdorf im Wald datiert Manfred Burkhardt *(Historischer Atlas von Regen. Die Landgerichte Zwiesel und Regen, das Pfleggericht Weißenstein)* in die Mitte des 12. Jahrhundert. Eine weitere Quelle für die ersten Ansiedlungen ist das 2. Herzogsurbar, das in den Jahren 1301/1307 erstellt wurde. Dort findet man auch Bischofsmais und einige Nachbarorte, die als Siedlungen des Bischofs von Passau ausgewiesen sind. Sie liegen in dem Bereich, der zwischen der Schenkung an Rinchnach und dem Allodbesitz, dem eigentümlichen Besitz der Grafen von Bogen im Raum Viechtach zunächst noch freies Königsgut geblieben war. Hier wurden wahrscheinlich um das Jahr 1100 die ersten Siedlungen angelegt, aus dem Wald Rodungsland herausgehauen, ge-„maizzt".

Um das Jahr 1300 war der damals besiedelte südliche Teil des Altlandkreises Regen ein Unteramt, ein Schergenamt des Gerichtes Viechtach, gehörte

Nota der golt zehent In regnär pfarr gehort gem dem weyßenstayn

Im Jahr 1550 war auch das Landgericht Regen noch „Im Viechtreich" gelegen, wurde erst wenig später selbständiges Landgericht.
„Nota der Golt Zehent In Regnär Pfarr gehört gem dem Weyßenstayn". So steht es im ersten Degenbergischen Salbuch aus den Jahren 1434 bis 1437. Weitere Nachrichten über die Goldwäscherei jener Zeit fehlen, so daß wir nicht wissen, ob zu jener Zeit tatsächlich Gold in den Bächen des Bayerischen Waldes gewaschen wurde, oder ob diese Eintragung nur „für den Fall, daß" vorgenommen wurde.

zum „Viechtreich". Man nimmt an, daß Herzog Otto den Verwaltungsmittelpunkt von der Burg Weißenstein in den Markt Regen verlegte. Um das Jahr 1300 wurden Langdorf und die benachbarten Dörfer angelegt. Im Jahr 1308 wurde Burg Weißenstein von den Wittelsbachern an Eberwein von Degenberg verpfändet. Im Jahr 1341 beschenkte Kaiser Ludwig der Bayer seinen Erbhofmeister Hartwig von Degenberg mit dem Wald um die sogenannte „Frauen Au". Hartwig reichte diese Schenkung wenig später an die Propstei Rinchnach weiter. Damit begann die zweite Besiedlungsperiode in der nördlichen Hälfte des Altlandkreises Regen. Bereits um 1350 hatte Rinchnach in Frauenau ein kleines Kloster mit einem Maierhof angelegt und ebenso die Dörfer des Zwieseler Winkels. Zwiesel selbst, an der Gabelung des Großen und Kleinen Regenflusses und an der Gabelung der alten „Baierstraße" und des „Guntherweges", ist bereits für die Zeit um 1254/1255 nachgewiesen.
In den Jahren 1503/1510 wurde das Schergenamt Regen zum selbständigen Landgerichtsbezirk. Der Landrichter in Regen war auch für die Rechtsprechung im Rinchnacher Klosterbezirk zuständig. Die Grundrichter des Klosters in Rinchnach und in Kirchberg erledigten Verwaltungsaufgaben. Rinchnach wurde zwar bis zur Säkularisation im Jahr 1803 immer wieder als „Klosterhofmark" bezeichnet, doch fehlte für den Status einer „echten" Hofmark das Recht, die Niedergerichtsbarkeit ausüben zu dürfen. Es gab deshalb immer wieder streitbaren Schriftwechsel. Tatsächlich gehörte der Bereich des Grundrichteramtes Rinchnach in das Oberamt Regen, die Orte des Grundrichteramtes Kirchberg in das Unteramt Regen.
Anzahl und Fläche der weltlichen Hofmarken im Altlandkreis Regen war gering. Es gab die Hofmark Kleinloitzenried mit sechs Anwesen, dann die Hofmark Au (Schlossau) mit Reinhartsmais, die Hofmark Zell, die Hofmark Höllmannsried und die Hofmark March, die ab Mitte des 16. Jahrhunderts in einer Hand waren, alle demselben Besitzer gehörten. Alle diese Hofmarken waren sogenannte „geschlossene Hofmarken", das heißt, alle Anwesen gehörten dem Hofmarksherren, kein einziges einem auswärtigen Grundherren. Ein Hofmarksrichter und ein Hofmarksamtmann führten für den Hofmarksherren die Verwaltung durch. Vom landesherrlichen Landrichter wurden nur die Aburteilung der todeswürdigen Verbrechen, das Begnadigungsrecht und die Durchführung von Gantprozessen vorgenommen. Die Hofmarken besassen über den Hofmarks-Komplex hinaus sogenannte „einschichtige" Untertanen, Anwesen in anderen Dörfern, deren Gutsinhaber dem Hofmarksherren unterstanden. Vom Jahr 1785 bis zum Jahr 1848 bildete auch das Glashüttengut Oberfrauenau eine Hofmark. In diesen Zeitraum fiel die Umbildung der Hofmarken in Patrimonialgerichte verschiedener Klassen (um 1820). Mit Wirkung vom 1. Oktober 1848 wurden alle Patrimonialgerichte, alle ehemaligen Hofmarken aufgehoben, die Hofmarksuntertanen wurden Staatsuntertanen.
Im Pfleggericht Weißenstein, das sich durch die Erwerbspolitik der Degenberger im Verlauf ihrer Herrschaft von 1308 bis 1602 herausgebildet hatte, war für die todeswürdigen Verbrechen ebenfalls der Landrichter in Regen zuständig. Die Anwesen wurden auf Leibrecht vergeben, das heißt, auf die Lebenszeit eines Bauern. Im ältesten Degenbergischen Salbuch, einem Grundbuch, das in den Jahren 1434/1437 zusammengestellt wurde, sind bereits fast alle Besitzungen enthalten, die im Jahr 1602, nach dem Aussterben der Degenberger im Mannesstamm, in den Besitz der Wittelsbacher kamen. Eine Sonderstellung nahm das Gericht Zwiesel

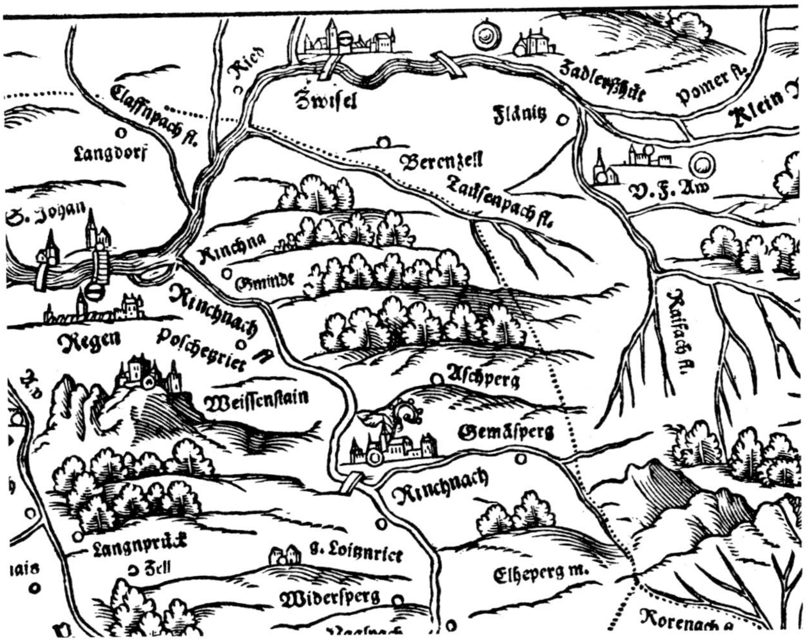

Der Kupferstecher Peter Weiner übertrug die Landtafeln des Philipp Apian im Jahr 1579 auf Kupferplatten. In die Tafel 8, von der hier ein Ausschnitt abgebildet ist, hat Weiner mit der gepunkteten Linie die Grenze zwischen der Klosterhofmark Rinchnach und dem Gericht Zwiesel eingezeichnet.

ein. Zum einen war im Jahr 1342 dem Degenberger die Ausübung der Hohen Gerichtsbarkeit für die Todesstrafen gewährt worden. Darauf gründeten die Degenberger später die Behauptung, die Herrschaft Zwiesel sei ihr Allodbesitz, ihr Eigentum und beanspruchten die Reichsunmittelbarkeit ihres Besitzes. Zum anderen wurde im Jahr 1342 den zukünftigen Bewohnern Steuerfreiheit gewährt, „auf ewige Zeiten". Diese Steuerfreiheit betraf die Mai- und Herbststeuer, auch „gewöhnliche Landsteuer" genannt. Zum dritten wurde im Jahr 1345 die Vergabe der Anwesen auf Erbrecht vefügt, das heißt, die Anwesen gingen ohne weiteres auf die Erben des Besitzers über. (Ohne besondere Verfügung war diese Art der Hofvergabe auch im Gebiet des Klosters Rinchnach üblich.)

Vor Mitte des 15. Jahrhunderts stritten die damaligen Degenberger die Schenkung ihrer Vorfahren des Gebietes um die „Frauen Au" an das Kloster Rinchnach/Niederaltaich an. Inzwischen war daraus der besiedelte „Zwieseler Winkel" geworden. Im Jahr 1539 wurde der fast einhundertjährige Streit beendet. Gegen Zahlung von 3500 Gulden trat das Kloster Niederaltaich die Grundherrschaft über die „Herrschaft Zwiesel" an die Degenberger ab.

Nach dem Aussterben der Degenberger im Jahr 1602 behielt Herzog Maximilian die gegebenen Verwaltungsbereiche bei. Der oberste Beamte, der Pfleger des Pfleggerichtes Weißenstein, war zugleich Landrichter von Zwiesel. Er wurde in Abänderung der bisherigen Praxis nun auch zuständig für die Gerichtsfälle im Gericht Weißenstein, die bisher in Regen verhandelt worden waren. Amtssitz wurde Burg Weißenstein. Der Gerichtsschreiber hatte seinen Wohnsitz in Zwiesel und war zugleich Kastengegenschreiber vom Zehent-Kasten in Weißenstein und Verwalter des „weißen Bräuwesens" in Zwiesel.

Der Kasten für das Niedergericht Regen blieb bis zum Beginn des 19. Jahrhunderts in Viechtach. Dorthin waren die Steuern und anderen Abgaben von Regen zu entrichten.

Im Jahre 1803 wurde als Folge der Behörden-Neuorganisation das Landgericht Regen mit dem Landgericht Zwiesel und Weißenstein vereinigt. Gleichzeitig wurde für jedes Landgericht ein Landrichter für die Justiz- und Polizeigeschäfte bestimmt und ein Rentbeamter für die Finanzgeschäfte. Sitz des Landgerichtes wurde Regen, Sitz des Rentamtes Zwiesel. Im gleichen Jahr kamen als Folge der Säkularisation die Grundholden der aufge-

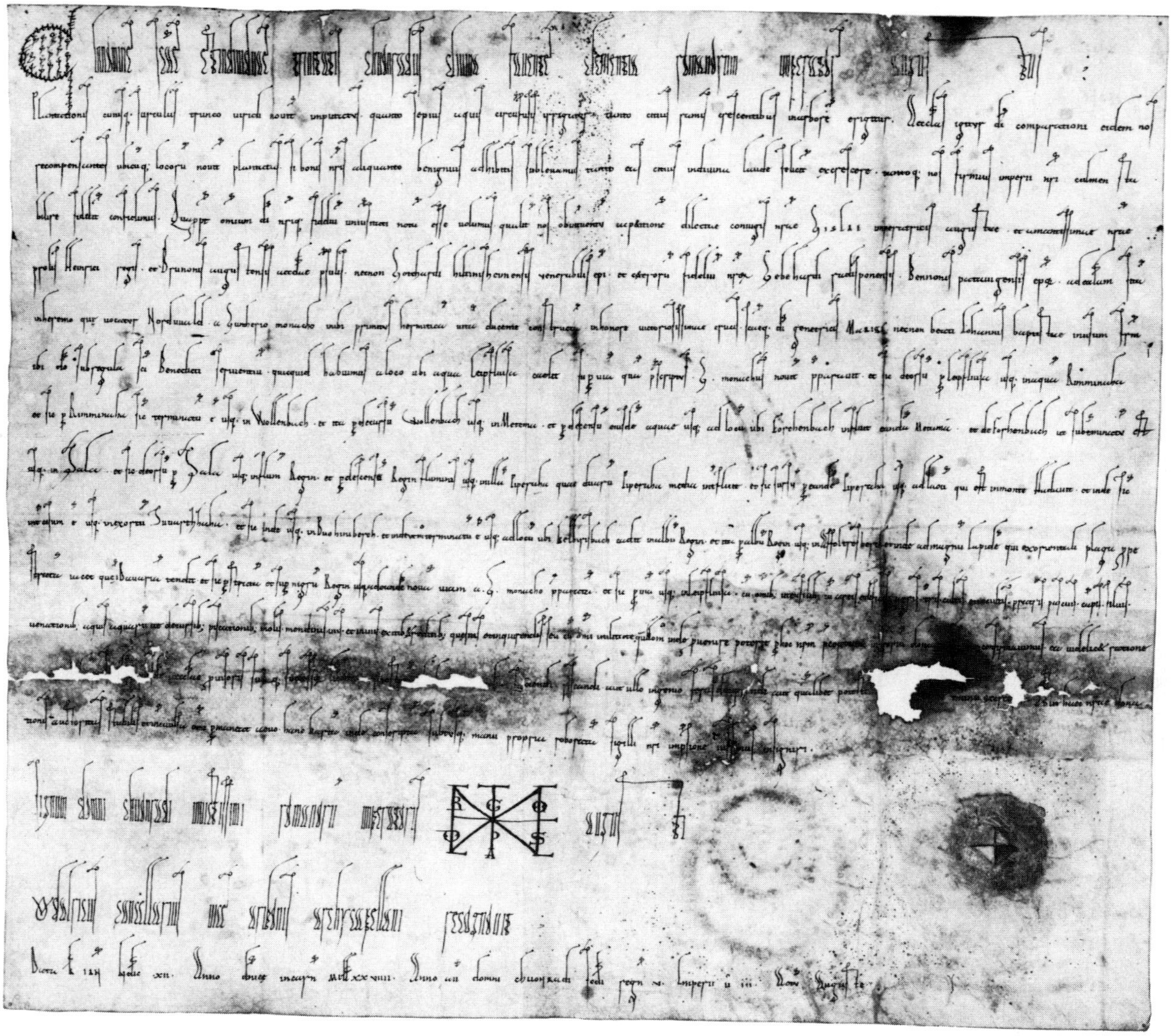

Die Urkunde für die Schenkung des NORDWALDES an das Kloster Niederaltaich, ausgestellt und gesiegelt am 1. Januar 1029 von Kaiser Konrad II. Die Urkunde enthält viele Namen von Bergen, Flüssen und Fluren für die Grenzen des Rinchnacher Klostergebietes.

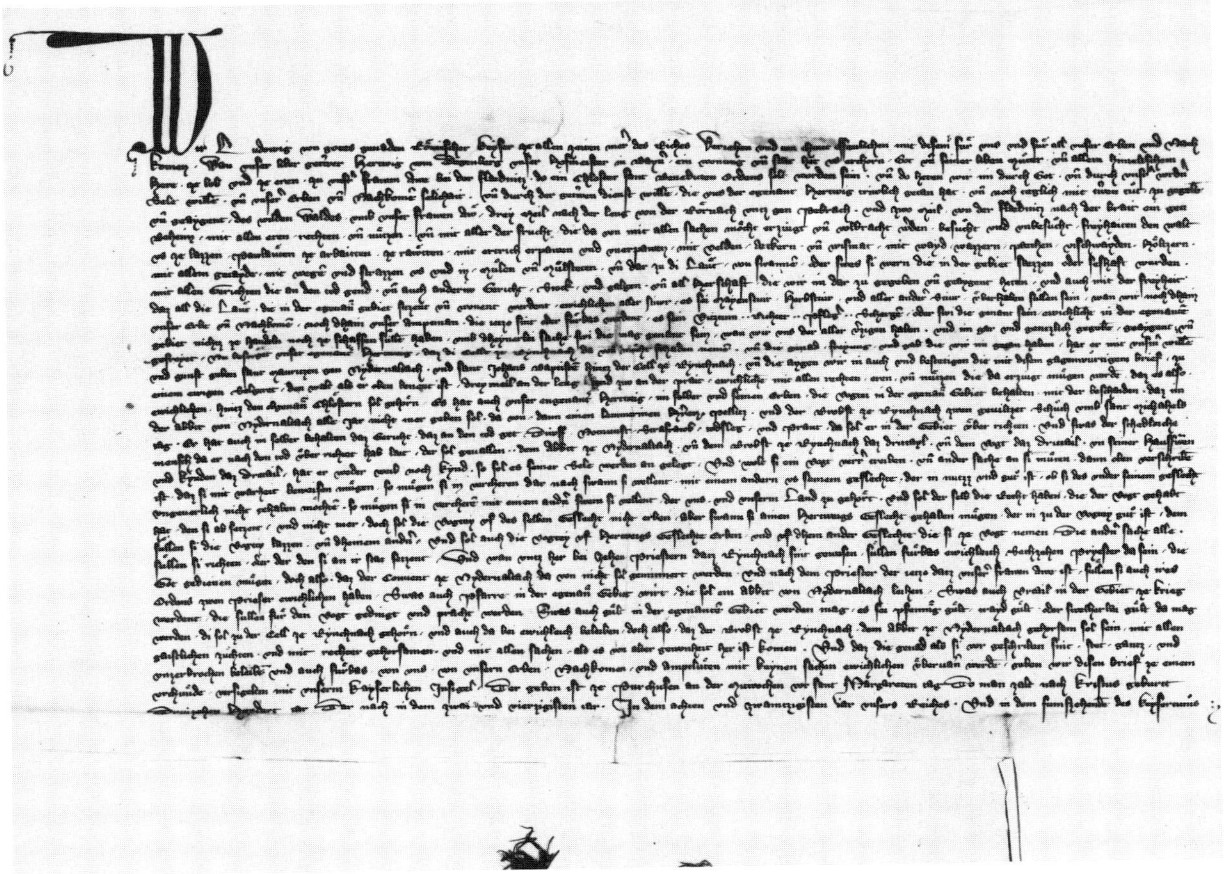

Mit dieser Urkunde vom 10. Juli 1342 bestätigt Kaiser Ludwig der Bayer seinem Haushofmeister Hartwig von Degenberg, daß dieser das Gebiet „des wilden Waldes um unser Frauen Au, drei Meilen nach der Länge von der Röhrnach bis nach Böbrach, und zwei Meilen, von der Flanitz nach der Breite hinein (in den Wald) gen Böhmen mit allen Ehren, Rechten … Freiheiten den Wald auszulichten", Bauersleute arbeiten und reuten zu lassen, an die Propstei Rinchnach des Klosters Niederaltaich (weiter ver-)schenkte. Ein Jahr zuvor hatte der Kaiser dem Hartwig von Degenberg dieses Gebiet geschenkt. In der Urkunde steht auch, daß Hartwig die Vogtei über das Gebiet behielt, wofür ihm der Abt zu Niederaltaich nicht mehr geben soll, als einen lämmernen Herrenpelz und der Propst von Rinchnach ein Paar gefilzte Schuh jedes Jahr an Michaeli.
Die Urkunde enthält auch die Steuerbefreiung, die die Besiedelung des Raumes Zwiesel–Frauenau erst möglich machte. Es heißt: „… und auch mit der Freiheit, daß all die Leut, die in dem eben genannten Gebiet sitzen und wohnen werden, ewiglichen aller Steuer, es sei Maiensteuer, Herbststeuer und aller anderen Steuer enthoben sollen sein".

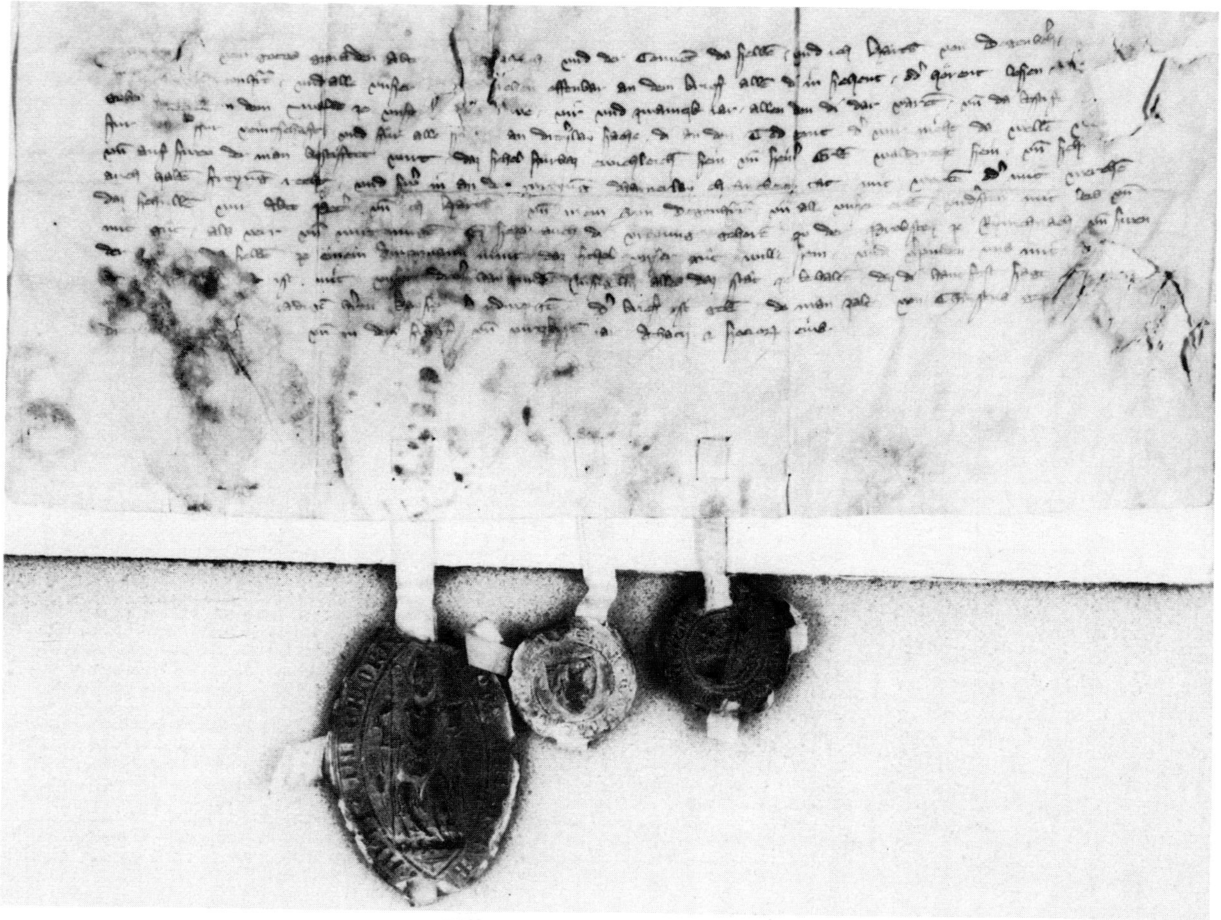

Freyung für 24 Jahre und Waldrechte „auf ewiglich" für den ersten Siedler und alle seine Erben gewährten der Propst zu Rinchnach als Grundherr und Hartwig von Degenberg und sein Sohn Degenhart als Vögte am 22. Juni 1345 allen, die gewillt waren, sich im Zwieseler Winkel anzusiedeln. Die Freyung bedeutete Abgabenfreiheit und Straffreiheit für alle Strafgerichtsfälle mit Ausnahme der drei, die todeswürdig waren. Die Waldrechte bedeuteten das Erbrecht für die Anwesen, das Recht, das Bauerngut den Nachkommen vererben zu dürfen und kostenlose Nutzungsrechte im Wald.
Bestätigt haben der Propst zu Rinchnach und die beiden Degenberger diese Vergünstigungen mit ihren „dreyen hangunden Insigln".

lösten Niederaltaicher Propstei Rinchnach, des Grundrichteramtes Kirchberg und der (vom ehemaligen Kloster Niederaltaich organisierten) Pfarrei Regen unter die Verwaltung des Rentamtes Zwiesel.
Im Jahre 1808 wurde die Steuerfreiheit für das ehemalige Gericht Zwiesel aufgehoben und die ehemaligen „Obmannschaften" in 27 Steuerdistrikte eingeteilt.
1818/21 wurden aus diesen Steuer-Distrikten 23 Ruralgemeinden und 2 Munizipalgemeinden (Regen und Zwiesel) gebildet. 1848 wurden die letzten Hofmarksuntertanen zu Staatsuntertanen, soweit die nach 1818 in Patrimonialgerichte (Herrschaftsgerichte) umgewandelten Hofmarken nicht bereits vorher an den Staat verkauft worden waren.
1861 wurden Verwaltung und Justiz getrennt und in den Landgerichten eigene „Bezirks-Ämter" eingerichtet, die 1939 reichseinheitlich in „Landkreise" umbenannt wurden.
1972 wurden die Altlandkreise Regen und Viechtach zum Groß-Landkreis Regen vereinigt.
1978 wurde mit Wirkung vom 1. Mai die Gemeindereform, die Zusammenlegung mehrerer Gemeinden zu Groß-Gemeinden oder Verwaltungs-Gemeinschaften, abgeschlossen.
1980 wurden mit Wirkung vom 1. Januar von den drei Verwaltungs-Gemeinschaften im Landkreis zwei (Teisnach und Zellertal) wieder aufgehoben. Bestehen blieb die VG Ruhmannsfelden mit fünf Gemeinden.

Lithographie von Johann Baptist Ranzinger, Regen.

WERNER POHL

GESCHICHTE DES ALTLANDKREISES VIECHTACH

Das Gebiet des Altlandkreises Viechtach wurde verhältnismäßig spät besiedelt. Das lag daran, daß es im „Nordwald" gelegen, besonders schwer zugänglich war. In prähistorischer Zeit sind zwar Fischer und Jäger in diesen Raum eingedrungen, wie Steinbeilfunde bei Pirka und Wiesing beweisen. Es dürfte aber kaum zu Siedlungen gekommen sein. Diese Fischer und Jäger dürften dem Lauf des Regen entlang in den Wald eingedrungen sein. Ob zu dieser Zeit schon der sogenannte „Bayerweg", die direkteste Verbindung vom Gäuboden nach Viechtach, benützt wurde, ist geschichtlich nicht nachweisbar. Immerhin dürfte der Bayerweg eine der ältesten Süd-Nordverbindungen von der Donauebene in dieses Gebiet gewesen sein.

Die erste planmäßige Besiedlung des Viechtacher Raumes erfolgte im 9. Jahrhundert vom Kloster Metten aus. Es folgte aber in seiner Besiedlungstätigkeit nicht dem „Bayerweg", sondern benützte andere Süd-Nordverbindungen, die für das Kloster günstiger lagen, so über Kalteck und Achslach dem Schwarzen Regen, wohl auch von Deggendorf aus, dem „Böhmsteig" über Ruhmannsfelden–Patersdorf. Lediglich der nordwestliche Winkel des Altlandkreisgebietes von Viechtach ist von Westen her, vor allem vom Kloster Chammünster aus, besiedelt worden, wie Moosbach, vor allem auch Krailing, das ein echter -ing-Ort ist und mit zu den ältesten Siedlungen im Viechtacher Raum zählt.

Die klösterliche Besiedlungsperiode des Klosters Metten datiert Rudolf Penzkofer (Das Landgericht Viechtach) für die Zeit von etwa 800 bis 907. Sie stieß in ein „herrenloses Wildland" vor. Geschichtlich läßt sich wenig über diese Zeit nachweisen, da ein verheerender Klosterbrand im Jahre 1236 alle ältesten Urkunden des Klosters vernichtete und daher auch die auf diese erste Besiedlungstätigkeit bezogenen. Einwandfrei nachgewiesen ist jedoch die Rodungstätigkeit in diesem Gebiet durch ein Diplom Kaiser Karls III. vom 19. Juli 882, in der eine Stiftung Karls des Großen für das Dotationsgebiet des Klosters Metten bestätigt wird. Es wird begrenzt etwa vom Vogelsang über Auerkiel zum Schwarzen Regen von da zum Asbach, über Altnußberg dem Hirschenstein zu und von hier wieder zum Vogelsang. Diese Besiedlungsperiode ist durch -dorf-Siedlungen gekennzeichnet, von Lämmersdorf über Patersdorf bis Schreindorf.

In diese erste Rodungstätigkeit kann man auch die erste Gründung Viechtachs annehmen. Es wird sogar vermutet, daß zu dieser Zeit bereits eine Kirche in Viechtach bestanden hat, da im Jahre 1415 von einer Reparatur an der bestehenden Kirche gesprochen wurde. Die Begründung der Urpfarrei Viechtach setzt eine gewisse Besiedlungsdichte voraus.

Durch die Hunneneinfälle wurde die Siedlungstätigkeit des Klosters Metten unterbrochen und von diesem auch nicht mehr aufgenommen. An seine Stelle traten die Grafen von Bogen, ein Doppelgeschlecht mit einer domvögtischen Linie (Domvögte von Regensburg) und einer gräflichen Linie (Grafen von Windberg – später Bogen). Diese Epoche wird zwischen das 11. und 13. Jahrhundert gelegt. Die Grafen von Bogen wurden bei dieser Tätigkeit von den Ministerialen (Edelleuten) unterstützt, die von ihnen eingesetzt wurden und denen bestimmte Rodegebiete zugewiesen wurden. Die Besiedlung folgte teilweise schon bestehenden Wegverbindungen, so auch dem Bayerweg, wo in Kollnburg, Rechertsried, Reichsdorf u. dgl. Ministerialensitze angelegt wurden, aber auch die Verbindung von Teisnach über Altnußberg nach Arnbruck, oder die Pfahlhochstraße entlang über Prackenbach bis Voggenzell und nach Osten über Frankenried und Linden nach Kaikenried. Dazu kam die alte Verbindung über Kalteck mit Achslach und Ruhmannsfelden. Dieser Besiedlungsabschnitt ist durch die Zell-, Ried-, Mais-, Haus- und Hof-Orte vor allem ge-

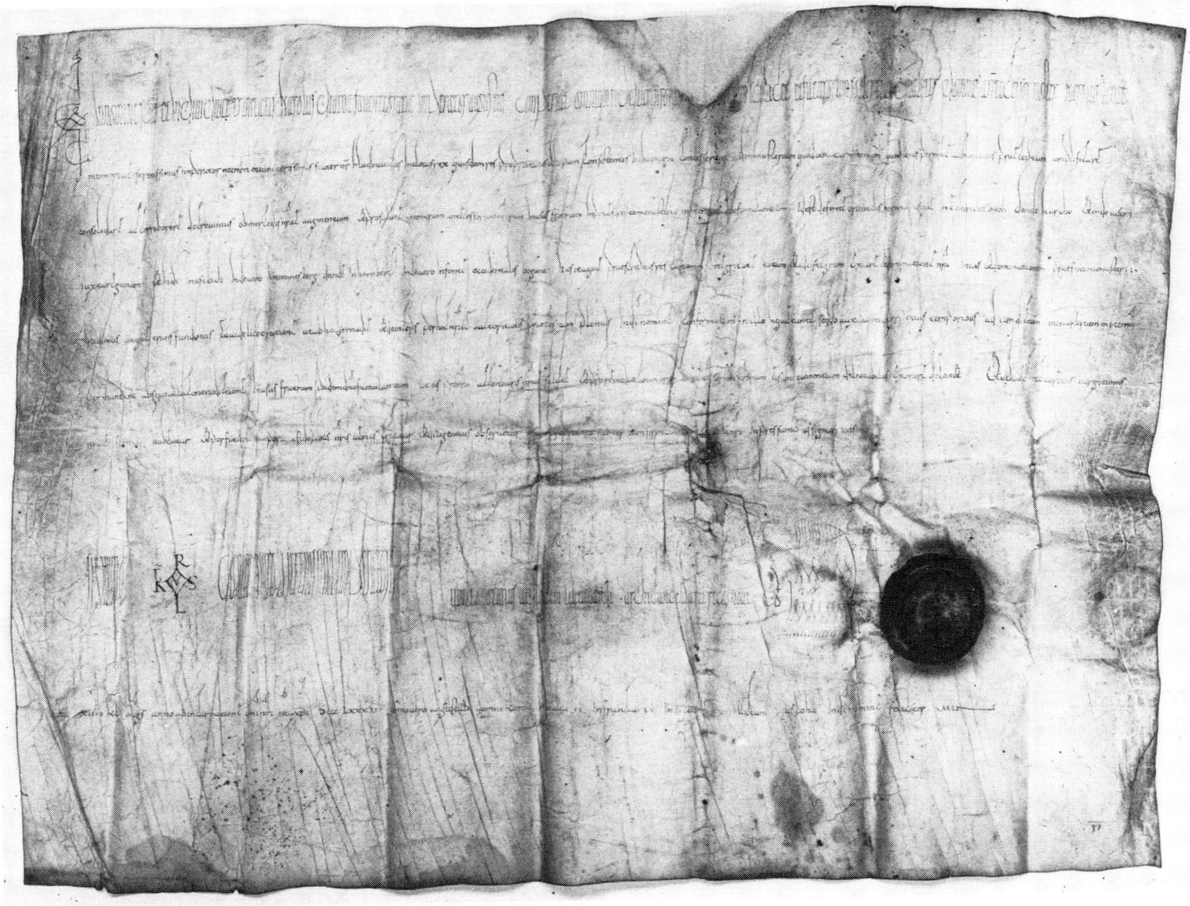

Die Abbildung zeigt das Original-Diplom vom 19. Juli 882, mit welchem Kaiser Karl III. eine Schenkung von Kaiser Karl dem Großen an das Stift Metten bestätigt. Der Text ist in lateinischer Sprache verfaßt. In der dritten Zeile stehen „Echirichesbuch", Eckersberg Gemeinde Zachenberg und „Urcho", Auerkiel, Gemeinde Böbrach. In der vierten Zeile steht „Tuninesberg", Altnußberg. Damals waren dies Flurnamen, heute sind es Ortsnamen.
Auf der Rückseite der Urkunde steht, ebenfalls in lateinischer Sprache, sinngemäß ins Deutsche übersetzt, daß diese Niederschrift die Waldgrenzen im „Nordwald" betrifft.

kennzeichnet. In diese Zeit fällt wohl auch die Errichtung von „Burgställen", wie in Kollnburg, in Stein bei Blossersberg, aber auch in Ruhmannsfelden. Es waren dies meist Vorläufer der späteren Burgenbauten.
Von diesen Ministerialgeschlechtern errangen einige größere Bedeutung. Da sind die Pfahler zu nennen, die in der Nähe von Viechtach angesiedelt waren, die aber später nach Au bei Regen übersiedelten, vielfach mit Ämtern ausgestattet wurden z. B. als Richter in Zwiesel, als Pfleger in Weißenstein. Das Geschlecht starb 1615 mit Hans Christoph Pfaller aus. Sein Grabdenkmal befand sich in der Pfarrkirche von Regen, das aber bei der letzten Restaurierung dieser Pfarrkirche verschwand. – Auf Kollnburg saßen die Calenberger, deren Namen verschieden geschrieben wurde, zuletzt als Kolmberger. Das Geschlecht starb im 14. Jahrhundert aus, der Besitz ging an die Nußberger.
Die Nußberger waren das bedeutendste Geschlecht im Viechtacher Raum, das seit seiner ersten Nennung auch hier ansässig war. Ihre Stammburg war Altnußberg, wo sie bereits 1126 nachweisbar sind (Marchwart und Weringeri). Sie sie-

delten 1345 nach Neunußberg über. Seit 1472 waren sie im Vollbesitz der Burg Kollnburg. Sie erhielten das erbliche Marschallamt der bayerischen Herzöge. In den Böckleraufstand verwickelt, wurde ihr Niedergang eingeleitet. Sie verloren Neunußberg, wurden später mit der Burg Linden belehnt, verzweigten sich in verschiedene Seitenlinien, so auch in Haunkenzell, wo der letzte männliche Sproß der Nußberger, August von Nußberg zu Haunkenzell wohnte, der um 1540 starb.

Größere Bedeutung noch als die Nußberger erwarben sich die Degenberger, die aber erst durch Kauf in das Viechtacher Gebiet kamen. Sie stammten aus Degenberg bei Schwarzach/Bogen, wo sie ebenfalls als Ministerialen der Grafen von Bogen eingesetzt wurden. Der erste Vertreter dieses Geschlechtes wird bereits 996 genannt (Sigbotto von Degenberg, der am 5. Turnier in Braunschweig teilnahm). Erst 1347 kauften sie von Konrad dem Nußberger Altnußberg. Der erste Besitzer hieß Altmann von Degenberg. Die Degenberger weiteten schließlich ihren Besitz von Schwarzach bei Bogen über Altnußberg bis Weißenstein und Zwiesel aus, Hans IV. von Degenberg strebte daher auch die Reichsunmittelbarkeit an. Kaiser Friedrich III. verlieh ihm die Reichsfreiherrenwürde. Dies sollte sich aber nur als ein Stück Papier erweisen. Herzog Albrecht IV. konnte sich diese Entwicklung nicht bieten lassen. Als Hans der Degenberger als einer der Anführer des Böcklerbundes gegen den Herzog auftrat, ging dieser tatkräftig gegen ihn vor. Im Winter 1468/69 berannte er die Burgen der Degenberger. Mit Degenberg und Weißenstein ging auch Altnußberg in Flammen auf, das niedergerissen werden mußte und nicht mehr aufgebaut werden durfte. Später kamen die Degenberger wieder bei den bayerischen Herzögen in Gnade. Sie bekleideten hohe Ämter, auch wurden sie mit der Burg Linden belehnt. Mit Hans VIII. starben die Degenberger am 10. Juni 1602 aus.

Auch die Poschinger spielten in früheren Zeiten eine Rolle im Gebiet des Altlandkreises Viechtach. Joachim Poschinger wurde im Jahre 1550 als Pfleger und Richter in Linden und Neunußberg eingesetzt. Er war bis zum 10. Juli 1568 in diesem Amte, an welchem Tage er das Glashüttengut Unterzwieselau erwarb, und damit Stammvater des Geschlechtes der Poschinger von Frauenau wurde.

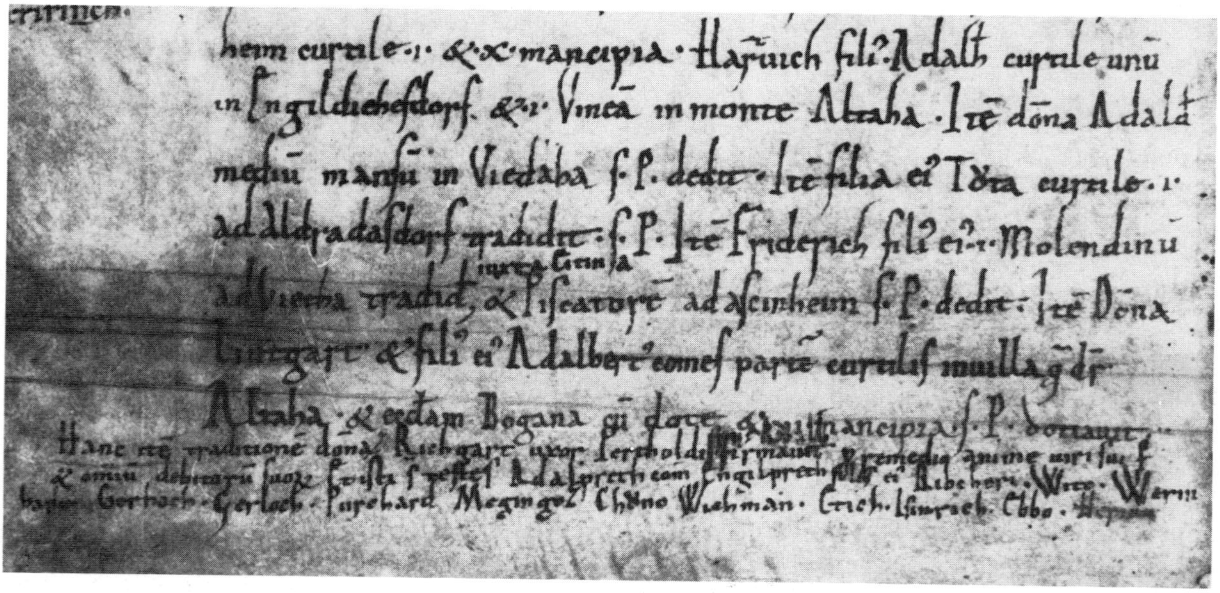

Adelheid, die Gemahlin des Domvogtes Friedrich III. von Bogen, stiftete dem Kloster Oberaltaich einen halben Hof in Viechtach, in „Viedaha". Die Stiftung erfolgte um das Jahr 1100 und wurde am 29. Juni 1104 von Abt Egino von Oberaltaich in einer Besitz-Zusammenstellung niedergeschrieben.

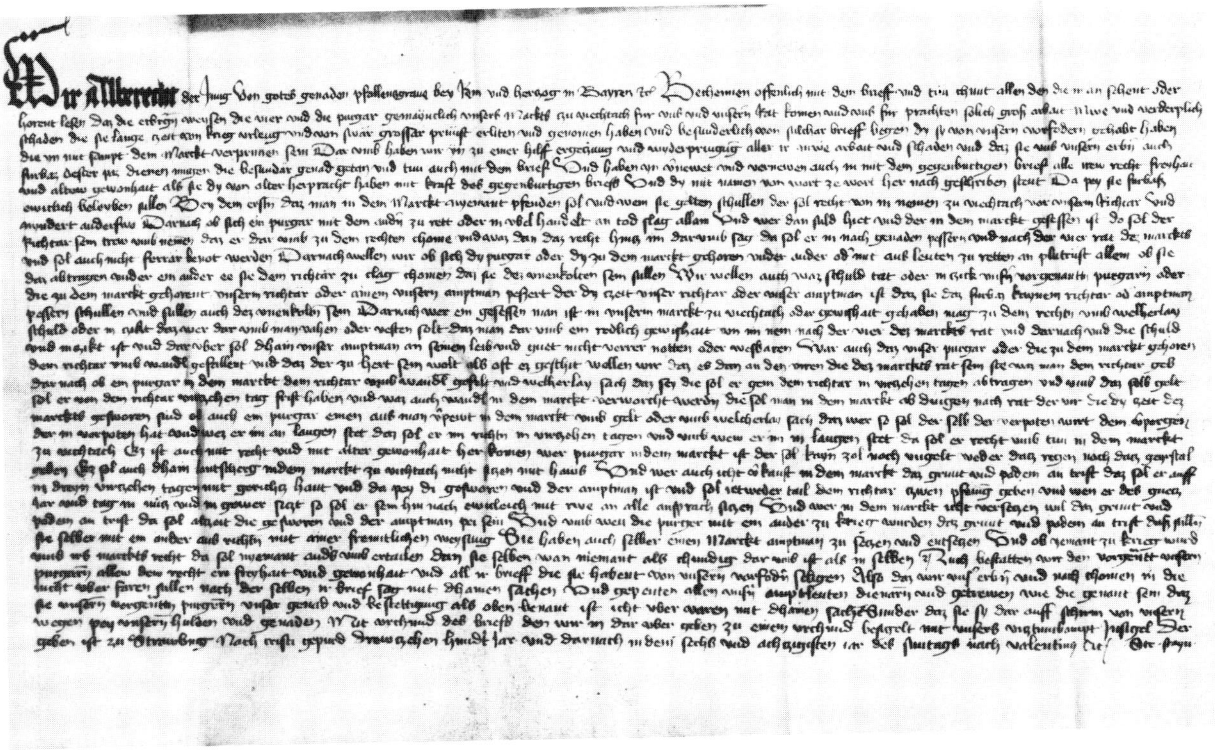

Mit dieser Urkunde vom 18. Februar 1386 bestätigte und erneuerte Herzog Albrecht II. den „Vierern" (Rat von 4 Mitgliedern) und Bürgern seines Marktes zu Viechtach, denen die Freiheitsbriefe „mit sampt dem Marckt verprunnen" sind, all ihre „Rechte, Freyhait und alten Gewohnhait, als sye dy von alter hergebracht haben". Diese Urkunde grenzt klar die hochgerichtische Zuständigkeit des Landrichters und die niedergerichtische Zuständigkeit der „Vierer" des Marktes Viechtach ab. Der Herzog bestimmte, daß die vier Räte das Recht hatten dabeizusein, wenn vor dem Landrichter eine Übeltat verhandelt und bestraft wurde. Der Kauf von Grund und Boden im Markt mußte innerhalb „dreyn virzehen tagen" angezeigt und im Beisein der Ratsgeschworenen und des Marktamtmannes aufgenommen werden. Beide Parteien hatten dem Richter je zwei Pfennige zu geben. Besitz-Streitigkeiten sollten die Bürger untereinander in Gegenwart der Ratsgeschworenen und des Amtmannes ausmachen. Die Bürger konnten den Amtmann des Marktes, der zugleich Gerichts-, Markt- und Polizeidiener war, ein- und absetzen. Kein Landscherge (Polizist des Landgerichtes) durfte in Viechtach „sizen mit Haus", Hausbesitz haben. Die Marktbewohner hatten weder Zoll noch Umgeld (eine Lebensmittel-Steuer) in Regen oder Geiersthal zu geben.

Später traten die Poschinger als Hofmarksherren in Drachselsried, Wettzell, Neunußberg und Thalersdorf auf.

Für den Ort Viechtach wirkten sich die Nußberger am nachhaltigsten aus. Konrad der Nußberger stiftete im Jahre 1350 das Spital in Viechtach. Diese Spitalstiftung wurde durch seine Nachfolger noch erweitert.

Als die Grafen von Bogen 1242 ausstarben, traten die Wittelsbacher deren Erbe an. Im Gebiet des Altlandkreises Viechtach trafen sie ein einheitliches Verwaltungsgebiet vor, dessen Schaffung den Grafen von Bogen möglich war, da hier keine anderen Herrschaftsansprüche aufgetreten waren, das Gebiet, wie bereits erwähnt, bei Beginn der planmäßigen Siedlung ein herrenloses Wildland war. Damit war die Voraussetzung geschaffen, daß die Wittelsbacher Herzöge in diesem Gebiet ein einheitliches Landgericht begründen konnten. Es ist bereits 1255 nachweisbar. Wegen der Größe des Einzugsbereiches (es reichte bis zum Großen Arber) war es bereits 1280, nach dem damaligen Urbarbuch, unter dem Richter Hermann in vier Unterämter unterteilt, nämlich das Gericht Viechtach selbst, das Gebiet der Veste Neunußberg, das Schergenamt Böbrach und das Amt Regen. Mathäus Merian schreibt 1664 in der Topographia bavaria von Viechtach, daß es „ein stattlich Landgericht habe, daß darein

die Stadt Furth, die Märkte Newkirchen und Eschlkam, ein Closter, 2 Schlösser, 1 adlicher Sitz, 15 Hofmarchen, etliche Dörfer und ander Güter gehörig seyen".
Wegen seiner Größe wurde das Landgericht Viechtach „Viechtreich" (Vichtrich) genannt. Erstmals tritt diese Bezeichnung in einer Urkunde vom 24. Juli 1366 auf. Von diesem Zeitpunkt an ist sie im ausgehenden 14. und im gesamten 15. Jahrhundert zu finden. Zuletzt erscheint sie in einer Urkunde vom 9. Mai 1500 und in den Amtsrechnungen des Rentamtes Straubing von 1500 bis 1502. Zu Beginn des 16. Jahrhunderts verschwand die Bezeichnung, wohl infolge der Abtretung des Amtes Regen in den Jahren 1503/04, wo ein selbständiges Landgericht gebildet wurde. Bodenmais wurde erst 1822 an Regen abgetreten. Die Wittelsbacher blieben Hochgerichtsherren des Landgerichts Viechtach bis 1803.
Nicht unerwähnt soll bleiben, daß von 1607 bis 1803 ein Pfleggericht in Linden bestand, das von den Wittelsbachern gebildet worden war, als der letzte Degenberger starb. Die ehemalige Herrschaft Alt-Nußberg-Linden war somit eigenes Pfleggericht geworden. Der Landesherr setzte Pfleger ein. Von 1761 bis 1803 stand das Pfleggericht Linden mit dem Pfleggericht Viechtach in Personalunion. Bei der Neuorganisation des Landgerichtes Viechtach wurde es am 30. Juli 1803 diesem endgültig einverleibt. Das Pfleggericht Linden war ein Niedergericht gewesen. Die Grenzen des Landgerichtes Viechtach blieben im wesentlichen unverändert. Bei der Bildung der Steuerdistrikte wurde das Landgericht Viechtach in 32 Steuerdistrikte eingeteilt. Bei der ersten Bildung der Gemeinden im gleichen Jahre (1808) bestanden 64 Gemeinden im Bereich des Landgerichtes Viechtach. Sie wurden 1818 auf 26 reduziert. Davon verblieben bis zur Gemeindegebietsreform 23. Bei der Bildung der Landkreise ging aus dem Landgericht Viechtach der Landkreis Viechtach hervor, der 1972 mit dem Landkreis Regen vereinigt wurde. Das Amtsgericht blieb jedoch in Viechtach.
Über die Zeit von 1933 bis 1945 geben die in Viechtach erschienenen oder vertriebenen Zeitungen Aufschluß, die zwar meist nur in Ausschnitten und nicht vollständig aus dem Nachlaß von Expositus Georg Hofmann, dem früheren Kreisheimatpfleger des Altlandkreises Viechtach erhalten blieben und im Pfarrhof in Schönau sichergestellt werden konnten. Sie vermitteln aber ein symptomatisches Bild der damaligen Zeit.
In Viechtach erschienen bis 30. September 1935 das „Viechtacher Tagblatt, Volksblatt für den Bayerischen Wald – Regentalbote" und die „Viechtacher Zeitung". Am 1. Oktober 1935 wurden beide durch die parteiamtliche Zeitung „Bayerische Ostmark" abgelöst. Von Expositus Hofmann wurden nur die Ausgaben des „Viechtacher Tagblatts" gesammelt. Es war eine bewußt katholische Zeitung, die bereits 1833 gegründet worden war. Die Zeitung erschien im Druck und Verlag der Buchdruckerei Lackerbauer, Inhaber Dr. Hans Rixner, Viechtach, der auch verantwortlicher Redakteur war.
Es wird natürlich bereits im Jahre 1933 auch über das beginnende Parteileben im Verbreitungsgebiet berichtet. Ausführlich finden sich Berichte und Kommentare über die Volksabstimmung und die Reichstagswahl vom 12. Dezember 1933. Das Gesamtergebnis im Bezirk Viechtach lautete: 13 562 Ja-Stimmen, 378 Nein-Stimmen und 221 ungültige Stimmen. Die Wahlbeteiligung betrug 94 Prozent. Zu Veranstaltungen von Parteigliederungen wurde damals auch noch die Geistlichkeit eingeladen. Das galt z. B. von der Einweihung des studentischen Arbeitslagers Viechtach-Wiesing. „Unter den Gästen sah man u. a.... Hochw. Herrn Geistlichen Rat Hof, Viechtach und H. H. Benefiziaten Dr. Baumeister, Wiesing". Ortsgruppenleiter in Viechtach war damals Dr. von Hoeßlin, der Vorstand des Bezirksamtes (Landrat) Oberamtmann Altmann.
Es florierten noch katholische Vereine, wie der kath. Jung-Mädchenverein und der Katholische Gesellenverein. Der Volkstrachtenverein „Waldler" hielt Waldfeste. Dem kgl. priv. Schützenverein war das Prädikat „Königlich" genommen worden.
Im Jahre 1934 erschien bereits im Viechtacher Tagblatt die Rubrik „Amtstafel der Kreisleitung Viechtach". Es wird z. B. zum Beitritt in die Deutsche Arbeitsfront geworben. Kreisleiter war damals Dr. Peter Bell, der auch Mitglied des Reichstages war. Er unterrichtete am Gymnasium in Cham.

Am 17. August 1934 wurde erneut zu einer Volksabstimmung aufgerufen. Das Ergebnis im Bezirk Viechtach lautete: 12440 Ja-Stimmen, 926 Nein-Stimmen, 251 ungültige Stimmen bei 15482 Wahlberechtigten. Die Wahlbeteiligung betrug daher „nur" 87 Prozent. Bei den NS-Feiern, wie z. B. zum 1. Mai oder zum Muttertag, traten immer stärker die HJ und der BdM hervor.
Am 8. Juni wurde ein neuer Bezirksamtmann (Landrat) eingeführt. Es war dies Gottfried Weibl. Bei der Amtseinführung war auch die Geistlichkeit vertreten. Weibl stammte aus der damals noch bayerischen Pfalz. Er war dort Vorsitzender der Landesversicherungsanstalt gewesen. In seiner Antrittsrede wies er auch darauf hin, daß er aus der „Westmark", der „sonnigen, paradiesischen Pfalz" in die „Ostmark", mit der tiefernsten Stimmung der Wälder" komme. Er hob u. a. die Notwendigkeit der Verbesserung der Verkehrsverhältnisse hervor. Unter den Leitsätzen für die Erziehung der Jugend finden wir u. a. auch „die Erziehung zur Gottesfurcht und des echten und wahren Christentums". Gauleiter und Kultusminister Schemm sprach bei einer Großkundgebung auf dem Marktplatz in Viechtach u. a. davon, daß „die Regierung und die Bewegung dafür gekämpft hätten, daß die Religion gerettet wurde". – Es wurde aber auch von Widerständen gegen politische Funktionäre berichtet, so in Rechertsried und in Schönau, wo es zu Verhaftungen kam. Kirchliche Feiern finden noch Platz in der Zeitung, so die Primizfeier von P. Günther Probst, der eine ausführliche Schilderung in der Ausgabe vom 12. Juni gewidmet wurde.
Bedeutsam ist, daß sich bereits im Juni 1934 die Eisenbarth-Festspiele ankündigen. Es werden verschiedene Abhandlungen wiedergegeben, die Eisenbarth als Sohn Viechtachs darstellen. (Daß Eisenbarth in Oberviechtach geboren wurde, konnte erst in den 50er Jahren von Altbürgermeister Karl Gareis festgestellt werden).
Im Jahre 1935 konkretisierten sich die Pläne zur Aufführung der Eisenbarth-Festspiele. Es wird am 9. Januar 1935 ein „Doktor-Eisenbarth-Verein" gegründet, dem die Durchführung alljährlich wiederkehrender Eisenbarth-Festspiele zur Aufgabe gemacht wurde. Karl Gareis wurde als Vereinsvorsitzender gewählt. Am 30. Juni erfolgte die Erstaufführung nach dem von Apotheker Gareis gestalteten Text. Die Aufführungen hatten einen starken Zulauf und fanden viel Beifall.
Bezirksoberamtmann hieß Franz Xaver Oertzen. Oberregierungsrat Fischer von der Regierung für Niederbayern sprach Regierungsrat Dr. Fries für seine umsichtige Amtsführung als Amtsverweser seit dem 1. Mai 1935 den Dank aus. Der neue Landrat stammte aus Thyrnau bei Passau und war aus einem alten Bauerngeschlecht hervorgegangen. – Kreisleiter Dr. Bell bemängelte, daß mit dem früheren Amtsvorstand (Weibl) nicht das beste Einverständnis zwischen Bezirksrat und Kreisleitung bestanden habe. Anders sei es mit Dr. Fries gewesen, der mit einem wichtigen Amt in der Kreisleitung beauftragt wurde.
Am 29. März war wieder einmal zu einer Wahl aufgerufen worden. Die Wahlbeteiligung im Bezirk erreichte nahezu 100 Prozent. Von den abgegebenen Stimmen waren 99,1 Prozent „für den Führer" abgegeben worden. Das Gesamtergebnis lautete: 14860 Ja-Stimmen, 141 Nein- und ungültige Stimmen.
Wie die Eisenbarth-Festspiele am 31. Mai, 28. Juni, 26. Juli und 2. August 1936 erfolgreiche Wiederholungen fanden, war dies auch im Jahre 1937, und zwar am 25. Juli, 1. und 8. August der Fall. Welchen Anreiz diese Aufführungen hatten, geht aus einer Notiz vom 24. Juli hervor, wonach 170 KdF-Urlauber aus Berlin zu einem Aufenthalt in Viechtach begrüßt wurden. Sie waren zum Besuch der Eisenbarth-Festspiele gekommen. Erstmals wird dabei Apotheker Karl Gareis als Bürgermeister von Viechtach genannt.
Im Jahre 1938 ist wieder einmal von einer Volksabstimmung zu lesen. Sie stand im Zeichen der Eingliederung Österreichs in das Deutsche Reich. Das Ergebnis lautete: 14309 Ja-Stimmen, 315 Nein-Stimmen und 12 ungültige. – Bald kündigte sich aber die Krisensituation an, die in Verbindung mit der Eingliederung des Sudetenlandes entstand. Zu einem Leistungskampf der Feuerwehren in Plattling sollten Arnbruck und Kötzting mit antreten. Diese beiden Wehren konnten aber „infolge der politischen Geschehnisse" nicht kommen.
Auf die kriegerischen Auseinandersetzungen, die

1939 begannen, weist eine Anordnung vom 30. August hin, wonach ein Ernährungsamt in Viechtach eingerichtet wurde, wie auch die Ausgabe von Bezugsscheinen für Lebensmittel, Kohle und Textilien vorgenommen wurde. Direktor Franz Fischl von der Regentalbahn AG wurde als Fahrdienstleiter eingesetzt.
In der Ausgabe vom 25. September 1939 wurde der Tod des früheren Bürgermeisters und Kreisleiters von Viechtach, Oberstudiendirektor Dr. Peter Bell bekanntgegeben, der in Kempten, wohin er versetzt worden war, im Alter von 50 Jahren einem Herzschlag erlag.
Im Jahre 1940 wird am 16. Dezember von einer Großkundgebung der NSDAP berichtet, bei der erstmals die aus ihrer alten Heimat ausgesiedelten Bessarabiendeutschen teilnahmen, die in Viechtach in einem Lager Aufnahme gefunden hatten. – Am 28. Februar hatte der Bezirksoberingenieur i. R. Karl Ruff seinen 70. Geburtstag feiern können. Er hatte den Neubau des Kreiskrankenhauses in Viechtach durchgeführt, wie auch das Kirchlein im Ayrhof auf seine Planung und Bautätigkeit zurückgeht.
Im April wurde mit der Bekanntgabe der Verdunklungszeiten begonnen, die sich nach Sonnenauf- und Untergang richteten. – Aus einer Notiz vom 25. Oktober geht hervor, daß unterdessen die Pflichtfeuerwehr eingeführt worden war.
Im Jahre 1941 wird am 15. Januar von der Einbürgerung der Bessarabiendeutschen geschrieben. Im Schmaussaal wurden die Einbürgerungsurkunden überreicht. Im Januar fand ein Lehrgang der Baugewerksinnung statt, in der außer den Bezirken Grafenau, Kötzting und Viechtach auch die Kreise aus dem Sudetenland Markt Eisenstein, Bergreichenstein, Neuern und Prachatitz teilnahmen. Der Lehrgang fand im Gasthaus Wenig in Regen statt. – In der Ausgabe vom 2. September steht ein Bericht von einer Gefallenen-Ehrung für die in Griechenland und bei den bisherigen Kämpfen im Osten Gefallenen. – In der Ausgabe vom 8. September steht zu lesen, daß die Landwirtschaftsstelle und die Landwirtschaftsschule Viechtach (Mädchenabteilung) im ehemaligen Jugendheim in der Friedhofstraße untergebracht wurden. In der Ausgabe vom 23. September wird eine Abschiedsfeier geschildert für die Bessarabiendeutschen, die im Schmaussaal stattfand. Sie wurden zu neuen Aufgaben in den deutschen Osten berufen, wo sie eine neue Heimat finden sollten. Die sich steigernden Kämpfe an den vielen Fronten spiegelt sich in den Todesanzeigen von Gefallenen wider, die immer häufiger wurden.
Für 1942 und 1943 liegen keine besonderen Ereignisse vor. Die Zeitungen wurden immer dünner, die Nachrichten gedrängter, der Druck immer kleiner, um Papier zu sparen. Aber im Jahre 1944 kann noch von einer Vereinstätigkeit berichtet werden. So hielt am 24. März die Waldvereinssektion Viechtach ihre Generalversammlung mit musikalischen Beiträgen der ehemaligen Kammersängerin Schub. – Am 15. April wird verkündigt, daß im Zuge der Durchführung der seit langem festgelegten gebietsmäßigen Neubegrenzungen einzelner politischer Kreise des Gaues Bayreuth, der Landkreis Viechtach in den Kreis Deggendorf der NSDAP einbezogen wurde. Es fand aus diesem Anlaß eine große Feier im Schmaussaal statt. – Am 10. Juli wurde im Rathaussaal Deggendorf durch Regierungspräsident Bommel, Regensburg, Karl Heindl als k. Landrat des Kreises Deggendorf und des angeschlossenen Kreises Viechtach eingeführt.
Im Jahre 1945 wurden noch Skimeisterschaften der HJ auf dem Pröller bei Viechtach durchgeführt. Die lokalen Nachrichten werden aber wegen des Kleinerwerdens der Zeitung, meist nur eine Seite, immer spärlicher. Neubestellungen konnten keine mehr entgegengenommen werden. – In der Ausgabe vom 17. Februar hieß es aber in einer Dienstanweisung für die HJ noch: „Jede Aufgabe, die wir erfüllen, hat dem Sieg zu dienen". Es mehren sich die Flüchtlinge und Evakuierten. Der Volkssturm wird aufgerufen, einschneidende Energiemaßnahmen werden verfügt. Für Bahnfahrten über 75 Kilometer war eine Genehmigung erforderlich, wer ohne sie fuhr, wurde bestraft. Die letzte Zeitung, die noch erhalten ist, stammt vom 6. April. Eine der letzten Meldungen aus dem Bereich Viechtach hatte zum Inhalt, daß der Volkssturm, 4. Komp., anzutreten hatte und zwar: „kv, bedingt kv, av. und wv-VSt. Männer".
Die letzten Kriegstage im Jahre 1945 brachten noch den Einmarsch der Amerikaner in den Altlandkreis

Viechtach. Der Markt selbst blieb von Zerstörungen bewahrt, was darin begründet war, daß der damalige Bürgermeister Karl Gareis den Amerikanern Viechtach kampflos übergab. Lediglich die beiden letzten noch erhaltenen Markttore mußten geschleift werden, da die amerikanischen Panzer nicht hindurchkamen. In der Umgebung waren allerdings noch einige Zerstörungen und auch Todesopfer zu beklagen, so in Wiesing und in der ehemaligen Gemeinde Schlatzendorf.

Bald wurde mit dem wirtschaftlichen Wiederaufbau nach dem Zusammenbruch begonnen. Dabei halfen auch die Heimatvertriebenen mit, die im Altlandkreis Viechtach eine neue Heimat gefunden hatten. Es wurde ein Industrieviertel in Viechtach errichtet, wie auch Industriebetriebe sich in Teisnach und anderen Orten ansiedelten. Das Schulwesen wurde ausgebaut durch Errichtung einer Mittelschule, später Staatliche Realschule, des Dominic von-Linprun-Gymnasiums, und der Hotelfachschule in Viechtach.

Der erste Bürgermeister von Viechtach, das Sitz des Altlandkreises Viechtach blieb, war Wilhelm Fendl, der Anfang August 1945 von den Amerikanern eingesetzt wurde. Ihm folgte aber bereits Ende August 1945 Erwin Häring, der bis Februar 1946 im Amte blieb. Der erste, der durch Wahlen in das Amt des Bürgermeisters berufen wurde, war Adalbert Kraus, der von 1946 bis 1956 wirkte. Er wurde von Karl Gareis abgelöst, der zehn Jahre, bis 1966, Bürgermeister war. Seit 1966 ist Josef Niedermayer Bürgermeister von Viechtach, der auch Landtagsabgeordneter ist.

In die Amtszeit von Bürgermeister Kraus fällt die Erhebung Viechtachs zur Stadt, die am 3. Mai 1953 vom damaligen Bayerischen Innenminister Dr. Wilhelm Högner vorgenommen wurde. Unter Bürgermeister Gareis wurde der Fremdenverkehr wesentlich ausgebaut. Viechtach erhielt zuerst das Prädikat „Erholungsort", später das als „Luftkurort".

Durch die Gebietsreform im Jahre 1972 verlor Viechtach den Landkreissitz. Kreisstadt des neuen Landkreises Regen, der aus den beiden Altlandkreisen Regen und Viechtach gebildet worden war, wurde Regen. Viechtach konnte aber das Amtsgericht sowie einige Ämter behalten. Die Bemühungen, den Zentralitätsverlust auszugleichen, erhielten vor allem einen sichtbaren Erfolg durch die Errichtung des neuen Kreiskrankenhauses, die vor allem von Bürgermeister und MdL Niedermayer betrieben worden war. Mit den Bauarbeiten wurde noch im Herbst 1979 begonnen. Viechtach wurde zum „Unterzentrum mit Teilfunktionen eines Mittelzentrums" erklärt.

Der erste Landrat des Altlandkreises Viechtach nach dem Zusammenbruch hieß Falkenberg, der von den Amerikanern 1945 eingesetzt worden war. Er wurde aber noch im gleichen Jahr abgelöst durch Eduard Kilger, der auch nur bis 1946 im Amte blieb. Der erste gewählte Landrat war Horst Irmler, der von 1946 bis 1952 diese Funktion inne hatte. Es folgte Rudolf Kauer von 1952 bis 1964 und Josef Glasschröder von 1964 bis 1970. Helmut Feuchtinger, der seine Nachfolge im Jahre 1970 antrat, blieb auch Landrat des neugebildeten Großlandkreises Regen.

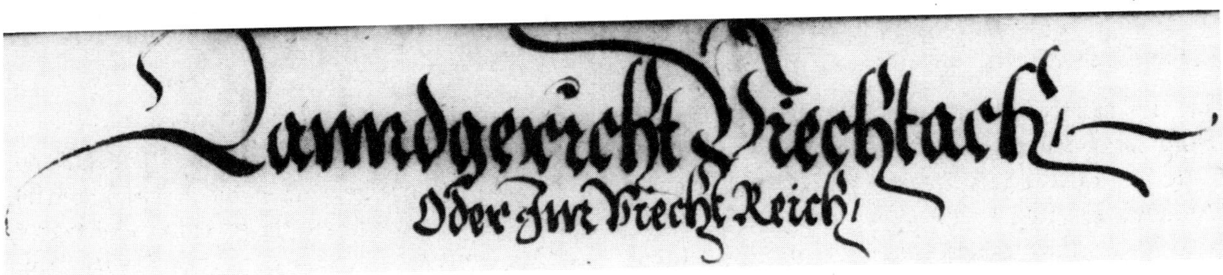

In einer Aufstellung des Jahres 1550 ist der Name „Viecht Reich" für das Landgericht Viechtach niedergeschrieben.

INGEBORG SEYFERT

EINFÜHRUNG IN DIE GESCHICHTE DER GEMEINDEN

Der Landkreis Regen hat eine Fläche von
989,63 qkm = 98.693 ha (1. Mai 1978). Davon sind
83,13 qkm = 8.313 ha gemeindefreies Gebiet, zumeist Staatsforst. Die verbleibenden
894,80 qkm = 89.480 ha verteilen sich auf 24 politische Gemeinden mit 74.557 Einwohnern (31. Dez. 1981) in 743 Gemeindeteilen.
Im Altlandkreis Viechtach verteilen sich
404,41 qkm = 40.441 ha auf 13 politische Gemeinden mit 29.749 Einwohnern (31. Dez. 1981) in 489 Gemeindeteilen.
Im Altlandkreis Regen verteilen sich
502,09 qkm = 50.209 ha auf 11 politische Gemeinden mit 44.808 Einwohnern (31. Dez. 1981) in 254 Gemeindeteilen.

Die Gemeindeteile sind: Städte (St.), Märkte (M), Pfarrdörfer (Pfd), Kirchdörfer (Kd), Dörfer (D), Weiler (W), Einöden (E), Siedlungen (Sdl) und eine Fabrik (F).

Philipp Apian hat eigenhändig diese Skizze vom Zisterzienser-Kloster Gotteszell gezeichnet. Der große und erste bayerische Kartograph bereiste um das Jahr 1560 den Bayerischen Wald, um an Ort und Stelle die nötigen Vermessungen für sein großes Kartenwerk von Bayern anzufertigen. In seinem Nachlaß befand sich diese Zeichnung.

	St	M	Pfd	Kd	D	W	E	Sdl	F
Großlandkreis Regen	3	3	21	15	187	272	236	5	1
Altlandkreis Viechtach	1	2	10	10	91	194	178	2	1
Altlandkreis Regen	2	1	11	5	96	78	58	3	

Bei der ersten Zählung der Ortschaften für das Hofanlagebuch der Jahre 1752/60 gab es nur 376 Orte im Altlandkreis Viechtach und 158 Orte im Altlandkreis Regen. Im Altlandkreis Viechtach sind in den dazwischen liegenden gut 200 Jahren 113 Neugründungen = ¼ der heutigen Anzahl hinzugekommen, im Altlandkreis Regen 96 Neugründungen = ⅓ der heutigen Anzahl.
Bemerkenswert erscheint noch die Beobachtung, daß in den Altlandkreisen Viechtach und Regen die Anzahl der Pfarrdörfer und Dörfer fast gleich groß ist. Dagegen ist die Anzahl der Weiler (194/78) und Einöden (178 /58) im Altlandkreis Viechtach rund dreimal so groß.

Nachstehend eine Aufstellung der Gemeinden entsprechend der Gemeinde-*Flächen* (1. Mai 1978):

	VG Ruhmannsfelden	*8.518 ha*
1)	Viechtach	6.547 ha
2)	Regen	6.511 ha
3)	Kollnburg	5.982 ha
4)	Frauenau	5.959 ha
5)	Lindberg	5.813 ha
6)	Kirchberg	4.879 ha
7)	Bodenmais	4.807 ha
8)	Bischofsmais	4.630 ha
9)	Zwiesel	4.081 ha
10)	Rinchnach	4.021 ha
11)	Prackenbach	3.987 ha
12)	Bayer. Eisenstein	3.553 ha
13)	Drachselsried	3.474 ha
14)	Arnbruck	3.367 ha
15)	Kirchdorf	3.057 ha
16)	Langdorf	2.898 ha
17)	Zachenberg VG	2.730 ha
18)	Böbrach	2.582 ha
19)	Achslach VG	2.579 ha
20)	Teisnach	2.577 ha
21)	Geiersthal	2.237 ha
22)	Patersdorf VG	1.705 ha
23)	Gotteszell VG	923 ha
24)	Ruhmannsfelden VG	581 ha

Nachstehend eine Aufstellung der Gemeinden entsprechend der Gemeinde-*Orte:*

	VG Ruhmannsfelden	*122*
1)	Kollnburg	102
2)	Viechtach	93
3)	Prackenbach	64
4)	Regen	57
5)	Zachenberg VG	37
6)	Bischofsmais	36
7)	Kirchberg	29
8)	Patersdorf VG	29
9)	Böbrach	28
10)	Achslach VG	26
11)	Geiersthal	26
12)	Rinchnach	25
13)	Lindberg	22
14)	Bodenmais	20
15)	Drachselsried	20
16)	Arnbruck	19
17)	Gotteszell VG	16
18)	Frauenau	15
19)	Langdorf	15
20)	Teisnach	15
21)	Ruhmannsfelden VG	14
22)	Kirchdorf	13
23)	Bayer. Eisenstein	12
24)	Zwiesel	10

Oberhalb des Dorfes Amesberg, Gemeinde Wiesing, wurde eine Steinaxt gefunden. Deutlich erkennt man das Schaftloch des 16 Zentimeter langen Arbeitsgerätes.

Nachstehend eine Aufstellung der Gemeinden den *Einwohnerzahlen* entsprechend nach dem Stand vom *31. Dezember 1981.* Man kann somit die Veränderungen feststellen gegenüber den Einwohnerzahlen vom *30. September 1977,* die bei den jeweiligen Gemeinden stehen.

	Einwohner	qkm Gemeinde-Fläche	Einwohner je qkm
1) Regen	11 000	65,11	169
2) Zwiesel	10 411	40,81	280
VG Ruhmannsfelden	*7 674*	*85,18*	*90*
3) Viechtach	7 172	65,47	110
4) Kirchberg	3 663	48,79	75
5) Bodenmais	3 433	48,07	71
6) Frauenau	3 078	59,59	52
7) Rinchnach	2 895	40,21	72
8) Bischofsmais	2 736	46,30	59
9) Kollnburg	2 691	59,82	45
10) Teisnach	2 418	25,77	94
11) Lindberg	2 328	58,13	40
12) Drachselsried	2 243	42,81	52
13) Prackenbach	2 218	39,87	56
14) Zachenberg VG	1 978	27,30	72
15) Kirchdorf	1 972	30,57	64
16) Geiersthal	1 967	22,37	88
17) Ruhmannsfelden VG	1 902	5,81	327
18) Arnbruck	1 877	37,30	50
19) Langdorf	1 742	28,98	60
20) Patersdorf VG	1 680	17,05	99
21) Bayerisch Eisenstein	1 541	35,53	43
22) Böbrach	1 489	25,82	58
23) Achslach VG	1 073	25,79	42
24) Gotteszell VG	1 041	9,23	113
Altlandkreis Viechtach	29 749	404,41	74
Alt-Landkreis Regen	44 808	502,09	89
Groß-Landkreis Regen ohne gemeindefreies Gebiet	74 557	906,50	82
Groß-Landkreis Regen mit gemeindefreiem Gebiet	74 557	989,63	75

Die Hälfte eines Steinbeiles wurde im Jahr 1959 vom Altbauern A. Preuss, Pirka, Gemeinde Blossersberg, am Hang des Schwarzen Regenflusses gefunden. Damit ist bewiesen, daß schon 2000 Jahre vor Christi Geburt Menschen längere Zeit im Raum Viechtach sich aufhielten.

Die genannten Zahlen machen deutlich, daß im Rahmen dieses Landkreis-Buches über die Geschichte der einzelnen Gemeinden nur mit wenigen Sätzen berichtet werden kann. Die Gemeindereform, die sich über mehrere Jahre hinzog und am 1. Mai 1978 abgeschlossen wurde, brachte auch im Groß-Landkreis Regen zahlreiche Eingemeindungen. Deshalb wird von den ehemaligen Gemeinden innerhalb der neuen Groß-Gemeinde getrennt berichtet.

Dem Text vorangestellt ist bei jeder Gemeinde eine Aufzählung aller Gemeindeteile. Die Zahlen in Klammern sind die Jahreszahlen der ersten Erwähnung des Ortes. Da wir nur von sehr wenigen Orten das exakte Gründungsjahr kennen, sind die meisten Orte älter als die in Klammern genannten Jahreszahlen. Drei Beispiele:

1). Allersdorf (900/1120). Allersdorf im Altlandkreis Viechtach ist wahrscheinlich eine Gründung des Klosters Metten im 9. Jahrhundert, hat vermutlich im Jahr 900 schon bestanden, wird aber erst im Jahr 1120 in einer Urkunde namentlich erwähnt.

2). Im Altlandkreis Regen steht im südlichen Kreisgebiet häufig die Jahreszahl (1254). In diesem Jahr verfaßte Abt Hermann von Niederaltaich ein Steuerverzeichnis, in welchem zum Beispiel Schweinhütt steht. Gegründet wurde Schweinhütt zwischen 1040 und 1254, vermutlich noch vor dem Jahr 1100.

3). Besonders krass kann sich die Differenz der genannten Jahreszahl zum Jahr der tatsächlichen Gründung bei den Mühlen im Altlandkreis Regen auswirken, die oft (1752) als Datierung haben. Die Mühlen wurden erst im 18. Jahrhundert im sogenannten Hofanlagebuch der Jahre 1752/60 getrennt erfaßt, galten bis dahin als zum nächstgelegenen Dorf gehörig, so daß sie bis auf das Jahr 1100 zurückreichen können mit ihrer Existenz.

Vor einigen Jahreszahlen steht der Vermerk: (vor ...). Eigentlich müßte er vor fast allen genannten Jahreszahlen stehen, denn nur von einer verschwindend kleinen Anzahl von Orten kennen wir das genaue Gründungsjahr. Für die frühe Besiedlung meint dieses „vor" eine Spanne von 100 bis 200 Jahren. Nach dem Jahr 1752 liegt die Gründung nur noch einige Jahre bis Jahrzehnte vor der genannten Jahreszahl. Wenn hinter einem Ortsnamen keine Jahreszahl steht, dann gilt die nächstfolgende Jahreszahl als das Jahr der ersten Erwähnung, weil die hintereinander stehenden Orte alle im gleichen Jahr erstmals erwähnt werden.

Dreimal konnte die Jahreszahl (882!) vermerkt werden. Die Orte Altnußberg (Gde Geiersthal), Auerkiel (Gde Böbrach) und Eckersberg (Gde Zachenberg) sind bereits in einem Kaiser-Diplom für das Kloster Metten vom Jahr 882 als „Tuninesberg", „Urcho" und „Echirichesbuoh" erwähnt.

Am Schluß der jeweiligen, kurz gefaßten Gemeindegeschichte stehen die *Leistungen nach 1945.* Hier werden, auch wieder getrennt in die ehemaligen Gemeinden, die Investitionen aufgezählt, die nach dem Kriegsende im Jahr 1945 vorgenommen wurden, etwa mit dem Jahr 1948 begannen. Für den Altlandkreis Viechtach konnten diese Leistungen erst ab dem Jahr 1956 erfaßt werden. Nicht aufgenommen in diesen Katalog der Leistungen wurde die Bautätigkeit für Gemeinde-Verbindungsstraßen, für Ortsstraßen und für Wirtschaftswege. Wer durch den Landkreis fährt, der kann sich selbst überzeugen vom Zustand aller Straßen. Es ist nicht zu übersehen, daß nahezu jede Straße und jeder Wirtschaftsweg ausgebaut wurde im Verlauf der letzten 30 Jahre. Im Groß-Landkreis Regen wurden in den Jahren 1972/1977 für den Ausbau der Gemeindeverbindungs-Straßen 36 Millionen, für Wirtschaftswege 6,5 Millionen ausgegeben.

Auch die Investitionen für das Feuerschutz- und Feuerlöschwesen wurden in den Katalog der Leistungen nicht aufgenommen. Auch hier gibt es keine Gemeinde, die nicht große Anstrengungen unternahm und bedeutende Summen aufbrachte, um in allen Gemeindeteilen den Feuerschutz zu modernisieren.

Über die Geschichte der Gemeinden wird getrennt nach Altlandkreisen und jeweils in alphabetischer Reihenfolge berichtet, mit der Verwaltungs-Gemeinschaft Ruhmannsfelden im Altlandkreis Viechtach an vorletzter Stelle. Die Gemeinden *Wettzell* (Altlandkreis Viechtach) und *Lohberg* (Altlandkreis Regen), die mit Wirkung vom 1. Mai 1978 in den Groß-Landkreis Cham in die Oberpfalz umgemeindet wurden, stehen an jeweils allerletzter Stelle.

Zu den mitgeteilten Einwohner-Zahlen muß vermerkt werden, daß es sich bei den Zahlen unter dem Namen der heutigen Gemeinde um Ermittlungen vom *30. September 1977* handelt. Bei den Einwohner-Zahlen für die eingemeindeten Gemeinden handelt es sich um Ermittlungen, die etwa ein hal-

bes Jahr vor der Eingemeindung amtlich und statistisch publiziert wurden.
Nachdem die Besiedelung des Viechtacher Raumes einige Jahrhunderte früher erfolgte als die Besiedelung des Altlandkreises Regen, steht der Altlandkreis Viechtach an erster Stelle, gefolgt vom Altlandkreis Regen.

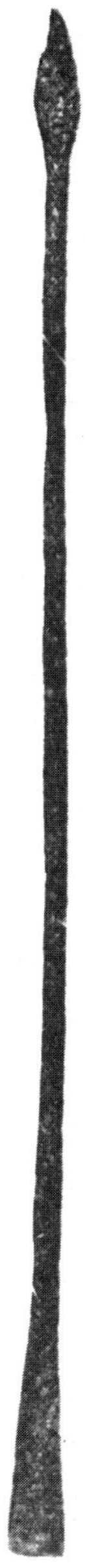

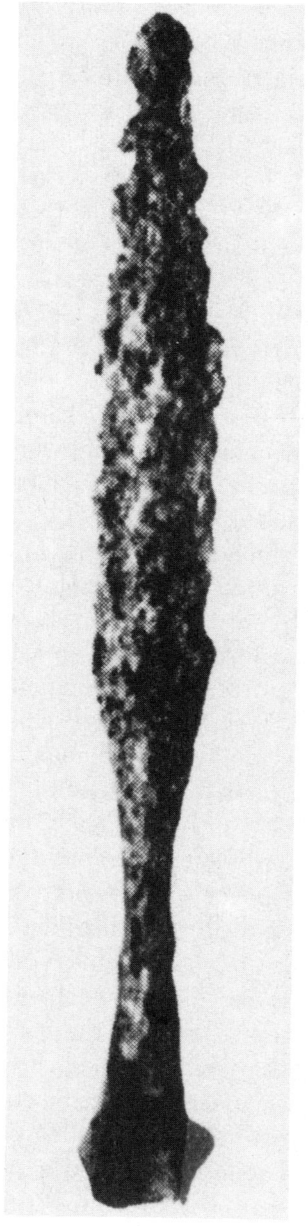

Die rund 55 Zentimeter lange, schmale Lanzenspitze wurde oberhalb von Spiegelhütte, Gemeinde Lindberg, Alt-Landkreis Regen am Vorderscheuereckbach gefunden. Ein Arbeiter hat sie beim Bau der Forststraße im Jahr 1938 im Bereich eines vermuteten Burgstalles einen halben Meter tief im Erdreich entdeckt. Der Leiter des Zwieseler Heimat-Museums, Martin Primbs, hat den Leiter des Deggendorfer Museums, Hans Neubauer, und den Altertumsforscher Karl Dinklage um eine Altersbestimmung gebeten. Durch Vergleiche wurde festgestellt, daß diese Art von Wurflanzen im 6. Jahrhundert, in der Merowingerzeit, verwendet wurden.
Die 33 Zentimeter lange und 22,5 Zentimeter breite Flügellanzenspitze wurde im Jahre 1907 beim Pflügen von dem Lindberger Bauern Georg Paternoster in der Nähe des Gschwendner-Häusls gefunden. Für diesen Lanzen-Typus fränkischer Herkunft gibt es mehrere Vergleichsstücke in Bayern. Wegen der sehr kleinen, kaum noch erkennbaren Flügel wurde diese Lanze in die Mitte des 8. Jahrhunderts datiert.

INGEBORG SEYFERT

GESCHICHTLICHE DATEN DER GEMEINDEN DES ALTLANDKREISES REGEN

Nachfolgend einige geschichtliche Daten über die Gemeinden des Altlandkreises Regen mit Stand vom 1. Mai 1978. Die Angaben sind im wesentlichen dem „Historischen Atlas" über die Landgerichte Regen und Zwiesel und das Pfleggericht Weißenstein von Manfred Burkhardt entnommen. Auf die Angabe der nicht sehr zahlreichen Kunstdenkmäler wurde verzichtet. Sie werden im kunstgeschichtlichen Teil behandelt.

BAYERISCH EISENSTEIN

1 Pfarrdorf, 1 Dorf, 6 Weiler, 4 Einöden.
1.702 Einwohner, 3.553 ha Gemeindefläche.
Die Gemeinde Bayerisch Eisenstein setzt sich zusammen aus Bayerisch Eisenstein und Regenhütte mit Schachtenbach (1. Januar 1978), die früher zur Gemeinde Rabenstein gehörten.

Bayerisch Eisenstein

1 Pfarrdorf: Bayerisch Eisenstein (1764). 6 Weiler: Arberhütte (1723), Brennes (1808), Grafhütte (1716), Neuhütte (1760), Seebachschleife (1850), Steinhütte (vor 1708). 3 Einöden: Arberschutzhaus (vor 1923), Arberseehaus (1886), Seebachhütte (1790).
1.193 Einwohner, 2.203 ha Gemeindefläche.
Die Besiedelung des Eisensteiner Tales reicht zurück bis in das 16. Jahrhundert, als um 1525 ein Eisenhammer dort betrieben wurde. Bei der Grenzregulierung des Jahres 1764 fiel die südliche Hälfte der Hofmark (seit 1688) Eisenstein an das Land Bayern mit neun Anwesen und zwei Glashütten. Neben den an der Grenze gelegenen „zwei bayerisch Häusel" entstand das neue Verwaltungszentrum mit Schloß, Jägerhaus, Schmiede, Bräuhaus, Wirtshaus und Kapelle. Noch heute heißt der Ortsteil „Bayerisch Häusel". Im Jahre 1820 wurde dem damaligen Besitzer Franz Ignaz Freiherr von Hafenbrädl für die Hofmark die Patrimonialgerichtsbarkeit II. Klasse zuerkannt. 1835 wurde sie auf Ansuchen der Inhaber vom Staat abgelöst. Auf ein Gesuch des Freiherrn von Hafenbrädl im Jahr 1844 wurde am 1. Oktober 1846 Eisenstein – seit 1809 geschlossener Steuerdistrikt, seit 1818 gutsherrliche Gemeinde – vom Landkreis Kötzting abgetrennt und dem Landgericht Regen zugeteilt. Im Jahre 1872 erwarb das Fürstenhaus Hohenzollern-Sigmaringen den Eisensteiner Besitz. 1877 wurde die Bahnlinie nach Eisenstein und weiter nach Böhmen fertiggestellt. Dem Fürstenhaus als Grundeigentümer und der Eisenbahn als Wirtschaftsförderer verdankt Eisenstein seine heutige Größe, seine Ausdehnung zwischen Bayerisch Häusel und Bahnlinie, von der Landesgrenze in Richtung Neuhütte und Seebachhütte. Der Ortsname *Bayerisch* Eisenstein wurde im Jahre 1951 offiziell verliehen. Seelsorgerisch gehört Bayerisch Eisenstein aufgrund der geschichtlichen Entwicklung in das Bistum Regensburg. Pfarrort war zunächst Lam. Gottesdienste wurden zuerst in der Kapelle in Bayerisch Häusel (erbaut 1787) gehalten. Sie enthält eine Gedenktafel für Franz Ignaz Reichsfreiherrn von Hafenbrädl 1750/1793. Zur eigenen Pfarrei erhoben wurde Eisenstein im Jahr 1881. Auch die Kapelle auf dem Arber gehört in die Pfarrei.

Regenhütte

1 Dorf: Regenhütte (1750). 1 Einöde: Schachtenbach (1822).
394 Einwohner, rund 1.350 ha Fläche.
Regenhütte ist eine Gründung des Glashüttengutes Rabenstein. Kurz vor 1750 wurde im (heutigen) oberen Ortsteil eine Nebenhütte errichtet. Sie wurde zuerst „Neuhütte" genannt, dann „Judenhütte" und ab 1836 „Rabensteiner Regenhütte", zur Unterscheidung von anderen Regenhütten. Bei der Gemeindeformation des Jahres 1821 wurde der Glashüttengutskomplex der Gemeinde Klautzenbach

zugeteilt. Im Jahr 1847 übernahm die Staatsforstbehörde das gesamte Glashüttengut und verpachtete die Glashütten. Vereinzelt bekamen die Glashüttenarbeiter Gelegenheit, Grund zu erwerben. Im Jahr 1866 wurden die fünf Orte (Rabenstein, Ableg, Althütte, Regenhütte, Schachtenbach) des ehemaligen Glashüttengutes eine eigene Gemeinde. Bei der Eingemeindung von Rabenstein am 1. Januar 1978 nach Zwiesel wurden die Ortschaften Regenhütte und Schachtenbach auf eigenen Wunsch der Gemeinde Bayerisch Eisenstein zugeteilt. In Schachtenbach lebten von 1865 bis 1965 nur noch ein Forstbeamter und zwei Holzhauerfamilien.
Seelsorgerisch gehörten beide Orte zunächst nach Zwiesel, ab 1894 nach Ludwigsthal (exponierte Kooperatur, seit 1912 Pfarrei). Die Filialkirche in Regenhütte wurde 1959 errichtet.

Leistungen nach 1945:
Bayerisch Eisenstein: 1949 Wasserversorgung. 1950 Bau des Gemeindehauses. 1952 Bau der Sprungschanze. 1958 Bau des Schwimmbades. 1963/68 Abwasserbeseitigung. 1971/73 Neubau einer Schulturnhalle. 1975 Neubau eines Wellenhallenbades.
Regenhütte: 1964 Wasserversorgung.

BISCHOFSMAIS

1 Pfarrdorf, 12 Dörfer, 10 Weiler, 13 Einöden.
2.723 Einwohner, 4.630 ha Gemeindefläche.
Die Gemeinde Bischofsmais wurde aus den Gemeinden Bischofsmais, Habischried und Hochdorf gebildet.

Bischofsmais

Pfarrdorf: Bischofsmais (um 1100). 4 Dörfer: Großbärnbach, Kleinbärnbach, Oberried (alle 1312), Hermannsried (1429). 2 Weiler: St. Hermann (nach 1324), Wastlsäge (vor 1867). 3 Einöden: Doppelmühle (vor 1752), Jägerwies (vor 1821), Teufelstisch (nach 1877).
1.564 Einwohner, 1.486 ha Gemeindefläche.
Wie der Name sagt, entstand der Ort als „Maiß", als Rodung durch Fällen des Holzes im Auftrag des Bischofs von Passau in der Zeit um 1100 von Seebach an der Donau aus. Auch Groß- und Kleinbärnbach sollen Gründungen des Bischofs von Passau sein. Hermannsried wurde in den ersten Jahrhunderten nach der Besiedlung dieses Raumes westlich der Grenze des Rinchnacher Schenkungsgebietes oft „Höllmannsried" genannt, was leicht zu Verwechslungen mit Höllmannsried bei Kirchberg führt. Drei Anwesen von Hermannsried gehörten um 1752 zur Hofmark Egg im Landgericht Deggendorf.
Der Ortsname Bischofsmais tritt erstmals um das Jahr 1125 auf in Verbindung mit einem „Bertholdus de Piscolfesmaez". Als passauisches Kirchenlehen kam der Bereich wenig später an die Grafen von Bogen und 1262 als Lehen an die Wittelsbacher. Bereits 1399 sind die Degenberger im Besitz von Bischofsmais. Sie bauten den Ort zum wirtschaftlichen Mittelpunkt ihres Pfleggerichtes Weißenstein aus, indem sie zahlreiche Handwerker ansiedelten. Nach 1607/09 kam Bischofsmais wieder an die Wittelsbacher. Die meisten Anwesen wurden ab Mitte des 18. Jahrhunderts auf Erbrecht vergeben.
Seelsorgerisch gehörte Bischofsmais noch im 19. Jahrhundert als Vikariat zur Pfarrei Seebach, wurde dann 1893 eine Pfarrei. Die nahe gelegene Wallfahrt St. Hermann verdankt ihr Entstehen dem Benediktiner-Heiligen Hermann, der hier eine Zeitlang lebte, bevor er um 1323 nach Frauenau ging.

Habischried

1 Dorf: Habischried (um 1200). 1 Weiler: Burggrafenried (um 1200). 3 Einöden: Hartwachsried (1336), Oberbreitenau (1585), Unterbreitenau (vor 1585).
187 Einwohner, 1.205 ha Gemeindefläche.
Der Ort dürfte, wie die Endsilbe -ried aussagt, von den Grafen von Bogen um das Jahr 1200 angelegt worden sein, ebenso Burggrafenried. Beide Orte liegen nahe der Westgrenze des Altlandkreises Regen, zwischen dem Rinchnacher Schenkungsgebiet und dem Allodbesitz der Grafen von Bogen im Altlandkreis Viechtach. Habischried war lange Zeit der Hofmark March zugehörig. Hartwachsried gilt als eine Gründung des Hartwig von Degenberg. Es wird in einem Erbteilungsbrief des Jahres 1336 erstmals genannt. Oberbreitenau wurde nach fast hundertjährigem Streit mit den Deggendorfer Nachbarn um das Grundrecht auf der „Braitenaw" vom

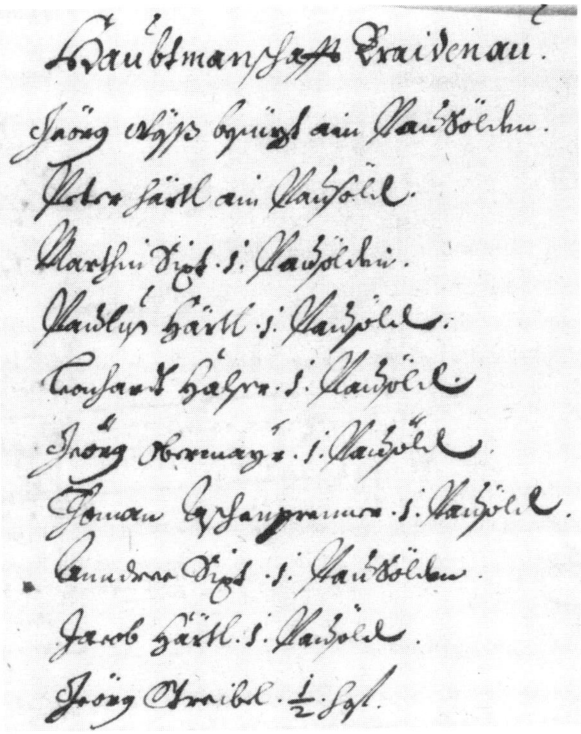

Am 15. Februar 1689 sandte der Gerichtsschreiber von Zwiesel, Franz Casimir Brandt, an das „Hochlöbliche Reformations-Directorio zu München" die befohlene Aufstellung über alle Untertanen, sowie Hofmarken und einschichtigen Güter aus den Gerichten Weißenstein und Zwiesel. Mitgeteilt werden mußte auch, wem die Anwesen mit der Niedergerichtsbarkeit und der Grundherrschaft zugehörten. Die hier aufgeführten Untertanen in der Hauptmannschaft „Braidenau" waren Urbars-Untertanen des Kastens Weißenstein und hatten die Güter auf „Leibgeding", das heißt, das Bauerngut auf den Leib, auf die Lebenszeit des Bauern, eventuell auch seiner Hausfrau, begrenzt. Die „Hauptmannschaft" war die kleinste Verwaltungseinteilung. Ursprünglich wurden Hauptmannschaften von etwa je zehn Höfen im 15. Jahrhundert gebildet als organisierter Selbstschutz der Gerichtsuntertanen. Dann wurde diese Organisation auch für die Steuererhebung übernommen. Zur Hauptmannschaft „Braidenau", deren neun Bausölden (Hofgröße 1/8) auf der Oberbreitenau und Einöde inzwischen abgegangen sind, gehörten im Jahr 1689: Georg Wöss – Peter Härtl – Martin Sixt – Paulus Härtl – Leonhardt Hälser – Geörg Obermayr – Thoman Aschenprenner – Andrae Sixt – Jacob Härtl und Geörg Streibl, ½ Hof, das Glashüttengut Unterbreitenau.

letzten Degenberger, Hans Sigmund, besiedelt. Im Jahre 1585 vergab er in rund 1000 Meter Höhe acht Siedlerstellen. In Unterbreitenau befand sich im Jahr 1585 bereits eine Glashütte, die nicht in Betrieb war, demnach schon einige Zeit früher entstanden sein muß.
Seelsorgerisch gehört die Gemeinde Habischried nach Bischofsmais.
Bereits am 1. Januar 1971 erfolgte die freiwillige Eingemeindung nach Bischofsmais.

Hochdorf
7 Dörfer: Hochdorf (vor 1200), Fahrnbach (1254),Ginselsried (vor 1200), Hochbruck (1821/24), Langbruck (1254), Ritzmais (vor 1200), Seiboldsried vorm Wald (1254). 7 Weiler: Birkenthal (1824/67), Dietrichsmais (vor 1200), Käsermühl (vor 1752), Ritzmaisersäge (vor 1808), Scheibe (um 1900?), Stegwiese (1824/67), Wolfersbach (vor 1752). 7 Einöden: Burgstall, Dürrwies, Einöde (alle 1824/67), Fichtenbach (1904/22), Füllersäge (um 1900), Kaltenbrunn (um 1900?), Oed (nach 1900). 1.156 Einwohner, 1.939 ha Gemeindefläche.
Der Ort Hochdorf hieß bis um das Jahr 1550 Diepoldsmais. Er liegt an dem uralten Weg zwischen Böhmen und „Baiern", dessen Benutzung bereits für das 6. Jahrhundert nach Christus nachgewiesen ist. Die Flurnamen „Schloßberg" und „Burgstall" weisen auf einen befestigten Rastplatz hin, der schriftlich noch nicht belegt ist. Stark verschliffene Gräben und eine verzweigte Anlage unterirdischer „Schrazellöcher" sind die einzigen Erinnerungen daran. Die Höfe von Hochdorf/Diepoldsmais gehörten verschiedenen Grundbesitzern, die Mehrzahl zum Pfleggericht Weißenstein. Die Bauernhöfe der anderen alten Gemeindeorte gehörten teils einzeln, teils im Ortsverband verschiedenen Hofmarken, Gotteshäusern und weltlichen Grundherren. Die Eingemeindung von Hochdorf nach Bischofsmais erfolgte mit Wirkung vom 1. Mai 1978. Seelsorgerisch gehörten alle Orte der Gemeinde schon vor der Eingemeindung nach Bischofsmais.

Leistungen nach 1945:
Bischofsmais: 1959 Neubau einer Volksschule. 1961 Wasserversorgung Bischofsmais–Hochdorf. 1965/69 Abwasserbeseitigung. 1969 Erweiterung der Volksschule. 1973 Abwasserbeseitigung. 1972/73 Fremdenverkehrserschließung (Siemens). 1976/77 Wanderweg nach Unterbreitenau.
Habischried: 1967 Fremdenverkehrsfördernde Erschließungsmaßnahmen Unterbreitenau.
Hochdorf: 1959 Neubau einer Gemeindekanzlei mit Feuerwehrgerätehaus. 1960 Umbau der Volksschule. 1962 Wasserversorgung Langbruck. 1964 Erschließung des Erholungsgebietes Dürrwies. Neubau eines Lehrerwohnhauses Hochdorf. Wasserversorgung Seiboldsried. 1965 Wasserversorgung Dietrichsmais.

BODENMAIS

1 Markt: Bodenmais (1301). 5 Dörfer: Klause (Einsiedl, 1808), Mais (1254), Miesleuthen (1752), Silberberg (1818), Unterlohwies (1752). 7 Weiler: Böhmhof (1594), Glashütte (1752), Karlhammer (Althammer, 1578), Kohplatz (Frostloch, 1752), Mooshof (1301), Untersteinhaus (1752), Waid (nach 1928). 7 Einöden: Bergwinkl (1301), Harlachberg (1578), Kothinghammer, Kreuzseign, Oberlohwies, Obersteinhaus (1752), Sternhammer (Oberhammer, 1578).
3.363 Einwohner, 4.807 ha Gemeindefläche.
Die erste Erwähnung von Bodenmais erfolgt im 2. Herzogs-Urbar der Jahre 1301/07 als „Pobenmaizz", im 3. Urbar 1312 als „Pabenmaizz". Es erhielt seinen Namen wahrscheinlich von einem Pobo oder Pabo, der im Auftrag und als Ministeriale der Grafen von Bogen die Gegend urbar machte. Nach dem Aussterben der Grafen von Bogen im Jahr 1242 kam die Gegend in den Besitz der Wittelsbacher Herzöge. Die Ortschaft Mais wird bereits im Jahr 1254 in einer Urkunde des Klosters Niederaltaich genannt. Im Urbar von 1301/07 wird auch bereits „das Goltwerch zu Pabenmaizz" erwähnt. Es dürfte sich dabei um Goldwäscherei gehandelt haben. Die erste Erwähnung von bergmännischem Erzabbau erfolgt im Jahr 1364. Damals gab Herzog Albrecht I. das Eisenwerk und das dazugehörende Hammerwerk dem Augsburger Münzmeister Allhart zu Lehen. 100 Jahre später, 1463, vergaben die bayerischen Herzöge die Grube namens „allmächtige Gottesgab" mit den Freiheiten und Rechten des Bergwerks von Rattenberg/Tirol einem Regensburger Schultheiß. Umfangreiche „Freiheiten" für die Bergleute wie freien Holzbezug, Grund und Boden, Steuer-, Gült- und Schwarwerksfreiheit gewährten die Herzöge Wilhelm IV. und Ludwig am 29. März 1522. Bodenmais wurde seither amtlich als „Bergstadt Bodenmaiß" bezeichnet. Manche Historiker interpretieren diese Freiheiten so, daß Bodenmais zur „gefreiten Bergstätte" wurde nach dem Muster der Bergordnung von St. Annaberg im Erzgebirge. Die Bergleute durften auch den Bürgermeister, den Richter und die Räte frei wählen, durften einen Wochenmarkt am Samstag und täglich einen Lebensmittelmarkt abhalten. Da die Bergleute von allem befreit waren, wurden bis zum Jahr 1808 auch keine Anwesensgrößen notiert.
So großzügig wie an Bodenmais waren bis dahin noch nie in Bayern Bergfreiheiten vergeben worden. Zu jener Zeit betrieben die Herzöge das Bergwerk selbst. Von 1551 bis 1667 war Bodenmais dann im Besitz von vier Generationen Köck. Es folgten verschiedene private Besitzer, bis Kurfürst Max Emanuel im Jahr 1697 die Hofmark Bodenmais zurückerwarb. Eine zeitlang betrieb der Landesherr das Bergwerk mit Mitgewerken, ab 1772 als Alleinbesitzer. Seit 1697 sprach man von der „kurfürstlichen Hofmark Bodenmais". Weltliche Hofmark mit allen Gerechtigkeiten, auch der Niedergerichtsbarkeit, war Bodenmais zu Zeiten der Köck im Jahr 1578 geworden. Bereits im Jahr 1615 gab es den Unterschied zwischen der „inneren" Hofmark der Berggenossen und der „äußeren" Hofmark mit den Bauern
Zur „inneren" Hofmark gehörten nach dem Hofanlagsbuch von 1752 die heutigen Orte Bodenmais, Ober- und Unterlohwies, Ober- und Untersteinhaus, Kreuzseign, Böhmhof, Kohlplatz, Miesleuthen, Glashütte und Klause. Zur „äußeren" Hofmark gehörten die Orte „Bauernanger", wie das Dorf Bodenmais bis 1888 genannt wurde, (im Gegensatz zur Bergstadt), dann Mais, Mooshof, Bergwinkl, Karlhammer, Sternhammer, Kothingham-

Stahlstich von Bernhard Grueber, 1846

mer und Harlachberg. Der Weiler Maisried wurde 1932 nach Böbrach umgemeindet.
Diese Unterteilung blieb bis zum Jahr 1814, als die Patrimonialgerichtsbarkeit (seit 1808) in ein Ortsgericht umgewandelt wurde, beide Hofmarken zusammengelegt wurden. Bereits 1820 wurde das Ortsgericht aufgelöst und die Gerichtsbarkeit dem Landgericht Viechtach übertragen.
Am 1. Oktober 1822 wurde Bodenmais dem Landgericht Regen zugeteilt. Als Grund wurden geographische Gegebenheiten genannt und bessere Verkehrsverhältnisse, die größere Nähe zum Gerichtsort Regen (drei Gehstunden) als nach Viechtach (fünf Gehstunden).
Im November 1858 wurde das königliche Berg- und Hüttenamt Bodenmais aufgelöst und in eine Hüttenverwaltung umgewandelt, die dem Bergamt Bodenwöhr unterstand. 1962 wurde der Bergbaubetrieb eingestellt.
Am 2. September 1958 wurde Bodenmais zum Markt erhoben. Die einzige „kurfürstliche Hofmark" im Bayerischen Wald, die einzige „Bergstadt" von Jahrhunderte dauernder Bedeutung wurde zum einzigen Markt im Altlandkreis Regen.
Seelsorgerisch war Bodenmais zunächst eine Bergkaplanei und Filiale der Pfarrei Böbrach. Die „innere" Hofmark wurde 1694 eigene Pfarrei. Die Orte der „äußeren" Hofmark wurden teils 1833, teils 1851 von Böbrach nach Bodenmais umgepfarrt.

Leistungen nach 1945:
1951 Ausbau der Straße Bodenmais–Arbersee (inzwischen zur Staats-Straße 2136 erhoben). 1952 Pflasterung der Schulbergstraße. 1957 Wasserversorgung Scherau. 1961 Neubau eines Schwimmbades. 1963 Bau einer Straße von Miesleuthen zum Kronberg. 1964 Wasserversorgung Mais. Wasserversorgung Bodenmais. Neubau einer Volksschule. 1965 Skiabfahrt vom Hochzellberg. 1967 Erschließungsmaßnahmen für Kurhaus und Kurgelände. Bau eines Kurhauses. Errichtung einer Schulsportanlage. 1969 Abwasserbeseitigung Bauabschnitt I. 1970 Bau eines Hallenbades. 1972 Wasserversorgung Bodenmais. Ausbau des Marktplatzes. 1973/77 Abwasserbeseitigung. 1974 Bau eines Veranstaltungssaales im Pfarrzentrum. 1977 Errichtung einer Spiel- und Sportanlage.

FRAUENAU

1 Pfarrdorf: Frauenau (1331). 6 Dörfer: Althütte (vor 1420), Dörfl (vor 1582), Flanitz (1356), Flanitzmühle (um 1400), Oberfrauenau (vermutlich im 16. Jahrh.), Reifberg (vor 1700). 5 Weiler: Altposchingerhütte (1668), Flanitzalm (vor 1800), Lüftenegg (vor 1800), Oberlüftenegg (vor 1900), Zell (1324). 2 Einöden: Glaserhäuser (1708), Linden (1921). 1 Siedlung: Zwieselau (nach 1900).
3.309 Einwohner, 5.959 ha Gemeindefläche.
Im Jahr 1324 zog der selige Hermann, ein Laienbruder des Klosters Rinchnach, von St. Hermann bei Bischofsmais an den Nordhang des Flanitztales und erbaute sich dort eine schlichte Zelle. Er starb im Jahr 1326. Im Jahr 1331 ließ Erbhofmeister Hartwig von Degenberg etwas unterhalb der Zelle im Flanitztal eine hölzerne Kapelle zu Ehren Unserer Lieben Frauen erbauen und nannte den Talgrund „Unserer Frauen Au". 1341 erhielt Hartwig von Degenberg diese Frauenau und ein großes Gebiet rundum von Kaiser Ludwig dem Bayern als Schenkung. Ein Jahr später 1342 übereignete Hartwig diese Schenkung an das Kloster Rinchnach. Bereits 1396 wurde der Grundstein für eine Kirche aus Stein gelegt, deren Erbauung im Jahr 1420 vollendet war. Im gleichen Jahr 1420 stellte ein „Hans Ernst, derzeit Glaser an dem Frauenberg" eine Urkunde über den Verkauf eines eigenen Grundstückes aus. Er hat vermutlich das Glas für die schmalen gotischen Kirchenfenster hergestellt. In Frauenau gab es zu jener Zeit zwei Priester, für deren Unterhalt ein „Pfarrwiddum", ein „Hofgebäu", ein landwirtschaftliches Anwesen sorgte. In Verbindung mit den Geistlichen und dem Gotteshaus, das sich zu einer vielbesuchten Wallfahrtsstätte entwickelte, lebten bis zur Säkularisation in Frauenau nur die Hilfskräfte für die Landwirtschaft, zuletzt in kleinen Anwesen über „die Häng" verstreut. Erst nach der Säkularisation des Jahres 1803, durch den Übergang des kirchlichen Grundbesitzes an den Staat, entwickelte sich Frauenau rasch zu einem großen Ort. Der Staat gab gerne und preiswert den Hausbesitz der Kirche und Grundstücke für Neubauten in private Hand.
Die erste Glashütte stand sicher in Althütte. Der Betrieb wurde fortgeführt. Im Jahre 1605 erwarb Paulus Poschinger von Zwieselau die Frauenauer Glashütte. Seither ist sie im Besitz der Familie Poschinger. Ende des 17. Jahrhunderts wurde der Hüttenbetrieb auf die gegenüberliegende Talseite an den Fuß des Berges Rachel verlegt, vertraglich mit dem Kloster Rinchnach ein Glashüttengut gebildet. Mit den verschiedenen und häufig wechselnden Hüttenarbeitern entwickelte sich das Glashüttengut zu einem eigenen Gemeinwesen. Im Jahre 1785 wurde der Gutskomplex zur Hofmark erhoben. Im Jahr 1820 wurde die Hofmark Oberfrauenau ein Patrimonialgericht II. Klasse. Im Jahre 1848 wurden alle Patrimonialgerichte gesetzlich aufgehoben, auch Oberfrauenau. 1863 wurde ein Fideikommiß gebildet, das die Unteilbarkeit und Unveräußerbarkeit, die jahrhundertealten Grundsätze des Erbrechtes, beinhaltet.
Im Jahr 1929 wurde eine zweite Glashütte, die „Gistl-Hütte", errichtet, nach dem 2. Weltkrieg die „Eisch-Hütte" als dritte Glasproduktions-Stätte.
Flanitz ist eines der vier Dörfer, die zwischen 1345 und 1356 (erste Erwähnung) vom Kloster angelegt wurden. Die 15 Höfe blieben bis um das Jahr 1800 unverändert. Die acht Höfe in Dörfl werden erstmals im Degenbergischen Salbuch von 1582 aufgeführt. Frauenau war von der Gemeindereform nicht betroffen.

Seelsorgerisch gehörte Frauenau zunächst nach Rinchnach, wurde 1539 nach Zwiesel inkorporiert, 1684 kam es wieder zu Rinchnach und seit 1806 ist es eine selbständige Pfarrei.

Leistungen nach 1945:

1950 Bau der Knabenvolksschule. 1957 Bau des Schwimmbades. 1959 Umbau der Mädchenvolksschule. 1961/68 Abwasserbeseitigung. 1964 Erweiterung der Wasserversorgung. 1971/74 Neubau eines Glasmuseums. 1972 Anlage von Tennisplätzen. 1974 Errichtung einer Mehrzweckhalle.

KIRCHBERG

2 Pfarrdörfer, 17 Dörfer, 7 Weiler, 3 Einöden.
3.543 Einwohner, 4.879 ha Gemeindefläche.
Die Gemeinde Kirchberg setzt sich zusammen aus den Gemeinden Kirchberg, Raindorf und Zell.

Kirchberg

1 Pfarrdorf: Kirchberg (1146). 5 Dörfer: Mitterbichl, Obernaglbach, Sommersberg, Unternaglbach, Unterneumais (1254). 1 Weiler: Stadlhof (kurz vor 1254 gegründet). 2 Einöden: Furthmühle (1685), Holzmühle (1752).
1.582 Einwohner, 1.283 ha Gemeindefläche.
Am 12. Juli 1146 erhielt Abt Konrad von König Konrad III. die Bestätigung für die Schenkung des „Gotthardsberges" an das Kloster Niederaltaich. Im Jahr 1254 schrieb Abt Hermann in einem Steuer-Verzeichnis bereits „von den Gütern in der Pfarrei Kirchberg". Es heißt, daß Kirchberg den Namen „Gotthardsberg" abgeben mußte an den Weg über den „Gotthardpaß" (seit Mitte 13. Jahrh. von Rom-Pilgern viel begangen, 1293 erste urkundliche Erwähnung, Hospiz mit St. Gotthards-Kapelle 1331 erstmals urkundlich erwähnt). Im Jahr 1254 ist auch bereits ein Grundrichter in Kirchberg belegt, der spätere Grund-Amtmann. Dieser durfte von 1299 bis 1644 auch die Niedergerichtsbarkeit ausüben, danach nur noch Verbriefungen von Hofübernahmen, Heiratsbriefen und ähnlichem vornehmen. Grundherren von Kirchberg waren etwa zu gleichen Teilen das Kloster Niederaltaich und die Propstei Rinchnach. Der Gemeindebereich Kirchberg bietet heute das gleiche Bild wie zur Zeit der ersten Steuerbeschreibung im Jahr 1254: es sind keine neuen Ortschaften hinzugekommen.
Seelsorgerisch wurde Kirchberg 1146 als Pfarrei gegründet, war danach eine zeitlang der Propstei Rinchnach inkorporiert und ab 1304 wieder eigene Pfarrei.

Raindorf

1 Pfarrdorf: Untermitterdorf (1254). 7 Dörfer: Raindorf, Hangenleithen, Hintberg, Kaltenbrunn, Laiflitz, Schönbrunn (1254), Wolfau (1752). 1 Weiler: Berneck (1249).
1.091 Einwohner, 1.744 ha Gemeindefläche.
Die Gemeinde Raindorf schart sich um den Fürberg (880 m ü. NN) in der Südost-Ecke des Altlandkreises Regen. Die Dörfer wurden alle vom Kloster Niederaltaich besiedelt. Sie unterstanden bis zur Säkularisation im Jahr 1803 dem Kloster mit der Grundherrschaft. Einzige Ausnahme ist das Dorf Raindorf, dessen zwölf Anwesen teils dem Pfarrhof Regen, dem Pfarrgotteshaus Regen, dem Pfarrgotteshaus Kirchberg, der Propstei Rinchnach und dem Kastenamt Weißenstein zugehörten. Im Gemeindebereich sind seit der Besiedelung keine neuen Ortschaften entstanden, denn auch Wolfau dürfte sehr viel älter sein als bisher bekannt.
Seelsorgerisch gehörte die Gemeinde zunächst geschlossen nach Kirchberg. 1864 wurde in Untermitterdorf eine Filiale von Kirchberg eingerichtet, seit 1885 exponierte Kooperatur, seit 1921 Pfarrei. Seit 1864 gehören die vier Dörfer im Westen der Gemeinde Raindorf nach wie vor zur Pfarrei Kirchberg, die fünf übrigen seelsorgerisch nach Untermitterdorf.
Raindorf wurde mit Wirkung vom 1. Mai 1978 nach Kirchberg eingemeindet.

Zell

5 Dörfer: Zell, Dösingerried, Ebertsried, Höllmannsried, Reichertsried (1254). 5 Weiler: Dornhof (1752), Gfradert (1760), Kleinloitzenried (1241/70), Ottenberg (1304), Schleeberg (1301). 1 Einöde: Voglmühle (1752).
880 Einwohner, 1.852 ha Gemeindefläche.
Die Gemeinde Zell entstand erst im Jahr 1830 durch das Zusammenlegen der 1821 gebildeten

Gemeinden Reichertsried und Zell. In diesem Südwest-Teil des von Kirchberg–Niederaltaich aus besiedelten Raumes waren die Grundbesitzverhältnisse in der Vergangenheit nicht so übersichtlich wie im übrigen Amt Kirchberg. Die zahlreichen -ried-Orte lassen erkennen, daß die Grafen von Bogen, die Vögte des Klosters Niederaltaich, in diesem zunächst außerhalb des Rinchnacher Schenkungsgebietes liegenden Bereich Dienstmannensitze errichteten. Später war das Kloster bemüht, die in der Schenkung von 1146 gelegenen Höfe dem Klosterbesitz zuzuführen. Dies gelang nur bedingt. 1254 waren zehn Anwesen in Zell in der Hand des Abtes. Später wurde der Ort, ebenso wie Höllmannsried, eine geschlossese Hofmark. Beide waren ab Mitte des 16. Jahrhunderts mit den Hofmarken Au–Reinhartsmais und March unter einem Besitzer vereint. Zur Hofmark Zell gehörten noch sogenannte einschichtige Güter in benachbarten Dörfern.
Ebenfalls eine geschlossene Hofmark bildeten die sechs Anwesen von Kleinloitzenried. Dazu gehörten neun (von 16) Anwesen in Trametsried. Die Hofmarken Zell und Höllmannsried wurden 1828, die Hofmark Kleinloitzenried 1830 an den Staat verkauft. 1830 wurde dann eine neue Gemeinde mit dem Namen Zell gebildet.
Seelsorgerisch gehören alle Orte der Gemeinde Zell seit jeher zur Pfarrei Kirchberg.
Die Eingemeindung nach Kirchberg erfolgte mit Wirkung vom 1. Januar 1976.

Leistungen nach 1945:
Kirchberg: 1950 Haus der Bäuerin. Wasserversorgung Kirchberg–Unterneumais. 1953 Neubau der Knabenvolksschule. 1955 Wasserversorgung Sommersberg. 1957 Neubau der landwirtschaftlichen Berufsschule. 1963 Erweiterung der Mädchenvolksschule. 1968 Abwasserbeseitigung. Erweiterung der Volksschule mit Turnhallenbau und Lehrschwimmbecken. Errichtung einer Schulsportanlage. 1976 Sanierung der TSZ-Decken im landwirtschaftlichen Berufsschulgebäude.
Raindorf: 1955 Wasserversorgung Laiflitz (Wasserbeschaffungsverband). 1956 Neubau einer Volksschule in Untermitterdorf. 1958 Wasserversorgung Untermitterdorf. 1963 Wasserversorgung Hangenleithen–Höllmannsried. Umbau des alten Schulhauses in Untermitterdorf. 1964 Neubau eines Verwaltungsraumes mit Lehrerwohnung in Untermitterdorf. 1967 Neubau eines Schulsportplatzes. 1969 Zweckverband zur Wasserversorgung der Raindorfer Gruppe (fünf Gemeinden). 1971 Sanierung der TSZ-Decken im Schulhaus Untermitterdorf. 1975 Flurbereinigungsmaßnahmen.

Zell: 1956 Erweiterung der Volksschule. 1962 Wasserversorgung Schleeberg.

KIRCHDORF

1 Pfarrdorf: Kirchdorf (1140). 8 Dörfer: Abtschlag, Bruck, Grünbach (1245), Grünbichl (1301), Haid (1752), Kirchdorföd (vor 1808), Schlag, Trametsried (1254). 2 Weiler: Röhrnachmühle , Waldhaus (vor 1752). 2 Einöden: Hinhart (1867), Zellermühle (1752).
1.948 Einwohnwer, 3.057 ha Gemeindefläche.
Die heutige Gemeinde Kirchdorf entstand durch freiwillige Eingemeindung mit Wirkung vom 1. Januar 1972 der verhältnismäßig kleinen Gemeinden *Abtschlag* (mit Grünbach und Zellermühle, 273 Einwohner, 744 ha Gemeindefläche) und *Schlag* (mit Haid, Hinhart und Trametrsreid, 495 Einwohner, 923 ha Gemeindefläche) nach Kirchdorf (1.231 Einwohner, 1.390 ha Gemeindefläche).
Kirchdorf wurde als Filiale von Kirchberg gegründet. Die ersten Erwähnungen nennen den Ort „Maria-Berg" und „Maria im Wald". Um das Jahr 1040 hat in der damaligen Waldeseinsamkeit der Mönch Wilhelm als Einsiedler gelebt. Er liegt zu Rinchnach begraben. Die Schenkung des „Gotthardsberges" (Kirchberg) mit dem umliegenden Gebiet schloß auch den Raum Kirchdorf ein. Ein Chronist des Klosters Niederaltaich nennt das Jahr 1149 als erste Erwähnung dieser Marienkirche im Wald in einer päpstlichen Urkunde. Sie wurde damals dem Kloster Rinchnach inkorporiert. Auffallend ist, daß Kirchdorf, Bruck, Grünbichl, Haid und Schlag von Rinchnach besiedelt wurden, während Abtschlag, Grünbach, Trametsried und Zellermühle dem Kloster Niederaltaich direkt grundbar waren, von die-

sem gegründet wurden. Ein Hof (von drei) in Grünbichl und drei Höfe (von 17) in Schlag waren ebenfalls direkt nach Niederaltaich grundbar. Die Röhrnachmühle war früher ein sogenannter „einschichtiger Untertan" der Hofmark Rammelsberg im benachbarten ehemaligen Gericht Bernstein.
In Kirchdorf entwickelte sich im Laufe der Jahrhunderte eine vielbesuchte Wallfahrt, die bis zu 15.000 Pilger jährlich aufsuchten. Kirchdorf ist seit 1149 Kirchort für die Umgebung, zuerst als Filiale von Kirchberg bis 1204, dann bis 1289 nach Rinchnach inkorporiert, von 1289 bis 1570 Filiale von Kirchberg und seit 1570 eigene Pfarrei, die von Rinchnach aus pastoriert wurde und seit 1906 einen eigenen Pfarrer hat. Die bis 1971 kleinere Gemeinde Kirchdorf ist ihrer Struktur nach der seit dem Mittelalter beständigste Formationsverband aller Gemeinden im Altlandkreis Regen. Zur Unterscheidung von anderen gleichnamigen Orten wurde der Ortsname im Jahr 1955 in „Kirchdorf im Wald" umgeändert.

Die Gemeinden Abtschlag und Schlag, die seelsorgerisch seit jeher nach Kirchberg gehören, weisen seit ihrer Besiedelung keine neuen Ortsgründungen auf mit Ausnahme von Hinhart (vor 1867).

Leistungen nach 1945:
Kirchdorf: 1951 Wasserversorgung in Kirchdorf. 1963 Neubau einer Volksschule. 1968 Umbau des ehemaligen Schulgebäudes zu einem Lehrerwohnhaus.
Abtschlag: 1964 Wasserversorgung Grünbach.

LANGDORF

1 Pfarrdorf, 6 Dörfer, 4 Weiler, 4 Einöden.
1.730 Einwohner, 2.898 ha Gemeindefläche.
Die Gemeinde Langdorf besteht aus dieser Gemeinde und der Gemeinde Brandten (1. Januar 1976).

Langdorf
1 Pfarrdorf: Langdorf (1299). 3 Dörfer: Kohlnberg (1302), Nebelberg (1870), Schöneck (1299). 3 Weiler: Froschaumühle (um 1500), Klafferhof (vor 1500), Waldmann (1806). 3 Einöden: Burgstall (1868), Klaffermühle (1299), Paulisäge (1840).
1.199 Einwohner, 1.631 ha Gemeindefläche.

„Das lange Dorf", Schöneck und Klaffermühle (sowie Schwarzach, Gde. Brandten) wurden um das Jahr 1300 von den Wittelsbacher Herzögen besiedelt und wenig später im Jahr 1324 an den Erbhofmeister Hartwig von Degenberg auf Burg Weißenstein verpfändet. Dem Degenberger wurde auch die niedere Gerichtsbarkeit über die „vier Dörfer" erteilt. Trotz einer Klausel zur Wiedereinlösung blieben die Dörfer fortan Teil des Pfleggerichts und Kastenamtes Weißenstein. Mit diesen Dorfgründungen wurde gewissermaßen die zweite Besiedelungsperiode im nördlichen Teil des heutigen Altlandkreises Regen eingeleitet. Man begann damit auf dem rechten, dem Westufer des Schwarzen Regenflusses, zwischen den Orten Regen und Zwiesel und zu beiden Seiten der Schwarzach. Bereits Mitte des 14. Jahrhunderts war die Herrschaft Weißenstein mit den vier Dörfern Allodbesitz, Eigentum der Degenberger geworden. Wegen der Entlegenheit der vier Dörfer zum Amtssitz auf Burg Weißenstein saß in Langdorf ein Amtmann.
Zu einer gewissen Berühmtheit gelangten die vier Dörfer, weil sie sozusagen die kriegerischen Handlungen des Böcklerkrieges auslösten. Am 5. August 1468 forderte Herzog Albrecht IV. von den Degenbergern die im Jahr 1324 verpfändeten Dörfer zurück. Als die Brüder Hans und Peter von Degenberg die vier Dörfer nicht zurückgaben, eröffnete Albrecht IV. den Feldzug. Auf den Tag genau, vier Monate später, am 5. Dezember 1468 wurde Burg Weißenstein erobert und einige Jahre unter herzoglicher Herrschaft folgten. Im Jahr 1447 stellte der Waffenstillstand den alten Zustand wieder her. Der Hofbestand in den Dörfern hat sich zwischen der Anlage des ersten Degenbergischen Salbuches 1434/37 und dem Kataster von 1808 nur geringfügig verändert.
Das Alter und die Bedeutung des „Burgstalls" in der Gemeinde Langdorf, am Zusammenfluß von Schwarzach und Schwarzem Regen, konnten bis jetzt noch nicht geklärt werden. Die Überlieferung bringt die Anlage mit den ersten Degenbergern (ab 1308 Herren auf Burg Weißenstein) in Verbindung. Seelsorgerisch war die Gemeinde Langdorf zunächst eine Filiale von Regen, seit 1805 eigene Pfarrei.

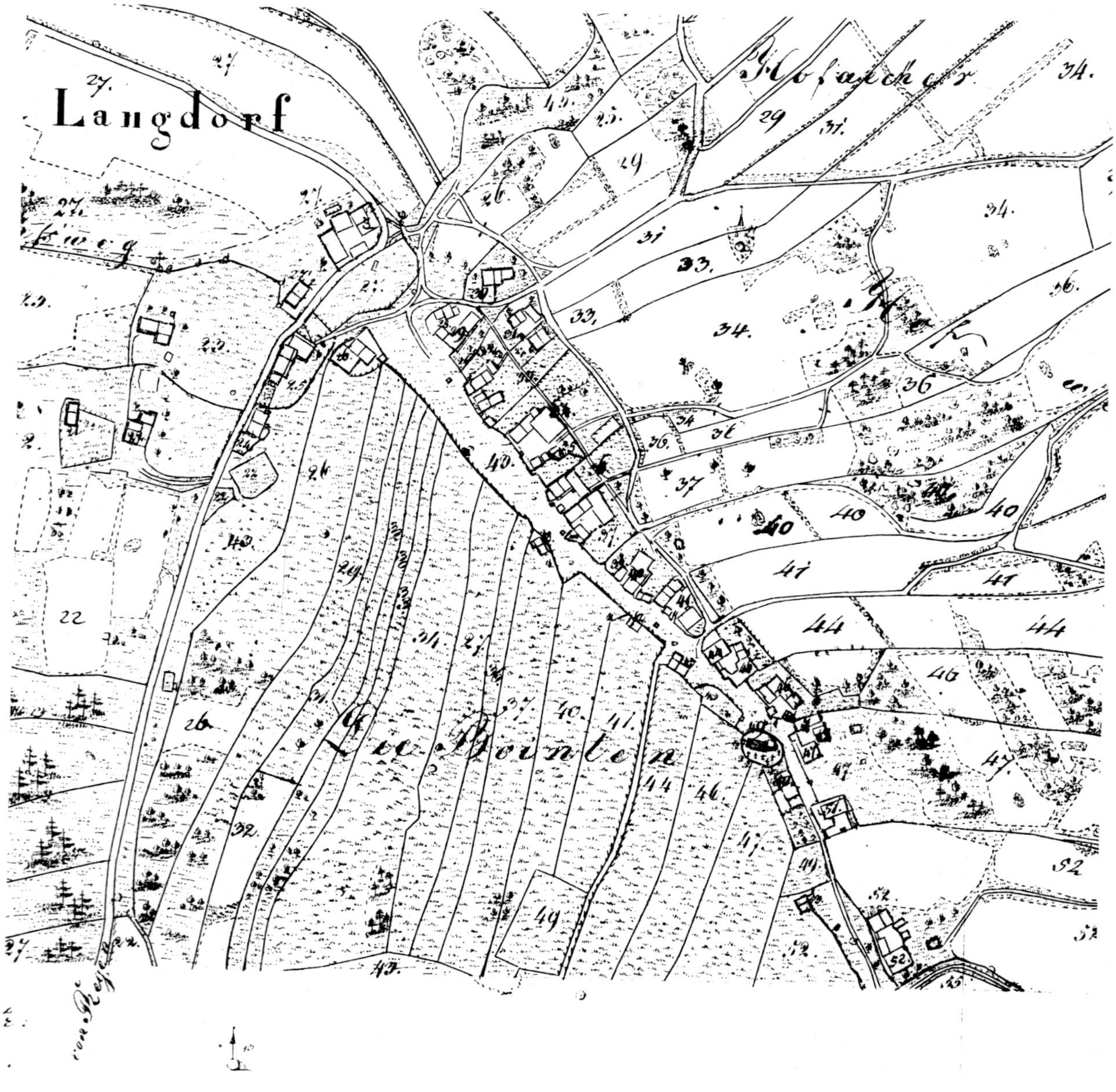

Ur-Aufnahmeblatt vom Jahr 1829 von Langdorf, das in alten Urkunden häufig als „das lange Dorf" bezeichnet wird. Langdorf ist ein typisches Straßendorf.

Brandten
3 Dörfer: Brandten (1582/92), Außenried (1356/1409), Schwarzach (1302). 1 Weiler: Reisachmühle (1830/35). 1 Einöde: Froschau (1850).
537 Einwohner, 1.267 ha Gemeindefläche.

Die Gemeinde Brandten setzt sich zusammen aus drei Dörfern verschiedener Rodungsperioden. Schwarzach entstand im Verbund mit den „vier Dörfern" (drei in der Gemeinde Langdorf) als Siedlung bayerischer Herzöge. Außenried gehört siedlungsgeschichtlich in den Raum Zwiesel, fügte sich jedoch bei der Gemeindeformation des Jahres 1821 geographisch günstiger in einen Gemeindeverband in Richtung Langdorf. Brandten ist die jüngste Dorfanlage, eine Brand-Rodung des letzten Degenbergers. Das Geschlecht starb 1602 aus, Erbe wurden die Wittelsbacher. Froschau und Reisachmühle sind, wie die meisten Siedlungen des 19. Jahrhunderts, die Folge der Bauernbefreiung des Jahres 1848. Die Aufhebung der Gebundenheit von Grund und Boden an den Bauernhof machte die Anlage von Anwesen im Außenbereich möglich. Seelsorgerisch gehören die 5 Ortsteile seit 1805 zur Pfarrei Langdorf.
Die Gemeinde Brandten wurde mit Wirkung vom 1. Januar 1976 nach Langdorf eingemeindet.

Leistungen nach 1945:
Langdorf: 1960 Neubau der Gemeindekanzlei Langdorf. 1965 Erweiterung der Wasserversorgung Langdorf. 1969 Neubau eines Schulsportplatzes. 1976 Abwasserbeseitigung Langdorf.
Brandten: 1963 Neubau einer Gemeindekanzlei mit Feuerwehrhaus.

LINDBERG
2 Pfarrdörfer: Lindberg (1356), Ludwigsthal (1826). 3 Kirchdörfer: Buchenau (1629), Spiegelhütte (1836), Unterzwieselau (1645). 5 Dörfer: Kreuzstraßl (1937), Lehen (1874), Lindbergmühle (1749), Oberzwieselau (vor 1434), Zwieslerwaldhaus (1769/78). 7 Weiler: Beihof (1640), Benat (1814/43), Dampfsäge (= Regenhütte 1814), Jungmaierhütte (1587), Pochermühle (vor 1800), Rieshaus (1615), Schleicher (1900). 4 Einöden: Altpocher (um 1500), Scheuereck (1831), Schwellhäusel (1859), Falkenstein-Schutzhaus (1932/33). 1 Siedlung: Oberlindbergmühle (1929).
2.291 Einwohner, 5.813 ha Gemeindefläche.
Die Gemeinde Lindberg wurde im Jahr 1821 aus dem Dorf Lindberg mit der gemeindeeigenen Lindbergmühle und sieben Orten im Bereich des Glashüttengutes Oberzwieselau, sowie den dazwischen liegenden Höfen in Beihof und Unterzwieselau, die aus dem Glashüttengut hervorgegangen sind, gebildet. Alle Bauern und das Glashüttengut waren zum Kastenamt Weißenstein grundbar. Die Gemeinde Lindberg wurde 1821 von elf der heute 22 Ortschaften gebildet. Zwieslerwaldhaus, das bereits bestand, war lange ausmärkisch, wurde erst im Jahr 1897 bzw. 1966 eingemeindet. Die übrigen zehn Ortschaften sind Gründungen des 19. Jahrhunderts. Die Gemeinde Lindberg bietet einerseits ein Beispiel für die Beständigkeit einer bäuerlichen Ansiedlung durch die Jahrhunderte. Das Dorf Lindberg wurde zwischen 1345 (Freibrief) und 1356 (erste Erwähnung) vom Kloster Rinchnach an dem uralten Saumweg zwischen Bayern und Böhmen angelegt. Die 19 Höfe bestanden bis um das Jahr 1800 unverändert. Andererseits demonstriert das Glashüttengut Oberzwieselau (erste Erwähnung 1434) das Entstehen zahlreicher, über den Gutsbesitz verstreuter Ansiedlungen durch die Anlage zweiter Hütten, durch Hüttenverlegungen, die Erbauung von Betriebswerken (Altpocher, Pochermühle) und die Schaffung von Wohnhäusern für die Arbeiter (Benat). Bauerndorf und Glashüttengut, das bedeutete auch grundverschiedene Einstellungen zu Grund und Boden und dessen Nutzung, zumal das Glashüttengut den umfangreichsten Waldbesitz aller Glashütten im Bayerischen Wald aufzuweisen hatte. Diese Unterschiede haben sich in gewisser Weise bis heute erhalten. Denn auch die Neuansiedlungen im 19. Jahrhundert waren teils dem Glas verbunden (Ludwigsthal, Spiegelhütte), teils entstanden sie nach dem Freiwerden von Grund und Boden auf ehemaligem Bauerngrund (Lehen, Schleicher, Oberlindbergmühle) und entwickelten sich zu jeweils geschlossenen Ortschaften. Eine dritte Gruppe von Ansiedlungen entstand im Wald, nachdem große Distrikte des Hüttenwal-

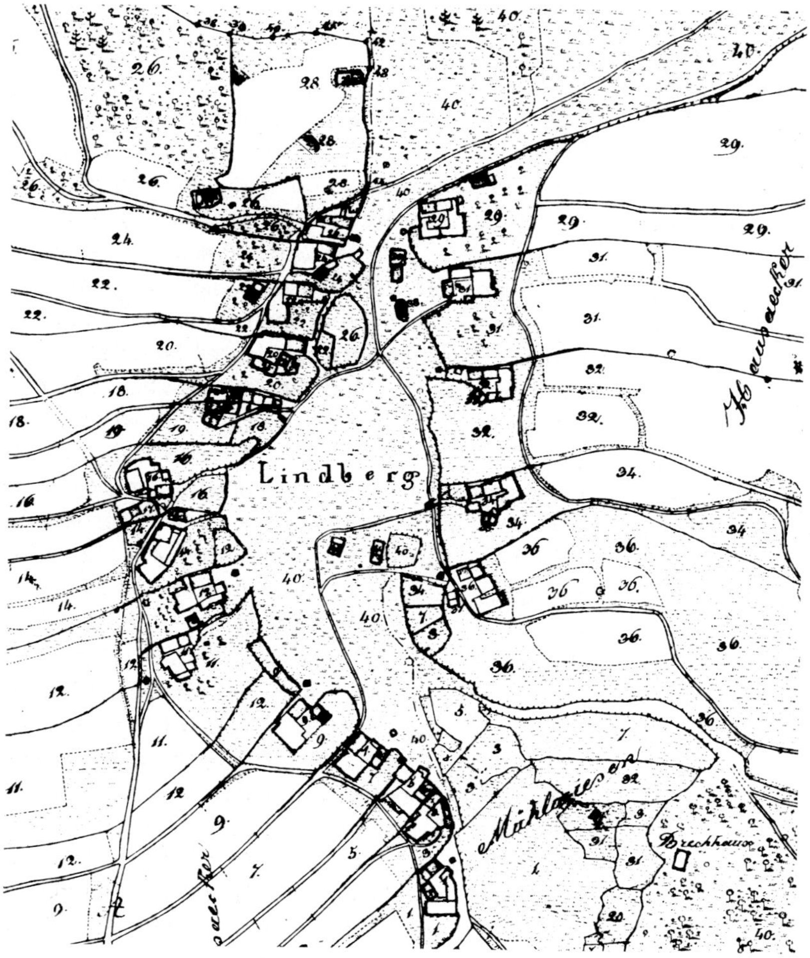

Die Ur-Aufnahme von 1829 zeigt das Dorf Lindberg, ein typisches Waldhufendorf. Alle Anwesen liegen hufeisenförmig um einen Dorfanger. Links, also westlich der mittleren Anwesen, verläuft der uralte Weg nach Böhmen.

des an den Staat abgetreten werden mußten, für Forstbeamte und Waldarbeiter (Zwieslerwaldhaus, Scheuereck, Schwellhäusl und Kreuzstraßl).

Anders als die Bauerndörfer, die im südlichen Kreisgebiet im 11/12. Jahrhundert entstanden und im Raum Zwiesel im 14. Jahrhundert, hat das Dorf Lindberg seinen dörflichen Charakter fast verloren. Nur sechs von ehemals 19 Bauern sind noch Vollerwerbslandwirte. Bedeutende Flächen des Glashüttenwaldes sind in Staatsbesitz übergegangen, teils vor, teils nach der Gemeindeformation. Deshalb ist der Wald teils ausmärkisches, teils inmärkisches Gebiet. Von den insgesamt acht Glashütten, die in der Zeit zwischen 1434 und 1840 angelegt wurden, ist heute keine mehr in Betrieb. In Ludwigsthal wurden 1981 die Öfen kalt.

Seelsorgerisch gehörten die Orte der Gemeinde Lindberg zunächst nach Zwiesel. Nur Buchenau/Hilzenhütte hatte das viel näher gelegene Frauenau als Pfarrort. Deshalb wurde Buchenau mit Jungmaierhütte für einige Jahre der Gemeinde Frauenau eingegliedert, dann aber wieder der Gemeinde Lindberg zugeteilt, weil die Zugehörigkeit zum Gut Oberzwieselau entscheidend war. Pfarrort blieb Frauenau. 1960 wurde in Buchenau eine Filialkirche erbaut. In Lindberg wurde 1948 eine Expositur von Zwiesel errichtet, seit 1965 eigene Pfarrei. In Spiegelhütte wurde 1949 eine Filialkirche von Lindberg errichtet. In Ludwigsthal wurde im Jahr 1894 mit einem Kirchenbau für die zahlreichen Hüttenarbeiter der Glashütten Ludwigsthal und

Regenhütte zunächst eine exponierte Kooperatur von Zwiesel errichtet, die 1912 zur Pfarrei erhoben wurde. Ober- und Unterzwieselau sind nach wie vor nach Zwiesel eingepfarrt. Seit 1926 steht in Unterzwieselau eine Filialkirche. Die Seelsorge für die Gemeinde Lindberg verteilt sich demnach mit fünf Gotteshäusern auf vier Pfarreien: Lindberg, Ludwigsthal, Frauenau und Zwiesel.
Aufgrund der besonderen Gemeindestruktur war Lindberg von der Gemeindereform nicht betroffen.

Leistungen nach 1945:
1955 Wasserversorgung Kreuzstraßl (Wasserbeschaffungsverband).1957 Wasserversorgung Buchenau (Wasserbeschaffungsverband). 1959 Wasserversorgung Lindberg. 1961 Wasserversorgung Zwieslerwaldhaus (Wasserbeschaffungsverband). 1962 Erweiterung der Volksschule Lindberg. 1965 Neubau eines Lehrerwohnhauses in Ludwigsthal. 1971/72 Sanierung der Gemeindekanzlei mit Anbau. 1975 Anschluß an die Kanalisation Zwiesel. 1977 Erweiterung der Grund- und Teilhauptschule Lindberg. Abwasserbeseitigung Ludwigsthal.

REGEN

1 Stadt, 1 Pfarrdorf, 1 Kirchdorf, 15 Dörfer, 22 Weiler, 16 Einöden, 1 Siedlung.
10.921 Einwohner, 6.511 ha Gemeindefläche.
Das Stadtgebiet Regen besteht aus der Stadt Regen, der ehemaligen Gemeinde Bärndorf (1. April 1962 eingemeindet), einer Teilfläche der Gemeinde Rinchnachmündt (1. April 1964), der ehemaligen Gemeinde Weißenstein (Eggenried) (1. Juli 1964), der ehemaligen Gemeinde Oberneumais (1. Januar 1972), sowie den ehemaligen Gemeinden Rinchnachmündt und March (1. Mai 1978).

Regen

1 Stadt: Regen (1932/1148).
Rund 5.760 Einwohner (1961), 689 ha Gemeindefläche.
Die erste Erwähnung von Regen erfolgt im Jahr 1148 in Verbindung mit der dortigen Kirche. Die Historiker nehmen an, daß Regen vielleicht bereits im 11. Jahrhundert seelsorgerischer Mittelpunkt war, eine sogenannte Urpfarrei. Im Jahre 1207 wird die REGENBRÜCKE als eine wichtige Grenzmarkierung erwähnt und im Jahr 1228 wird Regen in Verbindung mit dieser Regenbrücke erstmals als „Dorf" bezeichnet. Bereits im Jahr 1254 nimmt Abt Hermann von Niederaltaich Regen mit der Bezeichnung „Markt" in sein Steuerverzeichnis auf. Im Jahre 1270 tauschte die Propstei Rinchnach mit dem bayerischen Herzog den Markt Regen gegen verschiedene Höfe im Rinchnacher Schenkungsgebiet. Regen scheint in diesem Jahr bereits als Herrschaftszentrum von Bedeutung zu sein. Der St. Johannis-Markt wurde abgehalten und der Herzog vergab in Regen 24 gleich große Lehen. Bereits Ende des 13. Jahrhunderts ist Regen Sitz eines Schergenamtes des Gerichtes Viechtach. Im Jahr 1335 räumte Herzog Heinrich XIV. dem Markt Regen verschiedene Rechte ein, die zum Teil dem Deggendorfer Stadtrecht gleichen und die Entwicklung zum privilegierten Markt einleiteten. 1347 ist der Markt Regen unter den Mitbesieglern eines landständischen Freibriefes. Im Jahr 1448 verlieh Herzog Albrecht III. den Marktbürgern auf ihr Gesuch hin ein Wappen, bestehend aus einer weißen Lilie und darüber ein Regenbogen in einem blauen Feld. Kurz vor dem Ausbruch der Kampfhandlungen des Böcklerkrieges verlieh Herzog Albrecht IV. dem Markt Regen ein Marktrecht, bestehend aus 16 Artikeln, und erhob ihn damit zu einem gefreiten Bannmarkt. Seit dem 6. Juli 1468 gab es im Markt Regen einen „Marktamtmann", den die Bürger selbst ein- und abzusetzen hatten. Der Markt Regen besaß demnach das Recht zur Ausübung der niederen Gerichtsbarkeit, der freiwilligen Gerichtsbarkeit (Verbriefungen) und der Polizeiaufgaben. Einen zweiten Jahrmarkt am St. Jakobstag gewährte man Regen im Jahr 1490. Im 16. Jahrhundert war die Anzahl der jährlichen Markttage auf elf angestiegen. Es waren vor allem Viehmärkte, die ebenso in Osteuropa wie in Norddeutschland berühmt waren.
Bis zu Beginn des 19. Jahrhunderts blieb der Rechtsstatus des Bannmarktes Regen unverändert. In Verbindung mit der Umorganisation der Behörden wurde im Jahr 1808 die Gerichtsbarkeit des Marktes dem Landgericht Regen inkorporiert. Im Jahre

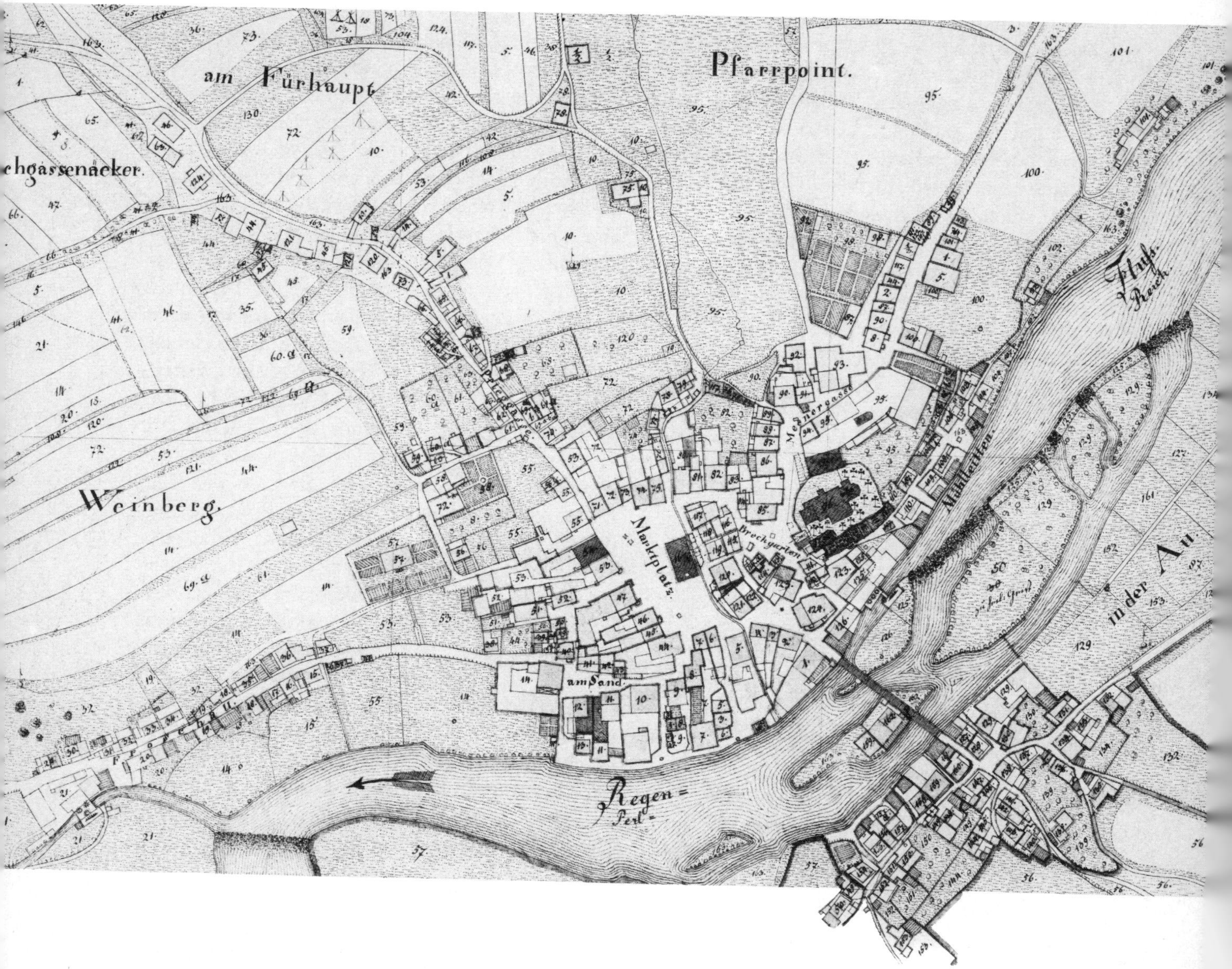

Der Markt Regen, die sogenannte Ur-Aufnahme, gemessen vom 25. Oktober bis 22. November 1829. „Für die richtige Arbeit haftet Pausch Jos. senior". Georg Schreiner hat die Vermessung vom 25. bis 30. November überprüft. Der Markt Regen hatte zum Zeitpunkt der Vermessung 1829 insgesamt 158 Hausnummern, 8 halbe Nummern und 42 Stadl.

Abb. rechts:
Ansicht des Marktes Regen im Landgericht Regen, noch mit der wehrhaften Friedhofsmauer. Diese Aufnahme zeigt das Original-Fresko im Antiquarium der Residenz in München, geschaffen zwischen 1588 und 1596 von Hans Donauer, aufgenommen vor den Zerstörungen, die Bomben im 2. Weltkrieg dem Antiquarium zufügten.

1818 nahm der Markt Regen in Verbindung mit der Gemeindeformation die „magistratische Verfassung" an und war damit eine Munizipalgemeinde III. Klasse mit 136 Anwesen und drei weiteren Häusern (2 Badestuben, Hofwirt mit Tafernwirtschaft und Kramer), die seit den Zeiten der Degenberger nach Burg Weißenstein gehörten, nach 1803 zum Landgericht Regen, obwohl sie im Markt Regen lagen. Am 1. Januar 1932 wurde der Markt Regen zur Stadt erhoben.
Im Jahr 1917 wurde auf Antrag das Dorf Heilig-Geist mit rund 110 Einwohnern nach Regen eingemeindet. Es war auf dem linken Regenufer gelegen und praktisch bereits ein Teil des Marktes. Bis zur Eingemeindung gehörte Heilig-Geist zur Gemeinde Eggenried (Weißenstein).

Bärndorf

3 Dörfer: Bärndorf (1312), Schönhöh (1904/20), Schollenried (1254). 4 Weiler: Kerschlhöh (nach 1928), Maschenberg (1254), Neusohl (vor 1808), Wickersdorf (1254). 1 Einöde: Richtplatz (nach 1928).
466 Einwohner, 894 ha Gemeindefläche.
Nur vier der acht Gemeindeteile der ehemaligen Gemeinde Bärndorf, im Norden von Regen gelegen, sind in der Zeit der Besiedelung entstanden. Von den anderen vier Gemeindeorten entstand Neusohl zwischen 1752 und 1808 und die übrigen drei erst in unserem 20. Jahrhundert. In den früh besiedelten Orten gehörten die Höfe in Bärndorf und Maschenberg teils zum Pfarrhof Regen, zum Pfarrgotteshaus Regen, zum St. Johann Filialgotteshaus Regen. Drei Anwesen in Bärndorf gehörten als einschichtige Untertanen zur Hofmark March, eines in Maschenberg zum Kastenamt Weißenstein. Die Orte Wickersdorf und Schollenried, das zunächst „Schurnried" hieß, waren zur Propstei Rinchnach grundbar.
Seelsorgerisch gehörten die Gemeindeteile von Bärndorf seit jeher zur Pfarrei Regen.

Teilfläche von Rinchnachmündt

3 Weiler: Neigerhöhe (nach 1928), Riedham (1300/1752), Wieshof (1300/1752). 1 Einöde: Huberhof (1300/1752).
– Einwohner, 188 ha Gemeindefläche.
Bei dieser Eingemeindung einer Teilfläche von Rinchnachmündt handelt es sich um eine Flächenausbuchtung bis an den Stadtkern von Regen. Die Feststellung der seinerzeit eingemeindeten Anzahl von Einwohnern war nicht ohne weiteres möglich, weshalb darauf verzichtet wurde. Die erste Erwähnung von Riedham, Huberhof und Wieshof findet man (bis jetzt) erstmals im Hofanlagbuch des Jahres 1752, doch ist anzunehmen, daß sie in der Besiedelungszeit entstanden sind.

Weißenstein/Eggenried

3 Dörfer: Weißenstein (um 1100/1244), Weißensteiner-Au (nach 1900), Schützenhof (1301). 6 Wei-

ler: Großseiboldsried, Kleinseiboldsried, Kattersdorf, Sumpering (alle 1254), Schochert (nach 1900), Spitalhof (vor 1421). 6 Einöden: Eggenried (1301), Ebenhof (1434), Matzelsried (1254), Thanhof (1301), Thurnhof (1300/1752), Windschnur (nach 1900).
548 Einwohner, rund 1.280 ha Gemeindefläche.
Die erste Erwähnung von Weißenstein erfolgt im Jahr 1244. Doch gilt als sicher, daß die Burg auf dem „weißen Stein" auf dem „bleckenden Stein", von den Grafen von Bogen erbaut wurde, die Mitte des 11. Jahrhunderts die Vogtei über das Kloster Niederaltaich erhielten. Man nimmt an, daß um das Jahr 1100 oder kurz danach die Burg erbaut wurde. 1242 starben die Grafen von Bogen aus. Erbe war der Wittelsbacher Herzog Otto. Im herzoglichen Urbar von 1301 steht Burg Weißenstein mit drei Sölden. Im Jahre 1308 wurde Weißenstein an Eberwein von Degenberg verliehen. Um das Jahr 1340 wurde Burg Weißenstein offenbar Allodbesitz, Eigentum der Herren von Degenberg. Im Jahr 1398 ist Mitsiegler einer Urkunde ein „Chunrad der Göttlinger, derzeit Pfleger zum Weißenstein". 1421 erwarb der Degenberger den Propsthof, heute „Spitalhof" und die Heilig-Geist-Kirche bei der Regenbrücke.
Im Jahre 1602 starb der letzte Degenberger ohne einen männlichen Erben. Die Degenbergischen Besitzungen fielen an das Haus Wittelsbach. Im Jahr 1752 scharten sich zu Füßen der Burg 20 kleinere Anwesen (Hofgrößen $^1/_4$ und $^1/_8$). In einiger Entfernung ist Burg Weißenstein von Nord über West nach Süd von einem Kranz großer Einzelgehöfte umgeben (Hofgröße $^1/_1$). Sie bildeten in der Vergangenheit die „Hauptmannschaft auf den Höfen". Sie waren dem Kastenamt Weißenstein nicht nur grundbar, sondern mußten in den ersten Jahrhunderten auch für den Schutz der Burg und für die Ernährung der Burgbewohner sorgen.
Bei der Gemeindeformation im Jahr 1821 erhielt

die Gemeinde den Namen Eggenried, nach dem Wohnort des ersten Bürgermeisters. Im Jahr 1963 wurde der Name der Gemeinde in Weißenstein geändert.
Seelsorgerisch gehören alle Gemeindeteile seit jeher zur Pfarrei Regen.

Oberneumais
4 Dörfer: Oberneumais, Metten (1254), Reinhartsmais (1266), Rohrbach (1254). 3 Weiler: Augrub (1752), Oleumhütte (Oelhütte, vor 1867), Schloßau (Schloß Au, 1242). 4 Einöden: Finkenried (1254), Frauenmühle (Frohnmühle, 1313), Kagerhof (1301), Kühhof (1254).
505 Einwohner, 1.241 ha Gemeindefläche.
Die Gemeinde Oberneumais liegt südlich von Regen und die ehemalige Hofmark Schloß Au mit Reinhartsmais gehören dazu. Gegen Ende des 13. Jahrhunderts waren Hofmark-Besitzer die Auer, welche die „Ottonische Handfeste" im Jahre 1311 mitsiegelten. Im Jahr 1555 gehörte die Hofmark der Familie Wenger. Sie erwarben die Hofmarken March mit Zell–Höllmannsried dazu. Zur Hofmark Au gehörte auch der nahegelegene Kagerhof, dann Augrub und Finkenried und sogenannte einschichtige Güter in den umliegenden Ortschaften. Im Jahr 1673 erwarb Reichsfreiherr von Donnersberg den Hofmarken-Komplex. 1742 wurde das Schloß in Au von den Panduren in Schutt und Asche gelegt. 1785 erwarb Johann Georg von Hafenbrädl die Hofmarken. 1821 wurden in Verbindung mit der Gemeindeformation drei Patrimonialgerichte eingerichtet, eines davon in Au, das 1840 aufgelöst wurde. Die Untertanen wurden dem Landgericht

Regen unterstellt. Die Hofbesitzer in Oberneumais, Metten und Rohrbach waren dem Kloster Rinchnach grundbar.
Seelsorgerisch gehören alle Gemeindeteile seit jeher zur Pfarrei Regen.

March
1 Pfarrdorf: March (1232). 3 Dörfer: Edhof (vor 1719), Obermitterdorf (1301), Sallitz (1254). 2 Weiler: Ecklend (vor 1867), Pometsau (1254). 2 Einöden: Aden (vor 1867), Schwaighof (1301).
743 Einwohner, 1.038 ha Gemeindefläche.
Die erste Erwähnung von March erfolgt im Jahr 1232. Ein Sifridus von March ist ein Ministeriale der Grafen von Bogen. Angelegt wurde March wohl ursprünglich als Grenzübergang = Mark durch die Grafen von Bogen an der Grenze des Rinchnacher Schenkungsgebietes. Um das Jahr 1400 ist das Geschlecht der Fras im Besitz der Hofmark March, um das Jahr 1500 sind es die Heuraß und 1555 verkaufte ein Schmiedinger March mit Zell und Höllmannsried an die Wenger von Au-Reinhartsmais. Fortan blieben die Hofmarken bis zum Jahr 1821 zusammen. Die Besitzer-Namen wechselten jedoch mehrfach. Diese Zusammengehörigkeit macht auch die Niederschrift vom Jahr 1606 verständlich, „daß man in March vor Jahren ein Sitz (Schloß) allda gehabt, welcher aber hernach zugrund gangen und ... nur das alte, verfallene Gemäuer noch vorhanden ist". Das Schloß in March war überflüssig geworden. 1821 wurde die Hofmark zu einem Patrimonialgericht II. Klasse. Am 19. April verkaufte Freiherr von Hafenbrädl die Patrimonialgerichte March und Zell an den erblichen Reichsrat und Staatsminister Graf von Montgelas, der sie aber nur fünf Jahre behielt und dann an Ritter von Dall'Armi veräußerte. Nach weiteren zwei Jahren wurden die Hofmarken 1828 an den Staat verkauft.
Die Höfe in Obermitterdorf waren den Regener Gotteshäusern, der Regener Erasmus-Bruderschaft und der Propstei Rinchnach grundbar, Pometsau und Sallitz der Propstei Rinchnach, in Sallitz ein Hof dem Kloster Niederaltaich.
Seelsorgerisch war March zunächst eine Filiale von Geiersthal, ab 1666 Filialcuratie und wurde 1805 selbständige Pfarrei, zu welcher auch einzelne Orte aus dem Altlandkreis Viechtach gehören. Die Pfarrei March gehört in das Bistum Regensburg.

Rinchnachmündt
1 Kirchdorf: Schweinhütt (1254). 2 Dörfer: Rinchnachmündt (1254), Bettmannsäge (um 1888). 4 Weiler: Neigermühle (vor 1808), Pfistermühle (vor 1752), Poschetsried (1254), Tausendbach (nach 1900). 2 Einöden: Kreuzerhof, Schauerhof (1300/1752). 1 Siedlung: Dreieck (nach 1900).
939 Einwohner, 1.181 ha Gemeindefläche.
Rinchnachmündt, Poschetsried und Schweinhütt werden erstmals im Steuer-Register von Abt Hermann von Niederaltaich im Jahr 1254 erwähnt als „Rimchenamunde, Parschalchesride und Swinhutte". Die 14 Anwesen von Schweinhütt waren geschlossen zur Propstei Rinchnach grundbar, ebenso der Schauerhof, der früher „Spindlhof" hieß, und die Pfistermühle. Der Kreuzerhof, der früher „Grubhof" hieß, war dem Pfarrhof in Regen grundbar. In Poschetsried waren drei Höfe der Propstei Rinchnach grundbar, zwei dem Pfarrhof in Regen und zwei weitere waren einschichtige Untertanen der Hofmark March. Für die 13 Anwesen in Rinchnachmündt gab es vier verschiedene Grundherren: vier gehörten nach Rinchnach, vier dem Pfarrgotteshaus St. Michael in Regen, zwei dem Pfarrhof Regen und drei hatten das Kastenamt Weißenstein als Grundherren. Schweinhütt, Rinchnachmündt und Poschetsried wurden an dem uralten Saumweg zwischen Bayern und Böhmen angelegt, der bereits für das 6. Jahrhundert nachgewiesen ist.
Seelsorgerisch gehören alle Orte seit jeher zur Pfarrei Regen. In Schweinhütt besteht seit dem Jahr 1942 eine Filialkirche.

Leistungen nach 1945:
Regen: 1949 Beseitigung von Kriegsschäden an der Knaben- und Mädchenvolksschule. 1950 Neubau einer Mädchenvolksschule. 1958 Bau der Mittelschule. Wasserversorgung für die Garnison. 1959 Bau der Berufsschule. 1959/64 Abwasserbeseitigung. 1961 Erschließung von Industriegebiet in Wieshof. 1962 Umbau der Knabenvolksschule. Ausbau der Mittelschule. 1964 Überdachung der

Kunsteisbahn. Umbau und Erweiterung des Rathauses. Wasserversorgung Bärndorf. 1965 Bau der Reithalle. Erweiterung des ehemaligen Kreiskrankenhauses. 1965/68 Bau eines Freibades. 1967 Abwasserbeseitigung Weißenstein. 1968 Bau von Eisschießbahnen. 1969 Errichtung der Realschule. Erschließung des Industriegebietes Schönhöh. 1969/74 Bau einer Zentralvolksschule. 1974/77 Abwasserkläranlage. 1975 Neubau eines Kindergartens. 1977 Bau eines Landesleistungszentrums für Eisschießen.
Oberneumais: 1954 Wasserversorgung Oberneumais. 1963 Bau einer Brücke über die Ohe bei Raithmühle.
March: 1954 Wasserversorgung March–Triefenried. 1962 Neubau einer Volksschule.
Rinchnachmündt: 1951 Wasserversorgung Poschetsried. Neubau einer Volksschule. 1952 Wasserversorgung Schweinhütt. 1964 Neubau eines Verwaltungsgebäudes in Schweinhütt. Wasserversorgung Dreieck–Tausendbach–Bettmannsäge.

RINCHNACH

1 Pfarrdorf, 14 Dörfer, 7 Weiler, 3 Einöden.
2.805 Einwohner, 4.021 ha Gemeindefläche.
Die Gemeinde Rinchnach setzt sich zusammen aus den Gemeinden Rinchnach sowie Ellerbach und Kasberg (1. Januar 1972).

Rinchnach

1 Pfarrdorf: Rinchnach (1011). 5 Dörfer: Gehmannsberg (vor 1378), Klessing, Oberasberg, Unterasberg (1254), Zimmerau (1877/88). 1 Weiler: Kohlau (1877/88).
1.621 Einwohner, 1.876 ha Gemeindefläche.
Rinchnach ist die erste Ansiedlung im Altlandkreis Regen. Im Jahre 1011 ließ sich der Hl. Gunther, ein Mönch aus dem Donau-Kloster Niederaltaich, im Tal der Rinchnacher Ohe nieder. Bald folgten ihm Ordensbrüder und ein kleines Kloster wurde errichtet. Im Jahre 1019 weihte Bischof Berengar von Passau das erste Gotteshaus in Rinchnach.
Im Jahre 1029 stellte Konrad II. die Schenkungsur-

kunde für den Raum Rinchnach aus mit Angabe der Gebietsgrenze in groben Umrissen. Im Jahre 1040 wurde das Kloster als Propstei nach Niederaltaich inkorporiert. Danach begann die intensive Besiedelung des südlichen Kreisgebietes. Auch um den Klosterkomplex entstand eine Ansiedlung, die im Jahr 1301 als „Markt zu Rinchnach" bezeichnet wird. Im Nachbardorf Klessing war eine Mautstelle, die im Jahr 1254 „zehn Talente" jährlich einbrachte, um das Jahr 1300 offenbar nach Zwiesel verlegt wurde. Nach 1312 wird Rinchnach nicht mehr als Markt erwähnt. Seit der Zeit um 1300 entwickelte sich die Propstei dank der Großzügigkeit der Wittelsbacher zu einem fast selbständigen Verwaltungsbereich. Der Grundrichter oder Grundamtmann in Rinchnach (und sein Kollege in Kirchberg) konnten, wie Hofmarksrichter, auch die Niedergerichtsbarkeit ausüben, „bis auf die drei Fälle, die an den Tod gehen". Nach dem Jahr 1644 durften nur noch Verbriefungen von Hofübergaben, Heiratsbriefen und anderem vorgenommen werden.

Zum Zeitpunkt der Säkularisation gab es im Ort Rinchnach neben dem Propsteigebäude ein Bräuhaus, eine Sägmühle, eine Getreidemühle, ein Armen- und Krankenhaus, dazu Schullehrer- und Mesnerhaus. Rund um diesen Klosterkomplex lagen 33 Anwesen mit der Hofgröße von $^{1}/_{32}$, sogenannte Leerhäusel ohne nennenswerten Grundbesitz. Dreizehn der Hausinhaber übten ein Gewerbe aus, eines war das Haus des Grund-Amtmannes. Weitere neun Wohnhäuser waren kurz vor der Säkularisation entstanden. In Verbindung mit der Säkularisation, dem Übergang des Klostereigentumes in Staatsbesitz, konnten viele Rinchnacher und Auswärtige wohlfeil Haus- und Grundbesitz vom Staat kaufen.

Die umliegenden Dörfer gehörten mit dem Grundeigentum zur Propstei Rinchnach.
Seelsorgerisch war Rinchnach zunächst selbständig, von 1255 bis 1361/1394 Expositur von Regen, danach wieder selbständig.

Ellerbach

5 Dörfer: Großloitzenried (1241/70), Grubhof (1301), Ried (1254), Schönanger (1301), Widdersdorf (1254). 2 Weiler: Ellerbach, Stadl (1254). 2 Einöden: Stadlmühle (1301), Voggenried (1254).
607 Einwohner, 1.281 ha Gemeindefläche.
Die ehemalige Gemeinde Ellerbach liegt im Süden von Rinchnach. Durch Ellerbach und Stadl zieht sich ein Teilstück des „Klosterweges" von Niederaltaich–Lalling nach Rinchnach. Stadl wurde kurz vor dem Jahr 1254 von einem Kloster-Ministerialen mit Namen Friedrich von Chesperch (Kasberg) gegründet. Großloitzenried ist wahrscheinlich eine Gründung der Grafen von Bogen, der Vögte des Klosters Niederaltaich, durch deren Dienstmannengeschlecht der „Loitzenrieder", die später treue Gefolgsleute der Wittelsbacher und des Klosters Niederaltaich wurden. Die sechs Anwesen in Großloitzenried waren zuletzt dem Kastenamt Weißenstein grundbar, ebenso drei (von sechs) Höfen in Grub und ein Hof (von fünf) in Ellerbach. Die anderen Höfe und die Höfe in den anderen Dörfern hatten das Kloster Rinchnach als Grundherren.
Seelsorgerisch gehören alle neun Orte der Gemeinde Ellerbach schon immer zur Pfarrei Rinchnach.

Kasberg

4 Dörfer: Kasberg (1301), Hönigsgrub (1254), Kandlbach (1301), Sölden (1752). 4 Weiler: Falkenstein, Kapfham (1254), Sitzhof (1300/1752), Zapfenried (1254). 1 Einöde: Herrenmühle (1290).
593 Einwohner, 864 ha Gemeindefläche.
Die ehemalige Gemeinde Kasberg hatte als Grenze zu Rinchnach die Rinchnacher Ohe. Das erklärt, weshalb Sölden und die Herrenmühle zur Gemeinde Kasberg gehörten, obwohl sie scheinbar abstandslos an Rinchnach anschlossen. Alle Orte der Gemeinde Kasberg hatten früher das Kloster Rinchnach als Grundherren, mit Ausnahme des Sitzhof, der zum Kastenamt Weißenstein grundbar war. Dieses ehemalige Einzelgehöft zu Füßen der Burg Weißenstein ist sicher sehr viel älter als seine bisher erste Erwähnung im Jahr 1752. Wahrscheinlich wurde es bereits von den Grafen von Bogen gegründet, die auch als Erbauer der Burg gelten. Sie umgaben die Burg mit einem Kranz von Einzelgehöften, die sie an getreue Dienstmannen und Ministerialen vergaben. Diese „Mannschaften", wie die Großfamilien mit Gesinde in der Besiedelungszeit genannt wurden, hatten die Aufgabe, sowohl für die Ernährung des Burgpersonals zu sorgen als auch im Notfall für deren Schutz und Verteidigung.
Seelsorgerisch gehören alle neun Orte von Anbeginn zur Pfarrei Rinchnach.

Leistungen nach 1945:
Rinchnach: 1952 Haus der Bäuerin. 1956 Wasserversorgung Gehmannsberg. 1966 Bau einer Brücke in Zimmerau. 1967 Neubau eines Umkleide-, Dusch- und Aufenthaltsraumes auf dem Sportplatz Rinchnach. 1974 Erweiterung der Volksschule.
Ellerbach: 1957 Wasserversorgung Grub.
Kasberg: 1963 Wasserversorgung Kasberg.

ZWIESEL

1 Stadt, 1 Kirchdorf, 7 Dörfer, 1 Weiler.
10.102 Einwohner, 4.081 ha Gemeindefläche.
Die Stadtgemeinde Zwiesel setzt sich zusammen aus dem Stadtbereich und aus den ehemaligen Gemeinden Klautzenbach (1. Oktober 1971), einem Teil der Gemeinde Rabenstein (1. Januar 1978) und der Gemeinde Bärnzell (1. Mai 1978).

Zwiesel

1 Stadt: Zwiesel (1904/1254). 2 Dörfer: Lichtenthal (1863), Theresienthal (1836).
8.423 Einwohner, 709 ha Gemeindefläche.
Die erste urkundliche Erwähnung von Zwiesel erfolgte im Jahr 1254. In der Steuerbeschreibung von Abt Hermann steht: Zwiesel, Dorf, unbebaut. Zwiesel ist eine Gründung des Klosters Niederaltaich. Am Zusammenfluß von Großem und Kleinem Regen war der Flußübergang der uralten „Straße nach Baiern" und Böhmen. Hier traf der Weg, den der Hl. Gunther durch das Rinchnacher Schenkungsgebiet

neu angelegt hatte, auf diesen bereits vorhandenen, bis ins 6. Jahrhundert nachweisbaren Saumweg.
Im Jahre 1255 wurde verfügt, daß Zwiesel mit Kirche und Friedhof zu Regen gehören soll. Die erste Mautstelle in Zwiesel wird 1295 erwähnt. Wenige Jahre später, 1312, wird Zwiesel bereits als Markt bezeichnet und im Jahr 1320 ist von einem „Marktgericht im Markt Zwiesel" die Rede. 1337 verpachtete der Abt von Niederaltaich die Maut zu Zwiesel an die Degenberger auf Burg Weißenstein. Zwei Drittel des Warenverkehrs dürfte damals auf dem neuen Weg über das Kloster Rinchnach geführt worden sein, ein Drittel auf dem uralten Weg in Richtung Weißenstein, dessen Trasse sicher bald über den Markt Regen führend verlegt wurde. 1376 ist Ulrich der Hämerl als Mautner zu Zwiesel belegt. Ab der Zeit um 1400 saß ein Degenbergischer Richter zu Zwiesel. 1342 wurde dem Degenberger auch die Ausübung der Hohen Gerichtsbarkeit für die Todesstrafen gewährt.
In die Hohe und Niedere Gerichtsbarkeit waren auch die Dörfer im Zwieseler Winkel einbezogen. Ein einzigesmal in dieser frühen Zeit, um das Jahr 1435, wurde Zwiesel in einer Papst-Urkunde, die in Rom ausgestellt war, als „oppidum", als Stadt bezeichnet.
Als die Degenberger nach dem für sie ungünstigen Ausgang des Böcklerkrieges 1468 entmachtet waren, gewährte Herzog Albrecht IV. als Grundherr dem Markt Zwiesel einige bescheidene Privilegien. Doch bereits 1474 erfolgte die Aussöhnung zwischen den Degenbergern und dem Landesherren und alles blieb beim alten. Im Jahr 1539 wurde der Degenberger durch Kauf des Marktes Zwiesel und der umliegenden Dörfer vom Kloster Niederaltaich auch Grundherr von Zwiesel. Oberster Gerichtsherr war er ja bereits seit dem Jahr 1342, mit Ausnahme der Jahre von 1468 bis 1474. 1560 verlieh Herzog Albrecht V. dem Markt Zwiesel ein Wappen mit einem „gewappneten Kürassier" (Ritter). Nach dem Aussterben der Degenberger im Jahr 1602 fiel der Markt Zwiesel an die Wittelsbacher. Im Jahr 1612 wurde festgelegt, daß die Markt-Verwaltung wie bisher Verbriefungen vornehmen durfte und die Nahrungsmittelpolizei dem Markt verblieb. Stock und Eisen waren untersagt. Zwiesel

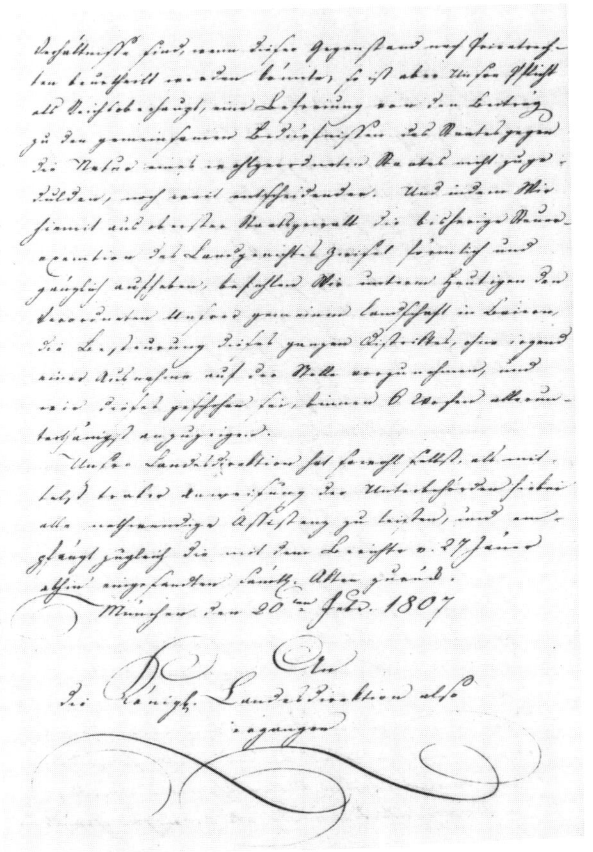

Mit diesem Schreiben an die Königliche Landesdirektion in München vom 20. Februar 1807 wurde die Steuerfreiheit aufgehoben, die Kaiser Ludwig der Bayer in der Urkunde vom 10. Juli 1342 dem Raum Zwiesel–Frauenau gewährt hatte. König Max I. verfügte darin: „Und indem Wir hiermit aus oberster Staatsgewalt die bisherige Steuerexemtion des Landgerichtes Zwiesel förmlich und gänzlich aufheben, befehlen Wir unterm Heutigen den Verordneten Unserer gemeinen Landschaft in Baiern, die Besteuerung dieses ganzen Distriktes, ohne irgend einer Ausnahme auf der Stelle vorzunehmen, und wie dieses geschehen sei, binnen 6 Wochen allerunterthänigst anzuzeigen".

Der „Grenzmarkt Zwiesel", die sogenannte Ur-Aufnahme, gemessen vom 5. bis 26. Oktober 1829. „Für die richtige Aufnahme bürget Franz Xaver R(?)amchner, Geometer. „Obergeometer Lippert hat die Vermessung am 27. und 28. Oktober 1829 überprüft. Die Anzahl der Hausnummern ist beim Markt Zwiesel nicht aufgeführt. Es sind wohl 143 gewesen.

Den Markt Zwiesel im Jahr 1580 zeigt dieser Ausschnitt aus einem Plan, der angefertigt wurde, um den Verlauf der Straße von Zwiesel nach Schüttenhofen in Böhmen zu zeigen. Dieses Bild des Marktes Zwiesel, dessen Häuser fast alle aus Holz erbaut waren, entstand fast zur gleichen Zeit, in welcher Hans Donauer im Antiquarium in der Münchner Residenz die herzoglich-bayerischen Märkte in Fresken festhielt. Der Markt Zwiesel gehörte damals in die Herrschaft Degenberg und fehlt deshalb im Antiquarium.

hatte demnach keinen Marktrichter, war kein sogenannter Bannmarkt, hatte aber dennoch ein Burgeding, ein Hoheitsgebiet, die Gemeindefläche, an deren Grenzen die Polizeiaufgaben endeten.
Obwohl Zwiesel seit 1312 Markt war, wurden bis um das Jahr 1800 keinerlei Märkte abgehalten. Erst nach 1800 gab es dreimal im Jahr die Krämer-Märkte und die gewöhnlichen Märkte im Juli und September.
Im Jahr 1818 nahm der Markt Zwiesel in Verbindung mit der Gemeindeformation die „magistratische Verfassung" an und war damit eine Munizipalgemeinde III. Klasse mit 120 Anwesen (1701 = 97 Häuser). Am 11. April 1904 wurde Zwiesel zur Stadt erhoben.
Die Dörfer Lichtenthal und Theresienthal entstanden aus Glashüttenneugründungen des 19. Jahrhunderts. Lichtenthal entstand am Kleinen Regen, teils auf Zwieseler Grund, teils auf Grund der Nachbargemeinde Bärnzell, der bald eingemeindet wurde. Theresienthal wurde 1836 an der Nordgrenze des Marktes gegründet, ebenfalls zum Teil auf Grund und Boden der Nachbargemeinde Lindberg. Die „Glaserhäuser" der Fabrik wurden 1925 nach Zwiesel umgemeindet.
Seelsorgerisch war Zwiesel seit dem Jahr 1255 zunächst Vikariat von Regen, frühestens ab der 2. Hälfte des 16. Jahrhunderts eigene Pfarrei.

Klautzenbach

2 Dörfer: Klautzenbach (1356), Innenried (1356/1409).
Rund 500 Einwohner, 772 ha Gemeindefläche.
Klautzenbach wurde gemeinsam mit den Dörfern Flanitz, Griesbach und Lindberg zwischen 1345 (Freiheitsbrief und Erbrecht sowie Waldrechte-Verleihung) und 1356, der ersten Erwähnung dieser Orte, gegründet. Wenig später muß Innenried (mit Außenried und Zwieselberg) gegründet worden sein. Diese Ortsnamen erscheinen erstmals in einer Urkunde des Jahres 1409. Besiedelt wurden die Dörfer von der Propstei Rinchnach des Klosters Niederaltaich. Sie gehörten in die sogenannte „Herrschaft Zwiesel", auch seelsorgerisch.

Rabenstein

1 Kirchdorf: Rabenstein (vor 1421).
609 Einwohner, rund 1.350 ha anteilige Gemeindefläche.
Rabenstein wurde als Glashütte gegründet. Durch die Ansiedlung von Hüttenarbeitern entwickelte sich ein Dorf, auch weitere Hüttenorte wie z. B. Althütte, die aber wieder „abgegangen" sind, „Wüstung" wurden. Ursprünglich waren die Ortsteile von Rabenstein: Rabenstein selbst, Althütte, Ableg, Regenhütte und Schachtenbach der Gemeinde Klautzenbach im Jahr 1821 zugeteilt worden. Auf Antrag wurde im Jahr 1866 eine eigene Gemeinde Rabenstein gebildet. Auf eigenen Wunsch wurde mit Wirkung vom 1. Januar 1978 die Gemeinde Rabenstein geteilt. Rabenstein wurde nach Zwiesel eingemeindet, Regenhütte mit Schachtenbach nach Bayerisch Eisenstein (siehe dort). Althütte und Ableg sind „abgegangen".
Seelsorgerisch gehört Rabenstein seit jeher nach Zwiesel.

Bärnzell

3 Dörfer: Bärnzell (1332), Griesbach (1356), Zwieselberg (1356/1409). 1 Weiler: Glasberg (vor 1867).
652 Einwohner, 1.250 ha Gemeindefläche.
In der Gemeinde Bärnzell spiegelt sich die Besiedelungsgeschichte im Verlauf des 14. Jahrhunderts im nördlichen Raum des Altlandkreises Regen wider. Im Jahr 1332, als der Degenberger in Frauenau die erste hölzerne Kapelle erbaute, steckte Propst Friedrich Röschl von Rinchnach am letzten Stück des Gunther-Weges vor Zwiesel den Platz für 17 Güter aus. Es war der erste Vorstoß ins nördliche, unwirtliche Kreisgebiet. 14 Gutsinhaber sind seit dem Jahr 1582 überliefert. Griesbach gehört der Siedelungsperiode an, die ausgelöst wurde durch den Freiheitenbrief von 1342 und den Erbrechtebrief von 1345. Griesbach ist (mit Flanitz, Klautzenbach und Lindberg) im Jahr 1356 erstmals urkundlich erwähnt. Im Bereich zwischen Zwiesel und den „vier Dörfern", die seit 1324 dem Degenberger grundbar waren, wurde zwischen 1356 und 1409 Zwieselberg angelegt (mit Innen- und Außenried). In den 400 Jahren zwischen der Besiedelung und der großen Neuorganisation im Königreich Bayern

zu Beginn des 19. Jahrhunderts kamen keine neuen Ansiedlungen hinzu. Erst nach der Bauernbefreiung des Jahres 1848 entstand der Weiler Glasberg, der 1867 erstmals in einem Ortsverzeichnis steht. 1821 wurde die Gemeinde Bärnzell aufgrund der geographischen Gegebenheiten gebildet.
Seelsorgerisch gehören die Orte der Gemeinde seit jeher nach Zwiesel.
Leistungen nach 1945:
Zwiesel: 1953 Neubau der Oberrealschule. 1956 Neubau der landw. Berufsschule. 1958 Neubau einer Turnhalle an der Oberrealschule. 1959 Erweiterung der Oberrealschule. 1960 Neubau der Mädchenvolksschule. Erweiterung der Knabenvolksschule. Erschließung von Industriegelände in Zwiesel–Rotkot. 1962 Wasserversorgung Zwiesel. 1963 Ausbau eines Schulsportplatzes (Betriebsgebäude). 1965 Umbau des ehem. Feuerwehrhauses in das Museum „Wald und Holz" mit zwei Leseräumen. Erschließung von Industriegelände an der Röckkellerstraße. 1965/71 Abwasserbeseitigung Zwiesel. 1967 Ausbau und Erweiterung der Stromversorgungsanlagen für die Versorgung der Industriebetriebe. Erweiterung des städt. Schlachthofes. 1968 Erschließung von Industriegelände an der Lohmannmühlstraße. 1968/70 Erschließung von Industriegelände Röckkellerstraße. 1969 Errichtung eines Ferienzentrums in Zwiesel mit Campingplatz und Hallenbad. Erweiterung des Gymnasiums. 1970 Errichtung des Skischlepppliftes an der Einsiedelei. 1972 Bau einer Abwasserkläranlage. 1973 Neubau eines Ausbildungskindergartens. 1974 Neubau einer Realschule. Erweiterung des Waldmuseums. Erschließung des Industriegeländes Fürhaupten. 1975 Neubau einer Dreifachturnhalle. 1977/79 Erweiterung der Hauptschule und Neubau einer Turnhalle.
Rabenstein: 1950 Wasserversorgung Rabenstein. 1971 und 1975/76 Abwasserbeseitigung Rabenstein.
Bärnzell: 1956 Wasserversorgung Bärnzell.

LOHBERG

1 Pfarrdorf, 9 Dörfer, 8 Weiler, 11 Einöden.
1.809 Einwohner (1977), 5.932 ha Gemeindefläche.
Mit Wirkung vom 1. Juli 1972 war die Gemeinde Lohberg im Lamer Tal, zu Füßen des Berges Osser gelegen, als Folge der damaligen Landkreis-Reform aus dem Altlandkreis Kötzting in den Groß-Landkreis Regen umgemeindet worden, blieb somit im Regierungsbezirk Niederbayern. Mit Wirkung vom 1. Mai 1978 wurde die Gemeinde Lohberg erneut umgemeindet, nun in den Groß-Landkreis Cham. Damit verschob sich die Grenze zwischen den Regierungsbezirken Niederbayern und Oberpfalz vom Osser-Bereich zum Arber-Bereich. Nur der Weiler Brennes blieb geschlossen beim Groß-Landkreis Regen. (Siehe Geschichte der Gemeinde Bayerisch Eisenstein).

Leistungen 1972/78: Während der knapp sechsjährigen Zugehörigkeit der Gemeinde Lohberg zum Groß-Landkreis Regen wurden folgende Maßnahmen durchgeführt: 1973/74 Abwasserzweckverband Lamer Winkel, Abwasserbeseitigung Lohberg. 1973/76 Forstwirtschaftswegebau am Osser für rund 1,85 Millionen DM.

Stadt Regen am Regen

WERNER POHL / INGEBORG SEYFERT

GESCHICHTLICHE DATEN DES ALTLANDKREISES VIECHTACH

DIE GEMEINDEN UND DIE VERWALTUNGSGEMEINSCHAFT ERWÄHNUNG VON KUNSTDENKMÄLERN / STATISTISCHES

Nachfolgend einige geschichtliche Daten über die Gemeinden und die Verwaltungsgemeinschaft des Altlandkreises Viechtach mit Stand vom 1. Januar 1980. Die Angaben sind im wesentlichen dem „Historischen Atlas" über das Landgericht Viechtach von Rudolf Penzkofer entnommen. Die Angabe der Kunstdenkmäler erfolgte aus dem Band Viechtach der Kunstdenkmäler von Bayern, die Angaben über Statistisches aus den Unterlagen der Landkreisverwaltung Regen.

ARNBRUCK

1 Pfarrdorf, 7 Dörfer, 7 Weiler, 4 Einöden.
1.870 Einwohner, 3.367 ha Gemeindefläche.
Die Gemeinde Arnbruck setzt sich zusammen aus Arnbruck und der Gemeinde Niederndorf (mit Ausnahme von Matzelsdorf) aus dem Altlandkreis Kötzting (1. Mai 1978).

Arnbruck

1 Pfarrdorf: Arnbruck (1209). 4 Dörfer: Hötzelsried (1254), Rappendorf (1100), Thalersdorf (14. Jahrh.), Trautmannsried (1254). 6 Weiler: Auhof (1752), Bach (1472), Baumgarten (um 1170), Exenbach (1184), Weidenhof (1669), Wurz (1361). 3 Einöden: Gashütte (Poschingerhütte, 1868), Röhrlhof, Schedlhof (1752).
1.690 Einwohner, 2.687 ha Gemeindefläche.
Arnbruck ist eine Gründung der Grafen von Bogen. Der Ort bildete den kirchlichen Mittelpunkt des Zellertales. Am 9. Juni 1209 übergab Graf Bertold III. das Dorf Arnbruck und die dortige Mutterkirche mit den Tochterkirchen Böbrach, Sackenried und Wettzell an das Kloster Niederaltaich. Es blieb klösterliche Hofmark bis zur Säkularisation. Im Jahre 1808 wurde die politische Gemeinde gebildet, neben den Gemeinden Hötzelsried, Kaitersbach und Rappenhof, die 1818 zur Gemeinde Arnbruck zusammengeschlossen wurden. Mit Wirkung vom 1. Januar 1897 wurden die Orte Kaitersberg, Leckern und Stockmühle der Gemeinde Wettzell zugeteilt.
Kunstdenkmäler: Katholische Pfarrkirche St. Bartholomäus mit wertvoller Einrichtung, sowie die Kapelle Mariä Heimsuchung (Frauenkapelle), mit Votivtafeln, die in den 1960er Jahren größtenteils abhanden gekommen sind.

Niederndorf:

3 Dörfer: Niederndorf (1397), Gutendorf (1673), Sindorf (1401). 1 Weiler: Riedl (1401). 1 Einöde: Streit (1811).
180 Einwohner, 680 ha Gemeindefläche.
Mit Ausnahme der Ortschaft Matzelsdorf kam die Gemeinde Niederndorf mit Wirkung vom 1. Mai 1978 zur Gemeinde Arnbruck. Die Gemeinde-Orte Riedl und Sindorf waren bereits vom 1. Januar 1946 bis zum 1. Januar 1948 dem Landkreis Viechtach zugeteilt. Schon bei der Gemeindeformation um 1811 hatten sich hier an der Grenze zwischen den Altlandkreisen Viechtach und Kötzting Unstimmigkeiten in der Zuständigkeit ergeben. Zwei Anwesen in Niederndorf waren 1752 dem Spital in Viechtach grundbar, fünf Untertanen in Riedl und Sindorf waren einschichtige Untertanen der Hofmark Thalersdorf.
Seelsorgerisch war für Riedl und Sindorf seit 1808 auch die Pfarrei Arnbruck zuständig.
Mit Wirkung vom 1. Mai 1978 bildete die Gemeinde Arnbruck mit der Gemeinde Drachselsried die

Herzog Wolfgang mit den aufrührerischen Rittern nach Erstürmung der Burg Neunußberg.

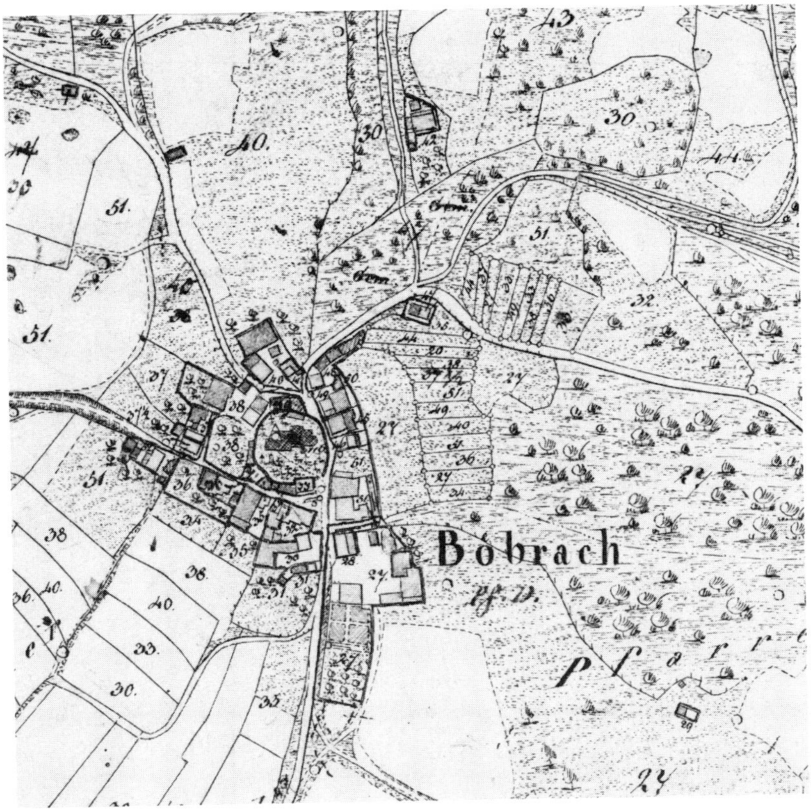

Die Ur-Aufnahme vom Jahr 1831 zeigt die Ortschaft Böbrach, ein typisches Haufendorf. Die Anwesen scharen sich rund um die Kirche in der Dorfmitte. Vier Straßen führen in vier Himmelsrichtungen aus dem Ort heraus.

Verwaltungsgemeinschaft Zellertal, die mit Wirkung vom 1. Januar 1980 wieder aufgehoben wurde.
Leistungen nach 1945:
Arnbruck: 1963 Bau eines Freibades. 1964 Wasserversorgung Thalersdorf–Sindorf. Anlage eines Flugplatzes. 1964/65 Abwasserbeseitigung Arnbruck–Drachselsried. 1965 Neubau eines Schulhauses. 1973 Errichtung eines „Haus des Gastes" mit Hallenbad. Abwasserbeseitigung Arnbruck. 1974 Erweiterung der Wasserversorgung Arnbruck. 1977 Zweckverband Abwasserbeseitigung Zellertal, Bau einer Kläranlage.

BÖBRACH

1 Pfarrdorf: Böbrach (1209). 1 Kirchdorf: Oberauerkiel (882!). 4 Dörfer: Etzendorf, Katzenbach, Roppendorf (1301), Wieshof (um 1300). 11 Weiler: Dirnberg (1254), Gstaudach (vor 1242), Haidsberg (1437), Höhmannsbühl (1752), Jägerhaus (1756), Kronhammer (um 1170), Maisried, Meindlgrub (1301), Öd (1400), Rettenberg (seit 1867 selbst. Gde-Teil), Stein (1438). 11 Einöden: Bärnerau (1808/18), Bamming (vor 1242), Böbrachmühle, Eck, (1301), Hammermühl (um 1170), Pfefferhaus, Raschau (seit 1867 selbst. Gde-Teil), Schmalzlgrub (um 1300), Schrollhof (1752), Unterauerkiel, Weghof (vor 1242).
1.499 Einwohner, 2.582 ha Gemeindefläche.
Der Ort entstand aus der Kolonisationsarbeit der Grafen von Bogen. Graf Albert III. übergab am 9. Juni 1209 an das Kloster Niederaltaich die Kirche von Böbrach, die eine Tochterkirche von Arnbruck war. Bei der Gründung des Ortes um 1100 hatten die Domvögte und Grafen von Bogen Zehnten an das Kloster Oberaltaich verliehen. Nach dem Aussterben der Grafen von Bogen wurde Böbrach landesherrlicher Besitz. Später erwarben die Nußberger Besitzungen in Böbrach. Um 1300 bestand in Böbrach ein Unteramt des Gerichtes Viechtach (Schergenamt, Mitteramt). Aus der Hauptmann-

schaft Böbrach entstand 1808 die politische Gemeinde Böbrach, neben der Gemeinde Auerkiel. Letztere wurde aber 1818 mit Böbrach vereinigt.
Kunstdenkmäler: Katholische Pfarrkirche St. Nikolaus. Leider gingen bei Erweiterungsarbeiten in den 50er Jahren gotische Bauteile verloren. Nicht im Inventar enthalten ist die Kirche in Mais, sowie die St.Wolfgangskapelle.
Mit Wirkung vom 1. Mai 1978 gehörte Böbrach mit Geiersthal und Teisnach zur Verwaltungsgemeinschaft Teisnach, die mit Wirkung vom 1. Januar 1980 wieder aufgehoben wurde.
Leistungen nach 1945:
1962 Neubau eines Schulhauses. Erweiterung der Wasserversorgung. 1964 Neubau eines Schulhauses in Auerkiel. Wasserversorgung Böbrach–Wieshof. 1964/65 Abwasserbeseitigung mit Kläranlage in der Gemeinde Böbrach. 1966 Neubau eines Rathauses. 1967 Wasserversorgung Böbrach. Neubau eines Schulturnplatzes. 1974/77 Bau der Kläranlage mit Hauptsammler.

DRACHSELSRIED

1 Pfarrdorf: Drachselsried (1184). 1 Kirchdorf: Oberried (1254). 7 Dörfer: Asbach (um 1450), Blachendorf (1254), Grafenried (um 1150), Haberbühl (vor 1242), Lesmannsried (1184), Rehberg (1254), Unterried (1254). 9 Weiler: Brennersried (1397), Bühlhof (um 1170), Frath (1301), Frathau (1867), Gabelhof (1434), Kolbersbach (1184), Schönbach (1832), Staudenschedl (1274), Wieshof (1274). 2 Einöden: Grund (um 1400), Schareben (1867).
2.141 Einwohner, 3.474 ha Gemeindefläche.
Der Ort gehört zu den zahlreichen ried-Orten, die im 12. Jahrhundert durch die Grafen von Bogen ge-

gründet wurden. Er gehörte zum Amt Riedern, zu dem mehrere ried-Orte der Umgebung zusammengeschlossen wurden. Erstmals wurde Drachselsried am 2. September 1184 in einer Bestätigungsurkunde des Papstes Lucius III. genannt, in der die Besitzungen des Klosters Oberaltaich in „drasselsriede" bestätigt wurden. Das Kloster Oberaltaich tritt um 1300 als Grundherr auf. Drachselsried wurde später Hofmark, die öfters ihren Besitzer wechselte. Nach den Degenbergern und anderen Geschlechtern traten zuletzt die Poschinger als Hofmarksbesitzer auf. Neben einer politischen Gemeinde Drachselsried bestand die patrimonialgerichtliche Gemeinde Drachselsried II, die erst 1848 nach Auflösung aller Patrimonialgerichte in der Gemeinde Drachselsried I eingemeindet wurde. Die Pfarrei war früher eine Filiale von Arnbruck, bis 1822 die eigene Pfarrei Drachselsried gebildet wurde.
Kunstdenkmäler: Katholische Kirche St. Ägidius, die nach Errichtung der eigenen Pfarrei gebaut wurde. Eigenartig ist die Malerei im Innern.
Mit Wirkung vom 1. Mai 1978 bildete Drachselsried mit Arnbruck die Verwaltungsgemeinschaft Zellertal, die mit Wirkung vom 1. Januar 1980 wieder aufgehoben wurde.

Leistungen nach 1945:
1959 Wasserleitung Oberried. 1960/61 Schulneubau Oberried. 1961 Bau eines Schulhauses in Drachselsried. 1963 Wasserversorgung Blachendorf–Rehberg. Bau eines Lehrerwohnhauses in Oberried. 1965 Abwasserbeseitigung Drachselsried. 1969 Wasserversorgung in Grafenried und in Unterried. 1971/76 Abwasserbeseitigung Drachselsried–Grafenried. Grunderwerb für den Neubau eines beheizten Freibades.

GEIERSTHAL

3 Kirchdörfer: Geiersthal (1225), Altnußberg (882!), Fernsdorf (900/1160). 7 Dörfer: Frankenried (12. Jahrh.), Furthof (1422), Höfing (1301), Kammersdorf (900/1351), Linden (vor 1242), Oberberging (1301), Piflitz (vor 1242). 11 Weiler: Auhof (1330), Gumpenried, Hartmannsgrub (1301), Hinterberg (1434), Holzhaus (1843), Oberleiten (1434), Pfranzgrub (1382), Seigersdorf (900/1301), Unterberging, Viertelweggrub, Weging (1301). 5 Einöden: Eisberg (1596), Felburg (1405), Grandmühle (1301), Haid am Sand (vor 1242), Haidhof (1434).
1.937 Einwohner, 2.237 ha Gemeindefläche.
Die Grenze der Pfarrei Geiersthal fiel mit der Grenze des Mettener Dotationsgebietes im Nordwald zusammen. Erstmals wird der Ort aber erst am 5. Februar 1225 genannt, als der letzte Graf von Bogen Albert IV. dem Kloster Niederaltaich u. a. die Einkünfte in der Pfarrei Geiersthal (Gyrstal) überließ. Die Kirche war eine Eigenkirche der Grafen von Bogen, 1233 kam zu der Schenkung auch noch das Patronatsrecht über die Pfarrei Geiersthal an das Kloster Niederaltaich hinzu. An die Landesherren übergegangen, überließen die bayerischen Herzöge Otto III. und Stephan I. das Patronatsrecht 1299 dem Kloster Aldersbach.
Besondere Beachtung verdient der Ortsteil *Altnußberg.* Als „Tunenisberg" wurde der Ort bereits in einem Diplom Karls III. vom 19. Juli 882 genannt. Hier verlief die Westgrenze des Mettener Dotationsgebietes. Nußberg (später Altnußberg) war einer der bedeutendsten berg-Orte, da es der Sitz des gleichnamigen Ministerialengeschlechtes der Grafen von Bogen war, die dort seit 1126 urkundlich bezeugt sind. Im herzoglichen Urbar von 1301/07 und 1312 finden wir eine genaue Beschreibung. Um 1300 war der Landesherr Grundherr der Veste, dem „Bau" und dem Dorf. Im 15. Jahrhundert sitzen die Degenberger in Altnußberg, das im Böckleraufstand 1468 zerstört wurde. Altnußberg zählt zu den ältesten Siedlungen des Viechtacher Raumes. Von hier aus wurden die Straßen von Deggendorf über Patersdorf nach Teisnach und über Böbrach nach Arnbruck beherrscht. Die Rodung des Umlandes erfolgte durch Ministerialen der domvögtisch-bogenschen Linie. Als erste Namensträger werden Marquart und Wernheri de Nuzbach genannt. In Altnußberg bestand eine Hauptmannschaft, die 1808 in eine politische Gemeinde umgewandelt wurde, die aber 1818 nach Geiersthal kam.
Eine gesonderte Betrachtung verdient auch die Ortschaft *Linden.* Die dortige Wasserburg, die mit einem Graben umgeben war und die einzige in der Ebene gelegene Burg der ganzen Umgebung darstellt, wurde wahrscheinlich durch die Grafen von

Bogen im 12. Jahrhundert erbaut. Im herzoglichen Urbar von 1301/07 und 1312 ist eine genaue Aufstellung über den Besitzstand enthalten. Um 1300 kam Linden in den Besitz der Landesherren, die verschiedene Pfleger einsetzten. Durch das herzogliche Monopol für das Weißbierbraurecht im Bayerischen Wald an die Degenberger vom 3. August 1548, wurde in Linden 1553 eine Weißbierbrauerei errichtet, die im 17. Jahrhundert nach Viechtach verlegt wurde, woraus die Gesellschaftsbrauerei in Viechtach entstand. Von 1607 bis 1803 bestand in Linden ein Pfleggericht, das dann mit dem Gericht Viechtach zusammengelegt wurde. Im Jahre 1808 wurde Linden auch politische Gemeinde, die aber 1818 zusammen mit den Gemeinden Altnußberg und Piflitz zur Gemeinde Geiersthal zusammengelegt wurde.

Kunstdenkmäler: In Geiersthal Katholische Kirche St. Margarethe, mit bedeutender Inneneinrichtung, in den 50er Jahren bei Restaurierung mittelalterliche Fresken freigelegt. In den Jahren 1975/76 erweitert und teilweise umgebaut. – In Altnußberg Katholische Kirche St. Ägidius. Kirchentür u. dgl. sowie Burgstall auf dem Altnußberg. – In Linden Schloßruine mit Resten des Hauptturmes und Nebengebäude.
Mit Wirkung vom 1. Mai 1978 gehörte Geiersthal mit Böbrach und Teisnach zur Verwaltungsgemeinschaft Teisnach, die mit Wirkung vom 1. Januar 1980 wieder aufgehoben wurde.

Leistungen nach 1945:
1959 Neubau eines Lehrerwohnhauses. 1963 Bau einer Brücke. Anlage eines Sportplatzes in Geiers-

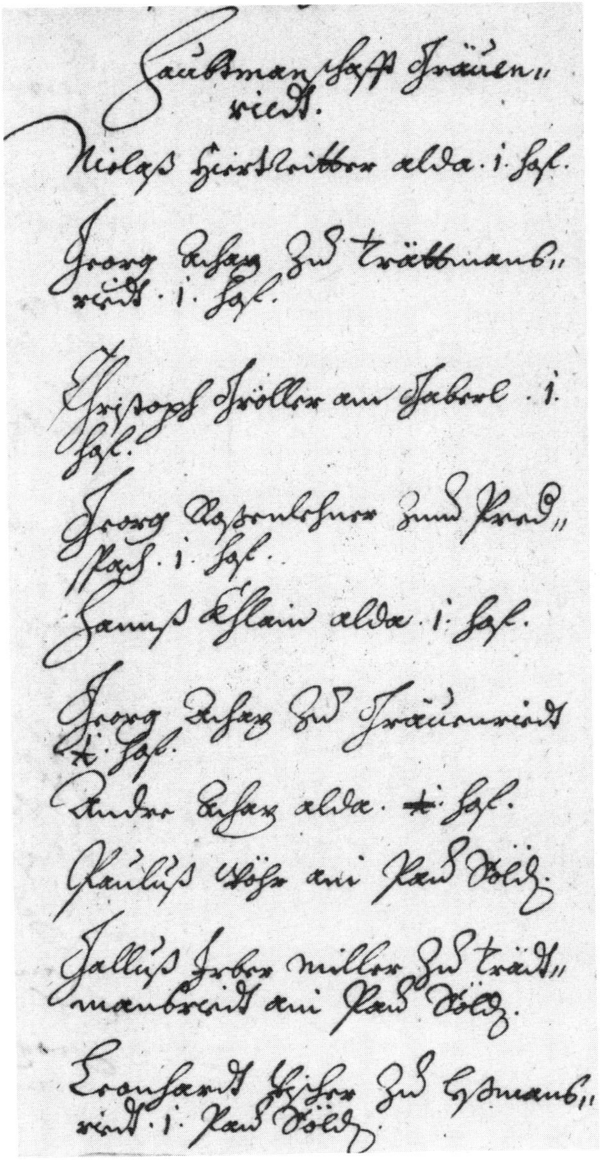

Anfang des Jahres 1689 berichtete der Gerichtsschreiber Jakob Riederer von Linden auftragsgemäß nach München, wieviele Untertanen zur Pflege Linden gehörten und wie sie in Hauptmannschaften zusammengefaßt waren. Zur Hauptmannschaft „Grävenriedt"-Grafenried gehörten zehn Untertanen in fünf Ortschaften. Die Untertanen sind nach der Hofgröße aufgeführt: Grafenried, Niclaß Hirtreiter 1/1 Hof – Georg Achatz zu Trautmannsried 1/1 Hof – Christoph Gröller, am Gaberl 1/1 Hof – Georg Rosenlehner zum Brettersbach 1/1 Hof – Hannß Khlein allda 1/1 Hof – Georg Achatz zu Grafenried 1/2 Hof – Andre Achatz allda 1/2 Hof – Paulus Wöhr eine Bausölde (1/8 Hof) – Gallluß Irber, Müller zu Trautmannsried eine Bausölde (1/8 Hof) – Leonhard Fischer zu Lesmannsried 1 Bausölde (1/8 Hof).
In der Hauptmannschaft „Grävenriedt" der Pflege Linden waren zusammengefaßt die Einöde Gabelhof und die zwei Höfe in Brettersbach (Unter- und Oberbrettersbach). Der zweite Hof in Lesmannsried war dem Kastenamt Viechtach grundbar und war in der Hauptmannschaft Lesmannsried erfaßt, die in das Amt Riedern des Pfleggerichtes Viechtach gehörte. Zusammen mit den Einöden Grund, Staudenschedl, Röhrlhof, Schedlhof, den zwei Anwesen in Brennersried und den vier Anwesen in Kolbersbach setzte sich diese Hauptmannschaft aus 11 Anwesen zusammen. Das dritte Anwesen in Trautmannsried und vier in Drachselsried (die übrigen 13 Anwesen gehörten zur Hofmark Drachselsried), der Wieshof, die drei Höfe von Exenbach und fünf (von insgesamt neun) in Grafenried bildeten die Hauptmannschaft Trautmannsried im Amt Riedern des Pfleggerichtes Viechtach.
Am Beispiel der Hauptmannschaft Grafenried der Pflege Linden wird deutlich, daß nicht die geographisch Benachbarten zu einer Hauptmannschaft zusammengeschlossen wurden, sondern daß die Zugehörigkeit zum gleichen Grundherren und damit auch Gerichtsherren entscheidend war.

thal. Wasserversorgung Fernsdorf. 1964/65 Wasserversorgung Kammersdorf–Geiersthal. Abwasserbeseitigung Geiersthal–Teisnach. 1970 Zweckverband „Kühl- und Schlachtanlage".

KOLLNBURG

2 Pfarrdörfer, 1 Kirchdorf, 12 Dörfer, 47 Weiler, 40 Einöden.
2.706 Einwohner, 5.982 ha Gemeindefläche.
Die Gemeinde Kollnburg wurde aus der Gemeinde

Stahlstich von Bernhard Grueber, 1846

Kollnburg und den früheren Gemeinden Rechertsried (1. Oktober 1971), Allersdorf und Kirchaitnach (1. Mai 1978) gebildet.

Kollnburg

1 Pfarrdorf: Kollnburg (um 1150). 3 Dörfer: Baierweg (um 1170), Ogleinsmais (um 1150), Reichsdorf (900/1150). 9 Weiler: Hochstraß (um 1170), Höfen (um 1140), Hornhof (1301), Karglhof (1551), Markbuchen (1756), Oed (um 1350), Steffelhof, Waldhof (1752), Windsprach (seit 1840 selbst. Gde-Teil). 11 Einöden: Bach (1752), Gnad (um 1170), Kagermühle (um 1230), Oberdornach (um 1170), Reisach (1403), Sattel (vor 1242), Schreinermühle, Tafertshof (1301), Unterdornach, Weggütl (um 1170), Wieshof (1301).

905 Einwohner, 1.079 ha Gemeindefläche.

Am „Bayerweg", der Säumerstraße zwischen Bayern und Böhmen, entstand frühestens im 11. Jahrhundert ein Burgstall in Kollnburg, der zur Sicherung der Straße diente. Erste urkundliche Erwähnung findet der Ort in der ersten Hälfte des 12. Jahrhunderts. Als Dienstmanne des Grafen Albrecht I. tritt „Megengo (Meingoz) de Chalmberch" als Zeuge auf. Die Chalenberger können bis in das 14. Jahrhundert verfolgt werden. Wann die Burg er-

richtet wurde, ist urkundlich nicht nachweisbar. Die Nachfolger der Kollnburger waren die Nußberger. Später wechselte der Besitz der Burg des öfteren. Die Hofmark bestand bis in das 19. Jahrhundert. Die Kirche war früher eine Filialkirche von Viechtach, sie wurde 1898 Expositurkirche und 1921 Pfarrkirche. Im Jahr 1808 wurden neben Kollnburg auch Reichsdorf und Hochstraß eigene Gemeinden. Sie wurden 1818 zur Gemeinde Kollnburg zusammengefaßt.
Kunstdenkmäler: Katholische Kirche St. Trinitatis mit seltener Darstellung der Dreieinigkeit, Burgruine (im Besitz der Waldvereinssektion Viechtach) und darüber Burgstall, in Bayerweg ein „Bauerndenkmal".

Rechertsried

4 Dörfer: Rechertsried (12. Jahrh.), Hinterviechtach (1300), Münchshöfen (um 1140), Ramersdorf (900/1150). 9 Weiler: Gsteinach (um 1140), Mittergrößling (1396), Nößling (1752), Obergrößling (1396), Oberhofen (1301), Obersteinbühl (1369), Sedlhof (1301), Stein (1449), Unterberging (1369). 11 Einöden: Hartmannsberg (1752), Herzogsäge (nach 1900), Lehen (1867), Mitterberging (um 1170), Oberberging (1752), Oberriedl (1551), Pröllersäge (nach 1900), Untergrößling (1369), Unterriedl (1551), Untersteinbühl (1369), Zeitlau (nach 1900).
571 Einwohner, 1.661 ha Gemeindefläche.
Gehört den -ried-Orten an, die der Rodungswelle im 12. und 13. Jahrhundert zu danken sind. Hier war einer der Ministerialensitze der Grafen von Bogen, entlang des Bayerweges. – In der zweiten Hälfte des 12. Jahrhunderts sind erstmals die Dienstmannen in Rechertsried beurkundet: Wolfininus de rochlinisried und Heinricus de rochlinisried. Die Grafen von Bogen gaben Güter in Rechertsried ihrem Hauskloster Windberg. Diese Besitzungen erscheinen auch im herzoglichen Urbar von 1301/07. Nach dem Aussterben der Bogener kam Rechertsried in den Besitz der Landesherren, von denen u. a. auch die Nußberger Besitzungen erwarben. Später Sitz einer Hauptmannschaft wurde Rechertsried 1808 Gemeinde, neben der Gemeinde Sedlhof, die aber 1818 nach Rechertsried eingegliedert wurde. Nach Eingemeindung im Jahre 1946 nach Kollnburg und Wiedererlangung der Selbständigkeit 1948, wurde die Zusammenlegung mit Kollnburg im Jahre 1971 endgültig.
Kunstdenkmäler befinden sich in Rechertsried keine.

Allersdorf

1 Kirchdorf: Allersdorf (900/1120). 3 Dörfer: Bramersberg (um 1170), Einweging (1160), Maierhof (vor 1350). 18 Weiler: Ayrhof (1184), Göllhorn (um 1170), Göttlhof (um 1400), Hilb (um 1170), Hinterholzen (vor 1242), Hof (1752), Holzapflern, Kameraitnach (um 1300), Mehlbach (1184), Raßmann (vor 1242), Schwarzgrub (1752), Schwarzhof (1301), Schweinberg (um 1170), Täublmühle (1538), Tafern (1301), Taging (Tagern 1496), Wieshof (um 1450), Winterlehen (vor 1242). 11 Einöden: Fellerhof (1274), Haiderhof (Trautmannsdorf 900/1160), Himmelwies (1274), Hinterberg, Leuthen (1752), Liebhof (1301), Müllersdorf (900/1419), Pimmern (vor 1242), Sickermühle (1301), Täublhof (1391), Zahrmühle (1301).
676 Einwohner, 1.972 ha Gemeindefläche.
Der Ort wurde bereits im 9. Jahrhundert gegründet, da er im Dotationsgebiet des Klosters Metten lag. Er gehörte zur Erstausstattung des Klosters Oberaltaich (Adelhardesdorf). Später in den Besitz der Nußberger gelangt, wurden von diesen verschiedene Güter am 30. April 1419 dem Gotteshaus in Viechtach gestiftet. – Allersdorf bildete mit den umliegenden Ortschaften im 15. Jahrhundert eine Hauptmannschaft. Aus dieser ging 1808 die politische Gemeinde hervor, die sie auch 1818 bei der Neugliederung blieb. Allersdorf unterstand dem Pfarrbezirk Viechtach und kam später zur Pfarrei Achslach. Die Kirche wurde erst 1807/08 gebaut (Mater Dolorosa). Sie ist eine Filialkirche von Achslach, als solche auch in den Kunstdenkmälern aufgeführt. Die Einrichtung ist neu.

Kirchaitnach

1 Pfarrdorf: Kirchaitnach (1403). 2 Dörfer: Dörfl (um 1140), Winklern (um 1160). 11 Weiler: Böhmersried (12. Jahrh.), Grub (1150), Haberbühl, Händlern, Hinterberg, Neidling (um 1160/70), Oed (um 1300), Rieglkopf (vor 1242), Schmidaitnach (um 1100), Vorderau (1186), Weinhartsau (um 1160).

7 Einöden: Altaitnach (1118/20), Aumühle (1752), Brandhof, Ehren (1752), Raklern (vor 1150), Tanzstadl (vor 1242), Wies (1752).
555 Einwohner, 1.270 ha Gemeindefläche.
Erstmals tritt der Name Aitnach am 25. Januar 1403 auf, als Stephan der Degenberger zu Altnußberg an Abt und Konvent des Klosters Oberaltaich die Mühle in „nider Ayttnach" leihrechtsweise übereignet. Der Ort „Altaitnach" war früher Standort einer Kirche („Aitnach bei der Khürchen"). Die Kirche wurde 1885 abgerissen, als die neue Kirche in dem früheren Waunz errichtet wurde, das daraufhin den Namen Kirchaitnach erhielt. Die Kirche war eine Filialkirche von Viechtach, im Jahre 1921 wurde die eigene Pfarrei gebildet. In Aitnach und Händlern entstanden im Jahre 1808 politische Gemeinden, die 1818 zur Gemeinde Kirchaitnach vereinigt wurden. Bereits 1945 war die Eingemeindung Allersdorf nach Kirchaitnach geplant, was aber nicht zur Durchführung kam.
Kunstdenkmäler: Katholische Kirche St. Magdalena, noch als Expositurkirche angeführt, mit neuer Einrichtung.

Leistungen nach 1945:
Kollnburg: 1959 Neubau eines Lehrerwohnhauses. 1962 Wasserversorgung Reichsdorf. 1962/63 Schulhausneubau. 1964 Errichtung eines Schulsportplatzes. 1965 Abwasserbeseitigung Kollnburg. 1970 Wasserversorgung Kollnburg. 1975/77 Abwasserbeseitigung Kollnburg.
Rechertsried: 1964 Brückenbau über den Riedbach. Neubau eines Gemeindehauses.
Allersdorf: 1962 Brückenbau.
Kirchaitnach: 1968 Neubau einer Volksschule.

PRACKENBACH

2 Pfarrdörfer, 1 Kirchdorf, 9 Dörfer, 32 Weiler, 20 Einöden.
2.329 Einwohner, 3.987 ha Gemeindefläche.
Die Gemeinde Prackenbach setzt sich zusammen aus Prackenbach und den früheren Gemeinden Moosbach und Ruhmannsdorf (1. Mai 1978).

Prackenbach

1 Pfarrdorf: Prackenbach (um 1100). 3 Dörfer: Hagengrub (1403),Hetzelsdorf (900/1150), Hinterhangengrub (1808/18). 11 Weiler: Boxberg (1585), Egernhäusl (1808/18), Igleinsberg (1301), Kager (1752), Lexanger (seit 1867 selbst. Gde-Teil), Obermühle (1409), Schwaben (um 1170), Wiedenhof, Wiedenmühle (1752), Zeitlhof (1301), Zell (1401). 4 Einöden: Heiligenwies (1752), Ödland (1818/43), Schwabwies (1808/18), Vormühle (um 1300).
795 Einwohner, 1.135 ha Gemeindefläche.
Die Gemeinde gehört in die Siedlungsform der -hof-Orte, die in der Nähe von Ministerialensitzen entstanden (Maier- und Zeitlhof, die beide bereits im 13. Jahrhundert nachweisbar sind). Die Hofmark Prackenbach wurde zu Beginn des 15. Jahrhunderts von den Nußbergern erworben. Bereits 1115 wird Megingozs de Prackenbach genannt. Schon um 1100 kann auch eine Kirche nachgewiesen werden, die in Zusammenhang mit dem Ministerialensitz errichtet wurde. Die Hofmark stellte die Grenzsicherung des Herrschaftsbereiches der Bogener im Nordwesten und Nordosten gegenüber der Mark Cham dar. Bereits 1445 war Prackenbach schon einmal Pfarrei (Eigenkirche der Grafen von Bogen). Später war es Filiale von Viechtach, wurde 1728 Expositur und 1818 Pfarrei. Aus der Hauptmannschaft Prackenbach wurde 1808 die politische Gemeinde gebildet, neben Hagengrub, das aber 1818 nach Prackenbach eingemeindet wurde.
Kunstdenkmäler: Katholische Pfarrkirche St. Georg mit bedeutsamer Einrichtung, Karner mit Altar.

Moosbach

1 Pfarrdorf: Moosbach (900/1301). 4 Dörfer: Moosbacherau (um 1860), Unterrubendorf (1301), Unterviechtafell (um 1300), Voggenzell (um 1160). 12 Weiler: Altwies (1867), Bartlberg (1752), Egern (1867), Heilmberg (1808), Maierhof (1301), Mitterdorf (900/1230), Moosberg (1867), Neuhäusel (1808/18), Neumühle (1818/43), Oberrubendorf (1125), Oberviechtafell, Tafertshof (um 1300). 6 Einöden: Hintermaulendorf, Kreilstein (1818/43), Leuthen (1449), Oberreisach, Thannhof (1752), Unterreisach (1472).
923 Einwohner, 1.496 ha Gemeindefläche.

Der Ort geht auf die Rodungstätigkeit des Klosters Chammünster im 9. Jahrhundert zurück. Später besaß der Erzdekan von Cham das Präsentationsrecht für die Pfarrei. Es handelt sich hier um den äußersten nordwestlichen Zipfel des Altlandkreises Viechtach. Im 12. Jahrhundert saßen bogensche Ministeriale auf dem Edelsitz Kagerhof (Gde Prackenbach). Aus dieser Zeit ist ein Albert von Moosbach bezeugt. Später war Moosbach landesherrliche Hofmark. Gerichtsmäßig gehörte Moosbach früher zu Cham und kam erst später zum Gericht Viechtach (1752/60). Aus der Hauptmannschaft Moosbach entwickelte sich 1808 die politische Gemeinde des gleichen Namens, neben den selbständigen Gemeinden Rubendorf und Viechtafell, die 1818 zu einer Gemeinde zusammengeschlossen wurden.
Kunstdenkmäler: Katholische Pfarrkirche St. Johann Baptist. Karnerkapelle mit altem Grabstein.

Ruhmannsdorf
1 Kirchdorf: Krailing (750/1301). 2 Dörfer: Tresdorf (um 1170), Fichtental (nach 1900). 9 Weiler: Ahrain (um 1400), Anger (vor 1242), Berg (1301), Dumpf (vor 1242), Engelsdorf (900/1150), Grub (1340), *Ruhmannsdorf* (1527), Schwarzendorf (900/1300), Steinhof (1301). 10 Einöden: Aurieden (1667), Ehrenhof (1752), Frauenwies (nach 1900), Geigenmühle (1419), Lehen (vor 1242), Meidengrub (1301), Oberstein (vor 1242), Rattersberg (1752), Schöpferhof (um 1100), Steinmühle (1301).
611 Einwohner, 1.356 ha Gemeindefläche.
Wie Moosbach wurde Ruhmannsdorf ebenfalls von Chammünster aus besiedelt und kam später zur Mark Cham. Es gehörte zum Ring der -dorf-Orte, die im 9. Jahrhundert entstanden. Aus der Hauptmannschaft entstand 1808 die politische Gemeinde, neben Tresdorf und Krailing, die 1818 mit Ruhmannsdorf vereinigt wurden.
Eine besondere Beachtung verdient der Ortsteil *Krailing*. Er ist als echter -ing-Ort zu betrachten, denn zur Zeit der Agilolfinger hatte sich hier ein gewisser Crailo mit seiner Familie niedergelassen. Seit 1310 geschlossene Hofmark (Vogtei Chraeuling). Erst im 15. Jahrhundert tritt der Ort wieder in die Geschichte ein mit der Gerichtsbesitzersfamilie Schalickel (Schälchl). Später werden die Herren von Eck, die Leiblfinger und andere Geschlechter genannt. Ende des 18. Jahrhunderts wurde das Schloß schwer beschädigt und danach abgebrochen. Im Jahre 1808 wurde eine eigene Gemeinde Krailing gebildet, die aber 1818 zu Ruhmannsdorf kam.
Kunstdenkmäler: Katholische Kirche St. Petrus und Paulus, Filiale von Prackenbach, Sakramentsnische, Taufstein, Grabstein, Karner mit seltenem Schalenstein.

Leistungen nach 1945:
Prackenbach: 1964 Wasserversorgung Prackenbach. 1967 Neubau der Volksschule in Prackenbach
Moosbach: 1962/63 Schulhaus-Erweiterung. 1965 Abwasserbeseitigung (Teil) in Moosbach. 1973 Wasserversorgung in Moosbach.
Ruhmannsdorf: 1958 Wasserversorgung Krailing. 1965 Abwasserbeseitigung Krailing. 1971 Sanierung der TSZ-Decken im Schulanbau.

TEISNACH
1 Markt: Teisnach (1421). 7 Dörfer: Arnetsried (um 1270), Bärmannsried (um 1300), Busmannsried (um 1425), Kaikenried (1232), Oed (vor 1843), Sohl (um 1290), Wetzelsdorf (900/1301). 4 Weiler: Altenmais (1384), Aschersdorf (1399), Stadlhof (vor 1242), Zinkenried (1301). 3 Einöden: Hofstatt, Triendlmühle (1752), Weiden (1808/13). 2.493 Einwohner, 2.577 ha Gemeindefläche.
War in früherer Zeit vor allem eine Fischersiedlung. Am 25. Mai 1430 wird eine Mühle am Regen bei Teisnach beurkundet. Die Nußberger besaßen Lehen in Teisnach. Große Bedeutung bekam der Ort durch die Gründung der Papierfabrik Ende des 19. Jahrhunderts, der in neuerer Zeit weitere Industrieansiedlungen folgten. Im Jahre 1808 bestanden neben Teisnach noch die Gemeinden Kaikenried und Sohl als selbständige Gemeinde, die aber 1818 mit Teisnach zusammengelegt wurden. Wegen der stetigen Entwicklung des Ortes wurde 1900 eine

Kirche erbaut, worauf im Jahre 1903 der Pfarrsitz, der bisher in Geiersthal war, nach Teisnach verlegt wurde.

Kunstdenkmäler: Katholische Pfarrkirche St. Margarethe, mit neuzeitlicher Einrichtung.

Mit Wirkung vom 1. Mai 1978 gehörte Teisnach mit Böbrach und Geiersthal zur Verwaltungsgemeinschaft Teisnach, die mit Wirkung vom 1. Januar 1980 wieder aufgehoben wurde.

Leistungen nach 1945:

1961 Bau einer Wasser-Reserve. Abwasserbeseitigung in Teisnach. 1964 Neubau einer Brücke über den Schwarzen Regen. Abwasserbeseitigung Kaikenried und Geiersthal–Teisnach. Wasserversorgung Sohl. Schulhausneubau in Kaikenried. 1965 Wasserversorgung Teisnach. 1969 Erschließung von Industrie-Gelände. Zweckverband „Kühl- und Schlachtanlage". 1973 Neubau einer Hauptschule mit Doppelturnhalle. 1974 Sanierung der TSZ-Decke im ehem. Berufsschul- und jetzigen Volksschulgebäude. Wasserversorgung Sohl. 1976 Erschließung von Industrie-Gelände. 1977 Errichtung einer Schulsportanlage.

Ruhmannsfelden

VIECHTACH

1 Stadt, 3 Kirchdörfer, 11 Dörfer, 31 Weiler, 47 Einöden.

7.170 Einwohner, 6.547 ha Gemeindefläche.

Das Gebiet der Stadt Viechtach, ehemals Kreisstadt des Altlandkreises Viechtach, setzt sich zusammen aus dem Stadtgebiet, den ehemaligen Gemeinden Blossersberg und Schlatzendorf (1. Juli 1971) und den ehemaligen Gemeinden Schönau und Wiesing (1. Mai 1978), die mit Wirkung vom 1. April 1972 nach Wettzell eingemeindet worden waren und mit Wirkung vom 1. Mai 1978 nach Viechtach umgemeindet wurden. Außerdem wurden noch einzelne Gemeindeteile der Gemeinde Wettzell nach Viechtach eingemeindet (1. Mai 1978).

Viechtach

1 Stadt (1953/900–1104). 1 Dorf: Riedmühle (1301). 2 Weiler: Rugenhof (900/1184), Rugenmühle (1301).

Rund 3.820 Einwohner, 838 ha Gemeindefläche.

Verschiedene Bodenfunde weisen darauf hin, daß hier in vorgeschichtlicher Zeit eine Siedlung von Fischern und Jägern bestanden haben dürfte. Die erste geschichtliche Besiedlung erfolgte noch zur Bayuwarenzeit. Viechtach war ein wichtiger Verkehrsknotenpunkt am Regen, wo der „Bayerweg" eine Furt besaß. Der Ort ist als Gründung des Klosters Metten im 9. Jahrhundert anzusehen. Im 12. Jahrhundert übernahmen die Grafen von Bogen die Besiedlung des noch ungerodeten Waldgebietes um Viechtach. Die erste urkundliche Erwähnung fällt in das Jahr 1104. Adelheid, die Gattin des Dompropstes Friedrich III. von Regensburg schenkte einen halben Mansus bei Viechtach an das neugegründete Hauskloster der Grafen von Bogen in Oberaltaich. Viechtach war Ministerialensitz und es sind auch einige Namen des Geschlechtes überliefert: Oudalrici de Viechta und Bernhard de Viechta. Eine Kirche dürfte bereits im 9. Jahrhundert errichtet worden sein. Nachgewiesen sind Kirche und Pfarrei schon im 12. Jahrhundert. Es handelte sich um eine Eigenkirche der Bogener. Im Jahre 1233 wurden Kirche und Pfarrei an das Kloster Windberg übergeben, das bis 1617 das Patronatsrecht ausübte. – Nach 1242 war Viechtach herzoglicher Besitz geworden. Es bestand ein herzoglicher „Kasten". Als Markt ist Viechtach erstmals 1272 urkundlich erwähnt. Viechtach war Sitz eines Landgerichtes, dessen Gebiet bis an den Großen Arber reichte und auch das spätere Gericht Regen mit umfaßte. Das Landgerichtsgebiet wurde „Viechtreich" genannt. Die Pfarrei umfaßte bereits im Mittelalter an die 7000 Seelen. Wegen der großen Ausdehnung und der vielen Priester (bis zu zwölf), wurde die Pfarrei „das Bistum des Bayerischen Waldes", der Pfarrer „der Bischof des Bayerischen Waldes" genannt. Bekannt wurde Viechtach später durch seine großen Viehmärkte. Im Jahre 1808 politische Gemeinde geworden, blieb es das auch 1818 unverändert. Am 3. April 1953 zur Stadt erhoben, war es bis 1972 Kreisstadt, bis der Großlandkreis Regen mit Kreissitz in Regen gebildet wurde.

Kunstdenkmäler: Katholische Pfarrkirche St. Augustin mit wertvollen Deckenbildern, Stukkaturen und Inneneinrichtung; Katholische Kirche St. Anna mit Altar, Grabplatten u. dgl.; Spitalkirche Hl. Geist, 1350 von Konrad Nußberger gestiftet (jetzt ist dort das Kristallmuseum untergebracht); St. Anton auf dem Pfahl; Rathaus, Pfarrhaus, Kooperatorenhaus, Kreuzgruppe auf dem Pfahl.

Blossersberg

4 Dörfer: Blosserberg (um 1150), Irlseign (1867), Lindl (1808), Pirka (1114/37). 9 Weiler: Brücklwies, Eben, Grossenau (1808), Kronberg (um 1170), Lammerbach (1301), Moosleuthen (1867), Plöß (1732), Rauhbühl (1808), Stein (Burgstall (?/1352). 22 Einöden: Buchberg, Dürrfeld (1808), Ebenholz (um 1900), Eichbühl (1808/30), Gmeinholz (1808), Gröllerhaus (1808/30), Hartbühl (nach 1843), Hohenleithen (1808/30), Kaltenbrunn (1867), Kreuzstiegl, Kronberghäng (1808/30), Lerchenfeld (1808), Leuthenmühle (1752), Penzrain (1808/30), Reilbrunn (1808), Reilhäng, Reilwies, Reiserberg, Rothenbühl (1808/30), Schwalstein (1808), Stockwiese, Ziegelhütte (1808/30).

Rund 1.360 Einwohner, 1.576 ha Gemeindefläche.

In der ersten Hälfte des 12. Jahrhunderts schenkte Graf Albert I. an das Hauskloster der Grafen von Bogen Windberg Güter in Blossersberg und „Pirkaha" (Pirka). Der Name Blossersberg erscheint auch

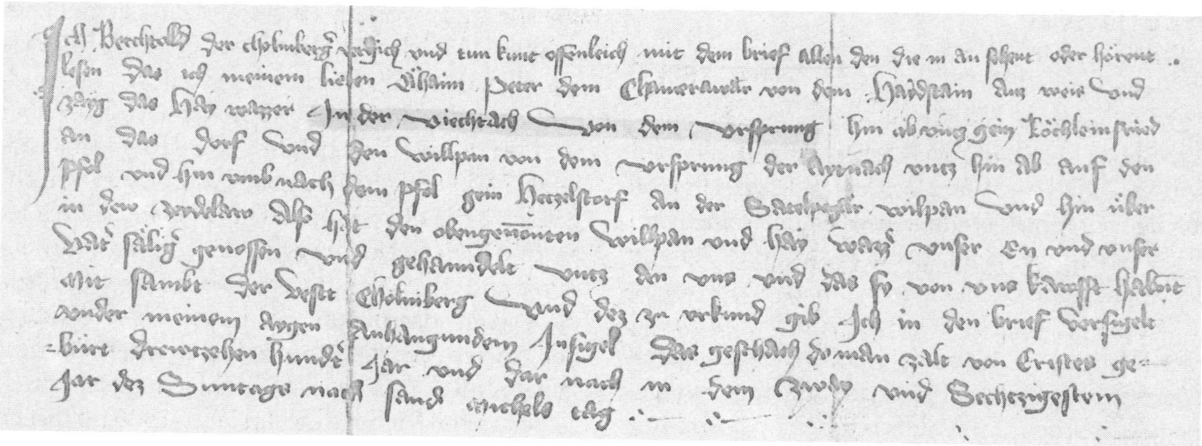

Woher kommt der Name Viechtach? Nicht wenige Ortschaften tragen den Namen von Wasserläufen, an denen sie liegen. Der heutige Riedbach hieß früher VIECHTACH. Am 2. Oktober 1362 überwies Berchtold der Cholmberger unter anderem das Fischwasser „in der Viechtach" von deren Ursprung bis zum Dorf Röchleinsried/Rechertsried, an seinen Oheim Peter den Chamerauer von dem Haidstein. Der Riedbach/die Viechtach mündet bei Viechtach in den Schwarzen Regen.

in den späteren Jahrhunderten öfters in Urkunden. In Stein bei Pirka bestand ein Burgstall, der die Furt über den Regen zu sichern hatte. Obzwar es Hauptmannschaft war, wurde es 1808 noch nicht Gemeinde. Es kam 1818 mit Pirka zu der damaligen Gemeinde Sackenried. Als politische Gemeinde bestand Blossersberg erst seit dem 17. Januar 1831. Im Jahre 1971 wurde es nach Viechtach eingemeindet.

Bodendenkmal: Burgstall in Stein bei Pirka.

Schlatzendorf

2 Dörfer: Schlatzendorf (900/1274), Fischaitnach (um 1100). 7 Weiler: Harnberg (um 1150), Huttersberg, Irlach (1752), Pfahl (1156), Rannersdorf (900/1301), Schmiedweide (1808/18), Schnitzhof (1274). 7 Einöden: Eging (1752), Enzleinsgrub (1301), Pignet (1242), Reibenmühle (1301), Schnitzmühle (um 1100), Stockhof (1752), Zießelsberg (1301).

Rund 970 Einwohner, 960 ha Gemeindefläche.

Der Ort dürfte bereits im 9. Jahrhundert gegründet worden sein, in Zusammenhang mit der Bildung der -dorf-Orte durch das Kloster Metten. Die erste Nennung des Ortes finden wir 1274, als das Kloster Oberaltaich zwei Güter in „Slatzendorf" erhielt. Nachdem der Ort Hauptmannschaftssitz war, wurde aus dieser 1808 die politische Gemeinde gebildet, neben der Gemeinde Pignet. Beide wurden 1818 zusammengelegt. 1971 erfolgte Eingemeindung nach Viechtach.

Kunstdenkmäler: keine.

Schönau

2 Kirchdörfer: Schönau (1148/60), Neunußberg (1347). 2 Dörfer: Bärndorf, Rattersberg (1301). 4 Weiler: Angerhäuser (1867), Gscheidbühl (1412), Gstadt (vor 1242), Schwibleinsberg (1274). 12 Einöden: Böhmerlhäusel (1867), Grubhof (1274), Gumbach (um 1450), Haid (1301), Kager (1539), Kreuzbuche (1867), Oberbrettersbach (1397), Ries (1690), Rittmannsberg (1539), Sägmühle, Unterbrettersbach (1397), Wurz (1456).

Rund 530 Einwohner, 1.437 ha Gemeindefläche.

Der Ort ist eine bogensche Siedlung, dessen Name erstmals um 1148–60 auftaucht. Es saßen dort um 1300 die Schönauer. Später kam der Ort an die Nußberger. Die Kirche zum hl. Blut ist eine Stiftung der Nußberger. Sie ist eine Filialkirche von Böbrach. 1808 wurde Schönau Gemeinde, ebenso wie

Abb. folgende Seite:
Der Markt Viechtach, die sogenannte Ur-Aufnahme, gemessen vom 24. Oktober bis 30. November des Jahres 1831. „Für richtige Messung haftet Johann Hertl Geometer". Obergeometer F. W. von Couven hat die Vermessung überprüft. Der Markt Viechtach hatte zum Zeitpunkt der Vermessung 1831 insgesamt 225 Hausnummern.

Ziegelhüttenäcker
Bodenwiese
Bäckengasse
Platz
Pfarrhof
Holzgarten
Auf der Bixn
Pfarrfelder

Stahlstich von Bernhard Grueber, 1846

Abb. Seite 171:
Ansicht des Marktes Viechtach im Landgericht Viechtach. Diese Aufnahme zeigt das Original-Fresko im Antiquarium der Residenz in München, geschaffen zwischen 1588 und 1596 von Hans Donauer, aufgenommen vor den Zerstörungen, die Bomben im 2. Weltkrieg dem Antiquarium zufügten.

Fernöd, Haselbach Pfaffenzell und Neunußberg. Als 1347 Altnußberg von den Nußbergern an die Degenberger verkauft wurde, entstand die geschlossene Hofmark Neunußberg. Die Hofmark war zuletzt im Besitz der Poschinger. 1808 als eigene Gemeinde gebildet, blieb es 1818 gutsherrliche Ruralgemeinde. Im Jahre 1832 wurde die Eingemeindung nach Schönau verfügt. Im Jahre 1971 kam die Gemeinde Schönau zur Gemeinde Wettzell, am 1. Mai 1978 wurde die frühere Gemeinde Schönau nach Viechtach eingegliedert.
Kunstdenkmäler: In Schönau Katholische Kirche zum hl. Blut, interessante Inneneinrichtungen; in Neunußberg Burgruine (im Besitz der Waldvereinssektion Viechtach), Schloßkapelle St. Michael mit bedeutender Inneneinrichtung, freigelegten Fresken bei Restaurierung im Jahr 1968.

Wiesing

1 Kirchdorf: Wiesing (1398). 2 Dörfer: Amesberg, Weigelsberg (um 1100). 8 Weiler: Bachlern (1539), Baumgarten (1395), Bühling (vor 1242), Haselbach (um 1130), Heitzenzell (1274), Hinkhof (um 1450), Oberhöfen (1752), Pfaffenzell (1301). 2 Einöden: Bärnloch (1806), Reilhof (1752).
Rund 440 Einwohner, 1.169 ha Gemeindefläche.
Es handelt sich um einen unechten ing-Ort. Der Name taucht erst um 1300 auf. Aus der Hauptmannschaft wurde 1808 keine eigene Gemeinde gebildet, sondern Wiesing kam zur Gemeinde Schönau. Die Gemeinde Wiesing entstand erst am 22. Januar 1831 durch Trennung der Gemeinde Schönau, das selbständige Gemeinde blieb. Im Jahre 1971 kam Wiesing zur Gemeinde Wettzell, am 1. Mai 1978 zu Viechtach.
Kunstdenkmäler: Pfarrkirche St. Mathäus, Filialkirche von Viechtach, 1829 erbaut, Einrichtung neuromanisch.

Wettzell

1 Weiler: Höllenstein (um 1170). 4 Einöden: Heinzlhof (1596), Kastlmühle (1752), Nebenweg (1867), Poppenzell (1180).
Rund 50 Einwohner, 567 ha Gemeindefläche.
Diese fünf Gemeindeteile wurden mit Wirkung vom 1. Mai 1978 aus der Gemeinde Wettzell ausgemeindet und in die Stadt Viechtach eingemeindet.

Leistungen nach 1945:
Viechtach: 1956 Abschlußarbeiten am Gebäude der Landwirtschaftsschule. Wirtschaftsgebäude für das Kreiskrankenhaus. Wohnhaus für Chefarzt und Personal. 1958 Heizungseinbau in das Altersheim. 1959 Umbau des Kreiskrankenhauses. 1959/61 Neubau eines Freibades. 1960 Be- und Entwässerung des Industriegeländes. 1961 Bau einer landwirtschaftlichen Berufsschule. Ausbau der Mittelschule. 1963/66 Abwasserbeseitigung in der Stadt Viechtach. 1964 Neubau einer Zentralvolksschule. Errichtung einer Mehrzweckhalle. 1965 Bau einer Sonderschule. 1966 Erweiterung der landwirtschaftlichen Berufsschule. 1967 Bau einer Turnhalle für die Zentralschule. 1968 Abwasser-Zweck-

verband Viechtach–Blossersberg–Schlatzendorf. 1969/72 Erschließung des Campingplatzes „Am großen Pfahl". 1970 Neubau von Tennisplätzen. 1972/77 Abwasseranlage. 1974 Erweiterung der Freibadanlage. 1976 Errichtung einer TÜV-Prüfstelle.
Blossersberg: 1959 Wasserversorgung Pirka. 1964 Abwasserbeseitigung Oberblossersberg. 1966 Abwasserbeseitigung Unterblossersberg.

Schlatzendorf: 1964/65 Wasserversorgung und Abwasserbeseitigung in Schlatzendorf.

Schönau: 1963 Schulhausbau. 1964/65 Wasserversorgung in Schönau und in Neunußberg–Bärndorf. 1965 Neubau eines Lehrerwohnhauses. 1966 Bau der Sägmühlbrücke. 1967 Instandsetzung der Burgruine Neunußberg.

Wiesing: 1962 Neubau eines Lehrerwohnhauses.

VERWALTUNGSGEMEINSCHAFT RUHMANNSFELDEN

Aus dem Markt Ruhmannsfelden und den Gemeinden Achslach, Gotteszell, Patersdorf und Zachenberg wurde mit Wirkung vom 1. Mai 1972 eine Verwaltungsgemeinschaft mit Sitz im Markt Ruhmannsfelden geschaffen.
7.706 Einwohner, 8.518 ha Fläche.

Achslach

1 Pfarrdorf: Achslach (1115). 4 Dörfer: Grün (vor 1242), Kogl (um 1170), Lindenau (vor 1242), Wolfertsried (1301). 14 Weiler: Aign (um 1300), Au (vor 1242), Bachlehen (1274), Finkenschlag (1811/13), Frath (1301), Hienhardt (1752), Kager (1393), Kalteck (1538), Oed (um 1170), Randsburg (vor 1242), Rimbeck (1432), Weghof (1752), Zeitlhof (1301), Zeitlsäge (nach 1900). 7 Einöden: Hofpoint (1445), Hohenried (1301), Kottinggrub, Leuthen, Oedwies (1752), Schreindorf (900/1165), Wieden (1752).
1.023 Einwohner, 2.579 ha Gemeindefläche.
Der Ort ist seit 1115 beurkundet. Er war der Sitz eines Ministerialen der Grafen von Bogen. „Eppo de Droslaha" (nicht Drachselsried, wie manchmal irrtümlich angenommen) erscheint im Gefolge des Grafen Albert I. Der Genannte ist auch bei den Unterzeichnern der Oberaltaicher Stiftungsurkunde vom 11. Dezember 1115 unter den „militantes" zu finden. Im herzoglichen Urbar von 1301/07 und 1312 ist vermerkt: „Aber ze Droslach fuent guot und ein hof gelten V Schilling". Bei der Bildung der Hauptmannschaften im Jahre 1464 wurde Achslach Sitz einer solchen Hauptmannschaft. Es war

auch Sitz des Amtmannes von einem der fünf Ämter des Landgerichts Viechtach. Bei der Bildung der politischen Gemeinden im Jahre 1808 wurde auch Achslach Gemeinde, die sie auch bei der Neubildung der Gemeinden im Jahre 1818 blieb. Die Pfarrei Achslach war ursprünglich Filiale von Viechtach, die zwischen 1652 und 1760 von Gotteszell aus durch Ortsgeistliche versehen wurde. Im Jahre 1832 wurde Achslach zur Pfarrei erhoben, zehn Jahre danach wurde die Pfarrkirche St. Jakobus erbaut, die auch in den Kunstdenkmälern enthalten ist.

Gotteszell

1 Pfarrdorf: Gotteszell (1285). 2 Dörfer: Tafertsried, Weihmannsried (1285/1400). 6 Weiler: Gießhübl (1285/1400), Haberröhren (1818), Hochgart (1808), Kalvarienberg (seit 1867 selbst. Gde-Teil), Spirkhof (1596), Weiherhäuser (um 1808). 7 Einöden: Bachhaus (1717), Bergheim (1818), Hochweid (1808), Neubau (1843), Vogelsang (1655), Waldhaus (18. Jahrh.), Wittmannsberg (1400).

1.033 Einwohner, 923 ha Gemeindefläche.

Es handelt sich um einen der zell-Orte, die im direkten oder indirektem Zusammenhang mit dem domvögtischen Geschlechte stehen. Der Ort hieß früher Droßlach und war im Besitz der Pfellinger, eines der bedeutendsten Ministerialengeschlechter der Grafen von Bogen. Am 29. Juli 1285 gründete Ritter Heinrich von Pfelling hier eine Zelle und besetzte sie mit zwei Mönchen aus Aldersbach. Am 9. Mai 1286 wurde die Stiftung von Bischof Heinrich II. bestätigt und der Name in Gotteszell (cella dei) geändert. Auch die Bildung der Hofmark geht auf

die Pfellinger zurück. Das Kloster wurde mit den Steinen der nach 1284 abgebrochenen Burg in Ruhmannsfelden erbaut. Es bestand bis zur Säkularisation im Jahre 1803. In den Jahren 1805/07 entstand die Pfarrei Gotteszell. Im Jahre 1808 wurde Gotteszell politische Gemeinde. Im Jahre 1818 wurde die bisherige selbständige Gemeinde Weihmannsried mit Gotteszell zur neuen Gemeinde Gotteszell vereinigt.
Kunstdenkmäler: Katholische Pfarrkirche St. Anna, die ehemalige Zisterzienser-Klosterkirche, mit Gnadenbild, Abendmahlsgruppe, Asamfresko und anderer wertvoller Einrichtung, außerdem die ehemaligen restlichen Klostergebäude.

Patersdorf

1 Pfarrdorf: Patersdorf (900/1301). 6 Dörfer: Grünbach (1752),Haidenberg (um 1170), Handling, Prünst (vor 1242), Schönberg (nach 1900), Zuckenried (um 1270). 6 Weiler: Anger (1422), Masselsried (um 1170), Mooshof (900/1301), Neumühle (nach 1900), Schwarzen (1398), Tradweging (1354). 13 Einöden: Bernwinkl (1438), Häuslern (1752), Hampermühle (1301), Harthof (um 1300), Hinterleuthen (1366), Irlach (1344), Perlesried (1301), Prenning (1354), Schön (1397), Steineröd (1752), Sündweging (1398), Weidwies (nach 1900), Zottling (1752). 2 Siedlungen: Knabenhof (an dem Moos, 1403), Schönberg (nach 1900). 1 Fabrik: Wildtier (nach 1962).
1.678 Einwohner, 1.705 ha Gemeindefläche.
Der Ort lag im Dotationsbereich des Klosters Metten im „Karolinger Wald". Er ist Glied der dorf-Besiedlung. Patersdorf beherrscht den Taleingang der Teisnach. Die erste urkundliche Erwähnung ist um 1300 zu finden. Damals war der Ort herzoglicher Besitz. Die Kirche war eine Filialkirche von Geiersthal. 1914 wurde Patersdorf zur Pfarrkuratie erhoben, nunmehr ist es selbständige Pfarrei. Aus der Hauptmannschaft Patersdorf bildete sich 1808 die politische Gemeinde, neben Haidenberg und Prünst, die 1818 mit Patersdorf zur neuen Gemeinde Patersdorf vereinigt wurden.
Kunstdenkmäler: Katholische Pfarrkirche St. Martin. In den 50er Jahren wurde bei Restaurierungsarbeiten ein Noppenglas aus dem 15. Jahrhundert entdeckt, das in den Kunstdenkmälern noch nicht enthalten ist.

Ruhmannsfelden

1 Markt: Ruhmannsfelden (1160/90). 2 Dörfer: Huberweid (seit 1867 selbst. Gde-Teil), Pulvermühle (nach 1900). 4 Weiler: Hahnburg, Hochstraß (1867), Rabenstein (nach 1900), Stockerholz (seit 1867 selbst. Gde-Teil). 7 Einöden: Bergerhäusl (1808), Bergerweid (seit 1840 selbst. Gde-Teil), Bruckmühle (1295), Leuthenmühle (nach 1900) Multernhäusl (1867), Stegmühle (1295), Steinbreiten (1808).
2.018 Einwohner, 581 ha Gemeindefläche.
Die erste Erwähnung des Ortes datiert zwischen 1160 und 1190. Er gehörte zur Grafschaft Bogen. Eine Oberaltaicher Urkunde führt um 1160 einen „Gebo de Rudarsfelden" an. Der Ort entstand aus einer Dienstmannenburg, die um die Mitte des 12. Jahrhunderts errichtet worden war. Der Erbauer war ein Gefolgsmann des Grafen Bertold von Bogen. Das Geschlecht der Ruhmannsfeldener ist aber bald ausgestorben. Die Nachfolge traten die Pfellinger an, bei deren Aussterben ging das Erbe an den Landesherrn. In diese Zeit fällt der Abbruch der Burg, deren Steine zum Bau des Klosters Gotteszell verwandt wurden. Von den bayerischen Herzögen wurde der Markt an das Kloster Aldersbach verkauft, in dessen Besitz er bis 1503 blieb. Dann kam er an das Kloster Gotteszell. Die Pfarrei wurde aber weiterhin von Aldersbach aus vikariert. Erst 1645 erfolgte die Inkorporation nach Gotteszell. Zwischen dem Kloster Gotteszell und dem Markt Ruhmannsfelden herrschten lange Zeit Zwistigkeiten wegen rechtlicher Fragen. Im Jahre 1808 wurde die politische Gemeinde Ruhmannsfelden gebildet, die 1818 unverändert blieb.
Kunstdenkmäler: Katholische Pfarrkirche St. Laurentius mit wertvoller Einrichtung; Wallfahrtskirche Osterbrünnel mit Einrichtung, Votivgaben wurden teilweise in den 60er Jahren gestohlen.

Zachenberg

13 Dörfer: Zachenberg (1301), Auerbach (1339), Furth (1904), Giggenried (um 1150), Gotteszell-Bahnhof (1877), Gottlesried (1351), Kirchweg (nach 1900), Kleinried (Gannried, 1274), Köckersried

(1400), Lämmersdorf (900/1295), Muschenried (1357), Triefenried (1398), Zierbach (1290). 12 Weiler: Auhof (1385), Eckersberg (882!), Fratersdorf, Göttleinsberg (1400), Haberleuthen (1403), Hinterdietzberg (1301), Hochau (nach 1900), Leuthen (1400), Lobertsried (um 1270), Ochsenberg (vor 1925), Vorderdietzberg (1301), Weichselsried (um 1270). 12 Einöden: Bruckberg (nach 1900), Bruckhof (1295), Brumbach (nach 1900), Gaisruck (1867), Hafenried (1434), Hasmannsried (1400), Hausermühle (1752), Klessing (1400), Pointmannsgrub (1397), Reisachmühle (1503), Wandelmühle (1752), Wolfsberg (1425).

1.954 Einwohner, 2.730 ha Gemeindefläche.

Gehört zu einer Reihe von berg-Orten, die im 12./13. Jahrhundert entstanden sind. Im Jahre 1242 ging er an den Landesherrn nach Aussterben der Grafen von Bogen über. Es traten dann verschiedene Besitzer auf. Im Jahre 1808 Gemeinde geworden neben Dietzberg, Köckersried, Leuthen und Triefenried, wurden diese im Jahre 1818 zur Gemeinde Zachenberg zusammengefaßt.

Kunstdenkmäler: keine.

Leistungen nach 1945:

Achslach: 1956 Umbau des Schulhauses. 1964/65 Wasserversorgung Achslach. 1965 Wasserversorgung Blachendorf–Rehberg. Schulhausneubau Achslach. 1965/67 Abwasserbeseitigung Achslach. Neubau der Brücke über die Teisnach. 1971 Errichtung eines Notschlachthauses in Achslach.

Gotteszell: 1962/63 Wasserversorgung Tafertsried–Weihmannsried. 1965 Wasserversorgung Gotteszell. 1967 Modernisierung der Lehrerwohnung. 1968 Schulsportplatz Gotteszell. 1970/73 Kanalisation und Kläranlage.

Patersdorf: 1958 Schulhauserweiterung in Patersdorf. 1960/61 Wasserversorgung Patersdorf. 1963 Wasserversorgung Zuckenried. Anlage eines Sportplatzes in Patersdorf. 1963/65 Neubau einer Schule in Patersdorf. 1964 Wasserversorgung Patersdorf–Prünst und Abwasserbeseitigung Patersdorf. 1965 Neubau eines Lehrerwohnhauses. 1969 Zweckverband „Kühl- und Schlachtanlage".

Ruhmannsfelden: 1958 Schulhausbau. 1964 Erweiterung der Wasserversorgung Ruhmannsfelden und Huberweid. 1964/65 Abwasserbeseitigung Ruhmannsfelden. 1971 Sanierung der TSZ-Decken im Schulgebäude. 1971/77 Abwasseranlage. 1973 Neubau einer Hauptschule.

Zachenberg: 1956 Bau der Wandlbachbrücke. 1962/64 Wasserversorgung Köckersried. 1964 Abwasserbeseitigung Köckersried. 1971 Wasserversorgungs-Zweckvereinbarung Zachenberg–March.

WETTZELL

1 Pfarrdorf: Wettzell (1115). 1 Kirchdorf: Sackenried (1209). 1 Dorf: Leckern (1752). 4 Weiler: Buchberg, Höllenstein (V) (um 1170), Kaitersbach (1539), Ried (um 1230). 6 Einöden: Fischerhof (1752), Heinzelhof (V) (1596), Kastlmühle (V) (1752), Nebenweg (V) (1867), Poppenzell (V) (1180), Stockmühle (1539).

535 Einwohner (1973), 1.469 ha Gemeindefläche.

Die vorgenannte Anzahl von Gemeindeteilen und die Gemeindefläche ergaben sich im Jahr 1946, als die Gemeinde Sackenried, bestehend aus fünf Gemeinde-Orten, aufgelöst und der Gemeinde Wettzell zugeteilt worden war. Mit Wirkung vom 1. April 1972 wurden auch die Gemeinden Schönau und Wiesing nach Wettzell eingemeindet. Mit Wirkung vom 1. Mai 1978 wurden die ehemaligen Gemeinden Schönau und Wiesing in die Stadt Viechtach eingemeindet, ebenso noch fünf Orte der Gemeinde Wettzell (siehe (V) = Höllenstein, Heinzlhof, Kastlmühle, Nebenweg, Poppenzell) mit 567 ha Fläche. Die übrigen Gemeinde-Orte mit einer Fläche von 900 ha wurden in die Stadt Kötzting im Großlandkreis Cham und damit in die Oberpfalz umgemeindet.

Wettzell war ein Dienstmannensitz der Grafen von Bogen an der Grenze zur Mark Cham. 1115 wird Herwicus de Wescilsella als erster Angehöriger des Geschlechtes genannt. Er befand sich im Gefolge des Grafen Albert I. Im Jahre 1209 stiftete Bertold III. die Kirche in Wettzell dem Kloster Niederaltaich. Es handelt sich um einen der zell-Orte, die auf das bogensche Geschlecht zurückgehen. (Zellhof eines Wascili). Die Kirche war eine Tochterkirche von Arnbruck. Die Hofmark befand sich zuletzt bis zur Auflösung der Hofmarken im Besitz der

Poschinger. Im Jahre 1808 wurde Wettzell Gemeinde.
Besonders erwähnenswert ist *Sackenried.* Es gehört zu den ried-Orten, die im auslaufenden 11. Jahrhundert in der bereits fortgeschrittenen Rodung entstanden sind. Es war bogenscher Ministerialensitz. Das Geschlecht geht bis in die Anfänge des 12. Jahrhunderts zurück. Zu Beginn des 13. Jahrhunderts schenkte Friedrich von Sackenried seine Güter dem bogenschen Hauskloster Windberg, das im 13. Jahrhundert auch als Grundherr auftritt. Im Jahre 1808 wurde eine eigene Gemeinde Sackenried gebildet, die auch 1818 bestehen blieb. Blossersberg, das zuerst zu Sackenried gehört hatte, mußte 1831 abgetreten werden, da es eigene Gemeinde wurde. Am 10. Januar 1946 war Sackenried in die Gemeinde Wettzell eingegliedert worden.
Kunstdenkmäler: Katholische Kirche zu den Vierzehn Nothelfern, mit eigenartiger Darstellung der 14 Nothelfer in Halbrelief auf dem Altar, Votivbilder.

Leistungen nach 1945:
1968 Bau einer Schlacht- und Kühlanlage. 1970/71 Wasserversorgung Wettzell.

ADALBERT PONGRATZ

STREIFLICHTER AUS DER ZEIT DES UM- UND AUFBRUCHES

1945 bis 1948

Die Nachkriegsjahre in einem Landkreis aufzuarbeiten, 37 Jahre nach 1945, dazu bräuchte man wohl ein eigenes Buch. Sicher ist auch der zeitliche Abstand für eine derartige Geschichtsschreibung noch recht gering. Zu wirr waren diese Zeiten, zu tiefgreifend der Umbruch, in dem freilich, wie wir heute alle wissen, der gute Keim für den Aufbruch steckte, der die Jahre danach auch in diesem Grenzwinkel im Osten Bayerns vielfältige Früchte brachte.

Weil aber diese Zeit nach 1945 – etwa bis zur Währungsreform im Sommer 1948 – in einem Landkreisbuch keineswegs fehlen sollte, will ich versuchen, von der Redaktion des Landkreisbuches dazu angeregt, ein ganz persönliches Erinnerungsbild zu geben. Es können nur ein paar Streiflichter sein, Episoden, Eindrücke, Erfahrungen.

Als ich am 8. Mai 1945 als 17jähriger Luftwaffenhelfer, den es wie tausend andere in die sogenannte „Alpenfestung" verschlagen hatte, nach einem wahrlich ereignisreichen Fußmarsch quer durch Ober- und Niederbayern an einem herrlichen Waldfrühlingstag bei der Ritzmaiser Säge die Grenze zum heutigen Landkreis Regen erreichte, da hatte mir eine halbe Stunde zuvor auf dem Ruselabsatz ein abgerissener Landser, der mit einem Rucksack böhmischer „Pflasta"-Zigaretten waldauswärts zog, überzeugend bedeutet: „Nach Bayer. Eisenstein kannst nimma nei, da san die Russen". Dabei waren im Grenzort die amerikanischen Kampftruppen am 1. Mai gegen 14.45 Uhr einigermaßen friedlich eingerückt und hatten dort auch die Stellung gehalten, über Jahre hinweg, vor allem mit ihrem CIC-Offizier Brinkmann, der, so scharf er auch hinter Parteileuten her war, allemal wieder für „law and order" sorgte, auch wenn es galt, sich gegenüber der nahen Tschechen zu behaupten, die, in ein paar Fällen mit Erfolg, mehrmals versuchten, überfallartig Leute von „herüben" nach „drüben" zu holen. Ich erinnere mich auch noch an meine tiefe Betroffenheit, als an drei verregneten Sommertagen und -nächten die amerikanischen Truppen in schier endlosen Fahrzeugkolonnen durch Eisenstein in Richtung Donau rollten. Sie räumten die von ihnen besetzten Gebiete der Tschechoslowakei und überließen sie den Russen.

Ich habe dann am 9. Mai über den Umweg nach Frauenau und mit einem Kartoffel-Laster der Firma Lex in Zwiesel das heimatliche Bayer. Eisenstein glücklich erreicht. Dörfer, Märkte und Städte waren überfüllt mit fremden Leuten, Flüchtlingen aus Schlesien, Ostpreußen und vor allem aus dem einstigen Sudetenland. Zwiesel hatte damals über 12 000 Einwohner. Die wollten verpflegt sein. Die Sorge nach Nahrung stand im Vordergrund. Heizmaterial war bald ebenso wichtig wie das Dach über dem Kopf. Die Schulsäle waren in Massenquartiere verwandelt, in guten Häusern hausten die Besatzer, Wohnungen waren geteilt, einen Küchenherd umlagerten drei, vier Familien. Wer Beziehungen hatte, vielleicht gar zu den „Amis", wie man die sich sehr bald recht leger gebenden Besatzer nannte, war König. Die „Amis" hatten sich in Caféhäusern ihre „Clubs" eingerichtet, einheimische Kapellen spielten auf. Es wurde geschachert und gehandelt, einfach ums Überleben.

Doch dieses Überleben wäre kaum möglich gewesen, wenn nicht praktisch am „Tag danach", der berühmten „Stunde Null", in allen Gemeinden ein paar vernünftige Leute zusammengestanden und mit List und Tücke, viel Einfühlungsvermögen und einem Gespür für Menschlichkeit darangegangen wären, eine eigene Not-Organisation aufzubauen, aus der dann eigentlich recht bald schon so etwas wie geordnete Verwaltung erwuchs, mit manchen Pannen natürlich, weil es den Besatzern aus der

„Neuen Welt" einfach an Menschenkenntnis gefehlt hat.
Zwiesel wurde Sitz der Militärregierung, die im heutigen Berufsschulgebäude an der Fachschulstraße residierte. Diese Verlegung der zentralen Gewalt von Regen nach Zwiesel hatte seinen Grund darin, daß Regen, die heutige Kreisstadt, noch von einem versprengtem Haufen verteidigt und von den US-Soldaten entsprechend beschossen worden war. Die schnell wechselnden Kommandanten als Chefs der US-Militärregierung führten, je nach Charakter, ein mehr oder minder strenges Regiment. Jedenfalls – Altlandrat Max Binder als damaliger Bürgermeister von Kirchberg weiß davon eine Serie herzlicher Geschichten zu erzählen – mußten die von den Besatzern eingesetzten und manchmal auch schnell wieder abgesetzten Bürgermeister wöchentlich einmal zum Befehlsempfang in die Zwieseler Fachschulstraße. Dabei soll es manchmal recht laut zugegangen sein, aber die Männer der ersten Stunde gingen wieder zurück in ihre Heimatgemeinden und erfüllten ihre Aufgabe, von deren Schwierigkeiten man heute gar keine Vorstellung mehr haben kann, so wie sie sie für richtig erachteten. Improvisation war das Gebot der Stunde und es klappte erstaunlich gut. Die Amerikaner, meist qualifizierte Soldaten in den wichtigen Positionen, haben dafür aber auch Verständnis gehabt und öfter als einmal ein Auge zugedrückt. Es gab natürlich auch Auswüchse, denn es waren auch ein paar undurchsichtige Leute als Zivilpersonen in der Nachhut der Kampftruppen mit ins Land geströmt. Ein paar von ihnen haben wirklich Angst und Schrekken verbreitet. Oder da gab es in Frauenau das berühmte Stofflager in der Gistlfabrik. Dort waren ein paar tausend Stoffballen kurz vor Kriegsschluß eingelagert worden. Und neu einkleiden mußten sich praktisch alle. Weil damals geschickte Leute immer einen Weg fanden, zu solchen Raritäten zu kommen, wurde das Lager von Woche zu Woche kleiner. Kaum ein Haushalt in der Umgebung, der nicht Stoff aus Frauenau wie einen Schatz gehütet hat. Doch da rückten, von Zwiesel kommend, eines Tages Panzer im Glasmacherort ein, ein paar grimmige Trupps bewaffneter GI's im Gefolge. In Windeseile verbreitete sich die Kunde, daß einem amerikanischen Offizier in Frauenau eine Akte mit Geheimdokumenten gestohlen worden sein solle, nach denen jetzt, auf allerhöchsten Befehl, gesucht werde. Kein Haus im Ort blieb ohne Hausdurchsuchung. Die Aktentasche mit den Geheimdokumenten wurde nicht gefunden. Mitgenommen haben die Soldaten allerdings die Stoffballen, die sie bei diesen Durchsuchungen fanden, für ihre „Fräuleins", wie man hinterher feststellte.
Von Zeit zu Zeit hörte man von Festnahmen wegen „Waffenbesitz" und schnellen Verurteilungen, Parteileute waren längst systematisch erfaßt und in Lager geholt. Es gab Ausgangssperre ab 19 Uhr, und wer erwischt wurde, hat eine Nacht in US-Obhut verbracht, aber es regte sich, trotz aller Not und Kümmernisse, bald auch wieder das gesellige Leben. Zu groß war der Hunger nach Vergnügen nach den entbehrungsreichen Kriegsjahren. Die Jungen lernten in irgendeiner großen Bauernstube das Tanzen, Vereine wurden wiedergegründet, ja sogar Sportbetrieb gab es wieder in zaghaften Anfängen, reisende Kapellen mit tollen Musikern zogen durchs Land und es gab praktisch keine Tanzveranstaltung, die nicht überfüllt gewesen wäre. Die US-Besatzer haben die anfänglich straffen Zügel eigentlich sehr bald gelockert. Großes Tagesgespräch waren die jeweils fälligen Spruchkammerverhandlungen. Die Kammer tagte im Zwieseler „Ostmarkhaus" unseligen Angedenkens. Ein Landratsamt wurde wieder eingerichtet, in Zwiesel, und dann von den Regenern über Nacht wieder „heimgeholt". Zwiesel und Regen bekamen eigene Stadtpolizeien, das Leben normalisierte sich, abgesehen von der Versorgung mit Nahrungsmitteln, die unendlich schwierig war, und die Verantwortlichen eine tagtäglich neue und rundum bewundernswerte Organisationsarbeit zu leisten hatten, die, kein Mensch kann heute mehr genau sagen wie, großartig gelöst wurde. Dies war das eigentliche Wunder dieser Zeit.
Doch ohne Hamstern wäre das nicht zu schaffen gewesen. Niemand weiß heute mehr, wieviele gläserne Nachttöpfe aus den Glasfabriken des Waldlandes damals in Rucksäcken, auf den mit Holzgas betriebenen Lastwagen oder in langen Fußmärschen hinausgefahren oder getragen wurden ins

Donauland. Aus dem Graflinger Winkel holte man sackweise Obst, wer für die Aussteuerwäsche der Tochter ein paar Pfund Butter einhandeln konnte, war wieder für ein halbes Jahr gerettet. Die Menschen waren findig damals, haben auch zusammengeholfen und irgendwie ging es immer wieder doch noch voran, Hauptsache der Kopf blieb dran oder wenigstens über Wasser. So war die Grundeinstellung damals, die das Überleben garantiert hat, die aber auch den Weg für eine demokratische Ordnung öffnete. Die ersten Wahlen im Lande, fürs Gemeindeparlament natürlich, gingen ohne Probleme über die Bühne, aber es gab auch gleich Wahlkampf mit ausgesprochen debattenreichen Versammlungen, bei denen meist weniger die Parteien, sondern die Generationen aufeinander prallten.
Die US-Besatzer bemühten sich redlich um eine Umerziehung auch der Waldler. Vorläufer einer Volksbildungseinrichtung wurden damals reihenweise aus der Taufe gehoben. Man war nicht dagegen, auch nicht dafür, man ließ das über sich ergehen. Viele junge Menschen von damals wurden über die rollende Amerikabücherei, eine mustergültige Einrichtung, erstmals mit der Weltliteratur vertraut gemacht. Dieser Bücherbus, der aus Regensburg kommend auch die Walddörfer im Landkreis Regen im Turnus ansteuerte, war eine der positivsten Einrichtungen dieser Zeit, in der auch bald wieder Theater gespielt wurde, es Konzerte gab und kleine Festlichkeiten, bei denen allerdings nicht Essen und Trinken, sondern ganz einfach und bieder das Gemeinschaftserlebnis die große Rolle spielten.
Die große Zäsur in dieser Entwicklung setzte die Währungsreform des Jahres 1948. Über Nacht war die Ära der Lebensmittelmarken und der Bezugsscheine zu Ende. Mit dem neuen Geld, 40 Deutsche Mark für jeden, an einem Montagmorgen, abzuholen in der Gemeindekanzlei, waren die wirren Jahre mit einem Schlag zu Ende.

WERNER POHL

WAPPENKUNDE

Die Wappenkunde (Heraldik) ist von so großer heimatgeschichtlicher und volkskundlicher Bedeutung, daß den Wappen im Landkreisgebiet Regen ein eigenes Kapitel gewidmet werden soll. Dabei wird auf Johann Siebmachers Wappenkunde von 1701/05, auf das Buch „Die Wappen der niederbayerischen Landkreise und Gemeinden" von Klemens Stadler von 1960 sowie auf Akten des Landkreises Regen und einzelner Gemeinden Bezug genommen.
Der Name „Wappen" ist aus dem altdeutschen Wort „Wapen" abzuleiten, was so viel wie Waffen bedeutet. Dies weist daraufhin, daß Wappen zuerst in der Kriegs- und Turniertechnik angewandt wurden, um den einzelnen Kämpfer oder Ritter erkennbar zu machen.
Die ältesten Wappen datieren aus dem 12. Jahrhundert. Die Blütezeit ist in das 13. bis 15. Jahrhundert zu verlegen. Bürgerliche Wappen kamen zuerst um 1300 vor. Wenn auch einige der Gemeindewappen auf diese Zeit zurückreichen, so ist doch der größte Teil zuerst in den letzten drei Jahrzehnten entstanden, nach dem Zweiten Weltkrieg, als sich die Gemeinden von den Wirren der Kriegs- und Nachkriegszeit erholt hatten. Die Gemeinden erhielten eine größere Eigenständigkeit und gewannen ein gesteigertes Selbstvertrauen. Sie wollten dies durch ein eigenes Hoheitszeichen, das Wappen, zum Ausdruck bringen. Ähnliches gilt auch für die Landkreise.
Das Recht der Wappenverleihung hatten bis 1918 die Könige. Dann ging es in Bayern auf das Bayerische Staatsministerium des Inneren über. Als Fachbehörde zur Beratung in Wappenfragen gilt die Generaldirektion der staatlichen Archive in München. War früher das Recht zum Wappentragen auf Städte und Märkte beschränkt, ist es nun auf alle Gemeinden erweitert. Die Annahme wurde sowohl in der Gemeindeordnung, Art. 5 vom 25. Januar 1952 aufgenommen, wie auch in der Landkreisordnung Art. 3 vom 16. Februar 1952. Die Regelung für die Gestaltung der Wappen ist dabei unverändert geblieben.
Mit der Symbolik in der Wappendarstellung befaßt sich die Heraldik, die Wappenkunde. Sie deutet die heimatgeschichtlichen, aber auch landschaftlichen oder wirtschaftlichen Beziehungen von Wappen zum Wappenträger in den verwendeten Symbolen. Es hat sich eine eigene Fachsprache der Wappenbeschreibung, die „Blasonierung" gebildet. Danach gelten die Bezeichnungen rechts oder links, bzw. vorne und hinten im Wappenschild für seinen Träger, nicht für den Beschauer. Der bevorzugte Platz im Wappen ist rechts, bzw. oben. Eine besondere Bedeutung kommt auch den Farben zu. Sie hat Johann Siebmacher in seinem Werk „Das erneuerte Teutsche Wappenbuch" dargelegt. Danach wird die Farbe „Gold" (oder „Gelb") nach dem Metall Gold als die vortrefflichste bezeichnet, welche der Sonne zugeeignet wird. Die zweite Farbe ist nach dem Metall „Silber" (oder „Weiß"), die dem Wasser zugeordnet wird. Beide Farben sollen in einem Wappen nicht vereinigt sein. Unter den übrigen Farben steht das „Rot" voran, das entsprechende Edelgestein ist der Rubin. Die Farbe rot ist das Sinnbild der edelsten Tugenden. – Nach dem Rot kommt das Himmelblau, als Sinnbild der zarten Luft, verglichen mit dem Saphir. Die Farbe bedeutet Treue und Beständigkeit. Es folgt „Schwarz", mit der Erde verglichen, als entsprechender Edelstein ist der Diamant zugewiesen. Schwarz bedeutet Traurigkeit, Demut, Unglück. Es erscheinen auch grün, braun oder grau, ebenfalls mit entsprechender Sinngebung.
Aber auch der Zusammensetzung der Farben in einem Wappen kommt eine bestimmte Sinngebung zu, so Gold mit Rot als Drang nach Freiheit, Gold mit Blau als Beständigkeit, Silber und Rot als Kühnheit u. dgl. m. Dabei ist die Farbe dominierend, die die größte Fläche im Schild oder die größten Felder bedeckt.
Dort, wo eine farbige Wiedergabe der Wappen

ALTLANDKREIS REGEN

LANDKREIS REGEN

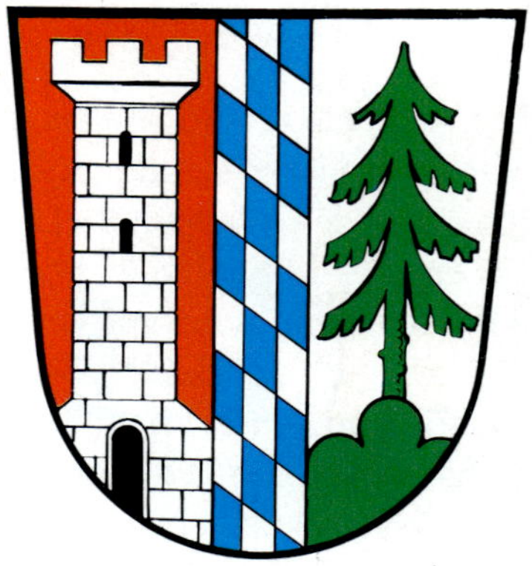

ALTLANDKREIS VIECHTACH

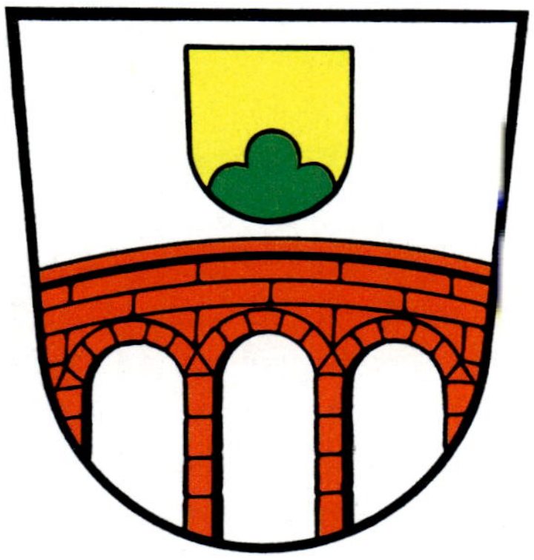

ARNBRUCK

BISCHOFSMAIS

BODENMAIS

DRACHSELSRIED

FRAUENAU

GEIERSTHAL

LANGDORF

STADT REGEN

RINCHNACH

RINCHNACHMÜNDT

RUHMANNSFELDEN

TEISNACH

VIECHTACH

ZWIESEL

nicht möglich ist, z. B. bei den Siegeln, werden die Farben durch Punktierungen oder Schraffierungen dargestellt, z. B. Gold durch Punktierung, Silber oder Weiß durch ein freigehaltenes Feld, Rot durch Senkrechtschraffierung, Blau durch Waagrechtschraffierung, Grün durch Schrägschraffierung von oben nach unten, Schwarz entweder durch Senkrecht- und Waagrechtschraffierung oder durch schwarze Überdeckung u. dgl. m.
Als Wappenfiguren unterscheidet man zwischen „Heroldsbildern", „Schildteilungen" und „Gemeinen Figuren" (Gebilde aus Natur und Kunst u. dgl.). Unter den Heroldsbildern versteht man die Aufteilung des Schildes durch Schnitte in zwei oder mehrere farbige Flächen, unter letzteren Darstellungen von Tieren (Löwe, Panther, Adler u. dgl.) oder Pflanzen (Lilie, Seerose, Kleeblatt u. dgl.) oder von Landschaftsteilen (Bergkuppen, Flüssen u. dgl.), schließlich von Darstellungen der Kunst (Bischofstab u. ä.). Enthält ein Wappen eine Anspielung auf den Träger des Wappens, so spricht man von einem redenden Wappen (z. B. der Regenbogen im Wappen von Regen, die Brücke im Wappen von Arnbruck oder der Geier im Wappen von Geiersthal). In Gemeindewappen können auch Hinweise von Adelsgeschlechtern enthalten sein, die für die betreffende Gemeinde von Wichtigkeit waren (Rauten der Bogener Grafen, Teile aus Klosterwappen usw.).

DAS WAPPEN DES LANDKREISES REGEN

Da das Wappen des Landkreises Regen Symbole der beiden Wappen der Altlandkreise Regen und Viechtach enthält, soll zuerst eine Beschreibung der Wappen der beiden Altlandkreise folgen.

DAS WAPPEN DES ALTLANDKREISES REGEN

Wappenbeschreibung: Unter einem Schildhaupt mit den bayerischen Rauten gespalten von Gold und Grün; in verwechselten Farben vorne eine bewurzelte Fichte, hinten ein Stengelglas.
Die Zustimmung des Bayerischen Staatsministerium des Inneren erfolgte am 30. Juni 1960. Die Rauten im Schildhaupt beziehen sich auf das Wappen der Grafen von Bogen, zu deren Herrschaft um 1200 auch das Gebiet von Regen gehörte, wie auch der Wittelsbacher, die nach dem Aussterben der Bogener Grafen im Jahre 1242 diese beerbten und im 16. Jahrhundert in Regen ein eigenes Landgericht errichteten. Die Fichte im Wappen versinnbildlicht die Lage des Kreises im Bayerisches Wald, das Stengelglas ist das Symbol der Glasfabrikation, die schon in früheren Zeiten einen bedeutenden Erwerbszweig darstellte und dies auch heute noch ist, die Farben Grün und Gold erinnern an das ursprüngliche Wappen des Benediktinerstiftes Niederalteich, von wo aus über Rinchnach die Besiedlung des Regener Gebietes erfolgte.
Die Bemühungen des Altlandkreises Regen um ein Landkreiswappen gehen in das Jahr 1959 zurück. Am 9. Januar 1959 hatte der Kreisausschuß einen Beschluß über die Annahme eines Landkreiswappens gefaßt. Zu dem Vorschlag der Generaldirektion der Staatsarchive Bayerns hatte der damalige Kreisheimatpfleger Alfons Schubert einen Gegenvorschlag gebracht, der aber nicht die Zustimmung der Generaldirektion der Staatsarchive erhielt. Der Vorschlag Schuberts sah vor, den Arber oder die Burg Weißenstein möglichst realistisch darzustellen, was den heraldischen Anforderungen an ein Wappen nicht entsprach. Der nach dem Vorschlag der Generaldirektion von Graphiker Max Reinhardt aus Passau erarbeitete Entwurf fand die Zustimmung des Kreistages vom 8. Juni 1959.

DAS WAPPEN DES ALTLANDKREISES VIECHTACH

Wappenbeschreibung: Schild gespalten, durch einen mit den bayerischen Rauten belegten Pfahl; vorne in Rot ein zinnbekrönter silberner Bergturm, hinten in Silber auf grünem Dreiberg eine grüne Fichte.
Die Zustimmung des Bayerischen Staatsministerium des Inneren erfolgte am 13. September 1961. – Der Kreistag hatte am 10. April 1961 den Beschluß zur Annahme eines Kreiswappens gefaßt. Für die Gestaltung wurden neben einem Vorschlag der Generaldirektion der Staatlichen Archive Bayerns vor allem der Vorschlag vom damaligen Kreisheimat-

pfleger, Expositus Georg Hofmann, zugrundegelegt. In diesem Vorschlag war davon ausgegangen, sowohl den Namen des Landkreises, als auch den Pfahl als Wahrzeichen der Landschaft heraldisch zu versinnbildlichen. Für ersteres kam die Fichte in Betracht, die auch im Stadtwappen von Viechtach enthalten ist. Um eine Unterscheidung vom Stadtwappen zu erzielen, wurde die Fichte auf einen heraldischen Dreiberg gestellt. Dieser hat in geschichtlicher Hinsicht den Sinn, auf die hohe Bedeutung des Klosters Niederalteich für diese Gegend (vor allem das Zellertal) hinzuweisen. Im Klosterwappen ist der Dreiberg vorhanden. Der Pfahl wurde durch den senkrechten Balken mit den Rautenzeichen gewählt. Dieser Balken trägt in der heraldischen Fachsprache ebenfalls die Bezeichnung „Pfahl". Der Bergturm weist auf die Burgen im Gebiet Viechtachs hin. Durch die Farben Silber, Blau, Weiß und Rot wurde ein Hinweis auf die Wappenfarben der Degenberger erzielt, welches Geschlecht ebenfalls große Bedeutung für das „Viechtreich" hatte.

DAS NEUE WAPPEN DES LANDKREISES REGEN

Wappenbeschreibung: Unter Schildhaupt mit den bayerischen Rauten in Rot ein silberner Pfahl, darin eine bewurzelte grüne Fichte, vorne ein silbernes Kelchglas, hinten ein wachsender silberner Zinnenturm.

Durch die Zusammenlegung der Altlandkreise Regen und Viechtach zum Landkreis Regen war auch die Annahme eines neuen Landkreiswappens erforderlich geworden. Das Landratsamt Regen hatte sich an die Generaldirektion der Staatlichen Archive Bayerns in München gewandt und von dort folgenden Bescheid erhalten: „In den beiden durch die Landkreisreform gegenstandslos gewordenen Wappen der früheren Landkreise Regen und Viechtach waren zwei identische Motive enthalten; sie bezogen sich auf die Lage der Landkreise im Bayerischen Wald, ausgedrückt durch die Fichte, während durch die weißblauen Rauten auf die von den Grafen von Bogen, später den Wittelsbachern geprägte frühere Geschichte dieses Gebietes hingewiesen wurde. Da die sachliche Begründung für die Symbole nach wie vor zutrifft, sollen sie beibehalten werden. Als weitere charakteristische Beizeichen aus den beiden früheren Landkreiswappen wäre an das Stengelglas und an den „Pfahl" zu denken, um auf die örtliche Glasindustrie bzw. jene landschaftliche Besonderheit symbolisch einzugehen. Es ergibt sich dadurch im Wappenvorschlag, der die beiden Gebietsteile in ihrer neuen Gemeinsamkeit weiterhin repräsentieren wird und der folgenden Beschreibung entspricht: „Durch einen von Silber und Blau schräg gerauteten Pfahl, gespalten von Rot und Silber; vorne ein silbernes Stengelglas, hinten eine bewurzelte grüne Fichte."

Der Viechtacher Kreisheimatpfleger, Werner Pohl, dagegen schlug vor: Im oberen Balken des Wappens der von Silber und Blau schräg gerautete „Pfahl"; den unteren Teil dreigeteilt, links und rechts rot getönt, in der Mitte silbern; im linken Feld das silberne Stengelglas, in der Mitte die bewurzelte Fichte und rechts den zinnengekrönten silbernen Burgturm.

Auf Anraten der Generaldirektion der Staatlichen Archive Bayerns hatte die Landkreisverwaltung vom Graphiker Max Reinhardt, Passau, zwei farbige Skizzen der beiden Wappenvorschläge anfertigen lassen. Diese Skizzen lagen der Beratung des Kreisausschusses zugrunde. Der Kreisausschuß äußerte Bedenken, ob der Wappenvorschlag des Kreisheimatpflegers Pohl wegen seiner zahlreichen Bildmotive in der Verkleinerung des Dienstsiegels noch klar wirken werde. Doch der Graveur des Bayerischen Hauptmünzamtes bestätigte, daß die Wappensymbole im Siegelabdruck noch klar zu erkennen sein werden. Auch der Heraldiker der Generaldirektion der Staatlichen Archive Bayerns sagte zu, daß er einen Beschluß des Kreistages über die Annahme eines neuen Landkreiswappens nach dem Vorschlag des Kreisheimatpflegers Pohl positiv begutachten werde. In der Kreistagssitzung vom 13. März 1975 wurde dann der Vorschlag von Kreisheimatpfleger Pohl mit großer Mehrheit angenommen.

DIE GEMEINDEWAPPEN

Bei der Beschreibung der Gemeindewappen soll nicht von einer alphabetischen Reihenfolge der Gemeinden ausgegangen werden, sondern eine zeitliche Gliederung zugrunde gelegt werden von den ältesten Wappen angefangen bis zu den neuesten.

Die ältesten Gemeindewappen

Das Wappen von Viechtach

Den ältesten Wappenbrief im Gebiet des Großlandkreises Regen weist die Stadt Viechtach auf. Er wurde am 20. Mai 1437 von Herzog Ernst zugleich namens seines Mündels Adolf ausgestellt. Der erste Nachweis für das Wappen selbst stammt von einem Abdruck des Siegels von 1514, das seinem Stil nach älter ist. Es erscheint dabei bereits die Fichte, mit einem Wurzelwerk versehen. In späteren Darstellungen sind die Zapfen in der Fichte sowie ein grüner Rasen enthalten. Als Feldfarben findet man neben Gold früher auch Rot, Blau oder Weiß; die Fichte ist stets grün.
Wappenbeschreibung: Im Gold eine bewurzelte grüne Fichte mit goldenen Zapfen. Redend für den Namen des am 24. April 1953 zur Stadt erhobenen Ortes steht bis heute unverändert die Fichte im Wappen.

Das Wappen von Regen

Nur um einige Jahre jünger ist das Wappen der Stadt Regen; Herzog Albrecht III. verlieh dem Ort durch Urkunde vom 10. Juli 1448 ein Wappen, dessen Original noch erhalten ist. „Redend" ist dabei der Regenbogen, auf den Ortsnamen hindeutend. Das eigentliche örtliche Symbol dürfte aber die Lilie gewesen sein. In drei Siegeln aus dem 17. und 18.Jahrhundert ist die Lilie sogar ohne Regenbogen enthalten. Der Regenbogen im Wappenbrief hat in naturalistischer Darstellung fünf Farben; nach allgemeinen heraldischen Regeln erscheinen nunmehr nur noch die drei Farben Rot, Grün und Gelb.
Wappenbeschreibung: In Blau unter mehrfarbigen Regenbogen eine silberne, heraldische Lilie mit goldenen Staubfäden.

Das Wappen von Zwiesel

Etwas mehr als ein Jahrhundert jünger ist das Wappen der Stadt Zwiesel. Herzog Albrecht V. verlieh am 11. September 1560 dem Ort einen Wappenbrief, der erst in jüngster Zeit verloren gegangen ist. Redend im Wappen ist die Spitze, die gleichbedeutend mit „Zwiesel" ist. Es wird dabei auf den Zusammenfluß der beiden Regenflüsse angespielt. Weitere Symbole sind der Reichsadler und die festgelegte Zahl von 21 Rauten. Sie weisen auf Kaiser Ludwig von Bayern hin, der 1342 Zwiesel an Hartwig von Degenberg gab. Der Ritter könnte Sinnbild um das politische Ringen um den Ort zur Zeit der Wappenverleihung sein.
Wappenbeschreibung: In Rot eine gestürzte, eingeschweifte goldene Spitze; im ganzen belegt mit einem Ritter in blauer Rüstung, mit einem Dolch an der Seite und blauem Eisenhut; in der Rechten hält er ein mit goldenem Wehrgehänge umwundenes blaues Schwert, in der Linken einen gespaltenen Dreiecksschild; darin vorne in Gold am Spalt ein halber schwarzer Adler, hinten die bayerischen Rauten.

Das Wappen von Ruhmannsfelden

Zu den alten Wappen zählt auch das des Marktes Ruhmannsfelden. Schon 1511 verlangte der Markt ein eigenes Siegel. Der Antrag wurde aber abgewiesen. Da der Markt dem Zisterzienser-Kloster Gotteszell zugewiesen wurde, besiegelte das Kloster als Vogt- und Grundherr die Urkunden des Marktes. Wening gab daher in seinem Stich des Marktes das Wappen des Klosters Gotteszell an. Auf Bitte der Bürgerschaft scheint 1819 die Verwendung des Klosterwappens erlaubt worden zu sein, von dem aus dem Jahre 1835 zwei Abbildungen vorhanden sind.
Wappenbeschreibung: In Rot ein von Silber und Grau gerauteter Schrägbalken. (Der Schrägbalken wurde vom Ordenswappen der Zisterzienser übernommen, allerdings in den Landesfarben).

Das Wappen von Arnbruck

Auf eine mehr als 50jährige Tradition kann das Wappen der Gemeinde Arnbruck zurückblicken. Mit Entschließung des Bayerischen Staatsministerium des Innern vom 18. August 1926 wurde die Zustimmung zur Annahme des Wappens erteilt. *Wappenbeschreibung:* In Silber eine durchgehende gemauerte rote Brücke mit drei Bögen; darüber schwebend ein goldenes Schildchen, darin ein grüner Dreiberg. Das Wappen ist ein „redendes". Die dargestellte Brücke weist auf den zweiten Teil des Gemeindenamens hin. – Das darüber befindliche Schildchen stellt das alte Wappen des Benediktinerstiftes Niederalteich dar. Es wird damit darauf angespielt, daß der Ort im Jahre 1209, als er den Namen „Ennebruck" trug, von Graf Bertold von Bogen dem Kloster geschenkt wurde.

Die jüngeren Gemeindewappen

Alle übrigen Gemeindewappen im Kreisgebiet Regen gehen auf die Zeit nach dem Zweiten Weltkrieg zurück, seit dem Jahre 1951.

Das Wappen von Geiersthal

Als erste Gemeinde im Landkreisgebiet in diesem Zeitraum bewarb sich die Gemeinde Geiersthal um ein Gemeindewappen. Die Zustimmung zur Annahme des Wappens erfolgte durch Entschließung des Bayerischen Staatsministerium des Innern vom 13. April 1951.
Wappenbeschreibung: In Silber auf rotem Dreiberg stehend eine gestürzte eingeschweifte rote Spitze, darin ein golden bewehrter Geier. Das Wappen ist ebenfalls „redend". Der Geier weist auf den Ortsnamen hin, der auf eine Legende zurückgeht, in der ein Geier eine entscheidende Rolle spielt. Der Freiberg und die gestürzte Spitze sind seit dem 1444 nachweisbaren Wappen der Zisterzienserabtei Aldersbach entnommen. Die Pfarrkirche war seit 1325 dem Kloster Aldersbach inkorporiert.

Das Wappen von Frauenau

Zeitlich folgt das Wappen der Gemeinde Frauenau. Die Zustimmung zur Annahme des Wappens erfolgte vom Bayerischen Staatsministerium des Innern am 21. Januar 1958.
Wappenbeschreibung: In Silber ein schräg gestellter fünfblättriger roter Lindenzweig. Der Lindenzweig wurde auf Anraten von Freiherr Hippolyt von Poschinger als eines der beiden historischen Wappenbilder der Degenberger gewählt, denen der Ort seine Entstehung und das erste Aufblühen verdankt.

Das Wappen von Drachselsried

Mit gleichem Datum wie das Wappen von Frauenau (21. Januar 1958) wurde auch das Wappen der Gemeinde Drachselsried vom Bayerischen Staatsministerium des Innern gebilligt.
Wappenbeschreibung: Unter blauem Schildhaupt, darin gekreuzt ein goldener Abtstab und ein silberner Schlüssel; in Gold ein rot gekleideter bärtiger Mannsrumpf mit dreizipfligem rotem Stulphut. Abtstab und Schlüssel wurden vom Benediktinerkloster Oberalteich übernommen, das vom 12. bis 14. Jahrhundert Güter in Drachselsried besaß – der „Heidenrumpf" mit der Mütze war eines der beiden Wappenbilder der Degenberger, welches Geschlecht gegen 1400 die Hofmark Drachselsried besaß, die sie mit ihrem Gut in Altnußberg inkorporierten = einverleibten.

Das Wappen von Bodenmais

Am 4. Februar 1959 erfolgte durch das Bayerische Staatsministerium des Innern die Zustimmung zur Annahme des Wappens des Marktes Bodenmais. *Wappenbeschreibung:* Geteilt durch den Umriß des Silberberges in Blau und Silber; oben der goldene Kurhut mit silbernem Hermelinbesatz, unten gekreuzt ein schwarzer Schlegel und ein schwarzer Bergmannshammer. Die Feldfarben Weiß und Blau sowie der Kurfürstenhut beziehen sich darauf, daß die Hofmark Bodenmais 1967 unmittelbares kurfürstliches Kammergut wurde. Die Kurfürsten brachten auch wieder alle Anteile an dem seit dem

14. Jahrhundert bestehenden Bergbau an sich. Auf diesen alten Bergbau deuten die Umrißlinie des Silberberges und die Bergmannsgeräte, das sogenannte „Gezähn" hin.

Das Wappen von Bischofsmais

Mit Entschließung vom 1. Juni 1962 wurde vom Bayerischen Staatsministerium des Innern die Zustimmung zur Annahme eines Wappens der Gemeinde Bischofsmais erteilt.
Wappenbeschreibung: Geteilt von Rot und Gold; oben schwebend eine silberne Mitra mit abhängenden Bändern, unten ein grüner Dreiberg. Das Wappen ist ebenfalls „redend", da die Mitra auf den Namen „Bischofs"-Mais hinweist. Es kommt damit auch die enge Beziehung zum Bistum Passau zum Ausdruck; der Ort ist eine im 11. Jahrhundert auf Veranlassung der Passauer Bischöfe entstandene Rodungssiedlung. Weiß bzw. Silber und Rot sind die althergebrachten Farben des Wappens des Hochstiftes Passau. Der grüne Dreiberg in Gold ist ein Symbol aus dem Wappen des Klosters Niederalteich, das mit der Gegend von Bischofsmais grundherrschaftlich sehr eng verbunden war, besonders durch die seit dem 14. Jahrhundert entstandene Wallfahrt zum hl. Hermann bei Bischofsmais.

Das Wappen von Langdorf

Die Gemeinde erhielt die Zustimmung zur Annahme eines Wappens durch das Bayerische Staatsministerium des Innern vom 21. Dezember 1962.
Wappenbeschreibung: Gespalten von Silber und Blau; vorne ein schrägliegender feinblättriger Lindenzweig, hinten ein aufrechtes auswärts gekehrtes silbernes Rodungsbeil. Das Rodungsbeil im Wappen deutet auf die Entstehung des Ortes durch Rodung um 1300 hin; der Lindenzweig erinnert an die Jahrhunderte lange Verbindung des Ortes zu den Degenbergern, die in ihrem Stammwappen diesen Zweig enthalten hatten. Die Farben Silber und Blau schließlich berücksichtigen die alten Beziehungen des Ortes zum bayerischen Herzoghaus.

Das Wappen von Lohberg

Das Bayerische Staatsministerium des Innern genehmigte das Wappen der Gemeinde Lohberg am 11. Oktober 1965.
Wappenbeschreibung: Gespalten von Silber und Blau; vorne über einem schwarzen Wellenbalken ein aufrechter, gebogener grüner Ölzweig, hinten ein silberner Glaskrug. Die Farben Silber bzw. Weiß und Blau weisen auf die Wittelsbachische Grundherrschaft hin, der schwarze Wasserbalken auf den Ort Schwarzenbach. Der grüne Ölzweig ist ein Attribut der hl. Walpurga, der silberne Glaskrug erinnert an die Glashütten.

Das Wappen von Rinchnachmündt

Das Bayerische Staatsministerium des Innern genehmigte mit Entschließung vom 18. November 1965 das Wappen der Gemeinde Rinchnachmündt.
Wappenbeschreibung: Über silbernem Schildfuß, darin ein blaues Deichselkreuz, in Gold über grünem Dreiberg schräg gekreuzt zwei blaue Reuthauen mit schwarzen Stielen. Die gekreuzten Beile über dem grünen Dreiberg im goldenen Feld waren das alte Wappen der Propstei Rinchnach. Das Deichselkreuz im Schildfuß weist auf die geographische Lage an der Rinchnachmündung hin, wobei die Farben Silber und Blau die Zugehörigkeit zu Bayern und an die herzoglichen Rechte seit dem 13. Jahrhundert erinnern.

Das Wappen von Rinchnach

Am 13. Dezember 1965 wurde vom Bayerischen Staatsministerium des Innern das Wappen der Gemeinde Rinchnach gebilligt.
Wappenbeschreibung: In Gold über grünem Dreiberg drei schräg gekreuzte silberne Reuthauen mit schwarzen Griffen. Der grüne Dreiberg und die silbernen Reuthauen waren im Wappen des früheren Klosters Rinchnach enthalten. Dabei weist der Dreiberg auf die Lage im Bayerischen Wald hin, und die Reuthauen erinnern an den Rodungscharakter der Siedlungen in diesem Gebiet. Das

Wappen wurde vom Benediktinerstift Niederalteich im 18. Jahrhundert besonders für die Propstei geschaffen.

Das Wappen von Teisnach

Das jüngste Wappen im Landkreisgebiet ist das Wappen des Marktes Teisnach. Die Zustimmung zur Führung des Wappens wurde durch Entschließung der Regierung von Niederbayern vom 9. Juni 1971 erteilt.
Wappenbeschreibung: In Gold (Gelb) eine eingeschweifte blaue Spitze, darin ein silberner (weißer) Wellenbalken; vorne blaues Zahnrad, hinten ein grüner Nadelbaum. Der silberne Wellenbalken weist auf den Zusammenfluß von Regen und Teisnach hin. Das blaue Zahnrad erinnert an die bekannte Papierindustrie, zu der in letzter Zeit die elektronische Meßgeräteindustrie hinzukam. Der Nadelbaum schließlich berücksichtigt die früher in diesem Gebiet betriebene Land-, vor allem aber die Forstwirtschaft.

Das Wappen von Kollnburg

Seit 1976 ist die Gemeinde Kollnburg um ein Gemeindewappen bemüht. Bis zum Abschluß dieser Zusammenstellung (Juni 1982) lagen noch kein Entwurf des Wappens, wie auch keine Zustimmung des Bayerischen Staatsministeriums vor.

Das Wappen von Kirchberg

Auch die Gemeinde Kirchberg bemüht sich um ein Wappen.
Wappenbeschreibung: Auf goldenem Grund unten ein grüner Dreiberg, rechts ein roter verstümmelter Ast, links ein roter Abtstab. Der Dreiberg ist redend für den Gemeindenamen, gleichzeitig weist er auf Niederalteich hin. Der Ast stammt aus dem ehemaligen Siegel aus dem 14. Jahrhundert des Adelsgeschlechtes der Loizenrieder. Der Kirchenstab gilt für den Kirchennamen St. Godehard.

Literatur:

Johann Siebmachers Wappenkunde (1701/05) bei Rudolph Helmer in Nürnberg erschienen. Neuherausgabe 1969.
Klemens Stadler: Die Wappen der niederbayerischen Landkreise und Gemeinden, herausgegeben vom Bezirk Niederbayern 1960.
Akten des Landkreises Regen und einzelner Gemeinden aus dem Landkreisgebiet.

INGEBORG SEYFERT

ZUR GLASGESCHICHTE IM LANDKREIS REGEN BIS ZUM JAHR 1945

Das Glas ist seit Beginn des 15. Jahrhunderts ein Wirtschaftsfaktor im Landkreis Regen. In keinem anderen bayerischen Landkreis sind im Verlauf der zurückliegenden 550 Jahre ununterbrochen und so zahlreich Glashütten in Betrieb gewesen. Entsprechend vielschichtig und umfangreich ist die Geschichte der Glasproduktion im Landkreis Regen mit dem Schwergewicht im Alt-Landkreis Regen. Zahlreich sind auch die kleineren und größeren Publikationen zum Thema Glas. In Buchform liegen vor: 1.) Josef Blau. Die Glasmacher im Böhmer- und Bayerwald. 2. Bände. Kallmünz 1954 und 1956. 2.) Alfons Hannes. Glas aus dem Bayerischen Wald. Grafenau 1975. 3.) Friedrich Holl/Erwin Steckbauer. Glas in der Geschichte und in unserer Bayerischen Heimat. Zwiesel 1976. Zum Zeitpunkt der Herausgabe dieses Landkreisbuches sind im Landkreis Regen sieben Glashütten in Betrieb, von denen sechs bereits vor dem Jahr 1945 bestanden, zum Teil eine vielhundertjährige Geschichte haben (z. B. Poschinger in Frauenau). Untrennbar verbunden mit dem Glas sind die Optischen Werke Rodenstock in Regen, nicht als Glashütte, sondern als glasveredelnder Betrieb und neben den Schott-Zwiesel-Glaswerken AG größter Arbeitgeber im Landkreis. Von insgesamt rund 40 Glashüttenstandorten im Landkreis Regen haben wir im Verlauf der zurückliegenden 550 Jahre Kenntnis. Exakt ist die Anzahl nicht festzulegen, weil die allerersten Hüttenplätze nicht alle genau lokalisiert werden können. Mit sogenannten „abgegangenen" Glashütten befaßt sich eine weitere Arbeit: Reinhard Haller. Historische Glashütten in den Bodenmaiser Wäldern. Morsak, Grafenau, 2. Aufl. 1982.

Firmen-Chroniken wurden über zwei Glashütten geschrieben: 350 Jahre Poschinger in Frauenau. Hrsg. H. Freiherr Poschinger von Frauenau, zusammengestellt von Max Peinkofer. 1955. Und: Schott-Zwiesel. Die Geschichte einer Glashütte. Hrsg. Schott-Zwiesel-Glashütte AG. Und eine weitere Chronik gibt es: Rodenstock. 100 Jahre für besseres Sehen. München 1977.

Im Rahmen dieses Landkreisbuches kann nur beschränkt aus der Glasgeschichte berichtet werden. Auf allgemeine kurze Angaben aus den einzelnen Jahrhunderten folgt die ebenfalls kurz gefaßte Besitzgeschichte der verschiedenen Glashütten. Als Ergänzung zur der hier mitgeteilten Besitzer-Chronologie kann man Zitate bei A. Hannes und F. Holl/E. Steckbauer aus den „klassischen" Industrie-Statistiken des vorigen Jahrhunderts finden, aus Chr. Schmitz (1836), Dr. Ignaz von Rudhardt (1836) und Lobmeyr (1874). Sofern hinter der Angabe keine Quelle in Klammern mitgeteilt wird, stammt die Mitteilung aus Archivalien, die in den staatlichen bayerischen Archiven aufbewahrt werden.

Im 15. Jahrhundert

1420 stellte ein „Hans Ernst, der Zeit Glaser an dem Frauenberg" eine Verkaufsurkunde für ein Grundstück aus. Im gleichen Jahr 1420 wurde der steinerne Kirchenbau in ‚Unserer Lieben Frauen Au' fertiggestellt, für die Hans Ernst sicher Tafelglas für die Kirchenfenster hergestellt hat. Bauherren waren das Kloster Niederaltaich und die Propstei Rinchnach. In den Jahren 1421 bis 1438 wurde in Rinchnach die Kirche, der Schlaf- und der Krankentrakt neu gebaut. Es ist nicht auszuschließen, daß Hans Ernst auch dafür Glasscheiben für die Fenster herstellte.

1421, nur ein Jahr später, wurde eine andere Urkunde ausgestellt, in welcher Heinrich der Taucher zu Regen auf alle Ansprüche an das Kloster Niederaltaich und die Propstei Rinchnach verzichtet, mit Ausnahme der Forderungen an „den Paternoster den Glaser". Dieser saß auf der Glashütte Rabenstein, die ebenfalls bereits einige Zeit in Betrieb gewesen sein muß, weil Forderungen bestanden.

„Ich Hans Ernst der Zeit Glaser an dem Fraunberg" – so beginnt eine Urkunde, mit welcher Hans Ernst auf alle Ansprüche verzichtet, die er gegenüber der Propstei Rinchnach und einer Verwandten seiner Frau hat. Möglicherweise hat der Glaser Hans Ernst für die gemauerte gotische Kirche in Frauenau das Glas für die spitzbogigen, kleinen Fenster hergestellt. Die Kirche wurde gebaut im Auftrag der Propstei Rinchnach des Klosters Niederaltaich. Im Jahr 1417 muß Berchtold der Maurer bekennen, daß er die gesetzte Frist für die Beendigung des Kirchenbaues nicht eingehalten hat. Im Jahr 1420 dürfte der Kirchenbau dann vollendet gewesen sein.
Die Urkunde trägt das Datum: „An Unser Frauen Tag, als sie geboren ist worden", an Mariä Geburt, dem 8. September 1420.

„Nota dye Spiegel Hüttn und dye glaßhütten auff dem Wald gehören In die Herschafft Weißenstain."
So steht es im ersten Degenbergischen Salbuch, das in den Jahren 1434 bis 1437 angelegt wurde. In einem Salbuch wurden alle Besitzungen niedergeschrieben. Gemeint sind vermutlich die Spiegelhütte in Frauenau und die Glashütten in Zwieselau und in Rabenstein. Gut zehn Jahre später einigten sich der Abt von Niederaltaich und der Degenberger, daß der Abt von Niederaltaich als Grundherr das Recht über die Glashütten hatte.

1434/38 ließ der Herr von Degenberg ein Salbuch, ein Buch mit seinem Besitzstand niederschreiben. Darin heißt es: „Nota die Spiegelhüttn und die Glashütten auf dem Wald gehören in die Herrschaft Weißenstein". Zwar werden keine genauen Ortsangaben gemacht und es wird keine Anzahl genannt, aber sicher sind damit die Glashütten in Frauenau und Rabenstein gemeint und man kann wohl davon ausgehen, daß auch die Hütte in Zwieselau damals bereits bestand.
1448 wurde eine „Berednus zwischen meines Herrn von Altach (Niederaltaich) und des vom Degenberg zu Deggendorf" niedergeschrieben. Sie lautet „Item um alle Glashütten auf meines Herrn von Altach Gründen. Dieselben Glashütten hat mein Herr von Altach zu stiften (verpachten) und entstiften. Und mag ein jeder Glaser seine Arbeit in der Hütten oder außerhalb vertreiben ohne Irrung (Behinderung) des Vogts. Ob aber ein Gast und Kaufmann dem Vogt nichts gibt oder gelübt (beliebt) (etwas) zu geben, das mag der Vogt wohl annehmen". Demnach war das Kloster Niederaltaich zu jener Zeit Grundeigentümer der Glashütten. Dem Vogt, dem Degenberger auf Burg Weißenstein, konnte vom produzierten und verkauften Glas das eine oder andere Stück gegeben werden, dies war aber nicht Pflicht. 1466 zahlt der Pfleger im Viechtreich, Peter von Degenberg, dem Sohn des Glasmeisters Hans Hülz einen Teil der Priesterausbildung. Die Hilz waren in späteren Jahrhunderten Besitzer zahlreicher Glashüttengüter.

Im 16. Jahrhundert

Aus dem 16. Jahrhundert haben wir bereits zahlreiche Unterlagen zur Glasgeschichte. Mitgeteilt sei hier Folgendes:
1518 steht im degenbergischen Gilt-Buch zu lesen: „Item Meister Niclas, Spiegelmeister von der Glashütten 6 Schilling Regensburger Pfennige, ein Pfund Ingwer, ein Pfund Pfeffer". Es handelt sich um die Schwarwerksabgabe der Hütte in Zwieselau. Über die Rabensteiner Hütte erfahren wir: „Item Meister Peter von der Paternoster Hütten 3 Schilling Regensburger (Pfennige) (als Schwarwerksgeld) Stift (Pacht) 4 Regensburger".
In Zwieselau wurde damals Spiegelglas gemacht, in Rabenstein Paternosterkugeln, Rosenkranzperlen, „Patterln", Frauenau wurde nicht erwähnt, weil es eine Glashütte des Klosters Rinchnach war.
1524 teilte Propst Johannes von Rinchnach mit, daß in Frauenau jährlich 120 Zentner Spiegelglas ge-

macht würden, der Zentner zu $31^1/_2$ Gulden. Teilweise wurde auch Augenglas daraus gebrochen. (Karl von Poschinger. Die Geschichte der Poschinger und ihrer Güter. Privatdruck 1908).
1564 erschienen in München die „24 bairischen Landtafeln" des ersten bayerischen Topographen Philipp Apian. Auf der entsprechenden Landtafel sind FRAUENAU und ZWIESEL mit zwei konzentrischen Kreisen als Spiegelhütten ausgewiesen. Rabenstein fehlt auf der Karte und im Text der Reisenotizen.
1569 wurde in einem Amtsbericht vermerkt, daß die Glashütten bei Zwiesel in letzter Zeit kaum in Betrieb waren.
1576 gab es auf der Glashütte am Rabenstein einen „Bleygießer" namens Hans Möhrwehl.
Um 1570 kam der Begriff der „Beheimischen Schilter und Waldscheiben" auf. (E. Vopelius, Entwicklungsgeschichte des Glases bis 1806. 1895).
1578 findet man eine frühe und sehr geschickte Werbung für das „Waldglas", das wegen seines grünlichen Schimmers als „ordinär" und minderwertig galt. Bei M. Johann Mathesius steht in dessen 15. Predigt vom Glasmachen auf Seite XXVI: „... hat man in diesen Landen gemeiniglich zum Wein grüne Gläser gemacht, darin ein rebrechter Planckwein sehr schön und lieblich stehet und dem Wein eine lustige Farbe gibt".
1578 wird bereits Nürnberg als bedeutender Absatzort für die Glasproduktion aus dem Bayerischen Wald erwähnt. „Paulus Böschlinger von Zwißlau" verkaufte an den Nürnberger Händler Joachim Later Brillenglas.
1582 wurde abermals ein degenbergisches Salbuch zusammengestellt. Darin werden erstmals Ortsnamen für die Glashütten in Rabenstein und Zwieselau aufgeführt. Frauenau fehlt wieder.
Spätestens ab Ende des 16. Jahrhunderts mußte die Verlegung einer Glashütte beantragt werden.

Im 17. Jahrhundert

1602 starb der letzte Degenberger kinderlos. Die Herrschaft Weißenstein und Zwiesel fiel an das Haus Wittelsbach, an Herzog Maximilian. Im ersten amtlichen Bericht an den Herzog heißt es: „In der Herrschaft hat es vier Glashütten, die in einem ziemlichen Gewerbe (stehen) ... und geben gar geringe Gülten". Die vier Hütten waren: Frauenau, Rabenstein und zwei Hütten in Zwieselau. 1610 haben wir Nachricht von Glas, das „an des Poschinger Hütten gearbeitet" und dem Rentmeister von Straubing überbracht wurde. 1622 wurden Glasmuster zu den Hütten gebracht, nach denen Gläser für den Kur- und Fürstentag zu Regensburg angefertigt werden mußten. Auf diesem Fürstentag wurde Herzog Maximilian die Kurwürde verliehen.
1636 wurde verboten „Glaswerch" außer Landes zu verkaufen. 1650 lieferten die Glashütten um Zwiesel Lichtgläser für die Rentstube und Apothekengläser nach Straubing.
1640 bestellte die Hofkellerei in Straubing etliche Dutzend Trink-Gläser, die nach „aufgerissenen Glasmustern", genau nach Vorlage also, gefertigt werden mußten.
Ende des 17. Jahrhunderts übernahmen Fuhrwerke den Glasvertrieb. Bis dahin hatten Glasträger, „Kraxentrager", den „Verschleiß", den Verkauf nach auswärts durchgeführt. (Karl von Poschinger).

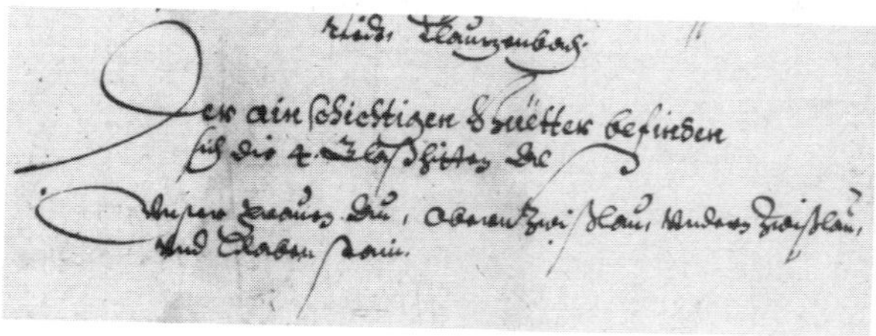

Am 6. Juni 1639 mußte „Ihro Churfürstlicher Durchlaucht in Bayern Pfleger vom Weißenstein und Landrichter zu Zwisel Ludwig Laiminger" nach München ein Verzeichnis aller in seinem Amtsbezirk „entlegenen Stätt, Märckht, Hofmarchen, Dörffer, Fleckhen und ainschichtiger Güetter" melden. Für das Landgericht Zwiesel teilt er mit, daß es „weder Stätt noch Hofmarchen" gibt, wohl aber den Markt Zwiesel und neun Dörfer und Flecken. Und: „Der ainschichtigen Güetter befinden sich die 4 Glaßhitten als Unser Frauen Au, Obernzwißlau, Undern Zwißlau (= Jungmaierhütte) und Rabenstein".

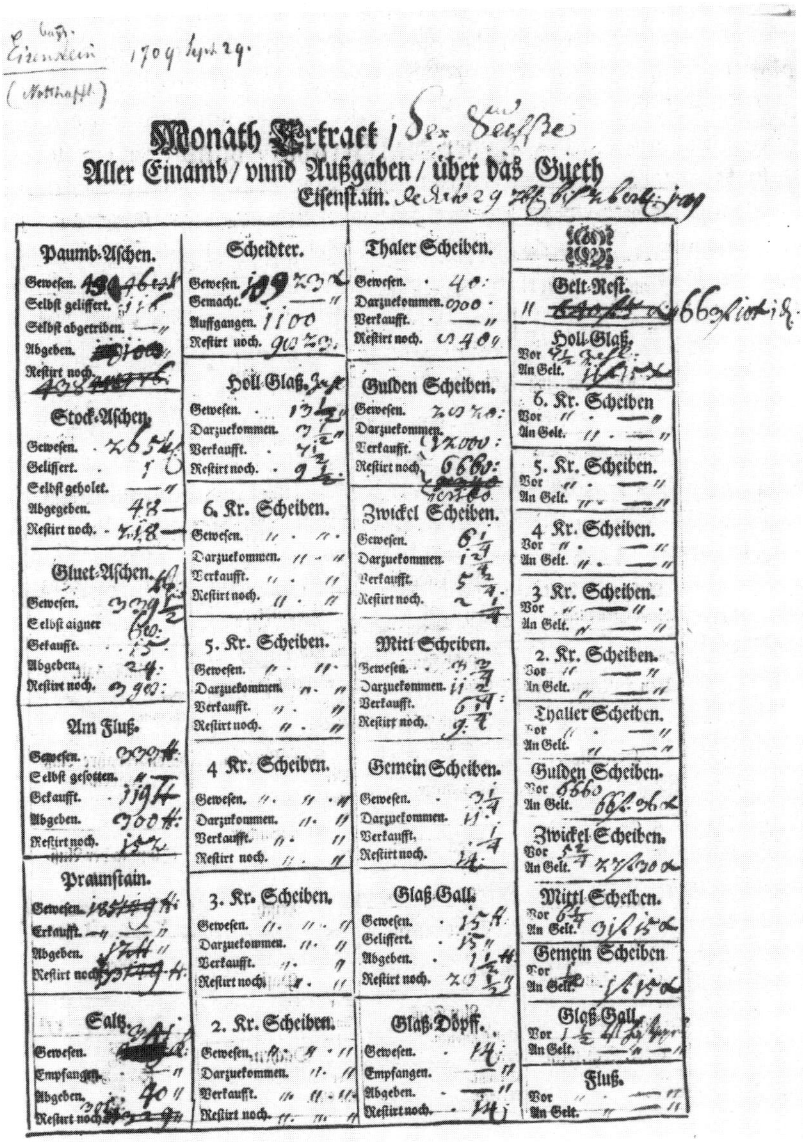

Eisenstein 1709 Sept. 29. (Notthafft)

Monath Extract / Der Sechste
Aller Einamb / vnnd Außgaben / über das Gueth Eisenstain.

Paumb-Aschen. Gewesen. Selbst geliffert. Selbst abgetriben. Abgeben. Restirt noch.

Stock-Aschen. Gewesen. Geliffert. Selbst geholet. Abgegeben. Restirt noch.

Gluet-Aschen. Gewesen. Selbst aigner Gekaufft. Abgeben. Restirt noch.

Am Fluß. Gewesen. Selbst gesotten. Gekaufft. Abgeben. Restirt noch.

Praunstain. Gewesen. Erkaufft. Abgeben. Restirt noch.

Saltz. Gewesen. Empfangen. Abgeben. Restirt noch.

Scheidter. Gewesen. Gemacht. Auffgangen. Restirt noch.

Holl Glaß. Gewesen. Darzuekommen. Verkaufft. Restirt noch.

6. Kr. Scheiben. Gewesen. Darzuekommen. Verkaufft. Restirt noch.

5. Kr. Scheiben. Gewesen. Darzuekommen. Verkaufft. Restirt noch.

4 Kr. Scheiben. Gewesen. Darzuekommen. Verkaufft. Restirt noch.

3. Kr. Scheiben. Gewesen. Darzuekommen. Verkaufft. Restirt noch.

2. Kr. Scheiben. Gewesen. Darzuekommen. Verkaufft. Restirt noch.

Thaler Scheiben. Gewesen. Darzuekommen. Verkaufft. Restirt noch.

Gulden Scheiben. Gewesen. Darzuekommen. Verkaufft. Restirt noch.

Zwickel Scheiben. Gewesen. Darzuekommen. Verkaufft. Restirt noch.

Mittl Scheiben. Gewesen. Darzuekommen. Verkaufft. Restirt noch.

Gemein Scheiben. Gewesen. Darzuekommen. Verkaufft. Restirt noch.

Glaß Gall. Gewesen. Geliffert. Abgeben. Restirt noch.

Glaß Döpff. Gewesen. Empfangen. Abgeben. Restirt noch.

Gelt Rest.

Holl Glaß. Vor. An Gelt.

6. Kr. Scheiben. Vor. An Gelt.

5. Kr. Scheiben. Vor. An Gelt.

4 Kr. Scheiben. Vor. An Gelt.

3 Kr. Scheiben. Vor. An Gelt.

2. Kr. Scheiben. Vor. An Gelt.

Thaller Scheiben. Vor. An Gelt.

Gulden Scheiben. Vor. An Gelt.

Zwickel Scheiben. Vor. An Gelt.

Mittl Scheiben. Vor. An Gelt.

Gemein Scheiben. Vor. An Gelt.

Glaß Gall. Vor. An Gelt.

Fluß. Vor. An Gelt.

Für das Gut Eisenstein des Grafen Nothafft von Wernberg wurde vom 29. September bis zum 26. Oktober des Jahres 1709 der sechste Monats-Extrakt aller Einnahmen und Ausgaben über das Gut zusammengestellt. Demnach wurden damals Hohl-Glas und Glas-Töpfe hergestellt, sowie sechs verschiedene Größen Glas-Scheiben. Das Hohlglas verkaufte sich nicht gut, brachte nur 4 Gulden 15 Kreuzer Einnahme. Die Thaler Scheiben, Gulden Scheiben, Zwickel Scheiben, Mittl Scheiben und Gemein Scheiben, die in den vier Wochen der Abrechnungszeit verkauft wurden, brachten 126 Gulden und 36 Kreuzer Einnahme. Am besten wurden die Gulden Scheiben verkauft, je 100 Stück für einen Gulden, insgesamt 6660 Stück für 66 Gulden 36 Kreuzer (der Gulden zu 60 Kreuzern).

Im 18. Jahrhundert

1704 wurde dem Glasmacher Georg Höllgarden, geboren in Oberzwieselau, ein Geburtsbrief ausgestellt. Er wollte sich außerhalb des Bayerischen Waldes Arbeit suchen und als Beruf wurde eingetragen: „. . . ist seiner Kunst ein Glasmacher".
1721 hat der Pfarrer zu Treidlkofen bei Vilsbiburg durch den Biburger Glaser in seinem Pfarrhaus verglasen lassen: „Neun Kreuzstöck mit sauber Poschinger Bruchscheiben je 1 Gulden 45 Kreuzer; vier große Kreuzstöck je 2 Gulden; elf Stöck mit durchsichtigen Scheiben zu je 3 Gulden; ein Kellerfensterl per 30 Kreuzer". (Frdl. Mitteilung von Dr. Geier, Staatsarchiv Landshut). Diese „Poschinger-Scheiben" stammten aus der Hütte in Frauenau oder in Unterbreitenau, im Besitz der Brüder Christian bzw. Georg Wilhelm Poschinger.
1752 wurde vermerkt, daß Johann Adam Hilz, Glashüttenmeister in Oberzwieselau, „vom Glaswerk aufgenommen" worden war.
1764 lieh sich Johann Felix Martin Kiessling auf Rabenstein von den Meistern des Nürnberger Glaserhandwerks 250 Gulden zu vier Prozent Zinsen. Er

versprach, Darlehen und Zinsen mit Glaslieferungen zu bezahlen.
Ende des 18. Jahrhunderts waren bei allen drei Glashüttengütern jeweils zwei Hütten in Betrieb. Die Produktion hatte bedeutend zugenommen im Laufe des Jahrhunderts. Entsprechend war der Holzverbrauch gestiegen. Die gesamte Verwaltung war straffer und genauer geworden. So gibt es zahlreiche Berichte über die Glashüttengüter im Raum Zwiesel, die sich überwiegend mit der Holznutzung und den landwirtschaftlichen Flächen befassen.

Im 19. Jahrhundert

Das 19. Jahrhundert brachte eine entscheidende Wende im Bereich der Glaserzeugung im Landkreis Regen. Man kann es getrost das Jahrhundert der Glashüttengründungen nennen.
1801 veröffentlichte Joseph von Hazzi in den „Statistischen Aufschlüssen" zum Thema Glas, daß in den vier altbayerischen Rentämtern zehn Glasmeister tätig waren – drei davon im Landkreis Regen. Auf der Poschinger-Hütte in Frauenau wurde schönes und reines Tafelglas hergestellt, in der Hilzischen Oberzwieselauer Hütte gutes und dauerhaftes Hohl- und Tafelglas und in der Rabensteiner Glashütte vorzüglich schönes und helles wegen des im Rabensteiner Walde gebrochenen Quarzes. Die Versendung des Glases erfolgte über Augsburg und Nürnberg in das Reich nach Frankfurt, Tirol, die Schweiz und Frankreich.
Zu den zahlreichen Verwaltungsreformen, die in der ersten Hälfte des 19. Jahrhunderts das Alltagsleben grundlegend veränderten, gehörte auch die Liberalisierung des Gewerbewesens. Von 1825 bis 1868 war die Ausübung eines Gewerbes an die Erteilung einer Konzession gebunden.
Ab 1868 gab es auch in Bayern die Gewerbefreiheit. Anfang des Jahrhunderts wurden außerdem unbezahlbar hohe Einfuhr-Zölle auf böhmisches Glas erhoben. Sie betrafen besonders die Rohspiegel, deren größtes europäisches Veredelungszentrum in und um Nürnberg lag. Es wurde notwendig, den Bedarf der Nürnberger Schleif- und Polierwerke weitgehend in Bayern zu produzieren. Ein ungeheurer allgemeiner Wirtschaftsaufschwung ließ zudem die Nachfrage nach Glas aller Art derart ansteigen, daß die Glashütten die Bestellungen um die Mitte des 19. Jahrhunderts kaum erfüllen konnten. Dieses Aufblühen der Wirtschaft wird in dem Begriff „Gründerzeit" zusammengefaßt. Im Landkreis Regen wurden zwischen 1826 (Ludwigsthal) und 1872 (Annathal/Schott-Zwiesel-Glaswerke AG) insgesamt elf neue Glashütten erbaut, teils von den Glashüttengutsbesitzern in Frauenau (3) und Oberzwieselau (2), teils von rührigen Unternehmerpersönlichkeiten aus dem Landkreis (Stangl/Lichtenthal, von Poschinger-Buchenau/Gashütte, Müller/Annathal), teils auch von Auswärtigen, die dem Glas bereits beruflich verbunden waren und die hier im Landkreis Regen die Gegebenheiten (Rohstoffbasis und Glasbläser) für neue Produktions-Stätten als besonders erfolgversprechend erkannten (Abele aus Böhmen/Ludwigsthal, von Lenk und Gareis aus Waldmünchen/Schönbach, Steigerwald aus Würzburg/Theresienthal). Straßenbau und Bahnbau erleichterten einerseits den Vertrieb, begünstigten andererseits die spätere Umstellung von einheimischen Rohstoffen und Holzfeuerung auf Kohle und auswärtige, zum Teil sogar bessere Rohstoffe.
Eine erste Wirtschaftskrise gab es vor allem für die Tafelglasindustrie bereits gegen Ende des Jahrhunderts. Drei kleinere Glashütten stellten den Betrieb wieder ein, hatten nur eine kurze Lebensdauer (Lichtenthal, Gashütte, Schönbach), andere Tafelhütten stellten auf Hohlglas um (unter anderem Regenhütte, Ludwigsthal, Spiegelhütte).

Im 20. Jahrhundert bis 1945

Die Krise in der Tafelglas-Industrie setzte sich zu Beginn des 20. Jahrhunderts fort, ja sie wurde noch verschärft durch das sogenannte Fourcault'sche Verfahren, die völlig maschinelle Herstellung von Fenster- und Spiegelglas. Die letzten Tafelglashütten stellten den Betrieb ein oder wanderten ab (Schrenk). Das Hohlglas dagegen war zu einem alltäglichen Gebrauchsgegenstand geworden, fehlte in keinem Haushalt und man suchte nach immer neuen Verwendungsmöglichkeiten. Ein Beispiel dafür ist das feuerfeste JENA^er Glas. Eine schwere

Zeit für die Glasindustrie waren die Jahre der Weltwirtschaftskrise von 1929 bis 1933, der traditionsreiche Hütten zum Opfer fielen, für immer die Öfen kalt werden ließen (Buchenau und Spiegelhütte). Heute stehen dort auch die alten Hüttengebäude nicht mehr.
Es folgte die Zeit der Planwirtschaft, während welcher zuletzt das Produkt und die herzustellende Menge vorgeschrieben wurden. Gegen Ende des Zweiten Weltkrieges wurde die Beschaffung des zugewiesenen Rohmateriales und des Brennstoffes immer schwieriger. Der Bombenangriff vom 20. April 1945, der die Bahnlinie vor Zwiesel zerstörte und die Sprengung der beiden Donaubrücken in Deggendorf am 27. April 1945, führte zur Einstellung der Produktion in den Glashütten.
Um die Jahreswende 1945/46 regte sich neues Leben in den Glasfabriken, eine Hütte nach der anderen nahm den Betrieb wieder auf, zwei Neugründungen erfolgten nach 1950.

Kurgefaßte Monographien derjenigen fünf Glashütten, die heute noch in Betrieb sind, in der Reihenfolge ihrer Gründung, beziehungsweise ersten Erwähnung vor dem Jahr 1945, sowie der im Landkreis Regen gelegenen Betriebe der glasverarbeitenden Optischen Werke Rodenstock, und der Glashütte Ludwigsthal (bis 1981 in Betrieb).

Glashüttengut Frauenau seit 1420

1420 ließ HANS ERNST, Glaser an dem Frauenberg, eine Urkunde ausstellen. Es ist die Zeit der Beendigung des Kirchenbaues in „Unserer Lieben Frauen Au", für welchen der Glaser Ernst sicher das Fensterglas hergestellt hat.
1492 verkaufte Balthasar Pfahler, Richter in Zwiesel, seinen halben Anteil an der Glashütte an Erasmus Moosburger.
1498 verkaufte Erasmus Moosburger die Glashütte seinem Vetter Sigmund Frisch.
In den Jahren *1514, 1521, 1524, 1525* und *1539* erfolgten Besitzveränderungen.
1590 wurde die Hütte in Frauenau „Puechner-Hütte" genannt.
1605, am 17. März, verkaufte Hans Puechner aus Vöklabruck die Hütte an seine Muhme Barbara Niederndorffnerin.
1605, am 18. März, kaufte Paulus Poschinger die Hütte von der Niederndorffnerin.
Der erste Hüttenstandort zur Zeit des Glasers namens Hans Ernst befand sich in Althütte. Dort fand man zahlreiche Spuren. Um *1560* schreibt der Topograph Apian nieder, die Hütte in Frauenau sei am Kleinen Regen gelegen. Es ist nicht auszuschließen, daß sie zwischen Dörflmühle und heute Oberfrauenau stand.
Von *1605* bis zum heutigen Tag ist die Frauenauer Glashütte in männlicher Erbfolge im Besitz der Poschinger von Frauenau. Welchen Hüttenstandort Paulus Poschinger gekauft hat, wissen wir nicht genau.
1615 stand die Glashütte in jedem Fall im Bereich von Althütte und sie wurde von einer Spiegelhütte zu einer Hohlglashütte erweitert.
1668 wurde die Tafelhütte oder Altposchingerhütte errichtet von Franz Poschinger, 3. Generation in Frauenau. Sie blieb bis etwa 1890 in Betrieb.

Ab etwa *1708* war unter Christian Poschinger eine Glashütte bei den Glaserhäusern in Betrieb.
1746 beantragte Johann Michael I., der sechste Hüttenherr, die Verlegung der Glashütte an die „Regenhäng".
1773 zeichnete Josef Damian Stuber vom Glashüttengut Frauenau einen Plan. Darauf ist vermerkt: „alte Glashütte bei den Glaserhäusern, so *1769* abgegangen. Altposchingerhütte, so *1769* neu errichtet worden. Hütte am Reng" (Regen), von welcher heute am Rande der Baustelle für den Trinkwasserspeicher noch Spuren zu finden sind. Sie wurde bis 1850 betrieben.
Um *1825* wurde unter Reichsritter Georg Benedikt I. die sogenannte Neuhütte errichtet, eine Hohlglashütte (im Bereich der heutigen Gutsgärtnerei).
1835 erbaute Reichsritter Johann Michael II. eine Spiegelfabrik in der Nähe des Gutes am Weg zum Forsthaus Schachten (Grauphaus heute). Sie blieb, wie die Tafel- oder Altposchingerhütte, bis etwa 1890 in Betrieb. Die dazugehörige Spiegelschleife stand direkt am Kleinen Regen, ein Stück flußaufwärts oberhalb Dörfl-Mühle.
1848 wurde die Glashütte in der Moosau erbaut, die noch heute in Betrieb ist.
Von *1905* bis *1924* war Isidor Gistl Pächter der Poschinger-Glashütte.
1924 übernahm der Eigentümer Eduard Georg Benedikt Freiherr Poschinger von Frauenau die Hüttenleitung selbst.
1930 wurde das Glashüttengut an Hippolyt Freiherrn Poschinger von Frauenau übergeben. Er leitet noch heute den Betrieb als 12. Hüttenherr in der 10. Generation, unterstützt von seinem Sohn Stefan. Seit 377 Jahren ist das Glashüttengut Frauenau im Besitz der Familie Poschinger und ununterbrochen in Betrieb. Rechnet man die Zeit in Zwieselau ab *1568* hinzu, dann sind die Poschinger in der 11. Generation seit 414 Jahren Glashüttenbesitzer im Bayerischen Wald, ein einmaliges Jubiläum in der Glasgeschichte. Sieben Glashütten-Standorte seit *1420* sind in Frauenau bekannt, vielleicht waren es sogar acht. Produziert wurde zuerst nur Tafel- und Spiegelglas, ab 1615 auch Hohlglas, seit etwa *1890* nur noch Hohlglas.

Quellen:
H. Freiherr Poschinger von Frauenau / Max Peinkofer: 350 Jahre Poschinger in Frauenau. 1955. Und: Familienarchiv Oberfrauenau).

Schloss.
Ober-Frauenau
(Bayr. Wald).

Gruss aus der Villa Rabenstein

Regenhütte seit 1750

1750 errichtete FELIX MARTIN KIESLING, Besitzer des Glashüttengutes Rabenstein, erstmals eine Glashütte an der Kleinen Deffernik im Bereich der heutigen Regenhütte.
1769 fertigte Josef Damian Stuber einen Plan von der Fläche des Glashüttengutes Rabenstein. Darauf ist diese neue Hütte eingezeichnet.
1804 war auf der „Neuhütte", wie sie damals hieß, ein Ofen in Betrieb, *1807* wurde ein zweiter gebaut. Erzeugt wurden Tafel- und Hohlglas.
1833, nach dem Tod von Wolfgang von Kiesling, pachtete Ferdinand Abele von Ludwigsthal die Regenhütte, damals auch „Judenhütte" genannt, von der Witwe Thekla von Kiesling.
1836 schloß Josef Pagani einen Pachtvertrag mit Frau von Kiesling. Geltungsdauer: Georgii 1837 bis Georgii *1849*.
1837 gaben sich die Firmen Johann Zepharias Fischers seel. Söhne aus Erlangen und Johann Anton Ziegler aus Kreuzhütte als die wahren Pächter zu erkennen, die den Verwalter Josef Pagani als Strohmann für sich handeln ließen.
1846 wurde die Bayerische Staatsforstbehörde Eigentümerin des Glashüttengutes und bestätigte den laufenden Pachtvertrag.
1859, am 30. März wurde die Fabrik nach mehrmaliger Pachtverlängerung der Staatsforstbehörde zurückgegeben. Die Ära Fischer/Ziegler war zu Ende. Man hatte ausschließlich Spiegelglas erzeugt. Die Firma Fischer war zu ihrer Zeit die erfolgreichste Spiegelbeleg- und Zinnfolienfabrik in Erlangen.
1863 wurde zwischen der Staatsforstbehörde und Wilhelm Steigerwald ein komplizierter Vertrag über die Transferierung des Hüttenbetriebes von Schachtenbach nach Regenhütte ausgehandelt. In Regenhütte mußte eine neue Glasfabrik – am heutigen Standort – erbaut werden. Die alte Hütte oben im Ort, in der Nähe des Wirtshauses, war zu baufällig.
1866 war die gesamte Fabrikation nach Regenhütte verlegt.
1869, nach dem Tod von Wilhelm I. Steigerwald, übernahm sein Sohn Wilhelm II. den Betrieb.
1860 starb Wilhelm II. Steigerwald und hinterließ vier unmündige Kinder. Vormund wurde Johann Nepomuk von Poschinger, Buchenau und Gashütte. Der Fabrikbetrieb wurde weitergeführt.
1894/96 war Isidor Gistl Verwalter in Regenhütte.
1901 gründete der damalige Pächter von Regenhütte (und Ludwigsthal) Anton Röck, eine Aktiengesellschaft (siehe Ludwigsthal).
1916 wurde die Aktiengesellschaft wieder aufgelöst.
Nach *1920* leitete Marianne von Streber-Steigerwald den Betrieb. Sie war nach dem Tod von Oskar Steigerwald 1902 in zweiter Ehe mit Hans von Streber verheiratet.
1930 trat Otto Lettenmayer in die Geschäftsleitung ein.
1938 wurde die Firma Kaufring in Düsseldorf Teilhaber in Regenhütte.
1945, nach Kriegsende, lief der Betrieb erst verhältnismäßig spät wieder an.

Ludwigsthal seit 1826

1826 wurde mit dem Bau der Spiegelglas-Fabrik in Ludwigsthal begonnen, damals noch ohne Ortsnamen als „am Kolbersbach gelegen" bezeichnet. Die Verhandlungen hatten sich vom Jahr 1812 an 14 Jahre lang hingezogen. Die erste Genehmigung war von den bayerischen Glashüttengutsbesitzern Benedikt von Poschinger auf Oberzwieselau und Wolfgang von Kiesling auf Rabenstein beantragt worden. Beide übertrugen die Konzession dann mit kgl. Genehmigung auf ihren Schwager, GEORG CHRISTOPH ABELE aus Böhmen, der in der dritten Generation Glasfabrikant war.
1827 wurde gestattet, die junge Glashüttenansiedlung zu Ehren von König Ludwig I. „Ludwigsthal" zu nennen.
Am 5. September 1828 wurde der erste Spiegel erzeugt. Er hängt heute im Böhmerwald-Museum in Eisenstein in Böhmen/Železna Ruda. (Bedřich Štiess. Die Glasmeister-Familie Abele. In: Die Haubenmacher 1977/1.) Ludwigsthal stellte gewalzte Weißglas-Spiegel her und war die erste Fabrik dieser Art in Bayern. Im Laufe der Jahre wurden zahlreiche Preise gewonnen.
1833 starb der Hüttengründer, dem nicht nur Ludwigsthal gehörte, sondern in Böhmen auch die Hüt-

ten in Alt- und Neu-Hurkenthal und in Deffernik. Von *1833* bis *1836* leitete des Verstorbenen Bruder Ferdinand die Geschäfte der Fabrik.
1836 übernahm der älteste Sohn von Georg Christoph Abele mit Namen Christoph die Leitung von Ludwigsthal.
1844. Wilhelm Abele, ein Bruder von Christoph und Miteigentümer aller Glashütten, in zweiter Ehe seit *1842* mit Elisabeth von Hafenbrädl von Bayerisch Eisenstein verheiratet, erwarb Ludwigsthal zum alleinigen Besitz.
1850 errichtete Wilhelm Abele auf Eisensteiner Gebiet am Seebach die Seebachschleife.
1851 starb Wilhelm Abele und seine Witwe heiratete *1855* Johann von Streber. Nach knapp einem Jahr Ehe starb Elise und *1857* heiratete Johann von Streber die Schwester seiner Frau, Franziska von Hafenbrädl.
1861, am 23. Mai wurde das Glashüttengut Ludwigsthal mit Schloß, Wirtshaus, sechs Arbeitshäusern und allen sonstigen Zugehörungen versteigert. Erwerber war Josef Pauli, Metzger aus Zwiesel.
Im Frühjahr *1871* und erneut *1873* brannte die Glasfabrik bis auf die Grundmauer mit großen Glasvorräten ab und wurde jeweils sofort wieder neu errichtet.
1886 starb der einzige Sohn, Johann Pauli, 31 Jahre, der den Besitz einmal erben sollte.
1891 heiratete das nun einzige Kind, Tochter Katharna Pauli, den Franx Xaver Alteneder aus Haidl in Böhmen, der das Metzgerhandwerk erlernt hatte.
1901, am 13. Februar gründete der Hüttenpächter Anton Röck die Vereinigte Bayerische Krystallglasfabriken AG, der die drei Werke Ludwigsthal, Regenhütte und Schliersee in Oberbayern angehörten. Ludwigsthal wurde als Hohlglashütte betrieben.
1909 übernahmen Katharina und Franx Xaver Alteneder das Glashüttenanwesen und andere Besitzungen, die Josef Pauli in Lindberg und Unterzwieselau erworben hatte.
1916 wurde die Aktien-Gesellschaft wieder aufgelöst.
Nach *1916* wurde die Glashütte von Direktoren geleitet.
Ende *1927* starb Betriebsleiter Kreuzer bei den Vorbereitungen zur Herbstmesse. Direktor Mařik mußte daraufhin den Betrieb einstellen.
Von *1928* blieben die Öfen in der Ludwigsthaler Hütte für 20 Jahre kalt.
Nach *1945* verpachtete der nunmehrige Besitzer, Johann Alteneder, die Glasfabrik im Jahr 1948. Die Hütte erwachte zu neuem Leben. 1981 wurden die Öfen für immer kalt. (Näheres im Beitrag von Alfons Hannes).

Theresienthal seit 1836

1835 erhielt Franz Steigerwald aus Würzburg die Bewilligung zur Ansässigmachung in Zwiesel.
1836 gründete FRANZ STEIGERWALD nach mehrjährigen Verhandlungen eine Glashütte, erhielt auf Antrag ein königliches Privileg auf die Dauer von 15 Jahren und die Genehmigung, der Glashütte den Namen der Königin Therese geben zu dürfen.
1837 am 21. Januar wurde der Kaufvertrag zwischen Franz Steigerwald und Michael Friedrich über das Gesamtanwesen des Friedrich (Primbs) abgeschlossen, auf dessen einer Plan-Nummer mit dem Fabrikbau bereits begonnen worden war.
1837 am 14. März wurde eine Aktiengesellschaft zum Betrieb der „Crystall- und Glaswaaren-Fabrik Theresienthal" gegründet. Am 1. Mai erwarb die Aktiengesellschaft von Franz Steigerwald dessen Gesamtbesitz. Am 1. Juli trat Wilhelm Steigerwald, ein Bruder von Franz, als „Mitaktionär in das Fabrikgeschäft ein".
1841 trat Franz Steigerwald im Mai von der Leitung der Fabrik zurück und widmete sich fortan nur noch dem Vertrieb von Glas.
1842 im November gab Wilhelm Steigerwald seinen Direktorenposten auf. Die Fabrik wurde von mehreren Ausschußmitgliedern gemeinsam geleitet, die in München lebten und in Theresienthal Faktoren einsetzten.
1843 wurde auf drei Öfen Hohlglas und auf einem Ofen Tafelglas gearbeitet. Hergestellt wurden unter anderem halbe Stützel von ordinärem Glas, Fußbecher aus Alabaster und Hellblau, normale kleine Fußbecher von Schleifglas und gelegentlich schwarzes Kobalt-Oxyd-Glas.

Stahlstich von Bernhard Grueber, 1846

1843/44 mußte das Gant-Verfahren eingeleitet werden, weil die Aktiengesellschaft zahlungsunfähig geworden war. Das Abschätzungsprotokoll enthält 33 Gebäude, die zum Fabrikkomplex gehören, darunter ein Feuerrequisitenhaus und ein Treibhaus.
1845 plante die Nürnberger Bank als Hauptgläubiger die Versteigerung des Fabrikanwesens, erwähnte aber bereits in der Ankündigung, daß der Bank das Objekt vermutlich verbleiben würde.
1845 bis *1857* verwaltete die Nürnberger Bank die Fabrik. Die Leitung lag nachweisbar bis 1852 in den Händen des Konkursverwalters Dr. Senger.
1857 ging die Glasfabrik im Juni offiziell in den Besitz der Nürnberger Bank über. Im Oktober wurde der Bank eine persönliche Gewerbe-Konzession ausgestellt.
1861, am 28. März erwarb Johann Michael II. von Poschinger auf Oberfrauenau die Glasfabrik. Nur vier Plannummern wurden ausgenommen und dem Staatsforst für Holzlagerplätze verkauft.
1862 übernahm Sohn Michael die Fabrik. (Archiv Oberfrauenau).
1863 heiratete Michael im Juni Henriette Steigerwald, die Tochter von Wilhelm Steigerwald, der die Glashütten in Schachtenbach und Regenhütte betrieb. Michael von Poschinger erweiterte den Grundbesitz des Fabrikgutes beträchtlich, erwarb auch in München u. a. das Schloßgut Ismaning.

Glashütte bei Eisenstein; auf einem Aquarell des königlichen Hofmalers Simon Warnberger (1769–1847) hier von 1802.

GEOMETRISCHER GRUNDRIS
über dem Churfürstlichen Herrschaft Degenbergischen Hoch Wald und darbey befindliches Frauenaur Baugut, so zum Churfrt. Pfleggericht und Kastenamt Zwisel Urbar, das dermahlen Johann Michael Poschinger Glashütten Meister zu gedachten Frauenau den Churfrt. Hoch Wald zur einer Glashütten Gerechtigkeit, da auch das Baugut mit denen Feldern und Wismaeder so in einen Hof bestehet als ein Erbrecht Besizet, auf gnedigst anbefelchung von einer Hoch Lbl. Hof Kammer in München Lauth Signatur de dato 15 Junij 1773, von mir Ends benannter Pflichtmeßig ausgemessen und Entworfen, das Jauchart und Tagwerch zu 40000 Quadrat schuehen Gerechnet worden.
Scala von 2000 schueh
Joseph Damian Huber Churfrt. Verpflichter Land Geometer
KÖNIGS REICHS BÖHEIM KAMMERALL
ZUR GLASHÜTTEN
OBER ZWIESEL
HOCHWALD ZUR
CHURFÜRSTLICHER HERRSCHAFT
DEGENBERGISCHER
DEGENBERGISCHER HOCHWALD ZUR CHURFÜR.
HOCHWALD ZUR FRAUENAUR GLASHÜTTE
RENS SCHACHTEN
RACHL SCHACHTEN
No. 64
Klein Regen
Regenhütten
Hackl wisen
Baurnhansl
KLOSTER RINSCH
von Poschingische Holz

Dieser Plan zeigt das Glashüttengut Oberfrauenau. In der Guirlande links steht folgender Text: „Geometrischer Grundriß über dem CHurfürstlichen Herrschaft Degenbergischen Hoch-Wald und darbey Befindliches Frauenaur Baugut, so zum CHurftl. Pfleggericht und Kastenamt Zwisel Urbar, das dermahlen Johann Michael Poschinger Glashütten Meister zu Gedachten Frauenau, den CHurfrt. Hoch-Wald zur einer Glashütten Gerechtigkeit, darin auch das Baugut mit denen Feldern und Wismäder, so in einen Hof bestehet, als ein Erbrecht Besizet, auf Gnedist anbefehlung von einer Hoch. Lob. Hofkammer in München Lauth Signatur de dato 15. Juny 1773, von mir Ends benannter Pflichtmeßig ausgemeßen und Entworfen, das Jauchart und Tagwerch zu 40 000 Quadrat schuehen Gerechnet worden. Josef Damian Stuber, Churf. Verpflichter Land-Geometer". Die drei, beziehungsweise zwei Spalten Text enthalten die Aufzählung der „Felder und Wismäder" und die gesetzten Grenzsteine. In diesen Plan von Josef Damian Stuber vom Jahr 1773 hat dann im Jahr 1786 Hofkammerrat Adrian Riedl etwas hineingezeichnet und zwar den „Plan der von Poschingischen Hofmark Frauenau, so wie selbe nach beygesetzter Markbeschreibung ao 1786 Commissionaliter vermarket, und zum Churfürstl. Saltztauflwerk der rothen Linie nach 550 Tagwerk zugetheilet worden". Dieser Vermerk steht rechts oben im Plan. Die zwei, beziehungsweise drei Spalten Text links enthalten die Beschreibung der Marksteine. Die erwähnten 550 Tagwerk erkennt man links im Plan an den dunklen Wellenlinien. Das Glashüttengut Frauenau war im Jahr 1785 zur Hofmark erklärt worden. Dieser Plan vom Glashüttengut Oberfrauenau ist im Original farbig und hat die Ausmaße von 126 zu 110 Zentimeter. Gutsverwaltung Oberfrauenau.

Dieser Porzellanteller aus der Biedermeierzeit zeigt die „J.M.v.P. Glasfabrik in Oberfrauenau"

Votivbild des Glashüttenherren auf Unterbreitenau, Johann Franz Josef Poschinger, und seiner ersten Ehefrau Maria Theresia mit ihren zehn Kindern, von denen sechs das Kindesalter nicht überlebt hatten. Am rechten Bildrand in der Bildmitte sind die Gebäude des Glashüttengutes dargestellt. Das zahlreiche Vieh und die Jahreszahl 1743 lassen vermuten, daß dieses Votivbild nach St. Hermann bei Bischofsmais versprochen wurde, weil dem Gut Unterbreitenau im Kriegsjahr 1742 von Trenck dem Panduren keine Zerstörungen zugefügt wurden.

Das Glashüttengut Oberzwieselau. Aquarell von Max Edler v. Hellersberg, gemalt am 5. August 1858. Der Künstler war damals Revierförster in Rabenstein und hat ein für den Landkreis Regen interessantes Skizzenbuch hinterlassen.

1872 hatte Theresienthal die Glashütte in Ferdinandsthal in Böhmen gepachtet.
1897 übergab Michael an seinen Sohn Egon von Poschinger die Theresienthaler Krystallglasfabrik.
Um *1900* war Schleifermeister JOSEF BAYER in Theresienthal beschäftigt. Er schuf die „gläserne Uhr", die überall dort, wo sie ausgestellt wurde, große Bewunderung hervorrief.
1922 übergab Egon die Glasfabrik an seine beiden Söhne Egon und Hans von Poschinger. Gemeinsam leiteten die Brüder den Betrieb, schufen das vielgerühmte „Strohglas" und führten das Werk auch während der Kriegsjahre, über das Jahr 1945 hinaus.

Schott-Zwiesel-Glaswerke AG – Annathal seit 1872

1872 im April begann ANTON MÜLLER mit dem Bau der Glasfabrik Annathal. Seit vier Generationen waren die Müllers als Glasfuhrleute und Glashändler im Markt Zwiesel ansässig und Hausbesitzer am Marktplatz. Bereits am 25. November des Jahres 1872 wurde erstmals Tafelglas in der neu erbauten Hütte hergestellt und am 5. Dezember von Müllers eigenem Fuhrwerk verfrachtet.
Am 7. November 1884 verkaufte Anton Müller seine Glashütte „Annathal" an die Brüder Gustav und Theodor Tasche, Glasgroßhändler aus Köln. Die Firma hieß nun: „Zwieseler Farbenglaswerke Gebr. Tasche".
1889 verlegte Gustav Tasche das Verkaufsbüro nach München.
1898, am 21. Juni, wurde die „Zwieseler Farbenglashütte, vorm. Gebr. Tasche, AG" gegründet und ein Jahr später, *1899* die „OHG Müller, Krug & Co, Saechsische Kathedral- und Farbenglaswerke in Pirna an der Elbe" angekauft. Der neue Firmenname lautete: „Vereinigte Zwieseler und Pirnaer Farbenglaswerke AG". Gustav Tasche war bis zu seinem Tod im Jahr 1905 Generaldirektor des Unternehmens.
In den Jahren *1884* bis *1914* ging die Entwicklung der Firma stetig, teilweise stürmisch aufwärts. Hergestellt wurde in Zwiesel Tafelglas aller Art. Besondere Spezialitäten waren das Antik-Glas für Kirchenfenster, das in alle fünf Erdteile verkauft wurde, und die Glasfliese „Monachia". Sie zeichnete sich durch günstigen Preis aus, gut haftende Rückseite, ein Patent der Firma, und konnte auch in extremen Größen hergestellt werden.
1927 wurde die Firma JENA[er] Glaswerke Schott & Gen. Großaktionär der Vereinigten Zwieseler und Pirnaer Farbenglaswerke AG und erwarb mit 52,2 Prozent die Aktienmehrheit. Der Umwandlungsprozeß, die Umstellung von Spezial-Aktien, die Beteiligung an anderen Firmen wie Zuckmantel in Böhmen, zog sich bis zum November 1929 hin.
1931 wurde die Flachglasherstellung in Zwiesel eingestellt und fortan nur noch Hohlglas hergestellt. In den folgenden Jahren hatte das Zwieseler Werk unter den allgemeinen wirtschaftlichen Schwierigkeiten sehr zu leiden, wobei die Firma JENA[er] Glaswerke Schott & Gen. mehrfach finanzielle Hilfe leistete.
1938 konnte ein neues Fabrikgebäude erbaut werden.
1940 wurde der Firmenname in „Vereinigte Farbenglaswerke AG" geändert.
In den letzten Kriegsjahren wurde kriegsbedingt bereits mit Vorarbeiten begonnen, den Betrieb auf die Produktion von optischem Glas für Schott umzustellen.
Nach dem 20. April 1945, dem Bombenangriff auf die Bahnlinie bei Zwiesel, mußte der Betrieb eingestellt werden, weil weder Kohle noch Rohmaterialien beigeschafft werden konnten.
Ende *1945* kamen die ersten „Jenaer", Spezialkräfte aus dem Werk in Jena, über Heidenheim an der Brenz nach Zwiesel und begannen mit dem Ofenbau für die Herstellung von optischem Glas. Das Werk in Zwiesel war das einzige von ehemals fünf Betrieben, das dem Schott-Konzern verblieben war. Mit der ersten Schmelze an Pfingsten 1946 begann eine neue Ära für diese Glashütte, die sich zum heute größten Kelchglashersteller Europas entwickelte.

Gistl-Hütte, Frauenau, seit 1925

1923, am 2. April, begann ISIDOR GISTL mit dem Bau einer Krystallglasfabrik in Frauenau auf einem Grundstück, das er bereits 1912 vom Pfarramt Frauenau erworben hatte.
1924 im Frühjahr konnte die Produktion bereits auf-

genommen werden und noch im gleichen Jahr wurde ihm der Titel eines Kommerzienrates verliehen.
1925 waren der Fabrikneubau vollendet, Produktion und Veredelung voll im Gange.
Isidor Gistl produzierte Hohlglas, baute mehr als 150 Werkswohnungen für seine 400 bis 500 Arbeiter und leitete seine Hütte über das Jahr 1945 hinaus bis zu seinem Tode im Jahr 1950. Isidor Gistls Weg vom Glasmacher- und Wirtssohn zum Glashüttengründer kann man in den Chronologien der Regenhütte und der Freiherr von Poschinger'schen Krystallglasfabrik Frauenau verfolgen.

(Quelle:
Alfons Hannes: Glas aus dem Bayerischen Wald. Grafenau 1975).

Optische Werke G. Rodenstock, Regen – seit 1898

Die Firma gehört nicht zu den Glasproduzenten. Als glasverarbeitender Betrieb ist das Werk heute der größte Arbeitgeber im Großlandkreis Regen. Hauptwerk und Hauptverwaltung befinden sich in München. Das Schwergewicht der Brillengläser- und präzisionsoptischen Produktion befindet sich in Regen.
Der Firmengründer JOSEF RODENSTOCK hatte 1877 in Würzburg eine feinmechanische Werkstätte gegründet und Präzisionswaagen, Barometer, Brillengläser und ähnliches hergestellt. 1885 übersiedelte er nach München und errichtete einen Fabrikbetrieb. 1891 sind 120 Mitarbeiter in der Fabrik an der Isartalstraße beschäftigt.
1898 erwarb das expandierende Unternehmen im Markt Regen einen Bauernhof mit zwei Hektar Grund und errichtete einen Schleifereibetrieb.
1899, ein Jahr nach Baubeginn der Fabrik in Regen, werden auf 1300 Quadratmetern Fertigungsfläche 90 Mitarbeiter beschäftigt.
1904 wurde in Regen eine optische Glashütte in Betrieb genommen, die sich aber als unwirtschaftlich erwies und 1917 wieder aufgegeben wurde.
1905: in Regen gibt es 200 Beschäftigte, in München 100. Schon damals war Regen, wie heute, die personell stärkste Säule des Unternehmens.
1905 wurde die benachbarte, stillgelegte Zündholzfabrik erworben und dort in der sogenannten unteren Fabrik die Produktion von präzisionsoptischen Linsen aufgenommen.
1914 wurde in Zwiesel-Lenau die stillgelegte Fabrik der Firma Scheidig & Sohn aufgekauft und als Unterabteilung des Werkes Regen betrieben.
1919 übernahm Alexander, der Sohn des Firmengründers Josef Rodenstock, die Firmenleitung. Er stand seit dem Jahr 1905 seinem Vater zur Seite.
1919 pachtete Alexander Rodenstock vom Fürsten von Hohenzollern-Sigmaringen die Seebachschleife, an der Südgrenze des fürstlichen Besitzes Bayerisch Eisenstein. In Seebachschleife, die seit 1905 leer stand, fanden bis über 100 Arbeiter Beschäftigung.
1929 betrug der Gesamtumsatz des Unternehmens fünfeinhalb Millionen Reichsmark. Die Wirtschaftskrise der Jahre 1929/33 verschont auch die Firma Rodenstock nicht. Der Umsatz sank, der Personalstand fiel auf fast die Hälfte, auf insgesamt 800 Mitarbeiter.
1929 wurden die Zweigbetriebe in Seebachschleife und 1932 in Zwiesel-Lenau aufgegeben.
1939 haben Umsatz und Mitarbeiterzahl wieder den Stand von 1929 erreicht.
1943 trat Rolf Rodenstock dem Vater Alexander in der Firmenleitung zur Seite.
1944 promovierte Rolf Rodenstock. In der Firma führte er die Verlegung des Brillengläserlagers und der einschlägigen Abteilungen von München nach Regen durch.
1945, am 24. April, wurde das Werk in Regen von Amerikanern besetzt und erst im September wieder freigegeben. Anfang 1946 konnte die Produktion in Regen wieder aufgenommen werden.
1979 beschäftigt das Werk Regen 2 000 Mitarbeiter, die täglich etwa 60 000 Brillengläser, 8 000 feinoptische Linsen, ophthalmologische Geräteteile und Maschinen für die Herstellung von Brillengläsern und optischen Linsen herstellen.

(Quelle:
Rodenstock. 100 Jahre für besseres Sehen. Firmenchronik 1977 und Firmenunterlagen).

Kurzgefaßte Monographien derjenigen Hütten, die heute nicht mehr in Betrieb sind, deren Öfen für immer ausgelöscht wurden. Teilweise ist nicht einmal mehr der genaue Standort dieser „abgegangenen Hütten" bekannt. Nur der Orts- oder Flurname erinnert noch an das einst rege Glasmacherleben. Die Reihenfolge ist wieder chronologisch nach dem Jahr der ersten Erwähnung oder Gründung.

Glashüttengut Rabenstein 1421/1846

1421 ließ ein Heinrich der Taucher zu Regen in einer Urkunde niederschreiben, daß er auf Forderungen an „den PATERNOSTER den GLASER" nicht verzichtet. Dieser Paternoster machte „am Rabenstein" Glas und die Urkunde besagt, daß die Glasherstellung bereits einige Zeit betrieben wurde.
1439 wurde ein Niklas Paternoster am Rabenstein erwähnt. (Heinz Waltjen, Heimatpfleger von Rabenstein).
1456 wurde einem Wolf Rabensteiner Erbrecht für seine Glashütte erteilt. Von diesem Jahr *1456* bis *1622* sind sieben bis acht verschiedene Vornamen von Rabensteinern in Verbindung mit der Glashütte nachgewiesen.
Von *1623* bis *1646* sind die Namen Huber, Greiner und Pöckh als Besitzer erwähnt. (Heinz Waltjen).
1646 kaufte Leonhard Vischer, Gerichtsschreiber zu Zwiesel, das Glashüttengut.
1659 verkaufte Leonhard Vischer, nun Pfleger zu Schwarzach, Rabenstein seinem Schwiegersohn Johann Wingert.
1670 ersteigerte Michael Stadler Rabenstein. Auf die Gant geraten war Thomas Vischer (nicht verwandt mit Leonhard Vischer). Bis *1741* waren vier Generationen Stadler auf Rabenstein.
1741 kam Franz Stadler auf die Gant und sein Schwiegersohn Franz Hilz ersteigerte Rabenstein
1744 erwarb Felix Martin Kiesling das Gut und heiratete die Witwe des *1742* verstorbenen Franz Hilz. Von *1744* bis *1845* waren vier Generationen Kiesling Hüttengutsbesitzer. Nach dem Tod von Max von Kiesling *1845* erwarb *1847* die Staatsforstbehörde Rabenstein. In Schachtenbach und in Regenhütte waren Glashütten in Betrieb, die verpachtet waren. Die Staatsforstbehörde bestätigte die laufenden Verträge und verlängerte sie später.
Die Standorte der ersten Glashütten sind nicht genau bekannt. Man vermutet sie im Bereich des Ferienheimes Schäfer und in der Wiesenmulde nördlich davon in Richtung Ableg-Wald. Unbekannt ist auch, wann erstmals in Althütte eine Glashütte stand. Bekannt ist, daß dort *1817* wieder eine Hütte aufgerichtete wurde, die *1820* abbrannte. Der Neubau erfolgte aber nicht abermals in Althütte, sondern in Schachtenbach.

Abb. folgende Seiten:
Dieser Plan zeigt die „Churfürstliche Waldung am Rabenstain". Der Text oben links lautet: „Geometrischer Plan oder Grundris Über Den Steyner CHurfürst. Durchleicht in Bayrn p. Herrschafft Degenbergische Waldung am Rabenstain, und Darbey das GlasHütten Gutt, mit denen Felderen und Wismäder, so zwey Höf ausmachen, und Ein Glas Hütten Gerechtigkeit zur CHurfürstl. Kastenamt Zwisel Uhrbar, und Felix Martin Kisling, dermalliger GlasHütten Meister zu gedachten Rabenstein Erbrechts Weis in Besiz hat, so auf Genädigste anbefehlung Einer Hochlöbl. Hof-Cammer in München Laut Sigt. de dato 21. Juny 1768 von mir Ends Benannten, in Gegenwart des Pfleg Gh(erich)t Zwisel mit dennen Wahrhafften Winklen und Größe der Linien, dan das Jauchert und Tagwerch zu 40 000 Quadratschueh Gerechnet, Pflichtmäßig ausgemeßen, und Entworffen, so dann auch eine sonderbahre Hierbey ligente specification, Respective Grund Beschreibung über solche Begriffen worden. anno 1769."
Links unten, unter der Skala zu 3200 schuehen, (der Schuh zu 30 Zentimeter) hat der Planverferfiger signiert: „Joseph Damian Stuber, CHurfrt. Verpflichter Land Geometer".
Dieser Plan des Glashüttengutes Rabenstein ist im Original farbig und hat die beachtlichen Ausmaße von 135 zu 99 Zentimetern. Während es heute üblich ist, alle Pläne so zu zeichnen, daß Norden sozusagen oben ist, ist auf diesem Plan Norden = Septentrio auf der rechten Seite des Betrachters. Der Plan ist in Bezug auf die Genauigkeit auch nicht mit heutigen Plänen zu vergleichen. Der Geometer schritt die Gutsgrenzen ab, zusammen mit „Kettenziehern", die die Länge der Grenzen mit geeichten Ketten abmaßen, die am Boden gezogen wurden. Die gesamten Längenmaße und die Zirka-Himmelsrichtung des Grenzverlaufes ergaben dann die ungefähre Fläche.

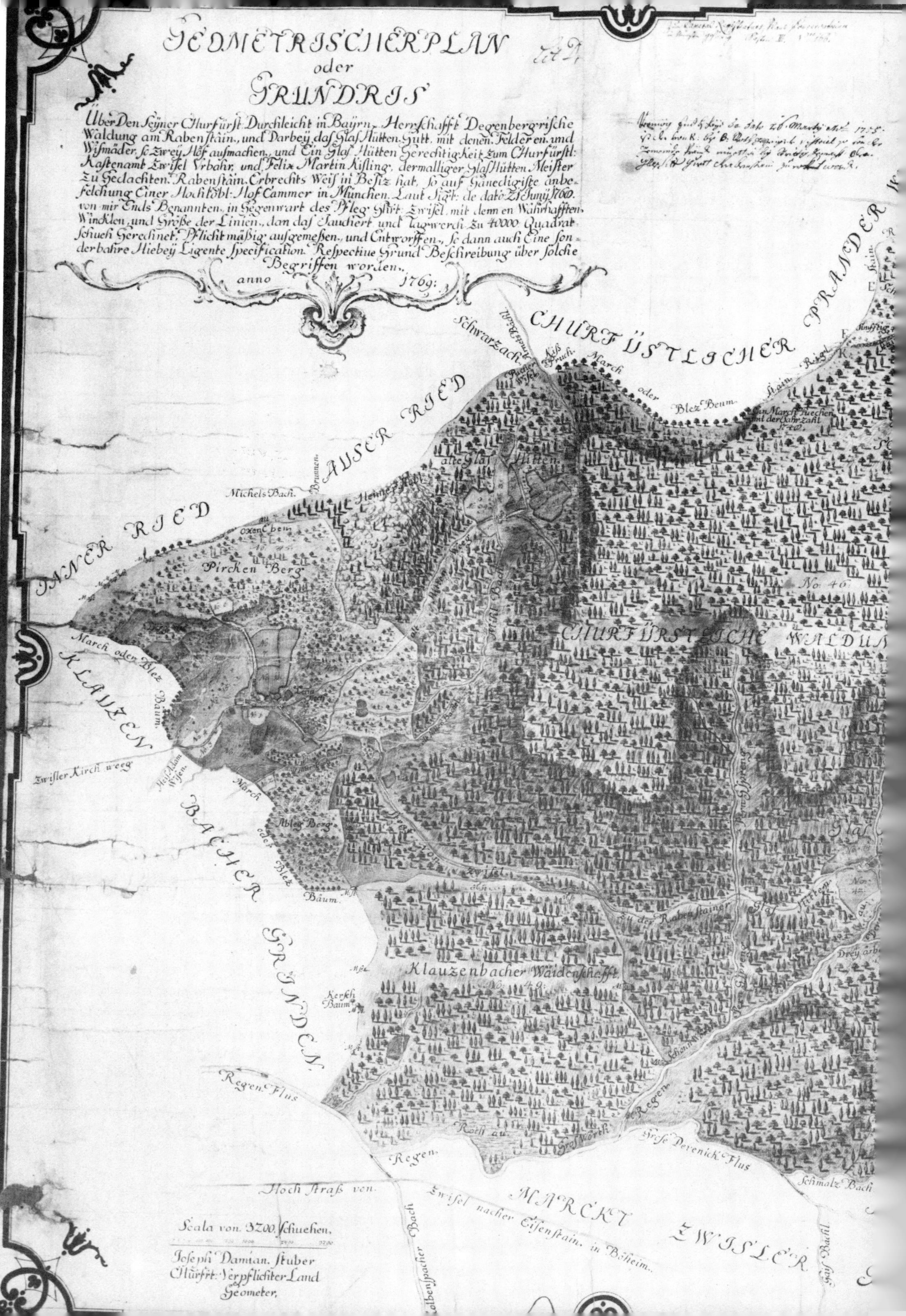

GEOMETRISCHER PLAN
oder
GRUNDRIS
Über Den Seyner Churfürst. Durchleicht in Baÿrn. Herrschafft Degenbergrische Waldung am Rabenstäin, und Darbeÿ das Glas Hütten Gutt, mit denen Felderen, und Wismäder, so Zweÿ Hof ausmachen, und Ein Glas Hütten Gerechtigkeit zum Churfürstl: Kastenamt Zwisel Urbahr, und Felix Martin Kisling, dermalliger Glas Hütten Meister zu Gedachten Rabenstäin Erbrechts Weis in Besitz hat, so auf Gänedigiste anbefelchung Einer Hochlöbl: Hof Cammer in München, Laut Sig. de dato 21 Junij 1760 von mir Ends Benannten, in Gegenwart des Pleg Gricht Zwisel, mit denn en Wahrhafften Winckhlen und Größe der Linien, dan das Jauchert und Tagwerck zu 40000 Quadrat Schueh Gerechnet, Pflicht mässig ausgemessen, und Entworffen, so dann auch Eine sonderbahre Hiebeÿ Ligente Specification Respectiue Grund Beschreibung über solche Begriffen worden.
anno 1769.
CHURFÜSTLICHER PRANDER
CHURFÜRSTLICHE WALDUNG
AUSER RIED
INNER RIED
KLAUZEN BACHER GRÜNDEN
MARCKT ZWISLER
Schwarzach
March oder Blez Beum
alte Glas Hütten
Michels Bach
Pircken Berg
No. 46
March oder Blez Baum
Zwisler Kirch weeg
Ableg Berg
Zu der Rabenstainer Glas Hütten
Klauzenbacher Waidenschafft No. 49
Kersch Baum
Regen Flus
Regen
Gros Devenick Flus
Schmalz Bach
Hoch Strass von Zwisel nacher Eisenstain in Böheim
Scala von 3200 Schuehen
Joseph Damian Stuber
Churfrt: Verpflichter Land Geometer

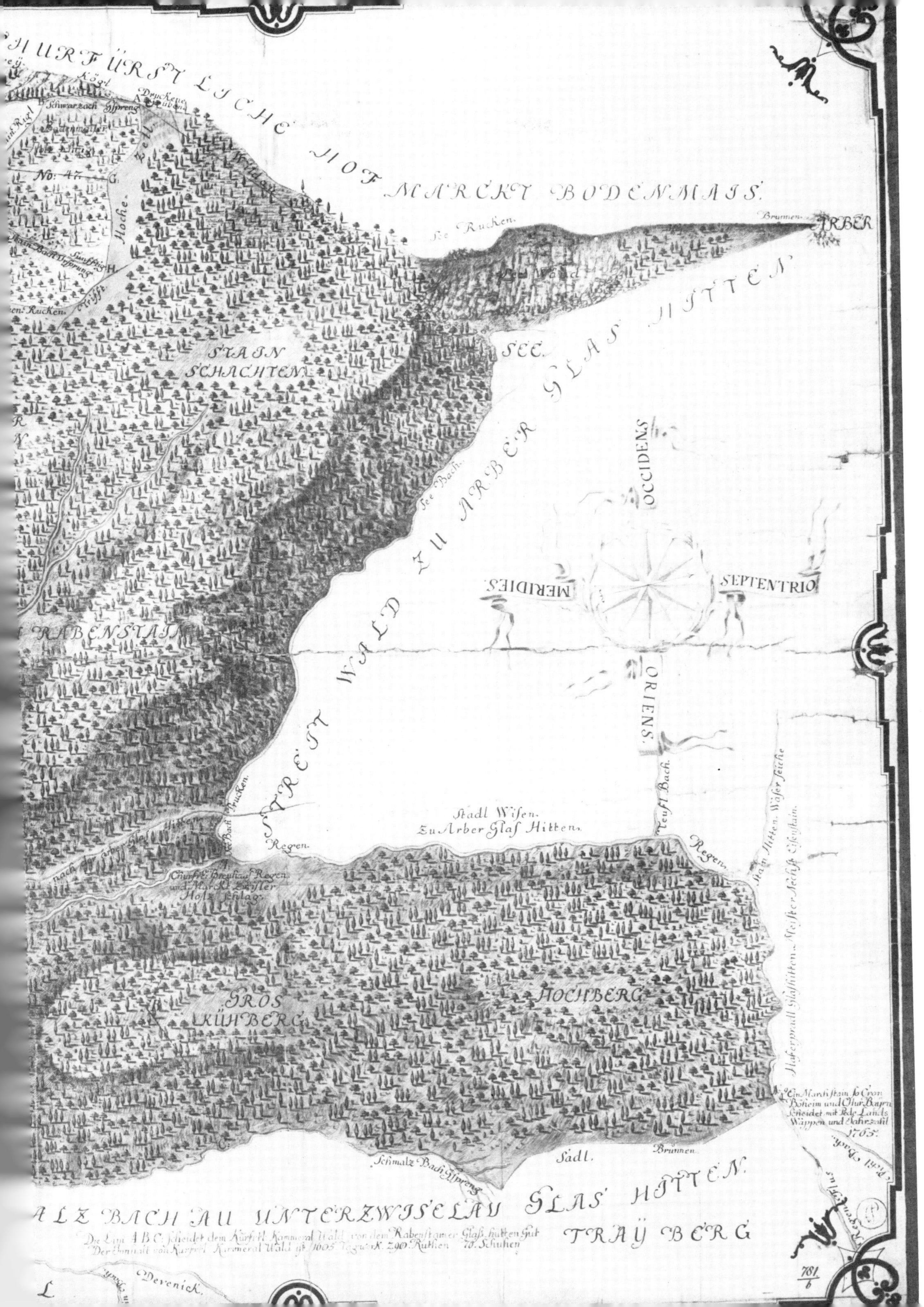
HOF MARCKT BODENMAIS.
ARBER
Brunnen
See Rucken.
SEE.
GLAS HITTEN
STREIT WALD ZU ARBER
STAIN SCHACHTEN
RABENSTAIN
See Bach
OCCIDENS
MERIDIES
SEPTENTRIO
ORIENS
Teufl Bach
Stadl Wisen.
Zu Arber Glaß Hitten.
Regen.
Regen.
Hütten Waser Seiche
GROS KÜHBERG
HOCHBERG
Sadl.
Brunnen
Schmalz Bach Gsprenge
UNTERZWISELAU GLAS HITTEN.
TRAŸ BERG
Deverick
781/b

Schachtenbach 1822/1866

1822 wurde die „Schachtlbach- oder Höllhütte" erbaut durch WOLFGANG von KIESLING.
1829 wurde Josef Schmid und Sohn aus Goldbrunn in Böhmen Pächter.
Um *1831* gewann Josef Schmid den bayerischen Staatspreis für Krystall und plante den Bau einer eigenen Glashütte.
1835 starb Josef Schmid und
1836 wurde als Pächter Schmid Sohn genannt.
1842/43 war Konrad Bodenmüller aus Württemberg Hüttenpächter. Er heiratete die jüngste Tochter des verstorbenen Schmid.
1844, an Georgii, begann die Pachtzeit für WILHELM STEIGERWALD, zunächst für sieben Jahre, dann auf unbestimmte Zeit verlängert. Mitverpachtet wurden Arbeiterwohnhäuser in Althütte, Ableg und Rabenstein. In Schachtenbach stand bei Pachtbeginn nur die Glashütte mit den nötigen Nebengebäuden. Wilhelm Steigerwald entwickelte eine rege Bautätigkeit in Schachtenbach und begann *1856* mit dem Bau seiner viel gerühmten Holz-Villa in Rabenstein selbst.
Ab *1861* verhandelten Wilhelm Steigerwald und die Staatsforstbehörde wegen der Verlegung des Hüttenbetriebes von Schachtenbach nach Regenhütte und im Jahr *1865* wurde Schachtenbach endgültig aufgegeben, die Gebäude nach und nach abgebrochen.

Glashüttengut Oberzwieselau 1434/1918

1434/37 wurden im ältesten Degenbergischen Salbuch Glashütten genannt. Man kann annehmen, daß auch die Hütte in Zwieselau bereits bestand.
1494 vermachte Niclas Glaser sein Vermögen.
1528 verkauften Martin Glaser und Frau Barbara die Hütte dem Degenberger.
1536 war wieder ein Meister Niclas auf der „Spiegl- oder Glashütte".
1564 klagten die Zwieseler gegen den Zadler auf der Zadlershütt. (Zuvor, 1541, ist ein degenbergischer Richter Georg Zadler in Zwiesel nachgewiesen).
1568 erwarb Joachim Poschinger, degenbergischer Pfleger zu Linden, die Glashütte.
1582 wird die Hütte erstmals mit dem Ortsnamen „Zwislau" in einem degenbergischen Salbuch benannt.
1587 hat Joachim Poschinger die vorhanden gewesene Hütte in Unterzwieselau instand gesetzt, eine zweite Hütte erbaut, die spätere Jungmaierhütte, und teilte seinen Besitz zwischen seinen Söhnen Hans und Paul.
1588 besichtigte der Degenberger das Glashüttengut und genehmigte jetzt und zukünftig den Betrieb von zwei Glashütten.
1604 verkaufte Paulus Poschinger seinen Gutsanteil an seinen Neffen Adam Jungmaier (und erwarb die Glashütte Frauenau).
1615 erwarb Niklas Preißler, zweiter Ehemann der Witwe von Hans Poschinger (gest. 1600), die Gutshälfte von seinen Stiefsöhnen.
1625 starb Niklas Preißler. Die Gutshälfte erbte sein Sohn Hans, der seine Verwandte Maria Jungmaier heiratete.
1629 errichtete Preißler die Hütte am Hirschberg (später Buchenau).
1640 verkaufte Witwe Brigitte Jungmaier ihre Glashütte an Schwiegersohn Hans Preißler, dieser Ökonomiegründe des Glashüttengutes an den Bauern und Wirt Hans Geiger von Lindberg. Beihof und Unterzwieselau, „in Geigern", entstanden.
1671 heiratete Hans Preißlers Tochter Maria den Johann Jakob Poschinger von Frauenau.
1677 wurde beiden das Gut übergeben.
1705 heiratete Tochter Magdalena Poschinger Hans Adam Hilz von der Glashütte Schönbrunn.
Um *1735* errichtete Hilz wieder eine Glashütte am Hirschberg, die fortan „Hilzenhütte" genannt wurde.
Bis *1808* ist drei Generationen lang der Name des Glashüttengutsbesitzers: Hilz.
1808 heiratete die Witwe von Niklas Hilz den Benedikt Poschinger von Oberfrauenau.
1811 heiratete Benedikt von Poschinger in zweiter Ehe Elisabeth von Hafenbrädl von Bayerisch Eisenstein.
1814 wurde die Hütte am Kleinen Regen, heute Dampfsäge, erbaut.

1836 wurde die Spiegelhütte erbaut.
1856 teilte Benedikt von Poschinger das Gut zwischen seinen zwei Söhnen. Ferdinand erhielt die Hilzenhütte und die Spiegelhütte mit der Hälfte des Gesamt-Grundeigentums. Benedikt bekam die Glashütte am Kleinen Regen und erbaute 1857 die Hütte am Hirschbach.
1880 starb Benedikt II. auf Oberzwieselau. Das Glashüttengut erbte Benedikt III.
1884 wurden in der Glashütte am Hirschbach die Öfen für immer kalt.
1918, beim Tod von Benedikt III., wurde auch in der Oberzwieselauer Regenhütte der Betrieb eingestellt. Zuletzt wurden dort bemerkenswerte Gläser aus kräftig-farbigem Opakglas hergestellt und die damals modernen Jugendstilgläser, von denen schöne Stücke in den Museen stehen.

Glashüttengut Buchenau 1856 (1629/1934)

1856 entstand durch die Teilung des Gutes Oberzwieselau das Glashüttengut Buchenau mit den zwei Glashütten in Buchenau (seit *1629* erstmals, erneuter Hüttenbau um *1735)* und Spiegelhütte (seit *1836).* Glashüttengutsbesitzer war Ferdinand von Poschinger.
1867 starb Ferdinand von Poschinger. Seine Witwe leitete den Guts- und Glashüttenbetrieb für die minderjährigen Kinder und erweiterte das Schloß. Vormund der Kinder war Michael von Poschinger von Theresienthal.
Um *1800* übernahm Ferdinand II. das Glashüttengut. Buchenau war zu jener Zeit weltweit berühmt für sein farbiges Tafelglas, namentlich das Überfangglas und für farblose Glasstürze in großen Dimensionen. Es heißt, daß ganz Deutschland und auch Österreich damit aus Buchenau versorgt wurden (Lobmeyr).
Um *1900* wurden rund 1 000 numerierte Vasen und Schalen nach der Art von Tiffany und Gallé hergestellt (F. Holl). Es heißt, daß mit Gallé ein Lizenzvertrag bestand.
1921 starb Ferdinand II. von Poschinger. Seine Witwe führte die Glashütten weiter, unterstützt von Direktoren. Buchenau wurde von Direktor Hertl geleitet. Die Auftragslage war so gut, daß bis zuletzt Schicht gearbeitet wurde. Spiegelhütte wurde von Direktor Ilgner geleitet.
1931 war der 21. Januar der letzte Arbeitstag in Spiegelhütte. Der Betrieb wurde 95 Jahre nach Gründung der Hütte, für immer eingestellt. Direktor Ilgner ging zu den Vereinigten Farbenglaswerken in Zwiesel.
1932 wurden auch in Buchenau die Öfen für immer kalt, gut 300 Jahre nach Errichtung der ersten Hütte „am Hirschberg".
1934, am 27. April, kaufte die Bayerische Staatsforstbehörde in Verbindung mit der Osthilfe-Entschuldung das Glashüttengut. In beiden Orten wurden die Fabrikgebäude nach und nach abgebrochen, bis auf die „neue Schleif" in Spiegelhütte. Dort ist heute ein Tiermuseum eingerichtet.

Abb. folgende Seiten:
Dieser Plan zeigt die Waldung des Glashüttengutes Oberzwieselau. Der Text oben links lautet: „Geometrischer Plan oder Grundris Über die bey dem ober Zwiselau Glashütten Gutt Vorhanden samentliche Veld und Wisgrund, dan Herrschafft Degenbergischer Waldung, so zum Churfürstlichen Kastenamt Zwisel mit zweyen Höfen und doppelten Glashütten Gerechtigkeit Urbahr, und Johann Ignati Hilz, dermalliger Glashütten Meister zu Gedachten ober Zwiselau Erbrechts weis in Besiz hat, so auf Gänedigste anbefehlung Einer Hochlöblichen Hof Kam̄er in München Laut Sigt. de dato 28. Juny ao 1766 von mir ends Unterschribennen das Jauchert oder Tagwerch zu 40 000 Quadrat Schueh Gerechnet Pflichtmäßig ausgemeßen und Entworffen.
So dann auch Eine sonderbare hierbey Ligente Specification Respective Grund Beschreibung über solche begriffen worden." Mitte links steht unter der Skala von 3200 Schuh (der Schuh zu 30 Zentimeter) der Name des Planverfertigers: „Joseph Damian Stuber, Churfrtl. Verpflichter Land Geometer".
Dieser Plan des Glashüttengutes Oberzwieselau ist im Original farbig und hat die beachtlichen Ausmaße von 240 zu 150 Zentimetern. Während es heute üblich ist, alle Pläne so zu zeichnen, daß Norden sozusagen oben ist, ist auf diesem Plan Norden = Septentrio schräg links vom Betrachter.
Für die hier gezeigte Glashüttenwaldung zwischen Kleinem Regenfluß und Schmalzbach (bei Schwellhäusl) errechnete Geometer Stuber mit seinen primitiven Vermessungswerkzeugen eine Fläche von rund 26 640 Tagwerk. Bei der Vermessung zum Ur-Kataster im Jahr 1843 war der Wald vom Schmalzbach bis zum Vorderscheuereckbach, der etwa in der Mitte dieses Planes eingezeichnet ist, schon zum Staatswald erklärt worden. Der verbleibende Eigentumswald des Glashüttengutes bis zum Kleinen Regenfluß ergab 1843 eine Fläche von rund 24 000 Tagwerk, ein deutliches Beispiel, wie ungenau die Vermessungen bis zum 19. Jahrhundert waren.

GEOMETRISCHER PLAN
oder
GRUNDRIS
Summarischer Inhalt
Summa Summarum
Rockowiz Schachten
Marckt
SEPTENTRIO

Mitter Scheureck
Vorder oder Große Scheureck
Hoch Schachten
Kalt Schachten
Hirsch Berg
Staaner Schachten

Glashütte Breitenau 1585 / um 1752

1585 hat der letzte Degenberger die Oberbreitenau mit acht Anwesen besiedeln lassen und „darunter" (räumlich zu verstehen) eine Glashütte – in Unterbreitenau, als neuntes Anwesen. GEORG ASCHENBRENNER war Glaser, bekam das Hüttenrecht und fertigte Knöpfe und Ringe für Rosenkränze. Er betrieb also eine sogenannte „Patterl-Hütte". Wohl für Scheiterhacker und Aschenbrenner stand „ in der obern oder großen Häbischau ein blosses Inhäusel", vermutlich der Ursprung der heutigen Wüstung Einöde (zwischen Geißkopf und Einödriegel). Dieses Inhäusel verpachtete der Glaser Aschenbrenner manchmal kurzfristig.
1596 wird das Glashütten-Anwesen bereits als baufällig bezeichnet. Georg Aschenbrenner klagt über schlechten Geschäftsgang.
1624 verkaufte Georg Aschenbrenner seine Hütte an Heinrich Englhardt und Hanns Stingl. Diese beantragten die Errichtung eines neuen Glasofens zur Herstellung von grünem Wald- und Trinkglas.
1640 hieß der Compagnon von Englhardt Hanns Wahl. Die Hütte wurde nur von Jahr zu Jahr verpachtet.
1690 war Georg Streibl Glashüttenbesitzer.
1700, am 11. September, erwarb Wilhelm Poschinger, geboren in Oberfrauenau, die Glashütte in Unterbreitenau und später noch zwei Anwesen auf Oberbreitenau.
1706 erhielt Wilhelm Poschinger einen Erbrechtsbrief und die Erlaubnis für den Neubau einer Glashütte in Unterbreitenau für „mittleres Glaswerch".
1725 übergab Wilhelm Poschinger, der inzwischen das Glashüttengut Frauenau übernommen hatte, Breitenau an seinen Sohn Johann Franz Joseph.
Schon vor *1752* war der Hüttenbetrieb wegen Mangel an Holz und Pottasche eingestellt worden.
1765 starb Johann Franz Joseph Poschinger, ein Jahr später, *1766*, sein Sohn und Erbe Wilhelm, der nicht verheiratet war. Das Gut hatte danach mehrere Besitzer, bis es 1853 von Graf Bray-Steinburg auf Irlbach erworben und dem Fideikommiß angegliedert wurde.
Heute wird der Forstbesitz verwaltet von Anna Freifrau von Poschinger-Bray und Dr. Adalbert Freiherr von Poschinger-Bray von der Oberfrauenauer Linie.

Glashüttengut Bayerisch Eisenstein 1764 (1690) 1901

Die Glashüttengeschichte von Bayerisch Eisenstein kann nicht geschrieben werden ohne einen Blick über die Grenze.
Im Jahre *1764* wurde in Verbindung mit der Grenzbereinigung zwischen Bayern und Böhmen die Hofmark (seit *1688)* Eisenstein in eine bayerische und eine böhmische Hälfte geteilt. Hofmarkbesitzer war damals Wenzel Graf von Klenau. In Böhmen gab es im Jahr *1764* zwei Glashütten, die in Betrieb waren. Die Überlieferung will, daß die allererste Glashütte im Eisensteiner Tal um *1690* von Graf Nothaft von Wernberg und Runding erbaut wurde. Um *1730* soll an ihrer Stelle die Kirche mit der Zwiebelkuppe erbaut worden sein.
In Bayern soll es *1764* drei aufgelassene Glashütten-Standorte gegeben haben: die Steinhütte, deren Betrieb um *1708* eingestellt wurde und die Stangenruck-Hütte, die Graf Nothaft von Wernberg *1690* von Wolf Hainz, Sommerau bei Lohberg, gekauft und um *1716* stillgelegt haben soll. Standort nicht genau bekannt.* Die dritte stillgelegte Hütte war die Grafhütte, die im Jahr *1716*, vermutlich als Ersatz für die Stangenruck-Hütte, errichtet worden war.
In Betrieb waren im bayerischen Teil der Hofmark Eisenstein die *1723* von Johann Georg Hafenbrädl sen. gegründete Arberhütte. *1732* konnte Hafenbrädl auch den angrenzenden Wald zwischen dem Teufelsbach, der durch den Bereich Arberhütte fließt, und dem südlicheren Seebach erwerben. Die andere Glashütte war die *1760* von Johann Georg Hafenbrädl jr. am Tiefenbach gegründete Neuhütte.
1771 konnte Johann Georg Hafenbrädl jr. die gesamte Hofmark Eisenstein, den bayerischen und den böhmischen Teil, kaufen.
1775 soll die Rotsohl-Hütte im Bereich des Rothzollwaldes gegründet worden und etwa 25 Jahre in Betrieb gewesen sein. (Andere Quellen verlegen den Standort nach Böhmen).

1786 starb Johann Georg von Hafenbrädl *(1783* geadelt).
1790 errichtete sein Erbe Franz Ignaz von Hafenbrädl (zum zweitenmal?) eine Seebachhütte, an die der heutige Weiler noch erinnert.
1808 findet man in einer amtlichen Aufstellung die Arberhütte, Neuhütte und Seebachhütte. Die Grafhütte wird als „Grafengütl" erwähnt.
1827 starb Franz Ignaz II. von Hafenbrädl, Herr der Hofmark Bayerisch Eisenstein. Er hinterließ drei unmündige Kinder.
1835 ist Benedikt von Poschinger von Oberzwieselau als Pächter der Arberhütte und der Neuhütte nachgewiesen. Noch im gleichen Jahr wurden in der Neuhütte (gegr. *1760)* die Öfen für immer kalt. Dir dritte Glashütte, die Seebachhütte, auch „Trutzhütte" genannt, war nicht in Betrieb.
1844 übernahm Ignaz, geb. 1818, das Glashüttengut.
1855 verkaufte der Curator (seit *1853)* des Besitzers das Hüttengut mit allen Zugehörungen an die Brüder Hermann und Simon Maier-Löwi, Großhändler aus Regensburg.
1866 wurde an Fr. X. Nachtmann aus Waldmünchen für den Betrieb der Seebachhütte als Pächter eine reale und radizierte Gewerbe-Konzession erteilt.
1872 verkaufte die Erbengemeinschaft des verstorbenen Simon Maier-Löwi an den jetzigen Besitzer, das Fürstenhaus Hohenzollern-Sigmaringen.
1895 wurde der Betrieb in der Arberhütte (gegr. *1723)* eingestellt.
1901 wurde die Seebachhütte (gegr. *1790)* aufgelassen, die Fabrikation nach Neustadt an der Waldnaab transferiert. Dort floriert die Firma Fr. X. Nachtmann noch heute, wieder mit einem Zweigbetrieb im Bayerischen Wald, in Riedlhütte, Landkreis Freyung–Grafenau.
Insgesamt können anhand der vorhandenen, unvollkommenen Unterlagen im Eisensteiner Tal derzeit bis zu 16/18 ehemalige Glashütten-Standorte zusammengezählt werden, davon, sechs, vielleicht sogar acht auf bayerischer Seite. Es muß ausdrücklich darauf hingewiesen werden, daß eine intensivere Forschung sicher zahlreiche Korrekturen zur Folge haben wird.

Quellen:
Oberbaurat i. R. Friedrich Holl gebührt Dank für die freundliche Unterstützung bei der Zusammenstellung.

*Möglicherweise identisch mit der Steinhütte. Vergl. auch:
Ulrich Winkler „Zwischen Arber und Osser", Morsak, Grafenau, 1981 S. 74/95.

Glashütte Schönbach 1832/1894

1830, am 5. Mai, wurde nach längeren Verhandlungen zwischen der Staatsforstbehörde und EMANUEL von LENK, Besitzer einer Judenmaß-Spiegelfabrik in Charlottenthal bei Schönau, Landgericht Neunburg vorm Wald/Oberpfalz, ein Vertrag abgeschlossen über die Errichtung einer Glashütte am Hochfall-Bach.
1831 bezahlte von Lenk 120 Gulden für knapp 15 Tagwerk Grund und begann sofort mit dem Aufbau aller nötigen Gebäude.
1832 begann die Glasproduktion in der Glashütte,

die den Namen Schönbach erhielt. Teilhaber wurde der Herrschaftsrichter Heinrich Gareis aus Winklarn und gegen Ende des Jahres Alleineigentümer. Emanuel von Lenk gründete in der Oberpfalz die Spiegelglashütte „Lenken-Hütte". Heinrich Gareis besaß seit *1818* Spiegelwerke bei Rosenthal, für welche nun von der Schönbacher Hütte die Rohspiegel geliefert wurden.
1844 starb Heinrich Gareis und seine Erben verkauften am 24. Mai an die Gebrüder Müller. In den zwölf Jahren des Bestehens war aus dem Nichts ein Wert von 74 500 Gulden entstanden.
1868 verkaufte die Firma Gebr. Müller die Glashütte an Franz Schrenk von Lohberg.
1874, am 19. September, übergab Schrenk an seine Kinder, drei Söhne und Tochter Anna, verh. Bauer.
1894, am 1. Juli, erfolgte dann die „gänzliche Betriebseinstellung" in Schönbach und im Jahr *1985* verkauften die Schrenks Schönbach an Anton Fuchs, der noch eine zeitlang Holzwaren herstellte.

Lichtenthal 1862 / um 1883

1861, am 26. Dezember, erhielt der Ökonom MICHAEL STANGL, Zwiesel, die Konzession für die Errichtung einer Glasfabrik. Die Stangl waren in der vierten Generation dem Glas verbunden und besaßen zwei Anwesen im Markt Zwiesel. Bei ihrer Sägemühle am Kleinen Regen wurde die Hohlglasfabrik errichtet unter der Firma: Gebr. Michl und Otto Stangl.
1862, am 24. November, wurde erstmals Hohlglas gearbeitet und alsbald eine Schleiferei erbaut.
1863, am 26. Januar, wurde der Name „Lichtenthal" genehmigt.
1867 wurde auch eine Holzwarenfabrik gegründet. Sie wurde im Jahr *1877* als Zündholzdrahtfabrik aufgeführt.
1880 starb Michael Stangl.
1881 heiratete Otto Stangl.
Um *1883* wurde die Glasproduktion scheinbar eingestellt.
1896 erwarben sechs Zwieseler Bürger gemeinsam fast das gesamte Fabrikareal mit sechs Gebäuden und errichteten dort das erste Elektrizitätswerk für Zwiesel.

Gashütte-Poschingerhütte 1868/1893

1770 hatte Johann Michael Poschinger von Oberfrauenau die Hofmark Drachselsried erworben.
Ab *1804* verhandelt sein Sohn Benedikt über den Ankauf des Waldes „Rauchloch", den er dann *1810* erwarb.
Auf Georg Benedikt als Hofmarksherr folgte dessen Sohn Johann Michael II. und nach dessen Tod 1863 verkauften die Erben zahlreiche Gebäude und Grundstücke der ehemaligen Hofmark, nicht aber den Wald im „Rauchloch".
1867 erwarb einer der Erben, Johann Nepomuk von Poschinger, ein Grundstück am Trautmannsriederbach und begann mit dem Bau einer Glasfabrik.
1869 bat der Glasfabrikant Johann Nepomuk von Poschinger zu Trautmannsried um Schankkonzession für seine Arbeiter.
Im Sommer *1871* wurde ein Tauschvertrag zwischen dem Staatsforst und dem Glashüttenbesitzer geschlossen. Der Staatsforst übernahm den Wald im „Rauchloch", bezahlte die 40 Gulden je Tagwerk aber nicht bar, sondern mit der Lieferung von Windbruchholz aus jenem Bereich.
Ebenfalls *1871* beantragte Johann Nepomuk von Poschinger, seine Hütte GASHÜTTE benennen zu dürfen, „weil selbe als eine der ersten in Bayern mit Gasheizung eingerichtet wurde". Am 12. November wurde dem Antrag stattgegeben. Hergestellt wurde Tafelglas.
1889 war Isidor Gistl, der Vater des späteren Kommerzienrates, Verwalter der Glashütte.
1890 wurde die Hütte von 19 Personen und Firmen in Gemeinschaftsbesitz genommen.
1891 wurde die Franz Schrenk oHG zu Lohberg Alleinbesitzer.
1892, am 22. April, erwarben Isidor Gistl jr., damals Verwalter in der Poschinger-Hütte in Oberfrauenau und Max Schoenberger, Frauenau, die Gashütte gemeinsam. Schon am 31. Oktober zahlte Schoenberger dem Isidor Gistl seine Hälfte aus.
1893 wurde der Hüttenbetrieb eingestellt, *1894* eine neue Säge gebaut.

Schon am Ende des 15. Jahrhunderts wird in Mais bei Bodenmais ein Georg Glaser erwähnt. Der Familienname „Glaser" ist damals noch ganz mit der Glasherstellung verbunden. Glasers Gut geht auf Niclas Irschickh über und diese Irschickh, vermutlich aus Böhmen eingewandert, beherrschen das gläserne Leben in Bodenmais über einhundert Jahre lang. Ein Georg Irschickh zum Beispiel kauft 1532 die „Patternuster Hütten" des Hanns Goldscheider und die Paternosterhütte des Sebastian Irschickh d. Ä. 1577 ist dieses Hüttengut in Besitz eines Mathes Irschickh. Immer noch werden Glasperlen, sogenannte „Paterl", hergestellt. Erst im 30jährigen Krieg werden die Öfen kalt.
Ein „Glaswerk" wissen wir auch in „Hammer Bergwinkl". Dort werden neben Glaspaterl auch Glasspiegel gefertigt. Um 1560 findet Phillip Apian an der Einmündung des Moosbaches in die Pebrach, dem heutigen Rotbach, eine Glashütte vor, in welcher ein einziger Arbeiter täglich bis zu 36000 Glasperlen zu drehen imstande ist. 1577 gehört diese „Spiegl und Patternaster-Hütten" einem Wolfgang Stern. Dann verlieren sich die Spuren.
Mit der Umwandlung des Bergwerkes in einen gewerkschaftlichen Bau wächst eine zweite Generation von Bodenmaiser Glashütten heran. 1699 ist die erste neue Hütte fertig. Sie wandert bis 1726 zweimal dem Holze nach. Unter verschiedenen Hüttenmeistern werden Hohl- und Tafelglas, Laborspiegel, Rundspiegel, Augengläser und Paterl gemacht. Böhmische, österreichische und bayerische Glasmacher leben und arbeiten neben- und miteinander.
Erst 1975 entsteht in Bodenmais mit der „Joska-Waldglashütte" nach 250 Jahren Pause wieder eine kleine Glashütte.

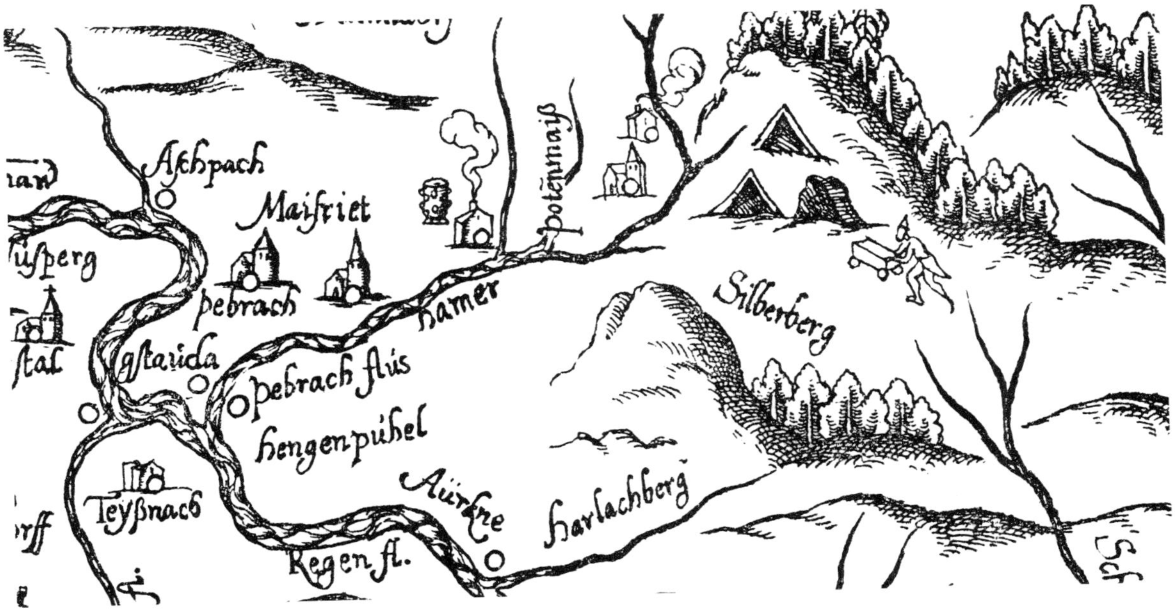

Kupferstich von Peter Weinerus, 1579. Westlich von Bodenmais ist die Glashütte in „Hammer"

ALFONS HANNES

DAS GLASGEWERBE HEUTE

DIE GLAS-INDUSTRIE

Die Herstellung von Glas bildet die älteste, gewerbliche Existenzgrundlage für die Bevölkerung des Bayerischen Waldes. Und sie ist heute noch deren wichtigster Erwerbszweig. Von den neun Glashütten des Bayerischen Waldes, die etwa 30 Prozent des Gesamt-Umsatzes der Kristall- und Bleikristallerzeugung der Bundesrepublik Deutschland erbringen, befinden sich sieben im Lkr. Regen.
Die kleinste und die größte Bayerwald-Glashütte ist darunter; jede Herstellungs-Art für Gebrauchs- und Zierglas vertreten.
Handarbeit ist das ursprüngliche Kennzeichen einer Glashütte. Die feurig-flüssige Masse wird mit einfachen Gerätschaften gestaltet; der Atem des Glasmachers formt durch die Pfeife frei oder modelbegrenzt die Gestalt der Hohlgefäße – prinzipiell unverändert seit zwei Jahrtausenden. Mit dem Glasmaler-Pinsel, am Schleif- und Gravurbock erfolgt die Veredelung: das Produkt ist „mundgeblasen und handgearbeitet".
Wirtschaftlichkeit und Rentabilität verlangt rationelles Arbeiten. Diese wiederum führt auch in der Handfertigung zum industriellen Verfahren. So hat sich im 19. Jahrhundert das alte Glasgewerbe, aus seiner rein handwerklichen Grundlage, zur arbeitsteiligen Glas-Industrie entwickelt. Alle Betriebe, die Glas aus dem Schmelzofen produzieren, sind in diese Kategorie einzuordnen. Ihre Entwicklung ging mit jener der Glas-Technologie Hand in Hand. Sie führte mit der notwendigen Massenproduktion in der Mitte des zwanzigsten Jahrhunderts zum vollautomatischen Fertigungsverfahren. Doch unverändert daneben und durchaus existenzfähig, blieb die kleine Glashütte mit Manufaktur-Charakter bestehen.
Die wirtschaftliche Potenz und der Umsatz-Erlös der Glas-Betriebe wird von deren technologischen Fertigungs-Kapazitäten bestimmt. Der maschinelle Anteil fällt dabei natürlich beträchtlich ins Gewicht. Als breite Existenz-Grundlage für die Bevölkerung ist dagegen die Anzahl der Arbeitsplätze der wichtigste Maßstab. Schließlich ist gewerbliche Produktion kein Selbstzweck, sondern zuvörderst Daseins-Grundlage für die Menschen, die sie unter harten Arbeits-Bedingungen erbringen. Daß diese im übrigen human und angemessen sind, hat eine verantwortungsbewußte Tarifpartnerschaft in der Glasindustrie, seit Jahrzehnten bewerkstelligt. Sie gelten im Landkreis Regen für nachstehende

Glas-Industrie-Betriebe und Beschäftigten-Zahlen:

Firma	Arbeiter			Angestellte			ges. Beschäftigte
	männl.	weibl.	ges.	männl.	weibl.	ges.	
Glashütte V. Eisch, Frauenau	128	62	190	4	10	14	204
Bleikristall-Glashütte K. Klokotschnik, Zwiesel	60	7	67	7	8	15	82
Frh. von Poschinger'sche Glasfabrik, Frauenau	117	36	135	9	5	14	167
Kristallglasfabrik Regenhütte GmbH	50	32	82	4	2	6	88

Schott-Zwiesel Glaswerke AG	1273	335	1608	221	112	333	1941
KSS-Werk II, Frauenau	97	10	107	8	1	9	116
Theresienthaler Kristallglasfabrik	184	56	240	9	17	26	226
	1970	558	2528	275	162	437	2965

Die Entwicklung dieser Firmen, ihre Geschichte nach dem Zweiten Weltkrieg und ihre derzeitige Situation, sollen nachfolgende Einzel-Darstellungen verdeutlichen.

Glashütte Valentin Eisch KG – Frauenau

Die Glashütte Valentin Eisch in Frauenau ist eine der zwei Neugründungen von Glasindustriebetrieben im Landkreis Regen nach dem Zweiten Weltkrieg. Seit acht Generationen ist die Familie Eisch mit dem Bayerwaldglas nachweislich verbunden. Ihre örtliche und arbeitsmäßige Verästelung in der Glasherstellung ist typisch für die Entwicklung des ältesten Gewerbezweiges im Waldland. In der Mitte des 18. Jahrhunderts ließ sich der 1722 auf der Scherauerhütte in der Pfarrei Winterberg im Böhmerwald geborene Albert Eisch als Aschenbrenner in Riedlhütte und Klingenbrunn nieder. Seine Nachkommen blieben fortan unentwegt verbunden mit Glashütten-Tätigkeiten in diesen beiden Orten, aber auch mit Spiegelau, Lichtenthal, Ludwigsthal und Regenhütte. Von dort kam am 1. Mai 1906 der Glasgraveurmeister Anton Eisch mit Isidor Gistl nach Frauenau. Unter seinen drei Söhnen war auch Valentin Eisch bis zum Jahre 1946 in der Glasfabrik Gistl beschäftigt, dann machte er sich selbständig und wurde zusammen mit seiner Ehefrau Therese, geborene Hirtreiter, zum Begründer der „Glashütte Valentin Eisch, Frauenau".
Schon 1944 hatte der Glasgraveur Valentin Eisch in seiner Wohnung einen Gravurbock mit Fußbetrieb aufgestellt und darauf für sich selbst zu arbeiten begonnen. Als nach dem Zweiten Weltkrieg die Gistlhütte zeitweilig stand, hat er am 6. März 1946 eine Baracke im ehemaligen „Reichsarbeiterdienst-Lager" von Frauenau als Werkstätte gepachtet. Er vollzog darin, was zur gleichen Zeit mehrere vertriebene Glasveredler aus Schlesien und Nordböhmen im Bayerischen Wald erstrebten: die Gründung eines Glashandwerksbetriebes.
Schwierigkeiten gab es zu dieser Nachkriegszeit natürlich in jeder Beziehung; an Energie und Ausdauer waren äußerste Anforderungen gestellt. Was damals das langsam entstehende Glashandwerk im Bayerischen Wald am meisten bedrückte, war der Mangel an Rohglas. In falsch verstandenem Konkurrenzdenken verweigerten die Fabriken den Veredlern weitgehendst die Lieferung von Rohware. Dies war unter anderem auch einer der Hauptgründe, warum sich von den seinerzeit in den Zwieseler Winkel aus den Ostgebieten zugeströmten, hochqualifizierten Glasfachleuten nur ein Teil hier seßhaft machen konnte. Für einen einheimischen Glasgraveur, „der mit seinen Buben einfach davongelaufen war", wie es der Kommerzienrat Isidor Gistl zu formulieren wußte, war der Bezug von notwendigem Rohglas natürlich zusätzlich erschwert. Das Überleben für den Veredelungsbetrieb drängte zum Erschließen einer eigenen Rohstoffquelle. So war der Weg vom Handwerksbetrieb zur Glashütte zwangsläufig vorgegeben.
Wirtschaftlich und finanziell verkraftbar blieb dabei nur eine Hütte im kleinstmöglichen Format, problematisch vor allem in der Feuerung, da die üblichen Generator-Anlagen durchwegs auf größere Ofenanlagen ausgerichtet waren. Dennoch wurde mit viel Optimismus eine kleine Hütte errichtet und mit einem kleinen Zweihafen-Ofen ausgestattet, der als erster Glasofen des Bayerischen Waldes ölbefeuert wurde. Am Montag, 15. Dezember 1952, konnte die erste Schmelze daraus gearbeitet werden. Knapp 40 Personen zählte die Anfangsbelegschaft, deren Facharbeiterstamm unter großen Schwierigkeiten von den umliegenden Hütten gewonnen werden mußte. Zwei qualifizier-

te Glasmachermeister führten die Werkstellen: Karl Lautscham und Georg Köppl. Die Betriebsleitung übernahm der zweitälteste Sohn des Hüttengründers, Erich Eisch, der nach dem Oberrealschulabschluß in Deggendorf an der Glasfachschule Zwiesel eine Glashütten-Techniker-Ausbildung absolvierte.
Hindernisse jeglicher Art blieben der jungen Glashütte nicht erspart. Neben einer Gruppe treuer Mitarbeiter wurde der Betrieb von den eigenen Familienangehörigen getragen. So blieb Valentin Eisch unverzagt am Gravurbock, seine Theres stand von früh bis spät im Verpackungsraum; der Sohn Alfons kümmerte sich um die Veredlung und Nachverarbeitung und sein Bruder Erich behielt die Fäden der technischen und kaufmännischen Betriebsleitung in der Hand. Schließlich formte Erwin Eisch, der älteste Sohn des Hüttengründers, mit seinen Entwürfen die Produktion des Unternehmens. Er hatte nach einer handwerklichen Ausbildung die Münchner Kunstakademie besucht und verstand es mit kühnem Avantgardismus, neue Wege für das Bayerwaldglas zu beschreiten.
Noch als alle Fabriken kräftig die gängige Serienproduktion von Gläsern forcierten, die mittlerweile von der Maschinenfertigung übernommen wurde, ging die Glashütte Eisch an die Wiederbelebung alter Glasmachertechniken. So konnte sie nach knapp zweieinhalbjährigem Bestehen, also bereits im Jahre 1955, bei der siebenten Internationalen Handwerksmesse in München eine Goldmedaille für freihandgestaltetes Glas in Empfang nehmen. Und mit einer einfallsreichen, individuellen Produktionslinie, wußte sich die Firma, in den Jahren des stärksten Strukturwandels der Glasindustrie, als Mundblas-Glashütte vorteilhaft zu profilieren. Von vielfältigen Schwierigkeiten begleitet, blieb die erfolgreiche Weiterentwicklung des Betriebes ein unermüdlich angestrebtes und auch erreichtes Ziel.
Um eine wirtschaftlich optimale Größenordnung für das Unternehmen zu finden, wurde in einem neuen Hüttengebäude am 4. Februar 1957 ein Zwölf-Hafen-Ofen in Betrieb genommen. Gleichzeitig errichtete man eine betriebliche Gaserzeugungs-Anlage, die mit Kohlefeuerung bis zum März 1977 betrieben wurde. Seither erfolgt auch in der Glashütte Eisch die Ofenbefeuerung mit Ferngas. Zum 20jährigen Firmenjubiläum, am 26. Dezember 1972, wurde ein dritter Glasofen mit fünf Häfen angeschürt. Dazu schuf im Jahre 1979 der Abschluß einer wesentlichen Erweiterung der Ofenhalle neue Voraussetzungen für größere Produktionsmöglichkeiten. Neben der Glasherstellung wurde 1978 eine Keramik-Werkstätte in Betrieb genommen, die über einen eigenen „Tonsalon" unter der Bezeichnung „Lehm & Lehm Lassen" avantgardistische Kunstkeramik von Dr. Peter Kobbe und seinen Schülern vorzeigt.
Seit 1. Januar 1963 wird die Glashütte Valentin Eisch als Kommanditgesellschaft von den drei Söhnen des Firmengründers betrieben. Erich Eisch trägt die Gesamtleitung. Alfons Eisch ist verantwortlich im Veredelungs- und Nachverarbeitungs-Bereich und Erwin Eisch prägt weiterhin als Gestalter das hohe Qualitäts-Niveau der Glashütte. Darüber hinaus machte er sich einen bedeutenden Namen in der internationalen Studio-Glasbewegung. Für die Hütte führte er unter dem Begriff „Poesie in Glas" eine besondere Form des neuen Kunstglases ein, wofür ihm 1978 auf der Internationalen Handwerksmesse in München zum zweitenmal der Bayerische Staatspreis in Form einer Goldmedaille verliehen wurde. Im Glasmacherort Frauenau ist die Glashütte Valentin Eisch als größter Betrieb zu einem wichtigen Pfeiler der brüchigen Arbeitsmarktlage geworden.

Bleikristall-Glashütte Karl Klokotschnik Zwiesel

Die Bleikristall-Glashütte Karl Klokotschnik in Zwiesel ist ein Betrieb mit ausgesprochenem Manufaktur-Charakter. Für sie ist jene Form eines vorindustriellen Gewerbebetriebes kennzeichnend, dessen rationelle Arbeitsteilung von ausschließlicher Handarbeit geprägt ist. Dabei ist die Glashütte die zweite Neugründung eines Glasindustriebetriebes im Landkreis Regen nach dem zweiten Weltkrieg.
Die Glashütte und Manufaktur Karl Klokotschnik in Zwiesel basiert auf einer, vom Glas bestimmten, Familientradition. Der Glasschleifermeister Karl

Klokotschnik senior, hat schon vor dem 2. Weltkrieg in seiner nordböhmischen Heimat Haida eine Glasraffinerie betrieben. Nach seiner Evakuierung gründete er 1946 in Zwiesel einen Handwerksbetrieb mit sechs Hohlglasfeinschleifern. 1951 bezog er mit 18 Arbeitern die aufgelassenen Betriebsgebäude der ehemaligen „Uhrensteinwerke" in Zwiesel–Lenau. Zur damaligen Zeit schickte er seinen Sohn Karl Klokotschnik junior, in die Glasfachschule Zwiesel. Dieser ging nach seiner Ausbildung in mehrere Glas-Herstellungs- und Handelsfirmen des In- und Auslandes, ehe er 1964 eine Glashütte neben dem Betrieb seines Vaters aufmachte. Mit der Gründung einer eigenen Glaserzeugungsstätte sollte die unsichere Rohglasbasis für den Handwerksbetrieb des Vaters beseitigt werden.

Die Bleikristall-Glashütte Karl Klokotschnik begann mit großer Zielstrebigkeit und ausgesuchtem Qualitätsanspruch ihre Produktion. Es wurde eine individuelle Kollektion hochwertigen Bleikristalls aufgebaut, die der junge Unternehmer mit seinen großen Verkaufserfahrungen persönlich vertrieb. Am 1. Januar 1974 hat Karl Klokotschnik junior auch die Veredelungs-Werkstätten seines Vaters in die Glashütte übernommen. Mit einem qualifizierten Mitarbeiterstamm werden von der Firma ausschließlich hochwertige Bleikristallartikel mit einem Bleigehalt von mehr als 30% in nur mundgeblasener und handgeschliffener Qualität gefertigt. Ein anspruchsvoller Kundenkreis, der zur Hälfte aus dem In- als auch aus dem Ausland kommt, hat bisher für eine kontinuierlich ausgelastete Beschäftigungslage des Betriebes gesorgt. Die Glashütte Karl Klokotschnik ist ein beredtes Beispeil dafür, wie auch im Zeitalter des Massenkonsums und der Mengenproduktion, eine spezielle Produktions-Palette, sich durchaus zu behaupten vermag.

Kristallglasfabrik Ludwigsthal

In den schwierigen Wiederaufbaujahren nach Ende des 2. Weltkrieges, erwachte auch ein Betrieb zu neuem Leben, der seit 1928 stillgestanden hat: die Kristallglasfabrik Ludwigsthal. Die neue Ära begann im Januar 1948 mit dem Abschluß eines Pachtvertrages zwischen dem Besitzer der stillgelegten Fabrikanlagen, Hans Alteneder aus Zwiesel, und der Firma „Glashütte Bayerwald GmbH" unter ihren Leitern und Hauptgesellschaftern Ullrich und Hirsch. Im August 1948 wurde von der Regierung von Niederbayern die Betriebsgenehmigung erteilt. Diese war Voraussetzung für den notwendigen Bezug von Roh- und vor allen Dingen Brennstoffen. Am 11. Oktober 1948 konnte mit einer Beschäftigtenzahl von 124 Arbeitnehmern die Produktion aufgenommen werden. Die Firma versuchte als Lieferant von Hohlgläsern aller Art für die Veredelungsbetriebe, und Stangenglas für Schmuckwaren-Hersteller, in den neu einsetzenden Wirtschaftsaufschwung hineinzukommen. Die von Anbeginn bestehenden Finanzschwierigkeiten wurden jedoch mit einer äußerst mangelhaften Energieversorgung verstärkt. So wurde noch im Juli 1951 das zustehende Kohlenkontingent von 170 Tonnen, am 21. des Monats erst mit 60 Tonnen von der „Kölnischen Braunkohlezentrale" ausgeliefert. Die wirtschaftlichen Schwierigkeiten wuchsen ständig und obwohl es die Firma bis 1953 auf 176 Beschäftigte brachte, mußte sie im gleichen Jahr den Konkurs anmelden.

Am 21. November 1955 wurde die Fabrikation von Hohlglas wieder aufgenommen. Der Hüttenbesitzer Johann Alteneder hatte den aus Spiegelau kommenden, versierten Glasfachmann Rudolf Angerer als Direktor eingesetzt und mit weitgehenden Vollmachten ausgestattet. Dieser führte den Betrieb mit großer Energie zu neuer Blüte. Die Fabriksanlagen wurden modernisiert und am 28. Februar 1959 konnte Bischof Simon Konrad von Passau, im grundlegend renovierten Hüttengebäude, einen neuen Glasofen einweihen.

Nach dem Tod von Direktor Rudolf Angerer im Jahre 1967 wurde die Glashütte vom Besitzer Johann Alteneder und seiner Tochter Katharina Brandl selbst übernommen und geleitet. Es folgten Jahre von sehr wechselhafter wirtschaftlicher Lage. Die bislang auf die Herstellung von weißem Kristallglas eingestellte Firma, erweiterte ihre Produktion mit der Erzeugung von Überfang-Bleikristall und speziellen Preßglasartikeln. Unter großen Anstrengungen war es möglich, den Umsatz beträchtlich zu steigern.

Er betrug im Jahr 1979 immerhin 4,3 Mill. DM. Doch die bewegte Marktsituation und eine von Anbeginn zu kurz bemessene Eigenkapital-Decke, setzten der Firma ein bitteres Ende. Am 20. Januar 1981 hatte die Belegschaft zum letztenmal in der Hütte gearbeitet und am 2. Februar 1981 wurde vom Amtsgericht Deggendorf das Konkursverfahren gegen die Kristallglasfabrik Ludwigsthal eröffnet.

Über 300 000 DM mußte in den nächsten Wochen das Arbeitsamt Deggendorf auf Grund der Konkursausfallgeld-Regelung an 95 Arbeitnehmer bezahlen. Ihre Arbeitsplätze in der Ludwigsthaler Glashütte aber sind seither erloschen.

Im August 1981 fanden sich für das Grundvermögen neue Käufer. Hüttengebäude und E-Werk kamen mit der Hälfte der Grundfläche an die Elektrofirma Karl Reif in Zwiesel, der restliche Teil, mit Schleiferei, Bürogebäude und Wohnhaus an die Gesellschafter der „Cristallerie Bavaria GmbH" Walter Vollmer und Alois Bügler. Diese Firma betreibt pachtweise auch den 1976 errichteten, großzügigen Glas-Verkaufsraum. Ob darin noch einmal in der Ludwigsthaler Glashütte erzeugte Produkte zu haben sein werden ist eine große Frage der Zukunft. — Ausgeschlossen ist es nach einer so wechselvollen, 155-jährigen Glashütten-Geschichte nicht!"

Die „Falkenstein-Glashütte" Max Kreuzer

Wer auf der Bundesstraße 11, kurz vor Ludwigsthal, in die Kreisstraße nach Spiegelhütte einbiegt oder von Lindberg kommend, vor der Kreuzung in Oberlindbergmühle steht, der erreicht nach knapp 500 Metern, hart am rechten Straßenrand in Lindbergmühle, ein doppelgaragegroßes Gebäude mit vier geduckten und einem ausgezogenen Kamin, dessen kleine Giebelfront die Aufschrift „Falkenstein-Glashütte" trägt. Ihr Inhaber ist Max Kreuzer. Er beschritt als Glasmacher einen Weg, wie er in der 650jährigen Geschichte des Bayerwald-Glasgewerbes mit großer Wahrscheinlichkeit bisher noch nicht vorgekommen ist. Mit einer Glashütte im kleinstmöglichen Format ergriff er eine mögliche Chance und nahm dabei ein nicht unbeträchtliches Risiko auf sich.

Max Kreuzer hat seine frühere Doppelgarage, gleich neben seinem schmucken Wohnhaus, zu einer Glashütte ausgebaut. Auf knapp zehn Quadratmetern Fläche errichtete er einen Schmelzofen mit zwei angebauten Kühlofen. Ihre Befeuerung erfolgt durch Flüssiggas, dessen Zwei-Tonnen-Behälter an der Außenwand des Gebäudes angebracht ist. Von Ofenbaumeister Fritz Wagenbauer aus Zwiesel, der seine Geschicklichkeit schon an vielen Glasofenbauten des In- und Auslandes bewies und auch das vielbeachtete, mittelalterliche Schmelzofenmodell im Glasmuseum Frauenau schuf, stammen Konzeption und Spezialarbeiten. Die handwerkliche Ausführung des Ofenbaues hat Max Kreuzer weitgehendst selbst vollzogen. Seit ihrer Eröffnung am 3. August 1981 funktioniert die Anlage in der „Falkenstein-Glashütte" ausgezeichnet.

Zweimal in der Woche füllt Max Kreuzer seinen 65-Zentimeter-Hafen. Er verwendet dazu Scherben, die er in hervorragender und konstanter Qualität vom KSS-Werk in Frauenau erhält. Das Schmelzen von Gemenge aus den üblichen Rohstoffen ist in dem kleinen Ofen nicht gestattet, da hierzu gesetzliche Immissions-Schutz-Bestimmungen für eine „genehmigungspflichtige Anlage zur Herstellung von Glas" die Erfüllung zu weitgehender Auflagen erforderlich machen würde. Die Verarbeitung des weißen Grundglases ergänzt aber Max Kreuzer mit einer vielfarbigen Palette von Farbzapfen. So entstehen in handwerklicher Perfektion eine bunte Fülle von Vasen, Schalen, Krügen, Pokalen, Leuchtern und Schnupftabak-Büchseln, kombiniert in allen Arten der Heißverarbeitung des Glases. Die Einzelfertigung programmiert dabei von vorneherein den Unikat-Charakter der Erzeugnisse und damit gleichzeitig ihren besonderen Wert.

Die technologische Bescheidenheit einer so kleinen Werkstatt erfordert eine wirkliche Meisterschaft beim Glasmacher, wenn sich auch der Erfolg einstellen soll. Max Kreuzer hat dazu die besten Voraussetzungen. In Seebachschleife am 22. 8. 1935 geboren, trat er nach dem Volksschulbesuch in „gläsernen Fußstapfen", die ihn mit seiner kleinen

Hütte zu einem „Pionier" im Bayerwald-Glasgewerbe führten. Vom Eintragbuben bis zum Hüttenmeister erfüllte er alle Funktionen der Glasmacherei. Er begann 1949 in Regenhütte, zog 1957 nach Ludwigsthal, dann weiter nach Osterhofen, in die Glashütte Klokotschnik-Zwiesel und wieder zurück nach Ludwigsthal, wo er mit dem Erliegen der Hütte Ende 1980, seinen Arbeitsplatz verlor. Dieses Ereignis veranlaßte ihn zum mutigen Schritt an den eigenen, kleinen Glasofen. Mit seinem Sohn Eberhard als Gehilfen, betreibt er nun die „Falkenstein-Glashütte" in der sich das alte Glasgewerbe des Bayerischen Waldes in erfrischender Ursprünglichkeit äußert.

Freiherr von Poschinger'sche Kristallglasfabrik Frauenau

Die Freiherr von Poschinger'sche Kristallglasfabrik in Frauenau ist vermutlich die älteste Glashütte der Welt, die in der gleichen Familie betrieben wird. Dies hat die Firma natürlich nicht davor bewahrt, im harten Existenzkampf der Glasindustrie nach dem 2. Weltkrieg sich auch nur unter vielen Schwierigkeiten zu behaupten. Die Werksanlagen in Frauenau–Moosau wurden ab dem Jahre 1950 systematisch erneuert und modernisiert. Als 1. Hütte im Bayerischen Wald führte man dabei 1968 die Flüssiggas-Feuerung ein. Die eigene Anlage wurde 1976 an das überregionale Erdgasnetz angeschlossen. In den ersten zwei Jahrzehnten der Nachkriegszeit haben die aus ihrer Böhmerwald-Heimat vertriebenen, ehemaligen Glashüttenbesitzer von Eleonorenhain, Siegfried und Alfons, Ritter Kralik von Meyrswalden, als leitende Direktoren, das Geschehen in der Poschinger'schen Kristallglasfabrik maßgeblich bestimmt.
Im Zuge des Strukturwandels der Glasindustrie und der sich ausbreitenden automatischen Fertigung von Kelchgläsern, mußte sich die in ihren besten Zeiten fast 400 Arbeitnehmer beschäftigende Freiherr v. Poschinger'sche Kristallglasfabrik, mit entsprechenden Rationalisierungsmaßnahmen anpassen. Dies brachte in der Beschäftigungszahl eine Reduzierung der Arbeitnehmerschaft um die Hälfte. Der sich für handgefertigte Artikel stabilisierende Glasmarkt, gewährleistete der Firma dennoch eine gleichmäßige Entwicklung. In ausschließlicher Mundblasfertigung und Handveredelung werden Kelchgläser in Kristall und Bleikristallglas erzeugt und daneben eine Vielfalt von Farbgläsern angeboten.
Dazu umfaßt die Produktion eine breite Palette von „Außenopal-Gläsern" in mehrfachem Farb-Überfang und reichhaltigen Schliff- und Malerei-Dekoren. Die Erzeugnisse der Poschinger'schen Kristallglasfabrik haben den typischen Vertriebsweg einer traditionellen Mundblas-Glashütte: sie gelangen über den Fach- und Großhandel auf den Markt. Ein beträchtlicher Anteil davon geht in den Export; insbesondere nach Übersee.

Kristallglasfabrik Regenhütte GmbH

Die Kristallglasfabrik Regenhütte am Fuße des Arbers hatte von allen Glashütten des Landkreises Regen nach dem zweiten Weltkrieg die bewegteste Geschichte. Aufbauend auf eine lange Firmentradition begann der Betrieb 1946 wieder zu arbeiten. Neben einer bescheidenen Hohlglasfabrikation wurden Stangengläser für die sich nach dem Krieg in Westdeutschland seßhaft gemachten Gablonzer Schmuckwarenglashersteller erzeugt. Doch nach kurzer Zeit fertigte man wieder ausschließlich Kelchglas- und Geschenkartikel. Der Wirtschaftsaufschwung Anfang der 50er Jahre führte das Unternehmen sehr bald zu einer bemerkenswerten Blüte. Im Jahre 1953 zählte die Regenhütte mit 372 Arbeitnehmern ihren höchsten Beschäftigungsstand. 1961 wurde der bislang geführte Name „Kristallglasfabrik Steigerwald" aufgegeben und nunmehr unter „Regenhütte GmbH" firmiert.
Am 1. Juni 1965 übernahm der Glasfabrikant Walter Ummo Barthmann aus Wolfach im Schwarzwald den Betrieb und stellte ihn zur Ergänzungsproduktion auf hochwertiges Bleikristall seiner „Dorotheenhütte" um. Der agile Geschäftsmann führte erstmals für den Bayerischen Wald die sogenannten „Glashütten-Führungen" für den zunehmenden Tourismus ein. Mit der Erstellung von großzügigen Verkaufsläden erschloß er der Glashütte zugleich die wertvolle Möglichkeit, Artikel der „Zweiten Wahl" direkt abzusetzen. Schließlich

trennte sich Barthmann von seinen Betrieben und am 1. Januar 1970 kam die Regenhütte, zusammen mit der „Dorotheenhütte" in Wolfach, an die „Deutsche Carborundum AG" in Düsseldorf, als Ableger eines großen, internationalen Konzerns. Fünf Jahre lang blieb die Kristallglasfabrik Regenhütte nun in der „Spode-Gruppe" zusammen mit einer Reihe unterschiedlicher Konsumgüter-Produzenten aus mehreren Ländern.
1975 trennte sich der Carborundum-Konzern von diesen Betrieben und die Regenhütte kam ab 1. Juni 1975 an den Kaufmann Alfons Doblinger aus Straubing. Dieser verpachtete den Betrieb sogleich an den Betreiber der benachbarten Kristallglasfabrik Ludwigsthal Hans Neuberger. Es folgten 15 Monate sehr schwankender Betriebsergebnisse mit beträchtlichem Personalabbau. Am 25. 10. 1975 gründeten Doblinger und Neuberger die „Arber-Kristall Verkaufsring-Gesellschaft", mit der sie in Regenhütte und Ludwigsthal erweiterte Direkt-Verkaufsstätten aufmachten. Der allgemeine Wirtschaftsrückgang in diesem Jahr brachte allerdings für die Glasfabrik in Regenhütte eine Fülle weiterer Probleme. Schließlich wurde der Betrieb völlig eingestellt und die Beschäftigten zum größten Teil nach Ludwigsthal übernommen.
Für die nun mehrere Monate stillgelegte Glasfabrik in Regenhütte kam am 1. Oktober 1977 der vierte Eigentümer nach dem Zweiten Weltkrieg. Es war die Firma „ALWE", deren Name als Abkürzung für „Albert Weisbender" stand, dessen Familie seit 100 Jahren in Westdeutschland einen Betrieb für die Herstellung von Zinn-Gegenständen aller Art unterhielt. Mit 12 Beschäftigten wurde die Produktion von speziellen Glas-Geschenkartikeln aufgenommen. Bereits an Weihnachten konnte ein neuer Glasofen in Betrieb genommen werden und 6 Monate darauf eine neue Fertigungshalle. Das ausgesuchte Produktions-Sortiment mit einer äußerst großen Vielfalt von Formen und Farben konnte sich auf dem Markt sehr gut behaupten. Von besonderem Vorteil war dabei, daß die Firma schon einige Jahre zuvor in Österreich pachtweise eine Glashütte in Schneegattern betrieb. Der österreichische Markt blieb auch weiterhin von einer Glashütte der Firma „ALWE" abgedeckt, die von ihr 1978 in Uttendorf neu erstellt wurde und in der 36 Beschäftigte arbeiten. Mit Gesellschaftervertrag vom 18. 12. 1978 wurden für die GmbH in Regenhütte die Kaufleute Karl Josef und Norbert Weisbender aus Hilscheid, und Norbert Hantich aus Zwiesel zu Geschäftsführern bestimmt. Die technische Leitung der Kristallglasfabrik Regenhütte lag von Anbeginn der Übernahme durch die Firma „ALWE" in den Händen des Glashüttentechnikers und Kaufmanns Norbert Hantich. Durch das Ausnützen besonderer Marktchancen äußerten sich gute Aussichten für das gesunde Fortbestehen des Betriebes. Eine vielseitige Hüttentechnik unter Verwendung rationellen Maschineneinsatzes, prägen zusammen mit allen Arten der Glasveredelung die Erzeugnisse der Kristallglasfabrik Regenhütte.

Schott-Zwiesel-Glaswerke AG

In den Fabrikanlagen der „Vereinigten Farbenglaswerke AG" in Zwiesel begann in der Nachkriegszeit mit der Produktion von optischem Glas der westdeutsche Neuaufbau der „Jenaer Glaswerke Schott und Genossen". Das weltberühmte Unternehmen war seit 1927 Mehrheitsaktionär in Zwiesel, wo es nunmehr in einem von den Kriegswirren verschonten Werk, eine neue Ausgangsbasis fand. Zu Pfingsten 1946 gelang dort die erste erfolgreiche Schmelze optischen Glases. Nacheinander konnte die optische Glasfertigung ausgebaut werden und zahlreiche Aufträge aus dem In- und Ausland festigten den Ruf des Unternehmens wieder sehr schnell. Neben der optischen Glasproduktion wurden Laboratoriumsglas und hitzebeständige Haushaltsgläser erzeugt. Die Zahl der Beschäftigten stieg sprunghaft an; 1952 zählte man 1000 Mitarbeiter. Der große Bedarf an technischen Gläsern aller Art, brachte im wachsenden Wirtschaftsaufschwung für Zwiesel die Auslastung von drei Schmelzwannen für die „Schott-Fertigung", die drei verschiedene Glasarten lieferten. Seine hervorragende Stellung auf dem deutschen und internationalen Markt konnte der Konzern jedoch nur wieder erreichen, wenn er sich um einen günstigeren Standort für sein Hauptwerk umsah. Aus die-

sem Grunde wurde in Mainz ein neues Werk errichtet, in dem am 10. Mai 1952 erstmals optisches Glas geschmolzen wurde. Aus Zwiesel hatte man nacheinander alle Fertigungsabteilungen von optischem Glas nach Mainz verlegt. Nahezu 400 Beschäftigte sind damit aus der Waldstadt an den Rhein gezogen.
Bei den Vereinigten Farbenglaswerke erinnerte man sich wieder an die traditionelle Herstellung von Kelchglas im Bayerischen Wald. Seit 1944 hatte man in der Zwieseler Hütte keine Kelchgläser mehr hergestellt. Für die anpassungsfähigen Glasarbeiter war es jedoch kein allzu großes Problem, sich wieder auf ihre ursprünglichen Tätigkeiten zurück zu entsinnen. Auch die lange Abwesenheit vom Markt stellte das Unternehmen nicht vor unüberwindbare Schwierigkeiten. Mit großem Optimismus und viel Schwung begannen ab 1953 die „Vereinigten Farbenglaswerke AG" wieder mit der Fabrikation von Kristall- und Wirtschaftsglas; 600 Arbeitnehmer waren damals bereits der Beschäftigtenstand. Sie erzeugten bis zu 300.000 Stück handgefertigter Gläser pro Monat, jedoch der Weg in ein neues Zeitalter der Kelchglasfertigung für den Massenbedarf war vorgezeichnet. Das Unternehmen beschritt deshalb den konsequenten Weg in die vollautomatische Produktion. Nach einer langen Reihe von Vorversuchen an Glasblase- und Preßmaschinen für technische Gläser, ging man daran, eine Anlage für mechanisch gefertigte Kelchgläser aufzubauen. Am 17. April 1961 lief die erste Kelchglaswanne mit einer automatischen Produktionsstraße erfolgreich an. Der „Eiserne Mann" war in die Glashütten eingezogen. Schon in den Jahren 1962 und 1965 wurden weitere Schmelzwannen mit angefügten Produktionsstraßen errichtet. Im gleichen Umfang hat man die Abteilungen für Nachverarbeitung und Dekoration ausgeweitet. Ab 1970 war es möglich mit Produktionseinrichtungen automatisch Bleikristallglas herzustellen. Der Siegeszug der neuen Produktionsart für den Massenkonsum war nicht mehr aufzuhalten. Im Jahre 1973 betrug die Gesamtproduktion der „Schott-Zwiesel-Glaswerke AG" 65 Millionen Stück Gläser. Ein Jubläum wie es bis dahin keine Glasfabrik der Welt begehen konnte, gab es im Oktober 1974: von der Kelchglasgarnitur „Neckar" konnte das zweihundertmillionste Stück vom Band genommen werden.
Die gleiche Zielstrebigkeit verfolgten die „Schott-Zwiesel-Glaswerke AG" aber auch mit der Entwicklung ihrer Mundblas-Glasherstellung. Mit einem ausgezeichneten Sortiment marktbezogener Gebrauchswaren und Geschenkartikel hat man handgefertigte Gläser produziert. Die technischen Betriebsanlagen in diesem Bereich wurden dabei unentwegt verbessert. Der großen Lager- und Versandkapazität für die Werke I „Mundblasherstellung" und Werke II „Automatische Produktion" wurde mit der Errichtung eines Werkes III „Regenwiese", am Stadtrand von Zwiesel, mit großzügigen Einrichtungen entsprochen. Im Jahre 1979 wurden, unterteilt auf 6.000 Artikel, 70 Millionen Gläser erzeugt. Der Vertrieb erfolgt aufgegliedert nach Qualitätsanspruch und Verbrauchergruppen in fünf Produktionskennzeichen: „Glaskunst", „Christinenhütte", „Cristallerie-Zwiesel", Schott-Zwiesel" und „Jenaer-Glas". Viele Auszeichnungen konnten die Produkte schon erreichen.
Der große Wandel und die Entwicklung in den ehemaligen „Vereinigten Farbenglaswerke Zwiesel AG", veranlaßten die Aktionärs-Hauptversammlung am 28. Juli 1972 die Änderung der Firmenbezeichnung in „Schott-Zwiesel-Glaswerke AG". Am 17. August 1972 wurde diese Namenseintragung in das Handelsregister beim Amtsgericht Deggendorf vorgenommen. Das Unternehmen zählt zu den internationalen Marktführern in der Hohl- und Kristallglaserzeugung. Mit Vertriebsgesellschaften in 68 Ländern der Erde, vertreten die „Schott-Glaswerke" „Glas aus Zwiesel".

Kristallglasfabrik Spiegelau, Werk Frauenau

Das Werk Frauenau der Kristallglasfabrik Spiegelau ist die Nachfolgerfirma der ehemaligen Kristallglasfabrik Gistl in Frauenau. Sie ist das typische Beispiel für die Veränderung in der Glasindustrie von der ausschließlichen Handfertigung zur vollautomatischen Produktion. Im Anschluß an eine Zwangspause nach dem 2. Weltkrieg, vom April

1945 bis Juni 1946, hatte Isidor Gistl seine Glasfabrik wieder voll in Betrieb genommen. Der große Nachholbedarf an Konsumgütern führte die Firma unverzüglich in einen großen Aufschwung. Als Isidor Gistl am 25. März 1950 starb, hinterließ er den wohlfundierten Betrieb seiner Frau in dritter Ehe, Pauline, geborene Bauer, zum Alleineigentum, nachdem er seine Kinder aus erster Ehe aus der Betriebsnachfolge ausschloß. Gestützt auf eine gute Belegschaft und einen reibungslos florierenden kaufmännischen und technischen Apparat, blieb die Firma im wirtschaftlichen Aufwind. Mit dem plötzlichen Tod von Pauline Gistl am 4. Juli 1959 kam der gesamte Besitz an eine 48-köpfige Erbengemeinschaft. Nach schwieriger Auseinandersetzung wurde die Hütte von der auch zu den Erben zählenden Familie Josef Meißner aus Konstein, in einer Kommanditgesellschaft weiterbetrieben. Doch von Anbeginn war die Eigenkapitaldecke zu kurz. Trotz ununterbrochener Arbeit und guter Betriebsergebnisse mußte die Firma nach 10 Jahren abgegeben werden.
Am 1. August 1970 wurde die Kristallglasfabrik Isidor Gistl in Frauenau von der Kristallglasfabrik Spiegelau GmbH übernommen. Sie beschritt in diesem Werk den konsequenten Weg in die maschinelle Hohlglasfertigung. Am 17. Juni 1971 lief mit einer Schmelzwanne eine automatische Fertigungsstraße für Kelchgläser an. Noch wenige Monate wurden an einem Hafenofen mundgeblasene Kelche und handgefertigte Geschenkartikel erzeugt. An Weihnachten 1971 war die Tradition der Mundblashütte beendet. Ab Januar 1972 wurde der größte Teil der Frauenauer Belegschaft als Tagespendler zum Hauptwerk der Firma nach Spiegelau gebracht. Von der Beschäftigtenzahl des Betriebes in seiner Blütezeit als Mundblas-Glashütte von 525 Arbeitnehmern im Jahre 1965, ist schließlich eine Belegschaftsstärke von 118 Personen übrig geblieben. Für den Glasmacherort Frauenau bedeutete dies einen enormen Aderlaß an Arbeitsplätzen. Was blieb, ist die Hoffnung, mit dem gelungenen Einstieg in die vollautomatische Kelchglasproduktion, den sicheren Anschluß an die künftige Entwicklung der Glasindustrie gefunden zu haben.

Theresienthaler Kristallglas- und Porzellanmanufaktur GmbH

Egon Ritter von Poschinger und sein Bruder Hans kümmerten sich nach dem 2. Weltkrieg als Eigentümer der Theresienthaler Kristallglasfabrik kontinuierlich um die Weiterentwicklung ihres Betriebes. Die Produktionspalette umfaßt aus langer Tradition hochwertiges Gebrauchs- und Zierglas. Besonders Hans von Poschinger betätigte sich selbst als außerordentlich erfolgreicher Entwerfer. Nach seinem Tod am 19. März 1951 führte sein Bruder Egon von Poschinger den Betrieb alleine weiter. In der Produkt-Gestaltung unterstützte ihn dabei Direktor Karl Baumann, der am 17. Mai 1943 zur Firma kam, in der er von 1954 bis 1963 auch Kommanditist war. Am 31. August 1970 ist Karl Baumann aus der Firma ausgeschieden; er verstarb am 21. März 1971, kurz vor Vollendung seines 60. Lebensjahres.
Am 1. Mai 1963 nahm Egon von Poschinger den Direktor der Glasfachschule Zwiesel, Max Gangkofner, als Teilhaber in der Theresienthaler Kristallglasfabrik auf. An diesen ging ab 1. Januar 1973 die Firma zum Alleineigentum über. Egon von Poschinger blieb unermüdlich für den Betrieb tätig, bis zu seinem Tod am 16. Februar 1977.
Eine entscheidende Wende in den Besitzverhältnissen der Theresienthaler Kristallglasfabrik kam im November 1974, als sich die "Hutschenreuther AG, Selb" mit einem Geschäftsanteil von 50% in das Unternehmen einkaufte. Damit verband sich der größte europäische Hersteller von Geschirrporzellan aus Oberfranken, mit einer der traditionsreichsten Glashütten des Bayerischen Waldes. Der Bewältigung neuzeitlicher Wirtschafts-Anforderungen wurde auf diese Weise ein erfolgversprechender Ausgangspunkt gesetzt. Die Erzeugnisse der Firma für einen besonders qualitätsbewußten Kundenkreis, knüpfen vielfach an hervorragenden Formen und Dekore aus der großen Firmen-Vergangenheit an, wie sie in einem exquisiten Werks-Museum zu sehen sind. Aber auch in der modernen Glasgestaltung geht die Theresienthaler Kristallglas- und Porzellanmanufaktur einen ausgezeichneten Weg.

NEUE GLASKUNST-BEWEGUNG

Die viertausendjährige Glaskultur erlebte in Intervallen immer wieder Erneuerungsbewegungen vielfältigster Art. Auch der Bayerische Wald hat in seiner sechshundertjährigen Glasgeschichte dazu manche Beiträge geleistet. Niemals waren sie wohl größer als in der Gegenwart.

In der internationalen Glaskunst der Neuzeit manifestieren sich seit Anfang der Sechziger Jahre drei ineinander wirkende, aber auch gegenseitig abgegrenzte Richtungen. Aus Amerika verbreitet sich über viele Länder die „Studioglas-Bewegung", in welcher der Künstler gleichzeitig als Entwerfer wie als Ausführender am Glasofen agiert. Die Glasveredelungs-Technik wurde im gleichen Zeitraum in verschiedenen europäischen Ländern mit bildhauerischem Gestaltungswillen über die reine Dekorations-Funktion hinausgeführt. Und das lampengeblasene Glas hat sich über sein technisches Fundament, verstärkt zur eigenständigen Kunstgattung entwickelt.

In allen Bereichen lösen sich zweckfreie Objekte von funktionsgebundenen Schöpfungen. Nicht das gebrauchsfähige Erzeugnis, sondern der künstlerische Auftrag steht im Mittelpunkt. Mit kreativen Einfällen soll damit die rationelle Erstarrung im Glasschaffen entzerrt werden.

Es ist außerordentlich beachtenswert, daß in dieser bewegten Szene der internationalen Glaskunst mehrere Künstler aus dem Bayerischen Wald eine bedeutende Rolle spielen. Mit ihrem Schaffen befruchten sie die Glaskunst unserer Zeit und geben gleichzeitig dem Glasgewerbe des Bayerischen Waldes maßgebliche Impulse.

Erwin Eisch, Moosaustraße 9, 8371 Frauenau
ist der profilierteste deutsche Vertreter in der gegenwärtigen, internationalen Glaskunstbewegung, die von ihm aus dem Bayerischen Wald maßgeblich beeinflußt wurde. Am 18. April 1927 in Frauenau geboren, half er dort nach dem Zweiten Weltkrieg seinen Eltern und den Brüdern Erich und Alfons, aus einer Glasveredelungs-Werkstatt eine Mundblashütte aufzubauen, die 1952 ihren Ofenbetrieb aufnahm. In den Jahren 1945/46 machte er eine praktische Lehre als Glasgraveur und Schleifer in der väterlichen Werkstatt; besuchte 1947/49 die Glasfachschule Zwiesel bei Professor Bruno Mauder; arbeitete bis 1953 im elterlichen Betrieb und studierte anschließend zwölf Semester Innenarchitektur und Bildhauerei bei den Professoren Josef Hillerbrand und Heinrich Kirchner an der Akademie der Bildenden Künste in München. Über die Formgestaltung für die familieneigene Hütte kam er als Autodidakt zur Glasmacherei. Dabei schuf er von Anbeginn das konventionelle Glas-Verständnis überspringende Produkte und formulierte als künstlerische Absicht: „Mit meinen Objekten möchte ich vordergründigen Gebrauch und gewohnte Funktionen provozieren. Auf einer neuen Ebene muß sich dann eine primär ästethische Funktion einstellen. Der Spannungsbereich zwischen Dingwirklichkeit und Kunstwirklichkeit interessiert mich da besonders."

Die von Erwin Eisch in diesem Sinne gestalteten Gläser beeindruckten den Amerikaner Harvey Littleton, der in Amerika Anfang der Sechziger Jahre an kleinen Öfen die „Studio-Glasbewegung" ins Leben gerufen hat. Er besuchte 1962 Erwin Eisch in Frauenau und lud ihn zwei Jahre später zu einem Kunsthandwerkerkongreß nach New York ein, bei dem sich Glasgestalter aus aller Welt zusammenfanden und für den Frauenauer ein vierwöchiger Sommerlehrgang an der University of Wisconsin, in Madison, als „Instracter" anschloß.

Diese Dozenten-Tätigkeit wiederholte sich für Erwin Eisch 1968 am Staate College in San José, California; 1972 an der School of Craft and Design in Haystack, Maine; 1974 an der Alfred University, New York und 1979 am Corning-Glass-Center-Corning-New York. Begleitet waren diese Verbindungen von zahlreichen Ausstellungen in vielen Städten der Bundesrepublik, Europas und der USA. Zahlreiche Museen erstanden dabei Werke des Künstlers und viele Auszeichnungen stellten sich ein; so ein Ehrenpreis in Coburg 1977 und eine Goldmedaille in München 1978. Erwin Eisch zeigt mit seinen Hohlgläsern zunächst sichtliche Verbindungen zu den Glasschöpfungen des Jugendstils; bleibt aber formal und farblich von unverwechselbarer Eigenart. Darüber hinaus war ihm von Anbe-

Imaginäre Quarzlandschaft (E. Eisch)

ginn daran gelegen, mit „funktionslosen Objekten" reichhaltig, differenziert und eigenständig den Werkstoff Glas zu verarbeiten. In der lebensgroß, auf einer Bahre liegenden, verspiegelten Glasfigur des „Narziß", die sich im Glasmuseum Frauenau als ungewöhnliche Äußerung zeitgenössischer Glaskunst präsentiert, hat er den Mythos weltentrückter Selbstverliebtheit und unbefriedigter Liebe dargestellt.

Indes, Erwin Eisch sieht neben künstlerischer Provokation und Anregung es als besonderes Anliegen, im Glasschaffen, die Würdigung des Einzelstückes und Aufwertung der Glasmacherei insgesamt zu forcieren. Er hält die Entfaltung kreativen Schaffens am Glasofen für notwendige Voraussetzungen zum Weiterbestehen von Mundblashütten in einer immer mehr technisierten Produktion. Bei Anerkennung des lebenswichtigen Rentabilitätsdenkens der Fabriken, postuliert er deutlich: „Was die Hütten in erster Linie brauchen, sind schöpferische Impulse." Und die sind aus der neuen Glaskunst-Bewegung sicher zu entnehmen.

Heinz Frisch, Säumersteig 17, 8372 Zwiesel-Theresienthal vertritt unter den Individualisten der Glaskunst des Bayerischen Waldes jenen Bereich, der sich intensiv um die gute Industrieform und zeitgemäßes Design bemüht; dabei aber die dort von Kommerz und Konsum gezogenen Grenzen mit handwerklicher Kreativität deutlich zu überspringen vermag. Er arbeitet seit Oktober 1977 als freischaffender Designer und Glaskünstler mit viel Kontakten zu in- und ausländischen Glasproduzenten, für die er Entwürfe liefert. Bei aller Beachtung der Gesetzmäßigkeiten des Marktes, versteht er es dabei, seine künstlerischen Anliegen in die industrielle Produktion einzubringen. Daß er hierin auch eine anerkannte Linie fand, bestätigte ihm eine Auszeichnung für „Die gute Industrieform" 1978 in Hannover.

Hein Frisch ist am 22. November 1946 in Rettenbach im Bayerischen Wald geboren. Von 1961 bis 1964 absolvierte er eine Hohlglasmaler-Lehre in der Theresienthaler Kristallglasfabrik, wo er anschließend ein weiteres Jahr als Glasmaler arbeitete. Dann besuchte er von 1965 bis 1967 zur weiteren Ausbildung die Glasfachschule Zwiesel und die Akademie der Bildenden Künste in München. Einem Jahr Entwerfer-Tätigkeit bei der Ichendorfer Glashütte folgten sieben Jahre als Chefdesigner bei der Kristallglasfabrik Spiegelau, bis zur Selbständigkeit im eigenen Atelier. Neben der Entwurfsfertigung, bemühte sich Heinz Frisch schon immer auch um die handwerkliche Glasgestaltung. In der Glasmalerei mit all ihren klassischen Techniken, fand er bald seine eigene farbliche und graphische Linie; gestaltet seine unverwechselbaren Hohlgefäße, Objekte und Glasbilder, zwischen gegenständlichem und abstrahierendem Ausdruck, wobei er durch Zusatzbehandlung in Schliff, Riss und Schnitt steigernde Wirkungen erzielt.

Kristian Klepsch, Schwiebleinsberg, 8374 Viechtach bewegt sich unkonventionell in der klassischen Kategorie der Glasveredelung Gravur, mit Hoch- und Tiefschnitt, vollzogen mit der biegsamen Welle, sowie mit Diamantreißen und Stippen. Seine Arbeiten auf überwiegend älteren Glasformen sind nicht als Dekoration zu verstehen, sondern darauf angelegt, seelische Vorgänge bewußt zu machen. Glas ist für ihn das transzendentale Medium zur Verdeutlichung des Seins in allen Bezügen, wie Schöpfung und Fortpflanzung; Einheit von Natur, Mensch und Tier, Wiedererstehung aus und Auflösung in Urmaterien; überzeitlich Antworten und Fragen zugleich herauszustellen. Eingeritzte, lyrische Texte ergänzen vielfach die ineinander verwobenen Motive von Figuren, Körperteilen, Spiegelungen und Netzverbindungen zwischen dämonischer Bedrückung und heiterer Auflösung. Die zahlenmäßig sehr beschränkten Unikate genießen in Sammler- und Museumskreisen einen außerordentlichen Ruf; an den wichtigen Demonstrationsstellen zeitgenössischer Glaskunst sind sie heute schon vertreten.

Kristian Klepsch wurde geboren am 18. September 1943 in Zwickau bei Haida in Nordböhmen und kam nach dem Krieg über Mitteldeutschland und Schleswig-Holstein nach Bayern. An einige Gymnasialjahre schloß sich von 1957 bis 1960 der Besuch der Keramikfachschule in Landshut, mit der abschließenden Facharbeiterprüfung. Einem ersten Semester Kunststudium an der Akademie der Bil-

denden Künste in München und dem folgenden Besuch der Sommer-Akademie bei Oskar Kokoschka in Salzburg, folgten 11 Semester Studium von Grafik und Bildhauerei an der Académie des Beaux Arts Royal in Lüttich (Belgien). Anschließend besuchte Kristian Klepsch noch einmal die Kunstakademie München bei Prof. Franz Nagel als Meisterschüler in sakraler Malerei. Zwei Jahren freiberuflicher künstlerischer Tätigkeit in Schwandorf folgte schließlich der Eintritt in die Glasraffinerie Emil Rimpler in Zwiesel als Entwerfer und Dekorateur für Flachglas.
1972 begann Klepsch mit der Hohlglasveredelung und ließ sich in Dösingried bei Kirchberg als freischaffender Künstler nieder. Seine hervorragenden Arbeiten verhalfen ihm in kürzester Zeit zu großer Beachtung. Eine halbstündige Sendung im Zweiten Deutschen Fernsehen am 17. November 1974, brachte ihm Tausende von Zuschriften und Aufträge, die er in diesem Umfang gar nicht ausführen konnte. Seine Anerkennung in der künstlerischen Glaswelt stieg zusehends. Sie wurde beim „Europäischen Glaspreis" in Coburg 1977 mit einem Ehrenpreis gewürdigt. Im August 1977 eröffnete das „Kristallmuseum" Viechtach eine spezielle Klepsch-Galerie, während sich der Künstler zum ungestörten Arbeiten in das abseits gelegene Anwesen in Schwiebleinsberg zurückzog; in vielen kunsthandwerklichen Bereichen experimentierend, aber weiterhin dem ungewöhnlichen Glasschnitt verhaftet, zu dessen bedeutendsten Vertreter unserer Zeit er sich zählen kann.

Bernhard Schagemann, Rachelstraße 14, 8372 Lindberg
stellt in den Mittelpunkt seines künstlerischen Schaffens den Glasguß; eine uralte Technik, die schon aus den Anfängen des Glasgewerbes überliefert ist. Die flüssige Glasmasse wird dabei mit Schöpfkellen aus dem Schmelzhafen in Negativformen gegossen. Während metallisches Formenmaterial große Serien erlaubt, sind tonige Formen in der Regel nur für Unikatgüsse verwendbar; die von Schagemann benutzten Sandformen in jedem Falle aber nur für einen einzigen Guß. In ihnen wird mit Schabern und Spachteln das Negativbild vorgegeben und damit der wesentliche Gesamteindruck bestimmt. Durch den Fluß des Gießens formiert sich die Glasstruktur, und mit Holzwerkzeugen werden modellierende Akzente gesetzt; Farbauflagen und Lufteinschlüsse sind weitere Ausdruckselemente. Die Sandform wird mit leichtem Tonanteil und Feuchtigkeit gebunden und vor dem Guß mit Graphit ausgepudert, um das Lösen vom Glase zu erleichtern. Besondere Aufmerksamkeit verlangt nach dem Guß der Kühlprozeß, dessen Dauer das Volumen der gegossenen Stücke bestimmt. Gefertigt werden auf diese Weise Lichtwände aller Formate und plastische Objekte, die mit Schattierung, Lichtbrechung, optischen Effekten, Emaillierungen und Facettierungen sich vielseitig und eindrucksvoll präsentieren.
Seit 1966 entstehen auf diese Weise in der Theresienthaler Glasfabrik viele Gußgläser von Bernhard Schagemann. Er stammt aus Bad Waldsee in Württemberg, wo er am 2. März 1933 zur Welt kam. Nach dem Abitur studierte er von 1954–1957 Malerei und Bildhauerei an der Akademie für Bildende Künste in München. Dort war er anschließend mit der Bearbeitung von Hohl- und Flachglas freiberuflich tätig. Am 1. April 1964 erfolgte eine Anstellung als Fachlehrer für Glasgestaltung an der Staatlichen Glasfachschule in Zwiesel. Neben der pädagogischen Tätigkeit blieb bei Bernhard Schagemann das künstlerische Schaffen mit dem Schwergewicht im Glasguß, aber ab 1970 auch das Blasen und Gestalten von Hohlglas am Ofen. Seine Arbeiten fanden sehr bald Beachtung, und viele Ausstellungen im In- und Ausland machten den Künstler in der Glasszene bekannt. Schagemann erhielt 1974 den Bayerischen Staatspreis auf der Internationalen Handwerksmesse in München und einen Ehrenpreis anläßlich des „Europäischen Glaspreises 1977" in Coburg.

Rudolf Schmid, Rauhbühl 251, 8374 Viechtach
arbeitet als Maler und Grafiker mit dem Bildträger Glas. Zum einen veredelt er dabei Gefäße aller Art, wobei er am liebsten ausgefallene und seltene Formen aus kleineren Hüttenproduktionen verwendet. Zum anderen benutzt er Flachglasscheiben als Träger für leuchtkräftige Verhängebilder und Kabinettscheiben, die er häufig auch mit Bleiruten zu

Kristian Klepsch: Glasobjekt

größeren Kompositionen zusammenfügt. Für die vornehmlich als Unikate gefertigten Hohl- und Flachgläser, Hinterglasbilder, Fensterscheiben und Leuchten, bringt er dabei alle klassischen Techniken der Glasmalerei in Ansatz; genau wie alle auf Glas übertragbaren, grafischen Möglichkeiten, sowie Diamantreißen und -Stippen. Die perfektionierte Arbeit gilt außerordentlich vielseitigen und einfallsreichen Motiven: ornamentalen und figuralen; Landschaften, Portraits und expressiven, zeitkritischen Aussagen
Rudolf Schmid wurde am 9. 5. 1938 in Deggendorf geboren; absolvierte eine dreijährige Ausbildung zum Hohlglasmaler an der Staatlichen Fachschule für Glasindustrie in Zwiesel und arbeitete daran anschließend in mehreren Betrieben der Bundesrepublik als Zeichner, Grafiker und Glasmaler. Seit 1968 übt er diese Tätigkeiten freischaffend im Bayerischen Wald aus. Zunächst ein Jahr lang in Pirka bei Viechtach; ab 1969 dann im Lammersbach am Höllensteinsee. Dort etablierte er in einem alten Bauernhaus die „Waldgalerie Margarethe" und übte sich in vielseitiger, kunstgewerblicher Tätigkeit. In kurzer Zeit verstand er es auch, eine volks- und heimatkundliche Sammlung von interessanten Gegenständen aus der Vergangenheit des Bayerischen Waldes aufzubauen. Mit diesem kleinen Privatmuseum und seiner Galerie zog er im September 1977 in ein erworbenes landwirtschaftliches Anwesen in den idyllischen, kleinen Ort Rauhbühl, wo er für seine schöpferische Produktivität einen angemessenen Rahmen fand.

Theodor Sellner, Regenhütte 54, 8371 Bayerisch Eisenstein ist der exponierteste Vertreter der Glaskunst vor der Lampe im Bayerischen Wald. Die Technik kommt aus dem Thüringer Wald, wo schon im früheren 19. Jahrhundert über Öllampen gläserne Stäbchen und Röhren zu einfachem Spielwerk geschmolzen wurden. Über die Fertigung von Christbaumschmuck an häuslichen Werktischen und die Erzeugung technischen Geräteglases in kleinen Werkstätten sind seither aus diesem Bereich einige Glasbläser mit der Herstellung von zauberhaften Stengelgläsern, zierlichen Vasen, Bechern und Krügen, kapriziösen Vollglastieren und phantasiereichen Hohlglasplastiken in das Kunsthandwerk vorgestoßen. Ihre Arbeiten entstehen aus Glasstäben und Röhren, die sie vor der Gasflamme aus einem kleinen Brenner drehen, aufsetzen, verformen, winden, stauchen, ziehen, biegen, verschmelzen, verfließen und erstarren lassen. Die winzigen Werkzeuge sind Pinzette, Zange und Formstäbchen; das Ergebnis wird gesteuert vom Empfinden, der Vorstellungswelt und dem Formengedächtnis des Glasbläsers.
Theodor Sellner wurde am 5. Januar 1947 in Zwiesel geboren und entstammt einer alten Glasschleiferfamilie aus Regenhütte. Von 1961 bis 1964 besuchte er die Fachklasse für Apparateglasbläser an der Glasfachschule in Zwiesel und beendete sie mit dem Facharbeiterbrief. Daran schloß sich eine Tätigkeit in verschiedenen Werkstätten für technische Glasverarbeitung in der Budesrepublik. 1972 legte er die Meisterprüfung im Glasbläserhandwerk ab, nachdem er schon 1970 die Stelle eines Werkstattleiters im glasverarbeitenden Zweigwerk der Original Hanau Quarzlampen GmbH in Zwiesel übernommen hatte. Seine berufliche Tätigkeit begleiten in der Freizeit vielseitige künstlerische Glasarbeiten, und im Jahre 1978 etablierte er sich als freischaffender Glaskünstler in seinem Heimatort Regenhütte. Viele Ausstellungen wurden von ihm zwischenzeitlich beschickt, und zahlreiche Arbeiten befinden sich in Museen und Galerien. Bei der Internationalen Handwerksmesse in München erhielt er 1979 mit einer Goldmedaille den Bayerischen Staatspreis.
Theodor Sellner ging vom geläufigen Schmuck- und Zierglas einen geraden Weg zu künstlerischen Objekten. Er versucht darin, seine Gedanken über die Bedrohung der Natur und den dadurch deformierten Menschen auszudrücken. Wenn dabei in schlanken Kelchen und blumigen Gefäßen das Wogen und Spielen einer Wiese eingefangen sind, erfüllt sich praktizierte Glasgestaltung mit Phantasie und Formenreichtum, die ihre Herkömmlichkeit weit überspringt.

Manfred Thomczyk, Innenrieder Straße 37, 8372 Zwiesel gehört zu jener Gruppe von Fachlehrern am „Staatlichen Berufsbildungszentrum für Glas" in Zwiesel,

die über ihre pädagogische Aufgabenstellung hinaus tatkräftig bemüht sind, die individuelle Glasgestaltung zu fördern. Dabei weiß er, daß gerade sein Fachbereich, nämlich der traditionelle Hohlglasschliff, ganz besonders an überlieferte Ausdrucksformen gebunden ist. Die herkömmliche Veredelungsart mit ihren Schnitten, Kugeln, Mattdekorationen und Hellpolituren aus der reinen Verzierungsfunktion zu lösen und über Gefäßformen hinaus zu bildhauerisch angelegten Objekten zu führen, ist das erkennbare Arbeitsanliegen von Manfred Thomczyk. Er bringt den Glasschliff zu ausgeprägten Konturen und kombiniert seine verschiedenen Techniken, zusammen mit Sandstrahlen und Diamantritzen, zur eigenständigen, künstlerischen Aussage, die das Rohglas in den reinen Werkstoffcharakter verweist. Daneben versteht er es aber ebenso mit einer mustergültigen Dekoration, vorgegebene Formen zu unterstreichen und in ein harmonisches Gesamtwerk einzuordnen.
Manfred Thomczyk ist in Ratiborhammer in Oberschlesien am 17. 9. 1936 zur Welt gekommen. Als Heimatvertriebenen verschlug es ihn nach dem Zweiten Weltkrieg in das Allgäu, wo er 1954 in die Glasfachschule Kaufbeuren-Neugablonz eintrat, um sich zum Hohlglasfeinschleifer ausbilden zu lassen. Die dritte Jahrgangsklasse absolvierte er mit abschließender Gesellenprüfung an der Glasfachschule in Zwiesel, wo er auch ein weiteres Jahr in der Designklasse anfügte. Nach vierjähriger Industriepraxis übernahm er an seiner früheren Ausbildungsstelle, der Fachschule für Glasindustrie in Zwiesel, die Fachlehrerstelle für Glasschliff, die er 1964 mit Ablegung der Meisterprüfung formal untermauerte. Neben seiner Lehrtätigkeit begann Manfred Thomczyk sehr bald sein Fachgebiet schöpferisch auszuloten. Die Ergebnisse fanden ab 1970 in zahlreichen Ausstellungen zunehmende Beachtung.

Ein Diplom beim „Coburger Glaspreis" im Jahr 1977 und die Bayerische Staatsmedaille in Gold bei der Internationalen Handwerksmesse in München 1979, zeigten die bedeutendsten Anerkennungen. In mehreren Museen und Sammlungen haben die künstlerischen Glasschliff-Arbeiten nacheinander Eingang gefunden.

Alois Wudy, Falkensteinweg 5, 8372 Zwiesel
betätigt sich als Künstler in mehreren Bereichen der Herstellung und Veredelung von Glasgefäßen und Objekten. Sein Schwergewicht liegt in der Glasmalerei mit ihren verschiedenartigen Techniken und den dazu kombinierten Arten des Ätzens, Sandstrahlens, Diamantritzens und Verspiegeln. Aber auch die Bearbeitung und Formung des Glases am Schmelzofen durch Blasen, Ziehen und Gießen wird von ihm vorgenommen. Dabei ist er im Gefäßbereich ebenso bewandert wie in der Erstellung von vielseitigen Objekten, die er als Übersetzung einer dem Werkstoff Glas verbundenen und durch ihn sich ausdrückenden Gedankenwelt ersteht.
Alois Wudy kam am 12. Septemeber 1941 in Böhmisch-Eisenstein zur Welt und absolvierte von 1955 bis 1958 eine Ausbildung als Hohlglasmaler an der Glasfachschule in Zwiesel. Von 1958 bis 1962 arbeitete er als Entwurfszeichner für Beleuchtungskörper und Lampen in München. In den Jahren 1962–1964 folgte eine weitere Ausbildung zum Glasgestalter an der Glasfachschule in Zwiesel, und 1964–1965 war Alois Wudy als Gestalter für Gebrauchs- und Zierglas bei der Freiherr-von-Poschinger'schen Glasfabrik in Frauenau. 1965 legte er die Meisterprüfung im Hohlglasmalerhandwerk ab, und seither ist er als Fachlehrer für Hohlglasmalerei an der Staatlichen Fach- und Berufsfachschule für Glas in Zwiesel tätig. Diese berufliche Tätigkeit verbindet sich gut mit seinem glaskünstlerischen Schaffen, das in vielen Ausstellungen zunehmende Beachtung findet. Viele Arbeiten von Alois Wudy stehen in Museen und Galerien, und als wichtigste Auszeichnung erhielt er 1977 eine Goldmedaille auf der Internationalen Handwerksmesse in München.

Nachwuchskünstler im Glasschaffen
Die Glaskunst-Bewegung bleibt solange lebendig, wie sie sich immer wieder mit Nachwuchs erneuern kann. Und auch hierin zeigen sich im Landkreis Regen bemerkenswerte Ansätze. Aus einem qualifizierten, handwerklichen Stamm von Nachwuchs-

kräften, kristallisieren sich vereinzelte Talente heraus. Sie verlassen den gewerblichen Bereich und wenden sich der künstlerischen Glasgestaltung zu. Ihr naturgemäßer Entwicklungsprozeß läßt sein Ergebnis nur ahnen. Deutliche Anerkennung und beachtliche Ausstellungs-Erfolge aber waren für einzelne Nachwuchskünstler schon erreichbar.

Marianne Hof, geboren 1955 in Schweinhütt bei Regen, ging nach einer Ausbildung als Hohlglasmalerin und Glasgestalterin in der Glasfachschule in Zwiesel an die Akademie der Bildenden Künste nach München, um bei Prof. A. F. Gangkofner „Gestaltung in Glas und Licht" und bei Prof. H. Ladner „Bildhauerei" zu studieren. Mit einigen „Objekten" fand sie 1979 Aufnahme in die renommierte Wander-Ausstellung durch die Budesrepublik „Deutsche Glaskünstler Heute". Marianne Hof bemerkt zu ihrer Arbeitsweise: „Mein Anliegen ist es, durch plastisches Arbeiten mit massivem Glas (Planschliff), die Eigenschaft der Lichtbrechung und Transparenz durch Formgebung sichtbar zu machen."

Andreas Nirschl, geboren 1951 in Zwiesel, besuchte die Glasfachschule in Zwiesel bis zu seiner Gesellenprüfung als Hohlglasschleifer und belegte dann drei weitere Ausbildungsjahre an derselben Schule als Glasgestalter. An der Akademie der Bildenden Künste in München studierte er bei Prof. A. F. Gangkofner weiterhin künstlerische Glasgestaltung und bei Prof. Koch Bildhauerei. Auch er kam mit einigen Arbeiten in die wichtige Wanderausstellung des Jahres 1979 „Deutsche Glaskünstler Heute". Seine Arbeitsweise formuliert Andreas Nirschl: „Für meine Arbeiten verwende ich sehr starkwandige Gefäße und führe den Schliff dementsprechend tief aus. Der Schliff umschließt Rand, Körper und Boden, wodurch in sich eine plastische Form entsteht."

Peter Weber, geboren 1948 in Zwiesel, fand seinen Weg zum freien Glasgestalter aus einer Ausbildung zum Hohlglasschleifer in einem Industriebetrieb, kombiniert mit dem Besuch der Meisterklasse für Glasgestaltung an der Glasfachschule. Mit gereiften Arbeiten fand er einen schnellen Weg in Sammlungen und Museen. Er erklärt sie so: „Ich bearbeite starrwandige Gefäße, deren tiefgehender Schliff ornamental den Gefäßkörper umschließt. Die Durch-und Ausbrüche in Verbindung mit dem Ornament ergeben den Charakter des jeweiligen Gefäßes."
Immer wieder treten neue Meister und Nachwuchstalente der Studio-Glasgestaltung im Landkreis Regen in Erscheinung. So haben sich die Fachlehrer am Berufsbildungszentrum für Glas in Zwiesel, Kuno Hackl, beim lampengeblasenen Glas, und Franz Xaver Hoeller, in Schliff und Gravur, einen beachtlichen Namen geschaffen. Große, handwerkliche Meisterleistungen in der Glasmalerei entstehen in limitierten Auflagen und als Unikate, aus den Händen von Max Kannegießer und Leo Büttner in Zwiesel. Schließlich wächst die Zahl der Nachwuchskräfte anhaltend im Studioglas-Bereich; als neue Namen treten dabei in Erscheinung: Josef Finger, Heinz Fischer, Walter Lemberger, Ulrike Lippok und Richard Wurzer. Von ihnen, und sicherlich immer wieder in Erscheinung tretenden neuen Kräften, dürfte die Glasbewegung auch in Zukunft kräftige Impulse aus dem Bayerischen Wald erhalten.

DAS STAATLICHE BERUFSBILDUNGSZENTRUM FÜR GLAS IN ZWIESEL

Entwicklungsstand und Qualität des Glasgewerbes werden zu allen Zeiten bestimmt von den Ausbildungsmöglichkeiten seiner Fachkräfte. Um hier dem Bayerischen Wald eine besondere Hilfe zu geben, forcierten staatliche, kommunale und industrielle Kreise zu Beginn dieses Jahrhunderts die Errichtung einer Glasfachschule in Zwiesel. Als erfolgreiches Vorbild sah man die Arbeit der nordböhmischen Glasfachschulen in Haida und Steinschönau in der österreichischen k. u. k. Monarchie: „Die dort erzielten Erfolge sind geradezu „glänzende" zu nennen, und es ist unbegreiflich, wie die deutsche Nation mit der Schaffung einer derartigen Anstalt solange zögern konnte", vermerkte ein zeitgenössischer Bericht und fuhr erfreut fort: „Nach unermüdlichem, langjährigem Bemühen ist diese neue Fachschule für Glasindustrie in Bayern, als erste in Deutschland, nun doch zustande gekommen."

Am 18. September 1904 konnte die „Fachschule für Glasindustrie" in Zwiesel eingeweiht werden. In seinem hierzu gehaltenen Festvortrag bemerkte der Bibliothekar und Sekretär des Bayerischen Gewerbemuseums in Nürnberg, Prof. Dr. Paul Johannes Reè: „daß aus dem Leben erwachsene und mit der praktischen Kunstübung in enger Verbindung stehende Fachschulen wie diese das beste und wirksamste Mittel sind, um unserem Kunstgewerbe und unserer Kunstindustrie die zu ihrer gedeihlichen Entwicklung nötigen Kräfte zuzuführen und sie auf die Höhe zu bringen, die wir erstreben." Die erwartungsvollen Feststellungen haben sich bestätigt. Durch Siebeneinhalb-Jahrzehnte hat die Glasfachschule Zwiesel einen Großteil der Hoffnungen erfüllt, die man bei ihrer Gründung in sie setzte.

Begonnen wurde mit je einer Fachklasse für Hohlglasmaler, Glasgraveure und Musterzeichner; sowie der Ausbildung von Holzschnitzern, für die eine eigene Abteilung angegliedert war.

Die Aufgabenstellung war unterteilt in:

1.) Vorbereitungskurs für Zeichnen, fakultativ;
2.) Kunstgewerbliche Fachschule, 3-jährig;
3.) Fortbildungskurse;
4.) Offener Zeichensaal;
5.) Rat- und Auskunftsstelle;
6.) Chemisches Laboratorium und Versuchsanstalt;
7.) Sammlungen und Musterausstellungen;
8.) Praktische Übungen in den Glashütten.

Die Lehrgegenstände wurden folgendermaßen gekennzeichnet: „Elementar- und Fachzeichnen, Aquarellmalen und Modellieren nach Vorlagen und Natur / praktisches Glasmalen, Brennen, Glasgravieren, Ätzen und Holzschnitzen / Kunstgeschichte, Stil- und Gefäßformlehre / Geometriezeichnungen, Projektion, Perspektive- und Schattenlehre / Physik, Chemie und Technologie / Realienfächer, Buchführung, Kalkulation und Handelskunde". Aufnahmebedingungen waren: „für diejenigen, welche die Ausbildung als Glasmaler, Glasgraveure, Glasschleifer und Musterzeichner anstreben, die Erfüllung der Werktagsschulpflicht; für diejenigen, welche sich als Fabrikwerkmeister ausbilden wollen, eine mindestens 2jährige Lehrzeit". Als Schulgeld wurde für Deutsche pro Jahr 10,– Mark und für Ausländer pro Jahr 50,– Mark angegeben. Stipendien waren für erfolgreiche und bedürftige Schüler in Aussicht gestellt. Diese Schulgeldregelung blieb übrigens bis Ende des Zweiten Weltkrieges bestehen.

Im Jahre 1912 wurde an der Schule eine Fachklasse für Hohlglasschleifer eingerichtet; 1917 erfolgte der Ausbau der chemisch technischen Abteilung und die Durchführung des 1. Jahreskurses für Glastechniker, der sich damals überwiegend aus Kriegsbeschädigten zusammensetzte. Die folgende Etablierung einer Abteilung für Industriezeichner und Kunstgewerbler, sowie weiter anwachsende Schülerzahlen, machten 1923 und 1926 bauliche Erweiterungen notwendig. Mit umfassender Ausbildung vermittelte die Fachschule ihren Absolventen hervorragende Grundlagen für eine spätere Tätigkeit in Glasindustrie und Handwerk.

Durch praktische Unterweisung in den Lehr- und Versuchswerkstätten wurden Glasmaler, Glasschleifer und Glasgraveure systematisch zur handwerklichen Reife gebracht, ergänzt mit Zeichen-, Fachkunde- und Realienunterricht. Diese 3jährige Ausbildung haben viele Schüler mit einem 4. Schuljahr erweitert. Die durchschnittliche Schülerzahl bewegte sich in 4 Jahrgangsklassen immer zwischen 100 und 110 pro Jahr, wobei sie sich allerdings bis zum Jahre 1945 auf weniger als die Hälfte reduzierte.

Am 2. September 1947 hat die Staatliche Meisterschule für Glasindustrie / Staatliche Fachschule für Glastechniker / Glasmaler, Glasgraveure, Glasschleifer / Berufsfachschule für Holzschnitzerei / in Zwiesel nach 28 Monaten ruhenden Lehrbetriebes seit Ende des Zweiten Weltkrieges wieder ihren regulären Unterricht in drei übergroßen Klassen aufgenommen. Eine neue, fruchtbare Weiterentwicklung der Schule setzte ein. Im Jahre 1955 wurde mit der Inbetriebnahme einer Versuchsglashütte mit ei-

Die staatliche Fach- und Berufsfachschule für Glas in Zwiesel.

nem 3-Hafen-Ofen nicht nur die eigene Rohglasherstellung übernommen, sondern auch die Möglichkeit für praktische Übungen am Glasofen begründet. In den Folgejahren konnte mit verschiedenen baulichen Teilabschnitten die Schule neuzeitlich umgestaltet werden.

Mit dem Schuljahr 1965/66 begann die Ausbildung von Glashütteningenieuren, die in den Jahren 1971/73 als Außenstelle „Werkstofftechnik Glas in Zwiesel" in die Fachhochschule Regensburg integriert und im Herbst 1973 an die Fachhochschule Nürnberg leider ausgegliedert wurde. Dafür kam in diesem Jahr die Blockbeschulung des seit September 1973 bestehenden Landes-Fachsprengel „Glas" von der Kreisberufschule zur Fachschule. Das bedeutete die Übernahme des Berufsschulunterrichtes für Hohlglasfeinschleifer, Glasschleifer und Glasätzer, Flachglasveredler, Glasgraveure, Glasmaler, Hohl- und Kelchglasmacher, Glaswerker, Maschinenglasmacher, Glasapparatebläser, Glasinstrumentenmacher, Leuchtröhrenglasbläser, Thermometerbläser, Glasapparatejustierer, Thermometerjustierer, Holzformenmacher sowie Feinoptiker und Brillenmacher aus dem ganzen Lande Bayern.

Seither umfaßt das *„Staatliche Berufsbildungszentrum für Glas in Zwiesel"* nachstehende Abteilungen:

a) Fachschule für Glastechnik, Glasgestalter, mit 4-semestrigen Lehrgängen, deren Abschluß ein staatliches Examen bildet.

b) Berufsfachschule für Glas mit beruflicher Ganztagsausbildung als Hohlglasfeinschleifer, Glasgraveur, Hohlglasmaler, Glasinstrumentenmacher mit Facharbeiterabschluß.

c) Gewerbliche Berufschule, Fachrichtung Glaserzeugung und Glasveredelung, für Schüler aus Glasindustrie und Handwerk.

Durch diese Verbindung der drei Schultypen ist nicht nur das Ausbildungsziel „Glas" sinnvoll koordiniert, sondern auch guten Absolventen von Berufs- und Berufsfachschulen die Weiterbildungsmöglichkeit zum Glasgestalter oder Glashüttentechniker am gleichen Institut eröffnet.

Der Ausbildungsumfang im Staatlichen Berufsbildungszentrum für Glas in Zwiesel wird verdeutlicht mit den Zahlen für das Jubiläums-Schuljahr zum 75jährigen Bestehen der Schule; das Schuljahr 1979/1980:

I. Fachschule für Glastechnik / Glasgestaltung:

a.) Glashüttentechniker	8 Schüler im 2. Jahrg.
b.) Glasgestaltung	4 Schüler im 1. Jahrg.
	14 Schüler im 2. Jahrg.
	7 Praktikanten
insgesamt:	33 Fachschüler

II. Berufsfachschule für Glas

a.) Glasapparatebläser	insg. 11 Schül., davon 3 Schüler im 1. Jahrg. 6 Schüler im 2. Jahrg. 2 Schüler im 3. Jahrg.
b.) Glasgraveure	insg. 18 Schül., davon 6 Schüler im 1. Jahrg. 6 Schüler im 2. jahrg. 6 Schüler im 3. Jahrg.
c.) Hohlglasmaler	insg. 18 Schül., davon 7 Schüler im 1. Jahrg. 7 Schüler im 2. Jahrg. 4 Schüler im 3. Jahrg.
d.) Hohlglasfeinschleifer	insg. 9 Schül., davon 4 Schüler im 1. Jahrg. 3 Schüler im 2. Jahrg. 2 Schüler im 3. Jahrg.
e.) Chemielaborarbeiten	4 Schüler im 3. Jahrg.
insgesamt:	60 Berufsfachschüler

III. Gewerbliche Berufsschule für Glaserzeugung / Glasveredelung

Blockbeschulung in drei (Feinoptiker: vier) Jahrgangsklassen

a.) Maschinenglasmacher	31 Schüler
b.) Glaswerker	15 Schüler
c.) Glasapparatebläser	4 Schüler
d.) Hohl- u. Kelchglasmacher	91 Schüler
e.) Glasinstrumentenmacher	1 Schüler
f.) Thermometerbläser	3 Schüler
g.) Thermometerjustierer	3 Schüler
h.) Hohlglasfeinschleifer	116 Schüler
i.) Glasgraveure	18 Schüler
j.) Flachglasveredler	26 Schüler
k.) Glasmaler	12 Schüler
l.) Glasschleifer und -Ätzer	22 Schüler
m.) Glas- und Porzellanmaler	4 Schüler
n.) Feinoptiker	81 Schüler
o.) Brillenoptikerschleifer	57 Schüler
p.) Glasarbeiter ohne Ausbildungsvertrag	35 Schüler
insgesamt:	519 gewerbl. Berufsschüler

Darunter befinden sich bei den Berufsgruppen h–p auch 47 weibliche Besucherinnen der Berufsschule.

Den Unterricht für die insgesamt 612 Schülerinnen und Schüler an den drei Zweigen des Staatlichen Berufsbildungszentrums für Glas in Zwiesel erteilen insgesamt 16 hauptamtliche und 6 nebenamtliche Lehrkräfte. Während die Schülerzahl im Fachschul- und Berufsfachschulbereich seit Jahren konstant blieb, hat sich jene im Bereich der gewerblichen Berufschule vom Schuljahr 1973/1974 von 247 Schülerinnen und Schülern im Schuljahr 1979/1980 auf 519 Berufsschulbesucher gesteigert.

Die Leistungen und die Effektivität der Glasfachschule Zwiesel waren in ihrer Geschichte sehr eng mit den dort lehrenden Persönlichkeiten verbunden. Gute Pädagogen finden sich darunter; vortreffliche Fachlehrer nahmen Einfluß auf die künstlerische Entwicklung des Glases, und vielseitige Impulse erhielt die glastechnische Wissenschaft aus der Glasfachschule Zwiesel. So hat im chemisch-technologischen Bereich der erste Leiter dieser Abteilung Dr. Bernhard Müller von 1906–1912 Wesentliches zur Glasforschung beigetragen; sein Nachfolger Prof. Dr. Ludwig Springer, der von 1913–1952 an der Glasfachschule lehrte, einen ausgezeichneten Platz in der Geschichte der deutschen Glastechnik eingenommen und Dipl.-Ing. Friedrich Holl von 1947–1973 als engagierter Pädagoge und versierter Glastechniker eine ganze Generation von Glasleuten mit geprägt.

Die Direktion der Glasfachschule Zwiesel wurde seit ihrem Bestehen vom jeweils verantwortlichen Leiter im Bereich der Glasgestaltung wahrgenommen. So war von 1904 bis 1909 der Kunstmaler und Bildhauer Hans Sebastian Schmidt als Direktor tätig. Ihm folgte vom 1. 1. 1910 bis 31. 7. 1948 Prof. Bruno Mauder, der als Glasgestalter von internationalem Rang mit seinen Entwürfen vor allem auch die Glasindustrie des Bayerischen Waldes befruchtete. Im Anschluß daran leitete bis 1952 der Architekt Rudolf Rothemund die Schule und 1952–1956 der Keramiker Stephan Erdös. Seither fungiert Max Gangkofner als Schuldirektor.

Im Jahre 1953 wurde die seit Gründung der Glasfachschule bestehende Abteilung für Holzschnitzerei aufgelöst. Die ursprünglich von der Stadt Zwiesel ins Leben gerufene „Fachschule für Glasindu-

Die Versuchsglashütte der Glasfachschule in Zwiesel.

strie" kam übrigens kurz nach ihrer Eröffnung in die Trägerschaft des Bayerischen Staates, der ab 1. 1. 1977 sein Eigentum am Flurstück Nr. 572/2 der Gemarkung Zwiesel: „Fachschulstraße 325, Glasfachschule mit Wohnung, Versuchsglashütte, Lager, Hofraum, Garten zu 0,6119 ha" an den landkreis Regen abgetreten hat. Dieser verpflichtete sich gleichzeitig, den Schulaufwand für die Staatliche Berufsfach- und Fachschule für Glas zu übernehmen.

Bei den vielen Änderungen an der baulichen Substanz und der Organisationsstruktur der Bildungseinrichtung für Glas in Zwiesel hat dieses wichtige Institut im Herzen des Bayerischen Waldes voll und ganz die Prognosen gerechtfertigt, die Johannes Reè bei seinem Eröffnungsvortrag im Jahre 1904 gestellt hat:

"Zur rechten Zeit hatten es die Glashütten des Bayerischen Waldes erkannt, daß bei den im Laufe des 19. Jh. vollständig veränderten Produktionsverhältnissen es ihnen nur durch einen bedeutenden künstlerischen Aufschwung möglich sein würde, mit den an den großen Verkehrsstraßen gelegenen Glasfabriken erfolgreich in Wettbewerb zu treten. Und daß sie sich nicht mehr durch gewöhnliche Gebrauchsware und Massenartikel, sondern nur durch gediegene Schöpfungen echt künstlerischen Gepräges auf dem Weltmarkte zu behaupten imstande wären. So taten sie alles, um mit der echten Kunst in Fühlung zu kommen, und aus diesen Bestrebungen heraus erwuchs die Fachschule, deren Aufgabe es ist, das künstlerische Niveau deren zu heben, die in den Glashütten tätig sind."

1979 konnte Zwiesel das 75jährige Jubiläum seiner Stadterhebung begehen. Die Glasfachschule wurde ebenso alt. Sie lud deshalb für den 6. Oktober 1979 zu einer Feier, mit der „die unternehmerische Weitsicht der Gründer gewürdigt und die Bedeutung der beruflichen Schule für die heutige Glasindustrie und das Glashandwerk hervorgehoben werden sollte."Zahlreiche Ehrengäste, Freunde und ehemalige Schüler kamen herbei, und in eindrucksvoller Weise wurde das Schul-Jubiläum gefeiert. Der Direktor faßte den Erfolg von 75jährigen schulischen Aktivitäten zusammen, weil: „1. Von Anfang an ein klares Konzept vorlag. 2. Ständig die technische und künstlerische Zusammenarbeit mit Handwerk und Industrie gepflegt wurde. 3. Bis vor einigen Jahren die Entwicklung von einem Beirat überwacht wurde, der sich aus Vertretern des Staates, der kommunalen Behörden und der Wirtschaft zusammensetzte. 4. Durch die vorzügliche Zusammenarbeit der Lehrer, die sich, ganz gleich ob Handwerker, Techniker oder Künstler, stets um ein harmonisches Schulklima bemühten."

Auch die Glasindustrie bekundete durch das Vor-

Optische Werke Rodenstock, Werk Regen. Rund 2000 Beschäftigte arbeiten in der Produktion von Brillengläsern und Präzisionsoptik.

In der Firma Schott Zwiesel Glaswerke AG arbeiten rund 2000 Personen in der Produktion von Trinkgläsern und Geschenkartikeln aus Kristall und Bleikristall.

Glasveredelungsbetrieb um 1900

standsmitglied der „Schott-Zwiesel-Glaswerke AG", Dr. Heinz Simon, zum Fachschul-Jubiläum ihre besondere Wertschätzung dieser fachbezogenen Bildungs-Einrichtung: „In dem klassischen Dreiklang, den die Schule bisher hatte, Gestaltung, Handwerk und Technologie, konnte und kann heute wieder alleine die Zukunft unserer Betriebe liegen." Und auch der Zukunftsauftrag des „Staatlichen Berufsbildungszentrums für Glas" in Zwiesel wurde vom Vertreter der Wirtschaft deutlich postuliert: „Wir brauchen alle Kräfte und alles Können dieser Schule, damit die heutigen Schüler, wie zuvor, gründlich, solide, aber auch in menschlicher Reife ausgebildet werden damit sie in der nicht leichten Zeit, in der die Glasindustrie Deutschlands und Europas heute lebt, ihren Mann stehen und helfen kann, dieser traditionsreichen Industrie den Weg in das nächste Jahrhundert zu bahnen und zu sichern."

DAS GLASVEREDELNDE HANDWERK

Eine bedeutende Stellung im Glasgewerbe des Bayerischen Waldes nimmt das Glasveredelungs-Handwerk ein. Hierin sind Produktions-Werkstätten zusammengefaßt, die Glas nicht selbst herstellen, sondern durch Schleifen, Gravieren, Bemalen und Ätzen in seinem Aussehen verändern und damit in seinem Werte steigern. Die Größenordnung dieser Firmen ist unterschiedlich; sie reicht vom Einmannbetrieb bis zu Werkstätten mit 50 Beschäftigten. Die handwerkliche Glasveredelung erfüllt in der Regel einen hohen Qualitätsanspruch und greift vielfach in den kunstgewerblichen Bereich. Die heutige starke Gruppe von Glasveredlern im Bayerischen Wald entwickelte sich erst nach dem Zweiten Weltkrieg. Den ausschlaggebenden Anstoß hierzu gaben heimatvertriebene Schleifer, Ma-

ler und Graveure aus den traditionsreichen Glasgebieten Schlesiens und Nordböhmens. Ihre Existenz-Neugründungen im glasveredelnden Handwerk haben auch einheimische Fachleute zu selbständiger Tätigkeit angeregt. Schwierigkeiten gab es dabei anfangs genug; insbesonders im Rohglasbezug, den die eingesessenen Hütten aus falschen Konkurrenzbefürchtungen den Kleinbetrieben lange Jahre beträchtlich erschwerten.
Doch die fruchtbare Entwicklung des glasveredelnden Handwerks im Bayerischen Wald war durch nichts aufzuhalten.
Gerade die zunehmende Mechanisierung und Automation in der Glasindustrie, hat der handwerklichen Bearbeitung große Aufgaben zugewiesen. Der sprunghaft angestiegene Tourismus in Ostbayern eröffnete zudem den Veredelungsbetrieben in ihren eigenen Verkaufsräumen enorme Möglichkeiten des Direkt-Absatzes an private Konsumenten. Sie konzentrieren sich daher auch hauptsächlich in den Zentren des Fremdenverkehrs.
Zur gemeinsamen Interessenvertretung haben sich am 4. Januar 1947 in Zwiesel 21 Personen zur Gründung der „Innung des glasveredelnden Handwerks" zusammengefunden. Ihren fachlichen Geltungsbereich legten sie fest auf: Glasschleifer für Hohl- und Flachglas, Glaskugler, Glasgraveure, Glas- und Porzellanmaler, sowie Glasvergolder und Glasversilberer. Räumlich bezogen sie sich zunächst auf das Gebiet der Bezirke Niederbayern–Oberpfalz; bei der Handwerkskammertagung vom 22.–24. April 1948 erfolgte dann die Ausdehnung auf das ganze Land Bayern. Bis zum Jahr 1980 sind in diesem Bereich 190 selbständige Glas-Handwerksbetriebe entstanden. Nicht alle behaupteten sich auf die Dauer. Der Bayerische Wald jedoch entwickelte sich, sowohl nach Beschäftigtenzahl, als auch nach Umsatz-Volumen, zum unbestrittenen Zentrum des deutschen Glasveredelungs-Handwerks.
Hierin liegt wiederum der Schwerpunkt im Landkreis Regen. In vier Zentren mit Glas-Tradition oder besonderer Fremdenverkehrsbedeutung repräsentieren zwanzig Betriebe mit 200 Beschäftigten einen wesentlichen Faktor des Glasgewerbes im Bayerischen Wald. Ihre ansehnliche Eigenproduktion wird durch ein beträchtliches Handelsvolumen nachhaltig gestärkt. Zur gesamten Wirtschaftskraft des Landkreises liefert das Glasveredelungs-Handwerk einen nicht unbedeutenden Anteil. Noch mehr aber trägt es dazu bei, den Mittleren Bayerischen Wald als Kerngebiet der deutschen Glaserzeugung darzustellen. Sie tut dies konzentriert in nachstehenden Orten:

Bodenmais / Arnbruck

Bodenmais hat sich nach dem Zweiten Weltkrieg zum bedeutendsten Fremdenverkehrsort des Bayerischen Waldes entwickelt. Öffentliche und private Initiativen brachten hier außerordentliche Erfolge zuwege. Und nirgends hat man es besser verstanden, das Glasgewerbe kommerziell mit dem Tourismus zu verbinden. So bewegt sich in diesem Ort der Feriengast durch funkelnde Kristall-Verkaufsräume im gleichen Ausmaß, wie durch zeitgemäße Erholungseinrichtungen. Dabei spielt der Raum im traditionellen Bayerwald-Glas nie eine besondere Rolle; wenngleich er einige frühe Glashütten- und im 19. Jahrhundert auch Glasschleifer-Tätigkeiten nachzuweisen vermochte. Seit nunmehr drei Jahrzehnten indes, strömte mit den Urlaubern auch das „Große Glasgeschäft" nach Bodenmais.
Als Heimatvertriebener aus dem Glasgebiet Haida–Steinschönau in Nordböhmen, kam nach dem Zweiten Weltkrieg Siegfried Marschner nach Bodenmais, wo er den ersten Glasveredelungsbetrieb mit zwölf Fachkräften gründete. Er entwickelte nicht nur eine große Geschäftstüchtigkeit, sondern förderte auch sehr stark die Lehrlings-Ausbildung. Nach einiger Blütezeit konnte sich der Betrieb nur noch mit größeren Schwierigkeiten halten. Er fertigte hohe Qualitätserzeugnisse in allen Veredelungsarten bis zum Jahr 1977, wo er am 30. November stillgelegt wurde.
Im Jahre 1951 begann der gleichfalls aus dem Sudetenland stammende Hohlglasfeinschleifer Franz Austen in Bodenmais als Heimarbeiter für eine Glasraffinerie im Raume Passau zu arbeiten. 1954 gründete er seine eigene Firma, die mit zielstrebigem Einsatz laufend erweitert wurde. Eine sehr erfolgreiche Entwicklung führte zu beachtlichen

Werkstätten mit großen Ausstellungs- und Verkaufsräumen. Filialen entstanden: 1968 in Königssee, 1974 in Ruhpolding und 1975 in Berchtesgaden. Im Jahr 1971 wurde dem Betrieb in Bodenmais eine Kronleuchterfertigung angegliedert; 1978 stattliche Erweiterungsbauten für Werkstätten und Verkaufsräume erstellt. Franz Austen jun. konnte als Hohlglasfeinschleifer den Titel eines Bundessiegers erringen und anläßlich seiner Meisterprüfung eine Goldmedaille. Besondere Schlifftechniken bilden den Produktions-Schwerpunkt der „Austen Bleikristall oHG".

Den dritten Bodenmaiser Glasveredelungsbetrieb gründete im Jahre 1955 der Hohlglasfeinschleifer Mathias Scherer. Die wachsenden Absatzmöglichkeiten durch den sich lebhaft steigernden Fremdenverkehr brachten dem Betrieb mit seinen Qualitäts-Erzeugnissen eine gute Entwicklung. Entsprechend vergrößert haben sich dabei mit den Jahren auch die Werkstätten und großzügigen Verkaufsräume. Alle Glasveredelungsarten, einschließlich der Montage und Dekoration von Beleuchtungskörpern mit Glasbehängen, sind bei der Firma „Glaskunst-Scherer" anzutreffen.

Zum größten Glasbetrieb in Bodenmais entwickelte sich die Firma „Joska", deren eingängiger Name aus den Anfangssilben von Josef Kagerbauer stammt. Er hat am 10. Juni 1960 als Hohlglasfeinschleifer eine eigene Werkstätte eröffnet und ihr ein Jahr später ein Ladengeschäft angegliedert. Der Betrieb erweiterte sich sehr schnell. Schon im Jahre 1970 wurde zur Hohlglasveredelung auch die Teilfertigung und Montage von Beleuchtungskörpern aufgenommen. Die stark expandierende Firma hat schließlich 1975 eine „Waldglashütte" errichtet, deren nostalgisches Aussehen zusammen mit geschickter Glasbläser-Demonstration, eine außerordentliche Magnetentwicklung zu großen Verkaufsräumen erzeugt. Für Touristen und Interessenten ist dort eine Glas-Palette aus allen Angebots-Schichten ausgebreitet.

Den kleinsten und jüngsten Glasveredelungsbetrieb in Bodenmais unterhält Ernst Wirth. Seit Mai 1977 hat sich der aus Zwiesel gebürtige Glasmaler hier selbständig gemacht. Er absolvierte seine Ausbildung in der Glasfachschule Zwiesel von 1949 bis 1952 als Hohlglasmaler und anschließend ein weiteres Jahr in der Meisterklasse für Glasgestalter. Nach 24jähriger Industrietätigkeit unternahm er den Schritt zur Selbständigkeit. Mit besonderen Glasmalereien verstand es der Einmannbetrieb, sich innerhalb kurzer Zeit fest zu etablieren.

Die Touristik-Ausstrahlung von Bodenmais in das benachbarte Zellertal und dessen starke Eigenentwicklung im Fremdenverkehr hat 1969 zur Gründung einer Glasveredelungs-Werkstätte in Arnbruck geführt. Sie wurde vom Hohlglasfeinschleifer Oskar Weinfurtner vorgenommen. Er hat der Veredelung von Hohlglas sehr bald die Fertigung von Beleuchtungskörpern und Montage von Kronleuchtern angefügt. Diesen Produktionszweig übernahm 1975 der älteste Sohn des Firmengründers, der viele Spezialanfertigungen in Kirchen und Bühnenräume einführen konnte. Richard Weinfurtner, der zweite Sohn des Firmeninhabers, belegte 1974 beim Leistungswettbewerb der Deutschen Handwerksjugend als Hohlglasfeinschleifer den Platz des 1. Bundessiegers.

Frauenau

Im alten Glashüttenort war es für die Glasveredler ursprünglich gar nicht so einfach, sich als selbständige Handwerker zu etablieren. Die Ansichten in den Fabriken lagen konform mit den nicht gerade wohlwollenden Tendenzen der allgemeinen Bayerwald-Glasindustrie in ihrem Verhältnis zum Glashandwerk. Sie befürchteten für ihre eigenen, großen Veredelungsabteilungen eine heraufziehende Konkurrenz. Als sich dies im Lauf der Zeit als unbegründet erwies, änderte sich die Einstellung. Gerade im gesunden Nebeneinander wurde erkennbar, mit Hütten und Werkstätten gemeinsam, das überzeugende Fluidum eines wirklichen „Glas-Ortes" prägen zu können.

Eine der ersten Glasveredelungs-Werkstätten des Bayerischen Waldes gründete Georg Hirtreiter. Am 28. Februar 1910 in Frauenau geboren, besuchte er von 1923 bis 1926 die Glasfachschule in Zwiesel und daran anschließend ein Jahr lang die Kunstgewerbeschule in Köln. 1928 fand der junge Glasgraveur eine Anstellung in München und von 1930 bis 1934 arbeitete er in den traditionsreichen Glasbetrieben von Rattenberg in Tirol. Dann machte er sich in München als freiberuflicher Glasschneider seßhaft. Sehr schnell fand er großartige Aufträge: europäische Königshäuser und die forcierten Repräsentationsbauten des damaligen „Dritten Reiches" konnte der junge Künstler beliefern. Nach dem Werkstätten-Verlust im Zweiten Weltkrieg in München, baute Georg Hirtreiter ab 1945 einen Glaskunstbetrieb in Frauenau auf. Er arbeitete lange alleine, vergrößerte den Betrieb behutsam und setzte dafür von Anbeginn einen hohen Qualitätsmaßstab. Nach seinem Tod am 15. April 1978 übernahm seine Tochter Gudrun Frank den Betrieb, den sie als gelernte Glasgraveurin schon längere Zeit leitete. Mit drei Mitarbeitern und einem exklusiven Sortiment an hochwertigem Glas bewahrt die Firma einen guten Namen.

Den zweiten Betrieb des glasveredelnden Handwerks in Frauenau gründete im März 1958 der Glasmalermeister Felix Weidensteiner. Er hatte vorher durch zwei Jahrzehnte in der Poschinger'schen Kristallglasfabrik alle Stufen des Glasmalers, vom Lehrling bis zum Meister, durchlaufen. Aus kleinen Anfängen entwickelte er eine vielseitige Werkstätte mit allen Veredelungstechniken und großen Verkaufsräumen. Der als Hohlglasfeinschleifer ausgebildete Sohn Ernst Weidensteiner wurde im Jahr 1972 Kammersieger, Landessieger und Bundessieger im Leistungswettbewerb der Deutschen Handwerksjugend. Im Jahr 1974 erhielt er den Bayerischen Staatspreis in Form einer Goldmedaille auf der Internationalen Handwerksmesse in München. Zur abgelegten Meisterprüfung im Jahre 1976 konnte er schließlich auch eine Goldmedaille für hervorragende Leistungen von der Handwerkskammer für Niederbayern in Empfang nehmen. Die als „Rachelkristall" firmierende Werkstätte Weidensteiner veredelt mit 12 Mitarbeitern Gläser in Schliff, Gravur, Malerei und Ätztechniken. Sie liefert ihre hochwertigen Erzeugnisse an den Fachhandel und im Privat-Versand. Dazu kommen Direkt-Verkaufsstellen in Frauenau und einer Filiale in Bad Wiessee.

Als dritter Glashandwerksbetrieb befindet sich in Frauenau die Firma „Waldkristall-Glaskunst". Sie ist spezialisiert auf hochwertiges Bleikristall und selbstentwickelte Gebrauchs- und Zierartikel, kombiniert in Holz und Glas. Im Jahr 1965 machte sich nach abgelegter Meisterprüfung und mehrfachen beruflichen Auszeichnungen der Hohlglasschleifer Siegfried Kapfhammer in seinem Heimatort Frauenau selbständig. Schon 1971 konnte er die Werkstätten erweitern und ein großes Ladengeschäft angliedern. Eine ausgewählte Produktionspalette von besonderen Geschenkgegenständen für Glas-Liebhaber, kennzeichnet den kleinen, aber typischen Handwerksbetrieb.

Regen / Rinchnach / Bischofsmais

In der Kreisstadt Regen liegt der industrielle Schwerpunkt mit den „Rodenstock-Werken" bei der Verarbeitung optischen Glases. Mit dem traditionellen Bayerwald-Glasgewerbe fand der Ort erst nach dem Zweiten Weltkrieg durch einen Glas-Handwerksbetrieb Berührung. Und auch in der näheren Umgebung entstanden seither Glasveredelungswerkstätten.

Am 1. Oktober 1971 übernahm Manfred Hanke in Regen den schon seit zwei Jahrzehnten bestandenen Glasveredelungsbetrieb der Gebrüder Müller. Er hatte dort seine Ausbildung als Hohlglasfeinschleifer absolviert; diese in der Glasfachschule Zwiesel ergänzt und 1971 die Meisterprüfung abgelegt. Bereits 1968 wurde er 1. Bundessieger im Leistungswettbewerb der Deutschen Handwerkerjugend. Die „Hanke Glaskunst oHG" in Regen unterhält schöne Verkaufsräume und eröffnete im August 1978 eine Filiale in Passau. Eine gesetzlich geschützte Spezialität des Betriebes sind handgeschliffene Wanduhren aus Bleikristall.

In Regen-Wieshof betreibt Manfred Homolka eine Glasgravur-Werkstätte. er wurde am 19. 1. 1945 in Regen geboren und besuchte von 1959 bis 1962 die Glasfachschule Zwiesel in der Gravurklasse. Anschließend arbeitete er in verschiedenen Glasbetrieben in Zwiesel, Frauenau und Bodenmais. Im Oktober 1977 machte er sich in seiner Heimatstadt Regen selbständig und fertigt seither hervorragende Arbeiten in allen Glasgravurarten. Portraits, figürliche Darstellungen, Schriften, Wappen und Jagd-

gravuren sind seine bevorzugten Motive, die er zumeist für individuelle Auftraggeber ausführt.
Die Firma „Sankt-Gunther-Kristall" in Rinchnach ist eine Werkstätte für Glasgravur in Kali- und Bleikristallglas, sowie Dekoration von Beleuchtungskörpern. Sie wird mit zwei Mitarbeitern vom Glasgraveur Erich Petzi betrieben, der schon im Jahr 1966 in seinem Heimatort Riedlhütte eine eigene Werkstätte gegründet hat. In der Glasfachschule Zwiesel erhielt er seine Ausbildung als Glasgraveur, die er in der industriellen Praxis der Glasfabrik Riedlhütte ergänzte. Im Jahr 1970 verlegte Erich Petzi seine Werkstätte zunächst nach Regen und 1974 nach Rinchnach. Den Namen des Gründungs-Mönch dieses Ortes übernahm er als Firmenbezeichnung. Spezialarbeiten in Glasgravuren sind die Schwerpunkte der Fertigung. Die Erzeugnisse werden im eigenen Geschäft verkauft, sowie an den Groß- und Fachhandel geliefert.
Bischofsmais hat in seinem Ortsteil Unterbreitenau einen alten, längst erloschenen Glashüttenstandort nachzuweisen. Die starke Fremdenverkehrsentwicklung in diesem Raum brachte 1973 einen Glasveredelungsbetrieb hierher. Er wurde eröffnet von Karl Weinberger, der die Glasfachschule Zwiesel besuchte und nach mehrjähriger Industrietätigkeit 1972 die Meisterprüfung als Hohlglasfeinschleifer ablegte. Hierauf machte er sich in Griesbach bei Zwiesel selbständig und verlegte den Betrieb ein Jahr später nach Bischofsmais. Er verarbeitet dort vor allem farbiges Überfang-Bleikristallglas, für den Versand an private Käufer und eigenen Ladenverkauf.

Zwiesel

Aus der Glasstadt Zwiesel kamen nach dem Zweiten Weltkrieg die wichtigsten Impulse für das glasveredelnde Handwerk im Bayerischen Wald und die ganze Bundesrepublik. Die heimatvertriebenen Glasfachleute aus Nordböhmen und Schlesien, suchten in der traditionellen Glas-Landschaft Bayerns, nach ihrer Ausweisung eine neue Heimat. Nicht alle konnten sie dort finden. So war vor allem für die Verteter der Glasfachschulen Haida und Steinschönau in Zwiesel keine Dauerbleibe möglich, desgleichen nicht für die Schmuckwaren-Glaserzeuger aus Gablonz. Sie zogen weiter und etablierten sich erfolgreich in Rheinbach bei Bonn, Schwäbisch-Gmünd und Kaufbeuren-Neugablonz. Eine Reihe von Glasveredlern aber wurde in Zwiesel seßhaft; gründete die Landesinnung und führte in die bislang von den Hütten geprägte Glas-Gegend das dazugehörige Handwerk ein.
So verschlug es auch den aus dem Riesengebirge stammenden Hohlglasschleifer Erich Bulin nach Zwiesel. Er gründete dort 1948 einen Handwerksbetrieb für Glasschliff und legte im gleichen Jahr seine Meisterprüfung ab. Den notwendigen Geschäftserfolg forcierte er mit zahlreichen Beteiligungen an Ausstellungen im In- und Ausland, wobei ihm ein großes Leistungs-Diplom in Marseille zuerkannt wurde. Als geschützte Neuheit entwickelte Erich Bulin den „Wellenschliff" und die „Labyrinth-Welle". Dazu fertigte er als besondere Spezialität „Fischmaul"-Gefäße und Geschenkartikel mit „Flammenschliff"-Dekoration. Obwohl er bereits 1977 seinen siebzigsten Geburtstag feiern konnte, schleift Erich Bulin als alter Meister seines Fachs noch immer Sammlerstücke von bleibendem Wert.

Den mit 50 Mitarbeitern größten Glasveredelungsbetrieb Zwiesels, hat der aus dem Sudetenland stammende Emil Rimpler gegründet. Er wurde auch der erste Landesinnungsmeister des glasveredelnden Handwerks und ist seit Jahrzehnten ein unermüdlicher Promoter seines Standes. Seine kunstgewerblichen Werkstätten veredeln in Schliff, Gravur, Malerei und Ätzerei alle Arten von Hohl- und Flachgläsern. Im Herstellungs-Programm der „Kristall-Rimpler GmbH" finden sich als Besonderheiten Kopien antiker Gläser, Böhmische Rubingläser in „Egermann-Art", Wappengläser und handveredelte Spiegel. Der Betrieb wurde schon mehrfach mit Goldmedaillen in Deutschland und Österreich und mit dem Bayerischen Staatspreis ausgezeichnet.

Aus dem nordböhmischen Steinschönau kam der Glasgraveur Rudolf Wagner. Schon 1939 legte er die Meisterprüfung ab und im gleichen Jahr wurde er Reichssieger im Berufswettkampf. 1941 gründete er in seiner sudetendeutschen Heimat eine eigene

Glasveredelungswerkstätte, aus der ihn allerdings sehr bald die Einberufung zur Wehrmacht ereilte. Nach Kriegsende verschlug es ihn in den Bayerischen Wald, wo er in Zwiesel zunächst bei der Firma Rimpler Beschäftigung fand und sich 1948 als Glasgraveurmeister wieder selbständig machen konnte. Rudolf Wagner hat sich auf erlesene Gravuren in allen Techniken spezialisiert; Arbeiten von ihm stehen im Museum von Görlitz, dem Corning Museum of Glass in Corning, New York und in den Kunstsammlungen der Veste Coburg. Er beschickte Ausstellungen in der Bundesrepublik, Europa und Übersee. Der Sohn Wilfrid Wagner ist ebenfalls Glasgraveur und wurde als solcher im Jahre 1971 Bundessieger, legte 1973 die Meisterprüfung ab und ist seit 1978 Fachlehrer für Glasgraveur am staatlichen Ausbildungszentrum für Glas in Zwiesel.

Eine Werkstätte für Glasschliff und Glasgravur unterhält in Zwiesel auch der Glasgraveur Franz Jung. Nach dreijähriger Ausbildung in der Glasfachschule arbeitete er längere Jahre in verschiedenen Glasveredelungsbetrieben, bis er sich im Januar 1975 selbständig machte. Ein Jahr zuvor hatte er die Meisterprüfung abgelegt. Neben allen gängigen Dekorationsarten, sind figurale Motive auf Überfangglas ein Spezialgebiet der Werkstätte „Glaskunst Franz Jung".

In Rabenstein bei Zwiesel arbeitet Heinz Seemann in seiner Kunstgewerbe-Werkstätte für Freihand-Glasblasen vor der Lampe. Er war nach seiner Ausbildung von 1948 bis 1951 an der Glasfachschule in Zwiesel als Instrumenten-Glasbläser, längere Zeit in Coburg, München und Köln mit der Herstellung von Apparate-, Leuchtröhren- und Schmuckglas beschäftigt, ehe er sich 1959 in seinem Heimatort selbständig machte. Dort formt er frei vor der Gasflamme der Glasbläserlampe, alle Arten von dekorativen Klein-Gläsern, Christbaumschmuck und diffizilen Zier-Objekten. Als freischaffender Lampenglasbläser war er in seinem Fach der erste Handwerksbetrieb im Bayerischen Wald.

Eine zweite Werkstätte für Freihand-Glasblasen vor der Lampe zur Verarbeitung von Kali- und Farbglas betreibt in Zwiesel seit 1968 Gerhard Krauspe. Er unternahm den Schritt zur Selbständigkeit nach gründlicher Ausbildung in der Fachschule und mehrjähriger Berufstätigkeit als Instrumenten-Glasbläser, sowie im Jahre 1965 erfolgreich abgelegter Meisterprüfung. Seine Erzeugnisse verkaufte er bald nach der Betriebsgründung im angefügtem, eigenen Ladengeschäft. Vor der gasbeflammten „Lampe" werden in der Werkstätte kunstgewerbliche Glasartikel, Glastiere und vielseitige Kleingefäße gefertigt. Besondere Formen entstehen seit 1978 durch erfolgreiches Zusammenarbeiten mit dem Maler und Grafiker Walter Mauder.

Schließlich etablierte sich im Zwieseler Winkel mit dem Glasbläser Karl Schmid in Lindberg-Lehen die dritte Werkstätte für freigeformtes Lampenglas. Auch er durchlief die Ausbildung als Instrumenten-Glasbläser in der Glasfachschule Zwiesel und bereitete seine Selbständigeit durch mehrere Jahre Berufstätigkeit vor. Die zunehmende Beliebtheit des lampengeblasenen Glases und seine vielseitige Einsatzfähigkeit im künstlerischen Raumschmuck, haben dem talentierten Glasbläser den Start erleichtert. Für den notwendigen geschäftlichen Erfolg der Lindberger Werkstätte, sorgt ein eigener Verkaufsladen in der Stadt Zwiesel.

Und als vierte Glasbläserei hat im Jahre 1981 Rudolf Weber eine Werkstätte in Zwiesel begründet. Er absolvierte von 1973 bis 1976 an der Glasfachschule Zwiesel eine Ausbildung als Glasapparatebläser. Anschließend begab er sich in Tätigkeit und Fortbildung als Kunstglasbläser nach Regenhütte und Ludwigsthal. Im Jahr 1981 wagte er den Sprung zur Selbständigkeit. Er gründete eine eigene Werkstätte, macht einen Laden auf und bemüht sich, neben der Herstellung von gängigen Lampenglas-Artikeln, um eine erfolgreiche Linie der künstlerischen Glasgestaltung.

FRIEDRICH HOLL

EIN GLASTECHNOLOGISCHER QUERSCHNITT

Nicht unbehelligt blieb, nicht unbeteiligt ist unsere Waldheimat an den geschichtlichen Entwicklungen der Glasverarbeitung.

Mit unumstößlicher Sicherheit bestätigt heute die Forschung, daß zur althergebrachten Töpferei etwa ab 4000 v. Chr. eine parallellaufende Verarbeitung von naturgegebenen, feuchtformbaren Glasgemengen existiert, die durch ein gleiches handwerkliches Behandlungsverfahren zu gefritteten oder gesinterten Kult- und Gebrauchsgegenständen führte, die in den kulturgeschichtlichen Abhandlungen über Ägypten irreführend als „Ägyptische Fayencen" und in denen über Vorderasien als „Fritten oder Glaspasten" bezeichnet wurden. Auch weite Gebiete Europas scheiden als Fundorte nicht aus, man ordnet sie aber erst dem 6. Jh. v. Chr. zu. Bis etwa 200 Jahre n. Chr. lassen sich Perlen, Amulette, Ringe und kleinere Schalen verfolgen, die man heute als Kieselfritte bezeichnet haben will. Viele unterschiedliche Fehlzeit-Datierungen werden ihnen deshalb angelastet, weil sie als hervorragende Glasurträger, oft durch zweite Brände, mit echten Gläsern verwechselt wurden.

Die ersten Gefäßchen, die man werkstoffmäßig durch die zwei wesentlichen Eigenschaften, die Formbarkeit und die Farbgebung, dem wirklichen Glase zuordnen darf, fand man in Ägypten, und sie stammen aus dem 15. Jh. v. Chr. Der gegebenen Zähflüssigkeit entsprechen auch die neuentwickelten Verarbeitungswege: Schliffpolieren von Bruchstücken für Edelsteinnachahmungen, Einstreichen in Tonmodel oder Gipsformen, Farbglasfäden mittels Metallstäben ziehen, was schon gegen Ende des 13. Jh. v. Chr. für Mosaikarbeiten nachweisbar ist (später als Millefiori bezeichnet!), und die viele Jahrhunderte lang betriebene Wickeltechnik über einen „verlorenen" Kern aus Sand und etwas Ton an einem Metallstab für die Herstellung von Hohlgefäßen. Es liegt die Vermutung sehr nahe, daß eine enge Verflechtung mit der Fertigung von Wickelperlen über einen tonbestrichenen Metallstab besteht, ja sogar die Weiterentwicklung zur Schleudertechnik endloser Armringe kann angenommen werden, die durch Ausgrabungen keltischer Siedlungen auch in Bayern (Manching) nachgewiesen und in die Zeit von 400 bis 50 v. Chr. eingereiht werden. Anscheinend handelt es sich um „fahrende" Glasperlenmacher, die an einfachen, mit Blasbälgen betriebenen offenen Herden arbeiteten. Man nimmt an, daß die bei den Kelten vorhandenen Kenntnisse zur Herstellung außerordentlich resistenter Gläser in den folgenden eineinhalb Jahrtausenden wieder vollständig verlorengegangen seien.

Die vielen Hinweise bei Ktesibios und Philon auf Wasser- und Luftdruckspiele um 260 v. Chr. erlauben die Annahme, daß die geschickten Eisenschmiede dieser Zeit schon das Feuerschweißen und das Biegen über den Dorn, also auch das Rohreschmieden, beherrschten. Deshalb setzt man die Erfindung der Glasmacherpfeife sehr berechtigt in die Jahre des Überganges vom 2. auf das 1. Jh. v. Chr. und findet ziemlich übereinstimmend als Erfindungsort Sidon angegeben, das heutige Saida im Libanon, obwohl datierbare Pfeifenarbeiten erst wenige Jahrzehnte vor der Geburt Christi an Häufigkeit zunehmen. Dieses Wunderwerkzeug war bis in die Neuzeit wertvolles Eigentum der Glasmacher, aber es setzt voraus, daß bereits der geschlossene Ofen zur Verfügung stand, was man aber erst um das Jahr 1000 n. Chr. in dem Buche „Schedula diversarum artium", geschrieben von einem Geistlichen unter dem Decknamen Theophilus Presbyter, beweisen kann. Es ist ein Dreikammerofen mit rostloser direkter Holzfeuerung, durch die sich die mit Holz eingeschalten Tongewölbe am Beginn der Ofenreise in der langen Anheizzeit verfestigen; von Wölbsteinen ist keine Rede. Immer ist eine

Ofenkammer noch dem Fritten vorbehalten. Das bestätigt sich auch bei dem Bienenkorbofenbetrieb, der schon 120 Jahre vor der „Ars vitraria experimentalis" des Altmeisters der Glaskunst Johann Kunckel von Löwenstern (1630–1703) von Georg Agricola (1404–1555) im 12. Buch vom Berg- u. Hüttenwesen (De re metallica 1556) eingehend veranschaulicht wird. Von da ab wird die Verfahrensliteratur ergiebiger. Kunckel schöpft noch aus „Arte vetraria" (1612) des Italieners Antonio Neri und der englischen Übersetzung (1662) des Arztes Christopher Merrett. Dann aber verfaßt 1791 der Franzose Loysel im Auftrage der Akademie der Wissenschaften sein „Essay sur l'art de la verrerie" mit großem Können. Schon 1801 übersetzt der kurfürstlich mainzische Hof- und Regierungsrat Johann August Tabor, Direktor der fürstbischöflichen Lohrer Spiegelglasmanufaktur, dieses Werk und ergänzt es mit vielen eigenen Erfahrungen, schmückt es mit 10 Kupfertafeln und nennt es ebenfalls „Versuch einer ausführlichen Anleitung zur Glasmacherkunst". Der zweite umfangreichere Band erscheint 1818 bei Andrä in Frankfurt. Tabors Werk ist überragend und wohl das wertvollste Buch der Glastechnologie; Kunckels Glasmacherkunst wird völlig in den Schatten gedrängt.

Man braucht jetzt von unserem heimatlichen Glasgebiet nicht mehr Rückschau zu halten auf den historischen Weg dieses wundersamen Werkstoffes über Rom nach der Provinzialisierung Ägyptens in die Kolonisierungsgebiete und nach der furchtbaren Turbulenz der Völkerbewegungen bis zur aufstrebenden Stellung der Handelsstadt Venedig mit dem Beginn der Kreuzzüge um 1100 n. Chr. Jede kunstgeschichtliche Betrachtung bestätigt, daß die Eingeweihten die große Spanne von 100 v. Chr. bis 1550 n. Chr. als die eigentliche Entwicklungsstufe des Hohlglases bezeichnen, die die allmähliche Entstehung und Verbreitung dieses Industriezweiges bis zur italienischen Spätrenaissance beinhaltet. Hier greift bereits die Geschichte der ersten Glashütten unseres Heimatgebietes kräftig ein, die ja im besonderen eingehend beleuchtet wird. Wir müssen also zur Technologie zurück. Rohstoffmäßig bevorzugen unsere Glashütten des Nordwaldes als Alkaliträger die Pottasche, vornehmlich aus der Buchenholzasche. Man schwenkte also, so wie es die Bodenständigkeit verlangte, auf einheimische Glasrohstoffe ein. Der nicht eisenfreie Quarz ließ nur das grünliche „Waldglas" erzeugen. Es besaß jahrhundertelang die gleichbleibende ungenügende Qualität. Unsere Hütten pflegen meist bei einer Mischerzeugung in erster Linie die Flachglasfertigung nach dem Walzenverfahren. Etwa Mitte des 17. Jh. setzt sich der böhmische Tafelglasofen durch, der bereits mit einem Rost ausgestattet ist. Schwenkgruben und Kanzeln dienen dem Längen der Walzen.

So ist es auch erklärlich, daß die Glashütten mit dem Problem der Feuerung zu kämpfen hatten und die strenger werdenden Waldordnungen zwingen auch dazu, sich von der Abhängigkeit der Wälder zu befreien. Wahrscheinlich liefen die Experimente für eine Umstellung auf Steinkohle nach englischen Vorbildern. Bei solchen sehr geheim gehaltenen Versuchen auf der Horschowitzer Glashütte, Kreis Beraun, mischen Glasmeister unseres Waldes fleißig mit. 1769 wird durch Hofdekret das angemeldete Fabrikationsgeheimnis des Tobias Adler von der Tobiashütten durch beglaubigte Personen einer Prüfung unterzogen. Adler hatte auch einen eigenen Ofenplan eingereicht. Sein Ergebnis war zwar keine feine Sorte Tafelglas, aber er versprach, sogar Kristallglas herzustellen. Ein Glasmacher namens Bartholomäus Klein, der viele Jahre auf Hamburger und Rotterdamer Hütten gearbeitet hatte, auch auf steinkohlenbeheizten, führte unaufgefordert aus, daß er nach dem Horschowitzer Verfahren bessere Erzeugnisse herstelle als unter Anwendung der Holzfeuerung. Kommissar Hilgart verbessert zufriedenstellend das Adlersche Verfahren, erhält 150 Dukaten und wird verpflichtet, das Geheimnis des Fabrikationsverfahrens und den vollständigen Plan des Schmelzofens an den Kammerpräsidenten Graf Josef Kinsky zu übergeben. Als man 1786 die Erteilung eines Privilegs für die Einführung der Steinkohlenfeuerung dekretierte, waren die Dokumente in der königlichen Registratur nicht mehr zu finden!

Noch ein Fall dieser Feuerungsumstellung, die freilich verkehrstechnisch für unsere Waldglashütten nicht nutzbar war, verbindet sich mit einer Persönlichkeit unserer Heimat. Alois Freiherr von Hafenbrädl, geb. 1763, Eigentümer der Güter Au und March, bewarb sich 1794 noch als Pächter der Eisendorferhütte, Kreis Bischofteinitz, um die Erlaubnis, auf seinem Gute Ullitz, Kreis Mies, eine Glashütte errichten zu dürfen. Die Städte Mies, Kladrau, Pilsen und das Oberbergamt Joachimsthal befürchteten verstärkten Holzmangel und rekurieren dagegen. Da schreibt Hafenbrädl an das Pilsner Kreisamt, daß er sich für eine Steinkohlenfeuerung entschieden habe, die benachbarte Herrschaft Chotieschau werde ihn versorgen. Man möge auch nicht den Holzverbrauch – er benötige für Vorversuche noch Holz! – der Hütten in den Grenzwäldern zum Vergleich heranziehen. Dort bestehen fast durchwegs Vertragsverpflichtungen zur Abnahme billigen Holzes, weil die Wälder doch nicht Eigentum der Glasmeister wären. Er könne das Holz seiner eigenen Waldungen auf Ullitz zu besseren Bedingungen verkaufen. Er verfüge über seine Erfindung eines verbesserten Glasofens, der ihm die Hälfte des üblichen Holzverbrauches einspare, und er werde seine Erfindung bei der Steinkohlenheizung verwenden.

Nach einer sehr parteiischen Lokalinaugenscheinnahme stellt sich der Pilsner Kreishauptmann dennoch auf die Seite Hafenbrädls, wenn er sich verpflichte, kein Holz von den Nachbarherrschaften zu kaufen und Steinkohle zu verwenden. Diese Möglichkeit bestreiten die Gegenparteien, man möge ihnen das Holz aus den Ullitzer Wäldern solange vorbehalten, bis Hafenbrädl seine Erfindung verwirklicht habe. Da bereits eingestellte Glasmacher arbeitslos sind und von der Ullitzer Herrschaft nur unzureichende Unterstützungen für ihre Familien erhalten, ersuchen sie ebenfalls um Weiterbau oder um Ausstellung von Pässen ins Ausland. Als auch ein günstiges Hofdekret vom 14. 8. 1795 die vorigen Bedingungen gutheißt, laufen die Gegner erneut Sturm. Man wendet sich direkt an den Kaiser. Aber das Gubernium stellt sich ebenfalls auf die Seite Hafenbrädls. Man erfährt, daß die Hütte bereits mit 8 Gesellen arbeitet, Kohle ist bei der Chotieschauer Herrschaft bestellt, 8 Wohnungen sind gebaut worden und Felder sind zugeteilt. 20.000 fl stecken im Hüttenbau, an sich eine große Gewähr für die Einhaltung der auferlegten Bedingungen. Johann Wenzel Boxleuthner, der Baumeister der Hütte, war ins Ausland geschickt worden, um noch notwendiges Wissen über steinkohlenbeheizte Glasöfen zu erringen (Dez. 1795). Die Abmachung gelte für das nächste Jahr. Alle Beschwerden wurden nun mit Dekret vom April 1796 abgelehnt.

Es scheint nun, daß die Versuche mit der Steinkohlenfeuerung die finanzielle Kraft Hafenbrädls vollständig erschöpften. Die Belegschaft gibt dem Pilsner Kreisamt am 28. 10. 1797 die Nachricht, daß sie ihr Glasmeister Alois Hafenbrädl verlassen habe, niemand wisse, wohin er gegangen sei. Trotz Konkursverfahren gelingt es, die Hütte noch bis Mitte 1799 weiterzuführen. Ernannter Verwalter war Dominik Nachtmann gewesen. Man erzeugte Tafelglas auf einem 8-Hafenofen, von der Kohlenheizung ist keine Rede! Blau I, 165 erwähnt den Kauf des Gutes Ullitz, von der Glashütte berichtet er nichts. S. 111 erwähnt er die großen Holzverkäufe aus den Bischofsmaiser Waldungen nach Wien 1834 durch Alois Freiherr von Hafenbrädl von Schloß Au.

Wohl den beachtenswertesten Beitrag zur Glastechnologie gibt der Glasmeister und Gründer der Lambacher Hütte, Oberstbergrat Franz von Baader (27. 3. 1765–23. 4. 1841), dem dort die Sulfatschmelze (Glaubersalz) gelingt, und zwar in der Abwehr drastischer Überteuerung der Pottasche. Ihre Erzeugung war ja eigentlich der große Plünderer des Waldes, ergibt doch das aschearme Holz nur rund 1 Gewichtsprozent Asche, das durch Kalzinieren auf ¼ absinkt. Baader schätzt in seiner Eingabe an die österreichische Regierung, daß 1 bayerische Normalklafter (nach Winklers Spiegelglasindustrie S. 13 ist 1 bay. Normalklafter 126 Kubik Fuß = $6' \cdot 6' \cdot 3\frac{1}{2}' = 2{,}6861\ m^3$) Buchenholz nur 5 Pfund Kali und Fichtenholz 1½ Pfd. ergebe, und meint: „So erstaunt man mit Recht über die ungeheuere Holzmasse, die alljährlich zur Gewinnung jener 150.000 Centner Pottasche (sein Schätzwert für das Reichsgebiet) absichtlich eingeäschert werden muß. Die Art, die Holzasche in den Wäldern im Freien zu gewinnen, ist die holzverwüstendste, die man sich vorstellen kann."

Sicher hat Franz von Baader Vorläufer, aber ihm die Priorität seiner Erfindung abzustreiten und Dr. Gehlen zuzuschieben wäre unrichtig, denn Baader führt 1811 in der Spiegelfabrik zu Neuhaus die erfolgreichen Versuchsschmelzen vor und erhält nach Überreichung der Beschreibung der Erfahrungsmethode eine Remuneration von 12.000 fl Wiener Währung. Daraufhin erwarb Baader das Schlößchen Mitterschwabing in München, wo er bis 1832 mit seiner Familie wohnte. Baaders universelle Persönlichkeit kann freilich hier nicht voll gewürdigt werden. Der Lambacher Glashüttenbetrieb schwimmt durch die wirtschaftlichen Schwierigkeiten der napoleonischen Kriege 1826 in den Konkurs.

Schließlich finden wir unseren Lambacher Glasmeister als Lehrbeauftragten für religiöse Philosophie an der neuerrichteten Universität in München. Baader gilt heute als einer der größten Weisen unseres Volkes. Er ersehnt die Wiedervereinigung der christlichen Religionen bis zu seinem Sterben. „Das Kreuz im Herzen, das Schwert im Munde" war sein Wahlspruch. Sein umfangreicher literarischer Nachlaß umfaßt 16 Bände (Aalen 1963). Stiglmayer's Büste in der Staatsgemäldesammlung trägt die Aufschrift: „Franz von Baader – Weltweiser." In Lambach ehrte die Familie Willmann sein Andenken durch die Errichtung eines Gedenksteines (5. 7. 1980).

Herr von Poschinger zu Oberzwieselau war bis 1835 Pächter der Kreditorschaft. Tritschler & Co. kauften am 9. 3. 1839 das Hüttengut. Baaders Biographie nach Blau II bezieht sich irrtümlicherweise auf dessen Bruder Josef!

Dann aber fallen im 19. Jh. viele reife Erkenntnisse der Physik und der Chemie auch in den Schoß der Glasindustrie. Man hatte unterscheiden gelernt, was Calcium, Magnesium, Natrium und Kalium ist. Man erfaßte Gesetzmäßigkeiten des Auftriebes in Füchsen und Schornsteinen. Friedrich Siemens schenkt uns den Gaserzeuger für Holz- und Braunkohlenbetrieb und gibt damit 1857 für seine sehr wirtschaftliche Regenerativfeuerung die Einsatzmöglichkeit bei Hafenöfen und bei ihm auch zugeschriebenen Wannenöfen, 1858 noch periodisch, ab 1867 bereits kontinuierlich. Siemens verbessert durch die vorwärmende Regeneration mit Hilfe der Abgaswärme die Wirkungsgrade der Glasschmelzöfen auf das Doppelte! Hafenöfen auf 7%, Wannen auf 15%, wodurch vergleichsweise gleichgroße Anlagen doppelte Glasmenge ergeben.

Die Hütten des Bayerwaldes greifen nur mißtrauisch nach den mit Patentgebühren belasteten Vorteilen. Die heimatliche Glashüttengeschichte bringt dazu ein ausgezeichnetes Beispiel. Als am 9. 7. 1870 Johann Michael Freiherr von Poschinger (1834–1903) von der Theresienthaler Glashütte die fast zu liquidierende Hütte in Ferdinandsthal auf 5 Jahre vom Fürst-Hohenzollernschen Rentamt (Eisenstein) pachtet, verwendet er für das Herrichten den Abbruch der Kameralhütte. In diesem Ferdinandsthal hat übrigens der Erbauer Ferdinand Abele um 1834 Versuche zum Gießen von Spiegelglas durchgeführt. Der österreichische Schematismus erwähnt erst 1838 etwas darüber. – In dieser abgelegenen Hütte gelingt es Herrn von Poschinger durch eingeweihte Helfer einen ersten holzgasbefeuerten regenerativen Hafenofen nach Siemens ohne Wissen des Erfinders zu bauen, der bald gegen dieses Vorgehen Schritte wegen Verletzung privilegierter Rechte unternahm. Der bevollmächtigte Beschwerdeführer Emil Seybel forderte bei den zuständigen Ämtern die Einstellung des Ofenbetriebes von amtswegen. Seybel aus Wien hatte die Vertretung des Patents für Österreich übernommen. Die Bezirkshauptmannschaft Schüttenhofen nimmt 1871 eine sehr interessante Haltung ein: Man könne doch nicht den in Betrieb befindlichen, noch dazu aufwendigen Glasschmelzofen einfach demolieren und die Arbeiter ausstellen. Solche Gutwilligkeit auf eine bloße Anschuldigung hin könne man beim Unternehmer nicht voraussetzen. Außerdem böte Seybel keine Sicherheit für einen allfälligen Ersatz der entstehenden beträchtlichen Schäden und keine Garantie für die entgangenen Löhne der Arbeiterschaft. Gewaltanwendung wäre allzuleicht Mißbrauch der Amtsgewalt.

Herr von Poschinger rekurierte selbstverständlich gegen die Forderung des Bevollmächtigten. Der konkrete Erfolg ist zwar nicht bekannt, aber die Statistischen Berichte der Pilsner Handels- und Gewerbekammer melden für 1870 bis 1875, daß man auf einem 8-Hafenofen, beheizt mit Generatorgas, Tafelglas erzeuge. Man arbeitet dort bis zur Räumung Ende Februar 1889, dann wurde die Firma M. v. Poschinger in Ferdinandsthal bei Eisenstein gelöscht. 1891 erklärt von Poschinger sein Bemühen um Lösung des Pachtvertrages mit den erhöhten Produktionskosten durch die Kohlenfrachten vom Eisensteiner Bahnhof.

Mit Bestimmtheit hat Michael von Poschinger durch die Erprobung der Siemensschen Regenerativfeuerung viel zugelernt und mit ihm die gesamte Glasindustrie des Bayerischen Waldes.

Als im August 1868 Johann Nepomuk von Poschinger aus Trautmannsried zur Waldnutzung eine Tafelglashütte im Rauchloch errichtet, erhält diese den Namen „Gashütte", was nach eingesehenem Vermessungsoperat (1869) kein Druckfehler sein kann. Damit wäre auch auf dieser Anlage der wahrscheinliche Einsatz der Holzvergasung anzunehmen. Es ist nicht auszuschließen, daß es sich auch schon um eine regenerative Feuerung nach Siemens handelte. F. X. Schrenk legte 1893 die Hütte still. Das Ansuchen J. N. Poschingers vom 28. 10. 1871 zur Namensgebung Gashütte bezieht sich tatsächlich auf die eingerichtete Gasfeuerung.

In diese Zeit fällt auch Bayerns großer Pluspunkt für die Produktion des optischen Glases durch die unschätzbaren Dienste unseres aus Straubing gebürtigen Joseph von Fraunhofer (1787–1826), der 1818 als Direktor der feinmechanischen Werkstätten von Reichenbach und Utzschneider in Benediktbeuren zum Vater der Spektralanalyse wird. Er nutzte das Rührverfahren des Schweizers Guinand zur besseren Homogenisierung der optischen Glasschmelze. Und das weit vor der Zeit des Triumvirates Abbe – Schott – Zeiß! Deren Zusammenarbeit begann erst 1866. Noch heute ist die erhaltene Optische Glashütte in Benediktbeuren eine Art Wallfahrtsort der Glasleute. Herr von Utzschneider hatte ohne Einsicht an ein bayerisches Monopol geglaubt und dadurch das Ausland zu eigenen Entwicklungen ungewollt gezwungen. Wir müssen die große Reihe der verdienstvollen Forscher und Erfinder auf der langen Strecke nur andeuten, um im Bogen der heimatlichen Betrachtung dem Sektor der optischen Industrie, den Werken Rodenstock, gerecht zu werden, die zu einem gutklingenden Begriff in der ganzen Welt geworden sind. 1977 war ein Jubeljahr für das 100jährige Bestehen. Damals hat der Großvater des heutigen Chefs, Josef Rodenstock, in Würzburg mit 30 Mitarbeitern begonnen, Barometer, Lupen und Brillengläser herzustellen. 1882 legte er den Grundstock in München. Das Produktionswerk in Regen wurde 1898 gegründet und ist im heurigen Stichjahr mit 1900 Beschäftigten größer als das Hauptwerk in München mit 1800 und das 1961 gegründete Werk Ebersberg mit 1350 Beschäftigten. Seit 1953 hat Prof. Dr. Rolf Rodenstock die Betriebsleitung übernommen. Während in München die Hauptverwaltung, die wissenschaftliche Entwicklungs- und Konstruktionsabteilung, eine Teilefertigung für Brillenfassungen, eine Rezeptgläserfertigung, eine Kunststoffgläserfertigung, die Verkaufsabteilung für das In- und Ausland sowie Ausbildungswerkstätten bestehen, hat das Werk Ebersberg vor allem mit den Brillenfassungen und mit der Ausbildung zu tun.

Im Werk Regen werden derzeit produziert: Einstärken-Brillengläser, Mehrstärkengläser, Sonnenschutzgläser, Rezeptgläser, feinoptische Linsen, Teilfertigung von Augenuntersuchungsgeräten; daneben bestehen elektronische Werkstätten und die Brillenglaspresserei. Ferner werden aufgeführt: Vergütungsbetrieb, mechanische Werkstätten und Maschinenbau, Brillengläserlager und -versand, aber auch Ausbildungswerkstätten.

Mehrstärkengläser werden für den natürlichen Verschleiß des menschlichen Auges konstruiert. Sie sollen die Schwierigkeiten der nachlassenden Akkommodationfähigkeit im zunehmenden Alter überbrücken helfen. Gerade bei dieser Produktion hat Rodenstock Rang und Namen und ist mit Abstand der größte Hersteller. Rodenstock fertigt selbst keine Rohgläser, sondern bezieht sie von namhaften Werken.

Wer will die Qualität des Faktors angeben, durch den das Vielfache ausgedrückt wird, was das Menschenauge an Erkenntnissen durch Brillen, Mikroskope und Fernrohre gewonnen hat! Es liegt eine zielstrebige Symbolik im Werbespruch der Rodenstockwerke: „Die Zukunft vor den Augen!"

An der Entwicklung technischer Gerätegläser und

an der Röhrenherstellung haben wir hier im Wald keinen Anteil, unsere Rohstoffe brachten keine Eignung für solche Zwecke. Ebensowenig bestanden Voraussetzungen, daß sich der Zweig der Flaschen- und Verpackungsindustrie hier aufbauen konnte, fehlen doch die Mineralquellen, der ergiebige Obstbau, und unsere Waldberge sind eben keine Weinberge.

Die große Stärke der Waldglashütten lag im Tafelglas, und sie vergrößerte sich so wie allerorten durch den großen Bedarf an Spiegelglas mit der Erschließung des Wilden Westens in Amerika. Trotz der noch rückständigen Öfen schwenken unsere Spiegelmacher die kurzen, schweren Spiegelglaswalzen, an den wasserreichen Bächen und Flüssen entstehen zahlreiche Schleif- und Polierwerke diesseits und jenseits der Grenze. In den Jahren 1844–55 sind mehr solche Werke entstanden als in den 100 vorhergehenden Jahren. In der Oberpfalz allein errichtet man 1855 rund achtzig solche Werke, 1890 zählt man über 230 im ostbayerischen Raum, wobei für Niederbayern nur Frauenau-Dörfl, Ober- und Unterglasschleif am Deggendorfer Höllbach, Schleifmühle am Mettenbach, Seebachschleife am Großen Regen und Fahrnbach am Farnbach in Erfahrung gebracht wurden. Bevorzugt waren eben die Standplätze am Wege nach Fürth, der großen Handelszentrale. Es sei noch vermerkt, daß 1860 das Belegeverfahren nach Liebig eingeführt wurde. Diese ungeheuerliche Beschäftigungslage mußte einem Tanz auf einem Vulkan gleichen. Sogar Neugründungen von Glashütten im Wald trotz des überhöhten Holzpreises fanden statt. Die Exportspitze erreichte 1890 die 10 Millionen Mark-Grenze.

Und nun beginnt es zu knistern in dem nur scheinbar festgefügten Gebälk. In den folgenden 7 Jahren bricht das USA-Exportgeschäft zusammen. Es sind aber noch lange nicht die sieben magersten Jahre. Als nach 1850 die wichtigsten Eisenbahnverbindungen mit den Falkenauer und Pilsener Kohlenrevieren für Neustadt/Waldnaab, Weiden, Marktredwitz, Schwandorf, Furth im Wald, Plattling, Zwiesel und durch die Teilstrecke auch nach Grafenau Verbindungen schaffen, müssen die Waldglashütten zwangsläufig die Wanderung zur Kohleversorgung antreten. Viele wählen den Weg nach Norden, neue Zentren bilden sich in Neustadt, Weiden, Windischeschenbach, Mitterteich und Waldsassen. Nur für die Further Senke und unseren Zwiesler Winkel rettet die Eisenbahn noch engere Traditionen ins 20. Jh. Dieser große Zug, der auch auf der Landkarte erschütternd zeigt, daß er sowohl im bayerischen als auch im böhmischen Raum stattfindet, ist ein trauriger Exodus, dessen Geschichte mit Tränen geschrieben wurde. Wieviel Starrsinn läßt alte Glasmeister durch ihre traditionsverhangene Haltung einen aussichtslosen Kampf führen, wieviel Leid und Opfer bringen die fast untragbaren Verlegungskosten, und bedingte Kredite verursachen bald nach dem Auszug den finanziellen Ruin. Die hier bekannten Glasmeisterfamilien fallen diesem Sterben zum Opfer: von Hafenbrädl, von Hilz, von Schmaus, von Lenk, Abele, Schrenk, Bauer u. a. m. Dort, wo noch etwas zu holen war, griffen die Gläubiger zu. Das zweite Unheil aber war, man hatte die Zeichen der Zeit nicht genügend beachtet, man kam zur Kohle schon zu spät, denn die Flachglasindustrie in USA hatte schon erfolgreich zu mechanisieren begonnen, von Tag zu Tag steigerte sich ihre Selbstversorgung.

Doch sollten wir gerade auf dem Sektor des Gußglases noch einmal ausholen, um die Auswirkungen in unserem Heimatgebiet ganz zu verstehen. Seit 1692 war in Frankreich die Spiegelglasherstellung nach dem Tischverfahren eingeführt worden. Nach englischem Vorbild verbessert Bicheroux ein Walzwerk und gewinnt das Wagen, glühendheiße Glashafen aus dem Ofen zu nehmen und das Glas in das Walzwerk zu entleeren. Dieses sogenannte „Rheinische Verfahren" bleibt den Waldglasmeistern freilich nicht verborgen. Die gesamte Zeitspanne ab 1692 ist eigentlich hier gemeint.

Es soll hier an die große Reise des Felix Hafenbrädl von der Storner Hütte, Gericht Eisenstraß, nach Holland und England erinnert werden. Am 10. 4. 1790 ersucht er um Paßausfertigung. Im Herbst 1791 verübt sein hinterhältiger Freund Hayller derartige Betrügereien, daß Felix Hafenbrädl in Holland verhaftet und eingekerkert wird. Erst Ende Juni 1792 kann er gebrochen an seiner Gesundheit heimkehren. Mit Hilfe seiner Verwandten gelingt es jetzt, Hayller gefangensetzen zu lassen. Der schwerwiegende Schaden von 5.000 fl und andere Schulden führen zur Versteigerung. Die Schwiegermutter Katharina von Hilz aus Klingenbrunn machte das höchste Angebot. 1792 war aber die Hütte schon eingestellt worden. Es liegt die Vermutung nahe, daß es sich bei einer derart großen Reise nicht allein um das Knüpfen neuer Geschäftsverbindungen gehandelt hat. – Sowohl die drei Söhne des Georg Christoph Abele haben im nahen Hurkenthal Gießversuche durchgeführt als auch ihr Vormund Ferdinand in Ferdinandsthal. Auch auf der Ludwigsthaler Hütte, die dem Sohne Wilhelm vermeint war, sind Versuche gelaufen. Im finanziellen Ruin der Familie Abele geht auch viel Wissen um die Zeitumstände verloren. – Aus der Masse erwirbt Johann Anton Ziegler, dessen unternehmender Vater Wolfgang aus Eisendorf, Kreis Bischofteinitz, stammt, 1852 das Gut Deffernik, das 1868 Fürst Karl Anton von Hohenzollern kauft.

Johann Anton Zieglers Schwager Peter Ziegler schloß mit dem Besitzer des Gutes Eisenstein Franz Xaver Freiherr von Hafenbrädl am 10. 7. 1841 einen Pachtvertrag für die neuerbaute Glashütte Elisenthal ... 1845 fällt sie einem Brand zum Opfer, wird aber rasch wieder aufgebaut und durch einen 2. Schmelzofen vergrößert. 1852 kauft Fürst Karl Anton von Hohenzollern auch das Eisensteiner Gut. Es ist belegt, daß sich Peter Ziegler etwa seit 1853 mit dem Gedanken des Glasgießens nach dem „Belgischen Verfahren" trug. Er realisierte ihn am 12. 11. 1856 mit einem neuen Hüttenbau. Die Lasten erforderten den opfervollen Betrag von 60.000 fl., es war der Anfang vom Ende! Der unseriöse Bürge Liebig aus Wien wurde durch Verpfändung und Abtretung schon vorzeitig der Herr. Trotz großer Nachsicht der Herrschaft war 1862 der Vergleich nicht mehr aufzuhalten. 1865 kommt es zum Konkurs, und Liebig kann für nur 30.500 fl das ganze Zieglersche Vermögen erwerben. Er schließt ab 1. 5. 1867 bis 1. 5. 1877 einen eigenen Pachtvertrag. Am 1. 5. 1872 erscheint sein Verwandter Jakob Mallmann aus Wien als Pächter, und nach ihm wird es mit 1. 5. 1877 Franz Schrenk, Glasherr in Lohberg. Unter ihm war die Glashütte Elisenthal noch bis 15. 4. 1905 in Betrieb. Die Einstellung erfolgte unter dem Druck der belgischen Konkurrenz! – Im übrigen war Franz Schrenk mit Anna, der Schwester Peter Zieglers, verheiratet. – Man erzeugte Tafel- und Spiegelglas. Von Interesse ist es sicher zu wissen, daß nach Jahren ein zweiter Schwager Peter Zieglers die Erfahrungen der Spiegel-Gußglashütte in Stankau (Holleischen) erfolgreich auswertete. Es ist Andreas Ziegler und dessen Sohn Josef. 1890 betrug dort die Gußglasproduktion 40.000 m² jährlich. Dreieinhalb Jahrzehnte später schlägt aber auch schon wieder eine neue Technologie unbarmherzig zu. Man sollte den Roman von J. Hofbauer lesen: Dorf in Scherben.

Ein Inventar vom Jahre 1857 soll noch bestätigende Auskunft über die Ausstattung Elisenthals geben:

1. Glashütte mit zwei Glasschmelzöfen zu je 6 Häfen, 2 Temperöfen und zwei Strecköfen.
2. Gußglasbetrieb mit 1 Schmelzofen zu 6 Häfen, 24 Kühlöfen, 6 Trockenöfen, 2 Temperöfen, 2 Gießkrane, 1 Gußtisch, 1 Gußwalze.
3. Kiespocher, Kalkschupfen, Tonlager, Kohlenlager, Scherbenlager, Glaskammer, 2 Gemengekammern, 2 Schneidkammern, Facettier-Maschine, Filzerzeugung, Spiegelschleife und Säge mit Tischlerei.

Man erkennt, daß dieses für damals großartige Experiment mit in den Sog der Abwanderung aus dem Wald gerät, hoffnungslos und unwiderruflich. Auch Peter Zieglers Schritt voraus fand auf dem erfahrungsschwachen Boden keine Existenz. Auch Wenzel Schrenk, ein Sohn des Lohbergers, muß schließlich aufgeben. Und im Lamer Winkel, wo Vater Franz Schrenk auf die Kohleversorgung über die Kötztinger Bahn wartete, verteuerte sich der Transport, das Holz trieben die Händler in eine schwunghafte Höhe, so daß der alte Querkopf den Streit mit seinem Schwiegersohn Andreas Bauer begrub und fast halsüberkopf den Winkel verließ. In Neustadt/Waldnaab verrannten sich dann die beiden in das unlösbare Problem des Walzens von zweilinigem Fensterglas und – gaben schließlich auf.

Vergegenwärtigen wir uns noch einmal die Darstellungen des leidvollen Auszuges aus dem bisher gelobten Waldland, so gibt der Ausfuhrwert des Jahres 1904 mit 1,2 Millionen Mark nach USA unweigerlich den letzten Anstoß. Man kann das Rad der in der Mechanisierung begriffenen Flachglasindustrie nicht zurückdrehen. Es gilt vielmehr, die Überproduktion radikal zu verringern und Reduktionsvereinbarungen gegen Schleuderpreise zur Lagerverringerung zu treffen. Wir erkennen auch aus den nur übersichtlichen Darstellungen, daß Firmenzusammenschlüsse, Produktionsänderungen und auch unbarmherziges Auslöschen klare, logische Konsequenzen sind. Immer wieder taucht allerdings die Frage auf, warum man so wenig in heimatkundlichen Abhandlungen über diese furchtbare Notlage der Flachglasindustrie lese, wo sie doch auch für unser engeres Betrachtungsgebiet einen merklichen Aderlaß bedeutet. Man muß wahrscheinlich dem einsetzenden ersten Weltkrieg und den noch viel schwereren Inflationsjahren die Schuld dafür zuschieben, daß man die böse Zeit in der örtlichen Berichterstattung übersprang und vernachlässigte.

Man möge nun auch nicht gleich den Stab brechen und der Glasindustrie im ostbayerischen Raum keine Anpassungskraft zubilligen, das wäre unrichtig, denn auf dem Sektor der Gußglastechnologie wuchs zum Beispiel auch ein Verfahren, das heute noch als „Bayerisches Verfahren" bezeichnet wird. Es ist ein Schöpfen von Glasmengen mit Kellen aus einem regenerativ-gasbeheizten Wannenofen, dem ein Walzverarbeiten folgt. In unserer unweiten Nachbarschaft, in Furth im Wald, erstand eine solche Großanlage; freilich erst später 1882. Der mächtige Betrieb war gewissermaßen die Reaktion auf die verzögert erkannte Spiegelglasmechanisierung. Nur hatte dieses Verfahren von Anfang an einen Schwachpunkt eingebaut. Die Schöpfkellen faßten weniger Glasmasse als die rheinischen Häfen, folglich waren die Abmaße der gegossenen Tafeln kleiner! Diese Neuanlage war ein Ableger der Graf Kinsky-Fabrik im nahen Fichtenbach auf der böhmischen Seite, die auch unter erschwerter Kohleversorgung litt. Furth im Wald kaufte die AG Bayerische Spiegelglasfabriken, Fürth i. B. Erst nach dem 2. Weltkrieg zwang die mächtige Konkurrenz der bereits kontinuierlichen Guß-Spiegelglashersteller zuerst zur Umstellung auf Konservengläser und dann 1951 zur Einstellung. Auch Holenbrunn arbeitete noch sehr lange nach diesem Verfahren und erzeugte Drahtglas. In Weiden gab es für die Fertigung von Glasfliesen ein vorübergehendes Erwachen des „Bayerischen Verfahrens". (Detopak)

Kehren wir in die Zeit nach dem Exodus zurück, so meldet das Jahr 1906 in der Oberpfalz 13 Tafelglashütten, 1919 nach dem 1. Weltkrieg werden nur noch 8 Betriebe genannt, die sich bis 1939 in dreien konzentrieren: Weiden, Mitterteich und Waldsassen. Wieder war ein neues Schreckgespenst aufgetaucht, ein Verfahren, das man erstmalig kurz als den „Eisernen Mann" bezeichnete. Es handelte sich um das Tafelglas-Ziehverfahren nach dem Belgier Emile Fourcault. Unsere Besitzrechte auf eine bereits bezahlte Lizenz gehen durch den Versailler Friedensvertrag verloren, aber über England gelingt es, sie in einem neuen Vertrag wieder zu erwerben. – Aus einer ins Glasbad gedrückten Schlitzdüse quillt unter hydrostatischem Druck ein Glasband, das durch angetriebene Rollenpaare eines senkrechten Kühlschachtes kontinuierlich hochgezogen wird.

Die einzige Anlage im ostbayerischen Raum wurde in Weiden gebaut mit 9 Ziehmaschinen an einer besonderen Wanne, und sie leistete auf Anhieb rund 30.000 m^2 in 1 Tag. In großzügiger Weise wurden bereits zeitgemäße Drehrostgaserzeuger eingesetzt für die regenerativ-querbeheizte Wanne, die mit der damals teuersten Hängedecke ausgestattet wurde. Möge man doch erkennen, daß nur eine große Zahl von Aktionären die hohe Bausumme aufbringen konnte, – die Zeit des alten ehrwürdigen Glasherren-Patriarchats ist endgültig vorbei. Wieviel Glieder der verquickten und versippten Familien besonders auch aus unserer engeren Kreisheimat steckten schon damals hinter der Anonymität der Aktiengesellschaft. Und man hatte Glück – solange, bis nicht wieder eine neue, leistungsfähigere Technologie auftrumpfte.

Und schon ist es wieder soweit! Schon läuft das neue Verfahren sonstwo auf der Welt. Unter großen Planungsschwierigkeiten ging im Herbst des Jahres 1979 in Weyerhammer ein Flößglaswerk für die überholten Fourcaultanlagen in Betrieb. Es ist die große Entwicklungswelle der Erfindung der Pilkington Brothers, London, ein beidseitig feuerblankes Gußglas bester Spiegelglasqualität ohne Schleifen und Polieren zu erzeugen, wobei das Glasband auf flüssigem Zinn geflößt wird und an der Oberseite die nötige Wärme im Schutzgasmantel erhält. Mit Sicherheit wird dieses Werk zum Segen der gesamten ostbayerischen Landschaft, da es viele Sonderfertigungsbetriebe für zeitgemäße Wärmeisolier- und Schallschutzgläser entstehen lassen wird. Auch die kunsthandwerkliche Flachglasveredelung wird gewinnen und nicht zuletzt der Endverbraucher durch die Güte erforderlicher Verglasung.

Nehmen wir die beachtliche Reihe der Hohlglasbetriebe unseres Kreisgebietes unter die Lupe, so sind nicht alle erklärte Reste nach dem Exodus aus dem Wald. Fruchtbare Neupflanzungen sind unter ihnen, doch wird bereits der althergebrachten Hafenarbeit die Lösung der gutgeregelten Bleiglaswanne zugesellt. Der Griff nach ihr bringt den hochproduktiven Schichtbetrieb und den Einsatz jedweder neuen vollautomatischen Speisermaschinen. Wer will dem Druck und dem Locken erhöhter Leistung widerstehen? Wenn durch den Einsatz zeitgerechter Maschinen die Probleme der schwierigen Kelchglaserzeugung bei Schott-Zwiesel gelöst sind und eine werktägliche Produktionszahl von 300.000 Gläsern erreicht wird, dann soll und muß für die anderen die Vernunft entscheiden, welchen grundsätzlich eigenen Weg man gehen kann. In einer Reihe gleichartig liegender Wirtschaftsbetriebe bringt der Leistungsanstieg des einen Rückschläge für den schwächsten. Genauso wird jedes unvernünftige, unbeherrschte Ausbrechen die Kraftanstrengung in der Produktionsmasse zum Ersticken bringen. Auch im Märchen vom „Süßen Brei" wird die Menge zum unerträglichen Überfluß und zur heillosen Not! Kein Wunder, wenn durch das ungesteuerte Einsteigen in den Sog ungehemmter Weiterentwicklung manches zugrunde geht, was durch ein abwägendes, bremsendes Schrumpfen und Ausweichen auf Sondergebiete Überlebenschancen fände.

Die moderne Zeit verlangt bei unseren Glashütten eine verstärkte Ausprägung jedes einzelnen Images, sie sollen sich in ihren Erzeugnissen unterscheiden, sie mögen sich zur Eigenart verpflichtet fühlen. Möge doch das Unken vom Kampf zwischen dem „Eisernen Mann", wobei jeder mechanisierende Fortschritt mit dieser Bezeichnung bedacht werden kann, und der handwerklichen Tätigkeit vom sich gegenseitigen Umbringen aufhören. Beide Pole haben ihre Grenzen in Leistung und Art, und nirgends erscheint das stärker als beim Glas. Freilich denken wir mit einiger Besorgnis an die kulturverbundenen reinen Mundblasbetriebe, die heute in erster Linie noch die Tradition kunstreicher Glasmacherei pflegen wollen. Hier werden wir alle persönlich mithelfen müssen, um Mäzene und Gönner für ihre Lebenschancen zu sein. Auch kurze Zeitspannen können im gesteuerten Wachstum zum individuellen Schaffen führen. Hinter dem gewonnenen „Gesicht" werkstoffgleicher Betriebsamkeit steckt nicht und verstehen wir nicht ein nehmendes Doppelgängertum und Zwillingswesen. Aufgeweckt und geschult kann man heute den Anfängen gefahrendrohender Wirtschaftsentwicklungen in die Parade fahren, wenn jedem Tätigen bewußt bleibt, daß zwischen Wissen und Können die unser ganzes Leben lang fordernde Kupplung der stetigen Lehre wirksam bleiben muß.

Der Werkstoff Glas könnte eigentlich durch die Vielfalt der Technologien heute einen an ihn Gebundenen nicht fallen lassen. Es ist eine derart rasante Entwicklung, daß wir sie nur wie im Film an uns vorbeigleiten lassen können: Das große Reich der optischen Gläser kann man unmöglich hier aufschlüsseln, das Geräteglas erschloß sich viele Gebiete der Prüf- und Meßtechnik, die großen Mechanisierungswellen für Flachglas, Verpackungsglas (1907), Glühkolbenglas und Röhrenglas (1914), der Beginn des 20. Jh. bringt die Verwirklichung erträumter Methoden, 1930 stellt man Glasfaser und -seide her und öffnet den Einsatz bei Geweben, bei der mechanischen Verstärkung in Kunststoffen und als Licht-, UV- und Bildleitkabel, es entwickelt sich die Glasfaseroptik und die Endoskopie, mikrokristalline Vitrokeramiken mit extrem geringer Wärmedehnung bewähren sich in der Raketentechnik, reversibel lichtempfindliche Gläser gelin-

gen durch den Einbau von Silberhalogeniden, im Photonenbeschuß können ins Glas gebrachte chemische Elemente ihre Ladungsänderungen in elektrische Impulse umwandeln, ständig wächst die Zahl nicht silikatischer Spezialgläser in den Bereichen der Optik und der Elektronik, thermisches Härten und Ionenaustausch erhöhen die mechanischen Festigkeitswerte durch Druckspannungen in den Körperoberflächen, eigens entwickelte Glaszusammensetzungen ermöglichen den unaufhaltsamen Trend zu prozeßgesteuerten Abläufen, beim Bau der Sonnenkollektoren sind infrarotreflektierende Oxidschichten auf Glas bereits wirtschaftlich im Einsatz.
Und die Prognose fordert allein schon durch die ständige Forderung nach Energieeinsparung das Ausschalten der unwirtschaftlichen, periodischen Hafenöfen, das Ablassen von den noch üblichen öl- oder gasbeheizten Rekuperativ- oder Regenerativwannen. Der Blick in die Zukunft sieht das unausbleibliche Kommen elektrisch beheizter Anlagen höchstmöglicher Wirkungsgrade, man wird mit überkommenen Bauweisen gänzlich brechen, die Abwärmen werden so gering sein, daß man die Arbeitsräume wird zusätzlich beheizen müssen. Und die Forschung wird ein noch reicheres Aufgabenfeld vorfinden als bisher, es gilt wertvolle und erwünschte Eigenschaften und deren gegenseitige Abhängigkeiten im großen Komplex zu züchten. Schon scheinen wir optische Eigenschaften wie Brechzahl und Lichtstreuung unabhängig voneinander verändern zu können, wir beherrschen die Grundlagen der Keimbildung und das Kristallwachstum für die Erzielung von Glaskeramiken durch gesteuerte Entglasung, schon schützen uns meterdicke hochbleihaltige Glasblöcke vor der Gammastrahlung bei Experimenten der Kernreaktionen, man arbeitet an Verfahren radioaktive Abfälle aus Kernreaktoren in Glasschmelzen, gleichmäßig verteilt, ungefährlich unterirdisch aufbewahren zu können, sehr hoffnungsreich entwikkeln sich die Technologien des Pressens unter Beigabe von organischen Bindemitteln und des Sinterns, wobei von Glaspulvern und Glasgranulaten ausgegangen wird, sie ermöglichen Umhüllungen elektrischer Bauteile und vieler anderer isolierender Teile der Massenerzeugung, aber auch der Traum, ein saugfähiges Schaumglas (30 Volums%) als Granulat – auf Grund seiner Zusammensetzung soll es die belebenden Pflanzennährstoffe und Spurenelemente enthalten – als Langzeitdüngemittel für die Rekultivierung von Sandböden einzusetzen, beginnt wahr zu werden. (Die Geschichte wird hier einmal einem Bayerwaldler ein Blatt widmen!), die weitere Anwendung geeigneter Glasgranulate im Baustoffwesen, als Filterstoffe, zum Abbrennen von Öl auf See, zur Sprengstoffporosierung und für Feuerschutzanstriche sind schon durch Patente geschützt.

Das Maximum der Entwicklungskurve ist noch lange nicht abzusehen. Wer wollte nach einer solchen Schau kleinmütig an der Zukunft des Glases zweifeln und dabei womöglich das ungebrauchte Zahnputzglas aus einer Massenfertigung im Auge haben. Welch ein zivilisierter Narr wäre er!
Erkennbar ist sicherlich aus dem vorliegenden Querschnitt, daß nur ein quellenmäßig sicheres Bild von der vergangenen Zeit Voraussetzung dafür sein kann. Vom gegenwärtigen Standpunkt aus ein Fachwissen und Fachkönnen zu klassifizieren oder Folgerungen aus Erfolgen und Mißerfolgen unserer Vorderen zu ziehen und zu beurteilen, überschreitet verständlicherweise die Aufgaben eines Historikers. Hier liegt das Feld des historisch interessierten Technologen, die Knoten kausaler Zusammenhänge zu lösen, wie es hier für unsere Heimatgeschichte erstmalig versucht wird; oftmals ist es die einzige Betrachtungsweise, die Farbe und Leben in die nüchternen Genealogien bringt.

KURT FIEDERLING

DIE LANDWIRTSCHAFT

Natürliche Verhältnisse:

Die Möglichkeiten der landwirtschaftlichen Nutzung im Landkreis Regen werden weitgehendst durch die geographische Lage bestimmt. Der größte Teil der Nutzfläche liegt zwischen 500 und 800 m Höhe. Das Klima ist rauh; die mittleren Jahrestemperaturen betragen um 6,2° C. Spätfröste bis Ende Juni und Frühfröste ab Anfang September sind keine Seltenheit. Die Niederschläge in den vorwiegend landwirtschaftlich genutzten Gebieten bewegen sich im langjährigen Durchschnitt zwischen 800 und 1000 mm. Die Böden, von unterschiedlicher Hängigkeit, sind vorwiegend aus Granit und Gneis entstandene lehmige Sande bis sandige Lehme mit geringem Tonanteil. Der natürliche Nährstoffgehalt ist gering; die ph-Werte reichen nur selten über 5,5. Die Acker- und Grünlandzahlen liegen überwiegend zwischen 30 und 40.

Entwicklung des Landbaues:

Auf den kalkarmen Urgesteinsverwitterungsböden nimmt naturgemäß der Wald die größte Fläche ein. Der Landbau im Landkreisgebiet begann mit dem Wald-Feld-Bau. Auf den gerodeten Waldflächen wurde mehrere Jahre Roggen angebaut, als Nachfrucht Hafer. Beim Rückgang der ohnehin mäßigen Ertragsfähigkeit blieb das Land brach liegen. Es wurde Grasland, das sich dann im Laufe von einer Generation wieder selbst bewaldete. Erst mit dem 19. Jahrhundert tritt eine systematische Nutzung des Grund und Bodens in einer Dreifelderwirtschaft mit Winterung — Sommerung — Brache ein. Schließlich führt die Einschaltung von Hackfrüchten und Klee, anstelle der Brache, von der alten zur verbesserten Dreifelderwirtschaft. Noch im ersten Viertel des 20. Jahrhunderts waren die Acker- und Grünlanderträge mangels ausreichender Düngung, mäßiger Bodenbearbeitung und fehlendem Saatgutwechsel ungenügend.

Der naturbedingte Grünlandanteil an der gesamtlandwirtschaftlichen Nutzfläche führte frühzeitig zu einer verstärkten Viehhaltung. Dabei war die Tierhaltung ebenso extensiv und ertragsschwach wie die übrigen Betriebszweige, da einerseits die Futtergrundlage nicht ausreichte, andererseits auch der direkte Absatz von Veredlungsprodukten, insbesondere von Milch, Schwierigkeiten bereitete.

Bodennutzung:

Der Landkreis umfaßt 90.907 ha Gesamtfläche.
Davon sind
59.320 ha = 65% Wald
28.135 ha = 31% Landwirtschaftliche Nutzfläche
3.452 ha = 4% Sonstige Flächen.
Gemäß den naturbedingten Voraussetzungen beträgt der Grünlandanteil 78% an der LF.
Auf dem Ackerland werden überwiegend Getreide, des weiteren Hackfrüchte, wie Kartoffeln, Rüben, Silomais und Ackerfutter angebaut.
An der Ertragssteigerung in der gesamten Bodennutzung sind Maßnahmen wie Flurbereinigung, Entsteinung und Regulierung der Wasserverhältnisse ebenso beteiligt wie Einsatz von Hochzuchtsaatgut, Verstärkung der Düngung und Verbesserung der Pflegemaßnahmen.
Der Anbau von Roggen, Rüben und Kartoffeln ist zugunsten der Erzeugung von Winterweizen, Sommergerste und Silomais zurückgegangen. Die gesamte Bodenproduktion wird ausschließlich in der Veredlungswirtschaft als Grund- und Kraftfutter eingesetzt.
Besondere Beachtung verdient das Grünland. Über eine ausgeglichene Versorgung mit wirtschaftseigenen und Zukaufdüngemitteln, in Verbindung mit Silo- und Heubelüftungsanlagen, sind hohe Erträge von guter Qualität möglich. Sie bilden die Voraussetzung für eine optimale Veredlungswirtschaft.

So war es einmal! Längst hat die Landwirtschaft im Bayerischen Wald zur allgemeinen Entwicklung aufgeschlossen.

Betriebsstruktur:

Die derzeitige durchschnittliche Betriebsgröße im Landkreis beträgt 7,6 ha LF. Die Verteilung auf die einzelnen Größenklassen läßt ein deutliches Vorherrschen der Kleinbetriebe erkennen.

Nur ⅓ der Betriebe besitzt mehr als 10 ha LF; sie bewirtschaften jedoch 63% der Fläche.
Die Abnahme der Kleinbetriebe in den rückliegenden Jahren ist unverkennbar. Diese Entwicklung

Stand: 1980

Betriebsgröße in ha	Zahl d. Betriebe	%	bewirtschaftete Fläche in ha
0,01 – unter 2	633	17,1	908
2 – " 5	1.298	35,0	4.362
5 – " 10	803	21,7	5.601
10 – " 20	719	19,4	10.270
20 und mehr	252	6,8	6.994
	3.705	100	28.135

wird nach aller Voraussicht auch in den kommenden Jahren anhalten, wenn auch wesentlich verlangsamt, da zum einen das außerlandwirtschaftliche Arbeitsplatzangebot zu gering ist, zum andern arbeitsextensive Tierhaltungsformen zwar die Fortführung der Landwirtschaft im Nebenerwerb ermöglichen, doch mit wesentlich geringerem Einkommen als bei der herkömmlichen Milchviehhaltung.

Melioration, Flurbereinigung:

Der im Jahr 1952 gegründete Wasser- und Bodenverband hat mit der Entsteinung von 20.500 ha Acker- und Grünland, der Regulierung der Wasserverhältnisse durch Drainage und Grabenräumung wichtige Voraussetzungen zur Ertragssteigerung in der Bodennutzung und für den Einsatz neuzeitlicher Maschinen geschaffen.
Von 1950 bis 1980 wurden durch die zuständige Flurbereinigungsdirektion Landau/Isar im Landkreis Regen
6 Flurbereinigungsverfahren mit zusammen 6.439 ha Fläche und
12 Zusammenlegungsverfahren mit insgesamt 956 ha Fläche durchgeführt bzw. sind noch in Bearbeitung.

Mechanisierung:

Die starke Abwanderung von Arbeitskräften aus der Landwirtschaft hat in den rückliegenden 3 Jahrzehnten hohe Kosten für Mechanisierung und Technisierung gefordert.
Die in den Jahren 1970 und 1971 gegründeten Maschinen- und Betriebshilfsringe Regen/Grafenau und Viechtach/Kötzting erreichten 1980 mit 1.261 Mitgliedern einen Jahresumsatz von 1.374.463 DM. Der überbetriebliche Einsatz von teueren Maschinen, wie Mähdrescher, Großflächendüngerstreuer, Maishäcksler, Vakuumfaß, usw. hat teilweise dazu beigetragen, die Maschinenbelastung pro ha LF zu senken.
Darüber hinaus wird mit Arbeitsaushilfe von Betrieb zu Betrieb und dem Einsatz von 4 Betriebshelfern und 3 Dorfhelferinnen erreicht, in Krankheits-, Unglücks- und Urlaubsfällen die Möglichkeit der Fortführung der landwirtschaftlichen Betriebe sicherzustellen.

Viehhaltung:

Das Viehgeschäft bis Ende der 30er Jahre dieses Jahrhunderts erstreckte sich vorwiegend auf die Aufzucht von Gangochsen und deren Verkauf in sächsische und preußische Großbetriebe. Die damalige extensive Viehhaltung, z. T. noch mit sömmerlicher Waldweide, brachte keinen nennenswerten Zuwachs und somit nur geringen Gewinn.
Solange der direkte Absatz von Milch über die Molkerei schwer oder überhaupt nicht möglich war, gab es für die kuhhaltenden Betriebe keine andere Wahl als die Milch durch Verkauf ab Hof oder durch eigene Butterherstellung selbst zu vermarkten.
Eine Molkereigründung in Zwiesel Mitte der 30er Jahre konnte nicht bestehen, da das Einzugsgebiet zu klein und das Milchaufkommen zu gering war.
Erst die Erschließung des Gebietes durch entsprechende Wegebauten in den 50er und 60er Jahren machte eine molkereimäßige Erfassung der Milch überhaupt möglich.
Die Bereitwilligkeit der Bauern mehr Milch zu erzeugen und dieselbe nicht selbst zu vermarkten, sondern an die Molkerei zu liefern, wurde besonders auch dadurch gefördert, daß der Kapitalbedarf der Betriebe für Verbesserungs- und Modernisierungsmaßnahmen bei den Wirtschaftsgebäuden, für Mechanisierung und Technisierung nach der Abwanderung der billigen Arbeitskräfte und für zusätzliche Betriebsmittel zur nachhaltigen Steigerung der Boden- und Veredlungserträge stark anwuchs.
Der anfängliche Widerstand gegen die molkereimäßige Milcherfassung seitens der Bäuerinnen, die sich um die bisherigen Milch- und Buttereinnahmen gebracht sahen, konnte bald überwunden werden. Die Höhe des monatlichen Milchgeldes wurde

schlechthin zum entscheidenden Gradmesser über Möglichkeiten und Höhe von Investitionen. Verbesserungen im Futterbau, in der Grünland- und Weidewirtschaft und die Verfütterung des eigenen Getreides mit ergänzenden Zukaufsfuttermitteln im Kuhstall waren die Folge. Diese Maßnahmen und die Einsicht, daß über gekörte Zuchttiere die Leistungsanlagen nachhaltig positiv beeinflußt werden können, führten zwangsläufig zur Verbesserung der Rinderbestände und zu einer bedeutenden Steigerung der Milchleistung in der Landestierhaltung in den letzten Jahrzehnten.

Jahr	Milcherzeugung je Kuh in kg	Milchverkauf an die Molkereien je Kuh in kg	in % der Erzeugung
1953	2.298	81	3,5
1965	3.012	1.740	57,7
1980	3.833	3.230	84,3

In der Herdbuchzucht wurde im Jahr 1981 bei 12.300 HB-Kühen die 4.700 kg–Grenze pro Kuh und Jahr überschritten.
Da der gesicherte Milchabsatz mit bestmöglicher Verwertung über die Molkerei stets Geld in den Hof bringt, ist es verständlich, daß sich das Interesse des Bauern heute auf die Steigerung der Milchleistung des Einzeltieres und die Wirtschaftlichkeit der Milcherzeugung insgesamt richtet.

Die in den Jahren 1960 in Regen und 1964 in Viechtach errichteten Molkereizweigstellen hatten damals Tagesanlieferungsmengen von je 15.000 kg Milch. 1967 wurde die Molkerei Regen erweitert und zur Butterei ausgebaut. 1976 erfolgte die Umstellung auf einen modernen Käsereibetrieb. 1981 haben die Tagesanlieferungen in Regen die 155.000 kg–Marke, in Viechtach die 110.000 kg-Marke erreicht.
Bedeutungsvoll für die Veredlungswirtschaft im Landkreis Regen und den gesamten Bayerischen Wald war die Errichtung des Tierzuchtamtes Regen und die Schaffung einer eigenen Verbandsabteilung Bayerischer Wald mit einer Versteigerungshalle in Regen zu Beginn der 50er Jahre.

Nun war es möglich, die aufgezogenen leistungsstarken und widerstandsfähigen Tiere optimal zu vermarkten. Der Umsatz für Zuchtvieh (Bullen, Kühe, Kalbinnen, Rinder und Kälber) im in- und ausländischen Verkauf erfuhr eine beachtliche Steigerung.

Zuchtviehabsatz:

Jahr	Bullen St.	Kühe St.	Kalbinnen St.	Kälber St.	Umsatz in Millionen DM
1953	252	3	87	—	0,42
1961	438	143	271	—	1,39
1971	200	208	100	566	1,19
1981	74	217	242	2.264	3,23

Der vor 10 Jahren vorausgesagte Rückgang des Zuchtviehabsatzes ist nicht eingetreten. Durch die starke Ausweitung der künstlichen Besamung auf 85% des faselbaren Rinderbestandes im Landkreis Regen war der rückläufige Bullenabsatz die unausbleibliche Folge. Sie veranlaßte die Zuchtbetriebe zur Angebotsumstellung auf Kalbinnen und Kälber.
Einen wesentlichen Beitrag zur Verbesserung der Erbanlagen beim Rind hinsichtlich Frohwüchsig-

Ein Bild aus vergangenen Tagen: Überquerung der Regen-Furt in der Nähe des Alterberges bei Viechtach.

keit, Futterverwertung, Milchleistung und Bemuskelung hat die im Jahre 1950 gegründete Tierzuchtstiftung Viechtach geleistet. Bis 1982 wurden von ihr 846 Bullen für 3,4 Millionen DM angekauft und den Bauern zur Zuchtbenutzung überlassen. 280 Stiere gingen an die ndb. Besamungsgenossenschaft Landshut/Altenbach und kamen dadurch in ganz Niederbayern und darüber hinaus zur Zuchtverwendung. Eine Reihe bekannter, positiver Vererber, an der Spitze die Bullen „Satin 28155", „Dinar 28001" und „Haxan 28738", stammen aus dem Besitz der Tierzuchtstiftung Viechtach.
Der Bestand an Milchkühen hat sich im letzten Jahrzehnt, trotz zahlreicher Betriebsaufgaben (siehe Tabelle Betriebsstruktur), kaum verändert.

Jahr	Rindvieh	davon Milchkühe	Schweine	Schafe	Pferde	Hühner
1967	32.776	17.078	10.341	631	710	107.252
1977	36.088	18.600	4.366	3.034	644	46.323
1980	37.015	19.500	3.520	2.674	583	32.282

Auf je 100 ha LF treffen durchschnittlich 132 Rinder, davon 69 Milchkühe, im Regierungsbezirk Niederbayern 131/47. Der Anteil der Milchkühe am Gesamtrinderbestand beträgt 53% und liegt somit wesentlich über dem des Regierungsbezirks mit 36,1%.
Dem Pferd als Arbeitstier kommt heute nahezu keine Bedeutung mehr zu. Dagegen hat, in Verbindung mit dem Fremdenverkehr, die Reitpferdehaltung stark zugenommen. Örtliche Reitvereine und Reitclubs mit entsprechenden Anlagen zur Unterbringung der Pferde und zur Ausübung des Reitsports in der Halle sind entstanden.
Die Schweinehaltung ist stark rückläufig. In 26 anerkannten, spezialisierten Ferkelerzeugerbetrieben mit organisiertem, gesichertem Tierabsatz im 14-tägigen Turnus über die Erzeugergemeinschaft für Qualitätsferkel Niederbayern-Ost wird die Zuchtsauenhaltung als ergänzender Betriebszweig zur Rinderhaltung betrieben.
Dagegen gewinnt die Koppelschafhaltung zunehmend an Bedeutung, seit durch das Modellvorhaben „Schafhaltevereinigung Bayerischer Wald e. V." — Laufzeit 1. 9. 1973 bis 31. 12. 1978 — die fachliche Betreuung der Schafhalter möglich und mehr Sicherheit in der Vermarktung durch überbetrieblichen Absatz gegeben ist.
Mit den arbeitsextensiven Tierhaltungsformen Kalbinnenaufzucht, Koppelschaf- und Pensionsviehhaltung und den dazu geschaffenen Betreuungsorganisationen Schafhaltervereinigung Bayerischer Wald e. V. (1972), Bayerwald-Lamm-Vermarktungs-Gesellschaft mbH (1975) und Gemeinschaft arbeitsextensiver Rinderhalter Bayerischer Wald e. V. (1974) wurden den Nebenerwerbsbetrieben mit außerlandwirtschaftlichem Einkommen geeignete Landnutzungsverfahren, bei gleichzeitiger Verhinderung von Kulturbrache, angeboten.

Schule, Beratung und staatliche Förderung:

Bald nach dem 1. Weltkrieg wurde der Landw. Rat Karl Schiner zur Beratung in den Bayerischen Wald gesandt. Er war zunächst „Prediger in der Wüste", denn all' das Neue, das er brachte, stand im Widerstreit zu den überlieferten Betriebsformen.
Doch schon 1923 wurde die selbständige Landwirtschaftsstelle und Landwirtschaftsschule Zwiesel gegründet.
Die zunächst provisorische Unterbringung in zwei Lehrsälen des Knabenvolksschulgebäudes wurde mit der Errichtung eines Neubaues in Zwiesel im Jahre 1931 beendet. Damit fanden Landwirtschaftsberatung und Landwirtschaftsschule für die Landkreise Regen und Grafenau, sowie die seit 1925 als Wanderkurse durchgeführten landwirtschaftlichen Haushaltungskurse eine feste Bleibe. Nur langsam ging es vorwärts; zu groß war das Mißtrauen gegen das Neue. Als es schließlich doch so weit war, daß viele Erkenntnisse, z. B. Anbau krebsfester Kartoffelsorten oder Grünlandumbruch und sachgemäße Neuansaat mehr und mehr Eingang fanden, kam der 2. Weltkrieg. Danach waren Beschlagnahme des Gebäudes in Zwiesel durch die Alliierten und Inhaftierung des Landw. Rates Schiner die Folgen. Es kamen Jahre der behelfsmäßigen Unterbringung von Landwirtschaftsstelle und Landwirtschaftsschule im alten Landratsamt in Regen 1945–1948 und im Gasthof zur Brücke 1948–1956.
In der Zeit nach 1945 war es vor allem der Tatkraft, Umsicht und dem Weitblick des Herrn Freiherr von Poschinger von Frauenau zu verdanken, daß im Landkreis Regen die Landwirtschaftsberatung systematisch ausgebaut wurde. So gründete er sofort nach dem 2. Weltkrieg die Arbeitsgemeinschaft zur Förderung der Landwirtschaft. Ihre Aufgabe war es, die Landwirte mit dem neuesten Stand der Technik vertraut zu machen und dadurch neue Möglichkeiten zur Intensivierung der Land- und Forstwirtschaft zu schaffen. Im Frühjahr 1949 folgte der erweiterte landwirtschaftliche Beratungsdienst. In die Beratungsarbeit wurde nun die Forstwirtschaft mit einbezogen, um auch die waldbaulichen Bedürfnisse der Landwirtschaft zu fördern.
1950 ist die Gründung des Tierzuchtamtes Regen, 1951 die der Verbandsabteilung Bayerischer Wald, 1952 die erste Absatzveranstaltung zu verzeichnen.
Mitte der 50er Jahre ging der erweiterte Beratungs-

dienst in das Landwirtschaftsamt über, und 1956 konnte endlich von der provisorischen Unterbringung in das neuerbaute Landwirtschaftsamt mit Land- und Hauswirtschaftsschule in Regen, unter der Trägerschaft des Landkreises, umgezogen werden.

1950 wurde in Regen eine Saatzuchtinspektion errichtet; 1958 die Land- und Moorkulturstelle Plattling nach Regen verlegt. Beide Einrichtungen gingen 1972, im Rahmen der Verwaltungs- und Beratungsreform, als selbständiger Bereich, zuständig für den gesamten Regierungsbezirk Niederbayern, im Amt für Landwirtschaft und Bodenkultur in Deggendorf auf.

Ähnlich wie im damaligen Landkreis Regen verlief die Entwicklung im Altlandkreis Viechtach.

Bis zur Errichtung einer eigenen Landwirtschaftsstelle im Jahre 1939 wurde die Betreuung von Deggendorf aus wahrgenommen.

Der erste Kurs der Landwirtschaftsschule Viechtach geht auf das Jahr 1949 zurück. Er wurde im Nebenzimmer des Gasthofes „Zur neuen Post" abgehalten.

Der Unterricht der landwirtschaftlichen Hauswirtschaftsschule begann 1946. Die Unterrichts- und Internatsräume waren bis 1951 im alten Jugendheim untergebracht.

Ab 1951 fanden Landwirtschaftsamt, Land- und Hauswirtschaftsschule in den neuerrichteten Gebäuden in der Friedhofstraße 20 eine den Erfordernissen entsprechende Unterbringung.

Hohe Anforderungen an das Wissen und Können des Landwirts sind die Grundzüge moderner praktischer Landwirtschaft. Dieses vertiefte Wissen, gekoppelt mit den neuesten Erkenntnissen von Wissenschaft und Forschung, führte schließlich zum Fachspezialisten in der Beratung und somit am 1. 10. 1968 zur Gründung des Amtes für landwirtschaftliche Spezialberatung in Regen.

Im Rahmen der Landkreisreform wurden 1972 die Landwirtschaftsämter und -schulen Grafenau, Regen, Viechtach, Waldkirchen und das Amt für landwirtschaftliche Spezialberatung Regen aufgelöst und das Amt für Landwirtschaft und Tierzucht Regen mit einer Dienststelle in Waldkirchen neu geschaffen. Mit der Leitung des Amtes wurde OLD Kurt Fiederling beauftragt. Die einzelnen Fachabteilungen wurden mit Fachspezialisten besetzt.

Das Betreuungsgebiet für den Bereich L = Landwirtschaft umfaßt die Landkreise Regen und Freyung-Grafenau;

für den Bereich T = Tierzucht die Landkreise Regen, Freyung-Grafenau und Deggendorf.

Der Amtsaufbau zeigt eine Gliederung in nachfolgende Fachabteilungen:

Fachbereich Landwirtschaft:

Abt. L 1 — Agrarstruktur, Raumordnung, Betriebswirtschaft, Sozioökonomik, Ausbildung, berufliche Erwachsenenbildung

Abt. L 2 — Pflanzliche Erzeugung, Landschaftspflege

Abt. L 3 — Tierische Erzeugung

Abt. L 4 — Ernährung, Hauswirtschaft, Ausbildung, berufliche Erwachsenenbildung; 3-semestrige Hauswirtschaftsschule.

Fachbereich Tierzucht:

Abt. T 1 – Rinderzucht, fachliche Leitung des Rinderzuchtverbandes und des Milcherzeugerringes

Abt. T 2 – Schweinezucht, fachliche Betreuung des Fleischerzeugerringes

Abt. T 3 – Schaf- und Kleintierzucht (Schafe, Ziegen, Geflügel, Bienen).

Die Unterbringung des Amtes für Landwirtschaft und Tierzucht sowie des Zuchtverbandes erfolgte in dem 1971/72 umgebauten und aufgestockten Gebäude des Landwirtschaftsamtes mit Hauswirtschaftsschule in der Bodenmaiser Straße.

Die hochkonjunkturelle Lage der Wirtschaft Ende der 60er, Anfang der 70er Jahre führte zu stark rückläufigem Interesse am Fachschulbesuch. Um im Raum des Bayerischen Waldes und des Vorwaldes landwirtschaftliche Fachschulen erhalten zu können kam man überein, für die Landkreise Deggendorf, Freyung-Grafenau und Regen die Unterrichtung der Burschen in der Landwirtschaftsschule Deggendorf, die der Mädchen aus dem gleichen Einzugsbereich in der Landwirtschaftsschule, Abteilung Hauswirtschaft in Regen, durchzuführen. Diese Aufteilung hat sich bis heute bewährt und sichert den Fortbestand dieser beiden fachschulischen Einrichtungen.

Nach dem 2. Weltkrieg bis heute war es das Bestreben des Bayer. Staatsministeriums für Ernährung, Landwirtschaft und Forsten, führender Landwirte im Landkreis und der verantwortlichen Behördenleiter der örtlichen Ämter der Landwirtschaftsberatung und -verwaltung, durch eine Vielzahl gezielter Förderungsmaßnahmen auf allen Gebieten, angefangen von der Restelektrifizierung auf dem Lande über die Errichtung von Molkereien bis zu den heutigen Programmen, wie Bayer. Wohnhausprogramm, Dorferneuerung, Urlaub auf dem Bauernhof, gesunde Ernährung, Grünland- und Agrarkreditprogramm, um nur die wesentlichsten zu nennen, sowie durch umfassende fachliche Schulung, Beratung und Betreuung, a l l e n Landwirten Hilfe und Unterstützung zuteil werden zu lassen.

Die Entscheidung über die Produktionsrichtung eines Betriebes und die Intensität der Bewirtschaftung steht, in Wahrung der demokratischen Grundprinzipien, allein dem Landwirt, als freiem Unternehmer, zu.

Die staatliche landwirtschaftliche Fachberatung betrachtet sich als Vermittler neuer Erkenntnisse und Ergebnisse aus Wissenschaft und Forschung, sie bietet dem praktizierenden Landwirt bei Bedarf Entscheidungshilfen in Fragen der Betriebsorganisation und fachliche Beratung in der Produktionstechnik im pflanzlichen und tierischen Bereich, ihr obliegt die fachliche Ausbildung der Jugendlichen und die Fortbildung der Erwachsenen.

Im Rahmen der Europäischen Gemeinschaft kommt der Landwirtschaft eine besondere Bedeutung zu. Der freie, internationale Markt verlangt das Angebot großer, einheitlicher Warenposten. Viele örtliche und überörtliche bäuerliche Organisationen und Vereinigungen sind entstanden, die, in Erkenntnis dieser Situation, bemüht sind, dem Landwirt Hilfestellung zu bieten

bei der wirtschaftlichen Produktion von Qualitätserzeugnissen,

beim bestmöglichen Absatz seiner Produkte,

bei der eigenen Aus- und Fortbildung sowie der Interessenvertretung.

So sind im Landkreis Regen tätig:

Der Wasser- und Bodenverband Regen

die Maschinen- und Betriebshilfsringe Regen und Viechtach

der Milcherzeugerring Regen e. V.

der Fleischerzeugerring Regen e. V.

die Vereinigung für Betriebshelfer (4) und Dorfhelferinnen (3)

die Molkereigenossenschaften Plattling/Regen und Cham

der Zuchtverband für Fleckvieh in Ndb., Abt. Bayerischer Wald

die Tierzuchtstiftung Viechtach

die Gemeinschaft arbeitsextensiver Rinderhalter Bayerischer Wald e. V.

die Schafhaltervereinigung Bayerischer Wald e. V.

die Bayerwald-Lamm-Vermarktungs-Gesellschaft mbH

die Erzeugergemeinschaft für Qualitätsferkel Ndb.-Ost

die ndb. Erzeugergemeinschaft für Schlachtvieh

die genossenschaftlichen Schlachthöfe der Südvieh/Südfleisch in Cham und Pfarrkirchen

der Verein der ehemaligen Fachschulabsolventen Regen/Viechtach

der Verein „Urlaub auf dem Bauernhof" Regen e. V.

der Kreisverband des Bayer. Bauernverbandes mit 1 hauptberuflichen Geschäftsführer.

Der Bayer. Bauernverband vertritt die Interessen der Landwirtschaft, insbesondere ringt er um gerechte Agrarpreise und bemüht sich um die soziale Sicherung der Landwirte.

Nach dem Motto „Jeder kann, keiner muß" obliegt die Mitgliedschaft und Mitarbeit bei allen Vereinigungen der freien Entscheidung des einzelnen Landwirts, für den darüber hinaus eine Reihe rationell und partnerschaftlich arbeitender Unternehmen des Vieh- und Landhandels auf privater und genossenschaftlicher Basis tätig ist.

Rück- und Ausblick:

Die Mehrzahl der Bauernhöfe im Landkreis Regen und im gesamten Bayerischen Wald haben sich nach dem 2. Weltkrieg von ehemaligen Selbstversorgerwirtschaften mit extensiver Nutzung und kärglichem Zuverdienst der zahlreichen Kleinbetriebe zu modern wirtschaftenden Voll-, Zu- und Nebenerwerbsbetrieben entwickelt.
Roggenanbau und Ochsenaufzucht sind einer intensiven Grünland- und Ackerwirtschaft mit Milch-, Rindfleisch-, Kälber-, Zuchtvieh- und, soweit möglich, Ferkelproduktion gewichen.
Eine beachtenswerte Zahl neuzeitlicher und vorbildlicher Wohn- und Wirtschaftsgebäude ist erstellt worden. Sie unterstreicht den Willen der ansässigen Bevölkerung, trotz vieler Benachteiligungen, zur Seßhaftigkeit.
Der größte Teil der Vollerwerbslandwirte hat erkannt, daß die Zukunft ihrer Höfe von einer hohen Marktleistung abhängt.
Zu- und vor allem Nebenerwerbsbauern sind auf sichere, außerlandwirtschaftliche Arbeitsplätze angewiesen. Die Fortführung ihrer Kleinbetriebe mit arbeitsintensiver Milchviehhaltung oder arbeitsextensiver Tierhaltungsform, wie Kalbinnenaufzucht, Koppelschaf- oder Pensionsviehhaltung erbringt ihnen zusätzliches und ergänzendes Einkommen aus der Landwirtschaft.
Die Möglichkeit aus dem Fremdenverkehr, und hier vor allem durch den Betriebszweig „Urlaub auf dem Bauernhof", zusätzliche Einnahmen zu erzielen, sollte in den Fällen, in denen die menschliche Eignung der bäuerlichen Familie und die sachlichen Voraussetzungen bezüglich einer zeitgemäßen, vom Gast gewünschten Unterbringung gegeben sind, genutzt werden.
Die richtige Betriebsorganisation kann nicht nur den Fortbestand der Bauernhöfe in der gegebenen unterschiedlichen Größe, der gewachsenen Vielfalt und Intensität ermöglichen, sie soll dazu beitragen, über die Landbewirtschaftung die Kulturlandschaft zu erhalten und damit den Ansässigen Lebensraum und Heimat zu sichern und den Erholungssuchenden Urlaubs- und Freizeitraum in einer heilen Umwelt zu bieten.

Aus vergangenen Zeiten: Stierweide auf einem Schachten

Eine Luftaufnahme des Arbermassivs.

Arberkirchweih – jährlich im August unter dem Gipfel des höchsten Bayerwaldberges.

SIEGFRIED WEIKL

FREMDENVERKEHR IM LANDKREIS REGEN

Schon vor der Jahrhundertwende wurde der Böhmerwald – so wie er damals allgemein hieß – als ein hochinteressantes Wanderland mit billigen Einkehren und fast undurchdringlichen Wäldern hingestellt. Die Naturschönheiten dieses Waldes priesen eine Vielzahl von Schriftstellern, und gerade das Gebiet um den Großen Arber zählte zu den besonderen Prunkstücken dieses Waldes. Dieser Arber mit seinen 1456 m (andere schreiben 1457 m) Erhöhung ist nicht vergleichbar mit einem steilen Felsgrat, wie häufig in den Alpen auffindbar, sondern mehr geduckt, jedoch wohl thronend und ausladend liegt er ausgebreitet über den Wäldern nach allen Seiten. Und aus der Sicht des Arbers des im Südabhang gelegenen Bodenmais wurde 1833 von drei, sich dem Bayerischen Walde verschriebenen und in Bodenmais zusammengekommenen Männern der Bayerische Waldverein gegründet. Pfarrer Schedlbauer, der königliche Bergmeister Stölzl und der Förster Kainz haben beschlossen, einen Verein zu gründen, ihm den Namen „Bayer. Waldverein" zu geben, um Kunde von diesem herrlichen Waldgebirge hinauszutragen, aber auch dieses Waldgebirge zu erschließen, so daß der Wanderer die kostbaren Schönheiten dieses Naturlandes zu sehen bekäme. Zunächst nur sporadisch, vielfach aus dem norddeutschen Raum kommend, stellten sich die Wanderer mit Rucksack, in welchem Proviant war, in den billigen Einkehren des Bayer. Waldes ein, durchstreiften die endlosen Wälder und kehrten wieder. Von einem Fremdenverkehr jedoch und gar Massentourismus konnte allerdings in keinem Falle gesprochen werden. Es gab aber auch keine großen Hotels und Pensionen der heutigen Stilart und mit den zahlreichen Unterkunftsmöglichkeiten, sondern die Gasthöfe damaliger Zeit – hauptsächlich auch „Postgasthöfe" genannt – waren in diesem Land Unterkünfte und Bewirter der Wanderlustigen. Aber schon vor dem 1. Weltkrieg waren nicht nur Wanderer hier zu verzeichnen, sondern immer mehr aus den Städten kommende Urlauber zogen in dieses Land, weil es ruhig und billig war. Vielfach verbrachten gehobene Beamte ihren Urlaub samt Kindern im Bayer. Wald. Träger der Fremdenverkehrswerbung, so, wie man sie heute sieht, waren seinerzeit in besonderer Weise Sektionen des Waldvereins. Schon damals gab es markierte Wanderstrecken von Passau bis nach Cham, mit einheitlich geführten Zeichen, farbigen Markierungen und Signalen. Aber nicht nur mit der Werbung versuchten die Waldvereinssektionen für den Aufenthalt im Bayer. Wald zu werben, sie traten auch als die Erbauer von Schwimmbädern und Aussichtstürmen hervor. In der Zeit von 1920 bis 1938 war wohl eine leichte Aufwärtsentwicklung im Wanderverkehr und eine Vermehrung der Urlauber in der Hauptreisezeit feststellbar. Dies führte hinzu, daß schon ausgesprochene Fremdenpensionen entstanden, und Rabenstein wie auch Bayerisch Eisenstein ragten in der damaligen Zeit als Urlaubsorte besonders heraus. Ab 1935 erreichten auch die „Kraft durch Freude" – Sonderzüge der reisebraunen Touristika den Bayer. Wald. Hier mögen wohl erstmals auch Privatvermieter in größerer Anzahl zu der Überlegung geführt worden sein, daß man gelegentlich eigene oder gar überzählige Betten an Gäste vermieten könne. So erreichte Bodenmais im Jahre 1936 die ansehnliche Zahl von rund 25.000 Fremdenübernachtungen. Für damalige Begriffe eine recht achtbare Leistung, jedoch wurde fast ein zwangsmäßiges Zurverfügungstellen von Quartieren verlangt. Dennoch war im ganzen Gebiet des Landkreises Regen eine spürbare Belebung durch diese Art der Reisetätigkeit ersichtlich. Der anschließende Krieg stoppte diese Entwicklung und die Nachfolgezeit schien den Fremdenverkehrsleuten keine Chance mehr gewähren zu wollen. Die spärlich vorhandenen Gasthöfe und Pensionen waren von Heimatvertriebenen, Kranken und verwundeten Soldaten belegt.

Aber wer sollte auch reisen, nachdem die Lebensmittel noch kontingentiert waren, der Nachholbedarf an allgemeinen Konsumgütern noch groß war, also kein Geld für Reisen abgezweigt werden konnte. Mit der neuen Währung kam neuer Schwung in das Land; so auch in der Reisetätigkeit. Nach der sogenannten Freßwelle und der Textilwelle kam der Reisetraum wieder zum Vorschein, und in den Kommunen des Landkreises Regen rührte sich wieder der Wille zum Selbsterhalt. Waren gleich nach den Kriegswirren die Gemeinden die Träger der Versorgung, waren es doch die Kommunen, die als erste wieder Ordnung und System dem Bürger näherbrachten, die das Chaos entwirrten, galt es doch für diese überfüllten Orte, neue Existenzen aufzubauen, um nicht zum Aussterben verurteilt zu sein. Besondern in Bodenmais wurde eine bedrohliche Situation erkennbar, als nach und nach und ohne jeglichen Sozialplan das Berg- und Hüttenwerk Bodenmais, früher mehr als 300 Beschäftigte und somit Ernährer für ca. 1000 Personen des Ortes war, den Betrieb einstellte. Diesem Bergbau unterm Arber war plötzlich die Existenz entzogen und in vielen Überlegungen wurde der Gedanke, sich mit dem Fremdenverkehr intensiv zu befassen, realisiert. Nach und nach wurden die Gasthöfe geräumt und dem ureigensten Zweck wieder zugeführt. Im Jahre 1950, zum Beginn der Bemühungen und einsetzenden Entwicklung, gab es im gesamten Landkreis Regen einschließlich Viechtach noch nicht einmal 400 Fremdenbetten, die eigentlich überwiegend den Vertretern und dem reisenden Handelsgewerbe zur Verfügung gestellt wurden. Von diesen 400 vorhandenen Betten hatte Bodenmais 178 verfügbar. Die gerade in Bodenmais rasant zu beobachtende und festzustellende Entwicklung wirkte wie eine Initialzündung, zunächst auf die umliegenden und dann auch auf die weiteren Orte des Bayerischen Waldes, wie ein Fanal. Und in den Endfünfziger-Jahren war es keine Seltenheit, daß sich so mancher Bürgermeister aus dem Waldland in Berlin auf dem Kurfürstendamm mit seinem nächstgelegenen Kollegen ohne vorhergehende Abrede getroffen hat. Folkloregruppen zogen ins Land, vornehmlich zunächst einmal nach Berlin, denn von dort strömten Urlauber in Massen in diesen, von ihnen erstmals entdeckten Bayer. Wald und den Berlinern kommt das Prädikat zu, daß sie auch als erste diesen Bayer. Wald als ein echtes und zünftiges Urlaubsland entdeckt haben. Auch die Skeptiker, insbesondere in größeren Orten oder Städten, wurden mitgerissen, haben sich hierfür erwärmt und es blieben auch die Erfolge nicht aus. Erstmals im Jahre 1964 erreichten die früheren Landkreise Regen und Viechtach in ihrer damaligen Gestaltung mit 712.000 Übernachtungen (Regen) und 395.000 Übernachtungen (Viechtach) die Millionengrenze und überschritten sie beachtlich. Aber nicht nur, daß engagierte Werbung seitens der Kommunen und der neuentstandenen Fremdenverkehrsvereine Beachtliches leistete und so die Aufwärtsentwicklung in Gang gebracht wurde, auch die Kommunen selbst entwikkelten ihre Infrastruktur; sie bauten zunächst einmal ihr Verkehrswegenetz aus – auch die überörtlichen Anschlüsse wurden hierauf abgestimmt; „Staubfrei die Landstraßen" – so hieß die Devise. So entstanden zunächst Freibäder, später wurden diese geheizt und Häuser für die Kurgäste wurden errichtet und zuletzt auch noch Hallenbäder entwickelt. Das in der damaligen Zeit teilweise wilde Campen wurde entschärft durch die Anlage hervorragender und neuzeitlich modernst gestalteter Plätze in Viechtach (Knaus) und Zwiesel (Aral). Aufgrund des Klimas und des Schneereichtums ist der Bayer. Wald auch in der glücklichen Situation, über eine Wintersaison zu verfügen. Die Fürstliche Hohenzollernsche Verwaltung errichtete den ersten Sessellift auf den Arber, Schlepplifte traten hinzu und so kam es, daß im ganzen Land heute mehr als 100 Lifte für den Wintersport surren. Für eine neuaufgekommene und als besonderes gesundheitsfördernd hingestellte Sportart, den Langlauf, wurde durch die Anlage von Dutzenden von Loipen, welche heute maschinell gepflegt werden, entscheidend gefördert. Modernst ausgestattete Unterkünfte, Hotels und Pensionen, sind in diesem Gesamtlandkreis Regen entstanden und glückhafterweise sind Auswüchse nicht zu verzeichnen, die störend das Landschaftsbild beeinträchtigen. Eine festgefügte Fremdenverkehrsorganisation, auf Landkreisbasis zusammengeschlossen, ist vorhanden; sicherlich kann das persönliche Engagement noch in verschiedenen Bereichen verstärkt werden – denn nahezu für jede Gemeinde in unserem Landkreis bieten sich auf dem Gebiete des Tourismus echte, wirtschaftlich interessante Chancen. Und überwiegend kann heute rückblickend festgestellt werden, daß die meisten dieser Orte zwischen Arber und Pröller diese Chance gewissenhaft nutzten, wenn auch manche Gemeinde oder Stadt gelegentlich stärker und die andere etwas schwächer war. Im Fremdenverkehrs-Berichtsjahr 1969/70 erreichte der frühere Landkreis Regen 1.154.914 Übernachtungen und der frühere Landkreis Viechtach 531.942 Übernachtungen. Im gesamten Bayer. Wald zählte man zum damaligen Zeitpunkt 4.090.463 Übernachtungen. Aber es stiegen nicht nur die Übernachtungszahlen – auch auf dem Bausektor tat sich Merkliches. Belage aus Kunststoff, großflächige Glasfronten in Stahlrahmen gefaßt, prägten insbesonders Hotellerie und Gasthöfe in der ersten Entwicklungsphase. Nun hat sich allmählich, sicher aber konsequent, die Verarbeitung insbesondere der heimischen Werkstoffe Holz und Stein durchgesetzt und so bieten unsere Dörfer ein schmuckes Aussehen und laden dadurch zur Wiederkehr besonders ein. Man hat also zur heimischen Bauweise und zur historisch geprägten doch mehr oder weniger stark zurückgefunden. Die Markierungstätigkeit in unserem Raum wurde dem Waldverein, der sich hier höchst verdient machte, aus der Hand genommen und einem eigens gegründeten Naturschutzpark übergeben. Neue Wanderpfade sind entstanden, Ruhemöglichkeiten und Unterstellhütten aufgestellt. So prägte der Gedanke des Fremdenverkehrs auch die Landschaft; der Landschaft willen kommen die Gäste – diese Landschaft soll in ihrem Bestand erhalten bleiben. Waren früher im Fremdenverkehr die Unterbringung und Verpflegung der Gäste hauptsächlich und fast ausschließliche Aufgabe, so stellte sich ein neues Aufgabengebiet hinzu. Die Gäste unseres Raumes wollen nicht nur gut untergebracht und verköstigt werden, nein, sie benötigen auch Unterhaltung. So hat die Volkstumspflege aus der Sicht des Fremdenverkehrs einen besonderen Platz eingenommen. Ursprünglich getragen von den Trachtenvereinen, teilweise auch mit oberbayerischem Einschlag, besinnt man sich auf die Historie unseres Gebietes. Sängergruppen und Musikkapellen sind beinahe aus dem Boden gewachsen – ausgestattet mit bodenständigem Liedgut und gepflegt und betreut von sachkundigen Persönlichkeiten. Die Fremdenverkehrsorganisation selbst, auf Landkreisbasis enger zusammengeschlossen, besucht heute vereinigt Messen und Ausstellungen und bringt so den Bayerischen Wald – aus der Sicht des Landkreises Regen – dem Reisepublikum näher. So kann jetzt der Landkreis Regen nach mehr als 25-jähriger Betätigung in der Touristik im Fremdenverkehr eine doch recht stolze Bilanz vorlegen. Nach wie vor steht dieser Landkreis an der Spitze aller ostbayerischen Fremdenverkehrslandkreise und nimmt auch mit der 5. Stelle aller bayerischen Landkreise einen hervorragenden Platz in der Größenordnung ein. Im Jahre 1977 wurden in diesem Landkreis 3.247.845 Übernachtungen gezählt. Ein erfaßtes Bettenangebot von 30.921 Betten steht unseren Gästen zur Verfügung. Behagliche aber sehr moderne Quartiere, eine freundliche kontaktfreudige Bevölkerung und eine Vielzahl von Freizeiteinrichtungen stehen im Sommer wie im Winter den Gästen zur Verfügung. So ist dieser Wirtschaftszweig „Fremdenverkehr" in unserer Landkreisstruktur nicht mehr wegzudenken. Mehr als 2000 unmittelbare Arbeitsplätze wurden dadurch neu entwickelt und mehr als 3000 mittelbare Arbeitsplätze waren die Folge dieser intensiven Entwicklung eines beachtlichen Wirtschaftszweiges in unserem Gebiet. Weit mehr als 160.000.000 DM sind in dem Berichtsjahr 1977 in die Wirtschaft unseres Landkreises geflossen. Die Aufwendungen, die in den letzten 25 Jahren zur Entwicklung unmittelbar und mittelbar getätigt worden sind, dürften eine Viertelmilliarde DM in unserem Raum ausmachen. Rückblickend kann festgestellt werden, daß die Aufbauphase als abgeschlossen anzusehen ist. Jetzt gilt es, das Erreichte zu festigen, die Organisationsformen im Fremdenverkehr zu verbessern, die Werbung zu verdichten und die vorhandenen Infrastrukturen an die Weiterentwicklungen anzupassen. Wenn in den 80er Jahren die Verkehrsanbindungen durch den Ausbau der Autobahn Regensburg-Deggendorf und München-Deggendorf unser Gebiet an die Verkehrswege angeschlossen worden ist, wird ein verstärkter Druck unser Gebiet erreichen. Der Nahurlaubsverkehr und der Wochenendausflug in unser Gebiet wird mit Sicherheit recht spürbare Formen annehmen, die bis zur Belastung führen können. Jetzt schon gilt es, sich auf diese neue Entwicklung einzurichten. Durch die Entstehung ansehnlicher Loipen und Pisten haben die Wintersportmöglichkeiten in unserem Gebiet in besonderer Weise zugenommen. Höchstattraktive Wintersportveranstaltungen haben bedeutsam auf den Bayer. Wald hingewiesen und so ist heute der Arber mit seinem Welt-Cup in aller Munde. So echt wird hier die Verbindung zwischen Wintersport und Fremdenverkehr sichtbar. So wird weiterhin die Wirtschaftskraft unseres Landkreises mit entscheidend geprägt von und durch die Entwicklung des Fremdenverkehrs. Nachdem es aber auch im Landkreis Regen gelegentlich regnet, können die Urlaubstage nutzbringend und erlebnisreich gestaltet werden. Museen, Mineraliensammlungen, Holzschnitzereien, Glasausstellungen und Glashütten stehen zur Besichtigung offen. So bietet dieser Landkreis Regen, ein typischer Bayerwald-Landkreis, neben Erholung, Gesundung, auch weitreichende Information, insbesondere über Holz, Glas und Mineralien.

II/1-823-4
LANDRATSAMT REGEN

	Gästeübernachtungen 1981				Bettenausnützung ohne Übernachtungen in Jugendherbergen u. Campingplätzen			
Gemeinde	Übernachtungen 1981	Übernachtungen 1980	Steigerung + / -	%	Übernachtungen 1981	Bettenangebot	Übernachtungen pro Bett	Bettenausnutzung in %
1 Achslach	30.047	29.579	+ 468	+ 1,58	30.047	435	69	18,92
2 Arnbruck	156.964	155.323	+ 1.641	+ 1,06	156.964	1.481	106	29,04
3 Bayer. Eisenstein	211.335	208.755	+ 2.580	+ 1,24	180.507	2.056	88	24,05
4 Bischofsmais	322.670	329.236	- 6.566	- 1,99	322.670	2.453	132	36,04
5 Böbrach	159.191	157.470	+ 1.721	+ 1,09	154.354	1.192	129	35,48
6 Bodenmais	701.789	681.126	+20.663	+ 3,03	690.851	4.719	146	40,11
7 Drachselsried	222.865	234.594	-11.729	- 5,00	221.715	2.340	95	25,96
8 Frauenau	75.765	72.368	+ 3.397	+ 4,69	75.765	946	80	21,94
9 Geiersthal	32.049	29.471	+ 2.578	+ 8,75	32.049	559	57	15,71
10 Gotteszell	45.600	46.009	- 409	- 0,89	45.600	469	97	26,64
11 Kirchberg	42.963	43.918	- 955	- 2,17	42.963	852	50	13,82
12 Kirchdorf i. Wald	11.647	15.556	- 3.909	- 25,13	11.539	229	50	13,81
13 Kollnburg	53.113	56.391	- 3.278	- 5,81	53.113	770	67	18,90
14 Langdorf	110.160	106.290	+ 3.870	+ 3,64	107.210	1.095	98	26,82
15 Lindberg	85.535	82.883	+ 2.652	+ 3,20	85.535	1.050	81	22,32
16 Patersdorf	23.158	22.704	+ 454	+ 2,00	23.158	245	95	25,90
17 Prackenbach	42.793	42.618	+ 175	+ 0,41	36.120	511	71	19,37
18 Regen	169.159	164.871	+ 4.288	+ 2,60	169.159	2.487	68	18,63
19 Rinchnach	52.983	46.266	+ 6.717	+ 14,52	52.983	661	80	21,96
20 Ruhmannsfelden	29.768	28.798	+ 970	+ 3,37	29.768	387	77	21,07
21 Teisnach	30.808	29.470	+ 1.338	+ 4,54	30.808	444	69	19,01
22 Viechtach	238.261	235.554	+ 2.707	+ 1,15	161.803	1.598	102	27,91
23 Zachenberg	42.530	37.323	+ 5.207	+ 13,95	42.530	610	70	19,10
24 Zwiesel	401.593	401.196	+ 397	+ 0,10	296.231	3.126	95	25,96
	3.292.746	3.257.769	+ 34.977	+ 1,07	3.053.442	30.715	99	27,24

DR. REINHARD HALLER

ETHNOGRAPHISCHE BESCHREIBUNG DER LANDGERICHTE VIECHTACH UND REGEN AUS DEN JAHREN 1858–1860

Die erste zusammenhängende, wenn auch noch lückenhafte aber äußerst kritische Volkskunde über das Gebiet des heutigen Landkreises Regen liegt in der Handschriftenabteilung der Bayerischen Staatsbibliothek München. Sie wird unter Cod. germ. 6874 verwahrt und als „Physikatsbericht" der Landgerichte Regen und Viechtach geführt. Beide Beschreibungen fertigte der jeweilige Physikus, der Landgerichtsarzt, von 1858 bis 1860 auf höhere Weisung. Denn der in historischen und volkskundlichen Belangen so wißbegierige König Max II. von Bayern hatte 1858 angeordnet, daß ihm seine Amtsärzte aus ihren Bezirken medizinisch-topographische und ethnographische Beobachtungen zu liefern hätten. In jenen zwei Jahren sahen die mit Einspännern herumreisenden Mediziner genauer als sonst in die Stuben und Kammern der Bauern und Bürger, schauten bewußter als vordem in die Werkstätten und Fabriken und notierten eifrig, was sie selber erkunden oder von vertrauenswürdigen Gewährsleuten erfahren konnten. Nicht immer erscheint die „gute alte Zeit" da in einem erfreulichen und heiteren Licht!
Diese „Beschreibung der Physikatsbezirke Bayerns", übrigens für alle Landgerichte des Königreiches erstellt, sind bisher kaum beachtet worden, obwohl sie sich zu einer kulturgeschichtlichen Dokumentation von hohem Rang summieren. Der Kreisheimatpfleger hat deshalb die volkskundlichen Teile in der originalen Schreibung für alle nachlesbar den alten Bänden entnommen und sie anstelle eigener Forschungen dem Landkreisbuch übereignet. Wer weiß, ob sie, wenn nicht bei dieser günstigen Gelegenheit, je einmal noch gedruckt worden wären!

1. Das Landgericht Viechtach

Charakteristik und Vertheilung der Bevölkerung
Nach der Volkszählung vom Jahre 1858 beträgt die Bevölkerung des Bezirks 19260 Seelen.
Es treffen demnach auf die Quadrat-Meile mehr als 2500 Menschen, welche fast sämtliche von der Landwirtschaft leben.

Gestalt
Durchschnittlich von mehr als mittelmäßiger Größe, erscheinen die Männer als kräftige Gestalten mit robusten Körperbau, meist magern, blaßen, verzerrten Gesichern, und langen Nasen.
Die Weiber sind durchschnittlich vom kräftigen Körperbau und mittelmäßiger Größe. Bei ihnen trifft man nur ausnahmsweise eine ausgezeichnet schöne Bildung des Körpers an.

Charakter
Als vorherrschendes Temperament dieser Bewohner erscheint das phlegmatische, insbesondere bei den Landbewohnern auf den Einöden; diese leben meist gleichgiltig gegen alles, was nicht unmittelbar ihr häusliches Interesse betrifft, außer der Arbeit und zu Hause in träger Bequemlichkeit fort und erreichen gewöhnlich ein hohes Alter, insbesondere das weibliche Geschlecht.
Sie sind nicht ohne geistige Anlage und Intelligenz, und verrathen in solchen Beschäftigungen gleichfalls große Ausdauer.
Ihre Vertheilung im Bezirk ist ziemlich gleichmäßig; denn außer zwei Märkten und einigen Dörfern wohnen sie sämtlich in Weilern und Einöden zerstreut.

Der Bezirk ist in 24 politische Gemeinden getheilt, und die Bevölkerung scheidet sich nach denselben in nachfolgende Kathegorien:

Von diesen 4447 Familien leben auf der Quadratmeile gegen 600.

Über 14 Jahre alt sind	14 223
Unter 14 Jahren i.e. Kinder	5 037
	Sa. 19 260

Von den ersteren sind verheirathet	4 800
verwittwet, männliche	388
〃 weibliche	482
Unverheirathet, männliche	3 891
〃 weibliche	4 662
	Sa. 14 223

Von der Gesamtbevölkerung leben in den beiden Märkten 2674 Individuen; die übrigen in 58 meist kleinen Dörfern, 117 Weilern und 305 Einöden.
Die Haupterwerbsquelle überhaupt sind Ökonomie und Viehzucht; der Gewerbsbetrieb ist nur von geringer Bedeutung, und beschränkt sich meist auf den örtlichen Bedarf. Fast alle Gewerbetreibenden haben einigen Grundbesitz, ohne welchen sie nicht leicht bestehen könnten.

Industrie

Die Industrie überhaupt liegt noch im tiefen Schlummer; erwähnenswerth ist blos die Leinwandfabrikation.
Von den Ortschaften sind nur wenige historisch bekannt.

Wohnungsverhältniße

Von der Gesamtzahl der Gebäude, welche 7738 beträgt, sind 3117 zu Wohnung, die übrigen für andere Zwecke bestimmt. Diese Wohnungsverhältniße im allgemeinen wären nicht ungünstig, denn es treffen nur $6\frac{1}{10}$ Bewohner auf ein Wohnhaus.
In den Märkten sind die Häuser größtentheils gemauert und haben zwei bewohnbare Stockwerke; doch finden sich aus älteren Zeiten noch einige von Holz und mit einem Stockwerk.
Die älteren Wohnungen auf dem Lande sind durchgehend von Holz erbaut, und nur mit einer unheitzbaren Kammer, dann den nöthigen Ökonomiegebäuden versehen. Die der Kälte wegen nur sparsam angebrachten Fenster sind ganz nieder, überhaupt sehr klein. Das Innere des Hauses ist schmutzig und rauchig, die Wände der Wohnzimmer so schwarz, wie ein Rauchfang, weil zur Beleuchtung der Wohnungen überhaupt noch ausschließlich Birken- und Buchenspänne im Gebrauch sind.
Die Fußböden sind meist von Holz, zuweilen auch von Lehm, oder gar von der natürlichen Unterlage des Erdbodens, letzteres ist hauptsächlich bei den Kammern der Fall.
Das Wohnzimmer wird durch einen irdenen Kachelofen von sehr großem Umfang geheitzt, in welchem sich ein Rohr zum Backen ihrer Nudeln usw. und zwei bis drei Kesseln befinden, die zum Süden und Anbrühen eines Theiles von Viehfutter dienen. Die Speisen werden im Ofen bereitet. Zunächst dem Ofen ist ein laufender Brunnen, welcher sein Wasser in einen steinernen Grand ausgießt. Der Zimmerboden um den Ofen und Wassergrand herum ist mit Steinen gepflastert.
Unter diesen Verhältnissen ist der Zimmerboden an dieser Stelle fortwährend naß, ja an unebenen Stellen finden sich /: in unreinlichen Zimmern :/ manchmal sogar Pfützen.
Durch das fortwährende Süden und Anbrühen des Viehfutters entwickeln sich maßenhafte, oft ganz undurchsichtige Wasserdämpfe, die sich bei gewissen Temperaturverhältnissen an der Decke, den Wänden und Thüren des Wohnzimmers und der daneben befindlichen Kammer niederschlagen und als Wasser tropfenweise herabrinnen, sodaß diese bewohnten Lokalitäten zur kälteren Jahreszeit nicht blos feucht, sondern allenthalben naß sind.
Solche Wohnungsverhältnisse können nicht günstig auf die Salubrität der Bewohner einwirken; am ungünstigsten wirken sie auf das zarte Kindesalter.
Daher die vielen Sterbefälle neugeborener und kleiner Kinder an Eclampsie, welche meist durch Verkältung in den kalten feuchten Kammern herbeigeführt werden; daher auch die häufigen Strophelkrankheiten unter den Kindern.
Die neueren Gebäude werden in einem besseren

Lindberg um 1925

Style mit mehreren und größeren Fenstern fast durchgehnds von Stein, und zwei Stockwerke hoch aufgeführt.
Zur Bewohnung des zweiten Stockwerkes ist es jedoch bisher nicht gekommen, denn dieses dient gewöhnlich zur Aufbewahrung des Getreides und anderer Habseligkeiten.
Jeder Bauernhof hat ein besonderes Nahrungs- oder Austragshaus für die Zeit, wenn die alternden Eltern einem Kinde das Anwesen übergeben.
Ein solches Haus hat gewöhnlich ein Wohnzimmer, eine Kammer und Boden, außerdem einen kleinen Stall für 1 bis 2 Kühe, und eine kleine Scheune unter dem Dache.
Außer diesem Austragshaus befinden sich bei jedem größeren Bauernanwesen 1 oder 2 Inhäuser /: Inwohnershäuser :/ für die Taglöhner des Hofbesitzers, welche Inwohner genannt werden. Diese sind sehr klein, und enthalten in der Regel die nemlichen Lokalitäten, wie die Ausnahmshäuser. Bemerkenswerth ist das Verhältniß dieser Taglöhner /: Inwohner :/ oder Häuslleute.
Diese sind in der Regel verheirathet, manche auch ledig, und gleichsam die Lehensleute der Bauern. Gegen Überlassung einzelner Grundstücke und dieses hölzernen Häuschens, wo sie eine Kuh nähren, einiges Getreide und Flachs, und ihren Bedarf an Erdäpfeln bauen können, müssen sie zu jeder Stunde dem Bauer auf die Arbeit gehen. Dafür erhalten sie Kost und einen Taglohn von 3 bis 4 Kreuzern.
Die ihnen überlassenen Grundstücke können sie erst dann bearbeiten, wenn die Arbeit des Bauers geschehen ist.
Das Heitzmaterial besteht ausschließlich in Holz, welches jeder Grundbesitzer im Überfluß selbst hat. Mit dem Brennholz wird daher nicht sparsam umgegangen, und in ihren ungeheuren Öfen, welche übrigens ganz schlecht construirt sind, verbrennen sie große Massen.

Das „Schuster-Girgl-Haus" in Bodenmais, 1936 abgebrochen

Spinnstube in Trautmannsried, um 1930

Kreuz und Totenbretter bei Kollnburg.

Seite 282: Auf der Oberlohwies bei Bodenmais. Holzhauerhaus aus dem frühen 19. Jahrhundert.

Die Aborte befinden sich an den Düngstätten, diese in den Hofräumen an den Wohnhäusern oder den an diese unmittelbar angebauten Stallungen und sind vom Haus in der Regel durch die Hausgeräthe, einen längs der Haus- und Stallthüre sich hinziehenden durch den Vorschuß des Daches gedeckten und gepflasterten gangförmigen Raum geschieden.

Kleidungsweise

Die Kleidung ist für beide Geschlechte sehr einfach, ohne Auszeichnung und Pracht. Im Sommer geht auf dem Lande Alles barfuß und sehr leicht gekleidet, so daß die Männer außer Hosen, Hemd und Hut oder Haube kein Kleidungsstück tragen. Die Weibsleute haben sämmtlich leinene Röcke bis auf die Waden, von dunkler Farbe, Mieder, Strümpfe von den Knieen bis zu den Knöcheln /: Krampfhaxen genannt :/ und schwarze oder braune Kopftücher, welche sie über die Stirne und fast über die Augen herabziehen. Die Hosen sind meistens von Zwilch, selten mehr von Leder.

Im Winter tragen beide Geschlechter zu Hause und bei der Arbeit Holzschuhe und Strümpfe, sind auch im Oberkörper mit Jacke oder Spenser und Halsbinde geschützt, und unter dem Hute haben die Männer noch in der Regel eine schwarzbaumwollene Zipfelhaube. An Sonntagen tragen sie lange Röcke und Hosen von dunklem Wollenstoff, meist farbige Westen, seit kurzer Zeit mit silbernen Knöpfen, schwarze niedere Filzhüte und Stiefel; die Weibspersonen kurze Kleider mit Mieder und Spenser von dunklem Wollen- oder Baumwollen- selten Seidenstoffen, Strümpfe und Schuhe, und dunkle baumwollene Kopftücher. Bezüglich des Alters herrscht kein merklicher Unterschied. Ledige Weibspersonen kürzere Röcke als Frauen.

Die Marktsbewohner nähern sich bezüglich der Kleidung in Mode und Stoff den Städtern, indem sie letztere meist nachahmen.

Diese Kleidungsweise der Landbewohner zu Hause und bei der Arbeit ist zu einfach, gewährt nicht den gehörigen Schutz vor Kälte, und gibt häufig Veranlassung zu Verkältungen und den sie erzeugenden Krankheiten.

Nahrungsweise

Die Nahrung ist vorherrschend vom Pflanzenbereich. Auf dem Lande wird jährlich nur 3 mal Fleisch gegessen; um Ostern, Weihnachten und zur Kirchweih; am liebsten Schweinefleisch, in großer Masse, so daß mancher 2–3 Pfund zu sich nimmt, nebst 3–6 Knödeln mit vielen Kücheln und zwar ohne Beschwerden. Zu solchen Zeiten wird an die Dienstboten auch Bier verabreicht, zur Hälfte mit Nachbier vermischt.

Die gewöhnliche Nahrung ist einfach und der Landbewohner ist in dieser Hinsicht sehr genügsam.

Schwarzes und weißes Roggenbrod, letzteres indessen mit Milch statt Wasser bereitet, Knödeln aus solchem weißen Brod, saure Milch und Kartoffeln sind seine hauptsächlichsten Nahrungsmittel. Außerdem auch noch Habergrütze und Milch und Schmalz im Rohr gebraten und gebackene Nudeln von Waizenmehl. Als Zuspeise zum Eintauchen der Mehlspeisen dient gedörrtes meist schlechtes nicht veredeltes Obst /: Schleipf genannt :/ zu Knödeln und Sauerkraut.

Die Bauernweiber sind durchschnittlich schlechte Köchinnen, aus Unwissenheit und übertriebener Sparsamkeit werden diese Speisen schlecht zubereitet, zum Theil nicht gut ausgekocht, und Personen, welche nicht von Jugend auf daran gewöhnt sind, können dieselben nicht leicht verdauen. Aus diesem Grunde kommen viele Digestionskrankheiten vor, welche meistens vernachläßigt, Manchem zum Verderben gereichen.

Wasser, Milch und als besondere Labung Bier sind das Getränk, Wein ist dem Landmann fast unbekannt.

Die Kinder im ersten Lebensjahre werden durchschnittlich an der Mutterbrust genährt; außerdem auch mit Mus und Waizen – bei ärmeren sogar auch manchmal aus Roggenmehl und Milch, oft schlecht zubereitet, häufig nicht ausgekocht. Diese Nahrungsweise und die schlechten Wohnungen sind die Grundursachen von der großen Sterblichkeit der Kinder in diesem Lebensalter.

Beschäftigung der Bewohner

Die Hauptbeschäftigung der Einwohner überhaupt

Der Hochstein-Chor Oberried in der alten Bauerntracht. Aufnahme um 1933

ist Ackerbau, Viehzucht, Wald- und Holzarbeit, Flachsbau, dann Garn- und Leinwandbereitung.
Die Gewerbe mit Ausnahme einer Glasfabrik, welche 30 Personen beschäftigt, einiger Eisenhämmer von geringer Bedeutung, der Sägmüller und Weber, beschränken sich auf das örtliche Bedürfniß.
Im Sommer ist die gewöhnliche Beschäftigung der Landleute Feldarbeit, im Winter Flachsspinnerei und Leineweberei.
Wenn im Herbste die Felder bestellt sind, so wird mit der Flachsbereitung begonnen und zwar mit Brecheln, Schwingen und Hächeln. Der lange Winter gibt Gelegenheit zum Spinnen und Weben. Väter und Mütter, alle ungebrechlichen Personen, Knechte und Mägde, sogar 8 bis 6-jährige Kinder; kurz die ganze Familie und das Hausgesinde, wer nur immer Hände und Füße regen kann, spinnt in der gemeinschaftlichen Stube bis in die späte Nacht, Knechte und Mägde müssen vertragsmäßig neben allen übrigen Arbeiten täglich einen Strang Garn liefern. Im rohen Zustande wird sehr wenig verkauft, sondern beinahe das ganze Erzeugniß zu Garn versponnen und dann nach Abzug des eigenen Verbrauchs entweder als Garn oder als Leinwand verkauft, die jeder selbst bereitet.
Es ist daher jeder Landbewohner der Weberei kundig, und bei Knechten ist es sogar meistens Bedingniß zur Aufnahme in den Dienst.
Die Bestellung der Felder erfordert bei der Beschaffenheit des Bodens und Terains viele Anstrengung; insbesondere die Anlage von Kulturen, die bei der Masse unbebauten Landes seit einigen Jahren sehr in Aufnahme kommen.
Die Jugend wird schon sehr frühzeitig zur schweren Arbeit herangezogen. Es kommen deßwegen bei beiden Geschlechtern sehr häufig Unterleibsbrüche /: Hernien :/ vor, insbesondere bei älteren Personen.
Im Sommer begibt man sich um 9 Uhr Abends zur Ruhe, und um 4 Uhr morgens geht man wieder an die Arbeit. Im Winter wird bis 10 Uhr gesponnen und um 5 Uhr wieder aufgestanden. Der Bauer schlaft in der Kammer neben dem Wohnzimmer mit seiner Gattin in *einer* großen Himmelbettstatt, die kleinen Kinder in derselben Kammer. Die weiblichen Dienstboten nebst den größeren Töchtern

Flachsbearbeitung in Schönau. Aufnahme um 1935

schlafen auf dem Boden oberhalb des Wohnzimmers und der Kammer, die männlichen nebst den größeren Söhnen ober dem Stall. Zur Unterlage dient ein Strohsack, und zur Bedeckung und Schutz vor Kälte eine schwere meist unreinliche Federdecke. Sogar bei dem wohlhabendsten Bauer findet man kein besseres Lager.

Wohlstand der Bewohner

Mit dem Steigen der Holzpreise im letzten Dezember und durch die Zunahme des Kulturfleißes und die für den Produzenten günstigen Getreide- und Viehpreise ist der Wohlstand der Bevölkerung außerordentlich in Aufnahme gekommen. Der Werth der Anwesen ist seitdem ums Doppelte gestiegen.

Insbesondere ist durch die Correktion des Regenflußes und seiner größeren Nebenbäche eine für den Holzverschleiß sehr günstige Wasserstrasse eröffnet worden, und der Bewohner kann seinen Überfluß an Nutz- und Brennholz sehr gut verwerthen. Durch diese Verhältniße sind dem Grundbesitzer drei bedeutende Erwerbsquellen geöffnet, und es sind in neuerer Zeit die meisten zum Wohlstand gelangt. Unter denjenigen Bewohnern hingegen, die keinen, oder nur sehr wenig Grundbesitz haben, finden sich wenige wohlhabende.

Reinlichkeit in den Häusern auf dem glatten Lande sucht man in der Regel umsonst; und nur wenige Landbewohner machen hievon eine Ausnahme; das nämliche gilt auch durchschnittlich von der Wäsche und Kleidung; diese wird selten gewechselt. Das Wasser überhaupts scheuen sie in Krankheiten, und sogar auch im gesunden Zustande; daher baden auch nur die Knaben zum Vergnügen; Ältere haben keine Zeit dazu, und baden sich oft ihre ganze Lebenszeit nicht.

Vergnügungen, Feste und besondere Gewohnheiten

Der Vergnügungssucht sind die Bewohner nicht besonders ergeben; Volksfeste werden nicht gefeiert, und ihre Vergnügungen bestehen hauptsächlich in Tanzmusiken, Jahrmärkten und Kirchweihen. Ihre Tänze sind dem deutschen National-Charakter angemessen und arten bei allseitigem Zudrange zum Tanz in den meist engeren Räumen und der herrschenden Unordnung und Naturwüchsigkeit in ein förmliches Handgemenge aus.

Bei Hochzeiten ist das sogenannte Ofenschüßelrennen gebräuchlich. Es ist dieses ein Wettlauf der männlichen Hochzeitsgäste. Wer das Ziel am ersten erreicht, für den muß die Ehrenmutter das Mahlgeld bezahlen. Bei jeder Hochzeit wird schon Vormittags wacker gegessen und getrunken durch die Verwandten der Braut und des Bräutigams, geschieden in je des Betheiligten Hause. Dieses heißen sie die Gaglhenne verzehren. Dafür ist dann das Hochzeitsschenken. Nach beendigtem Mahle bringt jeder Gast, der von dem Hochzeitsbitter mit einem langen und sehr ehrenvollen Titel aufgerufen wird, den Hochzeitleuten: /: Brautpaar :/ die an einem Tische sitzen, und einen Teller mit einem weißen Tuche bedeckt vor sich haben, sein Hochzeitsgeschenk dar, bestehend in 48 kr. bis zu einigen Gulden. Haben sie bis 11 Uhr Mittag genug gegessen, dann ziehen beide Theile mit Musik zur Kirche, wo sie sich vereinigen. Vor der Kirche hält meistens der Hochzeitbitter eine Anrede an die Brautleute, welche meist gewaltig rührend ist.

Nach beendigtem Gottesdienst hat der Bräutigam und die Braut schon jemanden mit einem Kruge Bier bestellt, und wer es dem andern zuerst zubringt, hat die Herrschaft zu Hause gewonnen.

Unter den Spielen ist das Karten- und Kegelspiel, das Sacklaufen, weniger das Scheibenschießen im Gebrauch. Singen in Gasthäusern von Seiten junger Leute ist wenig gebräuchlich und wird selten wahrgenommen.

Eheliches Leben, Fruchtbarkeit, Ausschweifungen

Wo es die Verhältniße gestatten oder erheischen, werden die Ehen schon in den Zwanzigerjahren eingegangen; es ist dieses hauptsächlich bei den Wohlhabenden der Fall. Ärmere kommen erst später dazu, sich ihren eigenen Herd zu gründen, und es kommt oft vor, daß beide bisher ledige Ehegatten bei ihrer Verehelichung das fünfzigste Lebensjahr bereits überschritten haben. Viele hingegen heirathen nicht, wenn es auch ihre Verhältniße leicht gestatten. Es kommt häufig vor, daß auf Bauernanwesen nach dem Tode der Eltern die Kinder das Gut gemeinschaftlich mit einander bewirthschaften und in schönster Eintracht leben; nur ist Eines von ihnen durch die Gutsübernahme Maier desselben. Ebenso eigenthümlich ist, daß die Bauern das Gut immer dem jüngsten Sohne übergeben und zwar um den 6-ten Theil des Werthes, ja noch billiger; wahrscheinlich aus dem Grunde, damit sie nicht so oft Übergabskosten bezahlen müßen. Die älteren Geschwister müssen mit Überlassung einiger Grundstücke und sehr wenig Heirathgut in ein Ausnahmshäuschen übersiedeln, welches sie lebenslänglich oder bis zur Verheirathung benützen dürfen. Zugleich müssen sie auch, wie die Häuslleute ihrem Gutsherrn oder Bauern in die Arbeit gehen und sind so gleichsam ihres jüngsten Bruders Knechte und Unterthanen.

Die Pubertaet tritt gewöhnlich erst später ein, mit 17, 18 bis 20 Jahren. Die Fruchtbarkeit der Ehen ist nicht groß; viele bleiben kinderlos, und eine große Kinderzahl findet sich nicht häufig; auf 7600 Weiber und Jungfrauen über 14 Jahre treffen durchschnittlich 600 Geburten jährlich, darunter fast der dritte Theil unehelich. Von Jugend auf an Sparsamkeit gewöhnt, wird sie bei der Ansässigmachung verdoppelt.

Im Ehestande tritt wohlfeile Kleidung an die Stelle des Putzes, Nahrungssorgen und harte Arbeit verscheuchen meist die Freude des Lebens, und nur mit dem körperlichen Unvermögen oder am Tode endigen Arbeitsamkeit und Streben nach Erwerb.

In Folge dieser anstrengenden Beschäftigung gebären Weiber öfter vorzeitige und todte Kinder, als ledige Personen. Wöchnerinnen verlassen häufig schon die ersten Tage nach der Geburt das Wochenbett, ja oft schon am zweiten Tage; daher kommen unter den Frauen sehr viele Gebärmutter- und Scheidenvorfälle vor.

Auf dem glatten Lande lassen sich fast alle Schwangern in der letzten Zeit zur Ader, da sie eine Aderlässe für gesund und nothwendig erachten um leichter zu gebären; und nur mit Mühe kann man manche davon abhalten.

Die Sittlichkeit scheint immer mehr in Verfall zu kommen, denn das Kammerfenstergehen ist allgemein gebräuchlich, und daß es nicht dabei bleibt, zeigen die vielen außerehelichen Kinder.

Die Ursache dieses Übelstandes ist, wie es scheint, in dem unbedingten veto der Gemeinden in Heirathbewilligungen zu suchen. – Manche ehrliche Leute, die sich gut fortbringen könnten, läßt man nicht heirathen, weil ihnen der eine oder der andere der Gemeindebevollmächtigten Feind ist; Lumpen hingegen fürchtet man und diese setzen ihre Ansäßigmachung eher durch.

Verheirathete Arme sorgen durchgehends für ihre Kinder, die Unverheiratheten aber schicken selbe auf den Bettel mit dem Grundsatz: „Heirathen hat man mich nicht lassen, und so kann die Gemeinde meine Kinder nähren".

Geistige Constitution, religiöse Haltung, Aberglaube

In geistiger Bildung, selbst in den jedem Menschen nothwendigsten Gegenständen des Wissens, – im Schreiben, Lesen und Rechnen und in *reinen* Religionsbegriffen sind die Landbewohner zurück, zeichnen sich aber durchschnittlich durch gesunden Verstand und Scharfsinn aus.

Ein besonderer Zugang zu den Studienanstalten ist nicht bemerkbar. Es befinden sich aber unter den wenigen Studierenden immer gute Köpfe.

Die Jugend auf dem Lande besucht nur aus Zwang die Schule und die Eltern müßen häufig durch Strafen gezwungen werden, dieselben zu schicken.

Sie lieben durchschnittlich ihre Heimath, suchen sich stets in derselben ansässig zu machen, und gehen blos nothgedrungen, oder wenn sie einen bedeutenden Vortheil erblicken, aus derselben fort.

Sie sind gutmüthig und nicht besonders reizbar und zur Streitsucht geneigt, zeigen aber durchgehends Starrsinn, ja selbst grobe Widersetzlichkeit gegen jede neue Einrichtung, welche von oben kommt, und bei der sie nicht offenbaren Gewinn, oder nach ihrer Anschauungsweise gar Nachtheil sehen.

Vermöge ihrer außerordentlichen Sparsamkeit, welche an Geiz grenzt, suchen sie jede, sogar die geringste Ausgabe zu vermeiden; ja sogar dann, wenn es Gesundheit und Leben gilt; denn es kommt häufig vor, daß in den schwersten Krankheiten, die den Tod herbeiführen, auch von den wohlhabendsten kein Arzt gerufen wird. Ist dieses aber der Fall, so

Totenbretter in Arnbruck.

geschieht es nur in äußerst dringenden Fällen, und nur ein einzigesmal. Wird der Kranke nicht gleich gesund, so wird bei einem zweiten Arzt oder Pfuscher Hilfe gesucht. Dabei hat man meistens gegen Aberglauben, Unwissenheit und Mißtrauen zu kämpfen; denn es gibt noch sehr viele, welche unter Arznei oder Einnehmen Brech- und Abführmittel verstehen, und die Aderlässe nur als Präservativmittel zu bestimmten Zeiten des Jahres nach dem Kalender anwenden, und dagegen sich sträuben, wenn sie der Arzt in Entzündungskrankheiten ordinirt.

Solche verwerfen sodann auch alle zweckmäßigen Arzneimittel, welche nicht gleich auf die erste Dosis die allein erwartete Wirkung von Brechen und Laxieren hervorbringen.

Stark verbreitet ist auch der Aberglauben, besonders bezüglich der Gespenster, fast in jedem abgelegenen Winkel geistert es.

Sympathetische Kuren sind an der Tagesordnung, und der Glaube, daß bei Panaritien ein Wurm die Schmerzen verursache, und daß derselbe nur durch Ansprechen und Beten getödtet werden könne, ist ihnen durch Belehrungen schwer zu nehmen. Geisteskranke sind meist vom Teufel beseßen und müßen benedizirt werden.

Gegen Convulsionen der Kinder werden eigene Fraishauben aufgesetzt und Fraiskugeln angehängt. Stirbt ein solches Kind, und man fragt um die Krankheit, so sagen die Eltern, es hat die Frais gehabt – wir haben alles angewendet, und hat nichts geholfen. Es ist ihnen auch ganz gleichgiltig, wenn eines stirbt, und sagen sodann, die Kinder sind gut aufgehoben.

Krämpfe und ähnliche Krankheiten bei älteren Personen halten sie als etwas Angethanes, und in diesen Fällen werden häufig die Geistlichen um Hilfe angegangen. Bei Krankheiten wird die Wäsche

„Wolfauslasser" oder „Martinigeher" in Trautmannsried. Dieser alte Hirtenbrauch hat sich als einer der wenigen bis heute zäh erhalten.

nicht gewechselt und liegt einer wochenlang, so behält er immer das nämliche Hemd an.
Zum Verband von Wunden nimmt man nur alte Lumpen, indem neue Leinwand für süchtig /: schädlich :/ gehalten wird. Gereinigt werden sie nicht, da sie das Wasser scheuen. Über Diätetik sind ihre Begriffe ganz falsch, und in dieser Hinsicht hat der Arzt den schwersten Kampf. Wird für Bauersleute Bier geholt, so hört man gewöhnlich die Äußerung, gebt mir fein ein gutes, es gehört für einen Kranken; ebenso häufig wird Kranken Kaffee gekocht, oder eine Leberwurst oder Sulz gereicht.
Ihre hauptsächlichsten Hausmittel sind Hundsfett, Albermes, ein Elixir, welches sie sich aus Albe und Rhabarber mit Schnaps bereiten, Althäasalbe /: alte Ehe genannt :/ welche sie für Menschenfett halten, und Wienerbalsam. Bigotterie ist gleichfalls eine Haupteigenschaft der Bewohner; sie haben überall religiöse Vereine und Bruderschaften, gehen fleißig in die Kirche, halten alle abgeschafften Feiertage, gehen auch häufig wahlfahrten, und sind gute katholische Christen, so lange es sich um den äußeren Schein handelt. Betrifft es aber einen Vor- oder Nachtheil, oder aber handelt es sich um Geld, dann zeigt sich ihre Lauheit in Glaubenssachen in eklatantester Weise.

2. Das Landgericht Regen

Charakteristisches in der physischen und intellektuellen Constitution der Bezirksbevölkerung

Bei der Körperbildung ist eine vorzügliche Ausbildung des Muskelsystems vorherrschend. Der Körperbau ist kräftig, der Wuchs schlank. Die Männer haben meistentheils eine Größe von 5½' bis über 6' kleinere Männer kommen selten vor.

Das weibliche Geschlecht hat zwar in der Regel geringere Größe, doch den männlichen starken Körperbau zur Erzeugung einer fortwährend sich regenerirenden kräftigen Menschenklasse geschaffen. Beide Geschlechter zeigen sich in Gang und Arbeit flink und rüstig.

Die Gesichtsbildung ist bei beiden Geschlechtern ein wohl gelungenes Oval mit gut geformter Nase, frische Gesichtsfarbe, das Auge braun, das nicht in dichter Menge vorhandene Kopfhaar von blonder Farbe bis zum dunkelbraun in unzähligen Schattierungen. Die Körperbildung der hiesigen Bewohner sowie Gang und Haltung sind bedeutend. Von jener im benachbarten Böhmerlande verschieden. Die Gestalt des Kopfes, die kurze breite Nase, das tiefliegende graue Auge, die blaße Gesichtsfarbe und das schwarze dichte Haupthaar des Böhmen zeigt einen anderen Völkerstamm, sowie bei den Bewohnern Böhmens der slawische Volksstamm, so ist bei dem bayer. Waldbewohner der germanische Volksstamm beurkundet.

Die Sprache hat weniger eigenthümlichen Ausdruck und ist ziemlich verständig nur hat sie das Eigenthümliche daß die Landleute bei manchen Worten den Buchstaben in der Sprache auslaßen wo er hineingehört und eben diesen Buchstaben dahin einsetzen, wo er nicht hingehört wie z. B. bei dem Worte schön sagen sie schei und bei dem Worte nein sprechen sie *nä.* Statt 9 sprechen sie *nenn.*

Der Landgerichtsbezirk umfaßt

I

2 Magistrate III Classe

Regen und Zwiesel

dann ferner

25 Landgemeinden:

1, Abschlag; 2, Baerndorf; 3, Baernzell; 4, Bischofsmais; 5, Bodenmais; 6, Brandten; 7, Eisenstein; 8, Eggenried; 9, Ellerbach; 10, Frauenau; 11, Habischried; 12, Hochdorf; 13, Kasberg; 14, Kirchdorf; 15, Kirchberg; 16, Klautzenbach; 17, Langdorf; 18, Lindberg; 19, March; 20, Oberneumais; 21, Raindorf; 22, Rinchnach; 23, Rinchnamündt; 24, Schlag und 25, Zell.

Diese Landgemeinden umfaßen:

1, 60 Einöden; 2, 67 Weiler; 3, 68 Dörfer; 4, 63 Mühlen einzelnstehend; 5, 8 Pfarrdörfer; 6, 6 Plätze mit einzeln Häusern; 7, 8 Glasfabricken; 8, 3 Zündholzfabricken und endlich die 2 Märkte Regen und Zwiesel.

Im Markte Regen befindet sich ein Armenhaus und ein Krankenhaus einzig und allein dem Heilzwecke gewidmet, worin auch auswärtige Kranke der Landgemeinden gegen Kostvergütung vertragsmäßig aufgenommen werden müssen.

In Zwiesel dagegen sind ein paar Zimmer im Armenhause zur Aufnahme von allenfällsig erkrankten Dienstbothen in Bereitschaft gesetzt.

Der ganze kgl. Landgerichtsbezirk Regen wird von 19 361 Seelen nach der neuesten Zählung vom Jahre 1858 bewohnt. Darunter sind

1,	2 774	männliche) Kinder unter
2,	2 872	weibliche) 14 Jahren
3,	271	Wittwer
4,	420	Wittween
5,	3 641	männl. Nichtverheurathete und
6,	3 703	weibl. Nichtverheurathete.
7,	2 842	Verheurathete Männer und
8,	2 838	verheurathete Frauen
in Summa	19 361	

Wohnungsverhältniße im Allgemeinen

Aus dem Vorhergehenden ist ersichtbar, daß die Wohnungsverhältniße resp. die Bevölkerung im Allgemeinen nicht dicht zusammen wohnt, denn die Bevölkerung des Landgerichtsbezirkes hat durchaus keine Übervölkerung. In der Urvorzeit mögen die Wohnungen höchst wahrscheinlich in Blockhäusern bestanden sein, wie man selbe noch heute in den Hochwaldungen als Waldhütten nicht selten antreffen kann, und worin Holzhauer und die Hirten zu wohnen pflegen.

Die Bauanlage der Dörfer und Weiler ist ganz unregelmäßig, die Wohnhäuser, die Getreidestädel, Schuppen und Viehställe sind fast bei weitem größtenteils von Holzstämmen gezimmert aufgeführt, die Dächer meistens ziemlich flach mit Legschindeln bedeckt.

Auf Getreidestädeln finden sich nicht selten Strohdächer. In neuerer Zeit jedoch werden die Wohnhäuser und Stallungen mit Bruchsteinen gemauert wobei die gebrannten Ziegel zu Fensterbrüstungen zu Gewölben etc. verwendet werden.

Durch die große Steigerung der Holzarten kommt die Bauart mit Bruchsteinen mehr in Aufschwung und nur die sogenannten Holzrechtler wollen ihre Neubauten nicht mit Steinen aufführen, da sie das Holz hiefür zu unentgeltlich aus den Staatswaldungen zu fordern berechtigt zu sein glauben.

Das Heitzmaterial besteht durchaus in Verbrennung des Holzes sowohl bei Privaten als auch in den Glasfabricken.

Die Feuerungsweise mit Ausnahme der Glasfabrikken geschieht in den Markten im Ofen theils und theils in den Küchen, dagegen aber bei den Landbewohnern in der Wohnstube in einem großen Kachelofen der mit einem Sudkessel von Gußeisen zum siedheißen Anbrennen des Viehfutters Sommer und Winter versehen ist.

Die Fensterhöhe in den alten Häusern auf dem Lande ein bis anderthalb Schuh. Nur bei Neubauten werden dieselben 2–3′ hoch gemacht.

Durchschnittlich darf man annehmen, daß der Fußboden gebrettert ist, jedoch trifft man nicht selten auch noch in Wohnstuben und Kammern geschlagenen Lehmboden an.

Die Lage der Dungstätten befindet sich zunächst den Viehställen und die Aborte auf denselben angebracht, und zwar in der Mitte des geschloßenen Hofraumes. Dieß gilt jedoch nicht von den beiden Markten. Im Markte Regen jedoch sind noch Dungstätten an öffentlichen Plätzen und an Hauptstrassen angebracht. Nachträglich wird noch bemerkt, daß jeder Bauernhof in der Regel ein gesondertes Nahrungs- oder Austragshaus für die Zeit hat, wo die Eltern im Alter einem Sohne oder einer Tochter das Anwesen übergeben.

Gewöhnlich hat ein solches Haus einen Stall und eine kleine Scheune unter dem nemlichen Tache; auch befinden sich bei jedem größeren Bauernhofe noch überdieß ein oder zwei Innhäuser als Wohnung für die Taglöhner, hier Innleute genannt, des Hofbesitzers.

Kleidungsweise

Die Kleidung in den beiden Märkten Regen und Zwiesel ist die städtische. In den Landgemeinden ist die ältere Tracht mit kurzen ledernen Beinkleidern, mit wollenen Strümpfen und Schnürschuhen, rothen Westen, blauen Röcken und hohen, runden schwarzen Filzhüten fast gänzlich verschwunden. Ebenso beim weiblichen Geschlechte, das vorzüglich schwarze Spitzenhauben mit schwarzen Korseten und aus Schafwolle gesponnen, gefärbten und vom Weber gewirkten Röcken, trug. Diese letztere Kleidung ist wie bereits bemerkt gänzlich verschwunden.

Was die jetzige Kleidung des Wäldlerlandvolkes betrifft, so ist sie nicht auszeichnend, obwohl man den Waldler von dem Bewohner des Flachlandes auf den ersten Blick durch die Kleidung unterscheidet. Diese unterscheidende Eigenschaft besteht in der Einfachheit der Waldlertracht. Dermal trägt der Waldler meist lange Tuchhosen, Janker an Feiertagen, an hohen Festtagen Röcke. Die dunkelblaue Farbe ist vorherrschend. An Werktagen lange blau gefärbte Zwilchhosen. Im Winter an Feiertagen einen Pelzjanker mit Tuchhosen. An Festtagen schwarzen Hut als Kopfbedeckung z. Zeit mit niedern Gupf. Der Mann sieht meist auf Dauerhaftigkeit und Wohlfeilheit der Stoffe.

Die ältern Männer behalten in der Regel die Tracht ihrer Jugendzeit bei, wogegen die jüngere Generation mit der Mode vorschreitet.

Die weibliche Kleidung besteht dermalen meistens in Kattun- oder Persröcken, die selbst gesponnen Röcke sowie die Spitzenhauben, Korseten etc. sind beinahe gänzlich verschwunden und an deren stelle sind die sogenannten Persröcke, Spenser an gewöhnlichen Tagen getreten. An Sonn- und Festtagen werden als Kopfbedeckung Seiden- und Madrastücher mit kostbaren seidenen Halstüchern, und Oberröcke von feinen Wollstoffen wie sie im Handel vorkommen getragen. Bei Hochzeiten und andern Festlichkeiten bemerkt man sogar silberne

Postillione aus den ehemaligen Bezirksämtern Regen und Viechtach. Aufnahme um 1900.

Halsketten, und dann als Kopfbedeckung noch insbesonders von Silber oder von Gold gestickte Riegelhauben. Seit einiger Zeit tragen die vermöglichern Bauern Tuchmäntel mit langen Kragen vom feinsten Tuche im Winter und das weibliche Geschlecht Wollschale nicht selten zwei, wo von der eine über den Kopf gehangen ist.

Nahrungsweise

Die Nahrung des Waldlerbauern besteht fast ausschließlich in Pflanzenkost und Milch und Schmalz. Nur zu Weihnachten, Ostern, Pfingsten, der Faschingszeit und bei Hochzeiten wird Fleisch gekocht und zwar meist Schweinefleisch. Es werden täglich 5 Mahlzeiten genommen. Früh 6 Uhr nach der Früharbeit – Herbstmilchsuppe mit Brodbrocken und Kartoffel. Um 9 Uhr Kartoffel oder Brod, im Sommer mit Milch; Mittags 11 Uhr warmes Sauerkraut mit Kartoffel oder Brod, oder nur Kartoffelmuß; dann Kartoffel oder seltner Mehlnudeln mit oder ohne Milch, oder Knödel von schwarzen Brod mit Schwämen, theils grünen, theils gedörten, verschieden gebackene Mehlspeisen im Sommer mit Milch. Hie und da noch als Nachspeise Suppe von Milch oder nur kalte Süßmilch. Von Gemüsen kennt man nur Kraut, Rüben oder Dorschen /: Erdbirnen :/ und zwar entweder süß gekocht oder Kraut und Rüben sauer eingemacht /: Sauerkraut :/ Der gelbe Brein, welcher von milden Gegenden durch eigene Breinhändler hereingebracht wird, kommt in Milch und Schmalz gebraten auf den Tisch und ist die Zierde desselben an Sonn- und Feiertagen. Zur Arndtezeit ist die Kost noch beßer und wird auf dieselbe mehr Schmalz verwendet. Bei den Ärmeren ist die Kartoffel als Speise vorherrschend.
Nachmittags 3 Uhr Milch und Brod. Abends um 7–8 Uhr je nach der Jahreszeit früher, oder später Milchsuppe und Kartoffel, häufig auch Kartoffel- oder Mehlspeisen. Der Genuß geistiger Getränke

Seite 294: Bauernhaus in Langdorf

Der „Haller Hein" aus Bodenmais, ein fleißiger „Holzbitzler", wie es im Bayerischen Wald viele gegeben hat.

von Seite der Bauern ist geringe. Bei der Arbeit stillt frisches, klares Brunnen- oder Quellwasser seinen Durst. Das Quellenwasser im Bayr. Walde ist ausgezeichnet. Nur an Sonn- und Feiertagen wenn er zur Kirche geht, kehrt er vor oder nach dem Gottesdienst im Wirthshause ein; hält sich aber in der Regel in den selben nicht zu lange auf. Nur das junge Volk besucht die Wirthshäuser auch Sonn- und Feiertags nachmittags singt und lärmt dort zuweilen oder scheibt Kegel. Die Sprache ist hier laut mitunter schreiend theils sind sie laut zu sprechen gewöhnt, theils macht sie der wenig gewohnte Genuß des Bieres lebhafter.
Branntweintrinker findet man selten und sind dies meist alte Soldaten.
Die Ernährung der Kinder im ersten Jahre geschieht durch die Muttermilch. Ausnahmen sind von dieser Ernährungsart nur äußerst selten und nur dann, wenn der Mutter keine Milch zuläuft oder wenn die Brustwarzen durchaus nicht hervorstehend sind. Nicht selten ist es, daß die Kinder 1½ Jahr ja sogar bis 2 Jahre an der Mutterbrust geschenkt werden, weil damit der Glaube bei den gemeinern Weibern verbunden ist, daß sie solange das Kind geschenkt wird nicht schwanger werden.

Beschäftigung der Bewohner
Die Beschäftigung der Bewohner der beiden Märkte ist die der verschiedenen dort wohnenden Professionisten, die dortigen Taglöhner verrichten die ihnen zukommenden häuslichen- und feld-Arbeiten.
Eine weitere Beschäftigung sind die Arbeiten in den verschiedenen Glasfabricken, welche viele Menschenhände in Anspruch nehmen, dahin gehören zuerst die Holzhauer, welche in den Wäldern die Bäume fällen, sägen und spalten und dann im Winter das Scheitholz an Plätze mittelst Zugschlitten abführen, von wo aus das Holz entweder zu Wagen fortgeführt oder auf Triftbächen an die Glasfabricken geschwemmt wird. Nicht nur in den Staatswaldungen sondern auch in den Privatwaldungen der Glasfabrickbesitzer sind mehrere hundert Männer mit dieser Arbeit beschäftigt.
Das Abziehen des Holzes im Winter mittelst Zugschlitten ist durchaus lebensgefährlich und es vergeht selten ein Winter in welchen nicht derlei Unglücksfälle mehrmal vorkommen. Auch selbst das Baumfällen im Sommer ist nicht ohne Gefahr, denn mehrmal wurden bereits Personen durch Umstürzen der Bäume erschlagen.
Eine fernere Beschäftigung bei der Glasfabrikation ist die der sogenannten Pochermänner. Diese Arbeiter müssen den zuvor gebrannten Quarz zu feinen Staub durch Stampfwerke verkleinern laßen, sie müßen ferner den zu Mehlstaub gemachten Quarz einfaßen damit er nach der Glashütte gebracht werden kann. Durch das Einfaßen und durch den beständigen Aufenthalt athmen sie die feinsten Theilchen dieses Staubes ein, wodurch beständiger Hustenreitz in den Lungenzellen erzeugt wird. Dieser beständige Reitz erzeugt Tuberculosis und die Arbeiter gehen an dieser Krankheit nach 3–6 Jahren zu Grunde. Gleiches gilt auch von den sogenannten Schmelzern, welche die Mischung derjenigen Materialien vornehmen müssen, die zur Fabrikation des Glases nothwendig sind und wovon der Quarzstaub das Hauptsachlichste ist. Nicht selten ist auch unter diesen Materialien feinst gepulverter Arsenik. Daß übrigens auch die weitern Glasmacher resp. Glasbläser und Former nicht sehr alt werden geht aus dem Umstande hervor, weil diese Männer schon von Jugend auf ihre Lungen beim Erlernen ihrer Profeßion heftig anstrengen müßen, weil sie ferner der größten Schmelzhitze des Glasofens ausgesetzt und einen beständigen Luftwechsel und Luftzug unterworfen sind. Diese Glühhitze verursacht bei ihren Arbeiten heftigen Durst und sie schütten das kalte Bier Maaßweise hinunter; dadurch entstehen heftige Entzündungen der Brustorgane die nicht selten verwahrloß werden und die dann in Lungenerweiterungen übergehen. Bei der Glasfabrikation befindet sich noch überdieß ein jugendlicher Theil von Knaben mit circa 11–12 Jahren selten bis zu 15 Jahren meistens Kinder der Glasmacher, welche als sogenannte Eintragbuben und Schürbuben bei der Glasarbeit beschäftiget sind. Diese Beschäftigung ist äußerst anstrengend und hindert die Entwicklung und den Wachsthum dieser Knaben.
Weitere Fabricken sind 3 Zündholzfabricken, wovon die eine bei Zwiesel und zwei bei Regen sich

Belegschaft der „Vereinigten Farbenglaswerke Zwiesel" von 1913, heute „Schott-Zwiesel-Glaswerke"

befinden. In diesen Fabricken werden größtentheils Kinder, Knaben und Mädchen von 13–16 Jahren beschäftigt. Durch diese Beschäftigung sind sie beständig von 6 Uhr Morgends bis Abends 7 Uhr den phosphorsauren Dämpfen mehr oder minder ausgesetzt und nicht selten entwickeln sich dadurch gastrische Fieber mit Affectionen in entzündlicher Form der Lungen. Gefährlicher noch als diese Beschäftigung die blos in der Einlegung der geschnittenen zum Dunken herzurichtenden Hölzchen besteht ist das Dunken selbst, welches darin besteht, daß die geschlichteten Hölzchen in eine Breinmasse bestehend aus geschmolzenen Schwefel und dann in Phosphor getaucht werden, wobei sich Schwefel- und Phosphordämpfe in Unmaßen entwickeln. Diese Arbeit wird freilich von erwachsenen Personen verrichtet, allein man hat hier in Regen bereits ein Beispiel, daß durch diese Arbeit das Unter- und Oberkiefer einer erwachsenen Weibsperson die früher freilich an cariösen Zahnen gelitten hat, so angegriffen wurde, daß bereits cariöse Stücke des Unter- und Oberkiefers sich los gestoßen haben. Was die Beschäftigung der Landbewohner oder des Landmannes betrifft, so ist dieselbe in den Sommermonaten die gewöhnliche Bauernarbeit. Diese wird meistens mit Beihilfe eines Ochsengespannes verrichtet d. h. es wird damit gepflügt, geackert und geeggt, es wird ferner der nöthige Dünger auf die

Felder gebracht, das Heu, Roggen, Haber, Flachs, Kartoffeln etc. eingeheimst und die nöthige Waldstreu nebst Holz etc. nach Hause gefahren. Das Ochsengespann ist durch das Joch an den Wagen befeßtigt. Bei allen diesen Fuhrwerken mit Ochsen muß Jemand den beiden Ochsen vorausgehen, sodaß immer zwei Personen bei diesem Fuhrwerk beschäftiget sind. Zu diesem Vorausgehen werden nicht nur größere Personen männlichen und weiblichen Geschlechtes, sondern auch Knaben und Mädchen sehr häufig verwendet. Zur Herbstzeit ist die Beschäftigung der Landleute ganz vorzüglich der Flachsarbeit gewidmet; denn der Flachsbau ist nebst der Viehzucht die größte Einnahmequelle unserer Landleute. Deßhalb hat jeder Bauer ein vorzügliches Augenmerk auf die Flachskultur gerichtet. Schon das Ausziehen des Unkrautes aus den auf den Feldern befindlichen noch nicht geblühten Flachspflanzen in den Monaten Ende Juni Anfang Juli ist eine äußerst beschwerliche Arbeit, welche gewöhnlich bei großer Hitze verrichtet werden muß, wozu ebenfalls größtentheils das weibliche Geschlecht verwendet wird. Das Ausraufen, das Riffeln um die Bollen zu bekommen, das Ausbreiten auf trockenen Plätzen, das Brechen in den sogenannten Brechhäusern des Flachses sind überhaupt anstrengende Arbeiten. Dann wird der Flachs zu Hause gehechelt und der gröbere Abfall desselben / Leinwerch / zurückbehalten und im Winter von dem Gesinde sowohl von den männlichen als weiblichen Dienstbothen zu gröbern Garn gesponnen um damit den Hausbedarf zu decken. Der schönere und feinere Theil des Flachses wird zu Markt gebracht und verkauft. Bleibt gröberes Garn über den Hausbedarf noch übrig so wird auch dieses verkauft. Überdieß wird auch der Leinsaamen mit Ausnahme des für den nächsten Ausbau bedürftigen verkauft. Im Winter hat es der Bauersmann hier am schönsten, da er außer der Wart und Pflege seines Viehes, des Dreschens und etwa noch des Holzspreißeln nichts zu thun hat. Dieß gilt auch von seinen Kindern, die im Sommer durch Hüten sehr angestrengt und vom Schulbesuche häufig entfernt gehalten werden, welch Letzteres im Winter nur durch zu häufigen Schneefall geschieht.
Bei den Glasfabricken ist die Zeiteintheilung der Arbeit unbestimmt; ja nachdem die Schmelzung der Glasmaße bewerkstelligt werden kann, so daß oft, mitten in der Nacht das Arbeiten beginnt. Bei den verschiedenen Profeßionisten in den Markten sind je nach den verschiedenen Profeßionen in der Regel die Arbeitsstunden von 6 Uhr morgends bis 8 Uhr abends, mit Ausnahme der Nagel- und Hufschmiede, welche um 4 Uhr früh beginnen und um 8 Uhr abends zu arbeiten enden und zwar in den Sommer- und Wintermonaten, nachdem die Arbeit beschleunigt werden muß, beginnen die Landleute im Sommer zwischen 3–4 Uhr zu arbeiten und endigen zwischen 8 und 9 Uhr abends. In den Wintermonaten wird zu arbeiten um 6 Uhr morgends angefangen und um 7 Uhr abends geendigt. Überhaupt ist die Arbeit bei den Landleuten sehr beschwerlich und anstrengend, besonders wenn sich die Arbeiten z. B. in der Ärndtezeit etc. sehr häufen. Eine andere vorzüglich gefährliche Arbeit ist die Ausgrabung und Entfernung der zerstreuten Felsenblöcke aus Wiesen und Äckern, wobei manche Menschen schon ihren Tod gefunden haben oder durch Druck zu Krippeln gemacht wurden. Fleißige Landwirthe suchen derlei Felsenblöcke allerseits zu entfernen, dieselben zu verkleinern und da wo es thunlich ist, sie zu Straßenmaterial zu verwenden. Seit 27 Jahren meines Hierseins ist die Ausrodung dieser Felsentrümer ungemein fortgeschritten und schreitet gegenwärtig noch immer vor, wodurch dann bedeutende Acker- oder Wiesflächen als tragbarer Boden gewonnen werden.

Schlafstellen

In den Märkten sind die Schlafstellen in der Regel in eigenen Zimmern, selten in der Wohnstube. Für die Gesellen und Dienstmägde in eigenen Kammern oder auf den Dachböden. Auch die größern Kinder schlafen manchmal in diesen Kammern oder auf den Dachboden die kleinern Kinder dagegen bei ihren Eltern in eigenen Bettläden.
Ist der Fabrickarbeiter in den Glasfabricken nicht mit Glasarbeit beschäftiget, so wohnt und schläft er in einem dem Fabrickherrn gehörigen Hause. Ist er aber mit Arbeit in der Fabrick beschäftiget und findet Zeit zum Schlafen, so hat der Arbeiter einen schmutzigen auf den Boden liegenden mit Stroh

Die Bodenmaiser Berg- und Hüttenleute 1912 bei der Einweihung der Päpstlichen Basilika in Altötting.

gefüllten Sack zum Lager mit einer elenden Wolldecke. In den Zündholzfabricken schlafen die Arbeiter nur in ihren eigenen Wohnungen außerhalb der Fabrick.
Bei den Landleuten ist es gebräuchlich, daß das Ehepaar in einem und demselben Bette schläft. Die Bettstellen sind größtentheils noch sogenannte Himmelbettstellen, die ein förmliches Bretterdach über dem Lager bilden. Diese Bettstellen sind mit den grellsten Oelfarben manigfaltige Bilder und Figuren bildend bemalt. Diese Bettstellen sind in der Regel in der Wohnstube selten in den Kammern aufgestellt. Die älteren Kinder und die Dienstboten schlafen selten in einer Kammer größtentheils auf dem Boden unter dem Dache; und sind daher den Witterungsveränderungen der Hitze der Kälte, dem Regen und den Schneegestöber und den Winden von Jugend auf mehr oder minder ausgesetzt. Die Bettstellen sind oft nur aus rohen Brettern zusammengenagelt. Was die Betten selbst betrifft, so bestehen diese aus einem gefüllten Strohsacke mit Unter- und Oberbett und überdieß noch mit ein paar Polstern. Diese Betten sind theils mit Federn so überfüllt, daß sie zum Erdrücken schwer sind, theils aber auch so wenig gefüllt, daß man kaum Federn darin entdecken kann, welche dann weder gegen Kälte noch gegen Winde Schutz gewähren.

Wohlstand

Im Allgemeinen ist der Wohlstand des hiesigen Bezirkes ein armer zu nennen, wiewohl Jedermann, der arbeiten will, sein Durchkommen findet, indem der Wäldler von früher Jugend auf an Erdäpfel, Sauerkraut und schlecht gekochte Mehlspeisen gewöhnt ist, und bei nur einiger Arbeitsamkeit er sich so viel verdient, was er zu seinem nothdürftigen Fortkommen braucht.
Die bauerlichen als auch gewerblichen Anwesen des kgl. Landgerichtsbezirkes Regen sind in der Regel mehr oder minder stark mit Hypothekschulden belastet, ohne der Correntschulden zu erwähnen. Nur wenige gewerbliche und bäuerliche Anwesen sind schuldenfrei und können mitunter auch baar Geld aufweisen.
Von den Glasfabricken, ist die eine zu Theresienthal dem Gant verfahren bereits unterworfen gewesen der in kurzer Zeit die Glasfabrick zu Ludwigsthal dem gleichen Verfahren nachfolgen dürfte.
Eigentlich Wohlhabende im strengen Sinn des Wortes, man kann sie reich nennen sind die 3 Familien der Herren Michl Benedickt und Ferdinand von Poschinger.
Das Verhältniß der Armen, zu den Wohlhabenden, wenn man Letztere, die gerade ihr Aus- und Durchkommen finden, so nennen darf, gleicht sich aus, nur sind manche minder andere aber wieder mehr mit Armen besetzt, welch Letzteres insbesonders bei den beiden Märkten der Fall ist.

Reinlichkeit

Was die Reinlichkeit anbelangt, so läßt diese sehr viel zu wünschen übrig. Die Wohnstube insbesonders bei den Landleuten ist in der Regel durch die kleinen der Kälte wegen angebrachten Fenster dunkel, das innere des Hauses ist schmutzig und rauhig, weil der Gebrauch der Buchenspäne zur Beleuchtung besonders in den Wintermonaten noch immer fort besteht. Sieden des Wassers zum Anbrennen des Viehfutters im Sommer und im Winter sind beständig Wasserdämpfe in der Wohnstube vorhanden, so daß man glaubt in ein russisches Schwitzbad versetzt zu sein, wenn man längere Zeit in einer solchen Bauernstube sich aufzuhalten bemüßiget. Die Zimmerdecke ist ganz schwarz und die Dramme ebenfalls mit vielen Klüften und Springen durchzogen. In diesen Klüften und Springen hält sich vorzüglich die Blatter orientalis sog. Rußkäfer zu tausenden und tausenden auf. Dieses höchst lästige Ungeziefer wird nicht selten durch das sogenannte Ausblasen mit einem Gemenge von Mehl und Arsenik trotz des strengen Verbotes zu vertilgen gesucht. Die Böden der Wohnstuben wenn auch gebrettert sind kaum von dem Erdboden zu unterscheiden und sind beständig durch die immerwährenden Wasserdämpfe schmirig und schmutzig. Zudem kömmt noch, daß die Wohnstube zugleich der Aufenthalt für das Geflügel, für junge Schweine etc. ist.
Daß unter diesen garstigen Verhältnißen in der Wohnstube hüpfende Insekten der Menge nach sich finden müßen, bedarf wohl keines nähern Beweises. Auch finden sich häufig Ratten und Mäuse

in nicht geringer Zahl vor. Zu diesen Übelständen finden sich nicht selten in den Bettstellen Wanzen. Eine solche Wohnstube wird gewöhnlich nur alle heiligen Zeiten höchst nothdürftig gereinigt. Die Reinlichkeit außer dem Hause kömmt der im Hause gleich nur mit dem Unterschiede daß die Reinigung der Straßen, der Wege dem allgütigen Himmel überlaßen wird, der durch die periodische Sendung eines heftigen Regenschauers den Unrath auf die nächst gelegenen Anger abführt.

Wäsche

Wenn man aus dem Mehr- oder Minderverbrauch der Seife auf die Reinlichkeit einer Bevölkerung mit Recht schließen darf, so kann dieser Verbrauch der Seife bei unseren Landleuten nicht groß sein, denn die Leibwäsche nammentlich die Hemden werden oft kaum alle 14 Tage gewechselt, und an Sonntagen wird wohl ein neu gewaschenes Hemd angezogen, jedoch abends wieder ausgezogen und das alte wieder hervorgesucht. Die Bettücher bleiben oft monatelang ohne gewechselt zu werden dieselben. Noch länger aber ohne gewechselt zu werden, werden die alten Überzüge der Betten und Polster beibehalten. Tisch und Handtücher trifft man nicht selten blau gefärbt um den davon klebenden Schmutz nicht so gleich erkennbar zu machen.
Was in bezug auf Reinlichkeit der Wäsche gesagt worden ist, gilt auch in Bezug auf Reinlichkeit der Kleidung überhaupt.
Es versteht sich ohnedieß, daß das Gesagte nicht ohne rühmliche Ausnahme und nur durchschnittlich ist.
Was die Reinlichkeit in den beiden Märkten betrifft, so muß man dieselbe im Ganzen eine vorzügliche gute nennen; dieß gilt sowohl in als außer dem Hause, der Wäsche und der Kleidung. Gebadet wird nur in den beiden Märkten zur Winterszeit weniger, im Sommer aber mehr. Im Sommer sind die Bäder im Regenfluße sehr häufig an welchen die beiden Märkte gelegen sind. Im Markte Regen ist sogar eine eigene Badeanstalt in einem Mühlarme des Regens angebracht, in welcher die Personen beiderlei Geschlechtes nach voraus bestimmten Tagesstunden Bäder auf Abonement oder gegen eine kleine Vergütung nehmen können.
Eine gleiche Anstalt war früher auch in Zwiesel, aber seit einigen Jahren hat dieselbe durch irgend einen unbekannten Zufall zu existieren aufgehört. Was die Landleute anbetrifft, so baden dieselben sehr wenig und man möchte fast sagen sie hätten eine Abneigung gegen alles Baden. Daß es einige Ausnahmen von dieser Behauptung gibt, versteht sich von selbst; allein gerade diese Vernachläßigung der Reinigung ihres Körpers durch Baden, der Reinigung der Leib- und Bettwäsche führt oft Hautausschläge herbei, namentlich die Krätze, mit welcher ganze Familien oft jahrelang behaftet sind.

Vergnügungen, Feste, besondere Gewohnheiten

Der Waldler liebt die Tanzmusik. Sie fehlt nicht bei Hochzeiten und Kirchweihen, die ziemlich lärmend gehalten werden. Auch die Sontagstanzmusiken wären dem jungen Volke nicht zu häufig, wenn sie nur öfter stattfinden dürften.
An abgeschaften Feiertagen wird noch immer nicht viel gearbeitet. Man benützt sie höchstens zu kleinen häuslichen Arbeiten, zur Ausbeßerung von holzernen Werkzeugen etc.
Nach Begräbnißen ist der Leichentrunk üblich, welcher auf Kosten der Hinterlaßenen oder Erben gehalten wird. Er ist jedoch maßig und wird die Grenze der Bescheidenheit dabei nicht überschritten.
Auch die Leichenwachen sind hier im Brauche und sind zahlreich besucht. Man betet und unterhält sich dabei abwechslungsweise und wird mit Bier, Branntwein und Brod bewirthet.
Besonders umständlich und feierlich werden die Hochzeiten begangen.
Bald nach dem zweiten Aufgebote beginnt der Rundzug der Hochzeitslader, in der Weite beginnend und immer näher heimwärts kommend, bestehend aus dem Hochzeiter und Hochzeitlader; letzterer meist ein Schneider öfter zugleich auch Musikant. An den Hüten haben sie Rosmarinsträuße und Blumenbüsche, am linken Arme Kränze von künstlichen Blumen; Der Hochzeitlader trägt den Hochzeitladstock mit vielen, bunten, seidenen Bändern. Vor allem werden die nächsten Verwandten geladen; wobei auch der Brautvater mitgeht, dann die entfernten Verwandten oder Bekannten.

Die „Fahrnbacher Habergoaß", ein uralter Fruchtbarkeitsritus, der sich in einen Faschingsbrauch mit wildem Umherziehen gewandelt hat.

Die Hochzeitsfeierlichkeiten und Gebräuche bestehen in dem Kirchenzug mit Musik, der kirchlichen Trauung, dem Zuge ins Wirtshaus, dem Hochzeitsmahle und dem Schenken. Das Mahl ist sehr reichhaltig und werden große Massen von Speisen besonders Fleischspeisen aufgetragen. Jeder Eingeladene hat einen Nachgeher meist von seiner Familie, welcher hinter ihm steht und ihm essen hilft, wodurch die Zahl der Hochzeitsgäste aufs Doppelte musteigt. Was von den Speisen übrig bleibt, packt der Nachgeher zusammen und trägt es als „Bescheid" nach Hause. Um den Betrag des im Voraus bekannt gegebenen Mahlgeldes bekommen die Gäste auch eine bestimmte Quantitaet Bier frei. Zu diesem Zwecke hängt an jedem Tische von der Zimmerdecke herab eine Tafel mit einer Anzahl von Strichen, von denen jeder eine freie Maaß Bier bezeichnet. So oft eingeschenkt wird löscht der Wirth einen Strich aus. Sind sie alle gelöscht so ist der Hochzeiter hie und da so freigebig, noch eine Anzahl Striche nachzuthun. Abends um ungefähr 9 Uhr beginnt das Schenken. An einem besonderen Tische sitzt Braut und Bräutigam, dann der Ehrenvater und die Ehrenmutter oder sonst die nächsten Verwandten. Unter herkömmlichen sehr höflich gehaltenen Spruche macht der Hochzeitslader in strengster Ordnung nach den Verwandtschaftsgraden den Aufruf, unter Tuschbegleitung der Musick. Der Aufgerufene geht vor an den Tisch, trinkt von den Gläsern der Hochzeitsleute und legt über das Mahlgeld noch ein seinen Vermögensumständen entsprechendes Geldgeschenk auf den Tisch nieder. Ist er besonders witzig oder aufgelegt, so macht ein wohlhabender Bauer mitunter auch den Spaß anfangs eine Hand voll Kupfer oder kleines Silbergeld auf den Tisch zu legen und sich zu ent-

fernen; kehrt dann aber um, greift sich in die Tasche und wirft eine breite Hand voll blanker Thaler als Geschenk auf den Tisch.
Besondere Feste sind nicht außer den kirchlichen, welche auch kirchlich strenge gefeiert werden.
Das männliche Geschlecht schiebt im Sommer gerne Kegel und in jedem Dorfe ist zu diesem Besuche eine provisorische Kegelbahn errichtet.
Noch mehr Vergnügen macht das Eisschießen im Winter. Die Bauern und deren Knechte brauchen hiezu aber keine Eisbahnen, sondern sie haben sich auf den Straßen solche Bahnen errichtet, welche Schneebahnen heißen, da nicht auf dem Eise, sondern auf glattgedrückten Schnee mit unbeschlagenen hölzernen Eisstecken geschoßen wird.
Von den Bräuchen verdient noch Erwähnung die „Rockenstuben" oder „Heimgarten" auch „Rockenreisen" genannt. Die Mädchen eines Dorfes, welche zur Winterszeit mit Spinnen beschäftigt sind, gehen Abends in die „Rocken" zusammen, alle Tage zu einem andern Bauern des Dorfes, auf Einladung oft ¼ Stund weit. Sie spinnen zusammen bis Nachts ungefähr 10 Uhr im fröhlichen Kreise um die helle Fackel eines Buchen- oder Birkenspanes, und erzählen sich Märchen, Lebensgeschichten von Heiligen usw. und gehen endlich unter allseitig „gute Nacht" zur Ruhe nach Hause.
In seiner Behausung ist der Waldler bei vorkommender Gelegenheit auch gastfreundlich. Kommt Jemand in Geschäften oder sonst wie zu ihm, so wird ein Leib weißen Hausbrodes gebracht und dem Fremden gereicht.
Man hält es für schicklich, daß sich dieser nur wenig davon nimmt, dagegen schneidet dann der Bauer oder die Bäuerin ein großes Stück ab, welches dem Gaste zum Mitnehmen gereicht wird. Im Sommer wird auch Milch aufgesetzt.

Eheliches Leben
Größten- und meistentheils leben die verheuratheten Ehegatten in Frieden und Eintracht, und des jungen Volkes ganzes Streben geht dahin mit der Zeit einen eigenen Herd gründen zu können.
Die gewöhnliche Zeit der Eingehung einer Ehe ist bei dem weiblichen Geschlechte sehr selten vor dem 20 Jahre noch seltner aber bei dem mänlichen Geschlechte. Die gewöhnliche Zeit der Verheurathung ist die Mitte der zwanziger Jahre bei dem weiblichen Geschlechte, im Anfange der dreißiger Jahre bei dem männlichen Geschlechte.
Die Weibspersonen sehen hauptsächlich darauf, daß sie einen schönen, guten Hof erheurathen, während die Männer sich um Hochzeiterinen umsehen die ein großes Heurathsgut erhalten –.
Bemerkt wird noch, daß der Besitz von großen schönen Waldungen bei diesen ehelichen Bewerbungen den Ausschlag gibt.
Bei den sogenannten Inwohnern oder Inleuten treten die Ehen später ein, denn die Gemeinden ehe sie ihre Bewilligung zur Ansäßigmachung von zwei Personen ertheilen, wollen sich oft mehrere Jahre überzeugen, daß diese Personen beiderlei Geschlechtes arbeitsam, häuslich und sparsam sind und daß sie überhaupt einen guten Leumund führen.
Dieß gilt auch von Taglöhnern in den Märkten, worüber sich die Gemeindebevollmächtigten den Armenpflegschaftsrath etc. von Fleiß, Sparsamkeit u. d. gl. zuvor überzeugen müßen, ehe sie die Bewilligung zur Verheurathung ertheilen. Überhaupt sind die Gemeinden und 2 Magistrate mit derlei Gesuchen sehr belästiget, da alles gerne heurathen will, obgleich sich solche Personen oft kaum zur Nothdurft ausweisen können, mit was sie sich nach ihrer Verehelichung ernähren, da ein Hang zur Ehelosigkeit durchaus nicht vorhanden ist. Die Fruchtbarkeit an Kindern darf man in unserer Gegend als eine vorzügliche bezeichnen. Nammentlich ist die Fruchtbarkeit bei den ärmeren Familien durch zahlreiche Nachkommenschaft gesegneter als bei Wohlhabenden.
Im Durchschnitt treffen auf ein Ehepaar 4–5 lebende Kinder. Geschlechtsausschweifung, welchen Grades nur immer kommen äußerst selten vor.
Schwangere Weiber verschonen sich bei anstrengenden Arbeiten und werden auch von ihren Männern mit solchen Arbeiten in der Regel verschont.
Dieß gilt auch während ihres Wochenbettes und bemerken Männer, daß bei dem Geburtsakt durch die beeideten Hebammen aufmerksam gemacht, irgend ein Hinderniß vor oder nach der Geburt statt-

Die ehemalige Dorfkapelle von Unternagelbach. Aufnahme von 1906

findet, so wird in der Regel nach einem Geburtshelfer um Hilfe gesendet.

Geistige Constitution

Gesunder Verstand und leichter Begriff ist dem Waldler eigen, besonders wenn es sich um seinen Nutzen und Vortheil handelt. An Unternehmungsgeist aber leidet er großen Mangel. Den Wechsel der Verhältniße zu studiren und in die Ferne zu sehen, zu spekuliren, das ist kein hervorragender Zug von ihm. Er lebt ziemlich abgeschloßen von der übrigen Welt, eingeschloßen in seine Berge.
Im Umgange sind die Waldler offenherzig und im Allgemeinen gerade und schlicht, gegen die Obrigkeit aber zurückhaltend und mißtrauisch. Das letztere kommt hauptsächlich von ihrer Furcht, vor Vermehrung alter oder Einführung neuer Steuern oder Geldleistungen irgend einer Art. Alle Gesetze und Verordnungen beurtheilt er nur nach seinen Sinn und ihren unmittelbaren Wirkungen auf seinen Geldbeutel. Er geht auf den Sachverhalt nicht tiefer ein, sobald es sich ums bezahlen handelt, später daraus hervorgehender Nutzen wiegt seine vorausgehenden Geldleistungen nicht auf, so klein diese Geldleistungen auch sein mögen. Diese Furcht vor Ausgaben ist übrigens in des Waldlers allgemeiner Sparsamkeit begründet, welche ihrerseits wieder seinen Grund hat in den mühesamen Erwerb und geringen Geldeinnahmen.
Doch wenn der Waldler sich nach Thunlichkeit ge-

Totenbretter auf der Schönhöhe bei Regen

Denkmal
JHS
Denkmal
RIP
RIP
Denkmal
Denkmal
Denkmal
Denkmal
Denkmal
Denkmal

Arm- und Beinvotive in der Wallfahrtskapelle zu St. Hermann bei Bischofsmais

gen neue Ausgaben sperrt und in seiner Weise alle Schritte thut, von denen er hofft, daß sie ihn zu einem Ausweg führen könnten, so ist er doch nichts weniger als unfolgsam, sobald er sieht, daß es mit der Ausführung einer obrigkeitlichen Anordnung wirklich Ernst ist.

„Mit Willen wenn's sein muß" ist sein eigenes bezeichnendes Sprichwort. Die herkömmlichen Steuern und Abgaben leistet er pünktlich, nur Veränderungen machen ihn stutzig und mißtrauisch. Was der Waldler einmal für Recht erachtet behauptet er und sei es pfenningswerth mit Ausdauer und Hartnäckigkeit. Vorzüglich sind es Grenzdifferenzen, Wasserleitungen und Servitute, welche ihn zu Proceße reitzen und seiner Proceßlust Nahrung gibt.

Vor Gericht sind die Waldler in ihrer Art höflich, aber nicht kriechend. Kriecherei liegt überhaupt nicht in seinem Charakter. Auch Rohheit und Excesse sind des Waldlers Sache nicht. Mit seiner Umgebung lebt er friedfertig und verträglich nur wofern er sich und sein Interesse gefährdet glaubt ist er das Gegentheil. Außer der Proceßlust keine besondere Leidenschaft.

Gegen Arme ist er mitleidig und gibt ihnen gern. Überhaupt ist er gutherzig. Die Treue des Waldlers für ihr angestammtes Königshaus steht auf Felsengrund. In politischer Beziehung hängt er unerschitterlich an der Staatsregierung.

Sein König und seine geliebte Heimath geht ihm über Alles. Er geht auch nicht besonders gerne fort in die Fremde und bekömmt dort häufig Heimweh. Ist er aber einmal unter fremden Leuten, so lernt er etwas Tüchtiges, da er viele gute Anlagen besitzt und kömmt dann sehr gut durch die Welt. Denn sein Fleiß, seine Treue, sowie große Sparsamkeit, die er von Hause her gewohnt ist, machen ihn als Arbeiter sehr beliebt und gesucht. Dienstbothen und Handwerker gehen meist nach München und Wien von da auch nach Ungarn. Da sie wenn es ihnen gut geht ihren Platz nicht gerne verändern, so werden manche dort ansäßig und kehren dann später noch ein oder das anderemal in ihre Heimath zurück theils aus Liebe zu dieser, theils auch um in ihrer Wohlhabenheit sich sehen zu laßen. Neigung zum studiren ist nicht viel vorhanden, jedoch unter den wenigen Studirten des hiesigen Bezirkes sind größtentheils gute, geschickte Männer geworden. Die Waldler halten sehr an den religiösen Gebräuchen, ohne dabei Frömmler zu sein und man darf es sagen, meist selbst ohne tieferes, religiöses Gefühl. Sie sind der Geistlichkeit vor Allem zugethan, und diese steht bei ihnen in großen Ansehen. Hang zu Mysticismus und Schwärmerei ist nicht vorhanden, wohl aber zu Aberglauben. In letzterer Beziehung ist der Waldlerbauer mit Aberglauben vollgepfropft. Ansprechen, gegen Kröpfe, Warzen, Zahnweh, etc. ist an der Tagesordnung dergleichen Amulette gegen den bösen Feind, gegen Krankheitszustände, Fußleiden etc.

Dies sind die wahrheitsgetreuen Schilderungen in Hinsicht auf Topographie und Ethnographie, soweit als ich selbe seit meiner 27jährigen Praxis im königl. Landgerichtsbezirke Regen, kennengelernt habe.

Regen Ende Mai 1860.

gez. Dr. Brunner
kgl. Landgerichtsarzt".

So und ähnlich, aber nicht in jedem Haus gleich, blieben die Verhältnisse bis um 1920 bestehen, änderten sich dann jedoch unter dem Einfluß der neuen Zeit schnell und grundlegend. Mit der Auflösung traditioneller Zustände und Ordnungen und einer Modernisierung der Arbeits- und Lebensweisen wuchsen auch im Bayerischen Wald andere, in vieler Hinsicht lebenswertere Daseinsformen heran. Sie sind im kulturellen Bereich allerdings noch nicht ausreichend untersucht. Es wird noch eine geraume Zeit dauern, bis wir etwa die durch die Volkstums- und Heimatpflege eingeleiteten Bewegungen zum Beispiel auf dem Sektor der Brauchtums-, Trachten-, Lied- und Volksmusikerneuerung objektiv bewerten und in die Geschichte des Volkstums im Landkreis Regen einordnen können.

Bildstock mit Kruzifixus am Weg zur Zwieseler Bergkirche. 1982 beraubt. Verlust der Heimat!

DR. RAIMUND SCHUSTER

ZUR VOLKSTÜMLICHEN HINTERGLASMALEREI IM LANDKREIS REGEN

Kein Zweig der religiösen Volkskunst hat uns tiefer hineinschauen lassen in das Leben der Bewohner dieser Waldlandschaft, kein Zweig der religiösen Volkskunst konnte uns mehr vermitteln von den Fähigkeiten der Volksmaler des Waldes, es hat aber auch kein Zweig der Volkskunst Schöneres hervorgebracht als das Zusammenspiel von Glas und Farbe im Hinterglasbild.

Deshalb ist jedes erhaltene Hinterglasbild wertvollstes Kulturgut, sei es ein Andachtsbild, ein Votivbild, eine Kreuzwegtafel oder eine kleine, unscheinbare Arme-Seelen-Tafel.

Der Bayerische Wald gehört zu den reichsten und vielseitigsten Gebieten der Hinterglasmalerei. Wenn man bisher von ihr sprach, dachte man vor allem an die drei großen Erzeugungsstätten Raimundsreut, Neukirchen b. Hl. Blut mit Haibühl und schließlich Winklarn bei Oberviechtach.

Es würde jedoch ein falsches Bild geben, es bei dieser engen Begrenzung zu belassen. Durch Untersuchungen in den letzten beiden Jahrzehnten wurde bestätigt, daß die volkstümliche Hinterglasmalerei im Wald wesentlich weiter verbreitet gewesen ist, und an vielen Orten Hinterglasbilder gemalt worden sind, von deren Malern, Werkstätten und Ursprung wir bisher keine Kenntnis hatten.

Auch im heutigen Landkreis Regen wurde ‚hinter Glas' gemalt. Die Bestände, die wir an Hinterglasmalerei haben, sei es in Kirchen, Kapellen, Museen und Sammlungen, stammen nicht alle aus den bekannten Werkstätten, sondern zum Teil auch aus unserem Landkreis.

Die Hinterglasmaler in den Altlandkreisen Regen und Viechtach waren bis auf wenige Ausnahmen ländliche Maler, die innerhalb ihrer üblichen Malerausbildung mit zweijähriger Ausbildungszeit auch die Technik der Hinterglasmalerei erlernt hatten, erfreute sich doch das Hinterglasbild einer weiten Nachfrage.

Beachten wir das vorhandene Bildmaterial, die archivalischen Quellen und schließlich noch vereinzelte Mitteilungen der älteren Generation, können wir davon ausgehen, daß die volkstümliche Hinterglasmalerei während des achtzehnten, neunzehnten, ja selbst noch im zwanzigsten Jahrhundert weit mehr verbreitet gewesen ist, als wir uns bisher vorgestellt haben.

Malerorte entstanden zunächst dadurch, daß sich Maler aus den bekannten Werkstätten neue Wirkungsbereiche suchten und sich andernorts ansiedelten.

So ging zum Beispiel im frühen neunzehnten Jahrhundert Anton Stoiber, ein Bruder des Andreas Stoiber, des Begründers der Haibühler Werkstatt, nach der Lehrzeit nach Kötzting, während Johann Georg Stoiber im Jahre 1811 sich nach Regen wandte und damit die Dynastie der Regener und Zwieseler Stoiber begründete.

Es darf ferner an Johann Baptist Reisbacher erinnert werden, der ebenfalls aus Haibühl kam, mit einiger Sicherheit zu den Schülern Andreas Stoibers zu rechnen ist, und der sich in Kollnburg als Maler niederließ.

Schließlich sei an den Winklarner Maler Josef Wüstner erinnert, der – als Schüler von Thomas Aquinus Roth – nach seiner Lehrzeit die Heimat verließ, über Umwege nach Raimundsreut kam und schließlich in Schönstein – im Vorderen Bayerischen Wald – der Hinterglasmalerei um die Mitte des neunzehnten Jahrhunderts zu einer späten Blüte verhalf.

Andererseits waren an verschiedenen Orten Maler ansässig, von deren Tätigkeit als Hinterglasmaler wir bisher nichts wußten. So müssen wir aufgrund von Glashütten-Belegen die Familie Huber aus Kötzting zu den Hinterglasmalern zählen. Sie haben aus Glashütten über lange Zeit große Mengen an Glastafeln bezogen. Die Familie Huber war seit

dem 17. Jahrhundert in Kötzting ansässig. Schließlich dürfen wir davon ausgehen, daß bisher unbekannte Maler – vielleicht in eng begrenztem Bereich, vielleicht auch nur während weniger Jahre – hinter Glas malten. Man denke dabei an gelernte oder ungelernte Maler, die insbesondere Arme-Seelen-Tafeln verfertigten.
So hat sich das Bild von der Verbreitung der volkstümlichen Hinterglasmalerei in den letzten Jahren gewandelt und den neuen Erkenntnissen angepaßt. Welche Rolle der Landkreis Regen in der Hinterglasmalerei spielte, welchen Beitrag er hierin leistete, wie bunt und vielseitig dieser war, welche Schicksale die Maler erfuhren und was sie uns mit ihrer Arbeit an kulturellen Werten hinterlassen haben, sei im folgenden chronologisch dargestellt.

Zu den Malern des achtzehnten Jahrhunderts in unserem Raume gehört zunächst der „Glasbildermaler" Paulus Josephus Andreas Lohberger. Er kam, wie schon der Name andeutet, aus dem Lamer Winkel und wurde 1762 zum ersten Male als Hinterglasmaler in Griesbach bei Zwiesel erwähnt. Seine Frau war eine geborene Schauer, Tochter eines Tafelglasmachers von der Hilzenhütte in Buchenau. In Griesbach wurden der Familie fünf Kinder geboren. Im Jahr 1775 verließ Lohberger Griesbach, um sich in Deggendorf als Hinterglasmaler niederzulassen. Lohberger heiratete nach dem Tode seiner Ehefrau im Jahr 1784 noch ein zweites Mal. Aus dieser Ehe gingen noch zwei Kinder hervor. Lohberger starb im Jahr 1809, die Kinder zerstreuten sich, die Hinterglasmalerei in Deggendorf war erloschen.
So bedeutend die Werkstätten Lohbergers sowohl in Griesbach als auch in Deggendorf gewesen zu sein scheinen – die beträchtliche Zahl von Bilderträgern in beiden Orten läßt darauf schließen – und so weit die Gebiete waren, die Lohberger mit seinen Erzeugnissen belieferte, so wenig können wir über seine Malweise aussagen, weil sich aus dieser Zeit verhältnismäßig wenig Bildmaterial erhalten hat und Lohberger im Gegensatz zu den zur gleichen Zeit tätigen Neukirchner Malern, seine Bilder nicht signierte.
Zu den Bildern, die Lohberger zeitlich zugeschrieben werden können, gehören einige Votivbilder, die in der Zwieseler Bergkirche hingen und im Waldmuseum Zwiesel gezeigt werden. Sie sind zwischen 1764 und 1772 datiert und fallen somit in die Griesbacher Jahre Lohbergers. Da sie außerdem gemeinsam Stilmerkmale mit einer vom Maler 1792 in Deggendorf gefertigten Kreuzwegtafel aufweisen, erscheint ihre Zuordnung zu den frühen Arbeiten Lohbergers berechtigt.
Lohberger war zweifellos im Landkreis der bedeutendste Maler des achtzehnten Jahrhunderts. Umso mehr wäre es zu wünschen, daß es in Zukunft gelänge, das Werk dieses Meisters näher zu erforschen.
Mit dem Wegzug von Paulus Josephus Andreas Lohberger nach Deggendorf im Jahre 1775 taucht bereits ein neuer Hinterglasmaler im Landkreis auf, dessen Name uns allerdings bisher unbekannt blieb. Seine Tätigkeit als Hinterglasmaler im Zwieseler Waldhaus geht jedoch aus einem Protokoll des Pfleggerichts Zwiesel vom 9. 9. 1775 eindeutig hervor.
In diesem Protokoll machte der Zwieseler „Waarenbeschauer" Jakob Kuchler folgende Aussage:
„Der Zwiesler Pflegsverweser Wagner habe vor kurzen Jahren an der Gränz gegen Eisenstein, drei Stund von hier, ein hölzernes Haus erbauen lassen. Vormals hilten sich darin etliche Confinwächter auf. Nachdem aber gefunden worden, daß diese Postierung darum ohne Frucht ist, weil solche als im Wald entlegen völlig umgangen werden könne, so ist diese Postierung abgetan und aufgehoben worden. Nunmehr befindet sich in diesem Hause ein Hirth, welcher nicht nur selbst 4 bis 5 Kür und etliche Gaiß und Pöck haltet, sonders auch zum Nahrungsabbrauch des Marktes Zwiesel Bür auszapfet. Er muß aber zugleich des Herrn Pflegsverwesers jährlich im Wald einschlagende 12 und 14 Waldstier hüten. Weiter haltet sich in gemeltem Haus ein Tagwerker auf, der auch etliche Gaiß und Pöck haltet.
Nichtdestoweniger ist alldorth ein Glastäferlmaller, der etliche Kür, Gaiß und Pöck haltet und auch Pürr schenket."
Soweit auszugsweise das Protokoll vom 9. 9. 1775. Damit ist auch im Zwieseler Waldhaus ein Hinterglasmaler nachgewiesen. Leider sagt das Protokoll

weder etwas zur Person noch zur Tätigkeit als Hinterglasmaler aus.

Wesentlich mehr wissen wir über die Hinterglasmaler des neunzehnten Jahrhunderts. Sie übten als ländliche Maler die Hinterglasmalerei in mehr oder weniger großem Umfange aus.
Dazu gehören vor allem die Maler der Familie Stoiber, die wie keine andere durch viele Generationen und in vielen Seitenlinien ihre große künstlerische Begabung unter Beweis gestellt hat.
Die Stoiber kamen aus dem Neukirchen b. Hl. Blut benachbarten Kager. Dort wurde im Jahr 1748 der Schneider Johann Georg Stoiber geboren. Aus der Ehe mit Christine Pfeiffer vom nahen Kolmstein gingen drei Söhne hervor, die alle das Malerhandwerk erlernten.
Als erster von ihnen ist Andreas Stoiber zu nennen, am 30. 11. 1778 in Kager geboren. In der Familie ist überliefert, daß Andreas Stoiber für den geistlichen Stand vorgesehen war und einige Jahre bei den Jesuiten in Ingolstadt gewesen sei. Diese Angaben konnten sich bis jetzt nicht erhärten lassen, zumal in der entsprechenden Zeit das Jesuitenkolleg in Ingolstadt nicht mehr bestand.
Wo der junge Andreas seine Malerausbildung erhalten hat, ist daher noch ungewiß, obwohl Hinweise auch nach Neukirchen b. Hl. Blut gehen, wo seit der Mitte des achtzehnten Jahrhunderts die Malerfamilie Wittmann tätig war.
Im Jahre 1806 machte sich Andreas Stoiber in Haibühl ansässig und heiratete die gebürtige Haibühlerin Anna Lemberger. Sein Ruf als Maler und Bildhauer ging bald über die engeren Grenzen hinaus. So schuf er unter anderem den Hochaltar der Pfarrkirche in Konzell und erneuerte den Tabernakel der Pfarrkiche in Mitterfels. Zu seinen Hinterglasmalereien gehören unter anderem der Kreuzweg der Schloßkapelle Neunußberg, sowie Teile eines Kreuzweges in der Kapelle des Waldbauerngutes Trailling bei Lam. Diese Arbeiten sind von hervorragender Qualität.
Es war also kein Wunder, daß die Haibühler Werkstatt bald regen Zulauf hatte. Daher nahm Andreas Stoiber seine beiden jüngeren Brüder zu sich in die Werkstatt und bildete sie aus.
Anton Stoiber, am 24. 3. 1795 in Kolmstein geboren, ging nach der Lehrzeit bei seinem Bruder in Haibühl nach Kötzting und ließ sich dort als Maler nieder.
Johann Georg Stoiber, geb. am 26. 3. 1788, ebenfalls in Kolmstein, wandte sich nach seiner Ausbildung in Haibühl nach Regen und begründete dort die Malergeneration der Regener und Zwieseler Stoiber.
1810 heiratete er die Haibühlerin Maria Kollbeck. Seit 1811 finden wir Johann Georg Stoiber in Regen.
Aus der Ehe gingen 9 Kinder hervor – drei Mädchen und sechs Knaben. Zwei von ihnen starben früh. Alle übrigen männlichen Nachkommen fanden zum Beruf des Vaters und wurden Maler.
Der älteste Sohn Josef wurde am 15. 4. 1813 in Regen geboren. Taufpate war sein Onkel Andreas aus Haibühl. Im Jahr 1833 erhielt Josef Stoiber den Gesellenbrief und ein Jahr darauf legte er in München die Meisterprüfung für alle Klassen ab.
1845 beantragte er eine Malerkonzession nach Rottenburg, wo er bis zu seinem Tod im Jahr 1881 als Maler tätig war.
Der nächste Sohn Jakob, geb. am 22. 11. 1815, ging nach seiner Ausbildung nach Geiselhöring, wo er sich als Maler ansässig machte und im Jahr 1896 verstarb.
Georg Stoiber, geb. am 5. 2. 1823, war kein so hohes Alter beschieden. Er verstarb mit 56 Jahren am 5. 2. 1879 unverheiratet in Regen.
Die Malerwerkstatt in Regen blieb in den Händen des jüngsten Sohnes Wilhelm, geb. am 10. 2. 1826, bis zu dessen Tode im Jahr 1885. Aus seiner Ehe mit der Färbermeistertochter Franziska Mächtlinger von Viechtach gingen wiederum zahlreiche Kinder hervor, von denen die Söhne Johann Baptist, geb. am 1. 3. 1851, Wilhelm, geb. am 2. 10. 1852, und Moritz, geb. am 14. 7. 1861, von Interesse sind.
Johann Baptist war als Maler in Landau/Isar tätig, starb aber im Alter von 31 Jahren am 2. 10. 1882.
Wilhelm Stoiber wurde Bildhauer. Er war ebenfalls mehrere Jahre in Landau tätig. Verheiratet war er mit der Glasertochter Babette Vogger aus Altomünster.
Moritz Stoiber, der Jüngste, wurde ebenfalls Maler.

Nach Besuch der Kunstgewerbeschule in München ließ er sich in Zwiesel nieder. Er verstarb 1945. Aus der Ehe mit der Kaufmanns- und Brotsitzerstochter Maria Grätzer aus Vilshofen gingen nochmals zwei Söhne hervor, die das Malerhandwerk erlernten und ausübten.
Wilhelm, der im Jahr 1923 in Zwiesel verstarb, und Hermann, mit dessen Tod im Jahr 1976 die Malerdynastie der Stoiber im Raume Regen–Zwiesel zu Ende gegangen ist.

Die Maler der Familie Stoiber waren ländliche Maler. Sie arbeiteten in den Sommermonaten meist auswärts, im Winter malten sie bestellte Heiligenbilder, darunter ganze Kreuzwege, Totenbretter und Votivtafeln. Einen Teil dieser Arbeiten malten sie ‚hinter Glas'. Die notwendige Technik hat sich Johann Georg Stoiber, der Begründer der Regener Werkstätte, mit Sicherheit während der Lehrzeit in Haibühl angeeignet, zumal seinerzeit die Hinterglasmalerei in hoher Blüte stand und Andreas Stoiber zu den besten Hinterglasmalern im Raume Neukirchen–Haibühl zu zählen ist.
Leider können wir bisher Johann Georg Stoiber selbst Hinterglasmalereien nicht mit letzter Sicherheit zuordnen, denn auch er hat seine Bilder weder datiert noch signiert. Wir kennen jedoch eine Reihe von Hinterglasbildern, die maltechnisch den Arbeiten Andreas Stoibers sehr nahestehen und zeitlich in die Schaffensperiode von Johann Georg Stoiber fallen. Dies gilt zum Beispiel für den Hinterglaskreuzweg der Dorfkapelle Schweinhütt. Im gleichen Ort ist auch das Altarvotivbild der Ebnerkapelle einem Maler der Familie Stoiber zuzuschreiben.
Ein Beweis für die Tätigkeit Johann Georg Stoibers als Hinterglasmaler mag auch darin zu sehen sein, daß sein Sohn Wilhelm die Hinterglasmalerei in größerem Umfang betrieb. Von ihm sind, obwohl die Untersuchungen noch nicht abgeschlossen sind, eine Reihe von Hinterglasmalereien bekannt. So stammen die Altarbilder der Huberhofkapelle bei Regen, der Dorfkapelle in Etzendorf und der Dorfkapelle Harlachberg von seiner Hand. Auch das zu Bruch gegangene Altarbild der Ortskapelle in Außenried hat Wilhelm Stoiber gemalt.

Keine Kenntnisse haben wir bisher von Hinterglasmalereien aus der Hand von Moritz Stoiber. Er hat die Kunstgewerbeschule in München besucht und war vor allem als Maler und Restaurator in Landkirchen tätig. So unter anderem in der Pfarrkirche in Lalling und in der Bergkirche in Zwiesel. Er arbeitete auch in Gemeinschaft mit seinem Vater und seinen Brüdern im Landauer Bereich.
Hingegen hat Hermann Stoiber in Zwiesel, der letzte Stoiber-Maler, noch in den dreißiger Jahren unseres Jahrhunderts Votivbilder und Arme-Seelen-Tafeln hinter Glas gemalt.

Mit Johann Georg Reisbacher, Sohn des Johann Reisbacher, Schulmeister von Haibühl, und der Maria Arent, Mesnertochter aus Kötzting, fand ein weiterer Haibühler Maler im 19. Jahrhundert den Weg in unseren Landkreis.
Der Zeit nach ist anzunehmen, daß auch Reisbacher seine Ausbildung in der Werkstatt Andreas Stoibers in Haibühl erhalten hat. Am 14. November 1803 geboren, übersiedelte er 1833–34 nach Kollnburg und stellte dort Antrag auf Malerkonzession, die ihm am 17. 3. 1834 durch das königliche Amtsgericht in Viechtach gewährt worden ist. Im gleichen Jahr heiratete er Margarethe Feyl, Schusterstochter aus Neumark in Böhmen.
Auch Neumark ist in der Hinterglasmalerei kein unbekannter Ort. Hier wurden im 19. Jahrhundert Hinterglasradierungen mit Heiligen- und Tier-Motiven gefertigt.
Johann Reisbacher scheint in Kollnburg bald reichlich Arbeit gefunden und in guten finanziellen Verhältnissen gelebt zu haben. Bereits im Beschluß zur Befürwortung der Konzessionierung des Malers in Kollnburg stellte die Gemeinde-Rural-Verwaltung fest, daß Reisbacher mit einem hinlänglichen Kapital sowohl zur Bestreitung seines Hauses als auch zur Bestreitung seiner Kunst versehen sei.
Ein Versuch im Jahr 1842, sich in Viechtach ansässig zu machen, scheiterte am Widerstand des Stadtmagistrats von Viechtach. Aus diesem Verwaltungsakt ist auch ersichtlich, daß Reisbacher für den in Viechtach neu zu errichtenden Kreuzweg eine Probestation lieferte, welche von der königlichen Akademie in München als tauglich befunden

worden ist. Aus Kirchenrechnungen geht weiter hervor, daß Reisbacher in Viechtach mehrfach Maler- und Faßarbeiten ausführte. So hatte er 1833–34 den Ölberg bei der St. Anna-Kirche zu restaurieren und Plafond und Wände mit passenden Vorstellungen auszumalen und Figuren neu zu fassen.
Im Jahr 1834 hat er für 36 Gulden Malerarbeiten in der Josefi-Kapelle ausgeführt und 1859–60 Figuren wie Salvator mundi und Kreuztragender Heiland neu gefaßt und Bilder wie den Hl. Isidor und Englmar neu gerahmt und restauriert.
Reisbacher scheint auch bald mit dem Kötztinger Maler Anton Stoiber in Konkurrenz getreten zu sein, denn aufgrund einer Beschwerde dieses Malers an die Gemeinde Kötzting fragte man beim königl. Amtsgericht in Viechtach an, ob Reisbacher als Maler konzessioniert sei, da er nach Meinung Anton Stoibers zur Übernahme von Faßarbeiten keine Genehmigung besitze.
Aus der Ehe Reisbachers gingen 10 Kinder hervor, von denen vier früh starben. Von den fünf am Leben gebliebenen Söhnen sollen die meisten wiederum das Malerhandwerk ergriffen haben. Die Werkstatt in Kollnburg übernahm der gleichnamige Sohn Johann Georg, nachdem er eine Kunstschule in München besucht hatte.
Der jüngste Sohn Vinzenz, geb. am 5. 4. 1847, soll sich in München als Hinterglasmaler niedergelassen haben.
Johann Reisbacher jun., geb. am 17. 11. 1837, heiratete am 21. 2. 1865 die Kollnburger Häuslerstochter Maria Bruckmaier.
Johann Reisbacher arbeitete schon unter wesentlich ungünstigeren Bedingungen wie sein Vater. Die Blütezeit volkstümlicher Hinterglasmalerei war vorüber und auch andere Aufträge flossen nur spärlich. So nagten wirtschaftliche Sorgen an seiner Gesundheit. Dazu kam auch familiäres Leid.
Der plötzliche Tod des Malers – am 18. November 1898, während er ein Stück Brot aß – wird uns verständlich.
Damit war das über fünfzigjährige Wirken der Malerfamilie Reisbacher in Kollnburg zu Ende.
So viele Einzelheiten uns aus dem Leben der Reisbacher bekannt sind, so schwer ist es, in ihre Tätigkeit als Hinterglasmaler einiges Licht zu bringen.
Es fehlen uns bisher signierte oder datierte Bilder. So sind wir im wesentlichen auf Fundorte, auf gehäuftes Antreffen im Raum Viechtach–Kollnburg, sowie auf Stilvergleiche mit Ölmalereien angewiesen, die den Reisbacher-Malern mit Sicherheit zugeschrieben werden können.
Neben Heiligenbildern hinter Glas finden sich im gleichen Raum gehäuft Arme-Seelen-Tafeln, von denen ein Teil auch aus der Reisbacher-Werkstatt zu stammen scheint.
Im Nachlaß der Familie befinden sich zwei kleinformatige Risse zu Hinterglasbildern, die eine Kreuzigung und eine Ölberg-Szene darstellen.

Etwa in der Mitte der zwanziger Jahre unseres Jahrhunderts ließ sich in Böhmersried-Hirtreitersäge, Gemeinde Kircheitnach, ein gewisser Robert Leonhard nieder.
Seine Herkunft war bisher noch nicht eindeutig zu erforschen. Von seinen beiden Söhnen ist der gleichnamige Robert im Jahre 1912 in Brunsbüttel und Raimund im Jahre 1914 in Ludwigslust/Mecklenburg geboren. Für Sohn Robert ist außerdem die österreichische Staatsbürgerschaft nachgewiesen.
Robert Leonhard sen. war vielseitig begabt. Er bereiste viele Länder Europas als Artist, Schauspieler und Maler.
In der Hirtreitersäge malte er mit seinen beiden Söhnen, die ebenfalls die Malerei ausübten, auch Hinterglasbilder, die auf Jahrmärkten, wie z. B. in Viechtach angeboten worden sind.
Es haben sich im Viechtacher Raum einige Hinterglasmalereien erhalten, die von den Malern der Hirtreitersäge stammen sollen. Es sind anspruchslose Hinterglasmalereien in kleinen Formaten mit schmalen Papierkleberahmen.
Robert Leonhard verzog später mit seiner Familie nach Teisnach. Hier sollen Malereien und Schnitzereien an ihn erinnern. Nach dem Krieg verliert sich seine Spur. Er soll in Braunschweig gestorben sein. Von seinen beiden Söhnen verstarb Robert am 23. 1. 1944 als Malergehilfe und Raimund am 16. 6. 1940 als Soldat.

Schließlich sei noch an Lehrer Josef Henneberger in Bodenmais erinnert, der um 1930 Arme-Seelen-Tafen malte. Er verstarb 1976 als pensionierter Rektor in Passau.

Zusammenfassend darf gesagt werden, daß die Ausführungen zur volkstümlichen Hinterglasmalerei im Landkreis Regen nicht den Anspruch auf Vollständigkeit erheben können. Auch war es nicht möglich, das malerische Werk der aufgeführten Hinterglasmaler abschließend zu würdigen, doch konnte unser Blickfeld wesentlich erweitert werden. Und das bedeutet einen Schritt nach vorn.

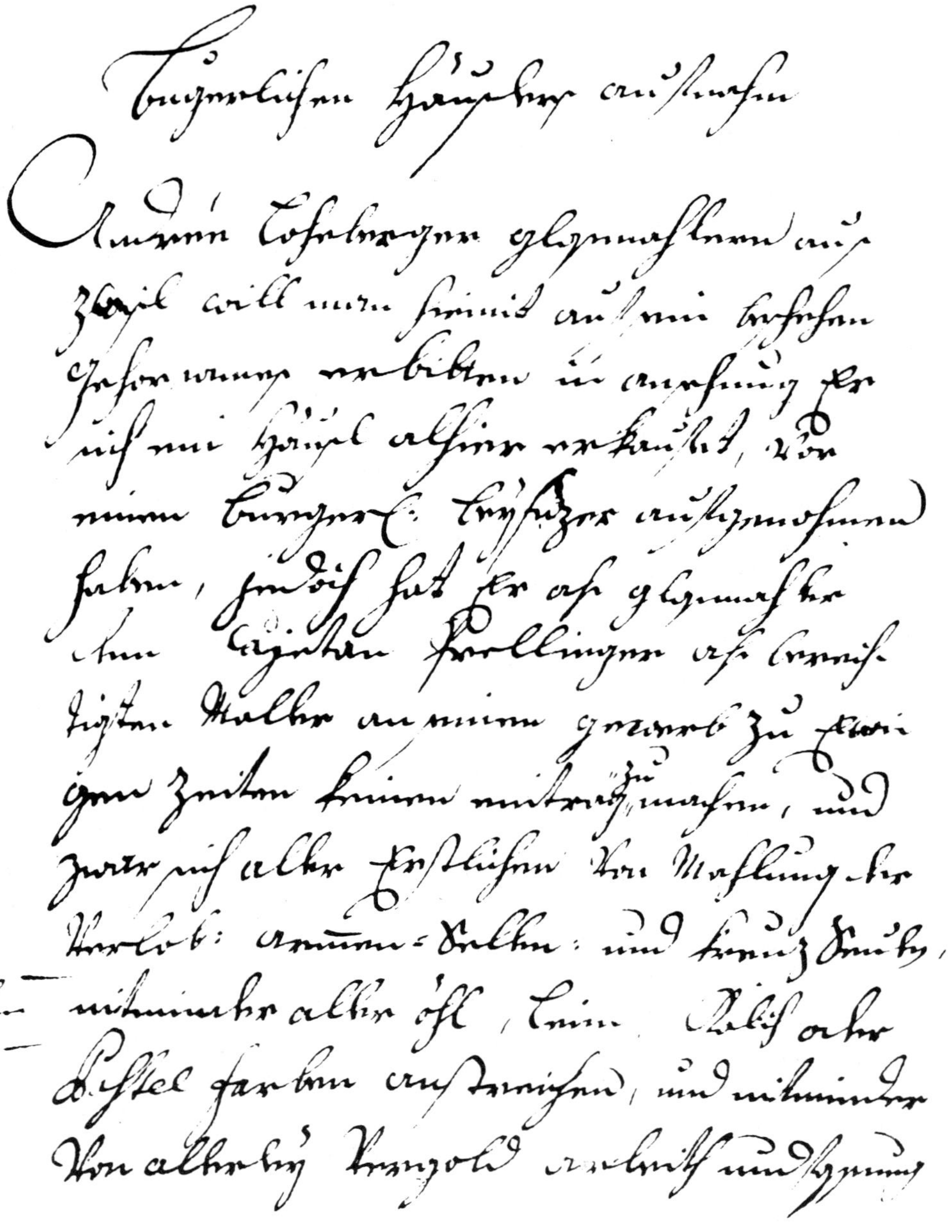

Aus dem Ratsprotokoll der Stadt Deggendorf von 1775. Der Hinterglasmaler Paulus Josephus Andreas Lohberger wird als Bürger aufgenommen. Gleichzeitig wird ihm das Malen von „armen-Sellen-täflen" untersagt.

„Maria Hilf". Hinterglasbild von Wilhelm Stoiber (1826–1885).

Armenseelentaferl. Hinterglasbilder aus den Kollnburger Malerwerkstätten zwischen 1890 und 1905.

DR. MICHAEL KOLLMER

DIE MUNDART DES LANDKREISES REGEN

Wenn von der Sprache des Landkreises Regen die Rede ist, denken wir an die Mundart, nicht an die deutsche Hochsprache, die nur in der Schule, Kirche, bei den Behörden und sonst bei festlichen und öffentlichen Anlässen verwendet wird. Im alltäglichen und privaten Leben sprechen zumindest alle Einheimischen unter sich Mundart. Hier muß unterschieden werden zwischen der eigentlichen Mundart des Landkreises und einer Umgangssprache, die mehr oder minder eine Mischung von Hochsprache und Gemeinbairisch darstellt. Es ist die Sprache, die man vor allem in Oberbayern und in den ober- und niederbayerischen Städten hört und daher auch in den mehr städtischen Orten des Landkreises. Selbst da, aber vor allem außerhalb der Städte erklingt die dem Landkreis eigentümliche Mundart. Kaum ein bayerischer Landkreis kann sich einer so eigenartigen und auffälligen Mundart rühmen. Von den angrenzenden Landkreisen wird sie das „Wäldlerische" genannt, und von Johann Andreas Schmeller, dem ersten Mundartforscher, wurde sie in seiner 1821 erschienenen Bairischen Grammatik als die „Mundart des Oberregentalgebiets" oder das „Oberregentalische" bezeichnet. Trotz alledem gibt es von dieser so auffälligen Mundart noch keine ausführliche Beschreibung. Der Verfasser der vorliegenden Darstellung hat sich allerdings in seiner 1949 verfaßten Münchener Dissertation mit dem Titel „Die bairischen Laute, dargestellt durch Vergleich der Mundart des Klinglbachtales im Bayer. Wald mit anderen bairischen Mundarten" schon mit der oberregentalischen (oberr.) Mundart befaßt, da die Mundart des Klinglbachtales zur oberr. Mundart und mit der Altgemeinde Moosbach auch zum Landkreis Regen gehört, und er hat 1978 mit der Broschüre „D' Waldlersprach" diese Mundart kurz gekennzeichnet.

Bei der Beschreibung der Mundart kommen wir, besonders bei der Bezeichnung der Selbstlaute, mit der üblichen deutschen Schreibung nicht mehr aus. Auch die Bezeichnung der Mitlaute wird von einem grundlegenden Unterschied zwischen dem Bairischen und der deutschen Hochsprache bestimmt. Im Bairischen werden die Selbstlaute des Wortstammes vor weichen Mitlauten immer lang und vor harten oder scharfen Mitlauten stets kurz gesprochen. Die Länge bzw. Kürze eines Selbstlautes braucht also nie bezeichnet zu werden, dafür aber der folgende Mitlaut als weich bzw. hart, der dann auch weich bzw. hart zu sprechen ist. Demnach brauchen wir für alle Geräuschlaute (außer h und ch, die immer als hart gelten) jeweils ein Schriftzeichen für den weichen und für den harten Mitlaut. Es mußte also für die Mitlaute, die in der deutschen Schreibung nur ein brauchbares Zeichen haben (s) zur Verdoppelung gegriffen werden oder, wo dies das Schriftbild nicht erlaubt (schsch, tschtsch), ein anderes Zeichen gefunden werden: š = weiches sch, šš = hartes sch, dš = weiches tsch, tš = hartes tsch, dz = weiches z, tz = hartes z, bv = weiches pf, pf = hartes pf, gs = weiches x, ks = hartes x, ṇ = ng wie in Finger (viṇa). Demnach ist an Mitlauten als neu nur zu merken: š und ṇ! Von den Mitlauten p t k wird nur k aspiriert, d. h. behaucht gesprochen, und zwar vor dem betonten Stammvokal oder in der Verbindung kr vor betontem Stammvokal.

Zusammenstellung der Mitlaute:

weich	hart	
b	p	(ọbm „Atem", kạpm „Kappe")
d	t	(brẹd „Brett", bẹt „Bett")
g	k	(rog „Rock", rẹk „Röcke")
v	f	(roav „der Reifen", rọif „die Reifen")
s	ss	(gruas „Gruß", griass „Grüße")
š	šš	(viš „Fisch", višš „Fische")
dz	tz	(kuadz „kurz", kiatza „kürzer")

dš	tš	(ledšn „Mund", gwẹtšn „quetschen")
bv	pf	(kobv „Kopf", kẹpf „Köpfe")
gs	ks	(hągsn „Bein", vąksn „Späße")
–	h	(moha „machen")
–	ch	(sąch „Sache")
l	–	(štąl „Star")
r	–	(ląrẹ „leer", Umstandswort!)
m	–	(kẽma „kommen")
n	–	(rẽna „rennen")
ṇ	–	(biṇkṇ „Astknorren")
w	–	(leiwa „lieber")
j	–	(juṇ „jung")

Schwieriger zu unterscheiden in Aussprache und Schreibung sind die 33 Selbstlaute des Wäldlerischen, da schon das Bairische jeweils zwei a e o und das Wäldlerische noch zusätzlich jeweils zwei ai ãi ea ei oa oi ou unterscheidet, und zwar jeweils einen offenen und einen geschlossenen Laut. Die Offenheit des Selbstlautes wird durch ein Häkchen bezeichnet (mǫga „mager", štąl „Star"), die Geschlossenheit durch einen Punkt (wẹ „Weg", kạtz „Katze") jeweils unter dem Selbstlaut. Über dem Selbstlaut wird seine genäselte Aussprache durch einen Zirkumflex ausgedrückt (drạ̃m „Balken", wẽwal „Weinbeere", ạ̃i „einige", vą̃i „fein"). Selbstlaute vor und nach Nasenlauten (m n ṇ) dürfen, wenn sie keinen Zirkumflex tragen, auf keinen Fall genäselt gesprochen werden (drạm „Traube", aber drạ̃m „Balken"; dąm „Gedärm", aber dą̃m „Daumen", ẹn „in", aber ẽnẹ „hinein"; rẹṇ „Regen", aber rẽṇa „regnen"). Das unbetonte a der Nebensilben wird auch als a geschrieben, also ohne Häkchen oder Punkt. Der Apostroph (Auslassungszeichen) dient zur Trennung zweier Vokale, die keinen Zwielaut (Diphthong) bilden (e'a „eher", aber ea „er", e'an „Ähre", aber ean „behindern", ǫi'a „Eier"). Wenn eine andere Silbe eines Wortes als die erste betont ist, wird sie mit einem Akzent versehen (gebéa „bergauf", amói „einmal").

Zusammenstellung der 33 Selbstlaute, der 12 einfachen Selbstlaute und der 21 Zwielaute:

i	(igl „Igel")
ẹ	(ẹsl „Esel")
e	(newẹ „Nebel")
ä	(wäs „weiß")
ą	(kąs „Käse")
ạ	(kạtz „Katze")
ǫ	(hǫd „hat")
o	(bon „Boden")
u	(lusn „horchen")
ẽ	(kẽma „kommen")
ą̃	(ną̃ „nein")
ạ̃	(zạ̃m „zusammen")
ia	(dia „Türe")
ea	(bea „Eber")
ẹa	(bẹa „Berg, Wald")
ua	(bluad „Blut")
oa	(voa „vor")
ǫa	(gǫatn „Garten")
ẹi	(vẹi „viel")
ei	(geid „Geld")
ąi	(rąi „Reihe")
ại	(hạin „heilen")
ǫi	(ǫi „hinab")
oi	(koid „kalt")
ui	(duiv „tief")
ąu	(šląu „schlau")
ǫu	(kǫu „Kuh")
ou	(dou „tun")
eã	(eã „ihnen")
oã	(gloã „klein")
ą̃i	(vą̃i „fein")
ạ̃i	(ạ̃i „einige")
ą̃u	(štą̃udzn „Mücke")

Übersicht des Lautgefüges im Landkreis Regen:

	I gemein-bair.	II Osten o. Rinchn.	III Rinchn.-Gebiet	IV Mitte	V Moos-bach	Bedeu-tung
		Landkreis Regen				
1	dahę́a hǫas hǫan	dahéa hoas hoan	dahéa hoas hoan	dahéa hoas hoan	dahéa hoas hoan	"daher" "heiß" "Horn"
			oberr.			
2	hąus wąis	hąus wąis	hạs wäs	hạs wäs	hạs wäs	"Haus" "weiß"
		niederbayer.		oberr.		
3	diav	doiv	doiv	duiv	duiv	"tief"
	bair. + niederbayer.			oberr.		
4	kua kia	kua kia	kua kia	kǫu kei	kǫu kei	"Kuh" "Kühe"
5	doã greã vadéãn gẽ	doã greã vadéãn gẽ	doã greã vadéãn gẽ	dou dą̃u grẹi grą̃i vadẹ́in vadą́in gẹi gą̃i	dou grẹi vadẹ́in gẽ	"tun" "grün" "verdienen" "gehen"
	udon.				mdon.	
6	ẹssn betn wạssa bạcha brǫatn	ẹssn betn wossa bǫha brǫitn	ẹssn betn wossa bǫha brǫitn	ẹssn betn wossa bǫha brǫitn	essn bätn wǫssa bạha brạitn	"essen" "beten" "Wasser" "backen" "breiten"
7	kuadz kiatza	kuadz kiatza	kuadz kiatza	kuadz kiatza	koadz keatza	"kurz" "kürzer"
	bair.' + oberr.					

I = bair., d. h. gemeinbairisch wie in den altbayerischen Städten; so auch in den Städten des Landkreises;

II = Osten des Landkreises ohne Flußgebiet der Rinchnach und Schlossauer Ohe, also die östliche Landkreisecke (Schlag, Kirchdorf i. W., Untermitterdorf und Abtschlag) und das Regental von Bayer. Eisenstein bis Regen;

III = das übrige östliche Gebiet östlich der Pfarreien March und Bodenmais, also das Flußgebiet der Rinchnach und der Schlossauer Ohe (Gebiet um Kirchberg und Bischofsmais);

IV = die Mitte des Landkreises, d. h. das Gebiet des Landkreises ab den Pfarreien March und Bodenmais in westlicher Richtung, aber ohne die Altgemeinde Moosbach;

V = Altgemeinde Moosbach.

Mit der Erläuterung der Schreibung und Aussprache der Laute der Mundart wurde zugleich eine Übersicht über ihren Lautbestand gegeben und auf ihren einzigartigen Reichtum an Selbstlauten, besonders an Zwielauten, hingewiesen. Die anschließende Übersicht über das Lautgefüge der Mundart des Landkreises Regen wirft schon ein Licht auf Einzelheiten dieser Mundart, nämlich auf ihre Verbreitung, Gliederung und Abgrenzung gegenüber den Nachbargegenden. Es sind hier wie meistens im Bairischen die Selbstlaute maßgebend.

Das Hauptmerkmal der Mundart des Landkreises Regen ist zweifellos die sogenannte Monophthongierung von bair. ąu und ąi zu oberr. ạ und ä (bair. hąus „Haus", wąis „weiß" – oberr. hạs, wäs) (Übersicht 2 III–V). Diese Besonderheit gilt für den ganzen Landkreis mit Ausnahme der östlichen Landkreisecke mit den Orten Schlag, Kirchdorf i. W., Abtschlag und Untermitterdorf, natürlich auch mit Ausnahme der größeren städtischen Orte wie Viechtach, Regen, Frauenau, Bayer. Eisenstein und deren Umgebung. Auffällig ist, daß sich der Bereich der ạ-ä-Aussprache genau mit dem Flußgebiet des oberen Regens deckt, d. i. des Regens von der Quelle bis Cham. Wo also die Wässerlein zur Ilz oder Donau fließen, wird ạ–ä nicht mehr gesprochen. Eine Ausnahme macht neuerdings der Ort Trametsried östlich von Regen; denn seit er nicht mehr zur Pfarrei Kirchberg, sondern zur Pfarrei Kirchdorf i. W. gehört, hat er ạ–ä in ąu–ąi gewandelt. Freilich reicht im Nordwesten des Landkreises die ạ–ä-Aussprache noch über die Landkreisgrenze hinaus, und zwar bis knapp vor Waldmünchen, so daß die Orte Kötzting und Cham noch in ihrem Bereich liegen. Diese ạ–ä-Aussprache (Monophthongierung von bair. ąu und ai) der oberr. Mundart ist einzigartig innerhalb der germanischen Sprachen; sie kommt auch in Bayern sonst nicht vor, wohl aber in einer Gegend Niederösterreichs seit der 2. Hälfte des vergangenen Jahrhunderts und, wie weithin bekannt, in Wien seit Anfang dieses Jahrhunderts; im Oberregentalgebiet ist sie aber viel älter und zeugt von einer besonders eigenständigen sprachlichen Weiterentwicklung dieser Gegend. So sollten sich die Wäldler ebenso wenig dieser sie kennzeichnenden ạ–ä-Aussprache schämen wie

die Wiener, die darauf so stolz sind. Ist sie doch auch das gemeinsame Band der Bewohner des Oberregentalgebiets.
Ein weiteres Lautpaar kennzeichnet, wenn auch irrtümlich, noch die meisten Bewohner des Landkreises Regen als Wäldler. Es sind die Zwielaute ǫu–ei für bair. ua–ia (bair. kua–kia „Kuh–Kühe" = oberr. kǫu–kei, Übersicht 4 IV–V). Diese ǫu–ei-Aussprache wird von den südöstlichen Nachbarn des Landkreises als „wäldln" oder gar als „pfälzln" bezeichnet, aber beides zu Unrecht; denn diese ǫu–ei-Aussprache hört östlich der Pfarreien March und Bodenmais auf, ist aber andererseits auch eigen dem vorderen mittleren Bayer. Wald (westlich der Pfarrei Edenstetten bei Deggendorf), der Donauebene um Straubing und südlich von Regensburg bis südlich von Geiselhöring und, wenn auch etwas geschlossener klingend, der ganzen Oberpfalz, so daß sie weder rein wäldlerisch noch rein oberpfälzisch genannt werden kann. Auf jeden Fall könnten die Wäldler auch auf diese ǫu–ei-Aussprache stolz sein; denn sie ist vermutlich die ältere und eigentlich bairische Aussprache, da die ua–ia-Aussprache im Mittelalter vielleicht von Franken und Schwaben nach Bayern vordrang und heute noch den Franken und Schwaben eigen ist. Und was den Klang dieser Zwielaute betrifft, so klingt ǫu–ei gegenüber dem gespannteren ua–ia kräftiger und zugleich gelassener. Schon der einfache Satz „Geh, nimm deinen Hut ab!" kann diesen Unterschied veranschaulichen: Ge, dua dãin huad ǫwa! – Ge, dǫu dan hǫud ǫwa! Die Laute ǫu und ei sind übrigens die häufigsten Zwielaute der oberr. Mundart. Diese gehört trotz dieser beiden Zwielaute nicht zum Nordbairischen (Oberpfalz), sondern zum Mittelbairischen; als nordbairisch oder „pfälzln" bezeichnet man mundartlich die Aussprache eines schweren l (mittelbair. geid – nordbair. gald „Geld"). Im ganzen Landkreis Regen wird aber l in gewissen Stellungen (vor allem nach Stammvokal vor Mitlaut) vokalisiert, d. h. als i gesprochen (oberr. koid „kalt", sogar in den Wörtern soi'ǫd „Salat", šui'ęara „Schullehrer" und ǫwiass „Ablaß"), wodurch zusammen mit der Vokalisierung von r (r wird als a gesprochen wie wie in gǫatn „Garten") die Zahl der Zwielaute beträchtlich vermehrt wird.

Eine dritte Besonderheit ist für den Wäldler bezeichnend. Das bair. ia in Wörtern wie šiassn „schießen", šiam „schieben", giassn „gießen", biaņ „biegen", šliafa „schlüpfen", vliaņ „Fliege", diav „tief" u. a. wird als ui gesprochen: šuissn, šuim, guissn, buiņ, šluiffa, duiv (Übersicht 3 IV–V Seite 321). Dieses ui lautet aber im östlichen Teil des Landkreises (meist schon östlich der Pfarreien March und Bodenmais), wie meist im übrigen Niederbayern, als oi (šoissn, vloiņ, doiv usw., (Übersicht 3 II–III Seite 321), während es nordbair. (Oberpfalz) als ei gesprochen wird (šeissn, vleiņ, deiv usw.), so daß die wäldlerische ui-Aussprache, die sich übrigens bis in die Donauebene um Straubing erstreckt, zwischen dem nordbair. ei und dem sonstigen mittelbair. oi besonders auffällt.
Wie der östliche Teil des Landkreises mit seinen Zwielauten ua – ia (kua – kia „Kuh – Kühe") und oi (doiv „tief") von den im Landkreis üblichen Zwielauten ǫu – ei (kǫu – kei „Kuh – Kühe") und ui (duiv „tief") abweicht (Übersicht 4 II–III und 3 II–III Seite 321), so unterscheidet sich der westliche Zipfel des Landkreises (Altgemeinde Moosbach) durch eine Besonderheit, die schon 1821 von J. A. Schmeller als mitteldonautalische Aussprache bezeichnet wurde; dort werden nämlich die Vokale (hauptsächlich die e und o-Laute) vor harten oder scharfen Mitlauten offener (um einen Grad der Vokalskala) ausgesprochen (Übersicht 6 V, Seite 321), also essn „essen", šwesta „Schwester", ǫfa „offen", mǫha „machen", bąha „backen" statt sonstigem oberr. ẹssn, šwẹsta, ofa, moha, bǫha (Übersicht 6 II–IV, Seite 321). Die Trennungslinie zwischen offener und geschlossener Aussprache teilt das Bairische in das nördliche Mitteldonautalische und das südliche Unterdonautalische. Nur mit der Altgemeinde Moosbach hat der Landkreis an dem ersteren Anteil, während er sonst mundartlich schon als unterdonautalisch zu bezeichnen ist. In der Altgemeinde Moosbach wird auch das ǫi in Wörtern wie ǫi'a „Eier" und brǫitn „breiten" u. a. offener, nämlich als ąi gesprochen: ąi'a, brąitn (Übersicht 6 V, Seite 321). Ebenfalls wird dort ir und ur vor hartem Mitlaut u. dgl. zu ea bzw. oa geöffnet (Übersicht 7 V, Seite 321), also nicht wie sonst überall im Bairischen als ia bzw. ua gesprochen: keatza „kürzer", koadz „kurz"

= bair. kiatza, kuadz (Übersicht 7 I–IV, Seite 321). Dieses letztgenannte Moosbacher Zwielautpaar ea und oa, das übrigens noch südwestlich von Moosbach fast bis Regensburg gesprochen wird, lautet gleich mit einem im ganzen Landkreis Regen gesprochenen ea bzw. oa für er bzw. ei oder ar oder or: dahéa „daher", hoas „heiß", goa „gar", hoan „Horn" (Übersicht 1 II–V, Seite 321). Somit unterscheidet die Wäldlermundart zwei ea und zwei oa, ein geschlossenes ea (dahéa „daher") und ein offenes ẹa (gebẹ́a „bergauf"), während sonst im Bairischen nur ein ẹa und ein ọa unterschieden werden: bair. dahẹ́a „daher", họas „heiß", họan „Horn" (Übersicht 1 I, Seite 321). Auch neben den offenen Zwielauten ei und ọu (kei – kọu „Kühe – Kuh") hat das Wäldlerische je eine geschlossene Lautung, nämlich ei und ou: vẹi „viel", grẹi „grün" und dou „tun" (Übersicht 5 IV–V, Seite 321).

Die bisher so oft genannte Übersicht Seite 00 kann dem Fachmann das Lautgefüge der Mundart des Landkreises grob veranschaulichen, aber auch dem Laien kann sie einiges sagen, nämlich daß die Mundart des Landkreises nicht immer einheitlich ist, sondern Übergänge und Verzahnungen zeigt. Sie ist eine beispielhafte Übergangsmundart. Im Osten ist sie durch die ua-, ia-, oi-Laute (kua, kia, doiv, Übersicht 3 und 4, Seite 321) mit dem übrigen Niederbayerischen verbunden, im Westen mit dem Mitteldonautalischen (Übersicht 6, Seite 321), während sie sonst dem Unterdonautalischen angehört (Übersicht 6, Seite 321); außerdem verbindet sie im Westen eine Moosbacher Besonderheit (Übersicht 7 V, Seite 321) mit dem angrenzenden südwestlichen Bayer. Wald, und schließlich hat sie die ọu-, ou-, ei-, ẹi-Laute (Übersicht 4 und 5, Seite 321) mit dem Nordbairischen gemein. Selbst die Laute, die im größten Teil des Landkreises einheitlich sind, nämlich ea, oa, ą, ä, ui, ọu, ei (Übersicht 1 bis 5) und den eigentlichen Charakter der Mundart des Landkreises ausmachen, reichen im Nordwesten weit über die Landkreisgrenze hinaus. Trotzdem ist der Landkreis Regen mundartlich von diesen nordwestlichen Gegenden (außer Altlandkreis Kötzting), deutlich dadurch verschieden, daß dort, wie schon oben erwähnt, das auffällige nordbairische l gesprochen wird, während im ganzen Landkreis Regen dieses l vokalisiert wird, und zwar am stärksten vom ganzen Mittelbairischen (soi'ọ́d „Salat"), šui'ẹara „Schullehrer", ọwi'ass „Ablaß", ą̊i'ahą̊i'ẹn „Allerheiligen", kei'a „Keller"). Dadurch und durch den Umstand, daß die Mundart des Landkreises Regen mittelbairische und nordbairische Selbstlaute zusammen besitzt, ergibt sich der schon eingangs gezeigte Reichtum der Wäldlermundart an Selbstlauten: 33 Selbstlaute, nämlich 12 einfache Selbstlaute und 21 Zwielaute! Keine andere bairische Mundart hat soviele Selbstlaute. Welch ein feines Ohr müssen die Wäldler haben, um soviele Zwielaute zu unterscheiden! Und wie schwierig ist diese Unterscheidung für Nichtwäldler! Selbst den Mundartforschern sind bisher wäldlerische Zwielaute entgangen. J. A. Schmeller registrierte noch nicht das geschlossene ea und oa (Übersicht 1 II–V, Seite 321) und der Straubinger Reinhold Aman behauptet in seinem 1975 in 2. Auflage erschienenen Bayerisch-österreichischen Schimpfwörterbuch, das Niederbayerische habe 16 Zwielaute; er kannte trotz der unmittelbaren Nähe des Bayerischen Waldes zu seiner Heimat die fünf wäldlerischen Zwielaute ea, oa (Übersicht 1 II–V, Seite 321), ẹi, ou (Übersicht 5 IV–V, Seite 321) und ą̄i (štą̄i „Steine", i mą̄i „ich meine") nicht und vergaß auch noch den Selbstlaut ä. Dieser Reichtum der Wäldlermundart an Zwielauten ist sicherlich durch den Übergangscharakter der Oberregentalmundart verursacht, aber wohl auch durch die reiche landschaftliche Gliederung und nicht zuletzt durch die Vorliebe der Wäldler für lautliche Fülle. Der Wäldler spielt geradezu mit den Lauten; denn er hat ohne Not zusätzlich zu den mittelbairischen und nordbairischen Zwielauten noch eigene Lautungen hervorgebracht: dą̄u „tun", grą̄i „grün", vadą̄in „verdienen", gą̄i „gehen", šą̄i „schön" für sonstiges oberr. doã oder dou, greã oder grẹi, vadéãn oder vadẹ́in, gẽ oder gẹi, šẽ oder šẹi. Dabei finden sich die ersteren (rein wäldlerischen!) Lautungen mehr in der Mitte des Landkreises (Böbrach, Kirchaitnach) und von den letzteren die oã und eã mehr im Osten und ou und ẹi mehr im Westen des Landkreises (Übersicht 5 II–V, Seite 321).

Bei einzelnen Wörtern finden sich gleich vier Lautungen: krą̄, krą̄, krą̄u, krou „Krähe"; lą̄, loã, lạu, lou „Lohn". Lautungen, die sonst verstreut über den bai-

rischen Sprachraum vorkommen, trifft man gehäuft im Landkreis Regen an.
Den Übergang von mittelbairischen Lautungen in den Bereich der nordbairischen in ein und derselben Gegend zeigen sogenannte Doppelwörter (mbair. und nbair.), meist mit Bedeutungsveränderung: muada, muata „Mutter" – mǫudal „Mutterschaf"; mą̃i liawa „mein Lieber" (Ausrufewort) – leiwa „lieber"; bluad „Blut" – bleitn „bluten" (nicht bliatn!); luada „Luder" – lǫuda „Luder" (schlimmeres Schimpfwort!); pfiakód – pfeikód „Behüt' Gott!" (Gruß); ǫ́pfiatn – ǫ́pfeitn „sich verabschieden". Folgende mittelbairischen Lautungen haben sich schon lange im nordbair. Lautungsbereich fest eingebürgert (unter sogenanntem Aufbesserungsaspekt): muada, muata „Mutter", bruada „Bruder", bluad „Blut", muad „Mut", wuad „Wut", guad „gut", vluaha „fluchen", gruas „Gruß", kuaha „Kuchen", griassn „grüßen", liad „Lied".
Die lautliche Vielfalt des Wäldlerischen und die feine Unterscheidung der einzelnen Laute ist der besondere Charme des Wäldlerischen und kann von den anderen Baiern kaum nachgeahmt werden. Daß diese Fülle der Selbstlaute Klang und Farbe, Kraft und Gefühl, kurzum vielfältiges Leben ausdrückt, wird keiner leugnen können. Diese Mannigfaltigkeit zeigt sich natürlich auch im Wortschatz. Dieser ändert sich von Osten nach Westen zu bei vielen Wörtern, wofür hier nur einige Beispiele gezeigt werden können. Die Grenzen decken sich ungefähr mit den schon genannten Grenzen der lautlichen Veränderungen.

Von Osten --------	nach ---------	Westen	Bedeutung
brą̃bẹissal brą̃woitzal		vẹarabẹissal vẹarabẹissl(en)	dunkler Steinpilz
wäsbẹissal wäswoitzal		štoą̃bẹissal štoą̃bẹissl(en)	heller Steinpilz
zimabẹissal biakašwą̃ma	zimamą̃ndl	zimakąpm rǫukąpm	Rotkappe
kiadedalẹn kuadedalẹn	bẹagal keibẹissal	keibẹissal keibẹissl(ẹn)	Birkenpilz
kiabuln		bulkei	Butzelkühe oder Tannenzapfen
špealn, grǫssad-nol	dą̃ngl	ziganol	Nadeln der Nadelbäume
huanąssn	huawẹss	huanässl	Hornisse
dą̃rn		rumẹn	donnern
nosnbean		budz, budzl	verdickter Nasenschleim
kiakąiwẹ	keikąiwẹ	kul, kudzal	weibl. Kalb
štiakąiwẹ	štial	bumal	männl. Kalb
zwik	driš	driv	zugezogene Verletzung
zuabuass	zǫuslǫipf	zǫu'ess	Zuspeise, Tunke
kšlǫipf	šlǫipf	ẽwąik	
hutša	hutšn	hegatš	Schaukel
ąsaną̃ntšlonٍ	umšlonٍ	umǫama	gemähtes Gras zum Trocknen auseinanderstreuen
wẹkdoą̃, wẹklẹn	ąsbąkẹn	ąslẹn	gemähtes Getreide raffen und zu Garben binden
ǫrehan		nǫštrą̃na	auf abgeerntetem Getreidefeld Nachlese halten
biaššn	gǫidan vlągą̃ndan	gąiššn, štui'an	zum Vergnügen in Gesellschaft gehen, herumlaufen

dreãln	štạ̃ntln	mǫtzn	trödeln, bummeln
sǫgšǫitn		sekšpạ̃	Sägespäne
šepa	šeksa, šeksara	lǫušäval, bạ̃mšäval	Gerät zum Schälen der Baumrinde
vuada	vǫuda	vua	Fuhre, Fuder
muasara	mǫusara	lulšäval	Küchengerät (Schäufelchen)
gṇon		gṇẹl	Knödel
grạpfẹ		keihẹ	Krapfen
neta	krǫd, grǫd	šed	bloß, nur

Wer sich mit der bairischen Mundart mehr befaßt hat, muß immer wieder staunen über den Wortreichtum der Wäldler in ein und derselben Gegend. Hier einpaar Beispiele:
Gesicht: votzn, kfris, glẹšš, goššn, ledšn, gwạf, lewan, blewan, geãna, lạrva, blǫwan, dreãdšn, dreãšn, drẹidšn, drẽntzn, drạ̃itšn, lạ̃itšn.
Beine: veiss, hạgsn, dei, reisdan, gleisda, šrạṇ, gṇǫutša, blạ̃mpfa, šteitzn, štạ̃mpfa, dǫutša, dạtša, štrẽmpfẹ, štẽmpfẹ.
Spreu vom Getreide: vlạiṇ, vläṇ, vlạdan, ǫṇ, ạ̃m, grạd, ǫftan, gǫvda.
Strohbündel: bintl, bạššn, bäššal, bäššẹ, šäwẹ, šiwẹ, šạ, šạ.
Wirbel mit Worten: metn, kfätz, kšis, diṇass.
Reden, schwätzen: šmạtzn, blẹššn, bletšn, blǫwan, bregln, brešéina, britšn, drạtšn, dridšln, drivẹn, gạgln, gigatzn, glǫwan, šẹama, šnǫdan, wạma, goššna, lạvan, rạdšn, brešéidan, blewan, diškarían, wǫwẹn.

Auch die Redensarten sind sehr vielfältig:
Schmeicheln: dẹ ged eãm z lei „die tut ihm schön"; dẹ dǫud eãm šẽ, de šmähẹd eãm; de kạ̃ns šẽ mid eãm; dẹ šluift eãm ẹn ǫš ẽnẹ.

Gleichgültig sein:
dẹs is ma gläch
dẹs is ma oã diṇ
dẹs is ma egạ́l
dẹs is ma wuašd
dǫ mạ̃inẹ niṇks
dǫ kẽne niṇks
dǫ vrǫge niṇks danǫ́
dẹs mocht ma niṇks ạs
dẹs dǫud (duad) niṇks
dǫ kearẹ t hẽnt nẹd um
dǫ drạ'e t hẽnt nẹd um
dẹz is boi dạivẹ dạššt

Fürchten:
dǫ hạ̃nama kfǫachtn
dǫ is ma ạ̃ṇsd woan
dǫ is ma lǫid (lạid) woan
dǫ is ma nẹd krǫd a so gwẹn
dǫ is ma zwoaralǫi woan
dǫ is ma t šätz kẽma
dǫ hǫd ma kšätzt
dǫ hạ̃ma t hǫ gebę́a kštạ̃na
dǫ is ma koid iwan bugl ǫi
dǫ hǫd ma grusld.

Und erst die Menge der wäldlerischen Schimpfwörter! In dem schon genannten „Bayerisch-österreichischen Schimpfwörterbuch" glaubt der Verfasser, die meisten bairischen Schimpfwörter erfaßt zu haben; es könnten aber leicht an die hundert wäldlerischen Schimpfwörter hinzugefügt werden. Hier nur eine Probe davon: beãna, vloãn, lǫuda, deiššl, hoan, buhoan, zeida, reisdan, geisd, ǫusdara, bugl, šẹam (Schwätzer), bolẹ, kšugatzn, kšukšạ, iwadíwa, heistal, riwẹlo, dǫam, drǫitša, gṇạ̃ṇ, kšeiss, šnẹan, diṇ, diṇen.
Wahrhaftig, diese Mundart ist nach den Worten J. A. Schmellers „eine reiche Erzgrube" und „der noch ungelichtete Teil eines tausendjährigen Waldes" (Schmeller, Grammatik, Vorwort). Wer sich mit der Wäldlermundart befaßt, wird immer wieder überrascht sein von ihrem Reichtum an Wörtern und Redensarten, genauso wie er schon über die lautliche Fülle staunen muß. Freilich dem Sprachforscher gefällt noch mehr ein anderer Vorzug der Wäldlermundart, nämlich die Gesetzmäßigkeit ih-

rer historischen Entwicklung. Die deutsche Schrift- oder Hochsprache verdankt ihre Entstehung der Arbeit von Kanzleien, Gelehrten und Dichtern und ist verhältnismäßig jung. Die Mundart, wie sie im Landkreis Regen noch gesprochen oder zumindest noch verstanden wird, geht in die Urzeit zurück und kann über tausend Jahre zurück bis zum Althochdeutschen (ahd.), der Sprache, die damals in Baiern gesprochen und geschrieben wurde, leicht zurückverfolgt werden. Vielen Wörtern sieht der Fachmann sofort ihr hohes Alter an, wofür hier nur ein paar Beispiele aufgeführt werden:
läd „nicht schmackhaft, schlimm, böse" aus ahd. slidi „häßlich, schlimm, böse";
gạmpa „geschmeidig" (Leder, Haut) aus ahd. gambar „tüchtig";
winẹ „gierig, tollwütig" aus ahd. winneg „wütend, toll";
mosn „Narbe" aus ahd. masa „Wundmal";
dẹan „Schwiele" aus ahd. derre „Austrocknung";
bisn „herumlaufen" aus ahd. bisen „herumlaufen, eilig sein";
glą̃n „schmieren" aus ahd. klenan „schmieren";
kẹan „schreien" aus ahd. kerren „knarren";
zwian „verwirren" aus ahd. dweran „umrühren".
Und diese Wörter sind in der Wäldlermundart vielfach auch noch am reinsten erhalten, so daß mit ihrer Hilfe die Herkunft von Wörtern anderer bairischer Gegenden erklärt werden kann, z. B.
bair. moiwa „Himbeere" kommt nicht von „Mehlbeere" oder von „Mollbeere" (mollig, weich), wie Ilmberger (Die bairische Fibel, 1977) meint, sondern von mhd. (mittelhochdeutsch) holber „Himbeere" (weil innen hohl), was nordbair. hulwa und oberr. huiwa und muiwa „Himbeere" beweisen;
auch *bair. moin „das Weiche des Brotes"* hat nichts mit lateinisch mollis „weich" zu tun, sondern heißt oberr. šmoin aus mhd. smoln „Brotkrümchen ablösen"; bair. moin hat also das š verloren;
die Herkunft von *bair. dabótzt* „wer im körperl. Wachstum zurückgeblieben ist; wer für sein Alter zu klein ist" in Aman, Bayrisch-österreichisches Schimpfwörterbuch, wäre nicht „unsicher", wenn der Verfasser das oberr. Wort dašpǫ́tzt (gleichbedeutend, aus „Spatz", der als klein gilt, z. B. so a gloãna špǫdz) gekannt hätte.

Auch grammatische Formen weisen noch in die ahd. Zeit zurück. So stimmen stets Geschlecht und Beugungsklasse der heutigen Wörter mit denen der ahd. Wörter überein und sind daher bei der Erklärung der Herkunft eines Wortes wichtige Hilsmittel. Die 3. Person der Mehrzahl der Gegenwart des Zeitworts hat noch die alte Endung: oberr. kẽmand „sie kommen" aus ahd. kemant. Auch der 3. Fall der Mehrzahl des Hauptworts ist noch deutlich erhalten: n lädnan „den Leuten" – bair. dẹ lạid „den Leuten"; oberr. midn veissnan „mit den Füßen" – bair. mid dẹ viass „ mit den Füßen"; zwiššnan bą̃man „zwischen den Bäumen" – bair. zwiššn dẹ bą̃ma oder bą̃m. Die 1976 erschienene „Bairische Grammatik" von Dr. Ludwig Merkle (einem Münchner) kennt diesen 3. Fall des Hauptwortes nicht wie so manches andere, was in der Wäldlermundart noch erhalten ist. Erhalten sind auch die drei Geschlechter der Zahlwörter „zwei" und „drei": zwẽ zwẹi zwą̃i (männlich) – zwo zwǫu (weiblich) – zwoa (sächlich) ; drại drä (männlich und weiblich) – drui droi (sächlich).
So wurde die Mundart seit tausend Jahren und mehr getreulich weitergegeben, ohne Schrift und ohne Schule, von Mund zu Mund, bis zu uns. Wenn sie dabei auch in ihrer lautlichen Gestalt verändert wurde, so geschah dies nach uns und unseren Vorfahren innewohnenden Gesetzen, d. h. nach unserer Wesensart. Ganz sachlich erklärt sich die Veränderung so: Durch eine immer stärkere Betonung des Wortstammes wurden die Mitlaute und Nebensilbenvokale immer mehr abgeschwächt oder gar zum Schwinden gebracht, dafür aber wurde der Stammvokal umso mehr gedehnt. So wurde dieser einmal durch die Dehnung verändert (etwa ạ in ǫ wie in ahd. tag zu bair. dǫg, oberr. dǫ), zum andern noch durch die Mitlaute und Nebensilbenvokale, die bei ihrer Schwächung oder ihrem Schwund ihrerseits auf den Stammvokal einwirkten. Dabei hatten die verschiedenen Mitlaute und Nebensilbenvokale eine verschiedene Wirkung, so daß ein ganzes System von Wirkungen oder besser Sprachgesetzen die Mundart so formte, wie sie heute ist. So sieht der Kenner dieser Gesetze in der lautlichen Fülle der Wäldlermundart nicht einen Wirrwarr, sondern eine wunderbare Ordnung, die er leider bei

der deutschen Hochsprache vermißt. Nur ein kleines Beispiel möge das Gesagte etwas erläutern. Die harte oder weiche Aussprache eines Mitlautes kann schon zeigen, ob ein Wort im Mittelhochdeutschen auf e endete oder einsilbig war; wären die mhd. Wörter netze und herze einsilbig gewesen wie nhd. Netz und Herz, so hießen sie heute bair. nẹdz und hẹadz wie bair, blodz aus mhd. platz; so aber sagt jeder Baier nẹtz bzw. netz und hẹatz. Viel deutlicher könnte die Gesetzmäßigkeit an den wäldlerischen Stammvokalen gezeigt werden. Da sind ahd. Endungsvokale (a, o, u), die vor tausend Jahren gesprochen wurden, aber vor 700 Jahren (mhd.) schon zu einheitlichem e abgeschwächt wurden, noch an der Aussprache des Stammvokals zu erkennen.

Aber neben dieser staunenswerten bewahrenden Kraft ist auch die gegenteilige Kraft, die des Fortschritts oder der Vorwärtsentwicklung, deutlich erkennbar.Die für die Wäldlermundart bezeichnende Monophthongierung von bair. ạu und ại zu oberr. ạ und ä (hạs – häsa „Haus – Häuser") ist eine Weiterentwicklung ersten Ranges. Auch die Vokalisierung der Mitlaute l und r ist im Landkreis Regen am weitgehendsten (siehe oben!), kurzum die Veränderung der ahd. Wörter ist hier vielfach am stärksten erfolgt, und von da her kommt die weitgehende Abschleifung der Wörter und die üppige Entfaltung ihrer Stammvokale. Dazu ein paar Beispiele: bair. ẹadẹpfl ẹadẹpfẹ (Einzahl und Mehrzahl gleichlautend) „Kartoffel(n)" = oberr. oarapfẹ oapfẹ (Einzahl), earapfẹ eapfẹ (Mehrzahl); bair. zuarẹ „hinzu" aus mhd. zuohin = oberr. zọu'ẹ oder gar zei; bair. ạussẹ „hinaus" = oberr. ạssẹ oder gar ại; bair ọwẹ „hinab" = oberr. ọi; bair. ą̃nẹ, onẹ „hinan" = oberr. ą̃nẹ oder gar oi; bair. ạlawại, oiwại „immer" = oberr. ạwẹ; bair. ạlamoi „alle Male, jedes Mal" = oberr. ạmẹ.

Auch in der Bildung neuer Wörter zeigt sich die Weiterentwicklung (= Kraft des Fortschritts) der Mundart. Dafür hier nur ein Beispiel: aus dem mhd. vlarre, vlerre „breites Stück, breite, unförmliche Wunde" leiten sich vier oberr. Wörter ab, nämlich vlạn „Honigwabe", vlẹan und blẹan „breite, unförmliche Wunde" und vlọan „weibl. Geschlechtsteil". Noch eine Erscheinung der heutigen Mundart kann als Beispiel der Vorwärtsentwicklung angesehen werden, daß nämlich heute Zeitwörter zugleich auch als Hauptwörter (meist Schimpfwörter) gebraucht werden: gạiššn „zum Vergnügen herumlaufen" und „Person, die solches tut"; dọtzn „langsam, unbeholfen gehen, arbeiten" und „Person, die sich so verhält"; gą̃imatzn „nach etwas stark verlangen" und „Person, die solches tut"; dasselbe gilt für gṇägan „zanken", šnẹan „kreischend sprechen", bisn „herumlaufen" und viele andere. Der umgekehrte Vorgang, daß ein Hauptwort zum Zeitwort wird, ist schon längst üblich, nur ist er in der oberr. Mundart durchgreifender. Dafür nur zwei Beispiele: bola „männl. Geschlechtsteil" – bolan „urinieren"; vlọan „weibl. Geschlechtsteil" – vloan „urinieren".

Es muß eine ungeheuere Stärke gewesen sein, die in der Wäldlermundart Spuren ehemaliger Sprachzustände festhielt, und eine ungeheuere Lebendigkeit, die trotzdem die Mundart so sehr vorwärtsentwikkelte. Die zugrunde liegende Gesetzmäßigkeit hat sich im mittleren Bayerischen Wald am stärksten entfaltet und auch noch am reinsten erhalten, weil diese Gegend früher am meisten abgelegen war und doch nahe war dem Herzen der bairischen Stammessiedlung zwischen Regensburg und Vilshofen.

Wenn auch diese wunderbare Gesetzmäßigkeit nur den Fachmann am meisten freut und ihm am wertvollsten an der Mundart erscheint, so ist doch das Ergebnis dieser gesetzmäßigen Entwicklung, nämlich die Schönheit der Wäldlermundart, allen erkennbar. Tatsächlich sind die Wörter im Laufe der Jahrhunderte immer vollendeter, schöner, wohlklingender geworden. Das von „tragen" abgeleitete ahd. gitregidi, mhd. getregede, getreide, nhd. Getreide lautet heute bair. drọad, noch schöner oberr. drọid und drạid; mhd. trunzelin „Fürzchen" wurde zum heutigen Kosewort drudšal oder noch schöner oberr. droudšal; oapfẹ, eapfẹ aus früherem erdapfel, erdepfel, zei „hinzu", ại „hinaus", ọi „hinab", oi „hinan" aus früherem zuohin, aushin, abhin, anhin wurden schon oben genannt:

ruisn, roisn „nachtrauern" aus mhd. riuwesen,
äm, ạim „verkehrte Seite" aus mhd. ebechen,
äga, ạiga „Bohrer" aus mhd. nabeger,

dädln, deidan „dicht machen" aus mhd. dichtelen,
šed „gleich, nur" aus mhd. slecht zu nhd. schlecht,
vlạln „flattern" aus mhd. vledelen,
leidln, liadln „mit Licht spielen" aus mhd. liechtelen,
vạin „fehlen" aus mhd. vaelen,
vạln „Junge werfen (Schwein)" aus mhd. verchelen zu Ferkel,
gwạdn „Schneewehe" aus mhd. gewaede,
gwạ̃mss „Kleider" aus mhd. gewambes,
ksoad „Gerede" aus mhd. gesegede, geseide.

Durch die oben genannte Entwicklung wurden die meist mehrsilbigen und daher eher umständlichen ahd. und mhd. Wörter heute vielfach einsilbig. Die Entwicklung lief darauf hinaus, die Wörter leichter sprechbar zu machen. Den ahd. und mhd. Wörtern sah man noch mehr ihre Zusammensetzung und Herkunft an, sie waren daher gedanklich belastet. Die Wörter der heutigen Mundart sind mehr sinnenhaft, sprechen Gefühl und Gemüt an, sind Klang, Farbe und Gestalt, das letztere zumindest in der Vorstellung und Phantasie, und sind buchstäblich Gestalt in der Schrift, vorausgesetzt, daß diese der Mundart gemäß ist, indem sie ihren hochvokalischen Charakter wiedergibt. Allerdings würde die Mundart durch die vielen zwar volltönigen, aber einsilbigen Wörter plump und schwerfällig wirken, hätte sie nicht auch genug zweisilbige und auch mehrsilbige Wörter, deren Nebensilbenvokale meist kurze offene a sind, etwa
oana „nachdenken"
krodarad „Reisigzeug"
gnolad „Nadelwerk"
kfiahada, kfeihada „Tiere"
gialada „Erlenwälder"
kflạ̃ngarad „Kleidungsstücke"
mạ̃igodalad „demütig, fromm" (mehr negativ)
sinala „Küken"
kšleidarad „Verschüttetes"
zọdarad „runzelig"
leidala „leicht, ohne Schwierigkeit"
rạdla „ziemlich"
beisla „arg, schlimm"
Aber auch kleine unbetonte Wörter werden im Satz zu a oder wenigstens a-haltig, wie etwa
da „der"
ma „mir, mein"
a „ein"
an „einen, ihn"
hạ̃nama „habe ich mir"
hạ̃ma „sind wir"
hạ̃ma „haben wir"
zwiššnan bạ̃man „zwischen den Bäumen"
Mid hẽntnan und veissnan họda nạ nạ̃ umanạ̃nt khạd. „Mit Händen und Füßen schlug er dann noch um sich."
Diese vielen unbetonten, wohlklingenden a, die vielfach einem farblosen e in der Hochsprache und in anderen Sprachen entsprechen, machen die Mundart überaus beweglich und klangvoll. Dazu kommt, daß die oberr. Mundart auch in den betonten Stammsilben mehr volle ạ hat als das übrige Bairische, weil es bair. ạu zu ạ monophthongiert und auch die mhd. a nicht so häufig zu ǫ oder o geworden sind wie etwa in Österreich und auch im südlichen Niederbayern, z. B.
oberr. Von unsan hạsdạch šạd ạwe a kạtz ǫwa.
bair. Von unsan hạusdọch šaud ǫlawại a kọtz ǫwa.
„Von unserem Hausdach schaut immer eine Katze herunter."
(Beachte nebenbei die Länge der Sätze!)
Zweifellos ist die Wäldlermundart durch ihre gesetzmäßige starke Vorwärtsentwicklung, deren Ergebnis diese erstaunliche Vielfalt von Stammvokalen und die ebenso vielen unbetonten hellen a-Laute sind, immer farbiger und wohlklingender, kurzum immer schöner geworden.

Eine letzte Bemerkung soll das Bild von der Mundart des Landkreises Regen vervollständigen. Diese Mundart spiegelt natürlich auch die Wäldlerwelt wider, nämlich in der reichen Vielfalt ihrer Laute (Vokale) die reich gegliederte Landschaft, die ja tatsächlich mit ihren vielen Tälern die Entstehung der sprachlichen Vielfalt bewirkte. Aber der Wortschatz gibt noch mehr Ausdruck von der Landschaft und den Menschen, wie etwa durch die verschiedenen Wörter für
Tal: dại, doi, lạ̃, däch, sän, nọslẽnt „Mulde"
Hang: ǫwạ̃ntn „kleiner Hang", hẽn „steiler Hang", kštẹtn oder kštẹkn „steiler Hang", lätn „Talhang"

Berg und Hügel: bẹa, bẹag „Berg, Wald", rigl „Bergriegel", bugl „Buckel, Hügel", gubv „Hügel", bẹi „Bühl, Hügel", hei, he „Anhöhe", hei'al, he'al „kleine Anhöhe"
Wald: woid, bẹa, hoidz
Waldarten: šwǫadzhoidz „Tannenwald", kfẹarad „Föhrenwald", beakad, biakad „Birkenwald", gialad „Erlenwald"
Fichten und Tannen nach ihrem Wuchs und Standort: rǫuda (bą̃m) „Fichte", wässa (bą̃m) „Tanne", grẹsslẹn, rą̃vdlen, intaštą̃ntl(ẹn)
Gerät zum Entfernen der Baumrinde: šepa, šeksa, šeksara, lǫušäval, bą̃mšäval
Steinpilz: brą̃bẹissal, brą̃woitzal, vẹarabẹissal, vẹarabẹissl(ẹn), wäsbẹissal, wäswoitzal, štoãbẹissal, štoabẹissl(ẹn)
Rotkappe: zimabẹissal, zimamą̃ndl, zimakąpm (dunkelrot); biakašwą̃ma, rǫukąpm (hellrot)
Birkenpilz: kiadedalẹn, kuadedąlen, keibẹissal, kẹibẹissl(ẹn), bẹagal
roden: reidan, rätn, ąsbutzn

Der Boden gab nicht viel her, die Wäldler waren arm und mußten gut haushalten, sparen, was in Geiz ausarten kann oder als Geiz angesehen werden kann; daher soviele Wörter für „haushalten, sparen, geizig sein":
hąsn, špǫn, zą̃mšą̃u, zą̃mšą̃, gnąusn, gnika, gneigln, gleigln, gnǫan, gnẹan, gnẹagln, began, rǫuhẹn (Den meisten Wörtern liegt „klug, haushälterisch sein" zugrunde).

Daß die Wäldler gesellig und gesprächig sind, verraten die vielen schon genannten Wörter für „reden, schwätzen" (Seite 325): Entsprechend viele Wörter gibt es auch für „schimpfen": šimpfa, mą̃mssn, gąigan, gną̃na, gnävan, gnägan, grą̃ntln, grẽn, nägan, šnẹan, lestan, šeitn.

Aber daß sie auch Heiterkeit und Witze lieben, zeigen die Wörter dafür: šprich, pflą̃ntz, vąksn, šmądzn, vicharä'an, nẹgl, krą̃mpf, dumhąidn, šnǫugn, šnąksn, ris. Auch die auffallend vielen rein wäldlerischen Schimpfwörter, von denen oben (Seite 325) nur eine kleine Probe gegeben wurde, weisen in dieselbe Richtung. Sie werden ja nicht immer schimpfend gebraucht (Die Bezeichnung „Schimpfwörter" ist nur ein Fachausdruck), sondern humorvoll spottend und hänselnd oder einfach nur beschreibend aus reiner Lebenslust und verraten eigentlich, welch große Aufmerksamkeit der Wäldler dem Mitmenschen schenkt, was wiederum ein Zeichen seiner Geselligkeit ist und von der Mundart her bestätigt, was Adalbert Stifter von den Wäldlern gesagt hat, daß sie gesellig seien wie die Bäume des Waldes, die beieinander stehen und die Kronen zusammenstecken. So sollen schließlich auch hier die Wäldler selbst zu Wort kommen, und zwar in der Reihenfolge II–V der Übersicht Seite 321. Die Texte sind mit einer Ausnahme (Maria Kuhn, Mehlbach) der Broschüre „D'Waldlersprach" auszugsweise entnommen.

II. Aus „Wias oft są̃ wẹi", erzählt von Therese Kappl, Bärnzell bei Zwiesel, März 1978, in Kollmer, „D'Waldlersprach", Seite 139:
Recht guad hą̃nẹs dǫ nẹd khǫd. Ǫwa gą̃ndz šlecht hǫdz mar ą nẹd gą̃na, wą mą mã nẹd zwida gwẹn is, hǫd nẹd ksufa uņ goa niks uņkšpǫrd. Ear is ẹ d ǫawat gą̃na ąv Zwisl ą̃inẹ ąv a sǫg. Midn vǫrąl is a ą̃inẹ grąld, mą̃i, ąv dea šlechtn štrǫs, ąv oãn štoã ąfẹ und ẹn oã dein ą̃inẹ. S ẹssn hǫd a sẹ mikņuma, oft grǫd droi ǫi'a und drin hǫd ar eãm a mąss bia kąft, dẹs is sã ẹssn gwen. Wẽna hoãmkẽma is, is a oft goa nẹd ą̃ina, wąs šą̃ wida so nǫud dą̃ hǫd, dąs ar uns khoifa hǫd dräust koan ąvbẹkẹn ǫwa woss grǫd gwẹn is. Ẹ da vria is ma šą̃ zon mą̃n vuat, wẽma ną̃ šlovdą̃mẹš gwẹn is. Da mą̃ hǫd ą vo viarẹ bis um sẹksẹ vẹst bmąd und is vo da wis vuat ẹ d ǫawat. De meãra tsąid bin ẹ ǫwar aloã gwẹn mita ǫawat. Oiss hǫd ma mita hẽnt bmąd, und dẹs koan wẹklẹn is ą so hǫat gwẹn, wẽns hoas gwẹn is. Uņ gą̃ntze hoiwadẹ dǫg hą̃nẹ bon ǫkan mitẹ oksn midrẽna kina e dẹ veida, ẹ dẹ hẹitšua drin. Eitz hą̃mands d ląid šą̃ vẹi šẽna swia vriaras. Ǫ mą̃i, wẽmas dẹ juņa s so vozéid, sǫņds, mą̃i so dum wąrẹ ą ną̃ grǫd. Ǫwa zeasd hǫds a jeds a so khǫd, hǫd mas nẹd ą̃ndas gwist und is ma zfridn gwẹn.

III. Aus "S woinarẹšẹ lem", erzählt von Gotthard Augustin, Reichertsried bei Kirchberg östlich von Regen, März 1978, in Kollmer, „D'Waldlersprach", Seite 128:
Zo mia sǫņd d läd dar „Oit Šuasda", wą ma vąta a šuasda is gwẹn. Ear is von gresan hov ẹn doaf ąsa

gwẹn und họd z Kiachbẹag s šuasdan glẹãnd. Dẹs hạs họd zon hov khead, dẹs is s ihäsl gwẹn. Dẹs họd a san bruadan ọkạft um zwoahinad mạk, wạ dẹs is ọ gloã gwen. Mạ̃i, dọ iss ọam ọwagạ̃na! Da vạta họd ẹn da šuasdarä ned so vẹi vadéãd, voarạs wia pfạbrik šua kẽma hạ̃nd. B muata họd n bạnan khoifa; hạ̃ma mia liawa bon uns t sạch greãne ọbmạd, dạss danọn bạnan heifa họd kint. Ẹn suma hãma ẹ thọiwa und e t šwạ̃ma gạ̃na und hạ̃mar uns davạ̃ vuatbrọd. Bis ẹn setẽmba hạ̃ma nạ̃ e t hoiwa gãna. Wos ma họiwa zạ̃mbrọd hạ̃m, họd b muata n ạ̃nan dọ ẹ da vria šạ̃ ạv Rẹn ạfẹdrọn ẹ da špidz-kiam, und wẽns meã khọd họd, họdsẹs midan šukọan oikrạld. Wẽn t Šwạ̃ma gwoksn hạ̃n, hạ̃ma ẹ da vria ẹ t šwạ̃ma gạ̃na; da vạta um b muata hạ̃mands danọ́ ạvkšnidn dahạ̃it, umb mia hạ̃ma danọ́ ẹ t họiwa gạ̃na. T šwạ̃ma họd mar ạv brọud-brẹda ạvkricht und ạv dẹ hoitšọn ẹ t sun glẹkt.

IV. Aus „S musẹgạ̃i", erzählt von Maria Sigl, Dirnberg bei Böbrach, Sept. 1977, in Kollmer, „D'Waldlersprach", Seite 62:

Dẹs ạv b musẹ gãi họd mar eãm ạ vadạ̃i meissn bon bạnan. Dọ họd ma šạ̃ zeasd via-ọawatn und danọ́ nọhẹ-ọawatn meissn, dạs ma dẹ bọ štunan ẽnabrọd họd, dẹ weis eãm ọmói ạslọussn hạ̃mand, dạ ma ạ wida a wẽṇg hintan drạl kẽma is. Mia hãn ạss Ẹk umẹ und ạv Bẹbra gạ̃na, amói is ma ạv Bónmóas ạ gạ̃na, eimẹ ạv Dässna und nạ̃ wäda ạ, dọ ẹ t Reida ẽnẹ, Drạkslsreid, dọ is ma ạ ẽnẹkẽma, voarạs ẹn họudzatn, nạ̃ jạ is ma glond gwẹn, nạ is ma higạ̃na. T họudzatn hạ̃nd bon uns dọ šạ̃i gwẹn. Dọ hãnẹ anéids brạudbạr ạsksuṇa, wẽnẹ zon šẽṇga viarẹgạ̃ṇa bin. Dọ hạ̃mands mẹ beis ạv da muk khọd. Dọ họds läd gẹm, dẹ hạ̃n voa da họudzat nạ̃ kẽma und hạ̃mand ma eps ksọkt, wei i nẹd gwist heid. Mạl, dẹs mọusd eã siṇa, hạ̃mands ksọkt, und i hạ̃n kšwiṇ wida nạ̃ dicht. Ạv da họudzat hãmands nọ ksọkt, wọusan dea duivẹ ạwạ̃i ois a so woas? Dọ wẽnẹ zon šẽṇga viarẹgạ̃ṇa bin, is da gạ̃ntz gwẹim nọha, dạs vạst s dạ̃ntzn goa woan is, wạs oizạ̃m hinta mia nọha hãn uṇ glusd hạ̃mand, wos ẹ eitz wida siṇ. Um b musẹkạ̃ntn hạ̃mand vẹst nọhẹ kšpẹid. Dẹs is a so da brạ gwẹn.

IV. „Wei ma vrei'as gọawat họd", erzählt von Maria Kuhn aus Mehlbach bei Kirchaitnach, Juni 1978:

Ẹn ạswẹatz bon eapfe-stẹka is šạ̃ ạ̃gạ̃na. Dẹs iss vạ̃i nẹd lächt gwẹn, wẽnsd mid da grọussn zisl voi eapfẹ ẹn ạšlẹn duach dẹ bivẹn gnọutšt bisd und họsd ạ nạ̃ anéidn oapfẹ ẹss lo ẽnẹdrẹfa meissn. Ẹn hiakst, wẽns wida ạsgrọm hạ̃n woan, dọ hạ̃ma vạ̃i oft ọch dọg ạm ọka gwẹn und hạ̃ma mid da hạ̃ kšọad. Dọ họd dẹ neãmad kfrọkt, wos da ạ s krädz wei dọud. Ẹn junẹ iss häṇ ạ̃gạ̃na. Um viarẹ ẹ da vrei hạ̃ma ẹ d wis ại zom mạ̃. Bis zon intabrọud is bmạd woan, oiss mid da sẽṇsd. Nọ da brọud-zäd hạ̃ma t hẹda kštrạd, dẹ wei ma n dọg davóa khäkt hãm. Mạ̃i, is dẹs wẽntn šạ̃i gwẹn, wẽma oi viatzẹ́'a nọ da rạ i ạfẹ und ọi gwẽnt hạ̃ma! Ẹn ọmd is nọha ẽkfọn woan. Und easd bo da ạn, dọ grạsd ma hẽd nạ̃ vo deara šintarä. Wẽn da dọ a mạ̃naläd so a grọussẹ mọd họd hikhạd, und du họsd gọa via gọa ạsleṇ meissn. Ọ mạ̃i, hạ̃ma dọ n gạ̃ntzn dọg kšwitzt! Dọ họd ạv d nọcht a grọussẹ šissl ẹssẹlul und a kšmoitzna greis midana kštạ̃ndna mil guad kšmẹkt.

IV. „S šọubạ̃ntl", erzählt von Josef Laumer, Arnbruck, Oktober 1977, in Kollmer, „D'Waldlersprach", Seite 47:

Dẹs is a sạdumẹ kšicht gwẹn, is šạ̃ weivẹi jọ hea, und mitn ẹn suma iss gwẹn, zwiššnan häṇ und dar ạn, vẹi is um dẹ zäd nẹd z dou gwẹn, dọ dẽṇkt sẹ da Wẽmba'ar vo Brẽnasreid, deafast dẽnast widar amói en bẹar ạ i šạ̃. Wei a vo da hạsdia hearạst is und von rạ̃i zo da wis zọu'ẹ kimd, sekt a ạv oãmoi, dạs eãms s šọubạ̃ntl ạvgạ̃na is. Ea gṇeid sẹ šed hi und vạ̃nd s zọubintn ạ̃. Wei ar a so duatn gṇeid, b blotn họd glạ̃ntzt ẹ da sun, grạb is a ạ šạ̃ gwẹn, eitzt mạ̃in ẹ, heid dẹs n šọvbog blẽnt. Dea drạd sẹ um, šad a wẽngal a so und wiad eãm amẽnt dẽṇkt họm, wos, dọ wẹi epa šteissn mid mia? Ea nimd glä an ạ̃lạv uṇ kimd dahéa wei da blidz, um bumss họdz dạ̃, und họd n Wẽmbạn íwadíwa kštọussn. Dẽn họdz glä a zwoara drämoi iwan šel ạslọussn, und ea họd iwahạ́ps nima gwist, wos eitz dẹs gwẹn is. Wei a wida zo eãm seiwa kimd, sekt a, dạs da šọvbog duat šteid und šạ̃ wida kšikt wạ ạvan nạ i'a štọus. Nạha is da Wẽmba'ar ọwa ẹnt hei, t hoka họd a é ẹn da hẽnt khọd, und họdn šed dašlọ́ṇ ạ.

V. Aus „Ẹn dẹ Ämẹšbeaga Heitza", erzählt von Dr. Michael Kollmer, Moosbach bei Viechtach, Dez.

1977, in Kollmer „D'Waldlersprach", Seite 93: Amói hą̃n ę af d nạcht nạ̃ an hund zon wead z Koinbuag ạfębrịna meissn, wạs bon dọ so neidę gwẹn is midn häṇ. Wei ę dọ ẹn Dístlassbę̣a mitn ẹn hoitz zonan krädz hikim und da mą̃šẽ zwiššnan bą̃man doa ạv dẹs krädz hišẽd, dọud da hund an geisla und is davą̃ ęss hoidz ẽnę. Hą̃nama dẽŋkt, dea họd se ei kšrekt ą̃n dẽm krädz, ǫwa dea wiad šą̃ wida kẽma, sidzamę dawą́i zon krädz hi. Ṇa iss nẹd lą̃n ą̃kštą̃na, nạ is da hund wida kẽma. I bin nạ ạv Koinbuag ạfę; bon wead hą̃n nạ̃ a bọ mą̃na ksessn; i han eã n hund voakfiad, wạra ǫkricht gwẹn is, und da wead họd man nạ ǫkạft. Hoãmzọu bin ę mitn ę da nạcht wida viagą̃ṇa ą̃n dẽm krädz. I hą̃mar ǫ nei nẹd kfọachtn ę da nạcht. I hą̃n ạ koã wätz kfọachtn. Ại läd hą̃mand glạpt, sę heidn äps ksẹṇ ǫwa i bin sovẹi ę da nạcht gą̃ṇa und hą̃n nei niṇks ksẹṇ; eimę hą̃n ę bmą̃id, dẹs is äpas. Dọ bin ę amói ę da nạcht vo Rą̃špat hoãmgą̃ṇa. Wei ę dọ ạfs Kfẹarad viarẹge, hą̃n ę bmą̃id, is ạwę a so a šwọatza vogl nẹma man kobv heakfloṇ und họd ạwę a so dã: Du dudu du dudu! Dọ is ma šą̃ zwoaralại woan, dạsama dẽŋkt hą̃n, wẽn ę dẽn nẹd ą̃briṇ, woas ę nẹd, wos ę dọu. I hą̃n ạm Kfẹarad šą̃ ẹss letza hạs ẽnẹgẽ wein, nạ is ǫwa dea vogl wek gwẹn. Wei ę ǫwa nạ an bọ ǫikim, wọus nạ ạfẹged iwass Šteiṇheitzl zo de Ämešbẹaga Heitza, rạ̃ßt äpas iwa mi wek, a lą̃ṇs drum wei a wišbą̃m, und hintarę ę dę kštetn, wọu da bọ viarakimd. Dọ is ma t šätz kẽma, t họ hą̃ma gebẹ́a kštą̃na, und i bin s Šteiṇheitzl ạfę und hoãm. Daséim hą̃n ę šą̃ bmą̃id, dẹs iss gạid gwẹn. Dẹs wists ǫ, woss gạid is? Wẽns ę da luvd dahéakimd und dọud, wei wẽn hunt bei'adn und läd lẹi'adn. Dọ gitz niṇks ą̃nas, sọṇds, ại hilẹṇ ạn eabon gą̃ndz vlạch, sisd bạkts oãn bo dę họ und nimd oãn mid und šlạipft oãn duar ại kšträssa und deanštạna, und easd ę da vrei, wẽns n dọ ą̃lät, lọussts eãm wida voin, wéawasswǫ́u.

An den Texten und den Wortbeispielen der vorangegangenen Darstellung dürfte ersichtlich geworden sein, wie sehr die Mundart des Landkreises Regen in ihrem Wortschatz die Wäldlerwelt und das Wäldlerleben des mittleren Bayerischen Waldes widerspiegelt. Dieser reiche Wortschatz ist wahrhaftig noch ein Schatz. Aber auch der lautliche Reichtum und seine Schönheit, die das Ergebnis einer ungetrübten, gesetzmäßigen Entwicklung sind, können nicht hoch genug geschätzt werden. Kaum eine andere Gegend im bairischen Sprachraum weist auf so engem Raum eine solche Mannigfaltigkeit und Fülle der Selbstlaute und des Wortschatzes auf. Die frühere Abgeschlossenheit des Oberregentalgebiets und zugleich seine Nähe zum Herzen der bairischen Stammessiedlung, die Übergangslage vom Mittelbairischen zum Nordbairischen, die gesellige, dem Leben zugewandte Art der Wäldler, ihr Festhalten am Eigenen und Alten und zugleich ihr Drang nach Fortschritt und Vorwärtsentwicklung haben dies alles bewirkt. So stellt diese Mundart einen Wert ersten Ranges dar und wäre wirklich der Erhaltung und Pflege wert.

WERNER POHL

BODEN- UND FLURDENKMÄLER

Die Zeugnisse der Vorgeschichte, die sich in Befunden verschiedenster Art dokumentieren, sind im Landkreisgebiet Regen wegen der dünnen prähistorischen Besiedlung sehr selten. Häufiger treten Zeugen der mittelalterlichen Zeit auf in Form von Bodendenkmälern wie Burgställe, Kultsteine u. dgl. Zahlreich aber treffen wir Flurdenkmäler an wie Weg- und Feldkreuze, Totenbretter, Marterln, Bildstöcke, Feldkapellen und dgl. vor allem als Zeugnisse des christlichen Glaubens.

Die Bodendenkmäler im Landkreis Regen

Wegen der Seltenheit und ihrem Wert für die geschichtliche Forschung werden Bodendenkmäler unter gesetzlichen Schutz gestellt. Die gesetzliche Verankerung für derartige Maßnahmen ist in den Artikeln 18 und 19 des Landesstraf- und Verordnungsgesetzes vom 17. November 1956 festgelegt. Die gesetzlichen Bestimmungen besagen, daß diese Bodendenkmäler in ihrem gegenwärtigen Zustand erhalten bleiben sollen. Ausgrabungen oder andere Erdarbeiten sind nur mit Erlaubnis der Kreisverwaltungsbehörde zulässig.

In den Akten des Altlandkreises Regen sind zwei Amtsblätter vorhanden, die sich mit dem Schutz solcher vorgeschichtlicher Bodendenkmäler befassen. Es ist dies das Amtsblatt Nr. 17/64 vom 5. Dezember 1964 und das Amtsblatt Nr. 4/68 vom 5. März 1968. Im Amtsblatt vom 5. Dezember 1964 sind enthalten: 1. Hochdorf, Burgstall auf dem Schloßberg 500 Meter südöstlich Hochdorf, Fl. Nr. 227/228, Eigentümer Magdalena Pledl, Werkführerswitwe Hochdorf Nr. 72,2. Hochdorf-Burgstall, Burgstallreste um den Hof Burgstall, Fl Nr. 328, Eigentümer Kreszenz Maier, Landwirtswitwe in Burgstall Nr. 130, Gemeinde Hochdorf; 3. Langdorf-Burgstall, Burgstall 300 Meter südsüdöstlich von Burgstall, Eigentümer Heinrich und Maria Fischer, Landwirtseheleute in Kollnberg Nr. 72; 4. Oberneumais-Schloßau, Burgstallreste Fl. Nr. 5, Eigentümer Ernst Georg, Landwirt in Oberneumais Nr. 10; 5. Zwiesel, ehemaliger Burgstall, Fl. Nr. 31, Eigentümer Schulgemeinde Zwiesel.

Das Amtsblatt vom 5. März 1968 enthält folgenden Eintrag: Schlag-Trametsried, Turmhügel am südlichen Ortsrand, Fl. Nr. 1295, NO 38, 53, Eigentümer Josef Trauner, Landwirt Trametsried Nr. 25.

In den Akten des Altlandkreises Viechtach sind ebenfalls zwei Amtsblätter vorhanden, die sich auf den Schutz von Bodendenkmälern beziehen. Es sind dies das Amtsblatt Nr. 14 vom 27. August 1965 und das Amtsblatt Nr. 4 vom 14. Februar 1969.

Im Amtsblatt vom 27. August 1965 sind enthalten: 1. Exenbach, Gemeinde Arnbruck ein Turmhügel am Ostrand von Exenbach, auf dem Grundstück Fl. Nr. 518 der Gemarkung Arnbruck im Eigentum des Herrn Bartholomäus Achatz; 2. Oberried, Gemeinde Drachselsried, ein Burgstall neben der Kirche auf dem Grundstück Fl. Nr. 1130 der Gemarkung Drachselsried im Eigentum der Frau Lina Müller und Fl. Nr. 1138 der Gemarkung Drachselsried, im Eigentum der Tochterkirchenstiftung Oberried; 3. In Neunußberg, Gemeinde Schönau ein Burgstall mit Ruine auf dem Grundstück Fl. Nr. 8 im Eigentum der Gemeinde Schönau, auf dem Grundstück Fl. Nr. 9, 11 und 12 im Eigentum der Gastwirtseheleute Josef und Therese Piller und auf Grundstück Fl. Nr. 10 und 13 im Eigentum der Schreinersmeisterseheleute Hans und Hermine Kollmer. (Die Burgruine selbst befindet sich im Besitz der Waldvereinssektion Viechtach D. R.) 4. In Linden, Gemeinde Geiersthal ein Burgstallrest mit Ruine auf dem Grundstück Fl. Nr. 1135 im Eigentum der Bauerseheleute Franz Xaver und Kreszenz Hollmayr, Linden Nr. 1.

Das Amtsblatt vom 14. Februar 1959 enthält: 1. In Stein, Gemeinde Blossersberg (nunmehr Stadt Viechtach D. R.), ein Burgstall, 600 Meter westnordwestlich von Stein auf dem Grundstück Fl. Nr. 1073 der Gemarkung Blossersberg im Eigentum der Landwirtseheleute Max und Franziska Hartl; 2. In Kollnburg Burgstallreste auf dem Schulberg, 150 Meter ostsüdöstlich der Kirche auf den Grundstücken Fl. Nr. 24 und 253 im Eigentum des Herrn Josef Penzkofer; 3. In Igleinsberg, Gemeinde Prakkenbach ein Schalenstein, 2,05 Kilometer südwestlich der Pfarrkiche von Prackenbach auf dem Grundstück Fl. Nr. 1019 der Gemarkung Prackenbach im Eigentum der Landwirtseheleute Albert und Juliane Baumgartner; 4. Bürgerhäusel, Marktgemeinde Ruhmannsfelden ein Burgstall, 600 Meter südöstlich der Pfarrkirche auf dem Grundstück Fl. Nr. 306 der Gemarkung Ruhmannsfelden im Eigentum der Erbengemeinschaft Zollner.

Den Besitzern solcher Grundstücke, auf denen sich Baudenkmäler befinden, wird eine Urkunde ausgestellt, in der u. a. die gesetzlichen Bestimmungen zum Schutz der Bodendenkmäler enthalten sind.

Nicht in die Liste der Bodendenkmäler aufgenommen sind: 1. ein vermutlicher Schalenstein in Schwiebleinsberg, Gemarkung Schönau. Er weist aber nicht so charakteristische Merkmale auf wie der Schalenstein in Igleinsberg. 2. In Böhmersried, Gemeinde Kollnburg ein vermutlicher Burgstall, worauf der Flurname „Burgstall" hinweist. Es sind im Gelände noch Hügelreste vorhanden. 3. Die sogenannte „Kreijhütte" in Schwiebleinsberg, unweit des angeführten vermutlichen Schalensteines. Es handelt sich vermutlich um eine Zufluchtstätte in Kriegsgefahr. Vor einer Felsenhöhle sind noch Mauerreste erkennbar. Im Felsen selbst befand sich ein Fluchtgang, durch den man vor mehreren Jahren noch durchschlüpfen konnte. 4. Ein apotropäischer Kultstein, der der Vertreibung von Dämonen galt, in Viechtach neben der Eingangstür im Haus Nr. 3 der Spitalgasse. Bei Straßenarbeiten im Jahre 1977 wurde unweit davon ein doppelgesichtiger apotropäischer Stein ausgegraben, der nunmehr in die Mauer in der Spitalgasse eingelassen wurde. Bei diesen Grabarbeiten wurde auch ein mittelalterlicher Brunnen unweit der Spitalkirche freigelegt. Durch eine kleine Rundmauer und durch eine Sicherung der Brunnenöffnung wurde auch dieser Brunnen der Nachwelt erhalten.

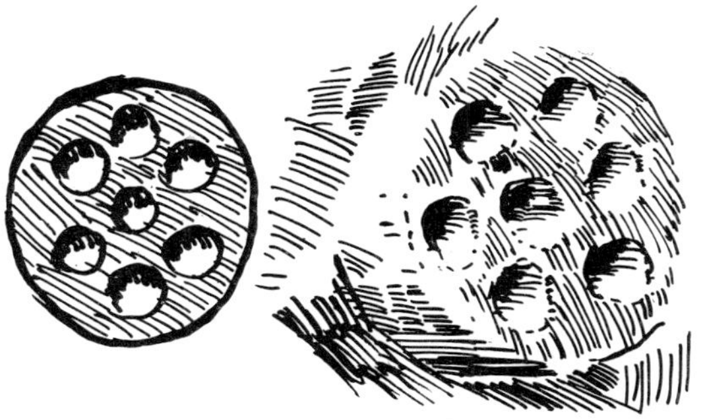

Schalenstein in Krailling

Sühnekreuze im Landkreis Regen

Im Gebiet des Landkreises Regen sind auch einige Sühnekreuze erhalten geblieben. Im Volksmund auch Pest- oder Schwedenkreuze genannt, sind sie nach Spamer „vielfach vom Mörder zur Sühne seiner Tat errichtet worden, stellen also ein Sühneopfer an den Ermordeten dar, der besänftigt werden soll". Auf den Kreuzen befinden sich meist in groben Umrissen menschliche Gestalten, oft ist auch ein Wappenschild angebracht. Sühnekreuze sind Zeugen mittelalterlicher Rechtssprechung. Sie gehen bis in das 13. Jahrhundert zurück, seit Einführung der peinlichen Halsgerichtsordnung. Die Setzung von Sühnekreuzen dürfte nach 1600 aufgehört haben.

Urkundliche Nachweise über einzelne Sühnekreuze gibt es nicht, vielfach sind sie in Legenden umwoben. – In den Kunstdenkmälern von Bayern, Band Viechtach, ist ein einziges Sühnekreuz enthalten, das an der Straße von Viechtach nach Gotteszell gestanden hatte. Dieses Sühnekreuz ist nicht mehr auffindbar. Möglicherweise ist es identisch mit dem Sühnekreuz, das in der Mauer der ehemaligen Kreiskasse oberhalb der Bundespost eingelassen ist und sich früher gegenüber dem Gasthof Iglhaut befunden haben soll, wo das alte Amtsgerichtsgebäude steht.

In Viechtach befinden sich noch zwei weitere Sühnekreuze, das eine ist das „Weiße Kreuz" auf der Wacht, das am Fuß ein Wappenschild enthält. Das andere befindet sich beim Rugenhof an der Straße nach Pirka. Nach dem Ausbau dieser Straße vor ei-

Das Sühnekreuz in Viechtach

nigen Jahren wurde es oberhalb der Straßenböschung aufgestellt. Weitere Sühnekreuze finden wir an der Straße von Kirchaitnach nach Händlern, dort wo der Weg nach Racklern abzweigt, ferner das im Volksmund „Schwedenkreuz" genannt in Moosbach an der Straße nach Altrandsberg. In Ruhmannsfelden gibt es eine Ansammlung von Steinkreuzen an der Straße zum Bahnhof, die vom Volkstrachtenverein „Teisnachtaler" von anderen Stellen zusammengetragen wurden, um sie vor Verlust zu bewahren. In Lesmannsried in der Gemeinde Drachselsried ist ein ebenfalls „Schwedenkreuz" genanntes Steinkreuz, das beim Neubau der Straße seinen früheren Standplatz verlor, nun aber von der Waldvereinssektion Drachselsried unweit des alten Standortes an der Straßenböschung neu aufgestellt wurde. In der Gemeinde Drachselsried sind gegenüber der Trautmannsmühle einige Sühnekreuze um ein neueres Steinkreuz gruppiert. Ein typisches Sühnekreuz das sich in Schönau in der Mauer beim Gasthof Piller befand, ist beim Einsturz der Mauer im Jahre 1966 verschwunden und nicht mehr aufgefunden worden.

„Schrazellöcher" im Landkreis Regen

Häufig treten im Landkreis Regen sogenannte „Schrazellöcher" oder Erdställe auf. Der Name „Schraz" bedeutet Zwerg. Diese Erdställe, die bis in das 9. Jahrhundert nachweisbar sind, geben der Wissenschaft auch heute noch Rätsel auf. Teils werden kultische Hintergründe vermutet, worauf die Durchschlupfröhren, die in allen solchen Erdlöchern anzutreffen sind, hinweisen würden. Das Durchschlüpfen eines Erdganges mit engem Kontakt zur Erde ist ein uralter kultischer Brauch. Die „Schrazelsagen" („Heinzelmännchen") sind überall nahezu unverändert erhalten. Die „Erdleutl" sollen in die Bauernhöfe gekommen sein, um verschiedene Küchen- und Hausarbeiten zu verrichten. Ihre Entlohnung bestand in einer einfachen Mahlzeit. Als man sie beobachtet hatte und ihnen Kleider geben wollte, da sie nackt gewesen seien, wären sie für immer verschwunden. Die „Erdställe" sollen aber der Aufenthalt dieser „Schrazeln" gewesen sein.
Außer der kultischen und der sagenhaften Deutung wird auch vermutet, daß die Erdgänge als Zuflucht in kriegerischen Zeiten gedient haben, um Beratungen vorzunehmen und um Habseligkeiten vor unerwünschtem Zugriff zu sichern. Auffallend ist, daß in fast keinen dieser „Schrazellöcher" Spuren ihrer Verwendung gefunden worden sind, z. B. rauchgeschwärzte Stellen, Gerätschaften und dgl. Falls vereinzelt Gegenstände, Scherben und dgl. gefunden wurden, dürften sie meist später als in der Entstehungszeit in diese Gänge und Höhlen gekommen sein. Die Erdställe bestehen aus niedrigen, oft weniger als 50 Zentimetern hohen Gängen mit Ausbuchtungen, in die meist auch Bänke eingehauen sind. Alle diese Gänge sind in Flies gegraben. Schriftliche Urkunden über Herstellung, Zweckbestimmung und dgl. sind nirgends vorhanden.
Von Viechtach berichtet bereits die Chronik von Bürgermeister Baumhoelzl aus dem Jahre 1825 von solchen Schrazelgängen. Es handelt sich um fünf unterirdische Gänge, die an verschiedenen Stellen des Marktes in Kellern ihren Ausgang nahmen. Diese Gänge führten in Richtung St. Anna-Kapelle, wo sie zusammengestoßen sein sollen. Man nahm an, daß man sich hier in Kriegszeiten zu Besprechungen zusammenfand. Auch sollen Wertgegenstände hier deponiert worden sein. Ein solcher unterirdischer Gang wurde im November 1971 im ehemaligen Schulgarten des früheren Mädchenschulhauses bei Erdarbeiten angeschnitten. Der Eingang konnte nicht festgestellt, jedoch konnte der Gang auf etwa acht Meter verfolgt werden. Im Mai

1975 wurde bei Kanalarbeiten in der Linprunstraße ebenfalls ein unterirdischer Gang freigelegt, der von der Brauerei Kreuzberg, bzw. dem Gasthaus unter der Straße hinweg zu den Bierkellern auf der anderen Seite der Straße geführt hat. Der Gang konnte durchkrochen werden. Durch das Verständnis der Stadt wurde der Gang nicht zugeschüttet, sondern durch eine Betonröhre abgesichert, so daß er der Nachwelt erhalten werden konnte.
Der besterhaltene Erdstall im ganzen Landkreisgebiet befindet sich in Altnußberg. Er wurde im Juli 1973 genau vermessen und diente als ein Lehrbeispiel für eine Tagung der Erdstallforscher. Der Erdstall, der bereits seit 1879 bekannt war, hat in einer Scheune in der Nähe der Filialkirche seinen Einstieg und zieht sich in mehreren Windungen und Gängen auf viele Meter dahin.
Im April 1970 wurde ein bereits früher bekannter, aber wieder in Vergessenheit geratener Schrazelgang in Böhmersried, Gemeinde Kirchaitnach bei Ausschachtungsarbeiten für ein Wohnhaus aufgedeckt. Er wurde in etwa 20 Meter Länge durchkrochen und vermessen, ein weiteres Vordringen war wegen Sauerstoffmangel nicht möglich. Man vermutet eine Verbindung zu dem in einiger Entfernung befindlichen Burgstall. Der Einstieg zum Erdstall war durch eine Betonsicherung der Nachwelt erhalten.
In der Bevölkerung waren auch unterirdische Gänge in und um Bühling in der Gemeinde Wiesing durch mündliche Überlieferung bekannt. Im April 1971 wurde der Eingang zu einem solchen Gang bei Ausschachtungsarbeiten für einen Neubau freigelegt. Auch in Grub, Gemeinde Ruhmannsdorf war ein Schrazelgang aus den Erzählungen der Vorväter in Erinnerung. In der Nähe des Anwesens Kolbeck wurde beim Bau eines Forstwirtschaftsweges der Einstieg zu diesem Gang freigelegt. Der Großvater des Anwesensbesitzers hatte seinerzeit den Eingang zuschütten lassen. Der Gang mit mehreren Ausbuchtungen konnte auf etwa 20 Meter verfolgt werden. Leider war es nicht möglich wegen der Straßenarbeiten den Gang zu erhalten.
In Hartbühl, Gemarkung Blosserberg (jetzt Stadt Viechtach) wurde beim Anwesen Maimer vermutlich durch Verkehrserschütterungen der nahe vorbeiführenden Straße durch einstürzendes Erdreich ein Schrazelloch im Juni 1973 sichtbar. Der Gang in einer Länge von etwa 100 Metern wurde nach dem letzten Weltkrieg noch zum Versteck verschiedener Sachen verwendet. Vom Vater des jetzigen Anwesensbesitzers war der Eingang zugeschüttet worden. In Schweinberg in der Gemeinde Allersdorf war gleichfalls ein „Erdleitlloch" vorhanden. Der Einstieg befand sich etwa 200 Meter vom Anwesen Glasschröder entfernt. Vor mehreren Jahren konnte man noch etwa zehn Meter weit in den Gang hineinkriechen. Nun ist aber der Einstieg verfallen und kaum mehr erkennbar. Bemerkenswert an diesem Gang ist, daß eine Stiege aus Stein zu diesen Gang hinabführte, wie auch die Seitenwände beim Einstieg ebenfalls mit Steinen ausgelegt waren. Diese Verkleidungen dürften erst in späterer Zeit angebracht worden sein und nicht in der Entstehungszeit. Die Legende will wissen, daß der Gang einst bis zur Kollnburg führte.
In Sumpering im Altlandkreis Regen befindet sich ein unterirdischer Gang beim Anwesen Weinberger. Bei Grabarbeiten im Jahre 1962 waren zwei Gänge freigelegt worden. Bei Grabarbeiten im Jahre 1974 wurde ein Schrazelloch in Burgstall bei Regen freigelegt.

Flurdenkmäler

Reich ist die Zahl der Flurdenkmäler im Landkreis Regen, wie Totenbretter, Flurkreuze, Marterl, Kreuzwege und dgl. m.

Totenbretter

Charakteristisch für die Landschaft des Bayerischen Waldes sind die Totenbretter. Das Aufstellen der Totenbretter ist ein alter Brauch. Als es früher noch keine Leichenhäuser gab, wurden die Leichen in der Stube auf einem Brett aufgebahrt und auf diesem dann zum Friedhof getragen. Diese „Totenbretter" stellte man dann an bestimmten Stellen in der Ortsflur auf. In späterer Zeit wurden diese Bretter einem Schreiner übergeben, der sie mit verschiedenen Verzierungen versah und die auch beschrif-

tet wurden. Neben persönlichen Angaben über den Verstorbenen wurde auch ein frommer Spruch verbunden mit der Bitte, im Gebet des Toten zu gedenken.
Zur Zeit der Aufklärung wurde das Aufstellen von Totenbrettern untersagt, die bestehenden sollten beseitigt werden. Trotzdem erhielt sich aber der Brauch lebendig, auch über die Zeit hinaus, als man die Toten nicht mehr im Wohnhaus auf einem Brett aufbahrte, sondern die Aufbahrung im Sarg in einem Leichenhaus erfolgte. In den 50er Jahren regte der Bayerische Waldverein auf Veranlassung von K. B. Krämer, Kötzting den Erhalt der bestehenden Totenbretter an, wie auch die Fortführung dieses Brauches. Die Bretter, die aber nun in jüngster Zeit zum Andenken an die Verstorbenen errichtet werden, sind keine „Totenbretter" im ursprünglichen Sinne mehr, da ja kein Toter auf ihnen gelegen hatte, sondern „Gedenkbretter" in Gestalt der früheren Totenbretter. Viele solcher Gedenkbretter wurden auch für Gefallene in den letzten Kriegen an Stellen errichtet, wo schon Totenbretter gestanden haben. Vereine und Organisationen stellen für verstorbene Mitglieder Gedenkbretter an bestimmten Stellen auf, die in irgend einem Bezug zu den Verstorbenen stehen.
Ein typisches Totenbrett, auf dem noch der Tote gelagert hat, befindet sich in Viechtach am Eingang zur Lourdesgrotte unterhalb der Antonikapelle am Antonipfahl. Die Inschrift hat folgenden Wortlaut: *„Steh still, o Wanderer, und schenk ein kleines Gebetsalmosen dem, der als Leiche auf dem Brett gelegen hat, nämlich der tugendhafte Jüngling Wolfgang Biller, Anwesensbesitzer von Viechtach, der im Alter von 36 Jahren am 3. 9. 1911 gelegentlich eines Bades im Regen plötzlich verschieden ist. R.I.P. Und Du, Wanderer, auch Du mußt sterben und weißt nicht wann und weißt nicht wo und weißt nicht wie. Darum sei bereit zu jeder Zeit, daß Du glücklich wirst in Ewigkeit".*
Ein Totenbrett besonderer Art ist an einer Dorfkapelle in Etzendorf, Gemeinde Böbrach an einer Kapelle angebracht. Es stellt nämlich ein gemeinsames Totenbrett für das Ehepaar Meindl dar. Das Brett ist daher auch doppelt so breit wie die üblichen. Es ist dies ein Einzelfall, der von anderen Orten nicht bekannt ist.
Verschiedentlich wurden Totenbretteransammlungen in die „Kunstdenkmäler Bayerns" aufgenommen, wie z. B. im Band Viechtach von Gotteszell oder von Linden, Gemeinde Geiersthal. Allerdings unterliegen Totenbrettergruppen oft der Verwitterung, wenn sie nicht besonderer Pflege erfahren. Die Betreuung der Lindener Gruppe hat sich der Volkstrachtenverein „Kreuzstraßler", Patersdorf angenommen.
Eine bekannte und sehr umfangreiche Totenbretteransammlung befindet sich bei der Liebfrauenkapelle in Arnbruck, die sehr liebevoll gepflegt wird. Sie wurde vor einigen Jahren durch alte Totenbretter ergänzt, die man bei der Kapellenrestaurierung auf dem Boden der Kapelle gefunden hat. Ihr hohes Alter geht schon daraus hervor, weil viele der Bretter in ihrer ursprünglichen Gestalt ohne schmükkendes Beiwerk geblieben sind. Auch in der benachbarten Gemeinde Drachselsried findet man größere Totenbrettergruppen, die aber meist neueren Datums sind, also Gedenkbretter darstellen. Die Beispiele von Totenbrettergruppen ließen sich beliebig ergänzen.
Leider mußten in der letzten Zeit manchmal Totenbretter Straßenarbeiten weichen. Die Zusicherung, sie an anderer Stelle wieder zu errichten, wurde nur selten erfüllt. Die Totenbretter landeten irgendwo im Ofen. Das gilt u. a. auch für eine Gruppe origineller Totenbretter mit barocker Ausgestaltung an der Straße von Schönau nach Schwiebleinsberg.
Gedenkbretter hat u. a. der Verein „Burgfestspiele Neunußberg e.V." an der Kapelle in Neunußberg errichtet, das erste 1968 für den verstorbenen Expositus Georg Hofmann, der sich besonders der Erforschung der Geschichte der Nußberger angenommen hat. Es folgte 1975 ein Gedenkbrett für Altbürgermeister Apotheker Karl Gareis, der den Text für die Burgfestspiele Neunußberg verfaßte. 1977 kam ein Gedenkbrett für den im Jahr vorher verstorbenen Spielleiter Xaver Köppl hinzu. Auch der Heimatverein Gotteszell hat es unternommen, eine Gedenkbrettergruppe zu errichten zur Erinnerung an Persönlichkeiten, die sich um die Pflege des Volkstums verdient gemacht haben.

Steinsäulen, Weg- und Feldkreuze

Nach den Sühne- und Pestkreuzen wurden in späterer Zeit bis in die heutigen Tage immer wieder Steinsäulen, Feld- und Wegkreuze errichtet. Die Steinsäulen nahmen meist in einer Nische ein Bild oder eine Figur auf. Später wurden Feld- und Wegsäulen aus Stein errichtet, die mit gußeisernen Kruzifixen gekrönt waren. Aber auch Holzkreuzen kann man vielfach in der Landschaft begegnen, die mit einfach geschnitzten oder auch mit eisernen Figuren versehen sind, den gekreuzigten Heiland darstellend, darunter meist in kleinerem Format die Mutter Gottes. Leider sind mehrere solcher Kreuze ihrer Figuren durch Diebstahl beraubt worden. In jüngerer Zeit werden auch Wegkreuze aus Holz in anspruchsvollerer Form aufgestellt, die mit einem Schutzdach und einer schützenden Rückwand versehen sind und die den gekreuzigten Heiland teils geschützt, aber auch aus Metall gegossen enthalten. Auch sie sind vor Diebstahl nicht sicher.
Unter den Steinsäulen soll die beim Stegmühlhäusel in Ruhmannsfelden angeführt werden. Sie trägt die Jahreszahl 1687. Man nimmt an, daß sie zum Gedenken an die vielen Gefallenen des 30jährigen Krieges errichtet worden ist. Auch in der Gemeinde Zachenberg kann man solche Steinsäulen finden.
Ein besonders hohes Wegkreuz aus Stein ist unterhalb des Sedlhofes in der Gemeinde Kollnburg zu sehen. Es ist mehr als drei Meter hoch und wurde 1828 von zwei Bauerstöchtern errichtet, der Legende nach aus Sühne dafür, daß durch einen Schabernack, den sie sich ausgedacht hatten, ein Bauersknecht ums Leben kam.

Kreuzwege

Zeugen des frommen Sinnes der Bewohner des Bayerischen Waldes sind die Kreuzwege, die oft mit einer Kreuzigungsgruppe, manchmal auch mit einer Lourdesgrotte verbunden sind. Auch der Landkreis Regen weist mehrere solcher Kreuzwege auf. Da ist einmal in Viechtach der Kreuzweg beim Antonikircherl am Antonipfahl zu nennen. In der Mitte des vorigen Jahrhunderts entlang der alten Kollnburger Straße vom Viechtacher Anger aus errichtet, mußte er wegen der Arbeiten an der B 85 und der Straße nach Kollnburg vor einigen Jahren verlegt werden. Die Kreuzwegstationen wurden entlang des Wanderweges am Antonipfahl aufgestellt. Die Kreuzigungsgruppe mit wertvollen Holzfiguren, die früher auf dem Felsen westlich des Antonikircherls thronte, mußte östlich der Kapelle verlegt werden. Im Felsen unter der Kapelle ist eine Grabesgrotte eingebaut, neben der eine Fegfeuersäule („Arme-Sündersäule") Aufstellung gefunden hat, die früher auch an anderer Stelle stand.
Ein Gegenstück zu diesen Kreuzweg stellt der ähnlich gestaltete auf dem Moosbacher Pfahl dar. Er wurde 1852 errichtet. Auf dem krönenden Gipfel befindet sich ebenfalls eine Kreuzigungsgruppe, allerdings mit Blechfiguren, im Felsen darunter ist eine Ölbergszene untergebracht. Unweit davon auch ein Grab Christi.
Eine Kreuzanlage befindet sich auf dem Kalvarienberg bei Gotteszell. Ein Kupferstich aus dem Jahre 1729 macht deutlich, welch großartige Anlage dies früher war, die zu einer berühmten Wallfahrtsstätte wurde. Zur Zeit der Säkularisation mußte der Kreuzweg beseitigt werden, erfuhr aber 1898 eine neue, wenn auch einfachere Gestaltung. Im Jahre 1910 kam die „heilige Stiege" hinzu. Die Wiedererrichtung der gesamten Anlage ist vor allem dem Maurer Wolfgang Mock zu danken. Weitere Kreuzwege sind u. a. bei der Wallfahrtskirche Osterbrünnl bei Ruhmannsfelden, zur Wolfgangi-Kapelle bei Böbrach, die vor einigen Jahren modern gestaltete Kreuzwegstationen erhielt und ein Kreuzweg von Wettzell nach Sackenried.

Wegkapellen

Überaus groß ist die Zahl der Kapellen, die man im Landkreis Regen in der Flur, an Wegrändern findet. Oft gehen sie auf ein Versprechen zurück, vielfach sind sie der Muttergottes geweiht. Bei ihnen findet sich die Ortsbevölkerung zusammen, um Maiandachten zu feiern, aber auch zu Rosenkranzandachten für Verstorbene. Manchmal sind solche Kapellen aber auch dem Andenken an die Verstorbenen und Vermißten der letzten Weltkriege gewidmet. Eine solche Kapelle errichtete die Waldvereinssektion Blossersberg in den 50er Jahren in Blossersberg. Außer Rosenkranzandachten für Verstorbene wird im Totenmonat November hier eine Gedenkandacht für die Verstorbenen und Vermißten gehalten.

Literatur:

1. Schützt die Bodenfunde und Denkmäler unserer Vorzeit (Bayerisches Landesamt für Denkmalpflege)
2. Urkunde für Bodendenkmäler (Landesamt für Denkmalpflege)
3. Internationales Symposium zur Erforschung der Erdställe 1973 (Karl Schwarzfischer)
4. Amtsblätter der Altlandkreise Regen und Viechtach
5. Die deutsche Volkskunde (Prof. Dr. A. Spamer, Leipzig)
6. Zeitungsberichte des „Viechtacher Bayerwald-Boten"

ERWIN STECKBAUER

MUSEEN IM LANDKREIS REGEN

Das Glasmuseum Frauenau

Frauenau zählt zu den traditionsreichsten Glashüttenorten des Bayerischen Waldes, denn schon um 1400 wird dort urkundlich eine Glashütte erwähnt. Auch heute noch ist die Existenzgrundlage der Bevölkerung dieses Ortes auf die Glasindustrie ausgerichtet; drei Glashütten geben davon ein beredtes Zeugnis.
„Dem Glas aus dem Bayerischen Wald eine museale Mitte und gleichzeitig wirtschaftliche Impulse zu geben, war Anlaß zur Gründung des Glasmuseums Frauenau", sagte Bürgermeister Alfons Hannes anläßlich der Eröffnung des Hauses im Mai 1975. Von ihm gingen die Impulse aus für dieses Projekt, wobei ihm eine kleine Gruppe von Glasfachleuten beratend zur Seite stand. In fünfjähriger mühevoller Arbeit wurde dann das Museum erstellt. Eingebettet in eine Parkanlage mit verschiedenen Sport- und Erholungseinrichtungen, einem Glasgarten und Glasmacherbrunnen, präsentiert sich das Haus als eine Kulturstätte mit besonderer Note. Die Gesamtbaukosten einschließlich der Einrichtung und der Hauptausstattung mit Exponaten betrugen 2 Millionen Deutsche Mark. Etwa zwei Drittel davon wurden mit öffentlichen Zuschüssen finanziert.
Das Museum ist harmonisch aufgegliedert. Dem Besucher bietet sich in einem Seitentrakt die allgemeine Darstellung der Glaskunst von ihren Ursprüngen bis zur Gegenwart. In zehn Vitrinen werden Glaserzeugnisse aus einem Zeitraum von mehr als 3000 Jahren gezeigt. Die Ausstellung beginnt mit alten ägyptischen, syrischen und römischen Gläsern. Es folgen Gläser aus den islamischen Ländern bis hin zur venezianischen Glaskunst.
Deutsche Gläser des Mittelalters, der Barockzeit, des Biedermeier und des Jugendstils folgen und schließlich ist der europäischen Glaskunst des 20. Jahrhunderts breiter Raum eingeräumt. Eine Galerie in diesem Museumstrakt ist mit acht Vitrinen ausgestattet. Dort werden turnusmäßig Sonderausstellungen gezeigt.
Glasgeschichte, Glastechnologie und gegenwärtiger Stand des Bayerwald-Glasgewerbes werden in der großen Ausstellunghalle, deren schweres Dachgebälk an eine alte Waldglashütte erinnert, demonstriert. Diese Schausammlung ist mit Exponaten und bildlichen Informationen sinnvoll miteinander verbunden. Alte Waldgläser machen den Anfang. Standortvoraussetzungen des Bayerwald-Glases folgen in Quarz und Holz mit Kiespocher und Pottasche-Gewinnung. Ausgiebige Rohstoff-Informationen für die Glasschmelze, die alte Art der Hafenherstellung und das Entstehen der Holzmodel (Formen) in der Drechslerei sind aufgezeigt und bilden die Überleitung zu den einzelnen Glasmachertechniken.
Ein Glanzpunkt dieses Raumes ist das naturgetreue Modell eines mittelalterlichen Glasschmelzofens. Das bienenkorbförmige Mauerwerk, das nach alten Überlieferungen angefertigt wurde, ist ausschnittweise geöffnet, so daß die Drittelung in Heizungs-, Schmelz- und Kühlbereich sichtbar wird. An das Geschehen um die Glasmacherei schließen sich die Veredlungsbereiche Schliff, Gravur und Malerei in Form von Werkstätten-Einrichtungen, wobei die technischen Arbeitsabläufe ersichtlich sind.
Historische Produkte, Gerätschaften und Dokumente der Glasmacherei des Bayerischen Waldes in ihren vielfältigen Verflechtungen werden im Mittelbereich der Halle gezeigt. Daran schließt sich die umfangreiche Präsentation des Bayerwaldglases der Gegenwart. Die hohe Stufe der Glasmacherkunst in unserer Zeit wird hier dem Besucher lückenlos dargeboten. Für die Exponate der internationalen, neuen Glaskunstbewegung, steht ein gesonderter Darstellungsbereich zur Verfügung. Er ist Dokumentation und Experimentierfeld zugleich.
Die vielseitige Verwendbarkeit des Werkstoffes

Glas in Wissenschaft und Technik ist gesondert in einem Raum aufgezeigt. Der Besucher kann sich hier eingehend über die Glastechnologie der Neuzeit informieren.
Vortragsstudio und Bibliothek ergänzen das Museum sinnvoll und bieten den Gästen aktive Informationsaufnahme.
Weiter steht ein Archiv zur Verfügung, in dem einschlägige Fachliteratur über Glas und Glasgeschichte im allgemeinen studiert werden kann.

Das Bauernhausmuseum Lindberg

In mühevoller, mehrjähriger Aufbauarbeit wurde aus einem alten Waldlerhof, der schon 1575 urkundlich erwähnt wird, das Lindberger Bauernhausmuseum 1975 der Öffentlichkeit übergeben. Auf Initiative von MdB Franz Handlos – er ist auch der Eigentümer – ist dieses Museum, das so recht die bäuerliche Wohnkultur der vergangenen Jahrhunderte des Mittleren Bayerischen Waldes repräsentiert, entstanden. Haupthaus und Austragshaus, ganz in Holzbauweise erstellt und unter größten Schwierigkeiten restauriert und renoviert, gelten als die letzten Zeugen früherer Wohnhausbauweise.

Ein Gang durch das Museum

Raum 1: Altbayerische Kuchl
Diese Kuchl (Küche) ist im Originalzustand wieder hergestellt worden. Sie vermittelt mit ihren Einrichtungsgegenständen einen Eindruck der früheren Kochgewohnheiten.

Raum 2: Die Stube
In der Stube spielte sich das Geschehen der ganzen Familie mit den Kindern, Knechten und Mägden ab. Hier ging man den winterlichen Tätigkeiten, dem Spinnen und Weben nach und in den Sitzweilstunden entstanden jene Märchen und Sagen von Hexen und Druden und übersinnlichen Erscheinungen, die das Brauchtum des Bayerischen Waldes entscheidend beeinflußt haben. Die Balken der großen Stube und der übrigen Räume wurden in mühevoller Kleinarbeit freigelegt. Die Einrichtung der Stube wurde aus dem gesamten Bayerischen Wald zusammengetragen. Volkskundlich bedeutungsvoll sind die Haustüre und die Stubentüren.

Raum 3: Die Schlafkammer
Die Schlafkammer im Erdgeschoß mit dem reichbemalten Ehebett und den Bauernschränken war dem Bauern und seiner Frau vorbehalten. Besonders von Bedeutung ist der kleine Schrank (rechts), ein Mittelding in der Entwicklung von der Truhe zum Bauernschrank.

Raum 4: Die Speis
In der Speis (Speisekammer) finden sich zahlreiche Gerätschaften, die eine Bauersfamilie benötigte, angefangen von den Butterfässern und Waagen bis hin zum Krautfaß und dem Backtrog.

Raum 5 und 6: Alte und erneuerte Trachten des Bayerischen Waldes. Mit dieser Ausstellung soll ein Überblick über die Tracht vom 17. bis zum 20. Jahrhundert gegeben werden.

Raum 7 und 8: Gesindekammern
Hier wird demonstriert unter welch primitiven und einfachen Bedingungen die Knechte und Mägde zu wohnen hatten.

Raum 9: Landwirtschaftliche Geräte
In dieser Abteilung befindet sich eine Sammlung von alten Pflügen, verschiedenen Arten von Dreschmaschinen aus Holz bis hin zu Geräten der Flachsbearbeitung. Interessant auch die alten Schreinerwerkzeuge sowie Schlitten.

Wirtshaus „Zur Bärenhöhle"

Das Wirtshaus „Zur Bärenhöhle", ursprünglich als Austragshaus zum Haupthaus gehörend, geht urkundlich bis in das 17. Jahrhundert zurück. In langwieriger Arbeit wurden die Balken aus dieser Zeit freigelegt, die alten Tragbalken wieder eingezogen und der gedrechselte Schrout (Balkon) erneut aufgezimmert. Durch niedrige, im bäuerlichen Stil des 17. und 18. Jahrhunderts bemalte Türen kommt man in die drei kleinen Gastwirtsräume mit den

Bauernschränken, dem Kachelofen und den schweren Tischen und Stühlen.

Holzkapelle

Auf dem Museumsgelände steht eine der letzten Holzkapellen des Bayerischen Waldes. Sie wurde, nach der Überlieferung von Hermannsrieder Bauern, aus einem Baumstamm gebaut, am 15. Oktober 1885 zum Dank dafür eingeweiht, daß ein Forstrechtsstreit zwischen dem Staat und den Bauern aus diesem Winkel des Bayerischen Waldes für Letztere positiv endete. Die Kapelle, im Laufe der Zeit sehr baufällig geworden, wurde im Rahmen des Europäischen Denkmalschutzjahres 1975 von Hermannsried nach Lindberg versetzt und dort wieder aufgebaut. Im Turm hängt eine der wenigen Glasglocken des Bayerischen Waldes, gegossen von Erwin Eisch aus Frauenau. Wertvolle Votivtafeln im Innenraum der Kapelle und bäuerliche Malereien an den beiden Türflügeln (links der hl. Sebastian, rechts der Viehheilige St. Leonhard) zeugen vom Frömmigkeitssinn früherer Generationen.

Das Kristallmuseum Viechtach

Ein Kristallmuseum, das bisher in der Bundesrepublik in seiner Art erstmalig ist, wurde 1977 im Luftkurort Viechtach errichtet. Die Ausstellung umfaßt etwa 1200 Kristalle, darunter Raritäten wie ein sieben Zentner schwerer Bergkristall aus Brasilien, ein freigewachsener Goldoktaeder, Diamanten und Muttergestein, wunderschöne Dioptase und Alexandrite. Ferner ist eine Sammlung prächtiger Achate sowie Weltraumgestein zu sehen – Meteoriten in verschiedener Formstruktur und Zusammensetzung.
Das Kristallmuseum Viechtach befindet sich im ältesten Haus des Ortes, in der früheren Kapelle des einstigen, 1432 gegründeten Bürgerspitals. Die auserlesene Sammlung kristallisierter Mineralien aus Privatbesitz ist während der Saison an sieben Tagen in der Woche geöffnet: von 9 bis 12 Uhr und von 14 bis 18 Uhr. Träger des Museums sind die Stadt Viechtach und die Klepsch-Kunst-Galerie. Der bekannte bayerische Glaskünstler Kristian Klepsch stellt in den Nebenräumen seine Werke aus.
Das Museum ist nicht nur für Freunde seltener Mineralien sehenswert, sondern für alle, welche die Wunder der Natur zu schätzen wissen. Der Besucher wird überrascht durch ein bislang fast unbekanntes und ungeahntes vielfältiges Formenspiel regelmäßiger, geometrischer Kristallkörper, ausnahmslos reinen Naturprodukten. Die Kristalle sind vor Spiegelwänden individuell beleuchtet. Sie scheinen von innen heraus zu strahlen und bringen dabei nicht nur die Schönheit von Form und Farbe, sondern auch die Kristallstrukturen plastisch zum Ausdruck.

Das Bauernhausmuseum in Vorderdietzberg

In einem alten Bauernhaus aus dem 15. Jahrhundert wurde 1977 auf Initiative des Volkstrachtenvereins „Teisnachthaler" unter der Regie von Heribert Irob und der Familie Tax (ihr gehört das Haus) in Vorderdietzberg bei Ruhmannsfelden ein kleines bäuerliches Museum errichtet. Es ist ein Spiegelbild dessen, wie man hierzulande früher wohnte, lebte und arbeitete.
Bei einem Gang durch das Museum ist folgendes zu sehen: Beim Eintritt in das Haus finden wir im Fletz einen Hausbackofen. In der anschließenden Bauernstube fällt der Herrgottswinkel mit dem schweren Tisch und den Stühlen ins Auge. Eine „Hoanzlbank" ist zu finden sowie ein Schnupftabakreiber und vielerlei anderes Gerät. Es reiht sich die Speisekammer an mit einem großen Backtrog. Butterfässer und weitere bäuerliche Gegenstände, unter anderem ein „Hirgstsuppentrog", finden das Interesse der Besucher. In der Küche steht noch der alte Herd mit allerhand Küchengerät, großen eisernen Pfannen, einer „Erdäpfelpresse" (Reiberpresse). Eine Brotschneidemaschine und vieles andere mehr.
Im ersten Stock gelangen wir in das „Knechtstüberl" mit einem großen Bett, mit alten, bemalten Bauernschränken und Truhen. Von dort kommt man in die Schlafstube mit einem alten Ehebett, einer originellen Wiege aus Holz und mit weiteren Truhen und Kästen. Ein alter bäuerlicher Kinderwa-

gen und eine typische Waldlertracht sind zu bewundern. Die Flachsverarbeitung ist aufgezeigt, und in einem weiteren Raum ist eine urtümliche Drehbank aus dem 18. Jh. zu bestaunen. Der Fletzboden ist Ackergeräten vorbehalten.
Heribert Irob und Wolfgang Tax geben sich aber mit dem bisher Erreichten nicht zufrieden. Sie sind bestrebt, weitere Gegenstände für die Inneneinrichtung zu erwerben, wie auch noch zusätzliche Gebäude zu errichten. So wurde 1978 damit begonnen, im Obstgarten des Anwesens einen 250 Jahre alten Getreidekasten aufzustellen. Es kommt noch ein altes Waldlerhaus hinzu, und eingeplant ist noch ein weiterer Getreidekasten.

Das Waldmuseum Zwiesel

Das Museum in Zwiesel wurde 1905 errichtet. Es war vorerst eine kleine Sammlung, bezogen auf die bürgerliche, bäuerliche und glasgeschichtliche Vergangenheit des Zwieseler Winkels. Nach und nach wurde diese erweitert, so daß sie jetzt einen repräsentativen kulturhistorischen Querschnitt des Bayerischen Waldes darstellt. 1966 wurde dem Heimatmuseum die Sektion „Wald und Holz" angegliedert und damit das erste deutsche Waldmuseum aus der Taufe gehoben. Was Oberregierungsforstrat Konrad Klotz mit seinen Helfern und was Heimatfreunde mit viel Liebe aufgebaut haben, soll zum Verstehen der schönen Waldnatur, ihrer Geschichte und Vielseitigkeit und zu den Menschen im Wald und ihrem Volkstum führen.
Im Zuge der Errichtung des „Haus des Gastes" wurde dem Museum 1976 ein Erweiterungsbau angeschlossen, so daß man jetzt in 17 übersichtlichen Räumen die zwei großen Abteilungen „Wald-Holz" und „Heimat-Glas" bestaunen kann. Laufende Sonderausstellungen erhöhen die Aktualität dieses meistbesuchten Museums im ostbayerischen Raum.
Bedeutung und Segen des Waldes, Waldgeschichte und Waldreichtum, das Holz als wichtiger Rohstoff, sind eindrucksvoll im Erdgeschoß des Hauses aufgezeigt. Im Vorraum befindet sich linksseitig eine, zu einem Stammfächer aufgeschnittene, 400 Jahre alte Urwaldtanne, die Stammscheibe eines 600jährigen Bergahorns, eine seltene Form des Baumkrebses, eine Wurzelbildung, die an den Geist des Urwaldes, den „Waldschrat" erinnert. Blitzstämme, Misteln und Hexenbesen. Im anschließenden Raum „Der Urwald" ist in einem Diorama ein Abbild der im Bayerischen Wald noch vorhandenen Urwaldgebiete gezeigt. Der Stamm einer 500 Jahre alten Urwaldtanne aus dem Naturschutzgebiet Höllbachgspreng mit fast 2 Meter Durchmesser, das Stammstück der sogenannten „Bismarcktanne" aus dem Urwaldgebiet bei Zwieslerwaldhaus, eine ca. 300 Jahre alte Urwaldfichte, eine Urwaldbuche und der Stamm einer etwa 1000jährigen Eibe. Bizarres Astwerk, Wurzeln, Moose, Farne, andere typische Waldpflanzen, Laub, Schwämme, ein echter Ameisenhaufen vervollständigen das Bild. In diesem Urwalddiorama haben auch die in früheren Zeiten zahlreich vorhandenen doch heute fast ausgestorbenen Tiere Platz gefunden, wie Brauner Bär, Wolf, Luchs, Wildkatze, Uhu und Kolkrabe. Am Waldhintergrund in Morgenstimmung ist ein seltenes Jagderlebnis, die Auerhahnbalz, zu sehen. Stammscheiben mächtiger Urwaldriesen, deren Jahresringe mit geschichtlichen Daten das Baumalter aufzeigen, sind an der Türseite des Raumes.
Der gegenüberliegende zweite Ausstellungsraum „So wächst der Wald" zeigt in konzentrierter Form das Waldwachstum. Die wichtigsten Baumarten befinden sich rechts in einer Vitrine, mit Blüte, Zapfen, Samen, Sämlingen, Sommer-, und Winterzweigen und Stammstücken. Eine reichhaltige Übersicht über Wald- und Holzschädlinge und über die wichtigsten Waldpflanzen folgt. Die charakteristischen Grund- und Verwitterungsgesteine, sowie 5 große Bodenprofile (Tiefstiche in die Erde) sind im Hintergrund dieses Raumes, während an der linken Seite an zwei aufgeschnittenen Urwaldstämmen und erklärenden Tafeln das Wachstum des Baumes erläutert wird. Ein Glanzstück bildet die in der Mitte des Raumes aufgestellte Pilzschau, eine Sammlung von naturgetreuen Pilzmodellen mit einer volkstümlichen Pilzlehre.
Ein reichhaltiger Querschnitt durch die Holzwirtschaft befindet sich im Neubau des Museums. Die vielfältige Verwendung des Holzes, einst und jetzt, vom Rohstoff bis zum Fertigprodukt – vom Stamm

und Scheit zum Holzdraht, zum Zündholz, zum Siebrand, zum Holzschuh, zum Zellstoff und zum Papier, vom Brett zur Kiste, zur Bauplatte und Holzfaserplatte, und letztlich in Verarbeitung und Veredlung zu Musikinstrumenten und zu Möbeln – wird hier gezeigt.
Im Treppenhaus weisen etwa 50 Großfotos auf die Tätigkeit des Menschen im Walde in früheren Zeiten hin.
Im ersten Stock bildet das bäuerliche Holzgerät von der Flachsbreche bis zum Spinnrad und dem Webstuhl die Verbindung zwischen der Wald- und Holzschau des Erdgeschosses zur Geschichte des Waldbewohners. Alte Handwerkskunst, Gegenstände aus bürgerlicher und bäuerlicher Vergangenheit, sprechen von alten Zeiten.
63 Glocken (die größten haben eine Höhe von fast 1 m) erinnern an das alte Brauchtum des „Wolfaustreibens". Sie stammen aus der Schöllensammlung Schafhauser. Eine freundlich gestaltete Heimatstube mit Schränken und Truhen aus dem 17., 18. und 19. Jahrhundert tut sich dem Beschauer auf. Eine Musikinstrumentensammlung schließt sich an, wobei besonders die Drehleier (Böhmische Bettelgeige) aus dem 17. Jahrhundert Aufmerksamkeit verdient. Im Kapellenraum des Museums findet man Werke und Werte religiöser Volkskunst aus alten Kirchen und Kapellen. Hier ist auch das Votiv-Brauchtum ausführlich aufgezeigt.
Kapitale Hirschgeweihe im Treppenhaus zum 2. Stockwerk zeugen von der Stärke des hiesigen Rotwildes. Die Darstellung der Holzbringung, alte Holzhauer- und Flößerwerkzeuge verdienen Aufmerksamkeit. Der Tierwelt des Waldes sind die nächsten Räume vorbehalten. Im großen Wandschrank, als Diorama gestaltet, finden sich alle vorkommenden Vogelarten mit Nestern und Eiern in der ganzen Vielfalt, wie sie Wald und Flur beherbergen. Ebenfalls in selten schöner Stellung sind zu sehen: ein Bachufer mit Fischotter, Biber, Bisamratte und allen typischen Fischen dieses Gebietes, Flußkrebs und Perlmuschel. An der Wand werden die wichtigsten Insekten gezeigt. In der Mitte des Raumes sind die verschiedenen Schlangen, Eidechsen, Frösche, Kröten und Salamander in ihrem naturgetreu gestalteten Lebensraum untergebracht. Dem Tier- und Vogelschutz ist eine recht interessante Ecke gewidmet. In einem Nebenraum, wiederum im Diorama, stellen sich die Jagdtiere vor: die Rehfamilie bei der Fütterung, die Dachsfamilie am Bau, Familie Hase, die Fasanen, die Füchse usw. Hier ist auch eine Lehrschau über den Werdegang des Hirschgeweihes und des Rehgehörnes, über Gebisse und Trittspuren, Fallen und Jagdwaffen recht interessant.
Im letzten Raum des Obergeschosses ist die Köhlerei dargestellt. Außerdem befindet sich dort eine große Naturplastikensammlung. Damit ist aufgezeigt, was Wald, Heimat und Glas in ihren Zusammenhängen und im Zusammenwirken bedeuten, was der Mensch in der Natur dieses Waldgebirges durch Jahrhunderte erarbeitet und als Tradition erworben hat. Deswegen führt der Weg durch das Museum nicht allein in die Vergangenheit zurück, sondern verbindet diese mit der Gegenwart.

Vom Faustkeil bis zum Präzisionsgewehr

1978 wurde dem Waldmuseum eine gesonderte Jagdabteilung angegliedert. Unter dem Motto „Vom Faustkeil bis zum Präzisionsgewehr" ist hier das Jagdgeschehen im Laufe der Jahrhunderte aufgezeigt. Interessante Wildererwaffen und künstlerisch hochwertige, jagdgravierte Gläser und Jagdgrafiken vervollständigen diese Jagdschau.

Bayerwald-Glasgeschichte anhand von 1000 Gläsern

Eine umfassende Demonstration der Bayerwald-Glasgeschichte anhand von rund 1000 Gläsern hat das Waldmuseum Zwiesel aufzuweisen. In 23 Vitrinen wird dabei die Glaskunst dieses Waldgebirges von den Anfängen bis herein zum Jugendstil gezeigt. Die Ausstellung ist systematisch aufgebaut und zeigt in den ersten Vitrinen farbige Glasperlen und „Patterl" für Rosenkränze sowie einen gläsernen Rosenkranz. Die ersten Erzeugnisse in den Bayerwaldglashütten waren ja Perlen und „Patterl". Und diese Hütten nannte man Paternosterhütten. Es waren sogenannte fliegende oder Wanderhütten, die nach Verbrauch der umliegenden Waldungen immer wieder den Standplatz wechselten.

Gezeigt werden auch Butzenscheiben, ebenfalls mit die ersten gläsernen Erzeugnisse unserer bayerischen Heimat. Die Butzenscheiben wurden verbleit zu Fenstern verarbeitet. Medizinfläschchen und einfache Kelche, typisch grüne Waldgläser aus dem 16. und 17. Jahrhundert, sind zu sehen. Interessant dann die Ölgläser (Brauchtumsgläser) aus dem 18. und 19. Jahrhundert. Und hier werden auch verschieden gestaltete Pilgerflaschen gezeigt. Ein „Fliegenfänger", das ist ein speziell angefertigtes Glas aus dem 17. Jahrhundert, weckt dann das Interesse der Besucher. Bierkrüge mit Emailfarben bemalt und gravierte Krüge aus dem 17. Jahrhundert folgen. Die verschieden farbigen Kettenkrüge, die Eisglaskrüge und die optisch geblasenen Krüge vervollständigen diese Ausstellungsgruppe.
Sehr attraktiv in Form und Farbe präsentieren sich die gesponnenen Gläser (Gläser mit Fadenauflage) aus dem 19. Jahrhundert. Es folgen Gebrauchsgläser verschiedener Art, dann die antiken Humpen und Pokale, die Lüstergläser und die gravierten und geschliffenen Gläser. Hier verdient die besondere Aufmerksamkeit die erste gläserne Uhr der Welt (1890).
Eine Sonderstellung nehmen die Opal- und Beingläser sowie die Jugendstilgläser in der Ausstellung ein. Hier offenbart sich die ganze Vielfalt der Glasmacherkunst in eindrucksvoller Weise. Gläser aus der Glasfachschule Zwiesel und individuelle Arbeiten von Professor Bruno Mauder, Hans und Walter Mauder aus den 20iger und 30iger Jahren setzen einen besonderen künstlerischen Akzent in dieser Glasschau. An die 400 Schnupftabakgläser aus dem 18. und 19. Jahrhundert repräsentieren alle bisher bekannten Glasmachertechniken. In zwei Tischvitrinen sind Dokumente (teilweise handgeschrieben) ausgelegt und gewähren einen Einblick in das innerbetriebliche Geschehen der Glashütten des Zwieseler Winkels im 18. und 19. Jahrhundert. Wappen der einstigen Glashüttenherren (auf Antikglas gemalt), eine große Schautafel mit den Glashüttenstandorten aus acht Jahrhunderten und ein Glasmacherdorf en miniature runden die Ausstellung zu einem harmonischen Ganzen. Diese Abteilung des Waldmuseums ist ein kulturhistorisches Spiegelbild des Mittleren Bayerischen Waldes.

Das Glasmacherdorf

Eine Sehenswürdigkeit ersten Ranges stellt das naturgetreu nachgebildete Glasmacherdorf dar mit Kiesbruch, Kiesbrandofen, Pocher, Stöcklsäge, Glashütte, Malerei, Graviererei, Spiegelglasschleife, Bräuhaus, den Glaserhäusern, der Kapelle, dem Herrenhaus und einem Sägewerk. Hier wird demonstriert, wie die Glasmacherleut des Bayerischen Waldes im 17. Jahrhundert gewohnt, gelebt und gearbeitet haben.

Glasmuseum Theresienthal

Auf Initiative von Direktor Max Gangkofner wurde 1971 das Theresienthaler Glasmuseum errichtet. Exquisite Gläser aus dem 18. bis 20. Jh. sowie Bilddokumente vermitteln einen umfassenden Einblick in die traditionsreiche Geschichte der Theresienthaler Krystallglasfabrik.

Die ehemalige Benediktinerpropsteikirche mit dem vorspringenden Propsteiflügel beherrscht heute noch das Ortsbild von Rinchnach

Die drei malerisch gelegenen Wallfahrtskirchen St. Hermann bei Bischofsmais.

Kirche Rinchnach: Vortragestange mit dem Mönch Gunther um 1750.

Bischofsmais – St. Hermann. In einer vergitterten Nische steht der „Hirmon" aus schwerem Hartholz. Die Figur stellt einen bärtigen Priester in der Kasel dar, der anscheinend aus einer älteren Figur im 17. Jahrhundert umgearbeitet wurde. An diese Figur knüpft sich der Brauch des „Hirmonhopsens" an. Rechts unten der alte Kopf der Figur, der beweglich angebracht war.

DR. ISFRIED GRIEBEL

DER LANDKREIS REGEN ALS KUNST- UND KULTURLANDSCHAFT

Um 1011 n. Chr. Geburt, als Pi-Scheng in China den Letterndruck erfand, als Eduard der Bekenner von England vor den dänischen Normannen nach Nordfrankreich floh, als der französische Kirchenlehrer Berengar von Tours die menschliche Vernunft als irdische Quelle der Wahrheit, als höchstes göttliches Prinzip postulierte, die Abendmahlslehre bestritt und die Notwendigkeit der Taufe leugnete, trat der Landstrich, der heute, nach einer zu Recht immer noch umstrittenen Gebietsreform, vom Landkreis Regen überdeckt wird, erstmals in die Geschichte ein.
Zu dieser Zeit blickte aber schon ein paar Dutzend Kilometer südöstlich das Kloster Altach, das spätere Niederalteich, eine Gründung Herzog Odilos, auf eine etwa 250jährige Geschichte zurück.
1011 saß auf dem Throne Petri in Rom Papst Sergius IV., von dem uns ein Kreuzzugaufruf – der erste, den wir kennen – erhalten ist und von dem die Historiker sonst nicht viel zu berichten wissen.
Auf Kaiser Otto III., einen Halbgriechen, schon zu Lebzeiten von Legenden umwoben, und als „Wunder der Welt" apostrophiert, dessen weltübersteigender Traum eines Imperiums im Castell von Paternó unterging, folgte als deutscher König sein Vetter, der tüchtige Herzog Heinrich von Bayern, der am 14. Februar 1014 zum Kaiser gekrönt wurde und der 1007 das Reichsbistum Bamberg gegründet hatte. Dabei wurde der Bayerische Nordgau, die Urzelle der späteren Oberpfalz zerstückelt. Hierzu ist aber von Bedeutung, daß die Kolonisation und Erschließung der Oberpfalz zur Agilolfingerzeit über das mittlere Vils- und Naabtal und über das Tal des Regen nordwärts noch nicht vorgestoßen war.
Da sich nun Ungarn unter den Arpaden und Böhmen unter den Přemisliden herrschaftlich konsolidierten, organisierten die Salierkaiser die „Marken" an der böhmischen und ungarischen Grenze. Je mehr die Besiedlung von beiden Seiten in den Grenzwald, den „Nort-Wald" eindrang, um so mehr verengte sich das Niemandsland zum Grenzraum und zur Grenzlinie.
Dies ist auch die Zeit, in welcher das Gebiet des heutigen Landkreises Regen „interessant" wurde. Deshalb könnte man hier von der Geburtsstunde dieser Kulturlandschaft sprechen. Daher versteht sich die Ausstrahlung von Niederalteich zunächst nach Rinchnach, dann nach Frauenau und Regen, der Klöster Metten und Windberg nach Viechtach und des Klosters Aldersbach nach und für Gotteszell.
Damit sind auch schon einige Schwerpunkte im kulturellen Bereich des Landkreises gesetzt und ihre Bedeutung erkennbar. So bewegt und interessant die Gegenwart auch sein mag, so erschließt sie sich doch nur aus der Kenntnis und dem Verständnis der Geschichte. Im Nahen und Begrenzten finden sich die Möglichkeiten des konkreten Erkennens, das Fühlen des Lebens und als dessen Frucht die Leistungen der Kultur. Dazu kommt für den „Waldler", wie sich die Bewohner hier gerne und stolz bezeichnen, eine deutlich zutage tretende Heimatliebe, die sich vom modernen, großräumigen Kosmopolitismus des „ubi bene, ibi patria" wohltuend unterscheidet.
Der Landkreis Regen besitzt keine vielgestaltige Fülle wertvoller Bauten und Kunstwerke aus alter Zeit, aber das Vorhandene wird zunehmend gewürdigt und gepflegt. Wir wählen daraus zum Verständnis einige bedeutsame Teile aus und versuchen, sie als Spiegelbild und Ergebnis der Kulturgeographie dieser Landschaft zu sehen.
Zu den schönsten Rokoko-Kirchen des Bayerischen Waldes zählt Rinchnach. Mit ihr verbindet sich der Name des hl. Gunther, gewissermaßen des ersten, historisch greifbaren „Waldlers". Die Böhmerwäldler betrachten ihn als „ihren Heiligen",

auch wenn eine Kanonisation nie stattgefunden hat.
Gunther war eine markante und interessante Persönlichkeit seiner Zeit.
Er stammte aus dem vornehmen thüringischen Geschlecht der Grafen von Schwarzburg und war ein Vetter König Heinrichs II. Erfaßt von der religiösen Erneuerungsbewegung der Jahrtausendwende wandte er sich an den Abt des Stiftes Hersfeld, Gotthard, der ihn nach Niederalteich verwies. Hier begann er als einfacher Laienmönch sein Noviziat, zog dann als Einsiedler an den Ranzinger Berg bei Lalling und weiter in das Tal des Baches Rinchnach, wo er für sich und seine Schüler ein Klösterchen nach Art der Einsiedlermönche des Romuald von Camaldoni errichtete.
Natugemäß blieb das kleine Kloster in enger Abhängigkeit von der Abtei Niederalteich, und wer in Rinchnach als Glaubensbruder aufgenommen werden wollte, mußte zunächst das strenge Noviziat in Niederalteich durchlaufen.
Das Leben des Klosters Rinchnach entwickelte sich durch die Tatkraft Gunthers schnell, doch noch lange entbehrte das Kloster einer soliden wirtschaftlichen Grundlage, sodaß Niederalteich häufig mit dem Notwendigsten aushelfen mußte. Dies führte nicht nur zu lang andauernden und engen Bindungen an Niederalteich, sondern auch dazu, daß die Klostergemeinschaft zu Urwaldrodung übergehen mußte, um sich eine Existenzgrundlage zu verschaffen. Ein weiteres großes Verdienst schuf sich Gunther durch die Anlage eines neuen Verkehrsweges von Niederalteich nach Böhmen. Schon in einer Urkunde Konrads II. vom 1. Januar 1029, zu Augsburg gegeben, und aus einer weiteren Heinrichs III. vom 17. Januar 1040, wird die Straße erwähnt, die „der Mönch Gunther neulich angelegt hat". Im lateinischen Text heißt es: „Super viam, quam saepe dictus guntherius monachus noviter preparavit". Hierbei handelt es sich nicht um die Verbesserung oder Instandsetzung eines der uralten Handelswege nach Böhmen, sondern um eine Neuanlage, denn sonst hätte es in der letztgenannten Urkunde wohl geheißen „restauravit". Durch diese Wegeanlagen strömten Mönche, Einsiedler und Bauern in den Wald, rodeten und bevölkerten die Gegend, wobei die ihnen gewährte Steuerfreiheit von 20 Jahren keinen geringen Anreiz bot.
Nicht übersehen werden darf, daß Gunther nach wie vor in der großen Politik seiner Zeit eine beachtliche Rolle spielte. Er war wiederholt als Friedensvermittler tätig, als es wegen der böhmischen Herzogswürde zu einem langwierigen Streit zwischen Udalrich und seinem königstreuen Sohn Bretislaus gekommen war.
Wie nahe Gunther dem Kaiser Heinrich III. stand, geht aus einer Urkunde vom 17. Januar 1040 hervor, durch die der Kaiser dem Kloster Niederalteich die von Gunther gegründete Kirche zu Rinchnach samt ihrem Besitz schenkte.
Deshalb darf man zu Recht annehmen, daß die Gründung des Klosters Rinchnach nicht vom Zufall diktiert war, sondern von dem weitblickenden Gunther gezielt vorgenommen wurde.
Der erste Kirchenbau wurde 1019 von Bischof Berenger von Passau eingeweiht.
Die ersten Klostergebäude wurden vom Grafen Albert von Bogen 1240 zerstört. Feuersnöte und Plünderungen lasteten auch in den folgenden Jahrhunderten schwer auf dem Kloster Rinchnach. Nach dem spanischen Erbfolgekrieg begann Abt Joscio Hamberger von Niederalteich (1700–1739), dessen Verdienste nicht hoch genug eingeschätzt werden können, ein „vir exemplaris", mit der Wiederherstellung und Neugestaltung der Propstei. 1727 beauftragte er den Münchner Stadtmaurermeister Johann Michael Fischer, den er kurz zuvor zum Bau seiner Niederalteicher Klosterkirche berufen hatte, mit der Wiederherstellung und Neugestaltung der Kirche. Fischer schob in das Rechteck der alten Langhausmauern einen Raum eigenster Prägung hinein. Das schlichte Äußere gibt heute kaum Aufschluß über den Innenraum. Dies ist eine Eigenart Fischers und kann den Besucher nicht überraschen. Eine breite, vom geschwungenen Giebel gekrönte Fassade, der zwei kleine rechteckige Kapellen vorgelagert sind, schließt die Westseite des Kirchenbaus ab. Ein verhältnismäßig langer und stark eingezogener Chor stößt nach Osten vor. An seiner Nordseite erhebt sich der alte, lediglich barock redigierte Turm, dessen massige Figur heiter in der verschnörkelten Laterne des Kuppelhelmes endet. Die-

se Laterne des Kirchturmes wurde offensichtlich für so beachtlich gehalten, daß sie beim Gotteshaus von Kirchdorf nachgeahmt wurde.
Im Langhaus der Rinchnacher Kirche manifestierte Fischer einen Raumgedanken, der von ihm immer wieder und mit zunehmender künstlerischer Reife vorgetragen werden sollte (St. Anna in München, Rott am Inn und Altomünster). Durch ein System von Nischen lockerte er die Längsseiten des Gotteshauses auf und schuf durch die Schrägstellung der Ecknischen ein schwingendes Oval, das von einem flachen Spiegelgewölbe mit überhöhender Rundkuppel in der Mitte abgedeckt wurde. Durch Pilaster und umlaufendes hohes Gebälk wurden die Innenseiten des Gotteshauses lebhaft gegliedert.
Die zarte Stukkatur, in der das typische Bandelwerk vorherrscht, wird Franz Ignaz Holzinger aus Schörfling am Attersee zugeschrieben. Die Fresken der Rinchnacher Kirche schuf Wolfgang Andreas Heindl aus Wels, der sich schon beim Umbau der Niederalteicher Kirche bewährt hatte. Er stellt das Leben des hl. Johannes Baptista dem des Mönches und Einsiedlers Gunther gegenüber. Das Kuppelgemälde im Mittelpunkt des Langhauses zeigt den Triumph des sieghaften Kreuzes. Im Chor wird die Aufnahme Mariens in den Himmel vorgeführt. Sie wird umgeben von Bildern Niederalteicher Heiliger, des hl. Gunther, des sel. Hermann und des Erzbischofs Thiemo, auf welchem Heindl signiert hat.
Die einheitliche Gestaltung des Gotteshauses wird durch die Kanzel, die Seitenaltäre, das Chorgestühl und die Beichtstühle, sowie die Sakristeieinrichtung erreicht, die aus der fleißigen und kunstvollen Hand des Niederalteicher Klosterbruders Pirmin Tobiaschu stammen.
Schließlich schuf Josef Matthias Götz aus Passau eine ausgezeichnete Figur des Auferstandenen. Vom rechten Pfeiler des Chorbogens zum Kirchenschiff hin blickt eine Statue der thronenden Muttergottes um 1770 auf den Besucher herab. Sie trägt unverkennbar die Gesichtszüge der Kaiserin Maria Theresia von Österreich und ihres Sohnes, des späteren Kaisers Josef II., ein Geschenk des Abtes Augustin II. Ziegler von Niederalteich (1764–1775) an die Propstei Rinchnach. Dieser Abt, Doktor der Philosophie, hochbegabt und hochgelehrt, vor seiner Wahl Pfarrer in Regen, ließ die Wallfahrtskirche Frauenbründl erbauen, mußte aber dann wegen seines unsoliden Finanzgebarens und der von ihm aufgetürmten Schuldenlast abdanken.
Das jüngste, aber wohl beachtlichste Stück der Kircheneinrichtung ist der den gesamten Chorabschluß füllende Hochaltar. Abt Augustin II. Ziegler ließ ihn für die Propsteikirche um 1770 anfertigen. Der Altar stellt sich als sechssäuliger Aufbau mit hohen Säulenstühlen dar, zwischen denen die Figuren der Heiligen Benedikt, Scholastika, Augustinus und Thiemo stehen. Das farbenprächtige Altarblatt zeigt die Taufe Jesu durch Johannes im Jordan und stammt aus der Hand des genialen Malers Franz Anton Rauscher, der sich auf dem Bilde selbst kopiert hat und einen weißen Turban trägt.
Der Chor ist durch ein prachtvolles Gitter aus Schmiedeeisen, eine feine Leistung des frühen Rokoko aus Salzburg um 1727, vom Kirchenschiff getrennt, ein schönes Beispiel für die Gitterabschirmungen der barocken Kirchen, die wesentliche Bestandteile des Raumbildes waren.
Die Propsteikirche von Rinchnach, deren ehrwürdiges Alter durch einen schönen romanischen Taufstein verkörpert wird, zählt zu den schönsten Gotteshäusern des Bayerischen Waldes, das beispielhaft die Weiterführung eines gotischen Bauwerkes in die Kunstformen des Barock demonstriert. Bestechend ist nach wie vor die Einheitlichkeit von Raum und Gestaltung. Dies hat zu Recht der Erbauer der heutigen Kirche, Abt Joscio Hamberger von Niederalteich, bei seiner Ansprache anläßlich der Weihe des Gotteshauses so ausgedrückt: „Haus der Glorie des Himmels! Haus der Gnaden der Kirche! Haus des Trostes! Haus der Gerechten, wo sich unsichtbar opfert jeden Tag des Menschensohnes Herz".
Einheitliche Bauwerke der Romanik sind im Landkreis Regen nicht mehr erhalten. Aus dem frühen 13. Jh. stammen lediglich der kleine Nordturm der Pfarrkirche in Regen und möglicherweise die Langhausmauern der Kirche von Moosbach.
Ein später Ausläufer eines Kirchenbauschemas der romanischen Zeit ist jedoch Gotteszell. Ein Ministeriale der Grafen von Bogen, Heinrich von Pfelling (de Pfölingen) und seine Frau Mechtilde vermach-

Gründerstein in der Pfarrkirche St. Anna zu Gotteszell. Text in gotischen Majuskeln:
ANNO DOMINI MCCCXXXVIIII ID MAI COSTRUCTA. E. H. CAPELLA TPE. PCH *(Berchtholdus)* PMI. ABBIS

ten am 4. August 1285 ihre Ländereien dem Zisterzienserkloster Aldersbach, mit der Auflage, dort ein Kloster zu erbauen. Ein Bruder Mechtildes, Bischof Heinrich II. von Regensburg, genehmigte am 8. Mai 1286 die Niederlassung und verfügte auch die Lösung vom Pfarrverband Geiersthal. Er gab dem Kloster den Namen „Gottscell" (scella Deis). Zum Aufbau der Kirche und des Klosters wurden die Trümmer der nahen Burg in Ruhmannsfelden verwendet. Zur selbständigen Abtei wurde Gotteszell 1320 erhoben und Berchtold, ein Aldersbacher Mönch, erster Vorsteher der Klostergemeinde. An der Westwand des Langhauses findet sich heute eine Steintafel mit gotischen Majuskeln, die von der Errichtung einer Kapelle am 15. Mai 1339 berichtet. Sie bezieht sich aber wohl nicht auf die heutige Kirche. Diese erhält ihre kunstgeschichtliche Bedeutung dadurch, daß sie ein verspäteter Nachläufer eines in Südbayern beliebten romanischen Kirchenbaustilschemas ist. Der Grundriß entspricht weitgehend dem von St. Peter in Straubing, nur daß die beiden Westtürme fehlen. Dies erklärt sich aber daraus, daß die Zisterzienser auf ihre Kirchen nur einen Dachreiter mit einer Glocke zu stellen pflegten. Das im dreischiffigen Basilikastil errichtete Gotteshaus bietet strengen frühgotischen Zisterzienserstil, der sich mit freundlichen romanischen Spätformen mischt.

Ein Großbrand am 24. März 1629 vernichtete wesentliche Teile der Kirche und erfaßte das gesamte Kloster. 1830 stürzte der Glockenturm über dem Hochaltar ein, weshalb man sich entschloß, einen massigen Turm an der Westseite des Kirchengebäudes zu errichten, der heute noch das äußere Bild dieses Gotteshauses prägt.

Die Innenausstattung der Kirche stammt im wesentlichen aus der Zeit zwischen 1680 und 1729 und bietet dem Beschauer ein einheitliches Bild. Der eindrucksvolle Hochaltar enthält einen beachtenswerten Tabernakel von Josef Deutschmann aus Passau. Gotteszell war eine lange besuchte Anna-Wallfahrt. Das heutige Gnadenbild, eine Anna selbdritt, ist eigentlich eine spätgotische Madonnendarstellung, der man eine kleine, stilistisch nicht ganz dazupassende Figur beigegeben hat. Man hat also eine Marienfigur in eine Anna selbdritt umfunktioniert. Die ursprüngliche Anna selbdritt, eine ausdrucksvolle, stilistisch sehr ansprechende schlanke Figurengruppe der Gotik um 1510, steht jetzt im Pfarrhof. In der Apsis hinter dem Hochaltar glänzt heute eine Himmelfahrt Mariens, ein weithin unbekanntes Fresko von Cosmas Damian Asam, das nach dem Brand von 1830 übertüncht und nach 1940 wieder freigelegt und restauriert wurde. In seiner Komposition ist es eine Vorahnung der Himmelfahrt Mariens in Rohr, die weit über die Grenzen Bayerns hinaus bekannt geworden ist. Auch die Stuckarbeiten an den Hochpfeilern stammen überwiegend von den Brüdern Asam. An den Mittelschiffwänden leuchten freundliche Fresken aus dem Marienleben von Adam Schöpf (1702–1779). Auf dem Schalldeckel der Kanzel gruppieren sich Maria mit dem Jesuskind und der hl. Bernhard von Clairvaux, dem großen Erneuerer des Zisterzienserordens, davor ein kleiner Hund mit einem Spruchband „Canis latrator strenuus". Diese freundliche Darstellung geht auf einen angeblichen Traum der Mutter Bernhards zurück, die glaubte, ihr Sohn werde durch die Wortgewalt seiner Predigten die Welt wachrufen und dem Christentum zuführen.

Die St. Anna-Büste gegenüber ist ein Werk des Passauers J. G. Plosauer, ein Geschenk des Hofchevaliers Joseph de Spielberg auf Nabburg. Beachtlich ist auch die Grabplatte für den Klosterrichter J. P. Scheich, 1777 gestorben, der den im Bayerischen Wald vielfach verwendeten Krauthobel erfunden haben soll. Mit zierlichen Stukkaturen ausgestattet sind die Grabplatten für die Freifrau Katharina von Frenau und ihren Sohn, den Subprior Wilhelm von Frenau, wahrscheinlich Arbeiten des kunstreichen, aber leider weithin unbekannten Straubinger Stukkators Matthias Obermayr. Die Apostelkapelle im südlichen Seitenschiff birgt, neben einem beachtenswerten Taufstein, in einem schönen Halbkreis aufgereiht die Apostel beim letzten Abendmahl, lebensgroße, bewegte Figuren des Kötztingers Johann Paul Hager, eine originelle Arbeit um 1750. Nur Judas steht als Ganzfigur auf der rechten Seite und wendet sich von den Jüngern ab. Er trägt den Beutel mit den Silberlingen in der Hand und hat Christus schon verraten. In der Sakristei Rokokostuck, jedoch nicht von den Gebrüdern Asam, und Fresken. Das Mittelbild stellt die Ecclesia mit der Monstranz in der Linken dar. Ihr zu Füßen das Alte Testament.
Auf dem ersten Seitenaltar der Epistelseite findet sich schließlich eine Darstellung des Abtes Wilhelm II. Frenau, der die künstlerische Ausstattung des Gotteshauses wesentlich gefördert und mitbestimmt hat.

Das Kloster Gotteszell gehörte trotz seiner einst blühenden Anna-Wallfahrt immer zu den kleinen und bescheidenen Klöstern des Bayerischen Waldes, das fast ständig mit wirtschaftlichen Schwierigkeiten zu kämpfen hatte. Der Kunstsinn seiner Äbte und die Opferbereitschaft einer gläubigen Bevölkerung haben aber ein Gotteshaus erstehen lassen, das nach einer tatkräftigen Renovierung durch Pfarrer Bartl einen stimmungsvollen und geschlossenen Eindruck hinterläßt und heute zu den schönsten sakralen Räumen des Landkreises Regen zählt.
Stärkerer Baubetrieb auf dem kirchlichen Sektor setzte erst im 15. Jh. ein.
Von 1421 bis 1425 wurde die kleine Spitalkirche Hl. Geist in Regen errichtet, 1473 wurde die Pfarrkirche in Regen erweitert und ein neuer Chor geschaffen.
Chorbauten der gotischen Zeit erhielten sich in Achslach, Arnbruck, Böbrach, Drachselsried, Geiersthal, Krailing, Moosbach, Patersdorf, Sakkenried und Wettzell.
Gotische Turmbauten finden sich in Achslach, Arnbruck, Drachselsried, Krailing und Ruhmannsfelden, während Kirchenbauten des 16. Jh. völlig fehlen.
In St. Hermann bei Bischofsmais wurde aber 1611 aufgrund eines Gelübdes des Pflegers Franz Hundt von Regen ein interessanter Renaissancerundbau, die sog. Brunnenkapelle, errichtet. An der Decke sind die Rodungsapostel des Bayerischen Waldes, Gunther und Hermann, sowie der Eremit Degenhard abgebildet.
Abgesehen von den schönen Kirchentürenbeschlägen in Altnußberg und Geiersthal findet sich in den Kirchen des Landkreises Regen eine beachtliche Zahl sehr guter gotischer Figuren: in der Dorfkapelle von Abtschlag der beseelte hl. Valentin um 1480, Barbara und Johannes Evangelista mit feiner Gewandfaltung um 1500, in Bischofsmais eine spätgotische St. Margaretha um 1480, der hl. Wolfgang als Hauptfigur des linken Seitenaltars und eine hl. Maria um 1500, in Frauenbründl eine zarte, barockisierte Madonna mit Kind, ebenfalls um 1500, in Kirchdorf eine ausdrucksvolle spätgotische Muttergottes um 1480 und eine ausgezeichnete Beweinungsgruppe. Langdorf verfügt über einen ernsten spätgotischen Kruzifixus um 1520. Die gotische Madonnenfigur um 1390 in Regen wurde entbarockisiert und restauriert. Spätgotisch ist auch der große Regener Kruzifixus. Beachtlich ist die stimmungsvolle Pieta in Frauenau und die Holzfigur der Muttergottes in der Frauenkapelle Arnbruck um 1400, daneben der hl. Bartholomäus, eine interessante Arbeit um 1430. In Drachselsried steht eine Anna selbdritt um 1500, in Kollnburg eine steinerne Pieta um 1430 und eine Krönung Mariens mit knieendem Stifter und dessen Wappen. Die Dreifaltigkeit ist durch drei Männerfiguren dargestellt, eine originelle Arbeit um 1450. Die Kirche von Moosbach birgt eine schlanke Anna selbdritt mit schwerer Goldkrone um 1520, einen würdigen

Schwurhand aus der Kirche Johannes Baptista in Moosbach. Das Steindenkmal ist spätgotisch, wie auch Chor und Turm des Gotteshauses.

hl. Blasius um 1480, Schönau eine Maria mit Kind um 1400 und einen eigenartigen Schmerzensmann um 1500, der in seiner Rechten einen Kelch hält, um das Blut aus der Seitenwunde aufzufangen.
Zu den Kleinoden des Landkreises Regen gehört sicher die kleine Kirche in Sackenried, eine Filiale von Wettzell. Der gotische Chor stammt aus der zweiten Hälfte des 15. Jh. und zeigt noch ein Sterngewölbe mit Birnstabrippen, die auf Flockkonsolen enden. Die früher spitzbogigen Fenster sind jetzt rund geschlossen. Der Hochaltar, eine barocke Schöpfung um 1700, enthält statt des Altarblattes eine Holzgruppe mit den Vierzehn Nothelfern, die sich um einen Erbärmdechristus scharen, eine spätgotische Schöpfung um 1500. Es handelt sich um eine eindrucksvolle und ungewöhnliche Darstellung, die man aus der Zeit heraus wohl als Pestbild verstehen kann. Eine ähnliche Komposition der Vierzehn Nothelfer mit dem Erbärmdechristus findet sich in Munderkingen an der Donau.
Bescheiden dagegen ist die Zahl der Kunstdenkmäler aus der Zeit der Renaissance. Erwähnt wurde schon die Rundkapelle in St. Hermann bei Bischofsmais. Von Bedeutung sind auch die Grabsteine für Christoph Pfaller und seine Frau von 1615 mit den Wappen der Verstorbenen und vier Ahnenwappen, oder des Christoph Joachim Tengler in Regen. Drachselsried verfügt über einen einfachen Renaissancehochaltar um 1620. Hierzu gehören auch die schönen Grabsteine für den im Alter von 17 Tagen im Jahr 1616 verstorbenen Georg Heinrich Nothaft und die Grabplatten derer von Berlichingen von 1622 und 1653 in der Kirche Moosbach mit den fein gemeißelten Familienwappen.
Nach der Not des Dreißigjährigen Krieges entstanden im Landkreis Regen zögernd neue Kirchenbauten. 1650 wird die große Wallfahrtskirche in St. Hermann bei Bischofsmais errichtet und 1680 der dritte Bau dieser architektonisch reizvollen Wallfahrt, die Einsiedelei. Zwiesel erhielt 1677 die Bergkirche und Langdorf 1674 eine neue, 1978 renovierte Pfarrkirche, in Arnbruck 1668 die Veitskapelle und in Kollnburg 1676 eine neue Kirche. In Krailing wurde 1691 das Langhaus vergrößert und der Turm angebaut und im gleichen Jahre das Langhaus der schönen Kirche in Moosbach erweitert.
Der sonst überall regen Bautätigkeit des 18. Jh. schob der Spanische Erbfolgekrieg, der im Bayerischen Wald mit voller Wut hauste, einen Riegel vor. Erst die zweite Hälfte des Jahrhunderts brachte einen großen kirchlichen Neubau, die außen massig wirkende Pfarrkirche von Viechtach. Die Baulei-

Moosbach: Grabstein mit Wappen der Berlichingen und Schaden von 1653.

tung übertrug man dem Deggendorfer Maurermeister Johann Adam Bauer. Wegen vielfacher Schwierigkeiten zog sich die Bauzeit ziemlich lange hin und erst 1848 wurde die Kuppel eingedeckt. 1835 beseitigte man den alten Hochaltar und errichtete an seiner Stelle eine spätklassizistischen Ciboriumsaltar mit mächtigem Überbau aus vier Säulen und Giebel. Er wurde 1922 durch einen Rokokoaltar ersetzt. Die Deckenbilder stammen aber noch aus der Erbauungszeit der Kirche, im Chor die Anbetung des Lammes, im Langhaus eine Himmelfahrt Mariens und die Geburt Christi. In den Seitenkapellen finden sich Darstellungen von Kirchenvätern. Die lebhaft und figurenreich komponierten Fresken stammen wahrscheinlich aus der Hand des Malers Franz Anton Rauscher von Aicha. Das Gotteshaus zeichnet sich durch seinen sehr zarten und eleganten Stuck aus, der außer Gitter- auch Muschelwerk verwendet, das schon sehr aufgelöst die Wände überspielt. Einfallsreiche Blumengirlanden füllen die Zwickel der Gewölbe. Die Stukkaturen stammen wahrscheinlich aus der Hand eines nicht bekannten Wessobrunner Meisters. Die Kanzel ist eine Schöpfung des späten 18. Jh. mit bauchigem Korpus und spärlichem Girlandenschnitzwerk, während die Beichtstühle in die Erbauungszeit der Kirche zurückreichen. Es sind dreiteilige, voluminöse, sehr gute Arbeiten mit reichem Muschelwerk und Aufsätzen mit großen Muschelwerkkartuschen.

Aus der Barockzeit stammen der Hochaltar in Bodenmais und eine schöne Monstranz von 1694, ein viersäuliger Seitenaltar in Bayerisch Eisenstein und eine Darstellung der Vierzehn Nothelfer. Barock ist auch der Hochaltar in Langdorf, Teile der Einrichtung der Kirche in Regen mit einer glanzvollen Monstranz um 1700, eine Augsburger Goldschmiedearbeit, die in kleinen Relieffigürchen die heilige Maria, die Apostelfürsten Petrus und Paulus und als oberen Abschluß Gott Vater zeigt. Regen verfügt auch über einen vergoldeten Silberkelch um 1720 mit farbigen Emaillemedaillons mit dem Abendmahl, der Geißelung und der Ölbergszene, wahrscheinlich ein Werk des Goldschmiedes Leopold Heindl aus Wien, der 1712 in die Passauer Goldschmiedezunft aufgenommen wurde. Auf einem Seitenaltar im nördlichen Seitenschiff von Gotteszell stehen die barocken Holzbüsten von Aposteln um 1700 und beim ersten Seitenaltar ein ausdrucksvoller barocker Schmerzensmann um 1700.

Nachdem der kirchliche Baubestand im Landkreis Regen in der Barockzeit gewissermaßen wieder aufgefrischt worden war, wurden die Innenausstattungen im Rokoko vervollkommnet und ergänzt. Die Kanzel der Wallfahrtskirche Bischofsmais ist eine solche Rokokoschöpfung aus der Mitte des 18. Jh. mit einem bauchigem Korpus. Auf dem Deckel erhebt sich die Figur des pastor bonus. Der bewegte hl. Sebastian und der Pestheilige Rochus vom Hochaltar stammen aus der gleichen Zeit, ebenso eine Kreuzigungsgruppe um 1750. Die Hauptfiguren des Altares, Laurentius und Bartholomäus, schnitzte Thomas Rieger aus Deggendorf. Die Taufsteingruppe in Bodenmais und die lebhaften Figuren eines Papstes und eines heiligen Bischofs entstammen ebenfalls dem beschwingten Rokoko. Eine freundliche Darstellung ist die hl. Notburga von Bayerisch Eisenstein. Hierher gehört auch die lebendige Ausstattung der Wallfahrtskirche Frauenbründl. Die Stichkappen und Gewölbeanläufe sind mit aufgelöstem Muschelwerk in Freskomalerei verziert. Das Deckengemälde zeigt die Heimsuchung Mariä, im Langhaus wird die Bekehrung Gunthers und sein Tod dargestellt. Es handelt sich wahrscheinlich um Schöpfungen des Malers Franz Anton Rauscher aus Aicha vorm Wald. Die Holzgruppe mit der Taufe Christi und ein Kruzifix mit der mater dolorosa in Kirchberg sind bewegte Rokokoarbeiten aus der Mitte des 18. Jh. In der Kirche von March steht eine Kreuzigungsgruppe mit Assistenzfiguren um 1700 und ein Kelch um 1750 aus Kupfer, vergoldet, an der Sonne Reliefs von Engeln, welche die Leidenswerkzeuge tragen und Gott Vater unter einem Lambrequins-Baldachin als Bekrönung. In Regen sind aus der prozessionsfreudigen Zeit des Rokoko hübsche Tragestangen um 1750 erhalten. Auf den gewundenen Stangen stehen die Figürchen der Heiligen Josef, Michael, Sebastian, Rochus, Wendelin und eine Nachbildung der Altöttinger Muttergottes. Eine Rokokoausstattung weist die Kirche in Achslach auf, wobei der

Hochaltar um 1720 und die Kanzel um 1750 hervortreten. In Böbrach befindet sich ein Chorbogenkruzifixus, eine ausdrucksvolle Arbeit um 1720, und eine silberne, vergoldete Monstranz aus der gleichen Zeit, dazu ein vergoldeter Silberkelch um 1750 mit getriebenem Muschelwerk und Blumen am Fuß, eine Augsburger Goldschmiedearbeit. In der interessanten, aber zu wenig beachteten Kirche in Moosbach hängen ländliche, aber gute und einfallsreiche Hinterglasbilder in Form von vierzehn Kreuzwegstationen, Darstellungen, die im Bayerischen Wald inzwischen Seltenheitswert erlangt haben. In Prackenbach steht das bewegte Rokokofigürchen der Maria Immaculata um 1750 und ein heiliger St. Georg zu Pferd auf einer Tragstange, eine bäuerliche Arbeit um 1720. Der Altar der Wallfahrtskirche Osterbründl bei Ruhmannsfelden ist eine Rokokoschöpfung um 1740. Zwei Säulen tragen einen Baldachin. In der Mittelnische steht das schon erwähnte Gnadenbild der Maria mit dem Kind in einem Engelkranz. Das originelle Motiv kommt in Nachbildungen in Niederbayern öfter vor.

Der schönste kirchliche Rokokoraum im Landkreis Regen befindet sich in Frauenau. Hier hatte der Benediktinerbruder Hermann inmitten des Urwaldes 1324 eine Zelle errichtet. Schon 1331 wurde ein wundertätiges Gnadenbild in einer hölzernen Kapelle verehrt. Kaiser Ludwig der Bayer schenkte seinem Erbhofmeister den „Wilden Wald" um Frauenau. Die Hoheitsrechte wurden dem Kloster Niederalteich zugesprochen. 1396 wurde durch den Baumeister Hans Krumenauer, dem nachmaligen Schöpfer des Passauer Domes, eine Steinkirche erbaut, eines der wenigen spätgotischen Bauwerke der näheren Umgebung. Die Kirche war immer mit der Propstei Rinchnach und dem Benediktinerkloster Niederalteich verbunden. Sie ist ein steinernes Dokument für die Rodungstätigkeit und Christianisierung der Niederalteicher Benediktinermönche im „Nordwald".

Der hochgestreckte Hauptaltar fügt sich in wohlproportionierten Maßen in den halbkreisförmigen Chorraum ein. Sein zweisäuliger Aufbau ruht auf Stühlen mit feingeschnitzten Rokokokartuschen. Er wird flankiert von zwei Benediktinerheiligen aus Niederalteich: St. Thiemo, zuerst Mönch in Niederalteich und später Erzbischof von Salzburg, auf der anderen Seite St. Gotthard, Abt von Niederalteich und später Bischof von Hildesheim. In einer Strahlengloriole, von silbernen Wolken umgeben, sitzt auf einer ausladenden Muschelkonsole das spätgotische Vesperbild, eine Pieta um 1480. Es war einst Mittelpunkt einer bekannten und beliebten Wallfahrt. Die Einrichtung der Kirche entstand einheitlich um 1767, gefördert von Abt Augustinus II. Ziegler von Niederalteich. Nur der Tabernakel, gold- und silberglänzend, ist jünger. Die beiden bewegten Putten über dem Tabernakel stammen ebenfalls aus dem Jahre 1767 und sind zwei originelle Rokokoschöpfungen.

Das Chorfresko ist das bedeutendste Bilddokument für die einst blühende Wallfahrt. Figurenreich zeigt es die Ankunft von Pilgern und Kranken am Wallfahrtsort. Über ihnen schwebt auf einer Wolke die Gottesmutter, das Kind auf dem rechten Arme tragend. Engel halten einen Baldachin mit einem Monogramm über sie. Die Kanzel ist ungewöhnlich elegant und schwingt kraftvoll in den Kirchenraum hinein. An den Eckkanten ist sie mit Puttenköpfen besetzt, die freundlich gestaltet sind, aber etwas ländlich wirken. Auch die Seitenaltäre sind vornehme zweisäulige Anlagen. Dargestellt ist hier der Tod des hl. Benedikt, der stehend sterben wollte, sowie die Plastiken des Ordensgründers Benedikt und Gunther, der Tod des hl. Josef und die Apostel Petrus und Jakobus. Künstlerischer Höhepunkt des Kirchenraumes ist das große Deckengemälde im Hauptschiff. Von reichhaltigem und einfallsreichem Rokokostuck umspielt, zeigt es in einem zweifach gekröpften großen Deckenspiegel die Himmelfahrt Mariens. Die Gottesmutter entsteigt dem Grabe, das von einem großen Säulenrondell umgeben wird, und läßt die staunenden Apostel zurück. Die Grenze zwischen der irdischen und himmlischen Welt ist künstlerisch hervorragend herausgearbeitet. Über den Wolken wird Maria von der Heiligsten Dreifaltigkeit erwartet. Der Chor der Engel und Heiligen huldigt ihr. Dieses Deckengemälde ist eines der schönsten und reifsten Werke des Malers Franz Anton Rauscher aus Aicha vorm Wald. An der Brüstung links der Treppe im Bild hat der Maler seine Signatur angebracht. Dem marianischen Programm entsprechend erscheinen an den Gewölbeanläufen und Stichkappen allegorische Bilder aus der lauretanischen Litanei. Die Stukkaturen hat der Passauer Melchior Modler geschaffen. Seine Signatur findet sich auf einer Kartusche über der Sakristeitüre. Der Kirchenraum wurde 1927 nach Westen hin erweitert und die Orgelempore nach hinten verschoben. Die Deckengemälde in dem neugewonnenen Raum schuf der Kunstmaler Franz Spann aus Passau. Sie fügen sich trotz ihrer Eigenständigkeit in den Gesamtbau gut ein. Eine spätgotische Muttergottes mit Kind um 1500 wurde in einer kleinen Kapelle aufgestellt. Diese nüchterne Aufzählung der Ausstattungsstücke dieser Kirche kann nichts darüber aussagen, wie stimmungsvoll und geschlossen das Gotteshaus auf den Betrachter wirkt, auch nicht über die kunstvolle Führung und Überschneidung der Balustraden und des durch die hellen Fenster einfallenden Lichtes. Die Kirche in Frauenau gehört zu den Gotteshäusern, die man besuchen und auf sich einwirken lassen sollte.

Das Gebiet des heutigen Landkreises Regen hat kaum altertümliche Profanbauten aufzuweisen. Zu nennen wäre die im 12. Jh. erwähnte Burg Altnußberg, von der fast keine Spuren mehr erhalten sind. In Linden, nahe der Bundesstraße 85, ist von dem 1468 zerstörten Schloß nur ein Teil des quadratischen Bergfrieds erhalten. Stattlich dagegen sind die Ruinen der seit dem 18. Jh. immer mehr verfallenden Burg Kollnburg, deren runder Bergfried weithin die Landschaft beherrscht. Die größte Ruine des ehemaligen Viechtacher Bezirks liegt in Neunußberg mit einem gewaltigen, quadratischen Wohnturm und einem Rest des Berings mit runden Ecktürmen. Der Wohnturm und die übrigen erhaltenen Bauteile stammen aus dem Beginn des 14. Jh. Im ehemaligen Bezirk Regen befindet sich nur eine einzige Burg, Weißenstein, die wahrscheinlich auf das 13. Jh. zurückgeht. Wiederhergestellt wurde nur der charakteristische Kastenbau, der durch seine Lage auf den Zacken des Pfahles die Gegend weithin beherrscht. Hier wohnte lange Jahre der baltische Dichter Siegfried von Vegesack. Auch Schlösser aus alter Zeit sind selten. Das ehemalige „Schloß" von Rabenstein ist nach einem Brand gänzlich verschwunden. Aber der Kornstadel wurde durch einen davor gesetzten modernen Turm in ein stimmungsvolles Gotteshaus verwandelt, das durch seine geglückte Synthese aus Stein, Holz und Glas besticht. Unten den Turm gestellt und in hellstes Licht getaucht, beherrscht ein Barockaltärchen, aus der alten Kapelle hierher übertragen, den Gesamtraum. Es ist eine liebevolle Arbeit des Benjamin Schrötter aus Hengersberg und zeigt als Zentralfigur den heiligen Johannes von Pomuk, um den sich die Heiligen Thiemo, Benedikt, Pirmin und Scholastika, Gotthard und Gunther scharen. Johannes der Täufer, die Heiligen Josef, Mauritius und Florian blicken aus den Wolken auf die Benediktiner herab. Die Altarfiguren sind dem Gemälde ebenbürtig; links der hl. Augustinus mit dem flammenden Herzen, Johannes der Täufer, der hl. Josef und Gotthard. Auf diesem Altar haben sich die Heiligen versammelt, ohne deren Wirken christliche Kultur im Bayerischen Wald nicht denkbar wäre.

Das Rathaus in Zwiesel, 1838 von Gärtner oder einem seiner Schüler errichtet, ist ein interessanter Bau des ausklingenden Klassizismus, während das Rathaus in Viechtach eine Schöpfung des 16. Jh. ist. Die Kulturlandschaft in dem nicht einheitlich gewachsenen Gebiet des jetzigen Landkreises Regen wird in erster Linie durch die weit ausgreifende Rodungstätigkeit der Mönche des Klosters Niederalteich mit dem Schwerpunkt Rinchnach geprägt. Das Kloster Gotteszell erreichte eine gewisse Eigenständigkeit am Rande des Kreisgebietes und im Viechtacher Bereich werden Einflüsse des Klosters Windberg deutlich. Alle Gotteshäuser im Landkreis Regen zeigen aber, wie nahe sich Kunst und Volkstümlichkeit im niederbayerischen Raum zu vereinigen mochten und hinterlassen in der von eigenartigen Naturschönheiten gekennzeichneten Landschaft auch heute noch ein liebenswürdiges Weltbild.

Gotteszell, ehemalige Klosterkirche: Heilige Anna-selbdritt, eine hervorragende Schnitzarbeit der späten Gotik um 1510. Die Figur stand früher als Wallfahrtsbildnis auf dem Hochaltar der Kirche.

Pfarrkirche Kirchdorf im Wald, St. Maria Immaculata: Gnadenbild im Schrein des Hochaltares, eine Holzfigur der Muttergottes mit Kind, spätgotisch, um 1480.

Stukkaturen in der Pfarrkirche St. Augustinus in Viechtach nach der geglückten Renovierung von 1982. Der elegante, feingliedrige Stuck mit den lebendigen Puttenköpfchen soll von einem Wessobrunner Meister stammen.

Filialkirche Schönau. Zu dem hervorragenden Figurenbestand des Gotteshauses gehört der spätgotische „Schmerzensmann" um 1500. In der Rechten hält er einen Kelch, um das Blut der Seitenwunde aufzufangen.

Maria mit Kind, gotische Holzfigur um 1390 aus der Stadtpfarrkirche Regen. Die spätere barocke Fassung ist entfernt. Teile der ursprünglichen Fassung blieben erhalten.

Maria mit Kind, spätgotisch um 1500, mit barocken Kronen. Hochaltarfigur der Wallfahrtskirche Frauenbründl.

HARRO RASTER

DIE BERUFLICHEN UND DIE WEITERFÜHRENDEN SCHULEN IM LANDKREIS REGEN

Der Landkreis Regen verfügt über ein breitgefächertes, gut ausgebautes Bildungsangebot. Seine Versorgung mit berufsbildenden und weiterführenden Schulen ist flächendeckend. Die Verantwortlichen der Kommunen, der alten Landkreise Regen und Viechtach sowie des neuen Landkreises Regen leisteten für diese Schulen Beachtliches. Mit Weitblick ergriffen sie Initiativen, brachten Mut zur finanziellen Belastung auf, schufen räumliche Voraussetzungen und sorgten angemessen für den laufenden Sachaufwand. Unter solchen günstigen Gegebenheiten gelang es elterlichem Willen und pädagogischem Elan, in einem bis dahin von schulischer Tradition kaum berührten Landstrich die seit Menschengedenken als „natürlich" hingenommenen Bildungsbarrieren abzutragen und dem jugendlichen Streben eine echte, vielfach schon genutzte Chance zu geben.

Die beruflichen Schulen

Ein erklärendes Wort voraus: Berufliche Schulen, die der theoretischen Untermauerung der Ausbildung im Betrieb sowie der beruflichen Weiterbildung dienen, gliedern sich in Berufsschulen, Berufsfachschulen und Akademien. Berufsschulen sind berufsbegleitende Teilzeitschulen, deren Besuch bis zum Abschluß der Lehrzeit verbindlich ist. Auf dem Stoff der Berufsschulen baut der Unterricht in Fachschulen auf; er ist aber breiter und tiefer angelegt und findet täglich statt. Die Mittlere Fachschulreife berechtigt zum Besuch der Fachoberschule, der Fachakademie oder der Fachingenieursschule.

Vorläufer der Staatlichen gewerblichen, kaufmännischen und hauswirtschaftlichen Berufsschule samt Berufsaufbauschule Regen war die Gewerbliche Berufsschule, die von den Regener Stadtvätern in der Zeit des Wiederaufbaues nach dem Zweiten Weltkrieg entsprechend dem Vorbild der Gewerbeschulen in größeren Städten gegründet worden ist. In zwei Räumen der Knabenschule wurde zunächst der Unterricht aufgenommen. Ab 1960 teilte man mit der Landwirtschaftlichen Berufsschule das Schulgebäude an der Oberen Bachgasse. Der ortsübergreifenden Zusammenarbeit der Städtischen Berufsschulen Regen und Zwiesel folgte nach Übergabe beider Schulen an den Landkreis die Fusion in Form der Kreisberufsschule Regen-Zwiesel. 1974 übernahm der Staat diese Schule. Im gleichen Jahr entstand an der Oberen Bachgasse der repräsentative Neubau im Anschluß an die Landwirtschaftliche Berufsschule: ein modernes Berufsbildungszentrum in Regen war Wirklichkeit geworden. Zwiesel und Viechtach wurden Außenstellen.

Der freiwillige Besuch der Berufsaufbauschule Regen, die personell und organisatorisch mit der Staatlichen Berufsschule Regen verbunden ist, führt, insofern ein Berufspflichtschuljahr vom Schüler abgelegt wird, nach weiteren drei Jahren zur Fachschulreife, die u. a. zum Besuch einer Berufsoberschule oder Fachoberschule berechtigt. Die Berufsaufbauschule ist mittleres Glied zwischen Berufsschule und Fachoberschule. Diese drei Schultypen befinden sich in Regen unter einem Dach. Denn im Jahre 1975 gelang es dem Einsatz namhafter Politiker auf Orts- und Kreisebene, in Regen eine für Bayern bislang einmalige schulische Verbindung zu schaffen: die Angliederung einer Fachoberschule (Technischer Zweig) an eine Berufsschule. In Personalunion leitet Oberstudiendirektor Michael Köck die Berufsschule, die Berufsaufbauschule und die Fachoberschule Regen. Der lokale Wunsch, daß die Fachoberschule Regen mit weiteren Ausbildungsrichtungen ausgestattet

werden sollte, ließ sich bis jetzt trotz guter personeller und räumlicher Voraussetzungen nicht verwirklichen.
In der Kreisstadt Regen gibt es neben der Staatlichen gewerblichen, kaufmännischen und hauswirtschaftlichen Berufsschule auch die Staatliche landwirtschaftliche und hauswirtschaftliche (auf bäuerliche Haushalte ausgerichtete) Berufsschule. Ihr Ursprung geht auf die ehemalige Sonn- und Feiertagsschule zurück; seit 1945 existiert sie als selbständige Berufsschule. Sie ist dem Bayerischen Staatsministerium für Landwirtschaft und Forsten unterstellt. Die Schulleitung hat derzeit Berufsschuldirektor Benno Ruhdorfer inne.
Bis 1956 war der Schulsprengel der Landwirtschaftlichen Berufsschule Regen mit dem der Volksschule Regen identisch. Nach und nach zählten dann die Schulorte des Altlandkreises Regen zum Einzugsgebiet. 1960 zog die Schule in das neue Berufsschulgebäude an der Oberen Bachgasse um. Statt der Verbandsgemeinden, die zuvor den Sachbedarf deckten, wurde 1963 der Landkreis Träger der „Landwirtschaftlichen Kreisberufsschule", in die man im Zuge der Zusammenfassung die Landwirtschaftliche Berufsschule Kirchberg eingliederte.
Regen besitzt eine weitere Schule, in der ein auf die Landwirtschaft zugeschnittener Lehrstoff vermittelt wird: die Landwirtschaftsschule mit den Abteilungen Landwirtschaft und Hauswirtschaft. Sie untersteht dem Verantwortungsbereich des Amtes für Landwirtschaft und Tierzucht Regen. Der freiwillige Schulbesuch während der sog. „Wintersemester" dient der fachlichen Weiterbildung. Früher hatte die Schule ihren Sitz in Zwiesel. Dortige Raumnot sowie die Errichtung des Landwirtschaftsamtes Regen führten 1954 zu einem Kreistagsbeschluß, demzufolge dann an der Bodenmaiser Straße ein Amts- und Schulgebäude entstand.
Viechtach, heute unter der Leitung des Studiendirektors Peter Oellinger, Außenstelle der Staatlichen gewerblichen, kaufmännischen und hauswirtschaftlichen Berufsschule Regen, hatte 1946 eine Berufsschule mit gewerblichem und landwirtschaftlichem Zweig eingerichtet. Nachdem sich einige Jahre später die Gemeinden des Altlandkreises Viechtach dem Bezirksberufsschulverband Niederbayern mit Sitz in Deggendorf angeschlossen hatten, waren die Berufsschulen Viechtach und Teisnach zu Nebenstellen dieses Verbandes geworden, in dessen Bereich fachunterrichtliche Differenzierung zu überörtlichem Schüleraustausch führte.
In Viechtach gab dafür der 1954 begonnene Bau des Berufsschulgebäudes an der Flurstraße die räumliche Voraussetzung. Gewerbliche, kaufmännische und hauswirtschaftliche Klassen gehörten seit langem zum Grundbestand der Viechtacher Berufsschule. Wachsende Kapazitäten in der Hotel- und Gaststättenbranche – eine Folge des zunehmenden Fremdenverkehrs – legten 1971 die zusätzliche Einrichtung einer entsprechenden Fachklasse nahe. Fehlende Spezialräume ließen das aber noch nicht zu. Erst nach Auflösung des landwirtschaftlichen Berufsschulverbandes Viechtach konnten nunmehr leergewordene Räume dafür genutzt werden. Mit der Übernahme des Internats und der Küche war die Möglichkeit gegeben, eine Hotelberufsschule zu eröffnen; 1973 wurde der Unterricht aufgenommen. Seit dieser Zeit ist Viechtach Mittelpunkt des Schulsprengels für Hotel- und Gaststättenklassen; das Einzugsgebiet erstreckt sich über die Landkreise Cham, Deggendorf, Freyung-Grafenau, Regen und Straubing-Bogen. Die Hotelberufsschule Viechtach ist die größte in Niederbayern. 1977 stellte sie genauso viele Prüflinge wie die übrigen niederbayerischen Hotelberufsschulen in Landshut, Passau und Pocking zusammen. Was Wunder, wenn bei der mit dieser Ausbildung notwendig verbundenen Blockbeschulung die Fachräume und Internatsplätze knapp geworden sind und ein Anbau notwendig geworden ist.
Ein beachtlicher Zustrom zu den privaten Hotelfachschulen in Altötting, Bad Wiessee und Reichenhall läßt in lokalpolitischen Kreisen die Überlegung aufkommen, für Viechtach, wo entsprechendes Lehrpersonal und Grundausstattung vorhanden sind, eine Staatliche Hotelfachschule zu beantragen. Der Status der Außenstelle, aber auch der derzeitige Meinungstrend im Hotel- und Gaststättengewerbe sprechen für die Beibehaltung des dualen Ausbildungssystems.

Die Zusammenlegung der Altlandkreise Regen und Viechtach im Zuge der bayerischen Gebietsreform brachte die Herauslösung der Berufsschule Viechtach aus dem Bezirksberufsschulverband Niederbayern und deren Eingliederung in die Kreis- und nachmalige Staatliche Berufsschule Regen mit sich.

Der noch recht jungen Spezialisierungstendenz in Viechtach, ausgelöst durch den wachstumsorientierten Erwerbszweig Fremdenverkehr, steht in Zwiesel die besondere Ausrichtung auf Glasherstellung und -design gegenüber, basierend auf der Tradition im Umgang mit Glas und der daraus gewonnenen Kenntnis. Zwiesel ist seit langem Mittelpunkt der Ausbildung für Glasberufe. Hier entstand schon um die Jahrhundertwende die erste Glasfachschule in Deutschland. Bis heute ist sie die einzige in Bayern geblieben. Sie hat internationalen Ruf. Die Zwieseler Fachschule für Glas wurde zum Zweck berufsbezogener Förderung des Nachwuchses für die umliegenden Glashütten- und Glasveredelungsbetriebe gegründet. In einem von der Stadt zur Verfügung gestellten Schulgebäude konnte bereits 1904 der Unterricht aufgenommen werden. Die Übernahme durch den Staat erfolgte bald nach Eröffnung der Schule.

Zu den ursprünglichen Fachklassen für Hohlglasmalerei und –gravur kam 1912 eine für Glasschleiferei. 1917 fand ein erster Jahreskurs für (vorwiegend kriegsbeschädigte) Glashüttentechniker statt; seit 1919 werden Glashüttentechniker regelmäßig ausgebildet und seit 1952 können sie sich auch einem staatlichen Examen unterziehen. Mit dem auf den Gründungsdirektor Sebastian Schmidt folgenden Kunstgewerbler Bruno Mauder gewann der praktische Teil der Ausbildung immer mehr an Bedeutung; in den 20er Jahren kamen eigene Abteilungen für Industriezeichner und Kunstgewerbler dazu. Prof. Dr. Ludwig Springer, zu seiner Zeit die führende Kapazität in Sachen Glastechnik, stand von 1913 an 40 Jahre lang dem chemischen Labor vor, das 1904 der Glasfachschule angegliedert worden war und aus dem sich der hüttentechnische Zweig entwickelt hat. Geradezu eine neue Dimension erschloß sich der Schule, als diese 1957 eine Versuchsglashütte mit einem Drei-Hafen-Ofen erhielt. Die zusätzliche Ausstattung mit Maschinen, Laboreinrichtungen und Säureanlagen schuf die Voraussetzung für die 1965 ministeriell genehmigten Glashütteningenieurkurse. Die Ausbildung zum Ingenieur mußte allerdings 1972 wieder abgegeben werden. Sie wurde der Fachhochschule in Nürnberg überantwortet.

Unter Leitung von Direktor Max Gangkofner (seit 1956) umfaßt das Staatliche Ausbildungszentrum für Glas in Zwiesel a) die Abteilung Fachschule für Glastechniker und -gestalter mit viersemestrigen Lehrgängen, b) die Abteilung der Berufsfachschule mit Ganztagsausbildung (Hohlglasschleifer, Hohlglasgraveure, Hohlglasmaler und Glasinstrumentenmacher werden zur Gesellenreife geführt) und c) die Abteilung Berufsschule für Auszubildende aus Industrie und Handwerk (Glasmacher, Glasveredler und Glasverarbeiter). 1973 wurde für diese Lehrlinge ein Landesfachsprengel in Zwiesel gebildet. Zweimal pro Jahr kommen sie für je vier Wochen zur Blockbeschulung aus ganz Bayern hierher. Während dieser Zeit finden sie im Jugendwohnheim Spiegelau bzw. im Internat der Viechtacher Hotelberufsschule Unterkunft. Ein eigenes Lehrlingsheim in Zwiesel ist geplant.

Berufsschule, Berufsfachschule und Fachschule sind auf drei Gebäude verteilt, aber nicht an bestimmte Gebäude gebunden. Für den Einsatz der Lehrkräfte und für die Klassenunterbringung ergeben sich dadurch zahlreiche Kombinationsmöglichkeiten. Sie kommen der Ausbildung der Glasschüler, ob sich diese nun der hüttentechnischen oder der handwerklich-künstlerischen Laufbahn verschrieben haben, zugute.

Die Fachakademie für Sozialpädagogik in Zwiesel, eröffnet im November 1972, ist mittelbar dem seit 1957 existierenden Grundausbildungslehrgang für Sozialberufe im Rahmen der Heimberufsschule (Notburgahaus) entwachsen. Ebenso wie dieser sowie der bereits seit 1951 angebotene Grundausbildungslehrgang für Hauswirtschaft wird auch die Fachakademie vom Mädchenwerk Zwiesel, einem eingetragenen Verein, der dem Deutschen Caritasverband als korporatives Mitglied angeschlossen ist, mit aufopferndem Einsatz finanziell getragen. Der von der Fachakademie gewiesene Bildungsweg mit dem Berufsziel „Staatlich geprüfte Erzieherin" sieht folgendermaßen aus: Soweit nicht bereits die Eingangsvoraussetzungen durch den erfolgreichen Abschluß einer Berufsfachschule oder eines Vorseminars gegeben sind, betreut die Fachakademie jene Mädchen, die mit der Mittleren Reife aus Gymnasien oder Realschulen kommen und erst noch ein einjähriges Vorpraktikum in sozialpädagogischen Einrichtungen ableisten müssen, ehe sie den theoretischen Unterricht an der Fachakademie selbst besuchen dürfen. Der theoretische Unterricht weist gemäß der vom Bayerischen Staatsministerium für Unterricht und Kultus vorgegebenen Stundentafel zwar auch allgemeinbildende Fächer auf, seine besondere Ausrichtung erfährt er aber durch Fächer wie Psychologie, Pädagogik, Praxis- und Methodenlehre sowie musische Disziplinen. Sozialpädagogische Blockpraktika begleiten diesen Unterricht, eine theoretische Prüfung schließt ihn ab. Eine Ergänzungsprüfung zur Erlangung der Fachhochschulreife steht begabten Schülerinnen am Ende dieses Ausbildungsabschnittes ebenfalls offen.

Nach der theoretischen Prüfung an der Fachakademie folgt ein einjähriges, nunmehr bereits bezahltes Berufspraktikum in heil- oder heimpädagogischen Einrichtungen. Dieses Praktikum flankieren Studientage an der Fachakademie. Ein Colloquium aus der Berufspraxis steht am Ende dieses Ausbildungsjahres, das zugleich den fachakademischen Studiengang beschließt.

Das Lehrpersonal der Fachakademie Zwiesel setzt sich aus einer kleinen Schar hauptamtlicher und einem großen Kontingent nebenberuflicher Lehrkräfte (Gymnasiallehrer, Diplompsychologen, Richter, Ärzte u. a. m.) zusammen.

Geleitet werden Fachakademie und Grundausbildungslehrgänge von Dr. Elisabeth Hieke. Aus einer Zwieseler Kaufmannsfamilie stammend, hat sie bei Kriegsende in ihrer Heimatstadt aus sozialer Verantwortung heraus zu einem Lebenswerk angesetzt, das in allden folgenden Jahren durch ihre unermüdliche Schaffenskraft bestimmt war. 1979 wurde ein Erweiterungsbau für Klassen- und Gruppenräume sowie für eine Mensa erstellt. Bleibt zu hoffen, daß dem Trägerverein, dessen Vorstand Zwiesels Bürgermeister Georg Haberland angehört, nicht nur die Stadt Zwiesel weiterhin entgegenkommt. Wohlwollendes Interesse und Förderung hat das Mädchenwerk Zwiesel verdient, denn durch diesen Verein wurde das Bildungsangebot für die weibliche Jugend im Bayerischen Wald merklich erweitert.

Die Realschulen

Der Schultyp der Realschule, im Landkreis Regen an drei Orten vertreten, schafft Berufsgrundlagen, die zwischen Wissenschaft und Praxis vermitteln. Für begabte junge Menschen eröffnet er Wege, die über Fachoberschulen und Fachakademien zu Fachhochschulen und anschließend zu entsprechend gehobenen Berufen führen. Gerade im Bayerischen Wald ist in den letzten Jahrzehnten die Realschule zur Schule des sozialen Aufstiegs in Wirtschaft, Technik und Verwaltung geworden.

Innerhalb des Landkreises hat das Mittel- und spätere Realschulwesen die längste Tradition in Zwiesel. Schon 1920 – also lange Zeit vor den ersten staatlichen Mittelschulen im Bayerischen Wald – wurde in dieser Stadt eine weiterführende „3-klassige", d. h. drei Jahrgangsstufen umfassende Städtische Mädchenschule im früheren Schulhaus der Mädchenvolksschule am Kirchberg eröffnet. Das Adjektiv im Schulnamen weist darauf hin, daß sich die Stadt Zwiesel zur Übernahme der Ausgaben für den personellen und sachlichen Bedarf verpflichtet hatte. Schulschwestern des Englischen Konvents übernahmen die pädagogische Betreuung. Mit Unterbrechung von 1941 bis 1945, bedingt durch einen Erlaß, der den klösterlichen Lehrerinnen der Zwieseler Mädchenmittelschule in diesen letzten Jahren des Dritten Reiches das Unterrichten verboten hatte, versahen die Matres ihren aufopferungsvollen Dienst an der Jugend mehr als 50 Jahre lang. Von 1920 bis 1968 hatten sie auch die Leitung der Schule inne.

M. Winfrieda Gerauer stand ihr bis 1929, M. Hermanna Schauer bis 1941 vor; M. Alexandra Reiter übernahm 1945 die von 1942 bis 1947 als 2-klassige Städtische Handelsschule geführte Anstalt im Jahre 1945. 1968 trat sie, 75-jährig, zurück. Das Provinzialat sah sich wegen fehlender Nachwuchs-

kräfte außerstande, eine Nachfolgerin zu benennen. Mit der kommissarischen Schulleitung wurde Ingeborg Moder betraut. 1971 übernahm Realschuldirektor Josef Hain, vorher als Studienrat an der Staatlichen Realschule Regen tätig, die Leitung der mittlerweile 4-klassigen Realschule (so heißen seit 1965 die ehemaligen Mittelschulen), in die nun auch Knaben aufgenommen wurden.
Die 70er Jahre sind für die Zwieseler Realschule durch den Wechsel der Trägerschaft, durch den Neuaufbau des Lehrkörpers und durch die Erstellung einer großzügigen Schulanlage gekennzeichnet. Mit Beginn des Schuljahres 1970/71 übernahm erneut Zwiesel die Schulträgerschaft, die sich zwischenzeitlich das Provinzialat aufgebürdet hatte, weil die Stadt die 1948 von der amerikanischen Militärregierung verlangte Schulgeld- und Lernmittelfreiheit finanziell nicht verkraften konnte. 1973 begann der stufenweise Aufbau der Staatlichen Realschule bzw. der Abbau der Städtischen Realschule Zwiesel. Die volle Verstaatlichung war 1975 abgeschlossen. Für die Schule übernahm der Landkreis ab 1977 die Trägerschaft und sorgte damit für den Sachaufwand. Als Bauherr hatte die Stadt Zwiesel noch dafür gesorgt, daß 1974 der erste Spatenstich für den Neubau der Realschule an der Hochstraße und an der Franz-Betz-Straße getan und im März 1975 das Richtfest gefeiert werden konnte. Im September des gleichen Jahres zogen 531 Schüler in das neue Schulgebäude ein. Architektonischem Geschick war es gelungen, in einer der schönsten Lagen der Stadt Schwerpunkte eines Sinn und Gemüt anregenden Umfelds zu schaffen, das geeignet ist, seinen Teil zum geistigen Reifungsprozeß und zur vertiefenden Muße der Schüler beizutragen. Dieses Phänomen faßte Realschuldirektor Josef Hain anläßlich der Schlüsselübergabe in folgende Worte: „Die hervorragend ausgestatteten Gebäudekomplexe stehen, in reizvoller architektonischer Vielfalt konzipiert, im interessanten Wechselspiel zu phantasievoll gestaltetem Freigelände. Schule wird so zum nachhaltigen Erlebnis, ist permanente Begegnung mit objektiviertem Geist."
Die Vorplanung für die Errichtung einer weiterführenden Schule in Viechtach reicht bis in das erste Nachkriegsjahr zurück. Einige Jahre verstrichen dann, ehe eine Ministerialkommission der Errichtung einer Staatlichen Mittelschule zustimmte. 1950 wurde mit dem Unterricht und 1951 mit dem Bau eines eigenen Mittelschulgebäudes (an der jetzigen Dr. Schellerer-Straße) begonnen. Die feierliche Einweihung fand im Juli 1953 statt, einen Monat nach der Abschlußprüfung der ersten Viechtacher Mittelschulabsolventen. 1961 wurde die 4-klassige Form eingeführt. Damit allerdings wuchsen die Raumsorgen. „Die Mittelschule platzt aus allen Nähten", so hieß es in einem Zeitungsartikel des Jahres 1962. Im Januar 1964 übernahm der damals noch existierende Landkreis Viechtach von der Stadt den Sachaufwand für die Mittelschule, und im Mai 1965 sah sich der Kreisausschuß veranlaßt, finanzielle und technische Überlegungen im Zusammenhang mit einem Erweiterungsbau für diese Schule anzustellen.
Da mit Beginn des Schuljahres 1966/67 das Gymnasium im alten Viechtacher Knabenvolksschulhaus den Lehrbetrieb aufnahm, wurde in einer Kreisausschußsitzung Ende 1967 unter dem Vorsitz des damaligen Landrats Josef Glasschröder beschlossen, in Viechtach ein Schulzentrum für beide weiterführenden Schulen zu errichten. Dieses Schulzentrum, so befand der Kreisausschuß im Juni 1969, soll eine Dreifachturnhalle, eine Schwimmhalle und Außensportanlagen erhalten. In die Zeit nach dem Baubeginn und vor der Fertigstellung des neuen Realschulgebäudes fiel 1970 der Antrag des Direktorats der Realschule auf Erweiterung des Neubauprojektes. Der Kreisausschuß beschloß daraufhin in der Sitzung vom 19. Januar 1971 die Erweiterung des ursprünglich vorgesehenen Neubaues. Im September 1971 erfolgte der Einzug in das neue Realschulgebäude, im Januar 1972 waren der Erweiterungsbau, im September 1974 die Dreifachturnhalle und im Januar 1975 die Schwimmhalle fertiggestellt. Doppelten Anlaß zum Feiern gab es: In Anwesenheit des Bayerischen Staatsministers für Unterricht und Kultus Prof. Dr. Hans Maier wurde am 10. April des gleichen Jahres das gesamte Schulzentrum Viechtach eingeweiht, und knapp einen Monat später, am 2. Mai, begann die dreitägige 25-Jahr-Feier der Realschule Viechtach,

verbunden mit einem Treffen ehemaliger Lehrer und Schüler.
Heinz Steidl leitete die Mittelschule Viechtach in ihren Anfangsjahren; danach baute dieser verdiente Schulmann die Mittelschule Regen auf. Ab 1955 stand Georg Klug der Mittelschule Viechtach vor, bis er 1959 das Amt des Ministerialbeauftragten für die Mittelschulen der Oberpfalz übertragen bekam. Relativ kurze Zeit wirkten hierauf nacheinander Mittelschulkonrektorin Johanna Schmatz (1959–60) und Mittelschuldirektor Rudolf Peukert (1960–61). Dann übernahm Mittelschuldirektor Konrad Kundler die Schulleitung, bis er 1969 von Realschuldirektor Albert Pöllmann abgelöst wurde. Unter letzterem hat die Staatliche Realschule Viechtach eine gesicherte Weiterentwicklung genommen; sie liegt gegenwärtig von der Größenordnung her an vierter Stelle in Niederbayern.
Wunsch und Wille der Regener, politisch verkörpert durch Bürgermeister und Stadträte, führten zu einem Landtagsbeschluß, der das Bayerische Staatsministerium für Unterricht und Kultus veranlaßte, eine Staatliche Mittelschule für Knaben und Mädchen in Regen zu errichten. Diese Schule wuchs rasch. Das Schuleinzugsgebiet war groß. Knaben aus Zwiesel und Umgebung, die die nächste Mittelschule besuchen wollten, mußten nach Regen fahren. Dem Zustrom trug ein Neubau Rechnung. Anläßlich der Einweihung Ende Januar 1958 bezeichnete Ludwig Hopfner, der damalige Regierungspräsident von Niederbayern, diesen Schulbau als „Großtat im Grenzland". Doch die Wirklichkeit holte die für damalige Verhältnisse großzügige Konzeption rasch ein. Der wirtschaftliche Boom, die Errichtung der Regener Garnison, die 1958 begonnene Umwandlung der 3-klassigen in eine 4-klassige Mittelschule Regen, das alles deutete auch auf die Notwendigkeit räumlicher Erweiterung hin. 1962/63 und 1969 wurden entsprechende bauliche Maßnahmen durchgeführt; 1976 tat Landrat Helmut Feuchtinger den ersten Spatenstich zum Bau der Realschul-Doppelturnhalle. Die seit 1974 in die Benützung einbezogene ehemalige Marienschule wurde durch einen Gang mit dem Hauptgebäude an der Bodenmaiser Straße verbunden.
Die Realschule Regen erreichte im Schuljahr 1971/72 mit 660 Schülern ihre Höchstzahl. Im Herbst 1978 waren nur noch rund 500 Schüler eingeschrieben. Das rasche Absinken der Schülerzahl ist mit dem allgemeinen Geburtenrückgang, mit der Öffnung der Realschule Zwiesel auch für Knaben und im Zusammenhang damit mit dem Verlust der ehemaligen Einzugsorte Zwiesel und Frauenau hinreichend zu erklären. Die rückläufige Schülerzahl hat auch ihr Gutes. Vorbei ist nun die Raumnot, die in der Regener Zeitung am 13. 9. 1968 noch zur Artikelüberschrift „Die Realschule platzt wieder aus allen Nähten" führte und schließlich zur Folge hatte, daß der Niederbayerische Realschultag 1969 zwar von der Realschule Regen ausgerichtet wurde, aber aus Platzgründen in Kötzting stattfinden mußte. Daß bei allem zahlenmäßigen Rückgang das inhaltliche Kontinuum gewahrt wurde, dafür sorgte die Schulleiterin: Martha Jung war 23 Jahre lang Konrektorin – zuerst in Viechtach, ab 1956 in Regen –, ehe sie 1974 dem in den Ruhestand tretenden Heinz Steidl im Amt nachfolgte. Wie diesem bei seinem Abschied vom aktiven Schuldienst durch den zuständigen Ministerialbeauftragten ein starker Hang zur musisch-künstlerischen Seite bestätigt wurde, so steht ebenso außer Zweifel, daß auch unter der jetzigen Direktion der künstlerisch-volkskundliche Bereich besonders gefördert wird.

Die Gymnasien

In Zwiesel richtete der Stadtrat 1949 ein Gesuch an den Bayerischen Landtag, in dieser Stadt eine höhere Schule einzurichten. Folgende Argumente wurden damals ins Feld geführt: Der Bayerische Wald sei gegenüber anderen Landesteilen benachteiligt, insbesondere auf schulischem Gebiet. Höhere Schulen gebe es nur am Rande: in Passau, Deggendorf, Metten, Straubing, Cham. Die langen Fahrten dorthin oder der teuere Internatsaufenthalt stellten eine schwere Belastung für Kinder und Eltern dar. Ein „Grenzlandgymnasium" bedeute mithin einen wesentlichen Schritt zum Abbau sozialer Ungerechtigkeit und die Grundlage für eine geistige und kulturelle Aufwertung des Mittleren Bayerischen Waldes.

Mit bewundernswertem Durchstehvermögen gelang es dem damaligen Bürgermeister Josef Dötsch, der Voreingenommenheit gegen ein solches Projekt bei den Zentralbehörden zu begegnen und die Errichtung einer staatlichen Realschule – die von den Initiatoren von Anfang an als Unter- und Mittelbau für eine spätere Oberrealschule verstanden wurde – durchzusetzen. 1952 fand die Grundsteinlegung für das Schulgebäude statt; von einem „Meilenstein in der Entwicklung des Grenzlandes" wurde bei diesem Anlaß gesprochen. Oberstudienrat Paul Prähauser von der Oberrealschule Cham wurde mit der Leitung der Schule betraut. Im Herbst 1952 begann der Unterricht, vorerst noch im Gebäude der Landwirtschaftlichen Berufsschule an der Fachschulstraße. In mehreren Bauabschnitten wurde das eigene Schulgebäude an der Bahnhofstraße fertiggestellt (1953, 1955, 1959 Turnhalle, 1960 Erweiterungsbau, 1971 Erweiterungsbau, genannt „Kulturbunker", 1977 zweite Turnhalle).
Ohne Schwierigkeiten vollzog sich der Ausbau zur Vollanstalt. Ab 1957 trug die Schule die Bezeichnung „Oberrealschule". 1961 fand an ihr das erste Abitur statt. Der langjährige Plan, ein Schülerheim für auswärtige Oberschüler zu eröffnen, wurde von den Augustiner-Eremiten verwirklicht. Die ersten Juvenatschüler gab es in Zwiesel mit Beginn des Schuljahres 1963/64. Ab 1965 verfügte das Gymnasium Zwiesel (die Bezeichnung Oberrealschule war bundeseinheitlich abgeschafft worden) neben dem mathematisch-naturwissenschaftlichen auch noch über einen neusprachlichen Zweig.
Das Gymnasium Zwiesel hatte sich – wie andere Gymnasien auch – in den 70er Jahren den neuen Themen Schulstreß, Numerus Clausus und Neugestaltung der Oberstufe (Kollegstufe) zu stellen. Humane Erziehungsüberzeugung und pädagogische Verantwortung eines erfahrenen Direktorats und Lehrerkollegiums bewährten sich dabei. Oberstudiendirektor Paul Prähauser trat 1975 in den Ruhestand. Die Stadt Zwiesel verlieh ihm das Goldene Ehrenzeichen für die mühevolle Aufbauarbeit. In Anerkennung seiner Leistungen erhielt er 1976 das Bundesverdienstkreuz am Band. Sein Nachfolger ist Oberstudiendirektor Dr. Friedrich Schlumprecht. Unter ihm wächst die Schule weiter in den Kreis traditionsreicher und altbewährter Gymnasien unseres Landes hinein.
Der tatkräftige Förderer der weiterführenden Schulen in unserem Landkreis, Landrat Helmut Feuchtinger, hat anläßlich des 25-jährigen Bestehens des Gymnasiums Zwiesel in einem Grußwort geschrieben: „Es war das erste Gymnasium, das im Bayerischen Wald errichtet worden ist. Die Entwicklung hat gezeigt, wie notwendig dieser Schritt war. Eine Vielzahl junger Menschen aus dem Landkreis Regen und benachbarten Gebieten hat seither von der Möglichkeit des Besuches einer höheren Schule Gebrauch machen können, und es hat sich überdies gezeigt, daß der Bedarf an Gymnasien im Bayerischen Wald noch wesentlich größer ist. Weitere Schulen sind deshalb in den letzten 15 Jahren entstanden, für die das Gymnasium Zwiesel der Modellversuch war."
Glied dieser im Rahmen des Bayerischen Schulentwicklungsplanes gelegten Kette von neugegründeten Gymnasien im Bayerischen Wald ist auch das Dominicus-von-Linprun-Gymnasium Viechtach. Seine Entstehungsgeschichte: 1964 wurde vom Kreistag des damals noch existierenden Landkreises Viechtach einstimmig beschlossen, die Trägerschaft für ein Gymnasium zu übernehmen. Dem Verhandlungsgeschick des damaligen Landrats Josef Glasschröder ist es schließlich gelungen, daß 1966 die ministerielle Anordnung zur Errichtung eines Mathematisch-naturwissenschaftlichen Gymnasiums in Viechtach erfolgte. Als Schulleiter wurde der vom Gymnasium Sulzbach-Rosenberg kommende Oberstudienrat und jetzige Oberstudiendirektor Walter Raz bestellt. Er leistete eine gewaltige Aufbauarbeit.
Im Gebäude der ehemaligen Knabenvolksschule an der Mönchshofstraße begann mit dem Schuljahr 1966/67 der gymnasiale Unterricht in Viechtach. Im September 1970 wurde dann das neuerrichtete Gebäude am Ende der Jahnstraße bezogen. Durch Verordnung vom 14. April 1972 erhielt das Viechtacher Gymnasium die gymnasiale Oberstufe und wurde damit, beginnend mit dem Schuljahr 1972/73, voll ausgebaut. Am 26. März 1974 erfolgte die Namensverleihung. Der in Viechtach geborene und später dort als Pflegskommissär tätige Do-

minicus von Linprun (1714–87) wurde zum Namenspatron gewählt. Die Vielseitigkeit seiner Begabung wird in seinem Tun deutlich: er war kurfürstlicher Münz-, Bergwerks- und Hofkammerrat, Historiker, Geograph, Mathematiker und Wirtschaftsorganisator in einer Person. Zusammen mit Lori begründete er die Bayerische Akademie der Wissenschaften.

Seit November 1974 stehen dem Gymnasium Viechtach gemeinsam mit der Realschule Viechtach eine Dreifachturnhalle und eine Wettkampfschwimmhalle zur Verfügung. Für körperliche Ertüchtigung, für sportliches Spiel und für Wettkämpfe ist damit genügend Gelegenheit geschaffen. Noch nicht umgesetzt dagegen sind Anstöße, die es den Schülern leichtmachen, ihre spärliche Freizeit kreativ und damit bildungskonform zu gestalten. Das Bedürfnis hierfür zu wecken ist ein wesentliches gymnasiales Bildungsziel. Ihm entgegen steht folgende pädagogisch kaum tragbare Situation: Fast Dreiviertel der Viechtacher Gymnasiasten sind Fahrschüler. Das Gros davon kann an mehreren Wochentagen wegen des nachmittäglichen Unterrichts erst nach 16.30 Uhr heimfahren. Während der Mittagszeit und in unterrichtsfreien Zwischen- und Randstunden müssen sich deshalb die meisten Schüler – insbesondere bei schlechter Witterung – in den Schulhausgängen oder in den zugewiesenen Klaßräumen aufhalten. Solche Ungeborgenheit macht es jungen Menschen schwer, hohe Erwartungen zu erfüllen. Im Zusammenhang mit dem infolge der Einführung der Kollegstufe ohnehin notwendigen Erweiterungsbau soll gegen diesen Übelstand angegangen werden. Um äußere Voraussetzungen für eine schülerfreundliche Atmosphäre zu schaffen, hat das Architekturbüro Huber-Schlecht (Viechtach) neben Kollegräumen auch eine Lesegalerie und einen Pavillon in die Planung aufgenommen. Eine solche Konzeption nimmt zugleich das Wort des Kultusministers Prof. Dr. Hans Maier ernst, der in der Wissensvermittlung allein die Aufgabe besonders der Gymnasien in der Provinz keineswegs erfüllt sieht. „Über ihren Bildungsauftrag hinaus", so schreibt er im Grußwort anläßlich der 25-Jahr-Feier des Gymnasiums Zwiesel, „sind Schulen auch kulturelle Zentren, Begegnungsstätten vieler Menschen, Knotenpunkte des gemeindlichen Lebens." Damit ist den Schulen eine ausgreifende erzieherische Funktion zugesprochen, die sie wahrzunehmen haben. In diesem Sinne sollten die politisch und pädagogisch Verantwortlichen des Landkreises Regen alles daransetzen, der ihnen anvertrauten Jugend eine Erinnerungslandschaft zu vermitteln, die gegenüber dem Slogan „Bildungsreform und Stadtkultur" als Alternative bestehen kann. Denn für die Zukunft dieses Landkreises wird wichtig sein, daß möglichst viele, die in Zwiesel oder Viechtach das Abitur abgelegt haben, nach Abschluß ihrer Studien wieder hierher ins Grenzland zurückkehren wollen.

OTTO KALTENBERGER

STAATLICHES SCHULAMT IM LANDKREIS REGEN

(Amtsgerichtsstraße 4, 8370 Regen,
Telefon 09921/3225)
Fachlicher Leiter:
Otto Kaltenberger, Schulamtsdirektor (seit 1974)
Stellvertreter:
Hellfried Reischl, Schulamtsdirektor

Nach den entsprechenden Bestimmungen des Volksschulgesetzes besteht in jedem Landkreis und in jeder kreisfreien Gemeinde ein Staatliches Schulamt als Dualbehörde (mit einem fachlichen und rechtlichen Leiter); es hat den gleichen Sitz wie die Kreisverwaltungsbehörde und sein Amtsbereich deckt sich grundsätzlich mit dem Gebiet des betreffenden Landkreises oder der kreisfreien Stadt.
In Niederbayern gibt es daher Staatliche Schulämter in folgenden Orten: Deggendorf, Dingolfing, Freyung, Kelheim, Landshut, Passau, Regen, Pfarrkirchen und Straubing.
Als Folge der Gebietsreform wurden 1972 die (in den jeweiligen Landratsämtern angesiedelten) bis dahin selbständigen Schulämter in Regen und Viechtach aufgelöst und im August 1974 im ehemaligen Amtsgerichtsgebäude in Regen, Amtsgerichtsstraße 4, als „Staatliches Schulamt im Landkreis Regen" untergebracht.
Die Staatlichen Schulämter gehören zu den orts- und schulnahen Schulaufsichtsbehörden über die öffentlichen Volks- und Sondervolksschulen, wobei Schulaufsichtsbeamte als pädagogische Fachleute eine verfassungsgemäße Aufgabe wahrnehmen (nach Art. 130, 2 der Verfassung des Freistaates Bayern wird die Schulaufsicht „durch hauptamtlich tätige, fachmännisch vorgebildete Beamte ausgeübt").
Von den vielfältigen fachlichen Aufgaben des Staatlichen Schulamtes können hier nur einige aufgeführt werden:
- Förderung, Beratung und Beaufsichtigung des Unterrichts und der Erziehung an den 29 Volksschulen
- Dienstaufsicht mit regelmäßiger dienstlicher Beurteilung (z. B. in Verbindung mit Schulbesuchen) der Schulleiter, Lehrer, Fachlehrer und Pädagogischen Assistenten (derzeit fast 450 Bedienstete!)
- Vorbereitung und Mitwirkung bei der Klassenbildung für Volksschulen, Sonderschulen und schulvorbereitenden Einrichtungen
- Mitwirkung bei der II. Lehramtsprüfung der Lehramtsanwärter (Mitglied bei den Prüfungskommissionen für die praktische bzw. mündliche Prüfung; Korrektur von Klausurarbeiten)
- Planung, Organisation und Mitwirkung bei der lokalen und regionalen Lehrerfortbildung (III. Phase der Lehrerbildung)
- Teilnahme an Lehrerkonferenzen, Personalratssitzungen und Personalversammlungen
- Zusammenstellung und Überprüfung statistischer Erhebungen und Umfragen (z. B. für das Statistische Landesamt)
- Durchführung von Dienstbesprechungen mit den Schulleitern der 29 Volksschulen und 4 Sonderschulen (in Regen)
- Angelegenheiten der Fachberater (für Handarbeit und Hauswirtschaft, Sport, Verkehrserzie-

hung und Unfallverhütung) und Schuljugendberater
- Verkehrserziehung an den Volks- und Sonderschulen (dabei Zusammenarbeit mit Polizei und Verkehrswacht)
- Mitwirkung im Bereich der Sondervolksschule (z. B. Entscheidung über die Aufnahme eines Schülers in eine Sonderschule)
- Regelung der Hospitationen und Praktika von Studierenden
- Überwachung der Schulanmeldung, der Wahl der Klassenelternsprecher und des Elternbeirats
- Entscheidung über die Verlängerung der Volksschulpflicht eines Schülers
- Anordnung des gastweisen Besuchs einer anderen Volksschule
- Kooperation mit schulischen und außerschulischen Partnern
- Kontaktstelle zwischen Schule, Schulverwaltung und Öffentlichkeit

Die Aufgaben mit vorwiegend rechtlicher Natur, die hier nicht aufgeführt sind, gehören zur Zuständigkeit des Landrats.

Im geplanten Neubau des Landratsamtes in Regen sind auch Räume für das Staatliche Schulamt Regen vorgesehen.

OTTO KALTENBERGER

VOLKS- UND SONDERSCHULEN IM LANDKREIS REGEN

Im Landkreisbuch Regen aus dem Jahre 1962 findet sich im Abschnitt „Das Schulwesen" neben einem historischen Rückblick eine Darstellung der Entwicklung der Schulen in der Aufbauphase nach dem 2. Weltkrieg zu einem „natürlich gewachsenen Volksschulwesen" mit damals noch 27 (überwiegend wenig gegliederter) Schulen an 23 Orten allein im Altlandkreis Regen (dazu 25 Schulen im Altlandkreis Viechtach).

In diesem Beitrag soll nun aufgezeigt werden, wie sich in den letzten 20 Jahren (1961–1981) die Volksschule – geprägt durch Reform und Expansion – in ihrem Wesen grundlegend verändert und zu einem tiefgreifenden und pädagogisch notwendigen Wandel geführt hat.

Diese Entwicklung läßt sich an folgenden markanten Punkten aufzeigen:

A. Die Reform der Landschule

Die ehemalige Diskussion um Ausbau und Weiterentwicklung der Volksschule als Voraussetzung zur Hebung der grundlegenden Bildung für alle mit dem Ziel gleicher Bildungschancen auch auf dem Lande (im Schuljahr 1964/65 waren noch 62,5% der bayerischen Volksschulen ein- bis dreiklassig!) zeigte, daß die Existenz wenig gegliederter Schulen durch bestimmte Faktoren (eine Schule für jedes Dorf, Gliederung in Bekenntnisschulen, Trennung in Knaben- und Mädchenschulen) stark begünstigt wurde.

So gab es im Schuljahr 1961/62 noch 7 einklassige Schulen (Asbach, Auerkiel, Ayrhof, Buchenau, Habischried, Spiegelhütte, evangelische Bekenntnisschule Viechtach) und 10 zweiklassige Schulen (Altnußberg, Einweging, Kirchaitnach, Krailing, Regenhütte, Rabenstein, Schönau, Unterzwieselau, Wiesing, Zell) sowie 4 getrennte Knaben- und Mädchenschulen in Frauenau, Kirchberg, Regen und Viechtach.

Folgende gesetzliche Grundlagen schufen die Voraussetzungen zur Durchführung der Landschulreform:

- das „Schulverbandsgesetz" von 1961
  (führte zur Bildung einiger Schulverbände)
- das „Volksschulgesetz" von 1966/69
  (Gliederung der Schulen in Jahrgangsklassen als Prinzip)
- Schaffung der „einheitlichen christlichen Schule" 1969
  (durch Abänderung des Art. 135 der Bayerischen Verfassung nach dem Volksentscheid vom 7. 7. 1968)

Diese gesetzlichen Regelungen führten in den kommenden Jahren zur Gründung folgender Schulverbände: Bischofsmais – Hochbruck, Drachselsried – Oberried – Asbach, Gotteszell – Achslach, Lindberg – Unterzwieselau und Prakkenbach – Moosbach – Krailing (mit Verwendung der bis dorthin selbständigen Schulhäuser).

16 Schulen wurden bis heute ganz aufgelöst: Altnußberg, Auerkiel, Ayrhof, Buchenau, Habischried, Kaikenried, Krailing, Ludwigsthal, Rabenstein, Regenhütte, Schönau, Schweinhütt, Spiegelhütte, Wettzell, Wiesing und Zell – eine lange Liste ehemaliger Schulorte!

Nur mehr in 10 größeren Orten werden Hauptschulklassen geführt, denn in 4 Orten (Eisenstein, Gotteszell, Langdorf, Langdorf, Untermitterdorf) verblieb nur eine Grundschule (1.–4. Jahrgangsstufe) und in 11 weiteren Orten (Arnbruck, Böbrach, Drachselsried, Frauenau, Geiersthal, Kirchaitnach, Kirchdorf, Kollnburg, Lindberg, Patersdorf, Prackenbach) dazu noch die Teilhauptschule I (1.–6. Jahrgangsstufe).

Ein Vergleich des Jahres 1965 (in Bayern noch 6622 Schulen, im Landkreis Regen/Viechtach noch 50 selbständige Schulen) mit dem Jahre 1980 (2836 Volksschulen in Bayern, 29 Volksschulen im Landkreis Regen) zeigt diese enorme Veränderung der Schullandschaft – in nur 15 Jahren – sehr anschaulich.

Zu diesem Wandel gehört auch, wegen der Verlängerung der Schulwege, die Errichtung von Schulbuslinien praktisch an allen Schulen des Landkreises, wobei seit dem Schuljahr 1971/72 die Schulwegkostenfreiheit garantiert wird. Die Grundsätze der Zweckmäßigkeit und Wirtschaftlichkeit wurden im Schuljahr 1977/78 wegen der ständig steigenden Kosten von Kommissionen überprüft.

Es soll auch nicht verschwiegen werden, daß die Organisation an den größeren Schulen komplizierter geworden ist (z. B. Abstimmung der Stundenpläne mit den verschiedenen Fachlehrern bzw. nach den Schulbusfahrzeiten). Aber die Zeit der wenig gegliederten Dorfschule ist endgültig abgelaufen.

B. Von der Volksschuloberstufe zur „Hauptschule"

Erst die Landschulreform schuf die organisatorische Basis für die Konzeption einer eigenständigen Hauptschule (ein weiteres wichtiges Ergebnis der Schulreform!) mit dem Ziel gleicher Bildungschancen im ganzen Land (d. h. Abbau des Stadt-Landgefälles) verbunden mit der Aufwertung der beruflichen Bildung.

Der Start erfolgte im Jahre 1969 mit folgenden Neuerungen:

- Verlängerung der Volksschulpflichtzeit von 8 auf 9 Jahre (und das in einer Zeit des Lehrermangels!)
- neue Inhalte an der Hauptschule (z. B. Englisch als Pflichtfach)
- Einführung des qualifizierenden Hauptschulabschlusses (den jährlich ca. 50% der Schüler ablegen)
- Unterrichtserteilung im sog. Kern-Kurssystem (Teilnahme am Kursunterricht nach Begabung, Interesse und Leistung)
- äußere Differenzierung des Unterrichts in den Fächern Englisch, Mathematik und Physik/Chemie in der 7.–9. Jahrgangsstufe
- verstärkter Einsatz von Fächergruppen- und Fachlehrern (z. B. für den Sportunterricht)

Die Neugestaltung zeigt sich – auch in der Änderung von Fächerbezeichnungen (z. B. Mathematik statt Rechnen, Literarische Bildung statt Lesen, Sport statt Turnen, Kunsterziehung statt Zeichnen, Musik statt Singen bereits in der Grundschule) – vor allem in der Einführung neuer lernzielorientierter curricularer Lehrpläne in allen Fächern und Jahrgangsstufen (in den Jahren von 1976–1980).

Folgende Kriterien der neuen Lehrplankonzeption der Hauptschule sind dabei zu nennen:

1. Ziele und Inhalte der Hauptschule:
   - Vermittlung einer gründlichen Allgemein-Bildung
   - Anbahnung der Berufsorientierung und der Berufswahl
   - Vorbereitung auf das künftige Berufsleben nach der Schule
2. Fächerangebot (Pflicht-, Wahlpflicht- und Wahlfächer):
   a) allgemeinbildende Fächer (z. B. Deutsch, Mathematik, Englisch)
   b) Fächer des Sachunterrichts (z. B. Erdkunde, Biologie, Geschichte)
   c) profilbildende Fächer der Hauptschule:
      - Arbeitslehre (= das zentrale Fach der Hauptschule)
      - Sozialkunde (dient der politischen und sozialen Bildung)
      - Erziehungskunde (soll der Persönlichkeitsbildung dienen)
   d) praktisch-technische Fächer:
      z. B. Handarbeit/Hauswirtschaft, Haushalts- und Wirtschaftskunde, Technisches Zeichnen, Technisches Werken, Maschinenschreiben, Stenographie, Textilarbeit.
   e) musische Fächer (z. B. Musik, Kunsterziehung, Sport).

Aus dieser Übersicht wird wohl jedem einsichtig, daß dieses Angebot an die Schüler aus der Sicht der herkömmlichen Schule (ein Lehrer – als „Allroundlehrer" – für eine Klasse; ein Klassenzimmer für eine Klasse) nicht mehr realisierbar wäre. Zu den Voraussetzungen und Konsequenzen dieser Konzeption gehört neben einem erhöhten Lehrer-, Fächergruppen- und Fachlehrerstundenbedarf die Schaf-

fung entsprechender Funktionsräume (z. B. für Werken, Sport, Technisches Zeichnen, Maschinenschreiben, Musik, Physik/Chemie) sowie von Gruppenräumen (für die äußere Differenzierung z. B. in Englisch) neben den Klassenzimmern für den Kernunterricht. Diese Bedingungen können jedoch nur an größeren Orten geschaffen werden.
Diese Konzentration im Hauptschulbereich führte im Landkreis Regen dazu, daß nur mehr an den 6 Volksschulen (Grund- und Hauptschule) in Bischofsmais, Bodenmais, Kirchberg, March (bis 1983), Rinchnach und Teisnach sowie an den organisatorisch selbständigen mehrzügigen Hauptschulen in Regen, Ruhmannsfelden, Viechtach und Zwiesel Hauptschüler beschult werden.
Die Verwirklichung der oben angeführten Hauptschulanliegen ist in einer kleinen, wenig gegliederten Schule nicht mehr möglich, denn mehr Wissen und Können ist in einer Zeit der „Wissensexplosion" und des immer rascheren Wandels auf allen Gebieten ein Gebot für jeden Beruf. Die neukonzipierte Hauptschule will dazu ihren Beitrag leisten (z. B. für den künftigen Facharbeiter), sie soll zusammen mit dem beruflichen Schulwesen eine tragende Säule unseres Bildungssystems sein und bleiben.

C. Baumaßnahmen in den Volks- und Sonderschulen

Um die Anliegen der inneren Schulreform mit der Profilierung der Hauptschule in der Praxis voll realisieren zu können, waren eine Reihe von baulichen Verbesserungen (wie Klassenzimmer, Gruppenräume, verschiedene Funktionsräume, z. B. für Sport, Werken, Kunsterziehung, Musik, Maschinenschreiben) erforderlich, die gerade im Landkreis Regen mit großem Engagement durchgeführt wurden. Ein knapper Überblick über wichtige Baumaßnahmen soll dies verdeutlichen:

Bayerisch-Eisenstein: Bau einer Turnhalle (1973).

Bischofsmais: Schulhauserweiterungsbau (1969/71), Bau einer Turnhalle (1980/81).

Bodenmais: Umbau und Erweiterung der Volksschule (seit 1980).

Böbrach: Neubau einer 5-klassigen Volksschule mit Sportplatz (1962/64).

Frauenau: Renovierung des Knaben- und Mädchenschulgebäudes (1970), Bau einer Mehrzweckhalle mit Turnhalle (1975/76).

Geiersthal: verschiedene Umbauten (1970/80).

Gotteszell: Bau einer Mehrzweckhalle mit Turnhalle (seit 1980).

Kirchaitnach: Renovierung und Umbauten in Kirchaitnach (1977), Um- und Erweiterungsbauten in Einweging (1967–79).

Kirchberg: Modernisierung und Erweiterung der Mädchenschule (1962/63), Erweiterung der Knabenschule mit Turnhalle und Lehrschwimmbecken (1968/72).

Kirchdorf: Neubau einer 6-klassigen Volksschule (1963/64), verschiedene Außenarbeiten (1968/69 und 1973/74).

Kollnburg: Neubau einer 6-klassigen Volksschule (1962/63).

Lindberg: Erweiterung und Umbau der Volksschule (1962/63; 1977/78).

March: Neubau einer 9-klassigen Volksschule (1963/64).

Moosbach: Erweiterung der Volksschule (1962), Bau einer Kleinsporthalle (1980/81).

Regen: Umbau der Knabenvolksschule (1962), Neubau einer Zentralschule mit allen Funktionsräumen, Zweifachturnhalle und Lehrschwimmbecken (1969–72): – einer 21-klassigen Grundschule, – einer 19-klassigen Hauptschule, Renovierung des Sonderschulgebäudes (1978/79).

Rinchnach: Erweiterungsbau Nord mit zusätzlichen Unterrichtsräumen (1966–68), Erweiterungsbau Süd mit den erforderlichen Funktionsräumen und Turnhalle (1974/77).

Ruhmannsfelden: Neubau eines 16-klassigen Hauptschulgebäudes mit allen Funktionsräumen und Turnhalle (1973/75).

Schweinhütt: Renovierung und Ausbau des Sonderschulgebäudes (1974/78), Neubau einer Sondervolksschule für geistig Behinderte und mehrfach Geschädigte (seit 1981).

Teisnach: Neubau einer 14-klassigen Volksschule mit allen Funktionsräumen und Turnhalle (1974/77).

Untermitterdorf: Umbau der Volksschule (1964), Sanierung der TSZ-Decken (1971).

Viechtach: Umbau des bisherigen Volksschulgebäu-

des (1969), Neubau einer Zentralvolksschule (1966/67), Erweiterung der Hauptschule mit den entsprechenden Funktionsräumen (1979/80).
Zwiesel: Neubau der damaligen Mädchenvolksschule (1962), Bau einer Turnhalle und eines Sportplatzes (1977), Erweiterung der Hauptschule mit den entsprechenden Funktionsräumen und Turnhalle (1978/80).
Eine zweifellos beachtliche Leistung unserer Kommunen zur Verbesserung der äußeren schulischen Arbeitsbedingungen, die Anerkennung verdient.

D. Rückgang der Schülerzahlen

Der seit 14 Jahren konstatierte Geburtenrückgang (der sog. „Pillenknick") ist zu einem wesentlichen Ausgangspunkt aller Überlegungen und Planungen in der Kultur- und Schulpolitik geworden.
Die Grundschule in Bayern hatte 1971 mit 729 000 Schülern ihren Höchststand, 1980 waren es nur noch 484 000 Schüler, deren Zahl bis 1985 noch weiter auf 586 000 absinken wird, um dann bis 1995 langsam wieder auf ca. 450 000 Grundschüler anzusteigen.
Die Hauptschule in Bayern hatte ihren höchsten Schülerstand im Jahre 1975 mit rund 515 000 Schülern, im Jahre 1980 waren es noch 495 000 Schüler, deren Zahl bis 1990 auf ca. 290 000 sinken wird, um dann wieder bis auf ca. 306 000 Hauptschüler anzusteigen.
Dieser Rückgang der Schülerzahlen hat sich, zwar stets etwas später und nicht so gravierend wie im Landesdurchschnitt (ca. 43% seit 1965) auch im Landkreis Regen deutlich ausgewirkt, wie folgende Übersichten zeigen:

Schuljahr	Schülerzahl in Bayern	Schülerzahl im Lkr. Regen	Schüler-rückgang	Zahl der Klassen
1974/75	1 320 000	10 775		330
1975/76	1 222 349	10 606	– 169	337
1976/77	1 184 686	10 339	– 267	341
1977/78	1 135 638	9 983	– 356	343
1978/79	1 075 882	9 399	– 584	333
1979/80	1 012 000	8 885	– 514	320
1980/81	948 500	8 497	– 388	317
1981/82	895 500	8 013	– 484	310

Der Rückgang der Schülerzahlen vom Schuljahr 1974/75 bis zum Schuljahr 1981/82 betrug also insgesamt 2762 Schüler (das sind 25,6%). Noch deutlicher wird der Einschnitt, wenn man das Schuljahr 1972/73 als Vergleich nimmt; damals gab es noch 11 302 Volksschüler, die in 314 Klassen (Klassendurchschnitt 36,0 Schüler) unterrichtet wurden; im Schuljahr 1981/82 sind es also über 3000 Schüler weniger, die in der fast gleichen Klassenzahl (Durchschnitt 25,75 Schüler!) beschult werden. Dem Rückgang der Schülerzahlen steht also eine stetige Steigerung der Lehrerplanstellen gegenüber – eine entscheidende Verbesserung der schulischen Arbeitsbedingungen.

Auf der Ebene der einzelnen Schulen ergibt sich folgendes Bild:

	1972/73	1974/75	1976/77	1978/79	1979/80	1980/81	1981/82
TS Arnbruck	241	220	210	197	196	182	161
GS Bayer. Eisenstein	73	72	65	63	61	69	68
VS Bischofsmais	473	450	423	426	409	395	380
VS Bodenmais	425	399	395	409	377	388	353
TS Böbrach	209	200	184	131	135	122	118
TS Drachselsried	366	343	318	267	268	236	229
TS Frauenau	436	393	359	317	274	262	228
TS Geiersthal	163	158	149	133	127	129	133
GS Gotteszell	534	518	266	252	232	207	184
GS Kaikenried	63	60	48	–	–	–	–
TS Kirchaitnach	218	204	192	141	129	124	121
VS Kirchberg	652	615	543	501	477	461	450
TS Kirchdorf	279	252	242	231	213	208	184
TS Kollnburg	207	186	171	146	136	106	103
GS Langdorf	156	145	132	120	107	89	76
TS Lindberg	232	223	216	217	204	178	163
TS Lohberg	184	174	163	–	–	–	–
VS March	274	271	235	218	201	188	184
TS Patersdorf	290	296	265	230	217	208	147
TS Prackenbach	331	339	319	278	273	254	219
GS Regen	767	766	757	730	670	644	571
HS Regen	660	684	657	593	569	573	577
VS Rinchnach	634	634	600	559	520	464	441
GS Ruhmannsfelden	500	483	247	231	222	208	198
HS Ruhmannsfelden			464	480	461	479	509
VS Teisnach	381	362	377	398	372	347	338
GS Untermitterdorf	81	71	62	63	70	66	66
GS Viechtach	515	525	530	473	464	410	375
HS Viechtach	560	550	511	454	438	469	482
GS Zwiesel	663	654	599	526	493	477	455
HS Zwiesel	735	702	624	615	580	554	500
	11 302	10 775	10 339	9 399	8 885	8 497	8 013

Diese geringere Schülerzahl an allen Schulen bringt natürlich Probleme; zu den dringlichen Aufgaben der nächsten Jahre gehört daher die Anpassung der bestehenden Schulorganisation an den Geburtenrückgang, wobei die Lösung dieses Problems (vor allem in einem dünner besiedelten Landkreis wie Regen) nicht möglich ist ohne Kompromisse zwischen dem pädagogisch Wünschbaren (Gliederung in Jahrgangsklassen) und dem Festhalten an der wohnortnahen, insbes. ortsnahen Grundschule (Prinzip der Heimatnähe). Daher läßt es sich nicht umgehen, daß in zunehmendem Maße kombinierte Klassen (in denen 2 Jahrgänge gemeinsam unterrichtet werden, z. B. 1./2. Jahrgangsstufe) hingenommen werden müssen, wenn auch die kleiner werdende Grundschule überall erhalten werden soll. Im Schuljahr 1981/82 gibt es bereits an 9 Schulorten (Arnbruck, Bayerisch-Eisenstein, Böbrach, Gotteszell-Achslach, Kirchaitnach, Kollnburg, Langdorf, March und Untermitterdorf) kombinierte Klassen. Auch geringere Klassenstärken werden an den kleineren Grundschulen toleriert, um den Bestand zu sichern.

Alle diese Fakten belegen, daß der Staat bestrebt ist, in der Förderung der Volks- und Sonderschulen einen besonderen Schwerpunkt zu setzen, dies zeigt die Tatsache, daß der Kultushaushalt ⅓ des bayerischen Staatshaushalts ausmacht und im Doppelhaushalt 1981/82 erstmals die Zehnmilliardengrenze überschreitet; dabei sind 60% des Kultushaushalts Personalausgaben (z. B. stetige Erhöhung der Zahl der Planstellen für Lehrer trotz Rückgangs der Schülerzahlen).

So wie es jetzt aussieht, kann im Landkreis Regen – trotz weniger Schüler alljährlich – die bestehende Schulorganisation aufrechterhalten werden.

E. Volks- und Sonderschulen im Landkreis Regen (Stand: Schuljahr 1980/81)

I. Volksschulen:

1. Teilschule 8491 Arnbruck
   (1.–6. Jahrgangsstufe)
   Schulleiter: Max Ruß, Rektor
   Schj. 1980/81: 182 Schüler, 7 Klassen
   (Bis zur Schaffung der räumlichen Aufnahmevoraussetzungen in Bodenmais bleibt die 7./8. Jahrgangsstufe in Arnbruck)
2. Grundschule 8371 Bayerisch-Eisenstein
   (1.–4. Jahrgangsstufe)
   Schulleiter: Josef Wöllisch, Hauptlehrer
   Schj. 1980/81: 69 Schüler, 3 Klassen
3. Volksschule 8379 Bischofsmais-Hochbruck
   (1.–9. Jahrgangsstufe)
   Schulleiter: Karl Gundermann, Rektor
   Schj. 1980/81: 395 Schüler, 16 Klassen
4. Volksschule 8373 Bodenmais
   (1.–9. Jahrgangsstufe)
   Schulleiter: Erich Redmann, Rektor
   Schj. 1980/81: 388 Schüler, 16 Klassen
5. Teilschule 8371 Böbrach
   (1.–6. Jahrgangsstufe)
   Schulleiter: Ernst Fischer, Hauptlehrer
   Schj. 1980/81: 122 Schüler, 6 Klassen
6. Teilschule 8371 Drachselsried
   (1.–6. Jahrgangsstufe)
   Schulleiter: Hubert Gabler, Rektor
   Schj. 1980/81: 236 Schüler, 9 Klassen
   (Bis zur Schaffung der räumlichen Aufnahmevoraussetzungen in Bodenmais bleibt die 7. und 8. Jahrgangsstufe in Drachselsried bzw. Oberried)
7. Teilschule 8371 Frauenau
   (1.–6. Jahrgangsstufe)
   Schulleiter: Josef Probst, Rektor
   Schj. 1980/81: 262 Schüler, 10 Klassen
   (Die bisher in Frauenau gebliebene 7. und 8. Jahrgangsstufe wird 1983 in die Hauptschule Zwiesel eingegliedert)
8. Teilschule 8376 Geiersthal
   (1.–6. Jahrgangsstufe)
   Schulleiter: Josef Kaiser, Hauptlehrer
   Schj. 1980/81: 129 Schüler, 6 Klassen
9. Grundschule 8371 Gotteszell
   (1.–4. Jahrgangsstufe)
   Schulleiter: Karl Schambeck, Rektor
   Schj. 1980/81: 207 Schüler, 8 Klassen
10. Teilschule 8374 Kirchaitnach
    (1.–6. Jahrgangsstufe)

Schulleiter: i. V. Franz Scharnagl, Lehrer
Schj. 1980/81: 124 Schüler, 5 Klassen

11. Volksschule 8371 Kirchberg
(1.–9. Jahrgangsstufe)
Schulleiter: Franz Springer, Rektor
Schj. 1980/81: 461 Schüler, 18 Klassen

12. Teilschule 8371 Kirchdorf
(1.–6. Jahrgangsstufe)
Schulleiter: Peter Slesiona, Rektor
Schj. 1980/81: 208 Schüler, 9 Klassen

13. Teilschule 8371 Kollnburg
(1.–6. Jahrgangsstufe)
Schulleiter: Franz Häusler, Oberlehrer
Schj. 1980/81: 106 Schüler, 5 Klassen

14. Grundschule 8371 Langdorf
(1.–4. Jahrgangsstufe)
Schulleiter: Anneliese Koller, Hauptlehrerin
Schj. 1980/81: 89 Schüler, 4 Klassen

15. Teilschule 8372 Lindberg
(1.–6. Jahrgangsstufe)
Schulleiter: Rudolf Seidel, Rektor
Schj. 1980/81: 178 Schüler, 7 Klassen

16. Volksschule 8371 March
(1.–9. Jahrgangsstufe)
Schulleiter: Georg Pongratz, Rektor
Schj. 1980/81: 188 Schüler, 8 Klassen
(Bis 1983 verbleibt die 7.–9. Jahrgangsstufe in March)

17. Teilschule 8376 Patersdorf
(1.–6. Jahrgangsstufe)
Schulleiter: Erhard Müller, Hauptlehrer
Schj. 1980/81: 208 Schüler, 8 Klassen
(Ab Schuljahr 1981/82 werden die Hauptschulklassen 7 und 8 in die Hauptschule Ruhmannsfelden eingegliedert)

18. Teilschule 8371 Prackenbach
(1.–6. Jahrgangsstufe)
Schulleiter: Karl Kaaden, Rektor
Schj. 1980/81: 254 Schüler, 10 Klassen
(Ab Schuljahr 1981/82 werden die Hauptschulklassen 7 und 8 in die Hauptschule Viechtach eingegliedert)

19. Grundschule 8370 Regen
(1.–4. Jahrgangsstufe)
Schulleiter: Juliane Obermaier, Rektorin
Schj. 1980/81: 664 Schüler, 21 Klassen

20. Hauptschule 8370 Regen
(5.–9. Jahrgangsstufe)
Schulleiter: Wilhelm Stumpf, Rektor
Schj. 1980/81: 573 Schüler, 19 Klassen

21. Volksschule 8371 Rinchnach
(1.–9. Jahrgangsstufe)
Schulleiter: Jordan Tahedl, Rektor
Schj. 1980/81: 464 Schüler, 18 Klassen

22. Grundschule 8375 Ruhmannsfelden
(1.–4. Jahrgangsstufe)
Schulleiter: Ernst Wollitzer, Rektor
Schj. 1980/81: 208 Schüler, 8 Klassen

23. Hauptschule 8375 Ruhmannsfelden
(5.–9. Jahrgangsstufe)
Schulleiter: Rudolf Radlbeck, Rektor
Schj. 1980/81: 479 Schüler, 16 Klassen

24. Volksschule 8376 Teisnach
(1.–9. Jahrgangsstufe)
Schulleiter: Johann Lemberger, Rektor
Schj. 1980/81: 347 Schüler, 14 Klassen

25. Grundschule 8371 Untermitterdorf
(1.–4. Jahrgangsstufe)
Schulleiter: i. V. Josef Roßmeisl, Lehrer
Schj. 1980/81: 66 Schüler, 2 Klassen

26. Grundschule 8374 Viechtach
(1.–4. Jahrgangsstufe)
Schulleiter: Elfriede Piehler, Rektorin
Schj. 1980/81: 410 Schüler, 15 Klassen

27. Hauptschule 8374 Viechtach
(5.–9. Jahrgangsstufe)
Schulleiter: Johann Liessel, Rektor
Schj. 1980/81: 469 Schüler, 15 Klassen

28. Grundschule 8372 Zwiesel
(1.–4. Jahrgangsstufe)
Schulleiter: Hansjörg Tetzloff, Rektor
Schj. 1980/81: 477 Schüler, 16 Klassen

29. Hauptschule 8372 Zwiesel
(5.–9. Jahrgangsstufe)
Schulleiter: Markus Lippl, Rektor
Schj. 1980/81: 554 Schüler, 18 Klassen

II. Sonderschulen:

1. Sonderschule für Lernbehinderte 8370 Regen
   Schulleiter: Friedrich Bily, Sonderschulrektor
   Schj. 1980/81: 79 Schüler, 6 Klassen
2. Sonderschule für geistig und mehrfach Behinderte 8370 Schweinhütt
   (eine Privatschule der Lebenshilfe)
   Schulleiter: Klaus-Dieter Starke, Sonderschulrektor
   Schj. 1980/81: 41 Schüler (+ 14 schulvorbereitende Einrichtung)
3. Sonderschule für Lernbehinderte 8374 Viechtach
   Schulleiter: Heinrich Höcherl, Sonderschulrektor
   Schj. 1980/81: 73 Schüler, 5 Klassen
4. Sonderschule für Lernbehinderte 8372 Zwiesel
   Schulleiter: Dr. Reinhard Haller, Sonderschulrektor
   Schj. 1980/81: 36 Schüler, 2 Klassen

MAX STADLER

SPORT UND SPORTVEREINE

Eine stattliche Anzahl von Vereinen bietet eine breite Palette verschiedenster Sportarten zur körperlichen Ertüchtigung, Freizeitgestaltung und selbstverständlich auch zum Wettkampf und Leistungssport an.

Die politischen Grenzen des Landkreises bilden gleichzeitig den Kreis VIII innerhalb des Bayerischen Landessportverbandes, in dem unter dem Vorsitzenden Willi Schwankl, Regen, die derzeit 128 Vereine mit 13 894 Mitgliedern zusammengeschlossen sind.

Eine statistische Aufstellung – Stand: 1. 1. 1977

Vereinsmitglieder:	Jugendliche männlich	2692
	Jugendliche weiblich	1011
	Erwachsene männlich	8664
	Erwachsene weiblich	1527

Gesamtzahl der Vereine: 128

Davon betreiben als Hauptsportart:

Eisschießen	63
Fußball	34
Tennis	10
Skisport	7
Reiten	5
Turnen	3
Kraftsport	1
Sportakrobatik	1
Tischtennis	1
Miniaturgolf	1
Kegeln	1
Schach	1

Unterabteilungen = Sparten werden von

1 Verein	11
2 Vereinen	7
1 Verein	6
3 Vereinen	5
3 Vereinen	4
7 Vereinen	3
2 Vereinen	12

betreut.

Übungsleiter stehen 224 zur Verfügung.

Sportstätten:

47 Fußballplätze, davon 5 mit 100 m Laufbahn und 3 mit 400 m Laufbahn, 21 Eisschießplätze, 14 Asphaltbahnen, 4 Sprungschanzen, 37 Tennisplätze, 22 Turnhallen, 6 Reithallen, 1 Volleyballanlage, 16 Kegelbahnen, 10 Öffentliche Hallenbäder, 9 Freibäder, 10 Minigolfanlagen, 1 Tennishalle.

Wagen wir einen Streifzug durch die beliebtesten einzelnen Fachsportarten, bedeutende nationale und internationale Veranstaltungen und eine Vorstellung der erfolgreichsten Sportler des Landkreises.

An der Spitze, auch in der Gunst des Publikums rangiert, wie könnte es anders sein, „König" Fußball. 76 Seniorenmannschaften, 37 Jugendmannschaften, 43 Schülermannschaften, 4 Damenmannschaften befinden sich im ständigen Spielbetrieb.

Der Sportclub Zwiesel gehört der Landesliga Mitte an; 5 Vereine und zwar der TSV Frauenau, TSV Lindberg, Spielvereinigung Kirchdorf, TSV Regen und der FC Viechtach der Bezirksliga Niederbayern. Alle anderen Mannschaften sind in der A, B und C-Klasse der jeweiligen Gruppen im Verbandsspielbetrieb.

In der höchsten Spielklasse, die bislang eine Fußballmannschaft des Landkreises erreicht hat, ist derzeit die 1. Jugendmannschaft des SC Zwiesel vertreten. Sie konkurriert in der Bayernliga u. a. mit dem Nachwuchs so renomierter Vereine wie Bayern München, 1860 München, FC Augsburg. Über die Verbands- und DFB-Pokalspiele hinaus pflegen die Fußballvereine auch einen regen Freundschaftsspielbetrieb mit Verpflichtung höherklassiger Gegner.

Es waren Festtage des Sports, als in den letzten Jahren Borussia Mönchengladbach, 1860 München, Eintracht Frankfurt, Schalke 04, der 1. FC Nürnberg oder die tschechische Mannschaft Skoda, Pilsen, um die bedeutendsten zu nennen, ihre Visitenkarte bei uns abgaben.

Bei soviel Aktivität, verbunden mit guter Nachwuchsarbeit kann es nicht ausbleiben, daß namhafte Vereine der I. und II. Bundesliga ihre Fühler nach den herausragenden Spielern ausstrecken.
So mancher hat auch den Sprung in das Lager der Fußball-Lizenzspieler geschafft. Vier davon sogar in die höchste deutsche Spielklasse, die Bundesliga, zur Zeit als die spielstärkste der Welt bezeichnet.

Karl-Heinz Meininger, Torjäger der Zwieseler Schüler-, Jugend- und Seniorenmannschaft, kam über die Zweitligavereine 1860 München und 1. FC Nürnberg zu Werder Bremen und hat sich in der Saison 1976/77 als Mittelstürmer schon die ersten Sporen verdient.

Sepp Weikl, geb. 15. 1. 1954. Der gebürtige Bodenmaiser, herangereift in der Jugendmannschaft des TSV kam über den Sportclub Zwiesel zu Fortuna Düsseldorf und wurde auf Anhieb mit der Amateurmannschaft der Fortunen Deutscher Meister 1976/77.
Als Olympia-Amateur gehört er in der neuen Saison dem Lizenzspieler Kader an. Die ersten Bundesligaspiele sind bereits mit Erfolg bestritten. Schon am 23. 9. 1977 debütiert Sepp Weikl in der Amateur-Nationalmannschaft beim 2:0 Sieg gegen Frankreich.

Heinz Wittmann, geb. 12. 9. 1943 in Zwiesel, ging den Weg eines typischen Auswahlspielers bis in die Bundesliga. Über die Niederbayernauswahl kam er in die Bayernauswahl, mit der er 10 Spiele bestritt und 1965 mit ihr Deutscher Amateurmeister wurde. Dann folgten drei Berufungen in die Deutsche Amateur-Nationalmannschaft. Schon für die Saison 1965/66 holte ihn Trainer Hannes Weisweiler zu der in die Bundesliga aufgestiegenen Borussia nach Mönchengladbach.
Heinz Wittmann bewährt sich auf allen Posten in der Abwehr, absolviert 128 Bundesligaspiele, ist in 4 Europapokalspielen dabei und wird dreimal in die Deutsche B-Nationalmannschaft berufen.
1969/70 und 1970/71 ist er bei 2 Deutschen Meisterschaften für Borussia Mönchengladbach betei ligt. Leider wird durch eine schwere Sportverletzung seine so erfolgreiche aktive Laufbahn im Dezember 1972 vorzeitig beendet.

Heinz Wittmann am Ball (aus dem Spiel Borussia Mönchengladbach gegen Borussia Dortmund); rechts Bundesliga-Torschützenkönig Lothar Emmerich.

Klaus Fischer in Aktion! Szene aus dem Spiel der Saison 1976/77 FC Bayern und FC Schalke 04 im Münchner Olympia-Stadion 0:7. Fischer setzt sich gegen Franz Beckenbauer durch und bezwingt Sepp Meier zum vierten Male.

Klaus Fischer, am 27. 12. 1949 in Lindbergmühle geboren, kam er mit 11 Jahren zum Sportclub Zwiesel. Tore am laufenden Band für die Schüler- und Jugendmannschaft. Siebzehnjährig mit Sondergenehmigung in der ersten Mannschaft eingesetzt, hatte er entscheidenden Anteil an Meisterschaft und Aufstieg. Schon in der Saison darauf hatte sich der Achtzehnjährige beim TSV 1860 München gegen die ausgekochten Profis und Abwehrrecken der Bundesliga durchzusetzen. 1970 holte der traditionsreiche FC Schalke 04 den Bayerwäldler in den Kohlenpott. Nach verständlichen Anfangsschwierigkeiten – noch heute zollt er dem großartigen Schalker Publikum Dank und Anerkennung für die Hilfe und moralische Unterstützung in dieser schweren Zeit – kam schon in der Saison 1971/72 der Erfolg: Deutscher Pokalsieger und die Vize-Meisterschaft.

1975/76 wird der inzwischen zum Mannschaftskapitän avancierte Klaus Fischer Torschützenkönig der Bundesliga mit 29 Treffern, darunter das „Tor des Jahres". 1977 Zweiter bei der Wahl des „Fußballer des Jahres", nur 4 Stimmen hinter dem Nationalhüter und Rekordhalter in Bundesligaspielen Sepp Meier vom FC Bayern München. Am 27. 4. 1977 beruft ihn Bundestrainer Helmut Schön in die Nationalmannschaft. Klaus Fischer gelingt ein toller Einstand mit 2 Toren beim 5:0 Sieg gegen Nordirland. Kurz darauf die glanzvolle Südamerikareise. Der amtierende Weltmeister Deutschland kehrt ungeschlagen heim. Klaus Fischer hatte mit seinen Toren großen Anteil daran. Gleiches gilt für die Fußballweltmeisterschaft 1982 in Spanien, bei welcher Fischer mit der deutschen Nationalmannschaft „Vizeweltmeister" wurde.

Springen – Biathlon – Langlauf

In der nordischen Kombination und im Spezialspringen stießen vor Jahren noch vor allem Junioren und Jugend in die bayerische und deutsche Spitzenklasse vor. Die derzeitige Springermisere der DSV ist auch bezeichnend für unseren Landkreis. An Schanzen haben wir die 50 m Schanze in Bayerisch Eisenstein, die Rießlochschanze in Bodenmais mit 70 m Weite und zum Sommertraining die Mattenschanze (35 m) in Arnbruck anzubieten. Für den Speziallanglauf und Biathlon ist unsere Geländebeschaffenheit geradezu prädestiniert. In fast allen Gemeinden wurden Langlaufloipen und Skiwanderwege für Touristen erstellt. Am bedeutendsten wohl der Bretterschachten im Arbergebiet. Die Schneesicherheit und die ausgezeichnete Betreuung durch die Bodenmaiser Vereine haben den Bayerischen und den Deutschen Skiverband veranlaßt, gerade in der vergangenen Saison fast alle bedeutenden nationalen Meisterschaften, teils kurzfristig, hierher zu vergeben. Auch im Viechtacher Raum, in Zwiesel und Zwieslerwaldhaus wurden schon Deutsche Meisterschaften durchgeführt. Erstmals wurde auch die Deutsche Herrenskimeisterschaft (nordische und alpine) in unserem Landkreis vergeben und imponierend abgewickelt. Für Biathlon steht das Stadion in Zwiesel-Innenried, das als eines der modernsten in Europa bezeichnet wird, zur Verfügung.
Alle äußeren Voraussetzungen werden also geschaffen, um unsere Sportler schon als Schüler und Jugendliche an die deutsche Spitzenklasse heranzuführen. Die Erfolge der Aktiven sind auch dementsprechend.
Schüler, Jugend und Senioren sind bei Bayerischen und Deutschen Meisterschaften in den Siegerlisten vorne zu finden.
Mit der Staffel des Skigaues Bayerwald und des Bayerischen Skiverbandes erkämpften sich vor allem Schüler und Angehörige der Jugend- und Juniorenklasse Bayerische und Deutsche Meistertitel im Speziallanglauf und Biathlon.
Der Rabensteiner Roland Fuchs wird 1977 in die Biathlon-Nationalmannschaft eingereiht.
Deutsche Meister in Einzeldisziplinen:
1971 Wilfried Wagner, Sportclub Zwiesel
50 km Dauerlauf
1972 Emil Lettenmaier, Sportclub Zwiesel
Speziallanglauf (Junioren)
1977 Ferdl Bernreiter, Skiclub Bodenmais
Biathlon (Jugend)
Schon in früheren Jahren waren unsere Langläufer, noch in zivilen Berufen tätig, mit vorne zu finden. Mehr und mehr aber stellte sich heraus, daß sich ein Zivilberuf mit den enormen Anforderungen in diesem Hochleistungssport nicht mehr vereinbaren ließ. Um ganz vorne zu bleiben, mußte man sich einer Organisation anschließen, die die Voraussetzungen bot, die sportlichen Fähigkeiten des Einzelnen voll zur Entfaltung kommen zu lassen.
Greifen wir einige Beispiele heraus:
Rudi Kopp, WSV Rabenstein, kam zur Bayerischen Grenzpolizei nach Reit im Winkl und wurde mehrfacher Bayerischer und Deutscher Meister in der Staffel und in Einzeldisziplinen.
Alfons Dorner vom WSV Viechtach kam als Grenzpolizeibeamter zu Bayerischen und Deutschen Meisterehren in der Staffel des WSV Reit im Winkl.
Sepp Achatz, Sportclub Zwiesel, Angehöriger der Bayerischen Grenzpolizei, Bayerischer und Deutscher Meister, gehörte jahrelang zur Spitzenklasse und war einer der besten Stilisten überhaupt.
Der unvergleichliche **Walter Demel**, Sportclub Zwiesel, kam über den Bundesgrenzschutz überhaupt erst zum Leistungssport.
Jetzt ist es bei uns im Landkreis vornehmlich die Bundeswehr, die den jungen Sportlern die größtmögliche Förderung und Unterstützung angedeihen läßt. Die Sportgruppe Heer, Regen, ist eine Institution, die zu diesem Zweck für Berufs- und Zeitsoldaten beim Jägerbataillon 112 eingerichtet ist. In dieser Sportgruppe fördert das Heer nordische Spitzensportler mit dem Ziel, die Bundeswehr bei internationalen und nationalen Wettkämpfen zu vertreten und optimale Voraussetzungen für eine erfolgreiche Teilnahme an olympischen Spielen, Welt-, Europa- und Deutschen Meisterschaften so-

Die Vereinsstaffel des Sportclubs Zwiesel wurde 1973 und 1974 Deutscher Meister. Von links Emil Lettenmaier sen., Günther Wallner, Walter Demel, Franz Bernreiter (Broncemedaillengewinner zusammen mit der deutschen Biathlonstaffel bei den olympischen Spielen 1980 in Lake Placid) und Emil Lettenmaier jun.

wie Militärmeisterschaften zu schaffen. Die Dienstgestaltung in den Sportgruppen umfaßt zu 70% Leistungstraining und zu 30% lehrgangsgebundene Aus- und Fortbildung. Durch die Möglichkeit, in der Ausbildungsreihe „Sport" auch die militärische Laufbahn voranzutreiben, ist ein wesentlicher Fortschritt eingetreten. Von der Gewissensfrage „Dienst" oder „Sport" ist der Spitzensportler nunmehr befreit. In der neuen Ausbildungsreihe „Sport" kann er bis zum Hauptfeldwebel befördert werden.

Bei der Sportgruppe Regen wird zusätzlich in Zusammenarbeit mit dem DSV-Stützpunktleiter, den Gau- und Vereinstrainern ein Stützpunkt-Training durchgeführt. Hier werden in einem Leistungsvergleich die Talente ausgewählt. Die Sportförderungsgruppe gibt uns die Gewähr, daß wir im nordischen Skilauf auch in Zukunft mithalten können. Die Zusammenarbeit mit den Vereinen ist vorbildlich, wie überhaupt das ganze Verhältnis der zivilen Vereine zu Bundeswehr und Bundesgrenzschutz, die den Vereinen in allen sportlichen Bereichen die größtmögliche Hilfe und Unterstützung angedeihen lassen. Walter Demel ist am 31. Dezember 1935 in Bayreuth geboren. Er kam erst relativ spät mit 22 Jahren zum Leistungssport. Als ob er Versäumtes nachzuholen hätte, stürmte er in verhältnismäßig kurzer Zeit, aber unaufhaltsam in die deutsche Spitzenklasse. Schon 1962 errang er erstmals die Deutsche Meisterschaft, 41 weitere sollten folgen: 10 im 15 km Langlauf, 11 im 30 km Dauerlauf, 6 im 50 km Dauerlauf, 2 in der 4 x 10 km Vereinsstaffel des Sportclub Zwiesel, 13 in der 4 x 10 km Staffel des Bayerischen Skiverbandes. Dazu, wie selbstverständlich, eine Anzahl Bayerischer Meisterschaften, Polizei- und Heeresskimeisterschaft und ungezählte Siege bei nationalen Rennen.

Ganz besonders hervorzuheben aber ist seine internationale Karriere. Durch großartige Plazierungen und Siege über die Weltmeister und Olympiasieger aus Finnland, Norwegen, Schweden, Italien, Sowjetunion und der Deutschen Demokratischen Republik bei den klassischen Rennen im hohen Norden verschaffte er sich uneingeschränkte Anerkennung und Weltgeltung.

Absolute Höhepunkte in der Laufbahn dieses Ausnahme-Athleten waren die Olympischen Spiele Als erster Langläufer der Welt erkämpfte er sich 4 Teilnahmen und wartete in sämtlichen Langlaufdisziplinen und in der Staffel mit Ergebnissen auf, die die Fachwelt immer aufs Neue in Erstaunen und Bewunderung versetzte:

1964 Innsbruck, 1968 Grenoble, 1972 Sapporo, 1976 Innsbruck.

Die größten Erfolge:

Der 3. Platz bei der Weltmeisterschaft 1966 in Oslo über 30 km,

1972 in Sapporo:
5. Platz über 15 km, 5. Platz über 30 km, 7. Platz über 50 km, wobei er jeweils nur um wenige Sekunden einen Medaillenrang verfehlte.
Gemessen an den Plazierungen in allen Wettbewerben, war er neben dem Russen Fedor Simaschew der beste Allroundläufer jener Winterolympiade.
Neben unzähligen anderen Ehrungen wurde er vom Bundespräsidenten mit der höchsten deutschen Sportauszeichnung, dem silbernen Lorbeerblatt bedacht.

Skisport (alpin)

Für die alpinen Skisportler ist es schwer, schier unmöglich, im Leistungsvergleich mit den Hochgebirglern an die Spitze vorzudringen. Die Geländebeschaffenheit läßt nicht genügend rasante Abfahrtsstrecken zu, die eine wichtige Voraussetzung wären. Der weite Weg zu den Gletschern, die die Möglichkeit zu einem Vorwinter-Training bieten, ist ein weiterer Nachteil. Trotzdem hatten wir schon immer und haben auch jetzt ausgezeichnete Alpine, die bei gegebenen Möglichkeiten die Voraussetzungen mitbringen.

Sonja Widmair-Sperl zwischen den Toren!

Konstante Leistungen zeigte in der Saison 1976/77 Klaus Gattermann, SV Bayerisch Eisenstein, die ihre Krönung mit dem Sieg bei den Bayerischen Jugendmeisterschaften im Riesenslalom fanden. Er wurde vom Deutschen Skiverband in die Gruppe II der alpinen Nationalmannschaft eingereiht.
Geradezu sensationell aber die Erfolge der Eisensteinerin Sonja Sperl, die in die Weltspitze hineinfuhr.
Werden die Welt- und Europacuprennen im Slalom und Riesenslalom am Arber unseren alpinen Nachwuchs neu motivieren?

Sonja Widmair-Sperl, SV Bayerisch-Eisenstein, geb. am 3. 12. 1936
13fache Deutsche Jugendmeisterin von 1951-1955, 1955–1960 Mitglied der Deutschen Nationalmannschaft, 1957 Deutsche Meisterin im Slalom, 1959 Deutsche Meisterin im Slalom, 1959 Deutsche Meisterin in der alpinen Dreierkombination, 1956 Mitglied der Deutschen Olympiamannschaft in Cortina d' Ampezzo, 1960 Mitglied der Deutschen Olympiamannschaft in Squaw Valley, 1960 Vizeweltmeisterin in der alpinen Dreierkombination.

Skiweltcup im Bayerischen Wald

Noch vor einigen Jahren wäre man in der Fachwelt mit einem nachsichtigen Lächeln und Kopfschütteln darüber hinweggegangen. Seit 1976 aber ist es soweit, das unmöglich Scheinende wurde erreicht.
1968: erstmals Teilnahme von tschechischen Läufern an einem Gedächtnis-Slalom des Sportclubs Zwiesel am Arber als Gegenbesuch für die Teilnahme von Läufern des Skigaues Bayerwald an einem Rennen im benachbarten Spitzberg in der CSSR;
1969: erneute Teilnahme der Tschechen, dazu eine Abordnung des Tiroler Skiverbandes an diesem Slalom, erstmals „international" bezeichnet;
1970: neben den Tschechen und Tirolern nahm eine Mannschaft des Skiclubs Kitzbühel (Österreich) unter der Führung des vielfachen Olympiasiegers und Weltmeisters Toni Sailer, der selbst den Vorläufer machte, teil. Er war es, der die Möglichkeit der Durchführung von größeren internationalen FIS-Rennen am Arber anregte, das Gelände und die Organisation waren seiner Meinung nach in Ordnung.
Diesen überraschenden Vorschlag hat der Organisationsleiter Ernst Schneider, Oberstudienrat am Gymnasium Zwiesel aufgegriffen und über den Deutschen Skiverband unbeirrt und zielstrebig verfolgt.
Ein sogenanntes FIS-B-Rennen wurde beantragt, für Damen und Herren je ein Slalom und Riesenslalom. Die Rennstrecken wurden entsprechend vorbereitet und es erfolgte die erste provisorische Homologation (Anerkennung als offizielle internationale Rennstrecke) durch den Deutschen Skiverband im Auftrag der FIS (Weltskiverband).
1971: Erste offizielle „Internationale Skirennen" für Damen und Herren am Arber mit ausgezeichneter Besetzung, vor allem durch die deutsche Nationalmannschaft. Die ersten Sieger waren die Deutschen Max Rieger, Alfred Hagn und Rosi Peiser sowie die spätere Weltmeisterin im Slalom, die aus Straubing stammende Lichtensteinerin Hanni Wenzel. Mit am Start auch die spätere Doppel-Olympia-Siegerin (1976 Innsbruck) Rosi Mittermaier, der jedoch kein Sieg gelang.
Einwandfreie Pisten und eine fehlerlose Organisation brachten Lob aus aller Munde. Es erfolgte die endgültige Homologation durch den Inspekteur des Weltskiverbandes; 1973 wurde ein Rennen um den Europacup nach Zwiesel zum Arber und Bayerisch Eisenstein vergeben. Damit wurde erstmals ein Rennen mit Läufern der Weltspitze nicht in einem Alpenland, sondern im Mittelgebirge durchgeführt. Eine imposante Zuschauerkulisse erlebte bei herrlichem Wetter ein Skifest, bei dem vor allem der Slalom-Sieger Christian Neureuther begeisterte. Im Riesenslalom siegte Josef Pechtl, AUT. Die Veranstaltung imponierte nicht nur Aktiven und Trainern, sondern auch den Funktionären des Weltskiverbandes. Unsere Verantwortlichen mit ihren zahllosen Helfern hatten gezeigt, daß sie derartigen Aufgaben gewachsen waren. Der Grundstein für Weltcuprennen war gelegt.
1974: zwei weitere Europacuprennen folgten. Wieder gab es viele begeisterte Zuschauer. Die uner-

mündlichen Helfer von Bundeswehr, Bundesgrenzschutz und von ziviler Seite schafften es sogar, Neuschnee von 1 m Höhe, der über Nacht auf die präparierte Slalompiste fiel, bis zum Start wieder zu entfernen. Es siegten die Österreicher Sepp Loidl und Manfred Wallinger.
1975: Das Europacuprennen wurde zur Generalprobe für den Weltcup. Großartig besetzt waren die beiden Rennen, die mit Triumphen der Italiener Franco Bieler (Riesenslalom) und Diego Amplatz (Slalom) endeten. Alle, Fernsehen und Presse, Aktive, Trainer, Organisatoren und Zuschauer waren sich einig, daß man zuversichtlich auf den Winter 1976 blicken konnte, der das bisher größte sportliche Ereignis in den Landkreis, ja in den ostbayerischen Raum überhaupt, bringen sollte, einen Weltcup-Riesenslalom für Herren am 27. Januar, unmittelbar vor den Olympischen Winterspielen in Innsbruck.
Der Sommer 1975 gehörte den großen Vorbereitungen. Das Zweite Deutsche Fernsehen bereitete die Eurovisionsübertragung vor.
Landschaftsgebundene Kameratürme und die Reportertribüne aus Holz, Start- und Zielhaus wurden neu geschaffen, die Strecken nochmals überprüft, die Rohrleitungen für die notwendigen Stromanschlüsse und Kameraleitungen verlegt, ja sogar eine eigene Zwischenstation für die Fernsehübertragung am steilen Nordhang wurde neu errichtet. Eine namhafte Glasfirma schuf den Arber-Kristall-Pokal, einen 4 Zentner schweren Glasbrocken aus reinem optischen Glas. Auf ihm werden die Namen der jeweiligen Sieger verewigt. Der Sieger selbst erhält eine kleine Ausgabe davon, ebenfalls aus optischem Glas auf einem Holzsockel.
Das große Ereignis rückte näher. Schwierig wurde es, als das Wetter den Organisatoren zunächst übel mitspielte. Schneestürme und Regenschauer ließen die Helfer auf der Strecke schier verzweifeln. Absperrzäune wurden eingeschneit oder vom Winde verweht, der Fernsehturm am Arbergipfel vom Sturm geknickt. Sollte alle Mühe, all diese unvorstellbare, umfangreiche, bis ins Detail gehende Vorbereitung umsonst gewesen sein? Man schaffte es und der Himmel half. Am Dienstag, den 27. Januar 1976 strahlte die Sonne über dem Arber und eine märchenhafte Winterlandschaft bot sich den Besuchern und Fernsehzuschauern in aller Welt. 25 000 Zuschauer waren begeistert und harrten bei eisigen Temperaturen aus, bis der letzte Läufer die ausgezeichnet präparierte Strecke passiert hatte. Journalisten aus allen Erdteilen verfolgten den spannenden Wettstreit zwischen den Favoriten Gustav Thöni (Italien), Pierro Gros (Italien) und Ingemar Stenmark (Schweden), den dieser schließlich mit winzigem Vorsprung für sich entschied.
Diese Veranstaltung, in jeder Beziehung superlativ, hat dem Arberwinkel einen festen Platz im Kreis der berühmten Wintersportgebiete der Welt geschaffen.

Eisschießen

Weit oben in der Beliebtheitsskala rangiert der Eisschießsport. Jung und Alt, Männer, Frauen und Jugendliche sind mit Begeisterung dabei, wenn es um Betriebs-, Behörden-, Stadt-, Orts- und Vereinsmeisterschaften geht.
Wettkampfmäßig sind 137 Senioren, 31 Jugend- und 6 Damenmannschaften von der höchsten deutschen Spielklasse bis hinunter in die C-Gruppen im Einsatz und sprechen bei der Vergabe der Meisterschaften ein gewichtiges Wort mit.
Die bekanntesten und größten Turnierplätze sind der Arbersee und der Regener-Stausee. Auf letzterem wurde auch 1971 die bislang bedeutendste Veranstaltung in dieser Sportart, die Europameisterschaft, glanzvoll durchgeführt. Im Jahr darauf wurde von den Regenern der Europacup ins Leben gerufen. 12 Jahre lang zählte diese Veranstaltung mit zu den größten sportlichen und gesellschaftlichen Ereignissen im Landkreis. 1974 wurde die Durchführung vom internationalen europäischen Verband übernommen.
Nachstehend die stolze Bilanz der Erfolge unserer Eisschützen über viele Jahre hinweg.

Deutsche Meisterschaften:
Mannschaftsschießen Herren

1928 EC Zwiesel
1929 EC Frauenau

1932 EC Zwiesel
1933 EC Zwiesel
1941 EV Regen
1954 Sport SC Zwiesel
1956 EC 1953 Frauenau
1957 TSV Frauenau
1958 EC Grenzland Zwiesel
1959 EC Eintracht Zwiesel
1960 Sportclub Zwiesel
1965 TSV Frauenau
1973 EC Moitzerlitz Regen
1975 ESV Achslach
1977 ESV Achslach

Kombiniertes Ziel- und Stockschießen: Herren

1935 Jakob Eisch, EC Zwiesel
1937 Karl Kraus, EC Gotteszell
1952 Lorenz Pritzl, EC Frauenau
1955 Karl Platzer, Sportclub Zwiesel
1956 Josef Schwarz, EC 1953 Frauenau
1958 Willi Herrmann, EC Grenzland Zwiesel
1959 Karl Platzer, Sportclub Zwiesel
1960 Rudolf Meißner, Sportclub Zwiesel
1965 Xaver Ochsenbauer, TSV Ruhmannsfelden
1966 Heinz Peter, ESV Zwiesel
1968 Karl Straub, TSV Frauenau
1969 Anton Schönberger, TSV Frauenau
1970 Erich Bastl, Sportclub Zwiesel
1971 Ernst Maurer, TSV Frauenau
1972 Anton Schönberger, TSV Frauenau

Weitschießen

1934 Max Pfeffer, EC Zwiesel
1963 Max Kreuzer, Sportclub Zwiesel
1964 Max Kreuzer, Sportclub Zwiesel
1966 Max Geiß, EC Holzhof, Zwiesel
1967 Max Kreuzer, Sportclub Zwiesel
1968 Max Kreuzer, ESC Griesbach
1970 Max Kreuzer, ESC Griesbach

Mannschaft Damen:

1961 EC Eintracht Bürgerholz Regen
1964 EC Eintracht Bürgerholz Regen
1970 TSV Regen
1976 EC Arbersee

Kombiniertes Ziel- und Stockschießen Damen

1966 Gisela Hiermer, EC Bürgerholz Regen

Jugend-Mannschaft:

1963 EC Wieshof Regen
1964 EV Gotteszell
1965 EC Kreuzstraßl
1966 EC Bayerwald Regen
1967 EC Kreuzstraßl
1969 EC Kreußstraßl
1970 EC Kreuzstraßl
1972 EC Kreuzßstraßl
1973 EV Poschetsried

Kombiniertes Ziel- und Stockschießen Jugend

1963 Emil Rankl, EC Bürgerholz Regen
1965 Josef Dörndorfer, TSV Frauenau
1966 Max Melch, EC Kreuzstraßl
1967 Johann Melch, EC Kreuzstraßl
1971 Herbert Hackl, EV Bettmannsäge
1972 Hans Plötz, EV Blau-Weiß March
1973 Richard Graichen, EV Poschetsried
1975 Rudolf Haidn, EC Grub

Weitschießen – Jugend

1966 Anton Kopp, EV Gotteszell
1967 Josef Dörndorfer, TSV Frauenau
1968 Helmut Resch, ESC Griesbach
1972 Hartwig Felgenhauer, EC Eintracht Bodenmais
1977 Franz Triendl, EC Blau-Weiß March

Europameister
Mannschaftsschießen Herren

1961 Sportclub Zwiesel
1964 EC 1953 Frauenau
1965 TSV Frauenau
1967 TSV Frauenau

Kombiniertes Ziel- und Stockschießen Herren

1958 Ernst Maurer, TSV Frauenau
1966 Rudolf Kießlinger, TSV Frauenau

1968 Rudolf Kießlinger, TSV Frauenau
1972 Rudolf Kießlinger, TSV Frauenau
1974 Hans Weber, EC Motzerlitz Regen

Weitschießen
1967 Max Geiß, EC Holzhof Zwiesel
1971 Max Kreuzer, ESV Griesbach

Europameister
Mannschaft Damen:
1971 TSV Regen

Europameister
Mannschaft Jugend
1970 EC Kreuzstraßl
1971 EC Kreuzstraßl
1972 EV Poschetsried
1973 EC Kreuzstraßl

Kombiniertes Ziel- und Stockschießen:
Jugend
1971 Michael Eberl, EV Bettmannsäge
1972 Erwin Melch, EC Kreuzstraßl
1973 Franz Resch, ESC Griesbach

Weitschießen
Jugend
1967 Klaus Fischer, EC Kreuzstraßl
1968 Helmut Resch, ESC Griesbach
1973 Hartwig Felgenhauer, EC Eintracht Bodenmais
1977 Franz Triendl, EC Blau-Weiß March

Badminton
1972 wurde beim TSV Regen eine Sparte Badminton gegründet. 1974 zog der TV Viechtach nach. 5 Senioren- und 2 Jugendmannschaften vertreten nun den Landkreis verbandsspielmäßig im Bezirk Niederbayern/Oberpfalz ebenso mit Erfolg wie bei Ranglistenturnieren. Durch den erfolgreichen Bau von neuen Turnhallen wird diese Sportart sicher eine noch stärkere Verbreitung erfahren.

Motorsport
Motorsportclubs in Bodenmais, Regen und Zwiesel mit insgesamt 320 Mitgliedern, haben sich als Angehörige des ADAC (Allgemeiner Deutscher Automobilclub) die Pflege des Motorsports im Rahmen der gegebenen Möglichkeiten zum Ziel gesetzt:
Slalom auf abgesperrten Plätzen, Geschicklichkeitsfahrten, Tag- und Nacht-Orientierungsfahrten und auch Mini-Car-Turniere, um den jugendlichen Nachwuchs an das Verkehrsgeschehen heranzuführen.

Handball
Während nach dem Krieg Handball, damals noch im Großfeld, mit Begeisterung aufgenommen wurde, kam der Handballsport Ende der fünfziger Jahre fast ganz zum Erliegen.
Erst 1971 rief der TSV Regen wieder eine Sparte Handball ins Leben. Mit 70 Aktiven, die aus dem ganzen Landkreis kommen, kann 1 Senioren-, 1 Damen-, 1 Jugend- und 1 Schülermannschaft gestellt werden.
Die 1. Mannschaft spielt in der Bezirksklasse Niederbayern. Zusätzlich werden Freundschaftsspiele auf nationaler und internationaler Ebene ausgetragen.

Faustball
Nur 3 Vereine des Landkreises befinden sich im Verbandsspielbetrieb. Der TSV Regen in der Bezirksliga, der TV Viechtach und der TSV Frauenau in der Kreisklasse.
Eine Anzahl von Mannschaften aus Vereinen und Behörden pflegen den Faustballsport in Privat-Turnieren.

Kraftsport
Im Ringen ist zur Zeit nur mehr der Kraftsportverein Zwiesel wettkampfmäßig in der Gruppenliga Niederbayern-Oberpfalz aktiv. Gegründet 1923 kann er auf eine wahrhaft bewegte Vereinsgeschichte zurückblicken. Schöne sportliche Erfolge bei Einzelmeisterschaften und mit der Vereinsstaffel, der 1956 sensationell der Aufstieg in die Oberliga gelang, der höchsten Klasse im Ringsport. Ein Glanzpunkt in der Vereinsgeschichte, die 50-Jahrfeier. Als Gast die Staffel des Deutschen Mannschaftsmeisters ASV Mainz 88 mit Weltmeister und Olympiasieger Wilfried Dietrich.

Gewichtheben
Seit 5 Jahren hat der TSV Regen eine Abteilung Gewichtheben. Schon nach zweijähriger Bezirksligazugehörigkeit gelang der Aufstieg in die Bayernliga Süd. Der Vereinsrekord, aufgestellt beim Sieg gegen die TSG Augsburg steht auf 1216,4 kg = 372,4 kg Relationswertung.
Bedeutende Einzelerfolge wurden mit niederbayerischen Meisterschaften sowie vorderen Plätzen bei Bayerischen und Deutschen Jugend- und Juniorenmeisterschaften erzielt.

Tischtennis
Der Kreis Bayerwald, innerhalb des Bayerischen Tischtennisverbandes im BLSV umfaßt die Landkreise Deggendorf, Freyung-Grafenau und Regen. Mit dem TTC Böbrach, TSV Bodenmais, SV Kirchberg, TSV Regen, RV Ruhmannsfelden, TV Viechtach und Sportclub Zwiesel stellt unser Landkreis 7 Vereine. Diese sorgen mit 21 Mannschaften (Herren, Damen, Jugend und Schüler) für einen regen und erfolgreichen Spielbetrieb sowohl in Mannschafts- als auch in Einzelwettbewerben.

Tennis
Der weiße Sport hat gerade in den letzten Jahren einen enormen Aufschwung erfahren. Tennisclubs in Bayerisch Eisenstein, Bodenmais, Drachselsried, Frauenau, Kirchberg, Linden, Lindbergmühle, Regen, Ruhmannsfelden, Viechtach und Zwiesel haben mit großem Engagement für die Sache und unter vorbildlichem persönlichem Einsatz und finanziellen Opfern der einzelnen Mitglieder herrli che Tennisanlagen erstellt, die auch eine wertvolle Bereicherung des Freizeitangebotes für Feriengäste darstellen.

Leichtathletik
Obwohl gute Ansätze erkennbar und sehr gute Nachwuchskräfte vorhanden sind, hinken wir in allen Disziplinen der Leichtathletik dem Leistungsstand unserer Standardsportarten erheblich nach. Zurückzuführen in erster Linie auf das Fehlen ausreichender wettkampfgerechter Sportanlagen. Aber auch hier zeichnet sich in naher Zukunft eine Besserung ab. Vor allem wird seitens der Schulen mit der Durchführung der Bundesjugendspiele alles versucht, die Jugend wieder verstärkt an die herrlichen Wettbewerbe der Leichtathletik heranzuführen.

Turnen
Die intensive Arbeit der Turnvereine und Sparten im Dienst der Körperertüchtigung ist in erster Linie auf Breitenarbeit ausgerichtet. Speziell auch auf Kinder-, Jugend- und Frauenturnen. Erfreulich, daß gerade in jüngster Zeit in den 3 Städten und den größeren Gemeinden durch den Bau von großzügigen Turnhallen viel Raum geschaffen wurde.

Judo
Der Turnverein von 1886 Zwiesel unterhält seit 10 Jahren die Abteilung Judo/Ju Jutsu.
In dieser relativ kurzen Zeit haben es die Judokas zu beachtlichen Erfolgen gebracht. Vor allem mit Jugendlichen und Junioren wurden Niederbayerische, Bayerische und Süddeutsche Einzelmeisterschaften errungen. Gürtelträger vom Gelbgurt der Jüngsten mit 6 Jahren bis hinauf zum 1. Dan Schwarzgurt und Blaugurt der Senioren. Wettkampfmäßig startet die Abteilung in der Bezirksliga Niederbayern.
Derzeit üben 70 Aktive, darunter viele Frauen, diese schöne Kampfsportart aus.

Volleyball
Seit 1970 besteht die Sparte Volleyball beim TV 1887 Viechtach. Mit 50 Aktiven kann eine Damen-, eine Herren- und eine Jugendmannschaft gestellt werden.
Die Jugendmannschaft mischt bei Niederbayerischen und Bayerischen Meisterschaften ganz vorne mit. Der Herrenmannschaft gelang 1976 der Aufstieg in die Landesklasse.
Aus zahlreichen Großveranstaltungen ragen der Länderkampf Deutschland/Frankreich und das Gastspiel der Nationalmannschaft Haiti in der vom Landkreis erbauten Dreifachturnhalle in Viechtach heraus.

Kegeln
Der Kegelverein Bayerwald e. V., bestehend aus dem KC Grenzland Zwiesel und dem 1. SKK Re-

gen verfügt über 105 Mitglieder. 5 Herren- und 1 Damenmannschaft können gestellt werden. Die beste Mannschaft kegelt in der Bezirksklasse, die übrigen in den Kreisklassen A und B.
Niederbayerische Meisterschaften wurden errungen und bei Bayerischen gute Erfolge erzielt. Besonders erfolgreich Alois Frisch, der das Bundeskegelsportabzeichen in Gold 100mal errungen hat.

Miniaturgolf

1967 gegründet, kann der MGC Regen von sehr beachtlichen Erfolgen berichten. Nach einem 3. Platz bei der Südbayerischen Meisterschaft in der Saison 1970/71 gelang schon im Jahr darauf der Aufstieg in die Bayernliga. 1975 Gewinn der Südbayerischen Mannschaftsmeisterschaft, der schon in der nächsten Saison der Bayerische Meistertitel folgte. Vordere Plätze auch bei Einzelwertungen. Herausragend Otto Feuerecker, der bereits dreimal Bayerischer Meister wurde. Auch um den Nachwuchs braucht sich der MGC Regen keine Sorgen zu machen. Die Schüler wurden Bayerischer Mannschaftsmeister 1977 und errangen bei der „Deutschen" die Vize-Meisterschaft.

Reiten

5 Reitvereine repräsentieren im Verband der Reit- und Fahrvereine Niederbayern-Oberpfalz den Landkreis.
Der Grenzland Reit- und Fahrverein Zwiesel, gegründet 1962; Der Reit- und Fahrverein Regen Stadt u. Land, gegründet 1963; der Reit- und Fahrverein Viechtach Stadt u. Land, gegründet 1964; die Reitergruppe Linden, gegründet 1966 und der Reitclub Regen-Kattersdorf, gegründet 1968 verfügen über 366 Mitglieder, darunter 165 Frauen und zahlreiche Jugendliche. Vorwiegend auf den Turnierplätzen in Kattersdorf, Lindberg und Zwiesel werden sehr gut besuchte Turniere bis zur Klasse S im Springen und bis zur Klasse M in der Dressur durchgeführt, wobei unsere Reiter mit sehr guten Plazierungen aufwarten. Die Voltigiergruppe des Reit- und Fahrvereins Regen Stadt und Land konnte sogar bis in die Bayerische Spitze vordringen.

Sportschützen

52 Schützenvereine des Landkreises sind beim Bayerischen Sportschützenbund gemeldet und bilden mit ihren 1676 Mitgliedern den Schützengau Viechtach und den Schützengau Zwiesel.
Neben den allwöchentlichen Schützenabenden der einzelnen Vereine werden Vergleichskämpfe und traditonelle Festschießen durchgeführt. Über die Gaurundenwettkämpfe erfolgt die sportliche Qualifikation zu Niederbayerischen und Bayerischen Meisterschaften. Beachtliche Ergebnisse werden erzielt.
Ein Hauptaugenmerk wird auf die Pflege der Gesellschaft und Kameradschaft gelegt. Bei Fahnenweihen und Festzügen sind die Schützen und Schützinnen in ihren schmucken Uniformen, mit ihren stolzen Fahnen eine echte Bereicherung des Programms. Wohl nirgendwo wird die Tradition noch so gepflegt wie in den Schützenvereinen. Das jahrhundertlange Bestehen einiger von ihnen ist ein beredtes Zeugnis dafür.
Die drei ältesten im Landkreis:
Die Königlich privilegierten Feuerschützen Zwiesel, gegründet 1421. Der Königlich privilegierte Schützenverein Viechtach, gegründet 1442. Die Regener Schützen, gegründet 1643.

KREISRÄTE IM JAHR 1982

CSU

1. Artmann Alfred, 29. 12. 1934, Landwirtschaftsmeister, 8379 Hermannsried Nr. 47
2. Beck Helmut, 27. 12. 1932, Konrektor, Hof Nr. 1, 8371 Kollnburg
3. Biebl Josef, 1. 2. 1931, 1. Bürgermeister, Raiffeisenstraße 12, 8371 Kollnburg
4. Bründl Ludwig, 17. 9. 1916, Oberamtsrat a. D., Bergstraße 14, 8370 Regen
5. Brunner Helmut, 14. 9. 1954, Landwirtschaftsmeister, 8375 Hinterdietzberg Nr. 29
6. Brunner Karl, 27. 12. 1921, Metzgermeister, Frauenauer Str. 2, 8372 Zwiesel
7. Dötsch Josef, 13. 4. 1938, Buchdruckereibesitzer, Bahnhofstr. 4, 8372 Zwiesel
8. Ederer Hans, 25. 1. 1921, Tierarzt, Regener Str. 28, 8372 Zwiesel
9. Ertl Günther, 1. 2. 1942, Unternehmer, 8371 Kasberg Nr. 6
10. Fiederling Kurt, 26. 10. 1929, Oberlandwirtschaftsdirektor, Buchenweg 3, 8370 Regen
11. Fleischmann Alfons, 4. 11. 1948, Programmierer, 8376 Geiersthal Nr. 47
12. Hasselfeldt Gerda, 7. 7. 1950, Dipl. Volkswirtin, Riedhamerweg 31, 8370 Regen
13. Lautenschlager Karl, 11. 9. 1920, Landw. Fachberater, Hafnerhöhe 132, 8374 Viechtach
14. Lemberger Hans, 28. 8. 1940, Rektor, Schulstr. 10, 8376 Patersdorf
15. Niedermayer Josef, 1. 6. 1926, Bürgermeister, MdL, Adalbert-Kraus-Str. 31, 8374 Viechtach
16. Oischinger Johann, 3. 9. 1942, Sparkassenangestellter, 8371 Köckersried Nr. 426
17. Pletl Max, 20. 5. 1926, Landwirt, 8371 Unternaglbach Nr. 21
18. Plötz Johann, 6. 1. 1947, Postobersekretär, Schießstattweg 5, 8374 Viechtach
19. Reitbauer Alois, 3. 2. 1916, 1. Bürgermeister, Moizerlitzplatz 5, 8370 Regen
20. Rixner Hans-Werner, 24. 8. 1932, Buchdruckereibesitzer, Mönchshofstr. 18, 8374 Viechtach
21. Schmelmer Max, 28. 10. 1945, Fahrlehrer, Kolbersbach 3, 8371 Drachselsried
22. v. Schnurbein Maximilian, Frhr., 6. 12. 1940, Dipl. Volkswirt, 8371 Katzenbach Nr. 111½
23. Stumpf Wilhelm, 1. 6. 1925, Rektor, 8371 Schweinhütt Nr. 175
24. Weikl Siegfried, 14. 1. 1921, 1. Bürgermeister, Klausenweg 4, 8373 Bodenmais
25. Weiß Hans, 7. 3. 1947, Lehrer, Fichtenweg 18, 8498 Arnbruck
26. Wittmann Georg, 22. 4. 1926, Sägewerksbesitzer, Deggendorfer Str. 16, 8376 Teisnach
27. Frhr. v. Maydell von Wolffersdorff-Mellin, 20. 3. 1933, Land- und Forstwirt, 8372 Oberzwieselau
28. Zellner Alois, 27. 11. 1908, Sägewerksbesitzer, 1. Bgm., 8375 Ruhmannsfelden, Leuthenmühle 144

SPD

1. Berger Xaver, 28. 2. 1931, Schreinermeister, 1. Bgm., 8371 Rinchnach 121
2. Feitz Alois, 19. 6. 1946, Amtmann, Rosenau 18, 8372 Zwiesel
3. Haberland Georg, 29. 7. 1934, 1. Bürgermeister, Franz-Betz-Str. 22, 8372 Zwiesel
4. Haller Georg, 11. 7. 1911, Kurdirektor a. D., Hadergasse 16, 8373 Bodenmais
5. Handlos Rudolf, 6. 2. 1925, Rentner, Erzbischof-Michael-Str. 22, 8374 Viechtach
6. Hannes Alfons, 4. 4. 1931, 1. Bürgermeister, Althüttenstr. 246, 8377 Frauenau
7. Liebl Karl, 22. 2. 1939, Glasmacher, Kreuzstraßel 259⅓, 8371 Lindberg
8. Mühl Michael, 10. 12. 1920, Verkehrsdirektor, Finkenweg 8, 8372 Zwiesel
9. Rechenmacher Karl, 8. 12. 1921, Verw. Angestellter, Bodenmaiser-Str. 21, 8370 Regen
10. Röhrl Rita, 9. 10. 1953, Hausfrau, Bahnhofstr. 14, 8376 Teisnach
11. Schenk Franz, 24. 11. 1913, Geschäftsführer a. D., Adalbert-Stifter-Str. 11, 8374 Viechtach
12. Stern Karl, 28. 3. 1917, 1. Bürgermeister, Dr. Hermann-Schwarz-Str. 12, 8376 Teisnach
13. Treml Friedrich, 22. 5. 1941, Studienrat, Jahnstr. 27, 8370 Regen
14. Weber Fritz, 2. 8. 1920, Stadtamtsrat, Wieshof 6, 8370 Regen

BP – Parteilos

1. Eckl Josef, 10. 2. 1920, Hafner- u. Schlossermeister, Schmidstraße 1, 8374 Viechtach
2. Kurz Michael, 30. 5. 1920, Austragslandwirt, 8371 Hönigsgrub Nr. 58

Unabhängige

1. Falter Otto, 2. 2. 1925, Sägewerksbesitzer, Zellertalstr. 97, 8371 Drachselsried
2. Dr. Haller, Reinhard, 10. 7. 1937, Rektor, Schachtenstraße 20, 8372 Zwiesel
3. Hartl Georg, 26. 9. 1920, Bäckermeister, Mussinanstr. 6, 8374 Viechtach
4. Kuffner Alois, 6. 11. 1925, Gastwirt, Bäckergasse 26, 8374 Viechtach
5. Rabenbauer Alfons, 25. 7. 1925, Landwirt, 8374 Hilb, Post Viechtach
6. Wühr Isidor, 5. 1. 1929, 1. Bürgermeister, 8371 Drachselsried

Dankadresse:

Zu besonderem Dank fühlen wir uns verpflichtet:

dem Fachbuchverlag Siegfried Bufe, München
dem Straßenbauamt Deggendorf
dem Landesvermessungsamt München für die Abdruckgenehmigung der abgebildeten Wening-Stiche
der Gutsverwaltung Oberfrauenau
dem Verlag Morsak oHG Grafenau als Verlag der Zeitschrift NATIONALPARK für die Farblithografien auf Seite 71, 82, 83, 84

den Herausgebern von „SCHÖNER BAYERISCHER WALD", Herrn Franz Handlos und Herrn Erich Stecher für die großzügige Überlassung der Farblithografien auf den Seiten 17, 44/45, 70, 72, 93, 94/95, 156, 201, 269, 270/271, 272, 282/283, 294/295, 306/307, 345, 346

Bildnachweis

Bayerisches Hauptstaatsarchiv München 12, 69, 110, 111, 112, 115, 116, 117, 149, 150, 151, 210/211, 214/215

Bayerische Verwaltung der staatlichen Schlösser, Gärten und Seen, München 141, 171

Barth, Bodenmais 41

Dirmaier, Regen 44/45, 45/46, 93, 306/307, 346

Ehrenkäufer, Nürnberg 83

Eisch (Werkfoto) Frauenau 230

Friesl, Langdorf 294/295

Dr. Griebel, Regen 347, 351, 353, 357, 358, 359

Dr. Haller, Zwiesel, 201, 206, 285, 286, 290, 293, 303, 310, 318

Hannes, Frauenau 238, 240

Hawlik 30

Henneberger 280

Herrmann, Drachselsried 233

Hölzl, Kirchdorf 281

Jahn, Zwiesel 104, 202/203, 204, 205, 317

Dr. Kestel, Zwieslerwaldhaus 29, 42/43, 47, 48, 57, 58, 59, 60

Kirchner 289

Klammet & Aberl Luftbild, Germering, 270/271

Krottenthaler, Zwiesel 97, 99 (Zeichnungen)

Landesamt für Denkmalpflege München 279

Mau, Grafenau 82

Meier, Regen 17, 72, 143, 154, 269, 272

Moosauer, Altenmarkt 94/95, 345

Peda, Passau 308

Pfaffl, Zwiesel 18, 22

Pohl, Viechtach 123, 124, 126, 166

Popp, Viechtach 156, 261, 264

Privat 379, 380, 381, 382, 383

Rodenstock, Opt. Werke, Regen 241

Schott Glaswerke Zwiesel 242, 243

Seyfert, Lindberg 14, 15, 16, 106

Sponsel, Bodenmais 70, 282/283

Waldherr, Zwiesel 71

Winkler, Zwiesel 31, 32, 46